西方法律与宗教学术论丛

主编 刘澎

法治与宗教

国内、国际和比较法的视角

Law and Religion

National, International, and Comparative Perspectives

[美] 小 W. 科尔·德拉姆 (W. Cole Durham, Jr.)

布雷特·G. 沙夫斯 (Brett G. Scharffs) 著

隋嘉滨 等 译

中国民主法制出版社

2012年·北京

图书在版编目（CIP）数据

法治与宗教：国内、国际和比较法的视角 /（美）德拉姆，（美）沙夫斯著；隋嘉滨等译. —北京：中国民主法制出版社，2012.5

（西方法律与宗教学术论丛 / 刘澎主编）

ISBN 978-7-5162-0008-7

I. ①法⋯ II. ①德⋯ ②沙⋯ ③隋⋯ III. ①宗教事务—行政管理—行政法—研究—世界 IV. ① D912.104

中国版本图书馆 CIP 数据核字（2012）第 010908 号

This is a translation of Law and Religion: National, International and Comparative Perspectives, by W. Cole Durham, Jr. and Brett G. Scharffs published and sold by China Democracy and Legal System Publishing House, by permission of CCH INCORPORATED, New York, NY, USA, the owner of all rights to publish and sell same. Copyright © 2009, by CCH INCORPORATED.

图书出品人 / 肖启明
出 版 统 筹 / 赵卜慧
责 任 编 辑 / 庞从容

书名 / 法治与宗教：国内、国际和比较的视角
作者 / 德拉姆 沙夫斯 著 隋嘉滨 等 译

出版·发行 / 中国民主法制出版社
地址 / 北京市丰台区右安门外玉林里 7 号（100069）
电话 / 010-63292534 63057714（发行中心） 63055259（总编室）
传真 / 010-63292534
网址 Http://www.rendabook.com.cn
E—mail: mzfz@263.net
经销 / 新华书店
开本 / 16 开 787 毫米 ×1092 毫米
印张 / 43
字数 / 667 千字
版本 / 2012 年 7 月第 1 版 2018 年 3 月第 2 次印刷
印刷 / 河北省永清县金鑫印刷有限公司

书号 / ISBN 978-7-5162-0008-7
定价 / 128.00 元

献　辞

献给路易丝和迪尔德丽，感谢你们的爱、忍耐和支持。

前　言

尽管本书对不同主题的阐述有简有繁，但内容堪称丰富翔实。我们试图用通常法律和宗教案例书的一半篇幅，来讨论法律和宗教这一话题：这是简。而对于国际和比较视角中的研究，我们用了本书大部分的篇幅再三说明：这是繁。我们还有一个容量非常大的网络增刊，增刊里有大量的美国的、国际的和比较性的法律案例、评论还有分析。

通过这种编排上的改变，我们非常大胆地尝试为大家提供一个研究法律和宗教的新范例。希望这能吸引美国国内和世界各国的法律专业的学生。

我们决定把讨论的重点转向国际的和比较性的法律研究，基于过去五十年间人类社会的几个结构性的变化。

首先，无论世界是平的、弧线的、还是尖的，全球化的力量却是实实在在的。我们生活的世界比以前更小，人们之间的联系比以前更紧密。人们以上一代人难以想象的速度和频率在各地间流动和交流。在很长时间里，宗教一直被认为是原生的"地区"问题，但是近几年它已经渐渐地成了"全球"事件。无疑，通过在广阔的历史、政治和国际化的语境中去定位地方性问题，法律和宗教的关系可以得到更合理的阐述，甚至有一些典型的地区性问题也可以从跨文化的角度得以解释。因为在现今的国际视野中，已经没有宗教多数派，信众和非信众都能因视自己为宗教少数派而获益。

我们着重于国际和比较视野的法律与宗教关系研究的第二个原因是，宗教和宗教委身之所并没有像上一代的学者和政客们广泛预想的那样，会变得式微和不重要，而是进一步增长了。现实中，可能大多数人都会错误地认为宗教既危险又泛滥，而不会认为宗教无足轻重、事不关己。人们似乎已形成这样一种思维模式，就是倾向于认为人类世界正经历一场巨大的文化冲突，虽然对于这种思维模式还存在争议，但是这种思维模式在人们如何应对伊斯兰教的诸多挑战，如何进一步理解和判别伊斯兰教，以及如何看待伊斯兰教的恐怖主义的问题上，得到了充分证明。为了在这本书中呈现各种宗教观点，我们专门精心地在本书中持续讨论伊斯兰教的问题。几乎每一章都专门包括伊斯兰教和穆斯林对于一些问题的看法，例如：在法国和土耳其因穆斯林头巾而发生的纠纷，在丹麦因卡通中的先知穆罕默德形象而引发争执，关于女性割除阴蒂（包括这是否是一个穆斯林问题）的讨论，改变宗教信仰的禁忌，婚姻和家庭法律问题，关于在仲裁体系框架之内创造伊斯兰教教法裁决的尝试，以及在阿富汗和伊拉克依据伊斯兰教教法和人权准则建立宪法的努力。

第三个发展是欧洲人权法院开创性的工作。大多数美国人还没有意识到，作为一个国际法院，欧洲人权法院赋予 47 个国家的 9 亿公民最后的上诉机会。人们可以因其人权受到自己国家的侵害而上诉，人权中就包括在《欧洲人权和基本自由保护公约》第 9 条中列出的宗教自由的权利。这个法院的裁决在全世界享有很高权威。本书几乎每一章都包括了来自欧洲人权法院的案例，通常还会列举一些美国最高法院的案例，以及来自于其他国家关于同一个问题或者类似的问题的比较性的法律材料。在我们所处的时代，对法律的认同、对曾为各国作为普遍准则所接受的人权的理解，在许多地区都遭到了质疑。因此，我们亟须从人权角度考虑有关法律和宗教的问题，而这正是欧洲人权法院正在做的。

第四，很多关于宗教自由问题的显著进展和细致工作，是在美国之外，由其他国家的宪法法院和其他法院完成的。从美国角度来看，必须意识到这些法院有着与美国法院不同的、独特的运行模式、创新理念和判断标准。在一个联系越来越紧密的世界里，如果觉得只有美国法院在努力解决有关宗教自由的问题，无异于盲人骑瞎马。为人类利益着想，我们希望这本书能为其他法律系统内的人们提供有用的资源，希望人们看到越来越多美国的专家学者热心于地球上其他地区的进步。即使不考虑那些很特殊的案例，比较性的法律资源仍然是数量浩瀚，在决定将哪些资料纳入书中时，我们不得不精挑细选。大部分章节都包括不同法律体系中有代表性的例子，这些材料差不多涵盖了20多个国家。我们没有针对任何一个国家或地区做出全面的研究，相反，选择把世界上许多不同的国家和地区的案例包括在内。这本书的网站增刊里囊括了更多来自不同国家的案例，可以为研究特定司法体系的比较法课程提供帮助。

采用这种新方法的第五个原因是，通过比较性研究，可以更清楚地看到美国体系的诸多特征。比如，美国可以说是世界上唯一没有全国性宗教管理部门的国家。这项基于宪法不立教条款的制度，如果权衡利弊可以说是好的，但也减少了宗教社区内部的合作与互助。此外，在美国宗教团体可以很容易地注册和认证，但在全世界范围内，限制宗教团体取得许可却是实现宗教自由的最大阻碍。美国体系的另一个显著特征是，美国宪法第一修正案确立了禁止建立国教、宗教信仰自由条款，这与国际人权文书和大多数国家宪法里的宗教自由条款是基本吻合的，尽管美国并不是唯一这样做的国家。无独有偶，其他国家也在努力解决许多在美国被视为涉及禁止立教条款的案例，所以美国的情形并非我们或其他人时常想象的那样独一无二。比较性的研究可以帮助我们发现美国体系的优势和弱点，以及美国法院所采用的优先原则。比如，我们最具挑战性的问题之一是，在什么条件下为了保护国家利益而压制宗教自由是正当的？通过深入研究其他法律体系如何界定宗教自由的范围，可以为我们回答这一问题提供借鉴。

通过国际的和比较性的法律研究，我们既可以更好地把握普遍性法律问题，有如掌握了法律的地形学，又可以深入地了解一些具体的问题，法律在这些问题上总是一再陷入困境或步入歧途。我们可以了解到，人们如何看待涉及差别很大的法律问题的类似境况，也可以透过不同历史、文化和宪法的棱镜，看人们如何阐释问题。

· · ·

还需对于案例的选编再说几句。案例要精挑细选、言简意赅，严格遵循如下原则：

第一，我们首重那些我们认为代表了法律学说重要发展的里程碑式的案例。具体的例子如：我们省略、删减了或简述了大量关于美国禁止立教条款的案例。删减了在政府资助教会学校案例中，在公共设施上的宗教标志案例中，最高法院对莱蒙测试的饱受争议的解释、应用以及重申。我们这样做既出于减轻学生负担的考虑，也因为这些案例很多已经被后来的判决推翻、取消或忽略了。

第二，如果某个问题牵涉众多案例时，我们尽力摘录那些确立法律的最初案例、那些阐释不同理论或教条的案例、那些最近的案例，而排除或简要提及大多数的介入案例。

第三，我们寻求国际法和比较法中颇为相似的趣味案例。诚然，我们收录了纯粹的美国式案例，包括关于效忠宣誓的争论、对创世学说的研究、学校祈祷，但是即使是在这些领域也经常有一些可参照的有趣材料。

第四，在编辑案例时，我们可谓是大刀阔斧，有如外科手术一样砍掉了很多累赘。那些厚达几十页甚至几百页的法庭观点被缩减成几页。编辑时我们遵循以下几点：我们着力于阐明事实，只给法院唯一的机会去解释法律，对法律原文和本书其他地方已经援引的案例，一般来说，我们就都省略了。我们还省略了几乎所有的脚注、相关引证以及对于其他案例的讨论。为了易读和简洁，我们有时也省略了一些编辑性的圈释和标记。本书的资料补充网站上，包括了被摘录案例的全文，并在版权许可的范围内提供了很多注释、评论等材料。如果书中某一法庭或评论者的分析看上去牵强或不严密，虽不绝对，但也有可能是因我们的编辑造成的。读者可以通过查看材料补救网站来弥补这些欠缺。

4

第五，我们还排除了至少在我们看来不吸引人的案例。在宗教自由法律中有很多扣人心弦、令人心碎、令人愤慨的案例。我们要把那些重要的、吸引眼球的事例收录进来。曾有一名编者的夫人武断地奚落我们，说我们的所谓趣事，显然都是枯燥乏味的。然而就是她最近承认，这本书里所涉及的议题已经超越了她的鉴赏水平。

W. Cole Durham, Jr.

Brett G. Scharffs

2009 年 12 月

本书简介

议会不能制定关于设立宗教以及禁止宗教自由实践的法律。

——美国宪法，第一修正案

人人有思想、良心和宗教自由的权利；此项权利包括他的宗教或信仰的自由，以及单独或集体、公开或秘密地以教义、实践、礼拜和戒律表示他的宗教或信仰的自由。

——世界人权宣言，第 18 条

伊斯兰教是国家的官方宗教，伊斯兰教经典是法律的源泉：

不能制定与伊斯兰教教义相矛盾的法律。

不能制定与民主原则相矛盾的法律。

不能制定与宪法权利和基本自由相矛盾的法律。

——伊拉克宪法，第一部分，第 2 条

本书介绍关于法律与宗教的研究。按不同主题，不但陈述了在美国法学院案例书中经常见到的关于禁止立教条款和宗教信仰自由条款的材料，而且也包括了国际法与比较法的资料。

本书分为三个部分，框架、宗教或信仰自由、宗教机构和国家的关系。

第一部分，框架。这部分介绍了有关宗教或信仰自由的各种视角，各章分别从历史的、理论的和宗教的视角，谈论宗教自由、国际人权和比较宪法。

第一章简单回顾了欧洲和美国宗教自由观念的历史。第二章介绍了各种关于宗教自由的理论和宗教视角，包括以什么样的标准来认定宗教，捍卫良知和信仰理念的多种理由。第二章还简单介绍了宗教视角下的宗教自由,包括不同传统中有关支持宗教压迫和捍卫宗教自由的争论。第三章介绍了涉及宗教或信仰自由的国际人权,既包括联合国的主要文献,也包括领先的区域性人权领域:《欧洲人权与基本自由保护公约》和欧洲人权法院。第四章综合比较了各种各样的政教关系模式,以及与之有关的各种宪法性的设置。

第二部分,宗教或信仰自由。主要介绍在美国的涉及宗教信仰自由条款的问题。第五章专论宗教自由的核心问题有哪些,信仰的自由和表达的自由,包括自由表达劝诱叛依言论和自由表达被认为是诽谤或亵渎宗教的言论。第六章介绍了确定宗教自由司法保护限制的几个基本的方法。第七章介绍宗教管理的专门问题,例如土地使用、区域划定,以及在像军队、监狱、医院这些特殊社会组织中的宗教自由问题。第八章探讨宗教极端主义问题,包括宗教驱使的恐怖主义,应对危险的宗教派别和敬拜团体的努力。第九章要处理一些既关于宗教自由又涉及其他重要权利和价值的棘手话题,包括女性权利和性少数族群的权利。

第三部分,宗教机构和国家的关系。注重研究机构自治的问题和通常在美国宪法禁止立教条款框架内分类和研究的问题。第十章讨论机构自治的问题,包括教堂财产的争端,关于雇佣和解雇教会工作人员的争议,以及谁有权决定宗教的教义和学说的问题。第十一章讨论在宗教自由或信仰自由范畴内,宗教社团无法获取法律资格和相关权利的问题。虽然这在美国普遍不是问题,但在世界许多地方,关于宗教组织的注册、认可和身份地位问题,成为宗教社团面临的最大挑战。第十二章介绍了宗教与政府间的财务关系,既包括政府直接资助某些教会的宗教政府模式,也包括像美国那样允许政府公开、持续和间接地支持教会或教会使用的非营利资产的模式。第十三章谈教育,一个有很多关于宗教自由和不得立教之间冲突的领域。最后,第十四章讨论这样一些问题,包括公共领域中的宗教角色、宗教卷入政治活动、宗教对法律和公共政策的影响、宗教组织的政治参与及公共财产上的宗教标志。

本书想通过增补的网站为读者们提供更丰富的信息资源，使读者们能更深入地探讨问题。基于此，读者会在全书发现以下的惯例。第一，补充的网站资源包括大量的额外材料，并以方框标示出来，就像下面这样：

补充的网站资源	更多关于宗教自由和劝诱改宗的文献及案例

方框右面部分的解释为这类型可用的材料做出了一个简短的说明。

因为篇幅的限制，不可能把所有案例以及跟某一特定问题相关的其他法律材料都包括在内。作者们欢迎大家推荐来自于其他司法体系的材料。我们会不断地给网站添加比较性的材料。推荐的材料可以发到 Religion Law Casebook@lawgate.byu.edu 或者直接发给作者们。

材料补充网站包括可下载组件，如果一位教授想要某份特定材料，他可以很容易地打印或下载材料。这些组件包括对书中简略讨论的问题的更大篇幅的解释，以及因为篇幅有限书中删掉的一些相关的和有趣的材料。

因为我们期望网站上的资料能得到持续更新，请本书的读者定期到网站上浏览以便得到更多的信息。固定版本材料会一直留在材料补充网站，同时新的改动和材料也会逐年添加。材料补给网站的首页是：www.aspenlawschool.com/books/durhamscharffs。本书的作者们同时担任国际法律和宗教研究中心（International Center for Law and Religion Studies）的领导职务。由国际法律和宗教研究中心管理或协办的其他独立网址里也有些可借鉴的材料，例如：www.iclrs.org，www.religlaw.org，www.strasbourgconsortium.org。尽管对于本书来说，这些资源不像材料补充网站里的那样重要。欢迎大家给材料补充网站提供增补建议，总的来说，希望这本书会同材料补充网站互动，它们的作用将是传统的教科书无法比拟的。

目 录
CONTENTS

第三章　宗教或信仰自由的国际人权视角

第二编　宗教或信仰自由

第五章　宗教信仰自由与表达自由

第六章 对宗教行动和表达的限制

第八章　对宗教极端主义的回应

第九章 宗教冲突和宗教自由与其他权利之间的张力

第三编　宗教机构和国家的关系

第十章　宗教自治

第十一章　结社以及获得法律人格的权利

第十二章　宗教与政府之间的财政关系

第十三章　教育

第十四章　宗教与公共生活

第一编　框架

第一章　宗教自由在历史中形成的张力

一、引言

自人类伊始，只要不同宗教信仰的民族共处同一区域，法律的要求和宗教的界限之间就会出现张力。政府解决这一张力的方法有所不同，从绝对不宽容到宽松以待再到高度地包容。尽管用一个笼统的判断来区分不同的时代或文化是很困难的，但是总的来说，西方世界行进于一条迂回的道路之上，从早期对异教徒和持异议的宗教的迫害开始，经过了对不信奉国教的人宽容忍耐和有限地宽恕的时代，最终，在19世纪，广泛地认同宗教自由和信仰自由是一项基本的、不可减损的人权。

当然，这条历史道路障碍重重，也充满了反讽。举一个众所周知的例子，早期的基督徒在罗马皇帝手中受尽磨难，当风云变幻的历史赋予他们政府权力的时候，他们就担任了对宗教异端的迫害者和公诉人的角色。在这个过程中，基督教的思想家们设法将对异教徒的火刑和对异教创立者的劝诫相调和——他们爱他们的仇敌。我们便更能理解，这种劝诫能在后来反映出，基督教在把宗教自由确认为一项基本人权上做出的重大贡献。其他宗教传统遵循了类似的曲折轨迹，在对其反对者的迫害与宽容之间徘徊，而这常常取决于他们在一个特定的社会中处于多数派还是少数派的地位。

随着时间推移，现代学者逐渐意识到这一点：

在大多数情况下，推动宗教自由本身并非目的，而是作为保障稳定、限制冲突、调停理由的技术。纵观历史，对宗教自由的宽容被用来作为避免冲突的方法，反之，对宗教自由的限制则会成为冲突的根源。总的来说，现在逐渐脱离了通过让不同宗教的人民分开居住来试图保证社会和谐的做法，而是提供一个共同的制度性框架，来促进和平共处。最好的证明就是在现代体制中，出现了国际法所认定的普世人权。[1]

4

---

[1] 托尔·林霍尔姆（Tore Lindholm）、小 W. 科尔·德拉姆（W. Cole Durham, Jr.）、巴伊亚·G. 塔兹布 - 李（Bahia G. Tahzib-Lie）编，《促进宗教或信仰自由：工具书》，导论，马蒂努斯·奈霍夫出版社（Martinus Nijhoff），2004年，第 27、46 页。

限于篇幅，我们就不再对浩瀚的历史做进一步探究。相反，本章将重点关注在法律的发展过程和涉及宗教宽容的哲学理论研究之间所形成的张力，从公元前 1 世纪罗马帝国的兴起，到美国自由信仰宗教的法律思想的出现，再到 20 世纪欧洲人权法院（European Court of Human Rights）的创设。欧洲在这方面的历史发展的重要性我们就不作赘述。在这部分，我们会看到被迫害者成为迫害者这一模型反复出现。这里，我们也从教会法和世俗法随着时间逐渐分离的故事开始。在关于美国的部分，读者将看到的是保护宗教不受国家侵害还是保护国家不受宗教侵害的不同观点。

本章以现代的一些涉及劝诱改宗（proselytism）的案例作结。虽然这些案例使用了最新的宪法和人权理念分析问题，但它们也是相互竞争的宗教社团之间古老冲突的当代体现。在这个意义上，它们深刻反映出当前的出发点是，探索所有人权关切（human rights concerns）中最古老的一部分。

二、宗教迫害的遗产

现代关于政教关系的法律起源于欧洲，首先体现在英国法律之中，后来传播到了美洲的殖民地。此后不久，美国自身的宪法条文及其对国际人权文件的贡献，在更广阔的世界中，对法律和宗教关系的发展产生了重大影响。但是一个人若不理解其在欧洲的一些历史根源，就不能理解美国政教关系的法理。尤其是像托马斯·伯格（Thomas Berg）教授指出的，"我们必须在'基督教王国'（Christendom）的意义上理解欧洲的历史……即使在罗马帝国灭亡之后，越来越多的西欧民族接受了基督教，该宗教也开始与各样的政治权威纠缠在一起。"[2]

（一）从被迫害者到迫害者

人性中有一个臭名昭著的缺点，就是多数派有滥用自己的权力致使少数派受损和遭难的倾向，这已经被历史多次证实。有这样一种不幸的反讽曾发生，即那些人数增多而壮大起来的迫害者，先前曾深受被迫害之苦。早期基督教的历史就揭示了这样的反讽。爱德华·吉本（Edward Gibbon）在他关于罗马帝国的名著中指出：

"大约在基督去世 80 年之后，一位素以温和、明智著称的总督竟然作出判决，将基督的几个无辜的信徒处死，而他所依据的更是一位以施政贤明闻名的

---

〔2〕托马斯·C. 伯格：《国家和宗教》（*The State and Religion*），美国西方出版公司（West Group），2004 年，第 38 页。

皇帝所颁布的法令。图拉真（Trajan）的继任者不断地收到基督徒呈递的信仰辩解书，内中充满了呼天唤地的哀怨：在整个罗马帝国的所有臣民中，基督徒遵守帝国法令，顺从良心自由，却唯独他们不能分享这个兴盛的国家惠及全民的福利。"[3]

然而，吉本继续反思到，"而从基督教执掌最高权力的那一天起，教会统治者们重演昔日他们的异教徒仇敌的故伎，不惜充分显示出自己在做到残酷无情方面，也同样不遗余力。"[4]

最早被记录的由政府当局对基督徒的迫害事件，发生在罗马尼禄大帝（Nero）统治时期的公元64年，一场大火将罗马置于火海，摧毁了很多区域。有流言说尼禄自己点燃这场大火，并蔓延开来。为了避免大家的怀疑，尼禄将矛头指向了基督徒。结果，大量基督徒被处死，他们被扔给野兽吞噬或者在尼禄的庭院中被绑在火刑柱上烧死。那个时期一些著名作家的信件指出，在尼禄的暴力之下，使徒彼得和保罗遇难。尼禄的继承人图密善（Domitian）继位之后，迫害仍在继续。

关于如何处置基督徒的官方公告最早可见于公元111年。小普林尼（Pliny the Younger），比提尼亚（今土耳其——译者注）的统治者，因公正而闻名于世，他质疑那些处死不愿放弃信仰去供奉异教神祇的基督徒的地方政策。他写信给图拉真皇帝请求得到指点。图拉真的回信支持他更为宽容的方法，并命令国家机关不得把时间浪费在搜寻基督徒上。然而，在普林尼此举之前，那些否认基督教并供奉异教神灵的人会被豁免，而拒绝这么做的人会被处死。[5]

整个第二世纪，尽管皇帝不断更替，但这种对待基督徒的方式却逐渐形成罗马政权的固定准则。在马可·奥勒利乌斯（Marcus Aurelius）（161—180年）统治期间，民意逐渐开始不利于基督徒。接下去的一个半世纪，虽然偶有例外，但罗马政权对他们的态度明显恶化。公元4世纪初，对基督徒的迫害达到了高潮。直到加利流·马克西米安（Galerius Maximianus）（305—311年）统治时，不管是基于什么意图，罗马帝国对基督徒的迫害总算是停了下来。加利流死后，罗马帝国由4个统治者分治。为了夺回和重建帝国，康斯坦丁大帝

6

〔3〕爱德华·吉本：《罗马帝国衰亡史》（*The History of the Decline and Fall of the Roman Empire*），Folio Society，1984年，第147—148页。
本段以及下面一句话的翻译使用了黄宜思、黄雨石译本，商务印书馆，2007年。——译者注
〔4〕同上。
〔5〕胡斯托·L.冈萨雷斯（Justo L. Gonzalez）：《基督教的故事：从早期教会到宗教改革的曙光》（The Early Church to the Dawn of the Reformation），哈珀与罗出版公司（Harper& Row），1984年，第40页。

(Constantine) 对其他的统治者发起战争。两个与康斯坦丁私交甚笃的基督教历史学家记载道：在战争前夕，康斯坦丁得到一个神启，指示他要将基督教的标志放置在战士的盾牌上。胜利接踵而来，康斯坦丁控制了帝国的整个西半部地区，同时基督教也得到了皇帝的支持。[6]

公元 313 年，康斯坦丁为了获得最高统治权而继续作战，他在米兰接见了李锡尼乌斯（Licinius）。在那里，他们缔结了举世闻名的《米兰诏书》（Edict of Milan）。根据该诏书，他们同意停止迫害基督徒并且归还所有基督徒的财产。这项诏书标志着对基督徒的迫害正式终结。最终，康斯坦丁如愿以偿地获得了罗马帝国的最高统治权，可能是因为他将米欧维安桥（Milvian Bridge）的胜利归因于他受到的启示，即将基督教的标志放置在盾牌之上，所以他给予基督教特权、认可和尊重，这些在之前只有异教才能得到。[7]

精美的教堂和复杂的礼拜形式出现了，神职人员的贵族意识被唤醒，他们开始争夺权力和地位。教会的教义和实践掺入了非基督教的因素。[8] 对这些变化的抗议标志着修士运动的开始，有很多人用回归苦行和孤寂生活的方式表达他们对新秩序的不满。另外一些人，比如北非多纳图斯派信徒（donatist），坦率地宣称教会已经堕落，只有他们依然是真正意义上的教会。他们和其他一些反对者常常遭受现在已基督化的那些国家的暴行，其残暴程度几乎等同于之前罗马帝国迫害基督徒的程度。到了 5 世纪，包含一百多部法令的《西奥多西安法典》（Theodosian Code），对异端和异教徒进行严厉的定罪处罚。

评论和问题

是什么导致了 4 世纪基督徒从被迫害者到迫害者这一明显的转变？这看起来是一个不断重现的历史现象。是什么因素导致了曾经被迫害的群体变成了迫害者？什么能阻止这一情况的发生呢？

附加网络资源：	早期教会和国家历史的材料，包括对基督徒的迫害以及基督教占据支配地位后的政教结构

〔6〕胡斯托·L. 冈萨雷斯（Justo L. Gonzalez）：《基督教的故事：从早期教会到宗教改革的曙光》（The Early Church to the Dawn of the Reformation），哈珀与罗出版公司（Harper& Row），1984 年，第 106—107 页。

〔7〕冈萨雷斯（Gonzalez），同注 5，第 107、108 页；保罗·约翰逊（Paul Johnson）：《基督教的历史》（A History of Christianity），韦登费尔德与尼可森出版社（Weidenfeld and Nicolson），1976 年，第 76 页。

〔8〕华莱士·K. 弗格森（Wallace K. Ferguson）、华莱士·克里波特（Wallace Klippert）、杰弗里·布鲁恩（Geoffrey Brunn）：《欧洲文明调查》（第 3 版）（A Survey of European Civilization 3rd ed），米夫林出版公司（Houghton Mifflin），1958 年，第 88 页。

（二）惩罚异端

一旦基督教的优势地位得以确立，惩罚异教就成为经常发生的事情。今天，一想起如宗教裁判所（Inquisition）这类机构和异教徒被绑在火刑柱上烧死的画面，就让人反感。布莱恩·蒂尔尼（Brian Tierney）描述了让上述事情变为可能的思维模式：

早期教父思想一个关键性的转折点，来自于奥古斯丁（354—430年）的教导。在公元395年，奥古斯丁成为北非希波（Hippo in North Africa）的主教，他发现在那个地区，因为正统天主教徒和反对派多纳图斯派信徒之间有严重的宗教分歧，教会也分割为两部分。宗教仇恨引起频繁的内乱，在城市里两个教派间发生着暴乱和巷战。多年来，奥古斯丁认为只有和平的劝导才能解决宗教分歧。但是，最终他接受了其他主教的意见，即启用世俗权力来镇压异议者。

在政治思想的一些领域，中世纪的观念和我们现在的观念并没有什么不同。中世纪的人们有着颇为发达的代议制、（人民）同意（consent）和法治政府的观念。但是，我们若转向个人宗教权利的观念，他们的整体思维模式与我们的却完全不同，我们要花相当大的精力用历史想象的方法进入他们的思想世界……让西方基督教社会团结在一起的唯一纽带是他们有共同的宗教信仰……中世纪的人们看待异端者的方式（和我们看待叛国贼的方式）是一样的；他们认为异端者因为叛教而有罪，而把他们当做叛徒来对待。当一个共同的宗教界定了整个社会的生活方式时，拒绝它就是把自己与共同体隔绝开来，成为某种意义上的不法之徒（outlaw）——并且在中世纪的观念中这是一个危险的不法之徒。

（虽然托马斯·阿奎那早期提出一系列支持宽容的理由，但他仍认为）异端者应该被处死。有时候，为了整个身体的健康而不得不切除掉患病的手足。

中世纪的人们坚信他们宗教的真理性，以至于他们不能理解，仅仅因为知识的错误或者判断的失误，就会对众人都已接受的信仰产生异议。他们认为异端一定是源于怨恨，源于故意选择罪恶而不是善行、选择撒旦而不是上帝的邪恶念头。阿奎那写道："信仰的不忠是一项智力活动（act of intellect），但它是受意愿（will）驱使的。"这是中世纪憎恨异端的根本原因。异端者不仅被当做教会的叛徒，而且被当做上帝的叛徒看待……清除异端者被视为是正义和善举的根本要求。宗教裁判所用越来越严酷和残忍的方法来完成这项任务，甚至包括严刑逼供，它也被视为是保护基督教社会的必要措施。[9]

---

[9] 布莱恩·蒂尔尼："宗教权利：一种历史的视角"（Religious Rights: A Historical Perspective），载

8　　　早期的异端审判：约翰 · 胡斯案

对"异端"的迫害在中世纪时期获得动力，并且持续到了宗教改革时期。完整记录基督教异端审判的一个较早的案子是约翰·胡斯（John Hus）案，胡斯是波西米亚的一位牧师，在 1415 年因为支持宗教改革而受审。胡斯受到威克里夫（Wycliffe）著作的影响，他因公然批判教会内部神职人员的恶习，而最终引起了康斯坦茨宗教会议（Council of Constance）教会权威的注意，该会议是为了统一教会根除异端而成立的。虽然胡斯声称他并不支持威克里夫的观点，但大会基于从他的著作中的摘录出来的文章和他拒绝声讨威克里夫的作品，仍然宣告他是一个异端。对胡斯审判和惩罚的记录摘录如下[10]：

（6 月 7 日，星期五）他们再一次将胡斯带到了前面提及的教会餐厅去听审，每一次审讯都有很多携带着剑、弩、斧、矛的城市卫兵围守餐厅……

（审判人员）称（胡斯）……在 1410 年，多次谋划、教导和辩论已故的约翰·威克里夫著作中的和从自己的无耻和狡猾中得出的异端邪说，并尽其所能地为之辩护……

审判人员还进一步说道，在布拉格，约翰·胡斯在学校里和在公开布道时，都固执地鼓吹和维护威克里夫的错误理论。胡斯回应道，他从来没有鼓吹也并不希望追随威克里夫或者其他任何人的错误教义，因为威克里夫既不是他的父亲也不是捷克人。如果威克里夫的确散布了很多错误的思想，那么这也是英国人应该关注的问题。

当审判人员指责胡斯拒绝谴责威克里夫的 45 篇文章时，胡斯回答道，神学家们谴责威克里夫 45 篇文章的理由是没有一篇文章是符合天主教的，反而都是异端、错谬和可耻的，但他绝不会同意这样的谴责，因为这违背他的良心……

他更明确地说道，他从没有固执地对威克里夫的任何一篇文章进行辩护，但他和其他牧师一样，也不同意神学家们的谴责，因为他希望从这些学者那里，听到对威克里夫的文章进行谴责的圣经依据和充分理由……

胡斯说道，12 年前，在威克里夫的神学书籍还没有引入波西米亚之前，他的确很喜欢威克里夫所著的有关人文科学的书籍。除了威克里夫生活的良善之

《西方思想中的宗教自由》（Religious Liberty in Western Thought），诺埃尔·B. 雷诺兹（Noel B. Reynolds）、小 W· 科尔·德拉姆编，埃默里大学学者出版社（Scholars Press for Emory Univ）1996 年版，第 29、33、43、44、45 页（下文直接用《西方思想中的宗教自由》）。

〔10〕彼得（Peter of Mladonovice）："对胡斯的审判和执行"，转载自爱德华·彼得（Edward Peters）编：《中世纪欧洲的异端和权威：转型中的文献》（Heresy and Authority in Medieval Europe: Documents in Translation），宾夕法尼亚大学出版社（Univ. of Pennsylvania Press），1980 年，第 289—297 页。

外，胡斯对他一无所知。他说："我并不知道那位约翰·威克里夫的灵魂在哪里，但我希望他已经获得拯救，也恐怕他被罚下了地狱。尽管如此，我仍希望我的灵魂处于约翰·威克里夫的灵魂所在之地。"当他在大会上说这些话的时候，其他人摇着头，狠狠地嘲笑他……

在他被带走之前，康布雷（Cambrai）的红衣主教对他说："约翰校长，不久之前你在监狱中说你会谦卑地服从大会的判决。我建议你，不要再把自己卷入那些错误中去，而是听从大会的正确意见和教导，大会将对你做出仁慈的处置……"

约翰·胡斯哭泣着，谦逊地回答道："约翰大人，我确信如果我知道自己曾经撰写或者鼓吹过任何违反法律和反对圣母教会的错误思想，我会恳请收回它——上帝为我作证！我始终盼望能有比我所写和所教授的更好且更切合圣经的著作呈现出来。如果真的有这样的作品出现在我面前，那么我很乐意收回我的错误思想。"听了这些话后，一个主教对约翰牧师说："你觉得你比整个大会的成员都有智慧吗？"约翰说："我不觉得我比整个大会成员都有智慧，但我祈求，对我进行教导的这个大会中至少有一个人，能够提出更好的并且更切合圣经的著作，我会立即自行收回我的言论！"这个主教说道："大家都看到了，他是何等地固守他的异端邪说啊！"基于这些言论，大会命令将他带回监狱……

（第二天，7月6日，胡斯来到大会面前，接受对他的最后一次审理和判决。大会再一次诵读了包含对其指控的文章。胡斯个人因为异端而被判刑，他所撰写和翻译的所有书籍都要被烧掉。）

……在宣读判决的剩余部分时，胡斯跪下祈祷并且仰望天空。判决作结时，每念到特别的一点，约翰·胡斯校长就再次跪下来，大声地为他所有的敌人祈祷："主耶稣基督，我恳求您，请以您的怜悯赦免我的所有敌人；您知道他们错误地指控我，他们做了假见证，并且伪造文章来控告我！请以您无上的怜悯赦免他们吧！"当他说完这些，很多人，尤其是那些神职要员，看上去非常愤怒并且奚落胡斯……

（在胡斯被带走之前，人们将一个代表异端者的纸帽子戴在他头上。接下来胡斯被带到了执行判决的场所，绑在火刑柱上烧死了。在他死之前，他再一次否认了强加给他的指控，并祈求上帝的怜悯。）

评论和问题

1. 为什么康斯坦茨会议的成员相信制裁约翰·胡斯是正当的？如果大会对与

审判有关的各个事件做了记录，他们的记录与胡斯的追随者所说的故事会有哪些不一样呢？大会的记录会不会将这个案子描述得更类似叛国罪的情形呢？

2. 蒂尔尼认为有三个因素最终终结了对异端的惩罚。第一个因素是基于文艺复兴时期的人文主义而产生的怀疑主义——怀疑主义没有质疑基督教的核心教义，而是质疑很多基督教徒意见分歧的东西，比如命运、自由意志、洗礼、圣餐变体论和三位一体等；第二个因素是这样的主张，即在社会的和睦相处中世俗的和经济的利益应当被优先考虑；第三个因素是迫害性的实践违背了耶稣的教导。[11] 对你而言，这些理由中哪一个看上去是最有说服力的？你认为哪一个在终结对异端的惩罚上最有效？为什么？

3. 17 世纪，新教徒经常要求宽容犹太人和土耳其人，部分地作为支持不能强制别人改变信仰之教义的方式。但他们不太愿意宽容天主教徒。[12] 为什么会出现这样的情况？

附加网络资源：	中世纪关于异端和背教（apostasy）的观念的资料
	关于宗教裁判所，更多异端审判和巫师审判的资料

（三）政教关系的张力

在大多数文明中，其政教模式总是世俗势力或宗教势力二者中的其一掌握毋庸置疑的统治权。然而基督教文明，尤其是西方的基督教文明，其显著特点之一则是，无论教会还是国家都未曾完全地从属于另一方。其结果是宗教和政治机构之间有着持续不断的张力，最终达成了共识——二者都应该受到限制。布莱恩·蒂尔尼描述了这种局势：

因为任何一边都不能对其更极端的主张提出好的说明，因而政教关系二元论在中世纪的社会中得以存续下来，最终在许多政治学理论著作中得以理性化和正当化。法国神学家，巴黎的约翰（John of Paris）……（在 1302 年写道）要分配给教会和国家各自合适的职责，"在精神领域，牧师比君主更重要……另一方面，在处理世俗事务上，君主就更重要了。"

我们描述的中世纪社会所坚持的二元论，与现代所谓的"分离之墙"（wall of separation）相距甚远。在中世纪，教会和国家的力量经常重叠交错在一起，并且相互影响；但是教会仍致力于对国家权力在宗教领域的影响进行绝对的限制……

---

〔11〕布莱恩·蒂尔尼："宗教权利：一种历史的视角"，载《西方思想中的宗教自由》，第 48—50 页。
〔12〕同上，第 48 页。

教会摆脱国家控制而获得自由，是现代宗教自由中重要的一部分，但是仅仅是一部分而已。中世纪的罗马教皇所要求的教会自由（libertas ecclesiae）并不是个人的宗教自由，而是教会作为一个组织机构享有管理其自身事务的自由。这一自由留下这样的可能性——教会可能对其异议成员进行迫害，而这一可能性从 12 世纪开始得到了全面实现……但是，就算在有迫害的若干世纪中，中世纪思想和实践的某些方面，仍然能够产生另一种宗教宽容的传统。[13]

评论和问题

在当今世界，中世纪宗教和世俗秩序之间的平衡在多大程度上存留下来？如果给予宗教过多的权力，是否会有危险？如果是世俗权威呢？

附加网络资源：	宗教改革运动之前，关于政教关系理论和历史的资料，包括教皇和国王之间对授职权的争议和对抗的资料

三、宗教宽容思想的起源：英国经验

（一）宗教容忍在英国的历史发展

如果英格兰只有一种宗教，则有专制的危险，如果有两种宗教，则它们会拼得你死我活，而实际上有三十种宗教，它们处于和谐与幸福之中。

——伏尔泰（Voltaire），《英国书信》（1733）[14]

尽管宗教宽容思想的出现可以追溯到很多地方，但英国的经验是特别有影响力的。作为英国历史的重要部分，宗教权力和世俗权威之间的张力，伴随着亨利八世（Henry VIII）在位期间英国教会与罗马教皇的分道扬镳而达到顶峰。但是，与罗马关系的破裂并不意味着向个人信仰自由迈进了一步。因为在当时的英国仍然只有一种宗教，只是换了一个新的统领者。亨利八世对于教会权力的猜忌体现在一些法律条款上，比如《神职人员服从法案》（Act for the Submission of the Clergy）和《禁止上诉法案》（Act for the Restraint of Appeals），其中规定，英国的神职人员，在监禁和罚款之威慑下"从此以后他们中的任何人都不得擅自攻击、引用、宣布和实施任何宪章、条例，无论是省级的或教会会议的教规或任何其他原则，也不得制订、发布、执行如上之宪法、法令或者行政

---

〔13〕布莱恩·蒂尔尼："宗教权利：一种历史的视角"，载《西方思想中的宗教自由》，第 36 页。

〔14〕伏尔泰：《英国书信》（Letters on England），企鹅图书（Penguin Books），1980 年，第 41 页。

章程等条例……除非该神职人员得到君主的最高御准和许可……"[15]

在最初同罗马教廷决裂之后，英国的宗教信仰追随了当时君主的宗教信仰。玛丽一世（Queen Mary I）（1553—1558 年在位）很快通过《废止规约》（Statutes of Repeal）（1553 年和 1555 年），撤销了亨利八世对罗马教廷有意的冒犯。《第二部废止规约》宣布："废止亨利八世第二十年以来，专门为反对罗马教皇而制定的所有法规、条款和规定……"[16] 议会解释制定该法规的根本原因是，"因为亨利八世第二十年以来的沉痛记忆，……过去很多错误和虚假的教义被教导、宣讲和撰写……"[17]

玛丽一世的继任者伊丽莎白一世（Elizabeth I）（1558—1603 年）在位期间，国会于 1559 年颁布了一项法案，"将国内针对所有教会与信仰事务的裁判权重新置于王权统治之下，排除所有与之相抵触的外国势力（如罗马教皇）的干涉"。[18]

尽管英国圣公会（the Church of England）的国教地位日益稳定，世俗权威和教会权力如何良好共存仍然是一个值得关注的问题。在饱受争议的查尔斯一世（Charles I）统治时期（1625—1649 年），国王与国会之间、高派教会和清教徒之间的纷争，在法律确定的高度中央集权中达到高潮。在查尔斯统治时期，国会于 1641 年全面禁止任何神职人员担任公职。国会通过冗长的《取消神职人员处理世俗事务的法案》（Act abolishing Temporal Power of the Clergy），宣布"大主教、主教或其他现在或今后可能担任神职的人员都不得……在国会中担任任何职位、行使选举权、发表议论、使用或者行使国会的任何权力和权威"，也不得在政府中担任任何职位。[19]

对于这个法令，查尔斯一世是何等的"自鸣得意"尚有待考证。无论怎样，在他的儿子即继任者查尔斯二世（Charles II）（1661—1685 年）统治期间，国会迫不及待地废除了该法。大约与此同时，英国的相关法律又有了新的变化，在仍然强调英国圣公会至高无上性和把通过各种宗教考核作为公民担任公

---

[15] 卡尔·斯蒂芬森（Carl Stephenson）、弗雷德里克·乔治·玛尔查姆（Frederick George Marcham）："神职人员服从法案"与"禁止上诉法案"，转载自《英国宪政史文献：从公元 600 年到空位期的文献选编》（第一卷）（1 Sources of English Constitutional History: A Selection of Documents from A.D.600 to the Interregnum），哈珀与罗（Harper & Row）出版社，1972 年，第 306 页。[下文直接用《英国宪政史文献》（第一卷）]

[16] "第二部废止规约"，转载自《英国宪政史文献》（第一卷），第 329 页。

[17] 同上。

[18] "至尊法案"（Act of Supremacy）（1559 年），转载自《英国宪政史文献》（第一卷），第 344 页。

[19] "取消神职人员处理世俗事物的法案"，转载自《英国宪政史文献》（第一卷），第 486 页，同注[15]。

职的前提条件的同时[20]，查尔斯二世的《信仰自由宣言》(Royal Declaration of Indulgence)（1672 年）表明，法律开始认可少数派宗教进行敬拜的权利。但这些权利绝非不受任何限制，《皇室宣言》为公共集会制定了相关法规，规定了其条件："除天主教信徒以外，所有新教教徒和其他教徒禁止在公共场所集会，但对于自我修行和在私人处所进行的敬拜活动则免于处罚。"[21]

在英国，强烈的反天主教情绪在查尔斯二世统治期间开始盛行，并于《第二部宗教考核法案》(the Second Test Act)（1678 年）中得到进一步体现："为了更有效保护皇室人员和政府官员，禁止天主教徒在任何国会部门前静坐。"[22]

光荣革命后英国 1689 年的《人权法案》(Bill of Rights) 和《宽容法》(Act of Toleration)（1689 年）继续扩展了少数派宗教的权利范围。这些法律将那些英国国教的异议者从过去法律规定的刑罚中解救了出来，并在敬拜形式和参与公共事务等方面授予了新教徒相当多的权利。此外，除了宣誓效忠国家之外，他们无须效忠于英国国教，但是要声明同罗马教皇断绝关系。除了极少数的特殊情况外，新教徒的宗教自由都已基本实现。然而，罗马天主教会在经过了 140 年之后才享有到同等的权利。从 1829 年开始，根据《天主教解放法案》(Catholic Emancipation Act)，天主教徒只需要宣誓谴责那些教皇党徒阴谋推翻君主制的行径，并保证忠于英国君主，就可以担任任何公职而不必放弃自己的信仰。

评论和问题

1. 尽管英国教会一直承认罗马教皇，直到英国改教时期与之分裂，但是其有史以来在功能上是独立于罗马教廷的。这种功能性的独立能够成为英国国教与罗马分裂并承认国王作为其领导的正当理由吗？"君权神授说"能成为国王任命教会首领的正当理由吗？

2. 多数针对天主教徒的歧视在这样的基础上被正当化，即他们会支持罗马教皇推翻政府并由另一个忠实于教皇的政府取而代之。这是正当理由吗？在什么情况下宗教宽容会成为外交政策的一部分？类似的理由能使这种法律上的歧

---

〔20〕参见"组织法"(Corporation Act)（1661 年）："自此以后任何人要想通过委任、选举或者挑选而担任公职，都必须在进行该选举或者挑选前一年内，领受根据英国圣公会的圣餐仪式而举行的圣餐"；《第一部宗教检验法案》(First Test Act)（1673 年）："该法令要求，除特殊情况以外，所有公职人员都要领受根据圣公会的圣餐仪式而举行的圣餐。"

〔21〕《皇室特赦声明》，转载自卡尔·斯蒂芬森、弗雷德里克·乔治·玛尔查姆：《英国宪政史文献：从王位空白期到当代的文献选编》（第二卷）(2 Sources of English Constitutional History: A Selection of Documents from the Interregnum to the Present)，Harper & Row 出版社，1972 年，第 559—560 页。[下文直接用《英国宪政史文献》（第二卷）]

〔22〕《第二部宗教考核法案》，转载自《英国宪政史文献》（第二卷），第 556 页。

视正当存在吗？举例来说，在何种程度上，外交政策和对于国家安全的考虑会决定对穆斯林的待遇？

（二）约翰·洛克：《论宗教宽容》

英国哲学家约翰·洛克（John Locke）长久以来被视为一个开创性的人物。这不仅仅因其在自由主义及社会契约论的兴起方面的贡献，还在于对宗教自由的现代理念的架构。洛克以哲学水准写就的著作符合宗教宽容在当时那个社会时代中出现的模式。其著作中多数根本性论点已经不言自明，因此它们的出处以及革命性几乎为人们所遗忘。[23] 事实上，从理论上看，洛克关于政教关系的文献，展现了其同这方面早期思想的戏剧性背离。纵观历史，思想家无不认为国家对宗教信仰的贯彻实施对于宗教真理来说是必需的，同时宗教信仰和文化的一致性之于政治稳定也是必不可缺的。其观念是"一个统一的国教……可以起到一种社会黏合剂的作用，也是对政权忠诚和服从的根本动力"[24]。在欧洲，这种印象在宗教斗争肆虐于这块大陆的时候得以加强。

洛克在《论宗教宽容》（A Letter Concerning Toleration）一书中，驳斥了当时盛行的政教关系的观念。他提供了强有力的论证以说明国家强制力在宗教事务方面是不起作用的，国家也无力促使任何人进入天堂。充其量，国家强制力仅仅能够获得表面的虚伪遵从。此外，他主张宽容与尊重非但不会颠覆政权，相反地，还具有使少数派宗教成为社会稳定而非社会分裂之源头的功效。洛克深深地影响了很多美国思想家，对托马斯·杰斐逊（Thomas Jefferson）和詹姆斯·麦迪逊（James Madison）的影响尤为深刻，他们在构建一种博大宽广的宗教自由观念时总结利用到了洛克的成果。洛克的洞察力为现代宗教自由的体制建立了基础。以下的内容表达了他的六个关键性的观点。[25]

区分公民政府的事务与宗教事务

我认为下述这点是高于一切的，即必须严格区分公民政府的事务与宗教事

---

〔23〕《西方思想中的宗教自由》，编者的导论，第9、17页。

〔24〕小 W. 科尔·德拉姆："宗教自由的诸种视角：一个比较的框架"（Perspectives on Religious Liberty: A Comparative Framework），载《全球视野下的宗教人权：法律视角》（Religious Human Rights in Global Perspective: Legal Perspectives），约翰 D. 范·德尔·维维尔（Johan D. van der Vyver）和小约翰·威特（John Witte, Jr.）编，马蒂努斯·尼约夫出版社（Martinus Nijhoff），1996年，第1、7页。

〔25〕约翰·洛克：《论宗教宽容》，威廉·波普尔（William Popple）译，哈德斯菲尔德出版社（Huddersfield），1796年。

本处的翻译使用的是国内的译本，略作修改。参见约翰·洛克：《论宗教宽容》，吴云贵译，商务印书馆，1982年，第5—45页。——译者注

务，并正确规定二者之间的界限。如果做不到这点，那么那种经常性的争端，即以那些关心或至少是自认为关心人的灵魂的人为一方，和以那些关心国家利益的人为另一方的双方争端，便不可能告一结束。

在我看来，国家是由人们组成的一个社会，人们组成这个社会仅仅是为了谋求、维护和增进公民们自己的利益。所谓公民利益，我指的是生命、自由、健康和疾病以及对诸如金钱、土地、房屋、家具等外在物的占有权。官员的职责是：公正无私地行使平等的法律，总体上保护所有的人并具体地保护每一个公民属于今生的对这些东西的所有权。

官员的职权范围不扩及宗教领域

既然官员的全部权力仅限于上述公民事务，而且其全部民事的权力、权利和辖制权仅限于关怀与增进这些公民权利，它不能，也不应当以任何方式扩及灵魂拯救。因此，我以为下述各点理由是可以充分确证的。

首先，谁也没有责成官员比他人更多地来掌管灵魂的事。我可以用上帝的名义说，并未授予他这种权力。因为看来上帝从未把一个人高于另一个人的权威赐予任何人，致使他有权强迫任何人笃信他的宗教；也不能说人民赞同把这种权力交与了官员，因为谁都不会对自己的灵魂拯救弃之不问，而把它盲目地交由他人来决定取舍，无论他是国王，抑或是臣民，都不能由他来决定应该遵从何种信仰和礼拜。

其次，掌管灵魂的事不可能属于民事官员，因为他的权力仅限于外部力量，而纯真的和救世的宗教则存在于心灵内部的信仰，因此没有任何物品能够为上帝所接受。

第三，灵魂拯救的事不可能属于官员掌管，因为即令法律和刑罚的威力能够说服和改变人的思想，却全然无助于拯救灵魂。因为真理只有一个，到天国之路只有一条。如果人们除法庭规定的宗教外别无其他可循之道，而又不得不放弃自己理性的启示，违背自己良心的指示，又怎能指望这样的教会把更多的人引进天堂呢？

我以为，仅据上述理由便足以得出结论：公民政府的全部权力仅与人们的公民利益有关，并且仅限于掌管今生的事情，而与来世毫不相干。

教会无权主张国家权力

官员既无权以法律强行颁布任何教会所应采用的任何礼仪，当然也便无权禁止任何已为教会所接受、确认和遵行的礼仪，因为如果官员那样做，他便会毁掉那个教会本身。

15

你会说，按照这种准则，如果某些聚会者竟别出心裁地想以婴儿作为献祭，或者（如同早期基督徒被指责的那些不实之词）干那些淫荡、污秽的勾当或其他诸如此类的大罪，是否因为这些都发生于宗教聚会，官员就必须加以宽容呢？我说不！这些事情无论是在日常生活当中，还是在任何私人家里，都是不合法的，因此，在礼拜上帝或任何宗教聚会中，也同样是不合法的。但是，假若出于宗教的原因而集合在一起的人们，想以小牛作为献祭，我以为这就不应以法禁止。官员的职责仅限于照顾国家的利益不受损失以及人们的生命、财产不受侵犯。

在解决了上面这些问题之后，下面就让我们来探讨一下这种宽容责任的适用范围有多大及其对每个人的要求是什么。

首先，我认为，任何教会都绝不会因为宽容责任而容纳那种屡经劝告仍执意违反教会法规的人。因为这是教会的条件，也是教会的一项契约；如果容忍这种违法行为而不加任何责罚，教会便会立即解体。

其次，任何私人都无权因为他人属于另一教会或另一宗教以任何方式危害其公民权利的享受。这些并不是宗教事务。无论他是基督徒，还是异教徒，都不得对他使用暴力或予以伤害。

教会彼此之间的关系也和私人之间的关系一样：任何教会无权管辖其他教会，即使官员……恰巧属于这个或那个教会时，亦无例外。因为公民政府不能授予教会以新的权利，教会也不能授权予公民政府。

神职人员的权威只能限于教会内部，而绝不能以任何方式扩大到公民事务。
16 因为教会与国家互相有别并绝对分离，它们之间的界限是明确不变的。

国家无法确知宗教真理

让我们以同在君士坦丁堡的亚美尼亚教会和加尔文教会为例。谁能因为二者之间由于在教义和礼仪上有所不同，而说一个教会有权剥夺另一教会会员的财产和自由（如我们在有些地方所见到的那样），同时让土耳其人站在一旁幸灾乐祸地观看基督教徒之间彼此互相残酷虐待呢？但是即令假设它们之中的某一方有权虐待另一方，我便要问：这种权力应当属于哪一方？又是基于什么样的权利呢？无疑，人们会回答说，正统的教会拥有管辖谬误的或异端的教会的权利。可是，这种似是而非的大话等于什么也没说。因为每个教会对其自身而言都是正统的，而对其他教会则是谬误的或异端的。一个教会不论相信什么，它都认作是真理，并把与之相反的称为谬误。因此，这两个教会在关于教义的真理性和礼仪的纯洁性的争端中，双方都处于同等的地位；不论在君士坦丁堡或世界的其他地方，都找不到一位法官，可以根据他的裁决来解决这场争端。

这类问题的裁决和对谬误一方的惩罚，只能属于人类最终的重判者上帝（the Supreme judge of all men）。与此同时，让那些人们深刻反省一下：当他们粗野、傲慢地虐待那些并不从属于他们、而是别的主人之奴仆的人们时，即令不是在他们的谬误之上，也定然是在其傲慢之上又增添了不义行为，他们这样做是犯了多么穷凶极恶的恶行呀！

多元化是稳定之源泉

所以，还是让我们直言不讳地谈谈吧。官员（magistrate）之所以惧怕其他教会而不是他自己的教会，那是因为他对一个教会仁慈、宠爱，而对另一个则严厉、冷酷。对一些教会，他给予抚育和保护，而对另一些教会，他却无休止地鞭笞和压迫。请官员将二者的位置调换一下吧，或者只要允许那些持不同意见者同其他臣民一样享受同等的公民权利，那么，官员很快就会发现，那些宗教集会不再是危险的了。公正、温和的政府，不论在什么地方都是稳定的、安全的。但是，压迫就要引起不满，迫使人们为挣脱不舒服的、专制的枷锁而斗争。我知道，骚乱往往在宗教的名义下发生，但是，臣民们常常因为宗教而受到虐待，生活悲惨，这也是事实。请相信我的话：之所以发生骚乱，并不是由于这个或那个教会秉性奇特，而是由于全人类共同的倾向——在重压下呻吟的人，自然要努力挣脱脖子上套着的锁链。促使人民聚众骚乱的只有一件事，那就是压迫。

如果一个公民政府只把在宗教方面与君王一致的教会奉为其主要支柱，而且其原因（如我们业已说明的）仅仅是因为君王对其仁慈、法律对其有利。那么，如下的政府该是多么安全？在那里，所有善良的臣民，不论属于哪个教会，不分宗教信仰，大家同样享受着君王的恩宠和法律的利益，大家都将成为政府的共同支柱和保卫者；在那里，除损害邻人、破坏公共和平者外，谁都不再畏惧法律的严厉。

宽容要有限度

另一种更加诡秘、对国家的危害也更大的邪恶就是：人们在为他们自己和他们的宗派谋求某种特权时，是以某种特别富于欺骗的言辞为掩饰，而在实际上却践踏社会的公民权利。例如，我们找不到哪个宗派明目张胆地向人们传授，可以不必遵守自己的诺言；或者说那些在宗教上与君王持不同见解的人可以废黜君王；或者说唯独他们自己才有权支配一切。因为像这样赤裸裸地宣扬这些东西，立即就会引起官员的注意并唤起全国的注意来共同警惕这种危险的邪恶的蔓延。然而，我们却发现某些人用另一种方式来说这类话。例如，有人宣称

17

"对异端教派不应遵守信用"这话还能有别的含意吗？他们的真正意思就是唯独他们才有权不讲信义。因为他们把不属于他们教会的人一律宣布为异端，或者至少在他们认为有必要这样做时可以这样宣布。他们宣称，国王一旦被革除教籍，也将自动失掉王权和王国。这话还能有别的解释吗？显然，他们用这种办法把废黜国王之权妄加于他们自己身上，因为他们是以革除教籍的权力作为其教阶组织的特权向王权提出挑战。因此，那些自认为忠实的、虔诚的、正统的人，老实说，也就是认为他们自己在公民事务方面享有优越于他人的权利或特权的人，或者那些以宗教为借口，对与他们的教会毫无关系的人们提出享有任何形式的权威的人，我认为，这些人也同那些在纯属宗教事务方面不愿承认和教诲对所有人实行宽容的责任的人一样，没有权利得到官员的宽容。

评论和问题

1. 洛克是否准确地描述了世俗权威与宗教权威之间的界线？从他的描述中是否能看出他偏好于国教还是新教？

2. 洛克主张说，世俗权威不应该介入宗教事务的理由中，至少有一条是强制力不能产生真正的信仰。国家强制力充其量只能得到外在的行为，结果只是伪善而已。这个论点正确吗？国家是否能够塑造宗教信仰？即使一个国家不能够消除宗教信仰，那它难道不能通过禁止传播宗教信仰来阻断信仰的形成吗？

3. 洛克宣称国家在宗教事务方面无能为力是正确的吗？这算是禁止国家有对宗教进行评判的管辖权吗？那国家能否对某些特别危险的宗教进行评判？国家能力的限制有哪些？

4. 洛克认为不应容许那些偏执的存在。这作为宗教自由的外部限制原则能够起作用吗？对普遍意义上的自由理论呢？这条原则所保护的范围有多大？许多段落暗指洛克很可能认为天主教徒、穆斯林和无神论者不应当被保护。这使保护范围看起来太过有限。洛克是否本来能够有正确的原则但只是将其适用得太狭窄了？

5. 我们的历史经验表明，即便对于比洛克想象中更为多元的社会来说，尊重差异能够带来稳定。社会在分崩离析之前能够承载多大程度上的多元化？维持社会团结稳定还有什么是必需的？

附加网络资源：	更多约翰·弥尔顿（John Milton）、约翰·洛克以及其他杰出思想家有关推进宗教宽容的文章

四、宗教自由权利的出现：相互冲突的途径

许多美国的第一代欧洲殖民者，尤其是在北部的英国殖民地上的那些，他们来到西方的这片大陆，大多是因为宗教的原因。清教徒们希望在马萨诸塞湾（Massachusetts Bay）建立一个"山上之城"（a city on a hill），将其塑造成为全世界的基督徒社会典范。自然而然地，这些早期殖民地的法律和文化标准充满了宗教色彩，这对每个人都有重大意义，无论你是正统信仰者（包括新正统派和旧正统派）、宗教异议者、来往的商人还是美国土著。尽管有地区差异，但宗教多元主义在所有殖民地都成为了社会现实，它为宽容以及宗教自由创设了经验基础。后来，人们寻求互相谅解，促使了美国革命的开始，并且对最终的政府构建方案——也就是后来的美国宪法，有很大的影响。

在美国历史的早期，关于处理政教关系的两种主要途径就出现了。第一种途径与美国罗德岛州（Rhode Island）的创立人——罗杰·威廉姆斯（Roger Williams）有关，强调将宗教从国家中分离出去，即保证世俗秩序的"荒野"（wilderness）不会伤害教会这片"花园"（garden）。换言之，提倡政教分离是为了保护宗教。第二种途径与杰斐逊有关，并且吸收了法国的经验，认为支持政教分离是为了保护国家机构不受过多的宗教影响。关于宗教在美国社会生活中的位置的讨论一直在持续，两种观点代表了这一讨论中的两个主流意见。就更深一层意义而言，在范围更广的全球性的讨论中，他们代表了关于国家机构的世俗性和国家与宗教生活相互影响的方式等讨论中的相互矛盾的观点。

这些思想派别的冲突处在政教传统有着惊人差异的背景下，范围覆盖了从早期的新英格兰地区（New England）的国教体制到其他地方更加世俗的政权。很多美国人都已忘记，在制定宪法第一修正案的时候，宣称"国会不准制定关于确立国教的法律"，其目的是为了保证联邦政府不会在各州干预他们的国教事务。这里我们集中讨论马萨诸塞州和弗吉尼亚州这两个形成对比的例子，因为他们是美国早期政教关系的两种不同但都重要的典型，以说明处理政教关系的相互矛盾的途径是怎样发展的。

（一）为宗教的利益而分离

罗杰·威廉姆斯在1635年被从马萨诸塞湾殖民地驱逐之后创建了罗德岛，并因此而闻名于世。威廉最著名的文学作品是在他回访他的祖国谋求新大陆（New World）殖民地的特许状期间，在英国出版的《迫害的嗜血主义》（The Bloudy Tenent of Persecution）是早期英美世界中关于宗教信仰自由的论证中杰出的并且有预见性的代表作品。下面的大纲摘录自该书的引言部分，展示了威廉

作品的基本原理。随后的一段出自 1655 年的著名文章《给普罗维登斯市的一封信》(Letter to the Town of Providence)，反映了威廉关于政教关系的另一种态度。

《基于良心问题而进行迫害之嗜血主义》，在真理与和平会议上的辩论（1644 年）

首先，成百上千的新教徒和天主教徒，为了他们各自的信仰而将鲜血抛洒在现在和往昔的冲突中，这不是和平之子耶稣基督所要求的，也不能让他接受。

第二，意味深长的圣经经文和论证都始终反对基于良心原因而进行迫害的观点……

第四，基于良心的原因而进行宗教迫害的这种观点，要为那些祭坛下渴求复仇的灵魂所抛洒的鲜血承担罪责。

第五，世俗国家的官员是在各自制度框架和职权下行使审判，本质上是世俗性的，因此他们不是属灵状况和崇拜仪式的判断者、管理者或保护者。

第六，要将赋予大多数异教徒、犹太教徒、土耳其教徒或者敌基督者以良心自由和崇拜的权利，也授予所有民族和国家中的所有人，这是上帝的意志和命令（自从圣子耶稣降临世间）；他们只能（在属灵事务上）被上帝圣灵的宝剑即上帝的话语所战胜、所启示。

第八，上帝并未要求在任何世俗国家强制施行统一的宗教；统一宗教（早晚）都会使国内混战、良心被剥夺、耶稣的仆人们受到迫害，以及成千上万的灵魂变得伪善而至破坏……的最主要原因。

第十一，在国家宣称信奉的宗教以外，允许其他良心及崇拜形式的存在只会（根据上帝的旨意）产生国家的持续稳定与和平（世俗政权运用其智慧在各个方面使公民统一服从同一政权，就能对此有很好的保障）。

第十二，最后要说的是，尽管许可各式各样甚至相互对立的信仰存在，不论是犹太教的还是外邦人的，真正的文明和基督教在同一块领土或者同一个王国内，也可以共荣共进。

《给普罗维登斯市的一封信》（1655 年）

认为我曾经演讲或者写作的主题倾向于如此一种极端的宗教信仰自由思想，这种想法是错误的，是我已经断然否认并极端憎恶的。为了防止这种误解，现如今我只能提出以下观点：有很多载满灵魂驶向大海的船只，这些灵魂有着共同的幸福与悲伤，这就是国家，或者人类联合体，抑或人类社会的真实写照。有时会发生一些事情，也许天主教徒与新教徒共乘一艘船，也许犹太人与土耳其人共乘一艘船。无论基于哪种宗教信仰自由的说法，也包括我曾经所倡导的那种，我敢大胆假设，都会随以下两种思路而定：无论是天主教徒、新教徒、犹太人还是土耳其人，都不会被强制依照这艘船的祷告和敬拜方式而行；如果本来有自己的信仰，也不会被强制放弃他们本来特有的祷告和敬拜方式。我进一步补充一点——我也从未否认这一点，即使存在这种信仰自由，该船的指挥者会对这艘船的事务进行管理，当然也会对这艘船的船员以及所有乘客之间有关正义、和平和严肃节制之事的稳定和运转进行指挥和掌控。如果有船员拒绝履行他们的本职工作，或者有乘客拒绝支付运送费用；如果有人在遇到共同债务或者防卫事务时，拒绝在人力或者金钱方面提供帮助；如果有人出于自身的保全或防卫的考虑，违背这艘船的普遍法则和惯例；如果有人发动暴乱或者起义对抗统治者及官员；如果有人认为救世主耶稣说过人人平等，因而据此宣称不应当存在首领或者官员，不需要法律或者规则，亦不该设立奖罚制度——我要说，尤其对于这类事例，我从未妄自否认，指挥者都会依照这些违背者的功过是非进行审判、排斥、强制以及惩罚。如果进行严谨诚实的思考，如果能得光明之父的喜悦的话，这样也许会开启而非关闭他们的眼睛。

我仍然会为你们的共同和平和自由而努力……

（二）为了国家目的进行的分离

杰斐逊的宗教自由法案（Statute for Religious Freedom）起草于 1777 年，1779 年首次发表，该法令以多种方式坚持了启蒙运动关于宗教信仰自由的传统主张。该法令最终颁布于 1786 年，"宣布政府对于支持宗教敬拜或者布道的强制行为不合法，并且禁止任何因公民个人的宗教观点及信念而进行处罚"[26]。值得一提的是，杰斐逊选择将起草该法令作为他墓碑上铭刻的三项成就之一，与起草《独立宣言》和创办弗吉尼亚大学这两项并列。他甚至都没有提及自己担任过美国总统一事。

《弗吉尼亚宗教自由法案》（1786 年）

鉴于万能的主创造了自由的思想；任何通过现世惩罚、压力或者剥夺公民权利来制约意志自由的企图无不导致伪善和卑鄙的恶习，并且都违背了我们宗

---

[26] 小 W. 科尔·德拉姆、伊丽莎白·A. 塞维尔（Elizabeth A. Sewell）："弗吉尼亚的建立者与宗教自由的诞生"（Virginia Founders and Birth of Religious Freedom），载《有关宗教和美国共和制度建立的演讲》（Lectures on Religion and the Founding of the American Republic），约翰 D. 韦尔奇（John W. Welch）、斯蒂芬 J. 弗莱明（Stephen J. Fleming）编，杨百翰大学出版社（Brigham Young Univ. Press），2003 年，第 72 页。

21　教的神圣创造者的旨意——作为我们身体和意志之主宰的神虽然无所不能，然
而却不强制我们的身心；平民及教会的立法者与统治者本身只不过也是易犯错
的凡人，但却以其不虔诚的傲慢取得统治他人之信仰的权力，将自己的意见与
思维方式定为唯一真实正确的信仰，并致力加诸于他人，这些人自古以来，在
世界上大多数的地方所建立的和所维持的，只是虚假的宗教而已；强迫一个人
向自己并不相信的宗教的传教活动进行金钱捐助的行为是罪恶和专横的，甚
至强迫其支持自己所属教派的这位或那位牧师也是剥夺其捐献给特定牧师的
自由——他愿意遵循该牧师的道德规范并且认为该牧师最具说服人从善的力
量——同时这也是剥夺牧师的短暂奖赏，这些是他们因让人赞许的自身行为而
获得的，是对于其热诚不懈的指导人类之行为的额外鼓励；我们的民权无须依
赖宗教信念，正如无须我们的物理学或几何学知识一样；因此，如果因一个人
不声明皈依或放弃这个或那个宗教见解，就硬说他没能力担任受到信任或享有
薪俸的职务，且以此宣布这个人不值得大众信赖，那就是极不慎重地剥夺了他
的特权和利益，而对于这些特权和利益，他和他的同胞一样享有天赋的权利；
通过世间的荣誉和报酬收买那些会表面上宣称信奉以及遵从这个宗教的人，只
会导致破坏那些该宗教意在促进的原则；那些禁不起这种诱惑的人固然是罪犯，
但确切地说，那些在他们前进的道路上施放诱饵的人也不清白；如果我们容忍
世俗的官员将他的权力延伸至思想领域，出于他们恶意的倾向得出的猜想而约
束人民宣称自己的信仰和传播自己的宗教原则，这都是危险的错误做法，会即
刻摧毁所有的宗教信仰自由，因为他身为一个裁判者拥有这种倾向性，即他会
将他的观点作为裁判标准，仅仅根据别人与他自己思想的异同来赞成或者谴责
他们的观点；当宗教教义突然转化为公然反对和平和正常秩序的行为时，政府
官员为了政府的正当目的，会有足够时间进行干预；真理是伟大的，如果让她
自行其道的话，必然会盛行于世；真理是谬误的强劲克星，她无所畏惧，所向
无敌，唯有害怕人们解除她的天然武器——自由地论争和思辨；一旦允许对其
自由反驳，谬误便能够停止危害四方。

　　大会兹颁布此项法令，任何人不得被强迫参加或支持任何宗教礼拜、教会
或教职，不得因其宗教见解或信仰而受到强迫、限制、骚扰、身体劳累、财产
负荷或其他痛苦；所有人皆可自由宣布自己的信仰，并为维护其信仰而争辩，
其公民地位绝不会因此降低、提高或受到影响。

　　尽管我们深知本大会只是为了立法的一般用途而由民众选举产生，并无权力
对随后产生的、由宪法赋予同等权力的议会的法案进行约束。因此，在法律上不

能宣布本法令不可取消。但是我们有权宣告，并在此宣告，特此所主张的权利为 22
人类天赋权利，今后若以任何法令取消或缩小此法令之效用，则是侵犯天赋权利。

评论和问题

威廉和杰斐逊代表着美国思想的两个极端，他们的思想远比对他们立场的
简要概括要丰富和复杂得多。因此，与杰斐逊不只是关注保护政府不受教会的
影响一样，威廉也不只是关注保护教会受政府的干预。他们的看法在哪些方面
有重叠呢？当前在宗教信徒和世俗论者之间的争论又在多大程度上反映出他俩
之间的不同呢？在什么程度上这些争议焦点随着时间发生改变了呢？

附加网络资源：	包括补充文献和传记资料在内的关于威廉和杰斐逊的文章，以及在美国教会与国家关系的理论探讨中，他们各自所代表的两方面主要观点的文章

（三）马萨诸塞州的经验

马萨诸塞州的先驱们曾努力在马萨诸塞州建立"山上之城"并驱逐了罗
杰·威廉姆斯和其他异议者，继承其传统的那些后革命时代的马萨诸塞州政治领
袖们，不愿意舍弃赋予公理会教徒（congregationalist）特权的国教传统，这也许
并不令人吃惊。甚至在殖民者竭力地擦除英国政府管制的遗留痕迹的时候，革
命时期的政治激流也没有对新英格兰的情况做出多大改变。一个名叫艾萨克·巴
库斯（Isaac Backus）的浸信会牧师致力于倡导解除公理会教会的国教地位，他
参加了1775年的大陆会议，会上他表示自己的努力受挫并试图寻求解除马萨诸
塞州的国教体制。后来，他回忆约翰·亚当斯（John Adams）当时的反应，亚当
斯告诉他，浸信会信徒"可能还指望太阳系也变个样"[27]。与此同时，公理会
教徒坚决要求将他们的国教与"邪恶"的英国国教形式区分开来，后者曾使他
们遭受驱逐和压迫。

1780年的州宪法会议中，浸信会信徒诺亚·奥尔登（Noah Alden）提交了
一份由艾萨克·巴库斯起草的提案，该提案旨在保护自愿性礼拜的权利。[28]该
提案被否决，但会议最终在《马萨诸塞州人权宣言》（Declaration of Rights）第
三条中做出决定，允许几乎完全由公理会教徒构成的地方政府"为了维护公开

〔27〕艾萨克·巴库斯：《新英格兰历史：特别提到浸信会这个基督徒教派》（1871年）（A History of
New England with Particular Reference to the Denomination of Christians Called Baptists），阿莫出版社
（Amo Publisher），1969年，第201—202页。
〔28〕卡尔·H. 埃斯贝克（Carl H. Esbeck）："异议和去国教化：早期美利坚合众国的政教关系之解决"
（Dissent and Disestablishment: The Church-State Settlement in the Early American Republic），载《杨百翰
大学法律评论》（BYU L. Rev.），2004年第4期，第1442页。

23　　敬拜上帝的机构，以及对敬虔、宗教和道德进行指导的公共新教教导者进行支持和供养，制定适当的政策……"[29]"民众的幸福、良好的秩序以及公民政府的维续，根本上都依赖于敬虔、宗教和道德"，它们只能通过宗教机构在共同体中传播，这一点证明了该条款的正当性。[30]因此，政府必须能够在整个州之内"宣扬"这些价值观。[31]

　　该法案的异议者们在大会中赢得了一些小小的妥协：政府对教会的支持可以是"自愿的"；公共牧师的选举将像"宗教社会"一样由世俗政府和政治机构负责进行；个人所缴纳的税款将会用于"支持本人所属的教派中的某位或者所有公共牧师"。然而，尽管这些条款以及最后的允诺称"法律不能规定任何宗派或者教派之间的隶属关系"[32]，第三条的实际效用不过是延续了有利于公理会教徒的传统国教体制。不出所料的是，浸信会和其他少数派宗教团体不接受第三条。他们首先将它视为政府对于良知和宗教事项的不当干涉而予以抨击。此外，他们发现由于公理会教徒将会实际掌控行政机构和实施机构，该条款对于平等保护的允诺会变得空洞无物。巴库斯发布檄文，对之进行声讨，以尽力阻止该条款获得批准。然而，即便该条款以当时的实际情况来说只获得了59%的赞成票，达不到应具有的三分之二赞成票的标准，大会当时决定只将对该条款完全否定的选区的选票（不包括在进行修改的前提下会接受该条款的选区）计入反对票中。[33]因此，第三条最终成为了马萨诸塞州宪法的一部分。

　　1780年马萨诸塞州宪法在另外两个条款上进一步陷入了政教关系的泥沼之中。第一个条款要求州选的政府官员就以下两点宣誓：发誓信仰"基督教"和发誓绝不效忠于外国势力。[34]后一个誓言明显是为了排除天主教徒担任公职，且该事实为大会代表所公开承认。[35]最终，宪法又赋予立法机构权力将所收税

〔29〕"马萨诸塞联邦全体公民的权利宣言"（1780年）（A Declaration of the Rights of the Inhabitants of the Commonwealth of Massachusetts），再版载《马萨诸塞制宪大会会议记录》（Journal of the Convention for Framing a Constitution for the State Massachusetts Bay），A.H. 埃佛雷特公司（A.H. Everett, comp.），1832年，第223—234页。（下文直接用《制宪大会会议记录》）

〔30〕同上。

〔31〕同上。

〔32〕同上。

〔33〕埃斯贝克（Esbeck），同注〔28〕，1443—1444页。

〔34〕《马萨诸塞州宪法》（1780年），转载自《制宪大会会议记录》，同注〔29〕，第245—246页。

〔35〕"你们与会者不能认为自己因当选就拥有权力设立一个凌驾于某个教派之上的基督教派……然而我们认为自己受到一个庄严的测准（solemn test）的约束来做出规定，把仍然坚信那些属灵管辖原则（principles of spiritual jurisdiciton）的人排除在政府岗位之外，这些原则由罗马天主教在某些国家中宣扬，并且对自由的民主政府具有颠覆性"。《给大会参与者的备忘录》，转载自《制宪大会会议记录》，同注〔29〕，第220—221页。

款用以培训哈佛大学（Harvard College）的公理会牧师。

艾萨克·巴库斯一直在鼓吹禁止在马萨诸塞州建立国教。然而，由于国教体制所受到的宪法保护，这些努力收效甚微。许多不满的浸信会教友通过拒绝缴纳法律规定的宗教税来表达对政府的不服从。伊利亚·巴尔科姆（Elijah Balkcom）曾经在控诉郡税务官的案件中胜诉，其依据是州宪法在下面两点上不一致，即一方面承诺教派间没有隶属关系，另一方面却在公民未将其缴纳的宗教税指定给予他自己的教派使用的情况下，要求将该税收用以支持公理会教会。不幸的是，受此法律上的胜利所鼓舞之后仅仅两年，浸信会教友们便再一次失望了。在与巴尔科姆案情况相似的格尔绍姆·库特（Gershom Cutter）一案中，高等法院裁定该州所接受的教会才是合法的。既然加入该州将意味着屈服于州议会，浸信会教友们倾向于遵从这个途径。[36] 马萨诸塞州之后成为美国最后一个正式终结国教体制的州。这以两次关键性的发展为标志：1821 年关于不再要求政府官员必须发誓宣称信仰基督教的宪法修正案以及 1833 年取消宗教税的宪法修正案。[37]

（四）弗吉尼亚州的经验

尽管马萨诸塞州的政治领袖们不愿意取消国教，但弗吉尼亚州的先驱者们已经采取了一条与众不同的路径。结果是，也许没有任何一个地方能够像在弗吉尼亚州所采取的宗教论战形式那样，能对美国寻求解决政教关系的方法产生如此深远的影响。

作为在新生国家中最大的以及人数最多的弗吉尼亚州，是英国圣公会影响最根深蒂固的州之一，在革命之后，面临着政教关系方面的巨大的挑战。[38] 在关于国教的论战中产生了弗吉尼亚州最耀眼的天才。如杰斐逊、詹姆斯·麦迪逊、帕特里克·亨利（Patrick Henry）和乔治·梅森（George Mason）的观点与文章都对美国后来对宗教自由的理解和保护产生了不可磨灭的印记。

尽管弗吉尼亚州并不是最先取消国教的州，但在其发展历程中所产生的一些决议和文献对美国历史有着不可替代的重要意义，最终促成第一修正案的通过和数年后美国最终建立一个完整的、善意的政教分离体制。

---

〔36〕埃斯贝克（Esbeck），同注〔28〕，第 1444—1447 页。

〔37〕参见 M.G.L.A. Const. Pt. 1，Art. 3；M.G.L.A. Const. Pt. 2，Ch. 6，Art. 1。

〔38〕托马斯·E. 巴克莱（Thomas E. Buckley）：《弗吉尼亚州改革中的教会和政府（1776—1787 年）》（Church and State in Revolutionary Virginia），弗吉尼亚大学出版社（Univ. Press of Virginia），1977 年，第 5 页。

针对弗吉尼亚州的这一时期，乔恩·米查姆（Jon Meacham）曾写道：

美国通往宗教自由的道路并不平坦。1777年，在弗吉尼亚州弗德里克斯堡（Fredericksburg）的旭日旅馆举行的会议之后，杰斐逊起草了一份在该州内实行宗教自由的法令。他写成的法案经过了近十年才成为一部真正的法律。关于国教问题之争论双方的观点都有极强的说服力——许多信徒找不到放弃宗教税之征收的迫切理由——但是这场争论的潮流有利于更为自由的思想的出现。

在1784年，当一个长老会牧师，位于爱德华王子郡的一所名为汉普顿－悉尼的私立大学的校长约翰·布莱尔·史密斯（John Blair Smith）向州议会为汉诺威市（Hanover）长老会申请公共经费的时候，一系列促成弗吉尼亚法案通过的事件到达顶峰。麦迪逊和杰斐逊也推波助澜。杰斐逊在巴黎这样说道："政府的合法权力延伸至这种行为只会给别人带来损害。但是，我就不会因为我的邻居说有20个上帝或是根本没有上帝而受损，因为这不会使我缺胳膊少腿或者丢金少银。"麦迪逊评论弗吉尼亚州的现象时说道："当我们主张我们自己有拥护、宣称以及遵从有着神圣起源的宗教自由时，我们不能否认那些不相信我们所信服的神示证据的人们，同样拥有平等的自由。"

当时是立法者一员的帕特里克·亨利持反对意见。（那时杰斐逊、麦迪逊曾与亨利产生过争吵并在其他一些问题上与其相悖。"我们必须要做的是虔诚地祈祷他的死亡"，杰斐逊曾在给麦迪逊的信中这样谈到亨利。）亨利当时的议案是建议使用公共资金资助"基督教牧师"，亨利是该法案的主导者之一，但他由于在1784年11月当选为执政官而离开了议会。以此为开端，麦迪逊于1785年乘势追击，就州政府资助教会的问题起草了一份《抗议请愿书》（Memorial and Remonstrance），麦迪逊认为，当宗教权力与政府权力纠结不清时，"结果怎样呢？所有地方的神职人员或多或少地表现着傲慢和懒惰；普通信徒无知又充满奴性；并且二者都迷信、偏执且迫害他人。"

此时弗吉尼亚州的亲基督教力量试图通过增加"耶稣基督，我们宗教的神圣作者"这个短语，把耶稣写于杰斐逊的法案中，但是据杰斐逊所言，宗派主义者被"大多数人"所击退。他的法案于1786年1月正式成为法律……

无论前前后后出现了多少次论战，历史证明了麦迪逊及其同伴们的正确性：从后来看，这份继承《独立宣言》的世俗性文件具有极为深刻的意义，人们对美国宪法的持久性无甚异议。在某种程度上，宪法的制定以及在麦迪逊等人身上发挥作用的微妙的政治和个人力量，预示了在接下来的年月里政治家该如何平衡宗教与政府的关系。他们有跟随世俗主义者或宗派主义者的选择权，但他们选择的是，实践他们一直所宣扬的政教之分离，同时创造一种文化，在其中宗教可依其自身之价值而自生自灭。[39]

关于"国教"的注解

在美国建国之时，"国教"这一观念很清楚地是指那些官方宗教，就像当时欧洲存在的国教一样。然而，欧洲的国教通常意味着对某单一教派的支持，这些殖民地的国教则通常意味着基于平等的原则支持各种各样的教派。[40]

革命之后，只有六个州仍保留国教，其中马萨诸塞州、康涅狄格州和新罕布什尔州"拥有一个多样化而非单一的国教体制，在此体制下，浸信会、圣公会、卫理公会派和一神论派教会都接受公共资金支持"。[41] 马萨诸塞州于 1833 年取消了国教体制，康涅狄格州和新罕布什尔州则分别于 1818 年和 1819 年取消。[42]

在南方诸州中，马里兰州和佐治亚州最初允许在实际征税时存在多样化的国教，因为对基督教的官方支持是允许的。南卡罗来纳州除了只允许支持新教外都与以上类似。[43] 一些州为了支持宗教而向公民课税，但允许公民个人选择将所纳税款用以支持某个特定教会。南方诸州也于 1810 年最终取消了国教。

附加网络资源：	北美各州宗教自由进程的历史背景资料
	促使第一修正案及相关诸州宪法条款被采纳的背景文献及有关论战史料

五、新时代的宗教对峙：劝诱改宗（proselytism）的案例

（一）第二次世界大战后美国的经验

宗教活动自由条款（The Free Exercise Clause）开始时基本上是作为对联邦权力的制约而存在，原本以限制国会为重心。在它颁布之后的一个半世纪之中，甚至没有被任何州所采用。普遍观点认为通过限制联邦的权力才能促使宗教自由的实现。1940 年美国最高法院在坎特韦尔诉康涅狄格州案（Cantwell v. Connecticut）中首次采用宗教活动自由条款，确认了该条款经第十四修正案并

〔39〕乔恩·米查姆：《美国的福音：上帝、国父和建国》(American Gospel：God, the Founding Fathers, and the Making of a Nation)，兰登书屋 (Random House)，2006 年，第 84—87 页。

〔40〕里奥纳德·W. 莱维 (Leonard W. Levy)："国教"(Establishment of Religion)，载《美国宪法百科全书》(第 2 版) (Encyclopedia of the American Constitution)，里奥纳德·W. 莱维和肯奈斯·L. 卡斯特 (Kenneth L. Karst) 编，麦克米兰出版社 (Macmillan)，2000 年，第 927—928 页。

〔41〕同上。

〔42〕同上。

〔43〕同上。

人之后的确可适用于各州。该案是现代美国宗教活动自由之法理的标志性开端，在下面的章节中将对其作详细的分析。

坎特维尔诉康涅狄格州案

美国联邦最高法院，310 U.S. 296（1940 年）

罗伯茨（Roberts）大法官撰写了法庭意见：

牛顿·坎特韦尔（Newton Cantwell）和他的两个儿子是耶和华见证人会（Jehovah's Witnesses）的成员，他们被认定有罪，其中第三项指控罪名是违反康涅狄格州的普通成文法（General Statutes of Connecticut）第 6294 条（该条文禁止在没有官方许可的情况下传教），第五项指控是违反普通法的煽动扰乱治安罪。第三项指控针对所有三名被告，但是第五项指控仅仅针对杰西·坎特韦尔（Jesse Cantwell）。

就第三项指控而言，其事实依据是上诉人携带一袋书、一个手提留声机和一些对该书进行解说的唱片，在纽黑文市卡西乌斯大街（Cassius Street）挨家挨户地传教。坎特韦尔请求他们遇见的每一个人允许他们播放一张唱片并且努力向他们卖书或者请他们为该书的出版成本捐款。卡西乌斯大街是一个人口密集的住宅区，有大约百分之九十的人是罗马天主教徒。第 6294 条规定："任何人不得以任何宗教的、慈善的、博爱的理由，为着某组织的利益，向该组织之外的人员募集金钱、服务、捐献或其他有价值的物品……除非这些理由得到公共福利委员会部长的认可。对以这些理由申请相应行为的申请人，由部长决定其理由是否是宗教理由或真诚的慈善目的……如果确实符合上述要求，将对之颁发证书。"

支持第五项指控的事实依据是杰西·坎特韦尔在路上拦住两人，得到许可后他播放了一张唱片，这两个人是天主教徒，而该唱片攻击了他们的宗教。这两个人对唱片非常生气，如果杰西·坎特韦尔不逃跑的话，他们就要殴打他了。他们要杰西·坎特韦尔赶紧离开，于是他就离开了他们。没有证据表明他有针对个人的攻击行为或者与他所采访的人发生过争执。

初审法院的裁决是，坎特韦尔本人的行为并不构成人身攻击罪、扰乱治安罪或恐吓罪，但是会引起或者煽动他人扰乱治安，事实证明的确如此。

首先，我们认定，初审法院做出解释并适用于上诉人的成文法，没有履行正当法律程序而剥夺了他们的自由，是违反宪法第十四修正案的。宪法十四修正案中所具体体现的自由的基本概念，包含了被宪法第一修正案所保障的那些自由。宪法第一修正案宣称国会不能制定关于确立国教或者禁止信仰自由的法律。宪法第十四修正案补充使得州立法机关和国会一样也无权制定这样的法律。宪法从两个方面禁止做宗教问题上的立法：一方面，防止法律强迫个人接受任何信条或者实践任何崇拜仪式，法律不可限制个人的良心自由和个人依照其选择而拥护某宗教组织或者遵循某种宗教仪式的自由；另一方面，法律保障个人实践其所选择的宗教形式的自由。因此修正案包含两个概念——信仰自由和实践自由。信仰自由是绝对的，但是理所当然地，实践信仰的自由不可能是绝对的。行为必须符合规则是出于保护社会的目的，对行为自由必须进行恰当的定义才能保证社会保护的实现。在任何情况下，为了获得可允许的结果，行使管制的权力不能过度侵犯受保护的自由。毋庸置疑，各州不得通过成文法完全地否定布道和传播宗教观点的权利。显然，有这样先决的完全的限制就是违反保障条款的。同样清楚的是，各州可以通过一般性的和无歧视的立法来规定在街道上征求捐助和集会的时间、地点和方式；各州也可以通过其他方式保护社区的和平、良好秩序和舒适，但不能侵犯宪法第十四修正案保护的自由。本案的上诉人坚持认为所争论的康涅狄格州法案并不属于这样的立法，这是正确的。如果他们得到许可，则募款的行为就是允许的，没有任何限制，反之，如果没有得到许可，则募款就是被禁止的。

28

上诉人认为，他们只有在获得政府许可的前提下，才可以征求别人支持他们的观点，这相当于对宪法意义下的宗教信仰活动进行事前限制。而康涅狄格州政府认为，正如康涅狄格州最高法院分析的那样，该成文法案对于传播宗教观点和教义是没有任何先决限制的，仅仅是为了防止打着宗教的幌子进行欺诈行为。假设是这样，现在的问题是康涅狄格州为这个目的而采用的方式是否侵犯了宪法保护的自由。

对募款行为作出的这一一般性的规定，是为了公共利益，并不包含任何宗教检验，也没有不合理地妨碍或者推迟资金的募集，该种规定是不产生任何合宪性问题，即使募集资金是为了宗教目的。这样的规定不构成对宗教信仰自由的非法先决限制，也不会成为宗教信仰的不当障碍。

需要注意的是，该法案要求行为人要向州公共福利委员会部长提出申请；部长有权决定申请的理由是否是宗教理由，颁发许可证书也取决于他的肯定性行为。如果他发现请求行为不是基于宗教的理由，募款的行为就会被认定为是犯罪。当然在这样的情况下，他也不会颁发许可证书。他做出许可还是拒绝之决定的过程，涉及对事实的评估、做出判断和观点的形成几个方面。如果部长发现不是基于宗教理由，就有权拒绝给予许可。这样的一个宗教审查制度，作为决定宗教存在之权利的方法，是对第一修正案所保护的自由的否认，也是对包含在第十四修正案保护范围之内自由的否认。

上述所言并不意味着我们倾向于认为或者暗示，人们打着宗教的幌子对公众进行欺诈是不受惩罚的。刑法对于惩罚这样的行为是当然适用的。甚至为了保护公民不受侵害，宗教信仰会受到轻微的限制。毋庸置疑，各州在允许社区的陌生人以任何理由公开地募集资金之前，可以要求他证明其身份和有权这么做的理由，来保护州的公民不受欺诈性募款行为的侵害。州政府为了公众的安全、和平、舒适和便利，也可以自由地对征求捐助的时间和方式做出一般性的规定。但是，对于为了宗教观点和宗教体系的维续而征求帮助的行为，州政府要求其以获得许可为前提，并且许可的批准取决于州权力机关根据什么是宗教的理由做出的决定，这是给宪法保护的宗教信仰自由施加了被禁止的负担。

29　　　　其次，我们根据已公开的事实判定：驳回对杰西·坎特韦尔定罪的第五项指控。

我们发现本案没有造成身体伤害的攻击或者威胁，没有残暴的行为，没有故意的粗鲁行为，没有人身侮辱。相反，我们发现他们只是努力地劝说愿意倾听的听众购买书籍，或者劝说听众们为坎特韦尔所信奉的真正的宗教捐款，尽管他们可能认为他是受到了误导。

宗教信仰领域和政治信念的领域截然不同。在这两个领域，一个人的信条对他的伙伴来说可能是极度错误的。为了劝说对方接受自己的观点，我们知道他们常常会采取夸张的方法，诽谤那些在宗教或者国家中杰出的人物，甚至作错误的陈述。但是，这个国家的人民已从历史中得出这一铁律，即尽管这些自由有被误用或者滥用的可能性，但从长远来看，自由对于民主社会的公民开明思想和正当行为来说，是至关重要的。

这些自由的本质特征是：在他们的保护之下，各种类型的生活、性格、意见和信仰能够不受干扰和畅通无阻地发展。我们的国家是由不同的种族和不同宗教信仰的人组成的民族，因此我们比其他任何地方更需要这样的保护。然而，这些自由的行使是有限制的。在今天，有种族和宗教优越感的人会采取强制性的行为，他们煽动暴力和破坏和平以剥夺他人平等地行使自由的权利，这样的危险在大家都熟悉的事件中得以彰显。对于这些或者其他违反限制的行为，州政府可以给予适当的惩罚。

本院撤销支持第 3 项和第 5 项指控的判决，不符合本院意见的判决发回重审。

撤销并发回重审。

评论和问题

1. 在坎特韦尔案中，决定政府关于宗教自由的规定是否违反宗教活动自由条款的标准是什么？

2. 坎特韦尔参与的行为可以说也受到宪法第一修正案之言论自由条款（Free Speech Clause）的保护。的确，通过美国过去几十年的判决之法理，我们看到大多数宗教活动得到言论自由条款和集会自由条款（Freedom of Assembly）的保护。那么宗教活动自由条款仅仅是对它们的重复而已吗？

（二）欧洲的进展

欧洲公约和欧洲人权法院

《欧洲保障人权与基本自由公约》（European Convention for the Protection of Human Rights and Fundamental Freedoms，简称 ECHR）于 1950 年 9 月 4 日开放由欧洲理事会（Council of Europe）成员国签署，并于 1953 年 9 月 3 日开始实施。它标志着"二战"后欧洲肯定了对尊严和人权应当提供根本保证。

欧洲人权法院是依据公约建立的。截至 2009 年，已有 47 个国家加入欧洲理事会并批准公约。每个缔约国各派出一名法官组成欧洲人权法院。加入法院之后，每一个法官以其个人的权限参与开庭，而不是作为他或她所属国家的代表。尽管法院有时会因为过于顺从国家而被批评，但是因为同意该法院之管辖的国家的数量，它对居住在爱尔兰和海参崴之间大约 8 亿人的管辖权仍是格外杰出的。

欧洲人权法院判决的第一个案子即是依据公约的第 9 条——保护宗教信仰自由的条款，该案是 1993 年的考基纳吉斯诉希腊案（Kokkinakis V. Greece），是在欧洲法院成立 35 年后宣判的。欧洲人权委员会（European Commission of Human Rights）承担欧洲人权法院的案件筛选功能，直到它在 1998 年被取消之前，它有权处理很多案件。欧洲人权委员会之前处理过许多涉及第 9 条的案件，欧洲法院自身处理了许多涉及宗教问题但是由公约的其他条款规定的案件。1993 年之后，第 9 条的判例法有了迅速的发展。这是一个有意思的巧合——美国第一个将宗教活动自由条款适用于州的案件和欧洲第一个适用公约第 9 条的案件都是关于福音传道（evangelism）的。

考基纳吉斯诉希腊案

欧洲人权法院，申请号 14307/88，1993 年 5 月 25 日

考基纳吉斯案由一位希腊公民迈诺斯·考基纳吉斯提出申请。他因触犯一

30

部禁止劝诱改宗的希腊法令而被判有罪。考基纳吉斯出生在一个希腊东正教
（Greek Orthodox）家庭，但 17 岁时转信耶和华见证会。考基纳吉斯曾因劝诱改
宗被拘捕 60 次，且不只坐过一次牢。1968 年 3 月 2 日考基纳吉斯和妻子与凯瑞
亚卡基（Kyriakaki）夫人通电后获邀到她家，与她进行了十到十五分钟关于耶
和华见证会的讨论。凯瑞亚卡基先生是当地东正教礼拜堂唱诗班的领唱人。凯
瑞亚卡基先生一得知这次会面就叫来了警察。警察逮捕了考基纳吉斯和他的妻
子，将他们带至警察局并监禁了一晚。

当地的刑事法庭根据 1938 年一部禁止劝诱改宗的法律的第 4 节认定考基纳
吉斯及他的妻子有罪。在 1939 年一项针对 1938 年法律的修正案中，这样定义
"劝诱改宗"："直接或者间接地试图干预其他宗教教派的人的宗教信仰，通过各
种方式的引诱——比如允诺、道德支持、物质帮助，或者通过欺诈的手段，或
者是利用他人没有经验、容易相信他人、有相关的需求、智力较低、天真幼稚
等弱点，目的是削弱他人信仰的基础。"由于这个案件里并没有涉及物质或者道
德上的引诱，因此在该案中适用该条款就需要证明考基纳吉斯故意地利用了凯
瑞亚卡基夫人的"经验不足……低智商或者幼稚"。对考基纳吉斯夫人的指控最
后被撤销，但是克里特岛上诉法院和希腊上诉法院仍然支持了对考基纳吉斯的
定罪。

A. 总则

31. 正如在第 9 条里所神圣记载的，思想、良心和宗教自由都已成为公约意
义之下的"民主社会"的基石之一。宗教自由主要是个人良心之事，它同时也
意味着"表明个人宗教信仰"的自由。在言语和行为上作见证与宗教信仰生活
密不可分。

根据第 9 条，表明宗教信仰的自由不仅仅适用于与其他人一起"公开地"
和在分享共同信仰的圈子里的实践，同样也适用于"独自"和"私底下"行使；
进一步说，它原则上包含说服邻里的权利，如通过"教导"的方式。而且如果
没有这种权利，庄严载入第 9 条的"改变宗教或信仰的自由"将会形同虚设。

32. 第 9 条的要求体现在希腊宪法的第 13 条，规定宗教事务中的良心自由
不可侵犯，公民有实践任何已知宗教的自由……耶和华见证会同时符合"已知
的宗教"和从仪式而来的优势这两项要求……

34. 根据该政府……公约第 9 条第 2 款所规定的限制在希腊的法律系统中
能找到。1975 年宪法的第 13 条款中不作区分地禁止针对任何宗教的劝诱改宗；
"希腊法第 1363/1938 号"第 4 节……针对该禁令规定了刑事处罚……

B. 总则的应用

36. 拉西锡州（Lasithi）刑事法庭通过了该判决，克里特岛上诉法院最终裁定减刑……相当于干涉了考基纳吉斯行使其"表明自己宗教或者信仰的自由"的权利。除非它"为法律所规定"，直接指向第2款中规定的一个或多个正当目的，并实现这些目的为"民主社会所必需"，否则这种干预就违反了公约第9条。

I. "为法律所规定"

40. ……在该案的情况下，存在着一部分已确定的国家判例法……它们有助于明晰这些条款的含义。这些判例法已经公布并可以采用，对上述第4节做出了补充，并使得考基纳吉斯有权利在这些事务中掌管自己的行为。

41. 因此，申请人所控诉的措施是在公约第9条第2款的意义之下"为法律所规定"。

II. "正当目的"

42. 该政府主张一个民主国家必须保证在其疆域中生活的人民拥有和平行使个人自由的权利。尤其是，如果不提高警惕，保护公民的宗教信仰及尊严不受那些不道德及欺诈手段的影响，第9条第2款在实践中将会毫无法律效力。

43. 在申请者向法院提交的意见中提到，宗教作为"人类思想中不断持续更新"的一部分，是不可能被排除在公开辩论之外的。对个人权利的公平权衡使得接受下面一点成为必需，即其他人的思想要接受最低限度的外来影响，否则结果就是一个"充满沉默生物的奇怪社会，它们会思考但是……不表达自己，它们会讲话但是……不会交流，它们存在着但是……不能共生共存"。

44. 考虑到该案件身处的社会环境以及各相关法院判决的关系，欧洲法院认为这个被抨击的措施是在第9条第2款的规定下追求一个正当目标，换句话说就是对于个人权利和自由的保护要依赖于政府。

III. "民主社会所必需"

45. 考基纳吉斯先生感到疑惑不解，为何一次基于信仰并在所有基督徒都熟悉的圣经基础上进行的谈话会侵犯他人的权利？考基纳吉斯夫人则是一个聪明成熟的成年女性，因为与一个唱诗班领唱人的夫人进行谈话就使一个耶和华见证会信徒获刑，这种做法肯定是对基本人权的践踏。

46. 政府坚称，考基纳吉斯先生是以一个欺诈性的借口强行进入了凯瑞亚卡基夫人家的；他使用这种方式的目的是为了获取凯瑞亚卡基夫人的信任；他对圣经进行的"技巧性"分析被认为是对受众的迷惑，因为它们并未拥有任何"足够的教义根基"……政府指出，如果各州仍然在对侵犯宗教思想自由的问题上意见不一致，很可能会引发扰乱社会和平的严重不安状态。

47. 本院坚持认为应该留给缔约国一定的评价空间（margin of appreciation），以便让成员国对干涉宗教自由之必要性的存在及范围做出评估，但这种空间要受到欧洲法院监管，包括立法及适用该法作出的裁决，甚至包括那些独立的法院作出的裁决。本院的任务就是判断国家所采取的措施是否在原则上和程度上具有正当性。为了对程度问题作出判断，本院必须在对公民自由与权利保护的需求和申请人被指控有罪的行为之间权衡。

48. 首先，必须在基督徒的见证与不当的劝诱改宗之间做出一个区分。前者反映了真正的福音传道，1956 年在基督教大公会议（World Council of Churches）的支持下起草的一份报告中将之描述为每个基督徒和教会的基本使命和责任。后者则是对前者的败坏和歪曲。根据同一份报告，后者也许采取了比较活跃和主动的方式，他们基于为教会获取新成员的目的而提供物质的或社会的利益，或者向身处困境或危难之中的人施以不恰当的压力；他们甚至也会施以暴力或者洗脑的手段；更一般地讲，不当的劝诱改宗与对他人的思想、意识及宗教自由的尊重不相协调。对 1363/1938 号法令第 4 款的详细审查表明：如果希腊立法机关所采用的相关标准仅仅是为了处罚不适当的劝诱改宗的话，这些标准与前述条款是相一致的，对此法院没有必要在本案中给以抽象的定义。

49. 然而本院必须指出，希腊法院在他们的论证过程中仅仅是重复了第 4 节的文字表述就确定了申请人的罪责，并没有充分明确地说明被告是怎样试图通过不适当的方式说服他的邻居的。他们所陈述的事实不能说明其判决是正当的。鉴于此，在本案的情形下，对上诉人的定罪不能被紧迫的社会需求证明为合理。因此，本案中所争议的处罚措施与我们所追求的正当目标并不相符，所以，也不是"一个民主社会……为保护他人权利和自由所必需的"。

总而言之，该措施构成了对公约第 9 条的违反。

基于上述原因，本院以 6 票同意和 3 票反对，判决政府违反了第 9 条……

佩蒂蒂（Pettiti）法官的部分协同意见

考基纳吉斯案非常重要。这是自欧洲法院成立以来审理的第一个关于宗教自由的真实案件……我是多数派，投票给认为违反第 9 条的这一方，但是我认为判决中给出的推理可能会被扩大。此外，我与多数派有分歧的地方在于我认为希腊目前关于劝诱改宗的刑事立法实质上是违反第 9 条的……

这样界定的目的是，使得对在任何时间对任何人说服他人相信自己的行为采取惩罚措施成为可能——哪怕存在着一丁点儿这样的意图……"劝诱改宗并不是高尚的行为"，这一陈述是希腊法院适用法律时所采用的标准，这足以使成文法和判例法将其视为违反了第9条。

当有人试图强迫他人同意或者采用谈判技巧时，对权利的行使进行的唯一限制也是建立在尊重他人权利的基础上。在某些伪宗教团体的活动中发现的其他一些令人无法接受的行为——例如洗脑、违反劳动法、危害公共卫生和煽动伤风败俗的行为——成文法应当将它们作为普通刑事犯罪予以惩罚。在惩罚这些行为的同时，不应禁止劝诱改宗的行为……

沃特科斯（Valticos）法官的反对意见

……我既不同意多数派对第9条范围的认定，也不同意本案中对事实的评价……同其他自由一样，每个人的宗教自由的行使也必须尊重他人的宗教自由。这一自由包括"单独或集体、公开或秘密地表明（其）宗教"，当然意味着实践和表明该信仰的自由，但不是试图坚持不懈地斗争并改变他人的宗教信仰，通过积极的且通常是不合理的宣传方式影响他人思想的自由。这样的规定旨在保证宗教和平和宗教宽容，而不允许宗教冲突甚至战争的出现，尤其是在很多教派试图通过可疑的手段诱骗简单天真的灵魂之时……本案中的该教派，实际上牵涉到的是劝人改教的一系列尝试，并且因此而攻击了他人的宗教信仰。这与第9条无关，它仅仅是为了保护个人的宗教信仰而不是保护攻击他人宗教的权利……

劝诱改宗的人力图改变他人的宗教信仰；他并不把自己局限在肯定自身信仰的范围内，而是试图将他人的宗教信仰变得与自己一致。佩蒂特·罗伯特（Petit Robert）通过引用下述保罗·瓦利（Paul Valéry）的话阐明"劝诱改宗"的意思："我认为希望他人与自己的观点一致是没有意义的。劝诱改宗的行为让我非常惊讶。"在我看来，"劝诱改宗"一词已经充分说明其违法性，并且符合违法行为应该受到法律规制这一原则，希腊刑法为避免意思模糊，用举例（采用的是毋庸置疑的最常见的例子）的方式进行解释说明，仍然构成有意义的定义，即："'劝诱改宗'意味着直接或者间接地试图干预其他宗教教派的人的宗教信仰，通过各种好处，或者允诺某种好处、道德支持或物质帮助，或者通过欺诈的手段，又或者是利用他人没有经验、容易相信他人、有相关的需求、智力较低、天真幼稚等弱点，目的是削弱他人信仰的基础。"如果人们同意这是对劝诱改宗的定义的话，无论如何都不能认为禁止掠夺他人的信仰是违反了公约第9条。相反，这是保护个人宗教信仰自由。

现在我们来看一下本案的事实部分。一方面，我们有激进的耶和华见证会的人，一位顽强的劝诱改宗的高手，一位改变他人信仰的专家，刑事法庭的殉教者——之前的定罪仅仅使得他的战斗性变得更强；而另一头，是理想的受害者，一位天真的女性，是东正教唱诗班领唱人的妻子（如果他成功地改变了她的信仰，这是多么伟大的成就啊！）。他向她发起进攻，宣称他有一个好消息要告诉她（这是非常明显的一语双关，对她来说也是显而易见的），从而成功地进入她家，对于他要传播的信仰他就像一个有经验的商业推销员或精明的供货商，向她详细说明他用世界和平与灿烂的幸福巧妙地包装起来的智力商品。有谁不是真心希望和平和幸福呢？但这仅仅是为了展示考基纳吉斯先生的宗教信仰还是试图诱骗唱诗班领唱人的妻子单纯的灵魂呢？公约会为这样的行为提供保护吗？当然不会。我还必须说明另一个细节。希腊法律无论如何都未将劝诱改宗的概念限制在针对东正教教徒进行知识上的侵蚀的范围内，而是可以适用于任

35   何相关宗教。我们承认政府的代表没能给出关于其他宗教的具体实例，但是这不足为奇，因为东正教几乎覆盖了国家的全部人口，而各教派也恰要在这块肥美之地寻找目标……

我倾向于建议政府做出一些指示，说明哪些情况下，无害的社会交谈不会受到政府的指控，但不排除以下的情况：即那些一系列持久的、采取近似于不法侵入的行为活动。我已经说过，无论如何我不认为希腊的措施违反了公约。

马顿斯（Martens）法官的部分反对意见
引言

……尽管双方当事人正确地将辩论提升到重要原则的高度，但是我们不能忽视，这场辩论的起因是十分普通且完全无害的请求——两个上了年纪的耶和华见证会成员（当时上诉人已经77岁了）试图出售一些他们教派的小册子给一位女士，该女士允许他们进入她的家中而不是紧闭屋门，也许是因为她无法抗拒他们的坚持，也可能是她认为他们要带给她关于在大陆亲戚的消息。没有暴力的痕迹，没有任何可以归为"强迫"的行为；最多不过是有些无关紧要的谎话……

是否违反公约第9条？

在法庭的判决中仅仅是附带提到的问题，在我看来是本案的一个关键问题：公约第9条是否允许成员国将尝试诱导他人改变宗教的行为设定为刑事犯罪？从判决书的第40至42段以及第46段，可以清楚地看到法庭对于这个问题的答案是持肯定意见。但我的答案则相反，我对此持否定态度。

思想自由、信仰自由、宗教自由为公约第9条第一段所铭记。因此，它们

都是绝对的。公约没有为政府的干涉留下任何空间。这些绝对的自由明确地包括改变个人宗教和信仰的自由。某人是否意图改变宗教，这与政府无关，因此，如果有人试图引诱他人改变宗教，原则上这也与政府无关。

介入劝诱改宗者和被劝诱者的"冲突"，这不是国家职权范围内的事。首先，因为——尊重人类尊严和人类自由意味着国家一定要接受这样一种观点，即一般而言个人有能力采用他认为最好的方式来决定自身的命运——国家没有正当理由用它的权力去"保护"被劝诱改宗者（除非是在国家有特别的注意义务这样一些非常特殊的情况下，但是本案并不属于这样的特殊情况）；第二是因为，在该领域中，宽容要求"自由的论争和思辨"应该具有决定性，即使是"公共秩序"的观点也不能为国家强制力的使用提供正当理由；第三，依据公约，对国家而言所有的宗教和信仰都应该是平等的。在一个特定的宗教占统治地位的国家中，就像本案中一样，这一点也是被认可的：第9条的立法历史表明……一个宗教依据本国法律拥有的特殊地位对于依据第9条而来的国家义务而言是无关紧要的。

对于哪些形式的劝诱改宗行为是"适当的"，其他哪些行为是"不适当的"因此应该被视为违法的，法庭给出了建议。我们承认，劝诱改宗的自由有滥用的可能，但是关键的问题是：通过颁布刑法规定，从而对那些国家认为是不适当的劝诱改宗行为可以普遍地施以处罚，这是否是正当的？对这个问题的否定回答至少有两个理由。首先，国家在宗教事务上必须保持严格的中立立场，由于缺乏必需的标准，因此国家不能将自己设定为判定特定的宗教行为是"适当"还是"不适当"的仲裁者。缺乏这一标准无法通过准中立标准——判断劝诱改宗行为是否"符合尊重他人的思想自由、信仰自由和宗教自由"——加以弥补（就像法庭试图去做的那样）。这是因为，这个标准的缺乏意味着，国家赋予不被劝诱的自由比之劝诱改宗的权利更大的价值是缺乏内在正当理由的，因此，对于做出刑法规定通过牺牲后者来保护前者也是缺乏理由的。

评论和问题

1. 根据对考基纳吉斯的判决，上诉人以及希腊政府都宣称获得了胜利。为什么会这样？在什么意义上实现了双赢？

2. 哪些因素可以用来区分"适当的"宗教劝说或"作见证"（witnessing）和"不适当"的劝诱改宗行为？

3. 用经济刺激尽力去成功改变他人的宗教信仰，这种做法在什么时候是不适当的？大多数人会说，使用经济压力引诱人们加入宗教是不适当的。因此，提供食物或者医疗帮助给特别需要的人，条件是他们要改变宗教信仰，这似乎是不适当的强迫行为。但是请考虑下列情形：如果宗教团体在进行对外宣传活动时，没有承诺一经加入就会给予经济利益，但是某人认为加入后他的生活情况很可能得到改善呢？如果某人加入宗教团体，时隔不久他遭遇了不幸，于是接受了该宗教团体的经济援助呢？是否允许教导潜在的皈依者"如果加入宗教团体，他们将在天堂获得回报"呢？

4.《欧洲保障人权与基本自由公约》的第9条与《世界人权宣言》的第18条是相同的（对于这些条款的详细讨论，请见第三章）。当第18条正式通过的时候，很多穆斯林对该条表示反对，因为它确认了个人改变宗教的权利。的确，沙特阿拉伯在《世界人权宣言》投票时投弃权票的很大原因是因为反对这一条。很多传统的穆斯林学者认为从伊斯兰教改信其他宗教是犯罪行为，是严重到足以判处死刑的行为。这是伊斯兰教中的一个疑点，在后面几章将会详细探究。目前，只需要知道在讨论《世界人权宣言》时很多人都持不同的观点就足够了。例如，穆罕默德·扎弗鲁拉·汗（Muhammad Zafrulla Khan）是巴基斯坦的外交部长，也是少数民族伊斯兰教艾哈迈德派（Ahmadi Muslim）的成员，他承诺他的国家全力支持《世界人权宣言》中关于宗教自由的规定。他引用《古兰经》中的一段话："让选择相信的人相信，让选择怀疑的人怀疑。"[44]他指出伊斯兰教自身就是一个劝诱改宗的宗教，并且表达了他自己的观点：信仰不是强制性的，而改变个人宗教的自由是符合伊斯兰教的。反对意见是以什么为前提的呢？通过本章的说明，相互冲突的观点是怎样反映了更深层次的紧张关系的？人们有分享宗教信仰的权利，同时伴随着他们会引导别人改变观点的可能性，这样的观念仅仅是一个西方观念吗？拒绝宗教观点就等同于叛国并且应该受到严厉的处罚，这样的想法只是前现代的观念吗？在这些问题上一方尝试说服另一方，这是允许的吗？

5. 在所谓的烟草无神论者（Tobacco Atheist）一案中[45]，一个犯人用烟草和其他礼物引诱同室的犯人放弃他们的基督教信仰，德国联邦宪法法院维持对此人拒绝假释的判决。法庭论证如下：

---

〔44〕玛丽·安·格伦顿（Mary Ann Glendon）：《创新的世界》（A World Made New），兰登书屋（Random House）2001年，第168页。

〔45〕烟草无神论者案，德国联邦宪法法院，1960年11月8日，1 BvR 59/56, BVerfGE12, 1（F.R.G.）。载唐纳德·P.柯默斯（Donald P. Kommers）：《德意志联邦共和国宪法法理学》（The Constitutional Jurisprudence of the Federal Republic of Germany），杜克大学出版社1997年，第313页。

违反基本法一般价值标准之限制的人是不能主张信仰自由的……在宗教方面严谨的中立国家是不能也不应该对信仰自由的内容做出具体限定的，因为我们不允许国家评价其公民是有信仰还是没有信仰。尽管如此，国家还必须防止信仰自由的滥用。从基本法的价值衡量可以推断出，尤其是从人类的尊严中可以推断出——每当其他人的尊严被侵犯时滥用就表现得非常明显。为其宗教信仰而征募新成员，并使一些人放弃其他宗教信仰，这通常是合法的活动，但如果一个人试图直接或者间接地使用下作的或者不道德的手段引诱拥有其他宗教信仰的人，这就是对基本人权的误用……一个人处在劳役拘禁的特殊环境下承诺以奢侈品为他人放弃原有宗教信仰的报偿，这不能获得受《基本法》第 4 条所保护的利益。《基本法》第 4 条指出"信仰自由和良心自由，以及表明自己信仰和哲学观念的自由，都是神圣不可侵犯的"。

考基纳吉斯法庭会同意烟草无神论者一案的判决吗？德国法院的判决实际上认为，烟草无神论者一案中声称的信仰自由实际上是对自由的滥用，因为这是对更高的价值——尊严的侮辱。考基纳吉斯案是否含蓄地判断了凯瑞亚卡基夫人的尊严有无被考基纳吉斯侵犯的问题，然后又得出结论说没有被侵犯，因此考基纳吉斯先生的第 9 条权利可以获得辩护？

附加网络资源：	案例以及讨论宗教自由和劝诱改宗的更多的文献资料

第二章 关于宗教自由问题的理论及宗教视角

一、引言

本章所要介绍的是两个重要的入门问题：怎样定义宗教和怎样证立
(justify)[1] 宗教自由。第一个问题将在本章第二部分介绍，而第二个问题将在随
后的第（三）、第（四）和第（五）部分介绍。

二、定义宗教

宗教自由是一种值得保护的权利——这一观点预设了宗教是人类生活的一
个特别领域。但是需要保护的具体范围是什么呢？如何划定一条界线来区分出
哪些作为宗教事务而应受保护，而哪些不是？

到目前为止，在大多数事例中，人们对其是否涉及宗教的问题并无疑问。
随着人们意识到宗教的概念要在更广的意义上理解，潜在的边界问题也进一步
减少。正如联合国人权事务委员会（U.N. Human Right Committee）所指出的：
"第18条保护人们信仰有神论或无神论的权利，和不信仰任何宗教的权利。信
仰和宗教这两个词在这里应被广义地理解。第18条并没有将其适用局限在传统
宗教，或有制度特征的宗教信仰，以及类似于传统宗教信仰的实践。因此，委
员会关注那些因各种原因而歧视各种宗教或信仰的倾向，包括那些新建立的宗
教，或者因属宗教中少数派而可能成为多数派攻击对象的团体。"[2]

在实践中，大多数情况下定义宗教并非难事，然而确定宗教的确切界限的
理论挑战却是十分严峻。事实上，许多学者认为对宗教进行定义是不可能的，
"通篇的方法论教条"[3]。有些学者认为宗教这个术语过于含糊不清而拒绝使

---

〔1〕Justify 的意思是"为……辩护"或"证明……正当"，本章中的多处出现该词，都指的是第
二种意思，但这个词的中文译法并不一致，有"辩护"、"正当化"、"证成"和"证立"多种，译
者选取的是"证立"这一译法。而 justification 根据不同的语境，会翻译成"证立"或者"正当理
由"。——译者注

〔2〕联合国人权事务委员会，第22项一般决议（General Comment），第18条第2款，第48届会
议，1993年。

〔3〕布莱恩·C. 威尔逊（Brian C. Wilson）："从词汇到多元：宗教定义简史"，载托马斯·A. 艾迪诺
普勒斯（Thomas A. Idinopulos）、布莱恩·C. 威尔逊编，《什么是宗教？起源、定义和解释》（What Is
Religion? Origins, Definitions, and Explanations），百瑞尔出版社（Brill），1998年，第141页。

用。[4] 还有人指出，"宗教"是一个源自欧洲经验的西方概念，并称若将其适用于其他文化现象必定会歪曲它们。[5]

对于宗教应受特别保护，或者应该是种优先性自由这种理念，也有学者持批判态度。[6] 但是不管这些争论有何种价值，"事实上所有的法律体系……实际上都给予了宗教和信仰自由特别的尊重"[7]，因此，在宗教自由作为一种单独的权利的情况下，对宗教进行某种定义就是非常必要的了。

对宗教定义的方法进行分类，这本身就有挑战性。尽管如此，现在看来也已经有四种主要的定义方法被法学家主张，也由法院使用。这些方法可列于下：(1)"实质性"方法，该方法寻求确定宗教的本质或独特性质；(2)"功能性"方法，这种方法关注一系列宗教信仰在信徒生活中所起的作用；(3)"类比性"方法，该方法寻找宗教信仰所表现出来的一系列特征，尽管这些特征本身并不一定是宗教的组成部分；(4)"遵从性"(deferential)方法，该法关注信徒自身对所信教义的理解，以此为基准来定义什么是宗教，什么不是宗教。

在下文（二）、（三）小部分中，我们将分别讨论这四种定义宗教的方法，并突出强调法院采用特定方法进行分析的案例，同时对围绕这些分类方法进行的学术争论进行讨论。但首先要说明在尝试定义宗教时我们所面对的挑战，以及隐含在这些尝试的表面之下的哲学问题。

（一）宗教定义问题的概览

1. 定义的过于宽泛或狭隘的问题

在鉴别一些团体是否为宗教团体的过程中，主要面临两种困境。一种是定义的过度包容性（over-inclusiveness）问题：如果我们的定义过于宽广，那么很多本不属宗教的事物也会被算在内。另一种是定义的不充分包容性（under-

---

[4] 例如，参见纳撒尼尔·斯廷（Nathaniel Stinnet）："定义欧洲的宗教自由：四个民主国家如何逃脱了歧视少数派宗教的责任"，载《波士顿学院国际法与比较法评论》（B.C.Int't&Comp.L.Rev.），第28卷，2005年，第429页。

[5] 例如，参见本森·萨勒（Benson Saler）：《宗教的概念化：天生的人类学家，卓越的本土人和无界的分类》（Conceptualizing Religion: Immanent Anthropologist, Transcendent Native, and Unbounded Categories），百瑞尔出版社，1993年。

[6] 例如，参见斯蒂文·G.盖伊（Steven G. Gey）："为什么宗教是特殊的？重新思考宗教在第一修正案中宗教条款的适应性"，52U. Pitt. L. Rev75（1990）；斯蒂文·D.史密斯（Steven D. Smith）："宪法语言中宗教自由的兴起与衰落"，140 U. Pa. L. Rev.149（1991）。

[7] 小W.科尔·德拉姆、伊丽莎白·A.苏埃尔："宗教的定义"，载詹姆斯·A.斯里特拉（James A. Serritella）编：《美国的宗教组织：对其特征、自由和法律的研究》（Religious Organizations in the United States: A Study of Identity, Liberty, and the Law），卡罗莱纳学术出版社（Carolina Academic Press），2006年，第29—30页。

inclusiveness) 问题：如果我们的定义过于狭隘，那些本应该被算作宗教的事物又被排除在外。随着时间推移，人们趋于把宗教定义得越来越宽泛（同时，对宗教自由的保护范围也扩展至世俗的世界观）。每一种定义看起来都会把一些信仰体系排除在其定义之外。因此，迫于平等主义的压力，我们拓宽了对宗教的定义来对付不充分包容性的问题。尽管如此，扩张宗教定义的方法却像是在扯太妃糖（taffy）：保护范围越广，受保护的程度就越弱。

2. 区分宗教与非宗教

对这个问题进行概念化的一种方法就是把宗教看作一个圆，圈内代表着我们所选择的宗教定义。定义圆的外圈散发出一系列辐条。两个辐条之间的区域代表一个与宗教相关却又很大程度上不同于宗教的领域，其中包括政治、美学实践、经贸活动，或仅仅是个人信念和欺诈。

很快我们就能发现，划定宗教和其他概念或活动的界限是一件难事。比如，某人视为异端的，却是另一个人的正统信仰。因此，基于一个人的宗教信仰做出的主张，在其他有不同信仰体系的人来看可能是欺诈。

42

同样，对宗教和非宗教性个人信念的区分也存在问题。受保护的宗教信仰和其他非宗教的个人信念之间的界限在哪里？例如，美国最高法院曾经支持一个妇女有宗教信仰自由的权利，而在安息日不工作。但是很典型的是，一个妈妈却不能因其个人的世俗利益，如周六要跟孩子待在一起，而提出宗教自由的主张。

那宗教和经济活动有什么区别？宗教组织的经济活动什么时候可以得到宗教自由的保护，什么时候应当被视为一般的商业活动？几乎所有的教会都会从成员手中募集款项，这些钱大部分用来支付神职人员和工作人员，还有很多教会参与到经济活动中，一些与其宗教使命有关，但是还有一些看起来与之相去甚远。一些教会教导说，向教堂认捐是成为其成员或获得良好信誉的必要条件。

一些教会征收看起来像是服务费的东西，这似乎也很像等价交换（quid-pro-quo）的经济活动。因此，政府拒绝将一些组织注册为宗教团体的一个共同的原因是，它们其实就是商业组织。

对宗教和美学实践，我们应该怎样划分界限？许多宗教实践，比如涉及音乐、诗歌和艺术的宗教实践，都有很深的美学造诣。

在当今世界中最具意义的问题可能就是，怎样划分宗教和政治的界限？如果一个宗教组织拥护一项政治事业，支持一个政治候选人，或创办一个政党，情况会怎样？宗教团体应该被禁止参与上述部分或全部类型的活动吗？如果宗教性政党致力于参与世俗中民主制度的激进改革，并且在国家中采用宗教性法律，情况又如何呢？

这些看起来纯学术的问题，在现实世界中却有着深远的现实意义。

3. 宗教定义问题的性质

我们在定义宗教的法律实践中所面对的一个重大挑战是，正是这种对宗教的定义可以被看做是一个宗教问题。对宗教进行定义，尤其是在法律语境下，并不是中立和科学的，而是在本质上充满了门户之见，因为它总是会以一些特别的观点为前提，而这些观点并不是所有宗教都认可的。更进一步来说，这种定义活动对宗教团体和整个社会都有很深的意义。

决定如何定义宗教需要的不仅仅是打开字典或思考语法。从很多方面来说，定义宗教成为一种规范化实践，其最终结果会反映特定的世界观。比如，一个世俗国家比一个宗教组织会用更戏剧性的方式来定义宗教。分类，评估，尽力使各种方法一致是一个非常难的过程。在更大程度上，定义宗教的权力就是赋予尊严与合法性的权力。

国家有权用很多方式定义宗教，最终使其被认可或被排除。例如，一个国家可以将一种宗教形式定义为合法宗教，而将所有其他的形式宣告为非法或加以歧视。这种情况可能发生在国家认可单一国教或一种主导性宗教，但容忍其他宗教的存在的时候。国家也可以选择另一种方式定义宗教，即囊括"传统宗教"，但是排除那些反文化的、新的或者不同的宗教团体。相反，现代宪法民主制度却倾向于更广义地定义宗教，从而给各种信仰体系留有空间。尽管对宗教的定义是包容的，国家仍会十分小心地对其做出限制，以防其被利用来当作践踏其他重要的权利和利益的借口。

"什么可以算作宗教"这个定义很自然地型塑了政教关系，它也暗含了一个国家内的宗教之间的相互联系。此外，宗教可以利用其定义来主张自治。宗教的自我展现（manifestations of religion）在宗教定义中起着重要作用。人们不只用语词和信念来定义它，而且也用行动。因此，限制宗教自我定义的权力，也就限制了宗教自由。总之，在没有充分考虑宗教自由的性质和限制之前，宗教定义的问题就不能解决。

在考虑定义宗教的不同方法时，要谨记上述这些复杂的问题。这里讲述的每一种定义都对语言和法律定义的目的做出某种假定，并且每一种定义对政教关系和信徒以及宗教团体所享有的自由都有不同的意涵。

4. 宗教定义下的哲学冲突

在关于怎样定义宗教的争论之下充斥着不同层面的哲学论战。许多争论的内容已经超出了这里所要讨论的范围，但了解这些对我们是有好处的，因为它有路标的作用，可以帮助我们绘出宗教自由领域的地图。它们包括语言哲学、社会科学的哲学，甚至还有形而上学的争论。尽管每种争论都没有直接包含对宗教的这种或那种定义，但都含有相关的基本假设，会对人们追求定义的方式带来深远影响。

在古时有一场形而上学的论战，最后在关于语言性质的争论中结束。争论的问题大致可以概括为本质主义（essentialism）和唯名论（nominalism）两个哲学阵营之间的争论。

直言之，本质主义和唯名论两大哲学阵营所争的也就是，"宗教"这个词是自身就有其独立的可被理解的内涵，还是仅仅是一种人造的用来帮助人类理解世界的语言学分类。[8] 前者认为，应该依据宗教的本质来定义宗教，即"它的不变性和必然性……同时包含其内在的发展潜能，这种潜能能在一个变动的世界中被实现和实施"[9]。而后者认为，定义宗教意味着创造和描述出一个有用的类别，可以用它来为特定的学术和实践目的服务，同时也忠实于人们的日常使用。

另一场相关论战来自于社会科学的哲学领域，争论的是，是否应该竭尽所能地从内在视角来研究宗教——正如宗教本身对自己的理解，还是以类似追求科学目标的态度从外在视角来研究它。如果像信徒自身对宗教的理解那样来定义宗教，则重在探究信徒的教义和经验。另一方面，如果以局外人的视角来理解宗教，则应根据可观察的经验来定义它：如它对一个团体或个人的影响，它所倡导的行为，和它的文化表现形式等等。我们将看到，许多关于宗教定义方

---

〔8〕萨勒："宗教的概念化：天生的人类学家，卓越的本土人和无界的分类"，同注〔5〕，第10—11页。
〔9〕同上，第10页。

法的重大争论就是因为这个区别。

因为在法律上定义宗教，常常要借用其他学术领域的观点，另一个困难就会出现：不同领域根据不同研究目的而给出不同的定义，所以我们也要根据不同的标准对它们进行判断。我们必须清楚地认识到，一个很有价值的神学、社会学或人类学的宗教定义，很可能对在法律上定义宗教毫无用处。例如，一个打算研究宗教对个人家庭关系的影响的心理学家，她定义宗教时所遵循的准则，必定大大不同于最高法院用来裁决国教条款的诉讼所使用的准则。

要在宗教定义的正当法律目的上达成一致，其挑战不亚于要获得一致的宗教定义。关于应在法律上给宗教多大范围的保护这个问题的意见分歧，也常常伴随着怎样定义宗教的意见分歧。

评论和问题

在确定一个宗教主张是否应被采纳的过程中，除了确定一种信仰是否应被包含在宗教的定义里，另一个重要的初始问题是评估该信仰的真诚性（sincerity）。国家通常没有义务去保护一种无诚意或无耻的信仰。在评价一个宗教自由主张是否合法的过程中，一个经常出现的问题就是它们是否是真诚的信仰，还是仅仅是欺诈的、投机取巧的或者是策略行为。我们常常面对这样一种风险，有人捏造宗教信仰，去获取只有宗教信徒才享有的获得保护或免除义务的利益。我们有理由保护这种不真诚的信仰吗？法院担心，在多大程度上，对宗教信仰真诚性的评估会被模糊成对宗教信仰自身可信度（credibility）的不适当的评估？参见美国诉巴拉德案（United States v. Ballard），322 U.S. 78（1944）[杰克逊（Jackson）大法官的反对意见是，"我不认为我们可以将什么是被信仰的问题与什么值得信仰区分开来"]。

（二）从外在立场到宗教团体自身的各种定义宗教的方法

1. 本质主义的定义（Essentialist Definitions）

早期对宗教的定义依赖于一种实质的或本质主义的方法，用各自教导的本质内容来区分宗教与非宗教。这种方法用对最高存在者的信仰来鉴别宗教。例如，1890 年美国最高法院在戴维斯诉比森案（Davis v. Beason）中曾说，"'宗教'指的是一个人对他与其创造者关系的看法，以及基于对创造者之存在和品性的敬畏而来的义务，及对其旨意的顺服。"[10] 这种定义常常有包容不充分的

45

---

〔10〕戴维斯诉比森案，133 U.S. 第 333、342 页（1890）。同时也可参阅合众国诉麦克伦特士案（United States v. MacIntosh），283 U.S. 605，第 603—604 页。休斯大法官（Hughs, C. J.）的反对意见，"宗教的本质是这样一种信念，即在与上帝的联系中，对上帝的义务高于任何一种人类关系产生的义务。"

问题，不仅因为许多宗教并不必然信仰一个最高的神，而且还有一个更普遍的问题，即对宗教自由的保护应该在多大程度上扩展到非宗教性的真诚信仰。实际上，在 1961 年的托卡索诉沃特金斯案（Torcaso v. Watkins）中，美国最高法院就含蓄地推翻了比森案中对宗教的定义，在判决的一个脚注中，认可了其他宗教的存在，即"在这个国家中并不教导相信上帝存在的宗教"，且包括以下类别，"佛教、道教、伦理道德文化和世俗人文主义等等"[11]。

最近加州大学伯克利分校法学教授杰西·库珀（Jesse Choper）提出了鉴别宗教的两种实质标准。首先，他认为宗教传播的是"超现世后果（extratemporal consequence）"规则[12]——意味着一个人的现世决定带来的是永恒的后果，尤其是永恒的奖励与惩罚。

尽管如此，库珀承认这种定义确实排除了很多传统上被认为是宗教的信仰体系。他注意到，在很多东方的和种族部落的宗教中，甚至在正统基督教中，许多信徒也反对这种死后的奖励或惩罚的信念。认识到这些问题，库珀提出了第二种可能的定义，指出第一种定义中排除的许多宗教信仰"与超现世后果这种信念有一个共同核心"[13]。这个"共同核心"关乎一种"超验性"或者"在普通生活中无法被观察到的实在的某些方面（aspects of reality），它被假定存在于另一个层面之中……"[14] 库珀认为，"在常规认识中无法观察到也无法被经验证实的，在现实物质世界中不可知的那些事实，只能被信徒所体验或只能作为一种信仰。任何人，包括政府都不能支配或否定这种体验。因此，可以这样说，宗教中有关超验实在的信念是在政府监管能力之外的。"[15]

诚然，库珀教授也承认，个人做出决策和行为是由于超验的原因还是纯理性的原因，这个界限很难划分。[16] 斯坦利·因格贝尔（Stanley Ingber）指出："库珀的建议会迫使法院去探寻这些问题，深深地沉浸在宗教学说和个体的独特信仰的错综复杂之中。"[17] 让一个宗教中立的法院来调查宗教教义的细节是靠不住的。

46

---

〔11〕见美国最高法院 1961 年的托卡索诉沃特金斯案，367U.S.，第 488 页、495 页脚注 11，1961 年。
〔12〕参见杰西·H. 库珀："在第一修正案中定义'宗教'"，载《伊利诺伊大学法律评论》（U. Ill. L. Rev.），1982 年，第 579、597 页。
〔13〕同上，第 602 页。
〔14〕同上。
〔15〕同上，第 603 页。
〔16〕同上，第 603—604 页。
〔17〕参见斯坦利·因格贝尔："宗教或意识形态：一个宗教条款的必要澄清"，载《斯坦利比较法评论》（Stan. L. Rev.），第 41 卷，第 233、277 页。

尽管使用实质性方法来定义宗教困难重重，很多国家还是继续使用这种方法。比如，在 1999 年，英格兰和威尔士的慈善专员们（Charity Commissioners）拒绝将基督教科学派（Church of Scientology）注册为宗教性福利机构，因为他们断定其不具有宗教资格。在审视过英国和其他国家的情况后，慈善专员们认为，根据慈善法的目的，宗教的两个必要特征，一是要信仰至高的存在，二是通过敬拜来表现其信仰。[18]

2. 功能主义的定义（Functionalist Definition）

另一种基本的定义方法可以叫做功能主义方法。功能主义定义没有以一系列信仰的内容为基础来判定宗教，而是着重考察宗教信仰和宗教活动在人们日常生活中所起的作用。在这种观点中，凡是起宗教作用的，都可以被定义为宗教。功能主义定义法的一个经典例子就是保罗·蒂利希（Paul Tillich）对信仰的观点，即人的"终极关怀"（ultimate concern），美国最高法院在美国诉西格案（United States v. Seeger）的判决中曾引用。[19] 最高法院对这种功能主义的定义方法，即把宗教定义为人的"终极关怀"，导致了这样一个结论：尽管一个人反对兵役法的理由严格来说并不是宗教性的，但因为他的伦理信念在他的生命中发挥着宗教信仰一样的功能，那么他的权利仍旧要受到保护。

几年之后发生了另一个因良知而拒服兵役的案件，即威尔士诉合众国案（Welsh v. United States），西格案的功能主义定义可以在多广范围内进行解释就变得显而易见了。[20] 政府拒绝给予威尔士征兵豁免，因为他并没有明显的反对战争的宗教信仰基础。政府认为该案应区别于西格案，因为比起西格，威尔士更坚定和明确地否认自己拒服兵役的想法是因为宗教信仰。例如，在填写他们拒服兵役的申请时，西格引用了"宗教信仰"这个词，而威尔士则完全删掉了这个词，转而表示他的信念根植于历史和社会。但是法院驳回这一诉由，裁定"这样过分强调了让登记人自己来解释自己的信仰"。

尽管"终极关怀"这种功能标准受到了批评，它还是值得推荐。它避免了法官在判决这类案件时被迫成为神学家，很自然地可以忽略掉实质性定义法中很麻烦的宗教学说和仪式的问题。在"终极关怀"这种定义下，政府很自然地就不用在意我们信仰什么关心什么，但是会保护任何对我们来说最重要的信仰

---

[18] 英格兰和威尔士慈善专员决议（Decision of the Charity Commissioners for England and Wales Made），1999 年 11 月 17 日，第 13—14 页。

[19] 联邦政府诉西格案，380 U.S，1965 年，第 163 页。

[20] 威尔士诉联邦政府案，398 U.S.，1970 年，第 333 页。

自由。尽管如此，也正如批评者所言，这种定义法向几乎所有被称为宗教信仰的事物敞开了大门。

3. 类比性定义（Analogical Definitions）

还有一种主要的定义法，肯特·格林瓦尔特（Kent Greenawalt）称其为类比性定义法，该方法试图以类比区别一般现象和明确的宗教现象来区分宗教与非宗教。[21] 这种类比性定义法首先是由联邦第三巡回法院上诉法庭的法官阿林·M. 亚当斯（Arlin M. Adams）在马尔纳克诉瑜珈士案（Malnak v. Yogi）[22] 和艾弗里奇诉合众国案（Africa v. Commonwealth）[23] 中先后提出的。亚当斯法官的判决原文如下：

> 首先，宗教往往涉及本质的和终极的问题，解决深邃的无法测度的事项。其次，宗教在本质上是很广泛的，它由一套信仰体系组成，而不是一个单独的教义学说。再者，宗教常常可以通过一些表面和外在的符号来识别……类似于那些已被接受之宗教的符号。这些符号可能包括正式的礼拜、庆典仪式、神职人员的存在、组织机构、努力传教、庆祝节日和其他一些与传统宗教类似的表现形式。[24]

> 尽管如此，亚当斯补充道，"尽管这些指标对定义宗教很有帮助，但不能认定它们就是最终鉴定宗教的'试金石'。定义宗教是一项敏感和重要的法律义务。对每种信仰体系进行灵活和仔细的研究是必需的。同时，为了避免个案正义（Ad hoc justice），确定客观的指导方针也是非常重要的。"[25]

这种类比性定义法不同于实质性定义法，它不会一成不变地将宗教概念限定为任何特定的信念，甚至是一种或一系列特定的功能。同时，它与功能主义定义法的区别在于，它可以将这样一些信仰纳入考虑范围，通过类比，这些信仰常常看起来类似于一些已被确定的宗教，它们在相关团体中的表现就是它们

[21] 参见肯特·格林瓦尔特："宗教作为宪法中的一个概念"，载《加州大学法律评论》（Cal. L. Rev.），第 72 卷，1984 年，第 753、767—768 页。

[22] 592 F.2d 197，联邦第三巡回法院，1979 年，判定新泽西州的 5 个高中所授课程"创造性智力先验冥想的科学"（the Science of Creative Intelligence Transcendental Meditation）是一项宗教活动，违反了政教分离条款。

[23] 662 F.2d 1025，联邦第三巡回法院，1981 年，一个被一名囚犯声称是一种宗教并且该囚犯是该宗教的"自然主义牧师"的组织 MOVE，经判决被认定为不是宗教，因此国家没有义务为这名囚犯提供一种特殊的膳食，他主张这种膳食为其宗教所要求。

[24] 艾弗里奇案（Africa），662 F.2d at 1032, 1035。

[25] 马尔纳克案（Malnak），592 F.2d at 210。

作为宗教的证据。因此，类比性定义法比功能性定义法的内涵更广阔，给法院判定提供了更具体的边界。

安纳德·艾格尼斯沃（Anand Agneshwar）批判了类比性定义法，认为此定义法因为要依靠与"毋庸置疑的宗教"（indisputable religious）相类比来进行，所以其要预先假定一系列无争议的"毋庸置疑的宗教"来作为对比的基础。因为他们并没有标准来确定什么是显而易见的宗教而什么不是，所以他们所选的作为宗教范例的任何特定现象，都很有可能是武断且民族主义的。[26]

艾格尼斯沃坚称若允许法院用"毋庸置疑的宗教"作为判断标准，会向法官敞开主观偏见的大门，他们会根据自己的宗教观点来判定什么信仰体系值得赞成而什么不值得，这违反了最高法院"不应处罚他认为错误的信仰，也不应奖励他认为正确的信仰"这一悠久的中立原则。[27]

新信仰教会和工资税专员

澳大利亚联邦最高法院（High Court of Australia）对维多利亚最高法院（Supreme Court of Victoria）判决的上诉1983，HCA 40；154 CLR 120，1983年10月27日

梅森（Mason A.C）大法官和布伦南（Brennan）大法官

新信仰教会（The Church of the New Faith）这个社团经评估应按《1971年工资税法案》（Pay-roll Tax Act）来缴纳工资税。根据该法案，该社团经评估在1975年7月1日到1977年6月30日期间的应付或已付工资是需要缴税的。该社团反对这项纳税评估，因为根据该法案第10条第（2）款，这期间的工资是免于缴税的。在当时（该条规定在1979年被修改），第10条第（2）款规定："根据本法案应缴税的工资不包括以下的已付或未付工资……（2）宗教或公共慈善机构，以及公立医院。"

……基督教科学派是一种宗教吗？……基督教科学派是否是一种宗教这个问题无法解答，因为双方都没有完全地审查过这些重要的，或者说是极其重要的基督教科学派的教义原则。现在能回答的问题是，在宣誓书和口头证据中所确立的信念、实践和仪式，如基督教科学派教徒所接受的一系列信念、活动和仪式一样，是否能被适当地描述成一种宗教。

为了考虑这个问题，应该授予其特殊的许可吗？通过两种有联系的特殊情

---

[26] 参见安纳德·艾格尼斯沃："找回宪法中的上帝"，载《纽约大学法律评论》，第67卷，1992年，第295、316—317页。

[27] 同上。

况可以给出一个确定的答案：宗教概念的法律重要性和澳大利亚政府监管的缺失。宗教自由，是典型的良心自由，是社会自由的实质。宗教的法律定义的首要功能就是划出一个区域，在这个区域中，守法的人们可以自由地信教并实践其信仰而不受法律限制……

基于法律目的而定义宗教是一项极度困难的任务……不能仅仅因为一种定义迎合了大多数人的想法，或响应了时下被大多数人所接受的观念而采纳它。如果这样定义宗教，以至于将少数派宗教从主流宗教的界限中排除，那么现今法律向着完全的宗教自由和宗教平等的……发展道路将被阻断，并且，宪法的第 116 条中的保障，将会失去其作为自由堡垒的本质……

这些考量倾向于反对采取一种狭义的宗教定义，这可能暗示着对任何下面这种定义的拒绝，即把那些宣称其信念、实践和仪式是宗教性的任何组织的信念、实践和仪式排除在宗教类别之外的定义。但是这样一种宣称不能被用来作为一种法律标准。如果当任何一个团体的追随者称其组织为一种宗教，法律就赋予其豁免权的保护，那么这一保护便会立即变得不堪一击……因此，需要一种更具客观性的标准。

这个标准必须在已被认可的宗教的特征中发现，从而任何被信徒所接受的并呈现出这种特征的一系列信念、实践和仪式可以被认定是一个宗教。但是应从哪些已知宗教中得出这种标准呢？比较宗教学的著作、现代的通信方式和澳大利亚现代社会中多姿多彩的伦理和文化元素，要求我们在寻找宗教标准时不能局限于犹太源流的宗教——犹太教、基督教和伊斯兰教——因为其他已被认可的宗教的教义，包括那些非一神论者，甚至无神论的教义，也是当代观念环境的组成元素。但是全面考察犹太人的宗教和其他已被认可的宗教这项任务确实让人望而却步……詹姆斯·弗雷泽（James Frazer）爵士的著作《金枝》（The Golden Bough）中有一章……被杨（Young C.J）在本案判决中引用，这样说道："很可能这世上没有一种事物像宗教的本质这样有如此多的分歧，建构一个使所有人都满意的宗教定义显然是不可能的……"

调查所有宗教的共同特征的起源是一项艰巨的任务，法院不能指望通过对所有已知宗教的详细分析来完成。的确，法院不具备做这样一种研究的能力，处在一种宗教环境下的法官，其已有的文化适应性会妨碍他理解另一种宗教。然而，这样一种广泛的研究是不需要的。相关的研究是要查明，宗教作为一种拥有法律豁免与自由的领域意味着什么，要探明的是那些引起宗教自由和豁免的本质特征。这事实上是对法律政策的研究……

在我们的法律体系下，国家在有关宗教信仰方面并不承担预言者的角色，国家既不能宣告超自然的真理，也不能决定人类心灵必须沿着哪条路径去探寻超自然的真理。法院只能赋予信仰超自然真理的自由，因为无法证明一个超自然真理的假定学说是否是错误的，一个超自然启示的真理是否已形成……

宗教信仰不仅仅是一种宇宙论，它也是一种对超自然的存在、事物或者原则的信仰。但是宗教信仰本身并不是宗教。至少在某种程度上，宗教也关心人与超自然秩序的关系，以及超自然现象对人的生活和行为的影响……

初步来看，人根据自身对超自然力量的信仰，认为必须去做或者禁止去做的这些行为是在法定豁免权的范围之内的，因为如果约束他，使他不能做这些实现自身信仰的行为，会使他的宗教自由受损。为了实现自己的超自然信仰，他认为对自己有效而接受下来的行为准则，和他的信仰本身一样，都是他的宗教信仰的一部分。相反，除非一个人的超自然信仰和他所进行的特定行为有真实的联系，这种行为才具有宗教性的特征。

但是宗教概念所划定的法定豁免权范围，并不能无限延伸到所有为实现个人的超自然信仰的行为……即使一个人为实现其超自然信仰的行为是宗教性的，但如果其违反了普通法律，就应该被排除在宗教概念划定的法定豁免权的范围之外，比如违反了并未一般性地歧视宗教或者歧视特定宗教信仰的法律，或者歧视某种仅仅有宗教特征的行为的法律。

因此，我们认为，为了实现法律目的，宗教标准应是双重的：首先，对超自然存在、事物或原则的信仰；其次，为了实现信仰而要接受行为准则，然而违反普通法律的那些行为准则，则被排除在基于宗教地位而获得的豁免、特权或权利的范围之外。

我们接下来看看本案这些性质待定的信念、实践和仪式。博学的审判法官提供了很多但并非全部的相关资料。克罗吉特大法官（Crockett J.）审查了基督教科学派组织的历史。他发现这个组织在澳大利亚的前身是哈伯德国际基督教科学派教徒协会（Hubbard Association of Scientologists International，简称H.A.S.I.），在不早于1961年的某时，这个协会曾出版过一个杂志，其中明确地声称："H.A.S.I. 是一个非宗教组织——它不需要任何的信仰，也不与任何信仰相冲突。任何信仰的人们都可以使用基督教科学派的名义。"大法官阁下调查了这个教派（cult）随后发展的历史，发现其貌似发生了一个相当大的转变，但是大法官阁下认为"这个组织现在呈现的教会外表是虚假的，是为一个别有用心的目的服务的"，换言之，它获取法律上的宗教地位是为了获得澳大利亚和世界

50

上其他国家的财政支持及其他利益，以及规避1965年《维多利亚心理学实验法案》（Psychological Practices Act）的管制，而摆脱无法获得合法地位的境况。大法官阁下确信所谓的基督教科学派向宗教组织的转变仅仅是骗人的……

尽管基督教科学派运动的普通成员的真诚和诚实是毋庸置疑的，大法官阁下还是认为基督教科学派"只是骗人的，因为当这些人还看不清其目标和信念的真面目时就准备接受并遵照它们行事，好像它们是可信的一样。盲信（gullibility）并不能改变一件事物的实质"。

然而，发生招摇撞骗是宗教自由必须付出的一种代价，如果一个自称是先知的人说服别人去信奉他提出的宗教，他自己缺乏真诚和诚实，与其信徒所接受的信念、行为和仪式所具有的宗教性质并不冲突……

信仰一种最高存在是现在基督教科学派的一个内容，但是其中并没有一个明确表达何为最高存在概念的教义。最高存在的名字留给信徒自己抉择。每个信徒必须自己决定他的上帝是什么……这个被教派成员接受的信仰满足了宗教的第一个标准，但是第二个标准却比较棘手。为了满足第二个标准，必须有事实表明他们为实践超自然信仰接受了一系列行为准则，并且这些准则不违反普通法律……

该教派的各种行为规范被罗列在《人类能力的开创》（The Creation of Human Ability）中——基督教科学派教徒的一本手册……尽管如此，我们无法发现任何行为规范与基督教科学派的超自然信仰有关联，除非听析（auditing，是基督教科学派对信徒所做的心理测试，又叫听析会，是基督教科学派所谓找出病因的第一步，形式上与宗教的忏悔、告罪很相似，但本质上有很大的不同。——校者注）自身是一种符合第二个标准的宗教实践……

然而，在维多利亚大概有5000到6000之众的信徒，盲目地遵从哈伯德先生的著述，因此可以推断出，他们能感受到某种统一的思路，这种思路能使世界整体变得可以理解，或者能集合足够的类似拼图的因素，使他们把自身和自己的所作所为看做是超自然实在的一部分。我们认为由此可以推断出一种情况——尽管支持它的材料无法令人信服——就是一般的信徒团体进行听析（practice auditing）和接受科学论派的其他活动和仪式，是因为在做哈伯德先生吩咐或建议他们去做的事情时，他们认为自己是在实践自己的超自然信仰……

因此，无论哈伯德先生的目的是什么，这个社团的动机是什么，根据这个案件的证据情况需要作出这样一个裁决，即该信徒团体全体拥有一个宗教。他们的信念、实践和仪式是否构成一个宗教这个问题，在那种证据状态下，可以得到肯定的回答。根据本案双方都接受的传统基础，这个答案必然得出一个有利于这个社团的判决……

我们赞同上诉意见，许可上诉请求，判决应根据《1971年工资税法案》第三十三条第三款，减少工资税评估到零……

评论和问题

1. 在新信仰教会和工资税专员案中，澳大利亚联邦最高法院用了哪种定义方法？这种定义法是否创造出一种有效的定义，可以查明"宗教作为一种法律自由或豁免的领域意味着什么"？

2. 美国国内税务局（Internal Revenue Service，简称IRS）在定义"教会"（church）这个词时使用了一种多因素定义法。也就是，它首先列出一个教会拥有的一系列特征：

(1) 一种独特的法律存在

(2) 一种公认的信条和崇拜的形式

(3) 一个确定和独特的教会组织

(4) 一套正式的教义和行为准则

(5) 一段独特的宗教历史

(6) 一种与其他任何教会或教派没有联系的成员身份

(7) 一个圣职人员的组织

(8) 选定完成规定课程的学习后的圣职人员

(9) 自己的文献

(10) 礼拜的既定地点

(11) 定期的集会

(12) 定期的宗教仪式

(13) 对年轻教徒进行宗教教育的主日学校（Sunday School）

(14) 预备圣职人员的学校

根据这个列表，美国内部税收服务协会承认，在基于联邦税收目的而判定一个组织是否是教会时，"没有一个因素是起决定作用的，尽管并非所有的十四条都会与一个既定定义相关"[28]。你能发现这种定义方法有什么问题吗？这种特

52

[28] Am. Guidance Found. V. United States, 490 F. Supp. 304 (D.D.C. 1980)，引用自美国国内税务局专员杰罗姆·库尔茨（Jerome Kurtz）发表于PLI第七次税收计划两年会议（Seventh Biennial Conference on Tax Planning）上的讲话，1978年1月9日，重印于《联邦税务》（Fed. Taxes）(P-H)，1978年，第54页。

征因素分析法与类比性定义法如何进行比较？

3. 为了对类比性定义法进行辩护，乔治·弗里曼（George Freeman）认为传统定义宗教的实践已经被误导了。[29]据弗里曼所言，那些试图定义宗教的人已经失败了，因为他们错误地理解了语言和定义。他们试图寻找宗教唯一的"本质"，即一个宗教特征或者一系列宗教特征，来作为宗教性现象的既充分又必要的条件。弗里曼声称这种本质性定义法已经误入歧途，因为宗教并没有唯一的本质。那么，我们应如何着手区分宗教与非宗教？弗里曼试图运用维特根斯坦（Wittgenstein）"家族相似性"（family resemblances）的语言哲学来确定，是否是相似性和关联性确定了事物的共性，而非先假定所有事物必然共有某些特征。[30]

弗里曼说我们可以用辨别椅子的方法来辨别宗教。我们先从显而易见的事例，即合乎常规的椅子开始，然后再将边缘的情况与这个显著的事例相对比，寻找它们的相似性和相异性。目标椅子和标准椅子的相似性特征数量足够多时，就说明目标椅子是属于这种类型的椅子。相反，如果他们的相异性太多，那目标椅子只能从这个种类的椅子中被排除。[31]

你对运用维特根斯坦"家族相似性"的语言哲学来从法律上定义宗教这种方式有何看法？它是一种处理语言中深植的不确定性问题的好方法，还是又增加了语言的模糊性并导致了主观擅断的后果？

（三）宗教的遵从性定义法（Deferetial Approaches to Defining Religions）

对定义宗教这个难题快刀斩乱麻（Gordian knot）的新方法，同类比性定义法一样，依赖于重构这个问题的努力。不只是仅仅改变法院定义宗教与非宗教的方式，遵从性定义法要从转变它所探求的重点开始，追问法院和其他国家机构应在多大程度上遵从宗教团体自身的看法，来确定它们是否是宗教性的。遵从性定义法的核心洞识就是，一个团体把自身定义为宗教，是法院在判定它们是否是宗教的过程中十分相关且通常起决定作用的因素。正如达勒姆和苏埃尔所述，"基督教科学派视其自身为宗教的事实，在支持别人也把它看作宗教这一点上，应有极大的作用，然而马克思主义厌恶被贴上宗教的标签这一事实，则

---

〔29〕乔治·C.弗里曼："'宗教'的宪法定义：误入歧途的追寻"（The Misguided Search for the Constitutional Definition of "Religion"），《乔治敦法律杂志》（Geo.L.J.），第 71 卷，1983 年，第 1519—1520 页。

〔30〕同上，第 1550 页；路德维希·维特根斯坦：《哲学研究》（Philosophical Investigations）§66，安思康姆（G.E.M. Anscombe）译，1953 年。

〔31〕同注〔29〕，第 1551—1552 页。

在反对将之视为宗教这一点上起重要作用。"[32]

这个标准的定义方法假定，宗教定义问题会引出一个普遍的涵摄（subsumption）的问题。也就是，人们需要判定一系列特定的事实（存在争议的宗教信仰或行为）是否应归入一个特定的（有关宗教自由）法律条款管辖。政府需要知道这些受争议的信仰或行为是否是宗教性的，才能决定这些情况是否被适当地涵摄。难点在于，涵摄本身并不是一个中立的法律解释的过程，却又制造了涵摄规则本来要解决的问题。正是考虑到定义问题这个独有的特征，遵从性定义法被设计成不同程度的完全遵从和有限度的遵从。完全遵从性定义法认为，一个团体对自己是否是宗教团体的信念与宗教教义的实质内容一样，都是不受政府审查的；然而有限度的遵从性定义法却认为，在政府解决定义宗教所导致的涵摄问题的时候，适用于一般行为和信念的宗教自由标准，也同样适用于宗教行为和信念。很多人认为完全遵从性定义法会给欺诈行为留有很大空间，因此，在下文中，我们重点研究有限度的遵从性定义法。

有限度的遵从性定义法认为，政府应当允许人们实现自己的宗教信仰，除非它有令人信服的（compelling）理由予以干涉，与此相同，它也应该接受人们将他们的信仰描述为宗教性的，除非它有令人信服的理由来反对。这种观点的支持者称只有这种定义法才能保证宗教自由的公正：

> 如果政府定义宗教太过狭隘，就像承认一个团体为宗教但同时又任意否定它正当的宗教自由主张一样，将会确定无疑地破坏宗教自由。的确，否定一个团体的宗教地位对宗教自由构成了更深的侮辱，因为它不仅仅是否定一个特定的主张，更是对任何主张宗教自由的权利的全盘否定。[33]

这并不是个完全新奇的观点。事实上，最高法院在西格案中就曾提到，法院在评估信仰的宗教性时应以信徒所持信念的真诚性和信徒对其自身信仰的宗教属性的评估为准。[34] 尽管如此，西格案并没有得出这个观点的内涵，反而得出了"本质上客观的"类比性标准："一个反对服兵役者所主张的信仰在其生命中占据的位置，能否和明确反对享有（兵役）豁免权的人所持有的对上帝的正统信仰在其生命中的位置一样？"[35] 于是借用保罗·蒂利希的"终极关怀"功能

54

---

[32] 德拉姆、苏埃尔，"宗教的定义"，同注〔7〕，第38页。

[33] 同上，第37页。

[34] 合众国诉西格案，380 U.S.，第184页。

[35] 同上。

性定义法对其定义。

因为在定义宗教时国家利益因事而异，所以在根据宗教自由的要求用这个方法定义宗教时也应有所不同：

在不同的法律目的所影响的不同情况中，定义问题会呈现出不同的轮廓，谨记这点至关重要。法律定义不仅仅是适用于所有时期和环境的抽象语言符号；它们有实际的作用，即帮助法律执行者在各种法律环境中都公正与合理地做出区分……至少在某些情况中，这就需要在定义中存在有差别的严格性。[36]

认识到这点，政府不得不在不同的环境中给予宗教概念不同的限制，在政府可以合法地反对信徒自我定义宗教的基础上，遵从性定义法勾画出了限制的标准。达勒姆和苏埃尔将这些标准划为两类：内含于宗教自由概念中的限制和那些能给予政府正当理由去推翻宗教自由的限制。

宗教自由第一个内在限制是信仰的真诚性。根据遵从性定义法，宗教信仰的主张者不仅必须表示她真诚地信仰她所主张的宗教，并且她真诚地坚信她所信仰的就是宗教。正如若主张者并没有实际坚持自己的信仰，我们便没有理由赋予其信仰自由的保护一样，若信徒事实上并不认为自己的信仰是宗教，我们也就同样没有理由遵从信徒自己的宗教定义。宗教自由的第二个内在限制正是第一个的反面，即因欺诈或阴谋所提出的宗教不值得被遵从和保护。

尽管最高法院已经认识到在宗教自由案件中进行真诚性判定是可行的——因为，毕竟给实际上并不被坚持的信仰提供保护是没道理的——但是这种真诚性判定仍然面临挑战。达勒姆和苏埃尔坚称应由信徒承担举证责任，证明她事实上坚信她主张的信仰；根据所主张信仰的内容不同，证据要求也应有所不同。在任何一个案件中，法院在判定主张者是否事实上持有信仰时，不应被法院对信仰者可信性的判断所影响，因为很多宗教宣扬的信条对外人来说是十分奇怪和不可思议的。

即使法院已判定主张者真诚地信仰其宗教并真诚地认定其信仰就是宗教，法院仍有令人信服的理由不去接受信徒自己的分类。需要注意的是，这跟下面这个问题是不同的，即国家是否有迫切利益，可以不接受那些已经被公认为具有真正宗教性的主张为合法。这不是一个政府以迫切利益否定一个具体宗教主

---

[36] 德拉姆、苏埃尔："宗教的定义"，同注〔7〕，第39页。

张的问题，而是一个更严格的标准问题："在某种环境下对某个团体的宗教性判定会影响到其他团体，考虑到这种可能性相当之大，那么是否有某种压倒性的（overriding）理由可以对这个团体或其成员（在特定环境中）提出个人主张的权利颁布禁令。"[37] 比起整个宗教团体的主张，个人信仰待决（at stake）的案件可能更容易。在这种环境中，法院"会为分析的目的先简单地假设某主张的宗教性（或非宗教性），进而说明为什么在任何情况下因压倒性的国家利益会得出一个不利于主张者的结论"[38]。

评论和问题

美国高级财政官员"只有在根据书面记载的事实和情况，有合理理由相信教会组织出现以下三种情况时，才能获得税收管制规定的准许来调查教会的纳税责任：（1）有可能不具备作为教会获得税收减免的资格；（2）可能从事与宗教事业不相关的商业贸易……［由《国家税收法》（Internal Revenue Code）界定］；（3）进行了应纳税的活动。"（参见 26C.F.R.301.7611-1）在有关教会税收调查的法律规则范围内判定一个组织是否构成一个"教会"，可适用的国内税务局的规则规定"仅仅为适用第 7661 款的程序……'教会'一词包括任何声称是宗教的组织，和任何教会公会或协会"。有理由认为这种遵从性定义标准在税收审计和其他调查的环境中更重要吗？这种遵从性定义法可以在更普遍的环境中适用，还是在其他环境中应后于类比性或功能性定义法适用？

（四）伊斯兰教和宗教定义

伊斯兰教对宗教的定义是排外的。对它的信徒来说，伊斯兰教就是宗教的定义。尽管如此，巴萨姆·提比（Bassam Tibi）将非穆斯林信徒划分为三类，这一划分也被穆斯林权威广泛认可：

非穆斯林的一神论教徒（犹太教和基督教）被归为蒂米特德（Dhimmitude），即可以有限制地保留他们的宗教信仰，但被认为地位不能等同于穆斯林……

信仰非一神论的宗教（所有犹太教、基督教和伊斯兰教以外的宗教）被认为是叛教／不信（kufr）的表示，遵照可兰经的规定应当与他们抗争。

还有一种是通过改变信仰或选择信仰无神论或不可知论而背弃伊斯兰教的穆斯林。这些背叛的穆斯林被认为是犯下了既叛教变节又信仰异教的罪过，因

---

〔37〕德拉姆、苏埃尔："宗教的定义"，同注〔7〕，第 55 页。
〔38〕同上，第 56 页。

此应被作为不信者来惩罚……〔39〕

56　　　精确的教义和定义在伊斯兰教的不同宗派中有所区别，然而全身心投入信仰却是所有派别的共同点。格雷戈里·格利森（Gregory Gleason）教授这样写道，"穆斯林信徒强调伊斯兰教不仅仅是宗教教义更是生活方式。伊斯兰教并不区分教义和生活、思想和行动、言语和行为。伊斯兰教要求全身心地委身，因为它就是活的教义。"〔40〕

三、宗教和信仰自由的证立

　　我们现在把我们的注意力从怎样定义宗教，转移到为什么宗教信仰值得保护这个问题上来。证立宗教信仰自由的方式有很多不同的种类，并且时常互相矛盾。这里也包括一些被用来主张削弱宗教自由的消极宗教特征。在很大程度上，宗教或信仰自由的证立以及要对其设置限制的争议几乎贯穿了本书所有的案例。在本章，我们只能接触到一些主要的论证。许多论证常常在适用宪法条款时提出，并且很自然地在审理宪法案件时被采用。我们希望本章的余下部分可以激起大家探究的兴趣，更深层次地思考有关宗教和信仰自由的论证，以及它们是怎样影响了宪法保护的幅度这两个问题。

　　（一）宗教自由的经典论证

　　很多宗教自由的重要基础论证都源自于洛克的思想，这在本书第一章已叙述过。我们现在来回顾一下美国的建国之父们所捍卫的论证。当你阅读下文时，你可能想问自己，美国式的论证与洛克的立场有怎样的联系？它们在多大程度上有创新，又在多大程度上是源自洛克或更为一般性的英国背景？

　　1. 早期的美国式论证

　　正如第一章已提到的，18世纪的弗吉尼亚对美国早期有关宗教自由范围的肯定与限制的各种论证来说，是一块正在培植新思想的基地。特别是帕特里克·亨利的评估法案，詹姆斯·麦迪逊的抗议请愿书和托马斯·杰弗逊的宗教自由法规是引领宪法第一修正案获得通过的三个最重要文件。

〔39〕巴萨姆·提比："作为宪法的伊斯兰教法？伊斯兰教政治化中的信仰自由，伊斯兰教法的革新和伊斯兰法律改革的必要"（Islamic Shari'a as Constitutional Law? The Freedom of Faith in the Light of the Politicization of Islam, the Reinvention of the Shari'a and the Need for an Islamic Law Reform），载《教会和国家：通向宗教自由的保护》（Church and State: Towards Protection for Freedom of Religion），比较宪法国际会议文集（International Conference on Comparative Law），第129页，日本比较宪法协会2005年版。

〔40〕格雷戈里·格利森：《中亚国家：探索独立》（The Central Asia State: Discovering Independence），西方观察出版社（Westview），1997年，第41页。

美国独立战争之后，抗议请愿书发表之前，很多美国人担心他们新建立的社会是倒退的，会导致社会公德的衰退，很多人认为社会公德对共和政府的成功至关重要。一些人指出宗教影响的减弱是主要问题之一。通过政府支持加强宗教影响从而帮助培养更有公德的公民，这种方法迅速获得支持。正如第一章提到的，这个国家最有影响力的政治家之一帕特里克·亨利，加入了这个运动，建议国家立法机关通过一个普遍的评估法案以支持弗吉尼亚的教会，纳税人可以自由选择会获得他们资助的通过评估的特定教会。[41]

帕特里克·亨利发表这个征税评估法提案之后，法案的反对者推迟了该法案的最终投票时间，从而赢得时间来发动一场公众的反对浪潮。詹姆斯·麦迪逊作为最杰出的挑战者之一，开始为号召公众反对该法案而起草请愿书。最终，麦迪逊的抗议请愿书得以在全国上下流传，使帕氏法案没有获得通过，也为杰弗逊的《弗吉尼亚宗教自由法案》铺下了成功之路。这个重要的文件提出了一些最有力的支持政教分离的观点，其中许多观点到今天仍然意义重大并具有说服力。[42]

《反对宗教征税评估的抗议请愿书》（1785年），詹姆斯·麦迪逊

我们，该请愿书的签署者，这个国家的公民，经过慎重的考虑，认为上届大会发布的一个题为《为基督教牧师立法的法案》（A Bill Establishing a Provision for Teachers of the Christian Religion）的法案，如果最终获得法律的强制力，将会有权力被滥用的危险，因此，作为这个自由国度的忠诚捍卫者，我们反对这个法案，以下宣布我们之所以反对的理由。我们反对该法案：

1. 因为我们认为有一个基本且无可争辩的真理，即"宗教信仰，或者说是我们对造物主的义务，以及我们履行这种义务的方式，只能由理智和信念来引领，而不能屈从于胁迫和暴力"。每个人的宗教信仰必须由他们自己的信念和良知决定；按自己的信念和良知来实现自己的信仰是每个人的权利。这是一种在本质上不可剥夺的权利。它不可剥夺是因为，人类的想法只能由人类按自己的意念对各种迹象进行思考而得出，不能听从别人的命令；它不可剥夺，还因为它不仅是对人的一种权利，还是对造物主的一种义务。每个人都有义务把这样的尊崇给予造物主，只有这样该义务才被人认为是可以接受的。这项义务在时间顺序和义务程度上优先于公民社会（Civil Society）的主张。在任何人被接受

---

〔41〕参见小W.科尔·德拉姆、伊丽莎白·A.苏埃尔："弗吉尼亚建立者和宗教自由的诞生"（Virginia Founders and the Birth of Religious Freedom），载约翰·W.韦尔奇（John W. Welch）、斯蒂芬·J.弗莱明（Stephen J. Fleming）编：《有关宗教和美国共和制度建立的演讲》（Lectures on Religion and the Founding of the American Republic），杨百翰大学出版社，2003年，第70—71页。

〔42〕同上，第71页。

成为公民社会的一员之前，他首先必须被视为是宇宙之主宰的臣民；当他是公民社会的一员时，他仍然保有对宇宙之至高者的效忠。因此我们认为在宗教问题上，没有人的权利应被公民社会的制度所削减，宗教并不在它们的管辖权内。的确，在没有其他规则存在的时候，对于那些可能会分裂社会的任何问题，最终只能由多数人的意志决定；然而，多数人也会践踏少数人的权利。

2. 因为如果宗教被整个排除在公民社会的权力管辖（the authority of the Society）之外，那么它就会更少地受制于立法机关（Legislative Body）。后者只是前者的产物和代理人。它们的权限都是派生和有限的：对并列的权力部门来说其权限是有限的，对选民来说它更是有限的。维持一个自由政府不仅需要恒久地维持权力分立的边界；更重要的是，这些权力都不能越过捍卫人民权利的伟大屏障。统治者若有这种侵犯之举，则僭越了他们受到委托的权力，也就成为了僭主。服从于他们统治的人民，是受制于既不是人民自己制定的、也不是他们授权制定的法律。

3. 因为在我们为自由进行第一次试验时保持警觉是正确的。我们认为这种谨慎的怀疑应是公民的第一义务，是最近的革命事业中最高贵的品质之一。美国的自由公民不会坐等篡夺来的权力在实践中强大起来，并纠缠在先例问题中。他们看到了这个先例原则可能导致的后果，然后否定这个原则来避免这些后果……

4. 因为该法案违反了平等原则，该原则应作为所有法律的基础且是更为不可或缺，同任何法律都应有的有效性和便利性相比，它更易受到指摘。如果"所有人生而平等地享有自由且独立"，那么所有人应在同等条件下参与公民社会；在他们的自然权利方面，一个人不会比另一个人多放弃，因此也不会少获得。尤其是他们有"平等的权利根据自己良心的指示去自由实践自己的宗教信仰"。当我们主张自己拥有自由去信奉和遵守我们认为是神圣起源的宗教时，我们不能因为其他人尚不认可那些说服我们去信仰的证据，就否定他们享有同等的自由。如果这个自由权利被侵犯，就不单纯是对人类而是对上帝的冒犯了：因为，对该种做法的解释是必须向上帝而不是人类作出的……

5. 因为该法案暗含着地方法官要么担当宗教真理之裁判的工作，要么将宗教作为为国内政策服务的工具。第一种可能是全世界所有时代的统治者，用其自相矛盾的观念所虚构的一种傲慢自大的托词；第二种可能是对救恩之道的一种亵渎性误用。

6. 因为提案中提议的建立国教并不是支持基督教所必需的。如果说他是必需的，那么就违背了基督教信仰本身：因为它的每一页内容都否认自己对世界权力的依赖；这也与事实不符：因为众所周知，基督教的存在与繁荣不仅不用依赖人类法律的支持，而且更不用理会来自人类法律的反对。这不仅体现在有神迹辅助的时期，而且在很久之后它依靠自身和上帝的日常庇佑的岁月里……

7. 因为实践证明建立国教并没有保有宗教的圣洁和功效，却起到了相反的作用。在整整 15 个世纪中，基督教处于国教地位。结果怎样呢？在所有的地方，神职人员或多或少地表现着傲慢和懒惰；普通信徒无知又充满奴性；并且二者都迷信、偏执且迫害他人……

8. 因为现在所讨论的国教之确立并不是为支持公民政府所必需的。如果推动国教为支持公民政府所必需，只是因为它是支持宗教的方式，那么，如果国教不为后者所必需，也就不为前者所必需。如果宗教并不在公民政府的管辖范围内，那它的国教地位如何成为公民政府必需的呢？教会的国教地位事实上会对公民社会产生什么影响呢？一些实例说明，它们曾在公民政府的废墟上建立神权专制；很多实例也印证了它们曾维护专制政治的宝座；并且没有实例表明他们是人民自由的捍卫者。想要破坏人民自由的统治者会发现国教的神职人员是其天然便利的助手。为了永久保护人民自由而存在的公平政府是不需要国教的。这样保护人民的宗教信仰如同保护生命财产一样的政府会获得最大的支持；这样的政府既不侵犯任何教派的平等权利，也不容忍任何教派侵犯别的教派。

9. 因为这个提案建议的国教与我们的宽宏政策大相径庭。该政策是给每一个受迫害和受压迫的民族与宗教提供庇护的，预示了我们国家的荣耀，也增加公民的数量……而这个提案中所描述的宗教形式与古老的宗教法庭仅仅是程度的不同而已。只不过是在不宽容的事业中，一个迈出了第一步，而另一个则走到了顶峰。外来宗教中承受这种残忍折磨的受害者应把这个提案视为我们海岸的灯塔，警示他去寻找另一个避风港——另一个他在应得的自由和博爱中，可以从所经历的困苦中获得解脱的避风港。

10. 因为它有驱逐我国公民的趋势。世界上其他地方的诱惑正造成我国移民数量的日渐萎缩。通过废除民众正享有的自由来增加移民，是与侮辱繁荣昌盛的王国并使之人口减少一样的愚蠢之举。

11. 因为，我们的法律在干涉宗教问题时表现出的克制，已经在宗教派别之间制造了稳健和谐的状态，而建立国教则会破坏这一状态。为鉴别宗教的分歧和消除不同的宗教意见，我们做了很多无用功，使奔流的热血洒在了旧世界中。时间最终会揭示真正的补救方案。无论在何地，将每种本身狭隘苛刻的政策进行宽松适用，都能发现其减轻伤痛的疗效……

60　　　12. 因为这个提案中的政策有悖于基督之光的传播。享受这种珍贵的恩赐的人们，其首要愿望应该就是将它传播到所有的人类种族中去。基督信徒的数量和仍接受错误宗教支配的教徒数量相比，前者是多么的少啊！这个提案的政策能够降低这个失衡的比例吗？不，它会令未蒙（启示）之光的外邦人立即打消进入我们这个地区的念头；这也等于赞同那些可能仍处于黑暗之中的异邦将向他们传播宗教的人拒之门外。这个提案，带着不光彩的和非基督的胆怯，没有尽力扫平阻挡真理前进的障碍，反而砌起一道防止谬误侵蚀的围墙来限制真理的传播。

　　　13. 因为通过法律强制来实施令大部分公民都十分厌恶的行为，通常会使法律失去活力，也会减弱社会的凝聚力。如果执行一项被普遍认为是既无利也没有必要的法律是困难的，那么对于被视为无效和危险的法律，又是什么样的情况呢？这样一个凸显政府之无能的例子，会对它的权威造成什么样的影响呢？

　　　14. 因为如果没有明显的证据表明大多数公民在疾呼这项措施，这样一个异常重大和敏感的措施便不应强加给人民：尚无人提出一种令人满意的方案，能够确定这就是大多数民众的呼声，或者保证方案的影响力……

　　　15. 最后，因为"每个公民根据自己良心的命令去自由实践自己的宗教信仰的平等权利"，与所有其他权利一样，为我们所享有。如果我们发掘它们的本源，会发现他们同样都是天赋的权利；如果我们估测它们的重要程度，会发现我们无法厚此薄彼；如果我们查阅作为"政府之根基"的有关弗吉尼亚善良人民的权利宣言，会发现它们被同等庄严地列举在内，甚或被刻意地强调。这是非此即彼的选择：要么说，立法机关的意志是当权者实现统治的唯一途径，为了充分实现自己的权力，他们可以清除我们所有的基本权利；要么说，他们应当保留该特定权利使之神圣而不受侵犯；要么说，他们可以压制新闻舆论自由，废除陪审团裁判，侵吞国家的行政和司法权，可以使他们自己成为独立和世袭的议会；要么说，他们没有权力将争论中的法案颁布实行为法律。

　　　我们这些签署者认为，这个共和国的立法机关（General Assembly）没有这种权力。为了让我们为抵制如此危险的篡权所做的一切努力不至付诸东流，我们反对这个提案，呈交这一请愿书；我们依照本有的责任诚挚地祈祷，宇宙至高的立法者，通过向他的民众阐释真理，一方面能使他们的议会从侮辱至高者的神圣特权和破坏其肩负的信任的行为中解脱出来，另一方面引导他们采取与他们所得的祝福相称、同时又增添他们的声誉的措施，从而更加稳固地建立联邦的自由、繁荣和幸福。

评论和问题

61

1. 在很多方面，这封《抗议请愿书》所述理由都源自洛克的思想。特别是，麦迪逊取自洛克的《论宗教宽容》的一系列观点中提到，一般假设认为，对宗教的偏待和支持会增加一个国家稳定性，但事实相反，对宗教自由的一种更宽泛的理解，即平等对待所有公民，实际上反而更会增加一个国家的合法性和稳定性。一个接受宗教难民的国家不仅会获得国家的荣耀，而且她所获得的稳定与和谐也会增加政府的受支持度，促进健康和繁荣，并且防止人们对政府偏待和支持宗教之政策的仇恨和猜忌。麦迪逊还间接地提到了哪些洛克其他的观点？[43] 这封《抗议请愿书》中的观点与洛克的社会契约论有何联系？

2. 上世纪，为了弄明白美国的建国者是如何理解政教分离和国教的概念，美国法院常常翻阅这封《抗议请愿书》，以期能找到答案。在埃弗森诉教育委员会（Everson v. Board of Education）这个政教分离条款奠基性的案件中，拉特里奇（Rutledge）大法官在他的反对意见中这样写道，因为麦迪逊的请愿书"不仅仅反映了关于评估法案和宗教自由法案的立法冲突，也反映了诸如争取宗教法人地位和继续保有教会附属地这类问题"，所以这个文件"立刻最简明精确地陈述了宪法第一修正案的制定者有关何谓'国教'的观点"。[330 U.S. 1, 37—38 (1947)] 我们该怎样利用这封请愿书中的观点去辩解或者驳斥一些有争议的措施，例如校园祷告、教会学校的教育补助和有关宗教的公众纪念馆？

2. 当代实证主义的证立方式

布赖恩·J. 格里姆，宗教自由：有助于我们摆脱困扰吗？[44]

从国际范围的调查数据来看，全世界的人民都希望自由地从事宗教活动……

然而同时，宗教与许多当今最为迫在眉睫的安全问题有着千丝万缕的联系。仅仅 21 世纪的前几年就有数百万人在与宗教有关的冲突中被害或是流离失所。这些冲突导致政局动荡，阻碍民主巩固的进程，滋生恐怖主义危机。

一个严峻的问题由此而生：全球的公众都希望得到宗教自由，那赋予他们这种自由是否会有风险？或者换种提法，宗教自由问题实际上能成为解决社会政治问题切实有效的途径吗？

---

〔43〕詹姆斯·麦迪逊：《詹姆斯·麦迪逊论文集》（The Papers of James Madison），威廉·T. 哈钦森（William T. Hutchinson）、威廉·M.E. 雷切尔（William M.E. Rachal）编，芝加哥大学出版社，1962年，第 8 卷，第 302 页。

〔44〕布赖恩·J. 格里姆："宗教自由：有助于我们摆脱困扰吗？"（Religious Freedom Good for What Ails Us？），载《信仰与国际事务评论》，第 6 卷，2008 年夏季版，第 3—7 页。

宗教自由与社会经济福祉（Socio-economic well-being）有关联吗？

……根据汉森学院宗教自由研究中心（Hudson Institute's Center for Religious Freedom）最近对 101 个国家的一份调查，这个问题的答案是肯定的。一国宗教自由的存在与本国其他基本和重大的自由（包括公民言论和行动自由、政治自由、新闻自由和经济自由）的存在是紧密相关的，宗教自由与一国的民主进程同样是密不可分的。

这份调查同时显示，只要是宗教自由程度高的地方，这里就会较少发生武装冲突事件，会有更好的健康状态，较高的收入水平以及对于妇女的较好的教育机会。此外，以人类发展指数（the development index）为衡量，宗教自由还与更高的人类全面发展程度休戚相关。

62　　宗教自由能否带来社会经济福祉？

宗教自由与较好的社会产出关系密切。但我们能否就此断定这两者之间存在一个因果关系呢？更多的高级统计学测试显示，宗教自由的确对较好的社会产出贡献了关键而独立的作用。越来越多的调查表明，内生于宗教自由的宗教竞争造成了宗教参与的增加；如下文所论及，宗教参与反过来会大范围地产生正面的社会政治结果。此外，随着人们对宗教组织所做的社会贡献的认可，宗教组织被接纳为社会结构中不可或缺的部分，宗教自由也就更加巩固。这可以被概念化为"宗教自由循环"。

近年来，大量研究都关注到通过公民和宗教的积极参与而产生的社会资本和灵性资本的益处。随着更多公民在宗教中的积极参与，宗教组织带来越来越多的实质利益，诸如文化教育、职业和健康培训、婚姻和居丧建议、扶贫之类。例如，在发展中国家，宗教组织是对艾滋病患者护理和资助服务的主要提供者，并且越来越多的科学证据显示，健康利益与宗教参与本身也是息息相关的。一些研究表明，新的宗教形式的出现可以有效改善妇女的生活并激发更为活跃的公众参与。

然而，国教经常通过禁止劝人改宗、限制改变信仰以及设置障碍等形式使新兴宗教难以立足，从而减少同新生宗教的竞争。最近我和我的同事罗杰·芬克（Roger Finke）在《美国社会学评论》（the American Sociological Review）上发表了一份研究报告，报告显示限制宗教组织公平竞争的企图会导致更多的暴力和冲突，而不是更少。尤其值得注意的是，我们发现对宗教自由的社会限制会导致政府对宗教自由的限制，这两种前后相继的行为又会导致与宗教有关的暴力行为的增加，反过来社会和政府将对宗教自由采取更为严格的限制政策以应对与宗教相关的暴力行为。这就产生了我们所谓的"宗教暴力循环"。

在对全球 143 个国家的调查中，我们发现，当政府和社会上的宗教组织不是设置障碍以限制宗教竞争，而是尊重和保护改变信仰和劝人改宗这些活动的时候，宗教暴力事件才会减少……

当代关于宗教暴力循环的明显例证就发生在伊拉克。美国国务院在 2007 年总结说，伊拉克宗教自由环境急剧恶化。伊战前，许多宗教团体和民族团体的境遇就是相当悲惨的，其中尤以什叶派教徒（Shiites）和库尔德人（Kurds）为甚。然而，曾被作为打压对象的什叶派在伊战后获得了政治权力。以什叶派为导向的政党成功地游说议会，在最新的伊拉克宪法中加入所谓的抵触条款（repugnancy clause），即任何法律都不得与伊斯兰教相冲突。实际上，它给伊斯兰教徒特别是什叶派的伊斯兰教徒凌驾于伊拉克法律之上的特权，并限制其他任何宗教组织在政治活动中的权力。这种新的政治环境加剧了教派暴力冲突的发生，在这一进程中，少数派宗教团体成为被迫害对象，从基督徒到雅兹迪教徒（Yazedis）无一幸免。现在，经济无法复苏，民主制度无用武之地，特别是在巴格达，妇女因对不堪提及的暴力冲突的恐惧，受困于自己家中成了囚徒。

（二）自然法、自然权利和宗教自由

另一种支持宗教自由的主要论证思想来自于自然法和自然权利的传统。这些观点是建立在这一信念的基础上，即某些价值观念、权利和道德原则是普遍适用的，可以通过人类理性加以确定。支持该观点的最经典例证可见于美国《独立宣言》的开头部分：

在有关人类事务的发展过程中，当一个民族必须解除其与另一个民族之间的政治联系并在世界各国之间依照自然法则和上帝的意旨，接受独立和平等的地位时，出于对人类舆论的尊重，必须把他们不得不独立的原因予以宣布。

我们认为这些真理是不言而喻的：人人生而平等，他们都从他们的造物主那里被赋予了某些不可剥夺的权利，其中包括生命权、自由权和追求幸福的权利。

"自然法则和上帝的意旨"和"某些不可剥夺的权利"是"不言而喻"的事实，这一断言体现了这一信念，即宗教自由跟许多其他权利一样是自然权利之基础。

作为立法者和辩论家，詹姆斯·麦迪逊发表大量著作表达其根深蒂固的观念——宗教自由是一种自然权利。在乔治·曼森（George Mason）最初起草的《弗吉尼亚权利宣言》（the Virginia Declaration of Rights）中，麦迪逊把政府对宗教宽容的承诺修改为更能彰显宗教自由是一种自然权利和绝对权利的表达方式：

64 　"所有人都平等地享有宗教活动自由。"最终，美国建国时期，在麦迪逊坚定有
力和令人信服的论证的基础上：

> （也许我们可以这样说）一个自明之理开始出现，即良心自由是上帝赋予
> 每个人不可剥夺的自然权利，它高于并独立于国家立法权力而存在。良心自由
> 是人的本性的部分，与人的具体存在或特定本质是不可分离的，它早于公民权
> （citizenship）的产生，是独立于公民权而存在的。这是在争取宗教自由的斗争中
> 理论上主张而政治上赢得的制高点，正如麦迪逊和他的伙伴以及支持者所断定
> 的胜利一样。[45]

　　尽管哲学自由主义和政治自由主义被广泛地运用到对宗教自由的其他正当
化路径中，宗教自由是一种自然权利的理念依然是当今哲学论辩不可或缺的部
分。例如，罗伯特·乔治（Robert P. George）认为宗教自由源于宗教的内在价
值，并且这一价值依其本质不可被强制：

> 　　我认为宗教自由的权利恰如其分地应归因于宗教的价值，即行动的终极和
> 可理解的理由，是人类一种基本的善。宗教是一种价值吗？……不管基于上帝
> 存在这个有效的论据能否得出独立的理由——实际上，即使到最后上帝根本不
> 存在——有一个重要的认知就是宗教是人类的一种基本的善，是人类幸福和繁
> 荣固有的、不可或缺的重要方面。如果宗教为人的行动提供终极和可理解的理
> 由，它就是人类的一种基本的善。但是在考虑人类意义和价值、尽可能探究问
> 题的真相、基于个人的最佳判断来安排自己生活等问题上，是否存在某种终极
> 的超越人类本源的资源这些问题时，不可知论者甚至无神论者也很容易得到明
> 智的观点。做这些都是对宗教之善的参与……
> 　　宗教作为一种价值，实践理性将之视为人类整体之善固有的一个方面，那
> 么政府就没有正当理由来对宗教信仰进行强制，既不能要求举行宗教礼拜或宗
> 教实践，也不能因宗教原因而禁止之。（从这个意义上说，宗教自由是绝对的。）
> 此外，由于宗教是人类的一种善，当个人和团体因其宗教信仰和实践不被别人
> 认同，在宗教事务受到他们强制时，政府应该保护他们不受这些强制。[46]

〔45〕埃利斯·桑多斯（Ellis Sandoz）："回顾美国建国时的宗教自由和宗教"（Religious Liberty and
Religion in the American Founding Revisited），载《西方思想中的宗教自由》，第 245、275 页。
〔46〕罗伯特·P. 乔治（Robert George）：《人类道德化：公民自由和公共道德》（Making Men Moral:
Civil Liberties and Public Morality），牛津大学出版社，1993 年，第 221—222 页。

评论和问题

1. 在《独立宣言》所陈述的不言而喻的权利中，你能找到何种论证基础？你认为它们真的是不言而喻的吗？理性人是否可能不这样认为呢？

2. 你是否同意乔治关于宗教为人类幸福和繁荣所固有的论证？基于乔治之观点的宗教自由体制同仅仅考虑增强社会凝聚力而建立的体制有何不同？

3. 自然法的论证在多数情况下已失去吸引力。他们在国际人权领域更有说服力吗？许多人权活动家仍然宣称他们所捍卫的权利具有普遍性效力。这是自然权利主张的现代版本吗？或者人权缺乏真正的普适性的主张更有说服力，从而对自然法主张之有效性的国际维度提供了一种反驳？

（三）人的尊严

我们接下来考虑挪威学者托尔·林霍尔姆所做的一种解释，即"由建立现代人权的先驱，即1947—1948年《世界人权宣言》的起草者们提出来的一种极具思想性的证立方式"。[47]（参见第三章第三节）

林霍尔姆针对人权宣言的第1条和第29条，以及其序言，提出了两个基本前提。首先，"人人生而自由，在尊严和权利上一律平等；并且，人类赋有足够的理性和良心去遵守一个以人权来定义的合理的公共秩序。"[48]其次，"现在以及可预见的将来，在人类平等和尊严都将普遍流行的世界环境下，如果组成主权国家的各个民族不抛弃他们在第一个前提中声称的道德信仰，他们就有义务通过在法律上和政治上将权利法典化的方式，也即'人权'，同意并建立一个能对人类平等和尊严提供国内保护的国际组织。"[49]

林霍尔姆接着提出："人权如何从人的尊严中'提炼'而出呢？"[50]他自己对此的回应是："回答这一问题，一个好的开始就是……把人类固有尊严的概念仍像它过去那样对人权具有可操作性，即如果个人及每一个人都有固有尊严，则对她来说，别人当有所为、有所不为。"[51]

然而，林霍尔姆断定，"我们距离人权的证立仍有几步之遥，也就是说，我们要对超越其他政治和道德利益、具有普适性的权利进行正当性说明。"[52]

---

〔47〕托尔·林霍尔姆："宗教或信仰自由的哲学与宗教证立"（Philosophical and Religious Justifications of Freedom of Religion or Belief），载《促进宗教或信仰自由：工具书》，第19、47页。

〔48〕同上。

〔49〕同上。

〔50〕同上，第48页。

〔51〕同上。

〔52〕同上。

66

第一步是弄清"权利的环境"（the circumstances of rights）。人类因其固有尊严而享有权利并非不证自明的普遍真理。在一个盛行保守、小规模的、太平昌盛、道德和谐的社会里，人们没有明确的权利意识并且无须权利而过着满意的生活，则引入权利可能会恶化人际冲突以致道德衰退。权利的代价并不仅仅是经济上的，它还可能是道德上的。诺齐克（Nozick）认为"个人拥有权利，有些事情任何个人或组织都不可以加诸个人（否则就是侵犯他们权利）"[53]，这一主张在任何现代的、复杂的、多元化的社会里都是重要的真理。但是它并不是一个普遍的道德真理，并不是对所有的社会都适用。一个可以适用诺齐克主张的社会就是一个拥有了"权利的环境"的社会。

接下来就是要阐明人们通过权利应该确定地得到"什么好处和利益"。对一项"道德上正当的人权"的存在来说，若要以一项权利对利益或者价值予以保护，则该利益或价值对人必须具有整体上或者重大情形下的重要性，还要和人们依据人类尊严而生活的可能性息息相关。而且，一项好处或者利益，即使对于有尊严的人类生活十分重要，都不能被当做一项人权而受到权利的保护，除非整体的、最低的有效且公平的保护对于社会而言是切实可行的，或者可以做到如此。因此，得到真诚的爱护、避免过早猝死和严重冲突或者拥有一个幸福的家庭虽然都是很值得珍惜的好处，但却不适合被当成权利来保护。《人权宣言》里当杰斐逊列举自然权利所保护的最重要好处时，他加入了"生命、自由及对幸福的追求"。但是把幸福当成一种自然权利是不合适的，因为幸福不管是作为一种成熟的道德上成功的生活，还是一种美妙的感觉，都不能通过权利的方式得到适当的保障。

对于把某些东西当做受保护的人权之善的建议，一种合理的反驳是表明有其他的方式可以保护所讨论的善，这些方式比权利更合于目的，更节省成本或更为有效。

最后，在这个关于"人格尊严派生人权"应考虑的基本因素的清单里，我提出，承担在全世界范围内保护所有人的人权的责任的法律，是由各国共同决定的。执行保护现代人权责任的法律主体一定是现代主权国家，每个国家基于被人们尊崇的司法权力保护其人民。在我们的世界，只有国家才有必不可少的合法性、权利、强制力和其他所需的资源。但是因为这个原因，只有那些能引起相对大范围的国际性支持的规范和机制才能得到人权的地位。[54]

---

〔53〕罗伯特·诺齐克：《无政府，政府和乌托邦》，序言，基本书库，1974 年。
〔54〕托尔·林霍尔姆，同注〔47〕，第 48—49 页。

　　林霍尔姆认为人的尊严是宗教自由的一种证立，它的基础性和宽泛性足以涵盖许多甚至是所有的关于宗教自由的不同证立。因此，探究人的尊严的意涵不仅仅是纯粹的逻辑或哲学的实践，而且是一种政治实践，它涉及各党派的论战和妥协，这些论战和妥协留下许多悬而未决的重大分歧，但仍然引向了支持宗教自由的共识。这一进程作为对多样化且相冲突的证立问题的可能解决方案，将在下文进行更详细的讨论。

　　评论和问题   67

　　如何解释"人的尊严"？怎样把它同秉持不同政治信仰的人对人的尊严所做的解释区分开来？你认为"人的尊严"有真正的内容吗？或者说你认为它能被无限地扩展或扭曲以迎合特定议程吗？

四、关于自由、宽容与相互尊重的宗教论证

　　宗教信仰者通常把自己的信仰传统看做是根源于爱、尊重和劝导。然而，几乎每个我们注意到的宗教传统——当然是那些有悠久历史的宗教——在宗教自由问题上都有一个混杂的记录。大多数的宗教信仰传统是复杂的，对何者为权威、神圣的问题有着多种答案。大多数宗教传统被其拥护者利用来为强制辩护。这采用了多种形式，包括以拯救灵魂、建立或保持国民一致性、团结和稳定的名义强迫人们皈依。同时也涉及各种富有侵略性的形式，包括劝人改宗和实行文化霸权。

　　其他对宗教持批判态度的人士认为，宗教信仰即使不是世界上罪恶和错误行为的最主要的根源，也应算为根源之一。这些观点同样都过度简单化，趋于夸大或扭曲宗教在政治和经济事件中所扮演的角色。

　　同时，在几乎所有宗教之间有近乎一致的观点，即每个人都应以正确的方式对待彼此。几乎所有的宗教在其神圣的经文或领袖的著作里都有推广这一互惠之道德规范的段落。在南美最广为人知的版本是"基督教的黄金法则"（the Golden Rule of Christianity）。它通常表述为"你们愿意别人怎样待你们，你们也要怎样待人"（Do unto others as you would have them do unto you）。这一黄金法则几乎嵌入了每个宗教的教义，因此，它在宗教范围内提供了承认和尊重宗教自由的基础。例如，佛教教义中的"……我若不喜，云何施之于他？"[55]

　　"二战"后，许多组织（包括宗教组织和非信徒组织）采取一系列政策

---

〔55〕《相应部》（Samyutta Nikaya）第353卷，来自 http:// www.religioustolerance.org/reciproc.htm。

方针表达了对宗教自由的支持。其中包括世界浸信会联盟（the Baptist World Alliance）、基督教大公会议（World Council of Churches）以及其他许多组织。尤其值得注意的例子是罗马天主教会在第二次梵蒂冈大公会议上的宗教自由宣言——《信仰自由宣言》（Dignitatis humanae），其于1965年实施。细读节选自宣言的以下段落：

> 本次梵蒂冈大公会议宣称人有宗教自由的权利。这一自由意味着人人可以免于强制，不论个人或社会组织，也不论任何人为的权力，在宗教信仰上，不能强迫他人违反其良心行事。

68

> 本会议进一步宣称，宗教自由的权利基于人的尊严本身，这一尊严从天主启示的圣言和人类理智都可以知道。人类的宗教自由权利在社会中应由控制社会之宪法予以确认从而成为公民权利。

> 根据人类固有的尊严——也就是说有理智与自由意志，所以应承担个人责任——所有人受其天性的驱使，负有道德义务去追求真理，尤其是有关宗教的真理。人们除非享有心灵自由，及不受外来的强制，便不能在适合其天性的方式下履行这些义务。即使对于那些并不负有追求真理及坚守真理之义务的人们，也仍保有不受强制的权利，只要不妨害真正的公共秩序，则不能阻止他们自由权的行使。

> 此次梵蒂冈大公会议关于人的宗教自由权利的宣言是以人格的尊严为基础。人格尊严的要求，通过多世纪的经验，更深刻地为人的理智所体认。况且这项关于自由的教义，在天主的启示中也有其根源，因此基督徒更应圣善地对之尊重。天主的启示揭示了人格尊严的全部蕴涵，显示基督对人之自由的尊重，借此自由，人可以在神的话语中履行信仰之义务；并且在灵性上给予我们教训，让基督的门徒尊崇并紧紧地追随。

教会法教授，大卫·玛利亚·耶格（David-Maria Jaeger）神父解释了天主教这份宣言的重要性。

> 天主教是一个"普世宗教"，对天主教的信仰是至关重要的，它是针对所有人的，而不论什么地方，从这个意义上来说，它——且只有它——是真正的宗教；它——且只有它——代表了直接的天主的启示；它——且只有它——代表了明确的天主的指示；通过坚持它，上帝希望人类敬拜祂，并寻求实现永恒的

幸福；相反，所有其他宗教、信仰和信念，它们在多大程度上偏离天主教，就在多大程度上存有虚假或者至少存在缺陷，它们甚至可能有害于个人和社会。它们可能包含或者说通常确实包含或多或少的真理的因素，但这并不能改变其作为整体体系之存在的不足。

这是一个大胆的宣言，是当今急需的"政治正确"，这样说的意思是，如此鲜明的方式并不经常由"负责任的"的发言人所使用。但它确实进入到了问题的核心，而且就天主教会对宗教自由的理解做出解释是有必要的。就目前而言，它意味着无论怎样阐述天主教对宗教自由的理解，都不可能基于任何形式的无神论、宗教相对论或信仰无差别论。它不可能参考一种认为没有上帝的信念。也不能基于这样的假设，即"一个宗教同另一个宗教一样好"，和"非宗教同这个或任何一个宗教一样好"，或者"任何宗教都能取悦于上帝"。它不能被建立在这样一个信念的基础上，即"宗教与人和社会无关"，或者是"人类了解关于上帝的真理、知道哪个是真正的宗教是不可能的，或者说是完全不可能的"。最后，天主教关于宗教自由的理解也不能建立在这样一个理论的基础上，即宗教是一个纯粹的私人问题，应被局限在个体和家庭领域，或至多局限在信仰团体的范围内，和宗教不能产生约束公民政府的义务。[56]

现在《信仰自由宣言》将宗教自由表述为"根源于天主的启示"，并以"人的尊严"为基础。耶格神父提出一个问题："关乎一个真正宗教的宗教信念，和类似宗教的信念——关涉人类在道德上（而非仅指身体上）所具有的不可侵犯性由此产生的人格固有之权利的不可侵犯性，二者之间是否存在对立？"为了回答这一问题，耶格神父指出：

宣言继续提出了一个表面复杂、非常微妙并日益完备的理论基础，这一理论可以被说是基于两大双生的支柱，即：人的良心自由不可侵犯；不可干涉他人的良心自由。这构成了对任何世俗权力以任何借口进行干涉的绝对屏障。它给绝对不可侵犯的和在道德与法律上不可逾越的领域设定了界线，任何控制人类的企图都不能逾越这一界线。但是事实并不止于此。从第二大支柱来看，引导人类理智而自由地认识天主所昭示的真理——尊重良心自由对这一神圣目的

〔56〕大卫·玛利亚·耶格（David-Mara A.Jaeger, O.F.M., J.C.D.）："梵蒂冈教廷关于宗教自由的理解"（The Holy see's Understanding of Religious Freedom），载《教会和国家：通向宗教自由的保护》（in Church and State: Towards Protection for Freedom of Religion），第 449、451—452 页。

是不可或缺的。因为信仰本身的性质，根据天主教本身不足以使人皈依它，除非这一信仰是一个真正的人的选择，一个作为上帝创造的人——也即一个自由行为的主体——运用独特的人类智力和意志做出的、只受自身良心控制的选择。作为上帝创造的人类有能力和道德责任去寻求真正的宗教——一个客观的宗教——一旦发现，就应皈依它并跟随它的引导。然而，这个能力和适当实现它之价值，在本质上会因任何形式的强迫而遭到致命损害。[57]

美国和欧洲伊斯兰法的权威人士，哈里德·阿布·埃法德 (Khalid Abou El Fadl) 教授，提出了对伊斯兰传统中宗教自由看法的见解。

在最基本的层面上，《古兰经》本身就明确地禁止以任何形式的强迫使人皈依伊斯兰教。它声称，真理和谬误是清楚而鲜明的，因此任何愿意相信的人都可以皈依，但是在宗教上不允许有任何强迫："信仰问题上没有强制。"当然……这种回应是不完整的——即使强迫皈依伊斯兰教是被禁止的，但向非信徒扩张伊斯兰教权力的侵略性战争却可能是被允许的。《古兰经》是否容忍这种扩张主义的战争？

70

有趣的是，伊斯兰教的传统并没有"圣战"的概念。伊斯兰圣战 (Jihad) 只是意味着努力奋斗或为追求正义目标的斗争，根据伊斯兰教的先知，圣战的最高形式是洗净自己心灵恶习的斗争。圣战不是《古兰经》文本或穆斯林神学家使用的表达……《古兰经》文本不承认无限制战争的概念，也不认为好战者拥有穆斯林身份这一简单事实足以证明他挑起战争之原因的正义性。换句话说，《古兰经》接受冲突中穆斯林战士为不公正一方的可能性……

最后，《古兰经》或任何文本，都是通过其读者表达思想……因此文本的含义通常仅限于其读者的道德水准。如果读者心胸狭隘、充满仇恨、暴虐残酷，那么文本的解释也将如此。

如果否认《古兰经》和其他伊斯兰教资料来源会提供不宽容解释的可能性，会显得很虚伪。然而，显然这些可能性正在被当代清教徒和至上主义者 (supremacist) 利用。但是，《古兰经》文本却没有指示如此不宽容的解读。[58]

---

〔57〕 大卫·玛利亚·耶格 (David-Mara A.Jaeger, O.F.M., J.C.D.)："梵蒂冈教廷关于宗教自由的理解" (The Holy see's Understanding of Religious Freedom)，载《教会和国家：通向宗教自由的保护》(in Church and State: Towards Protection for Freedom of Religion)，第449、456页。
〔58〕 哈里德·阿布·埃法德：《伊斯兰教中的宽容》，乔舒亚·科恩 (Joshua Cohen) 和伊恩·莱格 (Ian Lague) 编，灯塔出版社 (Beacon Press)，2002年，第18—19、22—23页。

评论和问题

上文提到的宗教自由和宽容的正当理由，有些有世俗的来源，有些根植于宗教传统。哪种有可能更具说服力呢？对其读者有影响吗？哪种正当理由看起来在司法环境中更合适呢？在何种程度上，一种传统中的个体可以理解和认可另一个传统所提出来的正当理由呢？

附加网络资源：	来自各种宗教传统的支持宗教自由的宣言，政策方针和学说

五、多重证立方式的价值

在现代国家中，多元化是现实生活中的实际问题。没有一个正常运转中的国家不存在少数派宗教，或者说每个国家至少会有一定程度的宗教差异存在。若有人认为即使在大多数家庭中在对待宗教或非宗教的态度上也会有一定程度的差异，这并不足为奇。这意味着根深蒂固的差异是每个政府都必须能够解决的问题。困难不仅在于基本信仰体系存在差异，而且在于解决这些差异所需的政治结构类型的观念和这些体系内权利的正当性理由也存在差异。面对这些理论分歧，如何实现社会稳定？

（一）重叠共识

71

在《政治自由主义》（Political Liberalism）中约翰·罗尔斯认为，在一个存在多种合乎理性的完备性学说的社会，一种完备性学说不足以确保社会的统一。在这样一个社会，"社会的统一是基于对政治观念的共识；而只有在达成共识的各种学说得到政治上行动积极的社会公民的认可，并且与正义的要求相一致的时候，稳定才有可能。"[59] 实质上，这一理论若要使政治自由主义成为可能，个体就不应该执著于执行其自身的完备性学说——无论它们是多么真实，而应该把所有人都能同意的政治价值同少数团体可能以合理理由反对的非政治价值区分开来。

根据罗尔斯所说，只有政治价值解决了正义的基本问题和宪政要件，并且这些价值足以压制所有其他可能与之发生冲突的价值的时候，政治自由主义才有可能实现。[60] 换句话说，既然在多元化社会中这是一个永恒的事实，即个体将毫不妥协地、合乎理性地支持某些价值——例如宗教，那么政治权力或集体权力等就不应当被用来执行仅仅是某一组织的非政治化的价值。只要政治价

---

〔59〕约翰·罗尔斯：《政治自由主义》，哥伦比亚大学出版社，1993年，第134页。此处的翻译参考了万俊人译本，第四讲，"重叠共识的理念"，译林出版社2000年版，下同。——译者注

〔60〕同上，第138页。

值——有别于非政治价值——"以所有的公民根据其共有的人类理性都应当支持的某些方式"[61] 足以回答基本问题，并且只要存在某些方式，能够使人们像市民整体支持政治价值一样持有合理的非政治价值，政治自由主义就是可能的。罗尔斯的结论是，从历史上看这种安排实际上是可行的。

罗尔斯重叠共识概念的一个主要问题就是难于把真正的共识同单纯的暂定协议区分开来。暂定协议，即表面看起来稳定，但是在现实中为有利于各方面的利益而做的安排。一旦情况有变，表面的稳定性就会消失。罗尔斯认为鉴于重叠共识的三个固有特征，它不仅仅是一个暂定协议。

首先，共识的目标即政治的正义观念，本身就是一个道德观念。其次，在道德的基础上它是被认可的……因此，重叠共识不仅仅是在集合了个人或群体利益的基础上对接受某政府或服从某些制度安排的共识。所有认可这一政治概念的人都是出于自身的完备性观点，并基于这些观点所提供的宗教、哲学和道德依据来引出自己的结论。[62]

第三个方面是共识不同于暂定协议，它是稳定性的。由于重叠共识中包含的原则被纳入所有已阐述过的合乎理性的完备学说之中，即使一种完备性学说成为占据支配地位的学说，这些原则也不会被放弃。

不管政治权力的分配怎么变化，该政治概念都会一如既往地得到支持。每种观点都出于自身的因素或自己的长处来支持这一政治概念。检验这一点的标准是，相对于各种观点的力量分配变化这种共识是否稳定。稳定性的特征突出了一种重叠共识和一个暂定协议之间的对比，暂定协议的稳定性取决于巧合和相对力量间的平衡。[63]

在许多方面，宗教自由的观念为罗尔斯式的重叠共识如何运作提供了一个模型。持有不同的完备宗教观点的人在有关神的性质、人在世界上的位置、道德责任等等诸如此类的信仰问题存在差异，但他们对如何构建政治秩序却有一个共享的概念。（此外，宪政保护可能包含宗教自由或信仰自由的承诺，并且部

---

〔61〕约翰·罗尔斯：《政治自由主义》，哥伦比亚大学出版社，1993年，第140页。
〔62〕同上，第147页。
〔63〕同上，第148页。

分地因为这个原因而吸引宗教组织。）这些政治信仰会基于道德和／或宗教因素而被认可。因为对政治概念的信奉是基于普遍的原则而非仅仅基于宗教组织的利益，所以重叠共识将是稳定的。

（二）重叠的证立方式

如果宗教自由能够真正地使人们关于生命的重要问题即无论信仰什么都享有自由，它当然也会必然使得人们信仰任何一种宗教自由的证立方式——她认为最具有说服力或最适合自身宗教信仰的方式——享有自由。然而，正如挪威哲学家托尔·林霍尔姆所提出的，这将导致两个困境。第一个可以简要地叙述为："在不抛弃我自己虔诚信仰的同时，我如何才能合理地尊重那些与我的信仰相矛盾的教义和实践的拥护者呢？"[64] 第二个困境更为复杂：

一旦一系列内在充分但特别的宗教或信仰自由——作为一项普世权益——的完备证明准备就绪，那么每个证明都被建立在某种宗教性的或人生立场的教义之上，这些教义与其他证明平台相互冲突或者至少是不一致的。这一系列由相互竞争的证明平台组建的理由，如何能构成宗教或信仰自由这项权利的合理基础，并且成为其一般仪式的可信赖的稳定基础呢？这个困境就是：由每个都能单独成为对宗教或信仰自由内在有力支持的互不相容的前提组成的多元化系统，作为整体就呈现出不连贯性，因此不能成为一个合理的公共基础。这个困境引起我们对多元化社会的稳定性危险的关注，这样的多元化社会没能对在宗教和人生立场的分歧间保持道德团结的基础进行成功阐释并确立一个公众共识。[65]

为解决这些困境，林霍尔姆提出有关宗教自由或信仰自由的"重叠证立方式"的理论。在他看来，人权提炼自：

全球公认的人之固有尊严，但只有通过对道德、宗教、文化、政治、经济、外交以及其他因素进行审慎思考和商谈的复杂程序才能完成。人权并非由哲学教授或神学博士推论而来，它们产生于复杂的国内外争论、协商以及妥协——在此进程中，哲学家和神职人员做出了重大但并非具有决定性意义的贡献……[66]

现代人权的公共的道德正当性可以表述为，它们存活下来并被合理地期待着

---

〔64〕托尔·林霍尔姆："宗教或信仰自由的哲学与宗教学证明"，同注〔47〕，第19、23页。
〔65〕同上，第23—24页。
〔66〕同上，第49页。

能在不受阻碍的、有依据的公共讨论中继续存活下去。尽管广受争议和批评，现代人权的框架在开放的公共审查中证明了自己的潜力……因此举证责任落到了其诋毁者的身上。对普世适用之人权的批评多半指向其弱点、短处、前后不一以及适用上的双重标准。但是，人们对批评家和诋毁者提出的挑战是，要他们提出比我们现行的全球性牢固体制更优越的政治、法律和制度可行性的措施……[67]

在个体层面上，有疑问的道德规范的证立并不要求这一规范是从毫无疑问的（或者"肯定的"或者"不证自明"）更高一级的原则中推导而来。这种证立方式的理念是近乎完美的，但是在理性实践中却是几乎不可能达成的。我们当然有不愿妥协的道德原则，但是对它们的理性接受通常依赖于大量的道德暗示，即我们根据自己所坚守的其他价值和信念的整体而从这些原则中得出的道德暗示，并且这些原则通常根植于我们所属的道德或宗教传统。合乎理性的证立方式必须是整体的和可谬的：我们有合理理由只接受那些"最"适合我们知识、价值、信仰和信念整体的原则（需记住的是，在我们所珍视的信念之中，我们可以包含开明、严肃对待争议以及对他人及其境况的尊重）。[68]

假设在可预见的将来，人们还将继续因巨大的差异而各自为政，他认为问题在于我们将如何能：

既合理保障基于对宗教和人生立场分歧之间相互尊重的原则性一致，又能保持并致力于我们不同规范传统的教义完整性而毫不动摇。经过良性循环的推理，林德霍姆的回答是基于得到国际性认可的人权现代传统，根植于一个正在出现的关注人类的不可侵犯之固有尊严的国际性公共义务……[69]

74

我们需要的不是关于宗教或信仰自由的重叠证立方式的"完全实现"的版本，即在这个问题上，我们无须让"每个相互竞争的宗教或人生立场传统的称职的虔诚拥护者，合理地认为普世适用的人权能得到每个独立的规范传统的强有力的支持"[70]。相反，我们需要的是"各方了解和认识他或她自身信仰系统的内在依据"以及"他或她合理地信赖另一方对该权利所提出的主张的说服力"[71]。

---

〔67〕托尔·林霍尔姆："宗教或信仰自由的哲学与宗教学证明"，同注〔47〕，第50页。
〔68〕同上，第50页。
〔69〕同上，第51页。
〔70〕同上。
〔71〕同上。

这样的重叠证立方式存在的地方，相互尊重和团结就因下述原因有了理论上的保证：

如果我的信仰要求我尊重和支持你的宗教自由，并且我知道你的信仰也同样要求你如此为之，你我都知道我们共享这一认知，那么你和我就处于相互友好的关系之中。当然，我们完备的宗教教义会发生冲突，我们也很清楚这一点……也许宗教间的重大争论（并非空穴来风），但是在彼此认为是朋友的人们之间，良好、礼貌并坦诚的争论并非"禁地"。[72]

谈到"在多元化的互不兼容的基础上，确定宗教自由的理性证立方式"[73]的困境时，林霍尔姆指出，所有社会成员"有合理的被强烈支持的依据来接受人类宗教自由或信仰自由的权利"[74]，以及从这个角度有充分能力证实其他人的信仰，他们将在最低限度上"合理地相信，他们在宗教或信仰自由上共享一个有约束力的规范基础。他们接受这一共识的各自依据是不同的，但是这些依据却是所有人可以公开予以区分的"[75]。

值得注意的是，重叠证立方式超出单纯的重叠共识的范畴，它不仅要求各方坚持自己的传统，而且要求他们认识到他或她自己的规范传统中的这项权利的依据。[76]

（三）未完全理论化协议

林霍尔姆的"重叠共识"解决方式类似于凯斯·孙斯坦（Cass Sustain）所称的"未完全理论化协议"（incompletely theorized agreement）——持不同观点的人之间的留有一定程度不一致、但仍为政府和社会提供一定共识的协议。细读以下段落：

未完全理论化的协议在法律和社会中起着广泛的作用。对于任何个人和团体来说，将一个问题完全理论化，即既接受某个一般理论，又接受连接这一理论与具体结论的一系列步骤，这种情况是很少见的。因而，我们在法律中常常

---

〔72〕托尔·林霍尔姆："宗教或信仰自由的哲学与宗教学证明"，同注〔47〕，第53页。
〔73〕同上。
〔74〕同上。
〔75〕同上。
〔76〕同上，第49—51页。

75　　会在某个一般原则上达成未完全理论化的协议。这里所说的未完全理论化是指接受这一原则的人们无须赞同它在特定情形中的要求。我们知道谋杀是错误的，但对堕胎是否有错却存在分歧；我们赞同种族平等，但在反歧视行动上却意见不一。因此，人们在某个原则上达成协议与他们在特定情形中的分歧同时并存是一种普遍的法律和政治现象。

　　这种协议是未完全具体化的（incompletely specified），就这一点而言，它是一个未完全理论化的协议——宪法条款和行政法规标准中的一种普遍现象。未具体化协议具有独特的社会作用。他们允许接受一个普遍的志向，尽管人们还不明确这一志向意味着什么的时候。在这个意义上，它有助于建立一定程度上的社会稳定和共同团结。同时，他们可以隐藏关于具体案件的广泛社会不一致性的事实。

　　还有第二种相当不同的未完全理论化协议。有时候，人们在某个中等层次的原则上取得一致意见，但在一般原理和特定案例两方面都存在分歧。他们可能认为政府不能搞种族歧视，他们没有宏观的平等理论，政府在种族矛盾尖锐时制定平权措施计划（affirmative action programs）还是设立种族隔离监狱，他们在这个问题上也未取得一致意见。在公众的意识或权威的公共文件里，中等层次原则和一般理论的连接点都是不明确的。同样，人们可能认为，除非政府能证明当前存在危险，否则不能控制人们的言论。但是对于这个原则是基于功利主义，还是基于康德哲学方面的考虑，以及它是否允许政府控制三K党成员的个别言论等问题上也存在分歧。

　　在这里，我特别感兴趣的是第三种现象——人们用他们在范围狭窄的或低层次的原则上达成的协议来解释有关特定结果的未完全理论化的协议。这些术语有一些含糊之处。我们没有办法将高层次的理论与中等层次或低层次理论区分开来。我们也许可以在众多突出的（学术）成果中找到一些法律上的例证，认为侵权行为法、合同法、言论自由和平等法的根基都是高度抽象的有关真或善的理论。相比而言，我们会认为低层次的原则包含了法律"原则"中的大多数普通的因素——人们认为，一般的原则和理由并非来源于任何有关真或善的大理论，它们与这些大理论之间的关系模糊不清，而且与其中的不止一种理论相一致。[77]

─────────────────

〔77〕凯斯·孙斯坦："未完全理论化协议"，《哈佛法律评论》第108卷，第1733、1739—1740页。
本部分的翻译参考了凯斯·孙斯坦：《法律推理与政治冲突》，金朝武等译，第二章，"未完全理论化的协议"，法律出版社2004年。——译者注

把宗教自由建立在这样一种协议——重叠的证立方式或未完全理论化协议——的理解之上，既在实践中保护了宗教自由权利，又为信徒选择最适合自身宗教的宗教自由证立方式的重要理论权利提供了保护。如此为之，他们完成了一项困难但至关重要的任务：实现宗教自由的世俗目的（独立自主、社会凝聚力等等）而不要求信徒将自身信仰从属于那些目的。通过这样的解决方式，宗教信仰者在社会中生活和实践，宽容他人以及遵守国家法律时，能继续确认他们的宗教信仰是其生活的最重要部分。

评论和问题

1. 为实现社会的稳定与和平，持不同观点的人应在何种程度上达成一致呢？关于这点，罗尔斯的重叠共识、林霍尔姆的重叠证立方式以及孙斯坦的未完全理论化协议有何不同之处呢？

2. 根据罗尔斯的观点，只有在正义的基本问题和宪政根本要素被政治价值解决，并且这些价值足以"压倒所有其他可能与之发生冲突的价值"[78]的时候，政治自由主义作为稳定的秩序才有可能实现。如果在特定问题上的宗教教义同他人认作"宪政根本要素和正义的基本问题"[79]不一致将会怎样？如果宗教教义要求建立特定的（非文化的）政治秩序可能就是这种情况。但是，如果有宗教团体密切关注的少数特定问题也可能是这种情况（比如堕胎、兵役、自愿献血等等）。是不是宗教团体在某些问题上不能妥协这一事实阻碍了他们对文化体制的认可？对宗教自由的保护到何种程度才能获得他们的支持？

3. 近年来，有关国际人权的主要争论就是，实际上是否存在《世界人权宣言》所明确宣称的普世适用的人权，或者他们是否受西方偏见的影响，甚至构成一种新帝国主义的形式。关于重叠共识、重叠证立方式和未完全理论化协议的讨论如何适应这些论辩呢？他们只是想当然地对待多样化的观点，并假设人权并非普世适用的，还是他们在建构一种方式以重新解释何为古老的普适性主张？

附加网络资源：	论述普世适用的人权的各种资料

---

[78] 罗尔斯：同注〔59〕，第138页。

[79] 同上，第137—138页。

第三章　宗教或信仰自由的国际人权视角

一、引言

本章对保护宗教或信仰自由的国际准则和惯例的兴起做一个概述。由于篇幅的限制，这里只能对主要条款进行研究。更多详细的资料请查阅网络增刊。第二部分讲述的宗教自由是作为受到国际法保护的权利的历史发展。第三部分和第四部分主要探讨"二战"后联合国的地位。在其他专题中，将讨论联合国发布的主要的国际人权法律文件，包括《世界人权宣言》和《公民权利和政治权利国际公约》。第五部分将讨论各种监督和推动人权发展的联合国组织的地位的发展变化，比如人权委员会（Commission on Human Rights）和人权事务委员会（the Human Rights Committee）。该部分仅仅是着重对这些相关资料和机构进行概述，而且在本书的其他部分也会多次讨论到这些问题。

第六部分主要介绍推动人权发展产生的区域性努力成果。其中，我们将要讨论一个最引人关注的区域性国际人权机构，即欧洲人权法院，它是一个超越国家的法院，为许多欧洲和前属苏联的国家公民提供了这样一个平台，当本国政府违反《欧洲保障人权与基本自由国际公约》的人权规范时，公民个人有权向该法院寻求最后的申诉。既然本书将涵盖许多由欧洲人权法院和其前身欧洲人权委员会判决的许多有关宗教自由的案例，该部分同时也会向读者讲述这些案例的历史背景和该著名机构的运行程序。

第七部分是针对国际人权的规范与文书在各国的国内法中如何运用的问题，进行简要的讨论。

二、宗教或信仰自由国际保护的演变发展

宗教自产生起就在国际事务中扮演着重要的角色。不论是国际争端、国际社会的管理，还是国内政府事务的实际操作管理，宗教经常构成一个不可或缺的因素。虽然宗教自由在形成初期时的保护远不同于现在，而且比现在要更为受限，但它却是一项最早得到国际社会认可的人权。

宗教自由受到保护的演变发展过程可以分为三个阶段。第一阶段的发展与十六七世纪欧洲宗教战争的解决方案密不可分。这段时期的第一个里程碑就是

1555 年签订的《奥格斯堡和约》（the Peace of Augsburg），它正式承认了天主教和信义宗的领袖在神圣罗马帝国有着相同的地位，同时也允许世俗（非宗教的）统治者有权决定在自己的领域采用这两种宗教中的任一种。这也是著名的"教随国定"原则（cuius regio, eius relio-whose realm, his religion）的来源，在此基础上，欧洲的宗教版图在此后的几百年逐渐形成。这条基本的原则在后来的《威斯特伐利亚和约》（the Peace of Westphalia）中得到了重申和阐释，同时也被 1648 年《明斯特条约》和《奥斯纳布吕克条约》（the Treaties of Osnabrück and Münster）所吸收。《威斯特伐利亚合约》中接纳了改革宗（即加尔文教），使之成为和信义宗、天主教一样合法的教派。如果基督徒所在的国家没有把他们的宗教定为国教，他们可以秘密地和在规定的时间内在公共场合进行宗教活动。总之，第一阶段的重点是放在各国统治者和其国家的宗教自由上面，而对于个人的宗教自由规定仍然是非常有限的。这个时期的特点是世俗的国际秩序的出现，在很多年里，它逐渐成为实现宗教和平的手段。

第二阶段是通过对处理少数派问题的条约的运用来寻求宗教自由的保护。这些条约的前身是那些"妥协协议"（capitulation），这些协议允许基督徒建立自治教区而最终使之受到了大部分欧洲政权的保护。1878 年的《柏林条约》（The 1878 Treaty of Berlin）规定"宗教教派和信仰选择的差异不可以被用来当做否定或限制任何人享受公民和政治权利的理由……"这为禁止对少数群体的歧视设定了一个意义深远的先例。"一战"之后，该条款成为如何对待犹太少数群体的特殊主题。《波兰少数派条约》（the Polish Minorities Treaty）规定了意在提供更有效保护的少数派宗教保护条款，而成了后来一系列少数派条约的典范。波兰、南斯拉夫、捷克斯洛伐克等新国家在得到承认的同时开始受这些条约的约束，而在希腊和罗马尼亚从和平条约中获得领土时也是如此。这些条约中的关键条款（第 2 条）规定这些国家：

> 承诺确保所有本国居民全面完整的生命和自由，不论出身、国籍、语言、种族和宗教为何。所有本国居民都有权在公众和私人领域自由地信奉任何一种与公共秩序或公共道德不相冲突的信条、宗教或信仰。

但到最后，纳粹犹太人大屠杀的悲剧证明这些少数派条约是失败的。

第三阶段的特点在于，由于"二战"后的国际人权法的保护，宗教或信仰自由开始成为一项基本人权。随着联合国的诞生，国际社会的聚焦点从对少数

79

民族和团体权利的保护转移到了对个人权利的保护，以至于最终经过反复的商议而产生了著名的《国际人权宪章》(the International Bill of Human Rights)，它由《世界人权宣言》(1948)、《经济、社会和文化权利国际公约》和《公民权利和政治权利国际公约》所组成。《世界人权宣言》，顾名思义，是联合国大会通过的一个宣言，但是却没有正式的条约地位。随着人们逐渐认识到有必要将其发展成为具有约束力的国际规范，国际社会开始努力制定正式的条约文本，使其能吸收宣言中所认定的规范。至此，第三阶段的特点是关注个人人权，而宗教或信仰自由的权利是其中诸多重要基本权利之一。

三、宗教自由和《世界人权宣言》

《世界人权宣言》中有关宗教或信仰自由的关键性文字可以在以下条款中找到：

第1条：人人生而平等，在尊严和权利上一律平等，他们富有理性和良心，并应以兄弟关系的精神相对待。

第2条：人人有资格享受本宣言所载的一切权利和自由，不分种族、肤色、性别、语言、宗教、政治或其他见解、国籍或社会出身、财产、出生或其他身份等任何区别。

并且不得因一人所属的国家或领土上的政治的、行政的或者国际的地位之不同而有所区别，无论该领土是独立领土、托管领土、非自治领土或者处于其他任何主权受限制的情况之下。

第18条：人人有思想、良心和宗教自由的权利；此项权利包括改变他的宗教或信仰的自由，以及单独或集体、公开或秘密地以教义、实践、礼拜和戒律表示他的宗教或信仰的自由。

虽然这些条款中没有包含限制性条款，但是却要受宣言中总的限制条款的约束。

第29条：

（1）人人对社会负有义务，因为只有在社会中他的个性才可能得到自由和充分的发展。

（2）人人在行使他的权利和自由时，只受法律所确定的限制，确定此种限制的唯一目的在于保证对旁人的权利和自由给予应有的承认和尊重，并在一个民主的社会中适应道德、公共秩序和普遍福利的正当需要。

（3）这些权利和自由的行使，无论在任何情形下均不得违背联合国的宗旨和原则。

起草过程使得宣言的批准变得漫长，且受制于许多潜在反对者的严格监督。对于一些特定词语的意思和内在含义，会员国之间存在着很大争议。宣言起草过程中的理论层次不是很高，但是需要对大多数国家现有的惯例和规则进行确认来达成理解上的一致。实际上，参与起草宣言前期准备工作的一组哲学家一开始"给世界各地的政治界和学者发送一份调查问卷……来了解他们对这样一个世界性的人权宣言的看法"[1]。约翰·汉弗莱（John Humphrey）领导他的同事们研究世界上每一部现存的宪法和权利法案，来寻找最能被世界各国广泛接受的规则。起草者将《世界人权宣言》中的语言构建成一个对现有规范的综合，而不是建立在一个单一和统一的理论上。起草者把重点放在实践和行动上，而不是理论出发点上，使得他们能够达成共识，尽管在宣言中仍包含着一些复杂问题。对于围绕起草过程中复杂的环境，一位参与者这样评价道："是的，我们同意这些权利，但是这是在无人质问为什么的前提下同意的。"[2]

宗教自由是在构架《世界人权宣言》时提出的最棘手的议题之一。起草过程中，宣言里针对这个议题的条款经过了反复修改。最初的草案是由约翰·汉弗莱制订的，其中只简单规定了"应当有信仰和良心的自由，秘密和公开进行宗教敬拜的自由"[3]。而人权委员会在 1947 年 6 月的草案将该款修订为"个人有保持和改变信仰的思想和良心自由，这是一项绝对神圣的权利。只有在有必要保护公共秩序、道德和他人权利和自由的前提下，才能对秘密或公开的礼拜、宗教戒律和不同信念的自由表达进行限制"[4]。委员会的第三次草案（the Third Committee Draft）将其修改为，"人人有思想、良心和宗教自由的权利；此项权利包括改变他的宗教或信仰的自由，以及单独或集体、公开或秘密地以教义、实践、礼拜和戒律表示他的宗教或信仰的自由。"[5] 这就是我们今天所知道的宣言第 18 条的版本。《世界人权宣言》最终以 48 票赞成，包括苏联集团、南非和沙特阿拉伯等国家的 8 个弃权票，0 票反对获得了通过。[6]

哈佛大学的法学教授玛丽·安·葛蓝登（Mary Ann Glendon）曾这样描述

81

---

〔1〕玛丽·安·葛蓝登：《创造新世界》（A World Made New），蓝灯出版社（Random House），2001年，第 51 页。
〔2〕同上，第 77 页。
〔3〕玛丽·安·葛蓝登："弗莱明草案"，载《创造新世界》，第 272 页。
〔4〕玛丽·安·葛蓝登："人权委员会 1947 年 6 月草案"，载《创造新世界》，第 285 页。
〔5〕玛丽·安·葛蓝登："委员会的第三次草案"，载《创造新世界》，第 305 页。
〔6〕玛丽·安·葛蓝登：同注〔1〕，第 170 页。

《世界人权宣言》的影响力:

令人惊讶的是,在宣言通过后的这些年中,人权成为一种甚至连最顽固的现实主义者都无法忽视的政治因素。人权宣言将成为变革的手段和最显著的标志,放大权力走廊中弱者的声音。它挑战着一个固有的观念,即一个主权国家如何对待自己的国民是该国的内政,而与其他国家无关。它表达了人们长久以来对自由的深深渴望,也加速了殖民帝国的瓦解。这简短的三十条启发或影响了战后和后殖民时代许多宪法和条约的制定,其中包括德国、日本和意大利的新宪法。同时,它也成为国际人权活动家们的北极星,他们向政府施压使之履行职责,使在过去往往被隐藏的权力滥用的情况得到曝光。为了不让1984年苏联和南非出现的噩梦重演,人权宣言成为自由运动的统领文件,自由运动既在东欧导致集权政府倒台,也终结了南非的种族制度。它成为当今世界大多数权利法律文件的母文件和主要的灵感来源……现在,当我们这个冲突骤增却又相互依赖的星球上,进行如何共同规划我们未来的跨国商讨之时,宣言就成了最重要的参考。[7]

评论和问题

1. 第 1 条的早期草案并没有引证理性和良心,作为人的基本特征。当委员会决定增加理性时,中国的张彭春教授建议前言也应该将汉字"仁"作为一项指导原则。[8] "仁"是由"人"和"二"两字组合而成,所以字面上可以翻译为"集二人的智慧"。在英语中没有直接对应的译法,但是它经常被译作"仁慈"、"同情"或是"怜悯"。在《世界人权宣言》中,它被译作"良心",这种翻译恐怕不能很充分地表达原意。"仁"是儒家思想中最核心的观念之一。它是统治者们对被统治者的一种义务。相对于良心的核心在于引导个人的行为,而"仁"则强调他人的尊严和个人对他们所负的责任,表达了权利需要义务来平衡的思想。仅仅用"良心"来作为"仁"在英文中的意思,是否等于起草者放弃了这样一次机会,即使得《世界人权宣言》在呼吁人们重视权利的同时也关注义务和责任呢?

2. 在争论《世界人权宣言》的时候,沙特阿拉伯的吉米勒·巴鲁迪(Jamil Baroody)提出异议,认为草案中宗教自由的条款只采用了西方概念。而来自中国的张彭春教授请求代表团尝试着从更广的角度来看待问题,并且提醒他们宣言是"为全世界所有的人所制定的"[9],因此需要对各种文化的贡献持一种开放

[7] 玛丽·安·葛蓝登:同注〔1〕,第 16—17 页。
[8] 同上,第 67 页。

态度。哪种看起来是更加准确的观点？到底哪种方法更可取？

四、国际公约

联合国人权委员会曾计划在没有法律约束力的《世界人权宣言》之后立即跟进，制定一部有约束力的世界性公约。[10] 但是，当时西方世界和苏联集团在意识形态上的差异阻碍了制定一部单独条约的进程。东欧国家坚持认为公约应该在强调公民权利和政治权利的同时也应包括经济、社会和文化权利。而西方国家拒绝将自己束缚在这一框架中，未使经济和社会权利获得同人权标准一样的法律效力。[11] 委员会在 1951 年决定采取西方国家赞成的两份公约的办法，并开始公约的起草工作。

这两个公约的起草商议又用了 15 年的时间。由此而产生的公约被命名为《公民权利和政治权利国际公约》和《经济、社会和文化权利国际公约》。令人惊奇的是，尽管这两个公约的内容上有着巨大的分歧，但这两个公约都在 1966 年 11 月的联合国大会上获得了一致通过（与《第一次议定书》一起），并且在 1976 年生效。

当《世界人权宣言》还停留在道德约束力上和通常被解释为具有国际习惯法的效力时，这两个公约已经是具有法律约束力的实在法。《维也纳条约法》（Vienna Convention on the Law of Treaties）规定：缔约国必须遵守公约之规定。虽然缔约国可以根据需要对条约的某些义务有所克减（derogate），但是保障人权作为一种"基本义务"是不可克减的，缔约国也不能通过对条约的保留、反对或者申明来规避。[12] 作为具有法律约束力的条约，《公民权利和政治权利国际公约》包含有各种实施机制。并且根据该条约成立了人权事务委员会，以执行条约建立起的报告制度。

截止到 2009 年，有 158 个国家成为《经济、社会和文化权利国际公约》的缔约国，161 个国家成为《公民权利和政治权利国际公约》的缔约国。[13] 尽管美

83

---

〔9〕玛丽·安·葛蓝登：同注〔1〕，第 142 页。

〔10〕理查德·B. 李立奇（Richard B.Lillich）等、赫斯特·汉纳姆（Hurst Hannum）、S. 詹姆士·安纳亚（S. James Anaya），迪纳·L. 谢尔顿（Dinahl L.Shelton）：《国际人权：法律、政策和实践问题》（International Human Rights: Problems of Law, Policy and Practice），阿斯彭（Aspen）出版社，2006 年第 4 版，第 85—86 页。

〔11〕同上。

〔12〕参见例如《第 29 号总评》，U.N.Coc.CCPR/CR/21/Add.11（2001）。

〔13〕弗拉杰米尔·沃洛廷（Vladimir Volodin）：《人权：主要国际机构》（Human Rights: Major International Instruments），截至 2008 年 5 月 31 日的状况，联合国教科文组织，详情点击 http://unesdoc.unesco.org/images/0016/001621/162189m.pdf。

国对后者还有重大的保留（特别是对言论自由的保留，但是有趣的是，却没有对宗教自由保留），但也已经批准了后者。伊朗和伊拉克都批准了这两个公约，但是古巴、马来西亚、缅甸和沙特阿拉伯却都拒绝批准这两条约中的任何一个。

（一）《公民权利和政治权利国际公约》及其任择议定书

有关宗教或信仰自由的主要条款都包含在《公民权利和政治权利国际公约》（以下简称公约）中，相关条款如下：

第 18 条

（1）人人有思想、良心和宗教自由的权利；此项权利包括改变他的宗教或信仰的自由，以及单独或集体、公开或秘密地以教义、实践、礼拜和戒律表示他的宗教或信仰的自由。

（2）不允许采取任何强迫措施损害任何人依照其选择拥有或接受某宗教或信仰的自由。

（3）表示自己的宗教或信仰的自由，只受法律所规定的以及为保障公共安全、秩序、卫生或道德、或他人的基本权利和自由所必需的措施。

（4）本公约缔约国有义务，尊重父母和（如适用时）法定监护人保证他们的孩子能按照他们自己的信仰接受宗教和道德教育的自由。

第 19 条

（1）人人有权持有主张，不受干涉。

（2）人人有自由表达意见的权利：此项权利包括寻求、接受和传递各种消息和思想的自由，而不论国界，也不论口头的、书写的、印刷的、采取艺术形式的或通过他所选择的任何其他媒介。

（3）本条第二款所规定的权利的行使带有特殊的义务和责任，因此得受某些限制，但这些限制只应由法律规定并为下列条件所必需：

1）尊重他人的权利或名誉；

2）保障国家安全、公共秩序、公共卫生或道德。

第 20 条

84

（1）省略。

（2）任何鼓吹民族、种族或宗教仇恨的主张，构成煽动歧视、敌视或暴者，应以法律加以禁止。

第 21 条

和平集会的权利应被承认。对此项权利的行使不得加以限制，不包括按照法律以及在民主社会中为维护国家安全或公共安全、公共秩序，保护公共卫生或道德或他人的权利和自由的需要而施加的限制。

第 27 条

在那些存在着种族的、宗教的或语言的少数派的国家中，不得否认这种少数派同他们的集团中的其他成员共同享有自己的文化、信奉和实行自己的宗教或使用自己的语言的权利。

《〈公民权利和政治权利国际公约〉的任择议定书》也对宗教自由有着重要的影响。该议定书的第 1 条规定：

成为本议定书缔约国的公约缔约国承认委员会有权接受并审查该国管辖下的个人声称为该缔约国侵害公约所载任何权利的受害者的来文。

当该来文同时满足以下三个条件，即来文中所针对的国家是公约的缔约国；用尽国内救济；来文既非匿名也非滥用权利时，委员会应将该来文提请该国注意，并且要求该国在规定时间内提交一份书面答复，来澄清事实和证明由该国采取过的任何救济措施。人权事务委员会也应按照该议定书的要求来准备上述活动的年度报告。

（二）《消除基于宗教或信仰原因的一切形式的不宽容和歧视的宣言》（1981 年）

在推进这些国际公约批准的过程中，很多努力是致力于推动另外一些关于消除种族歧视和消除宗教不宽容和歧视的公约的通过。1965 年《消除一切形式的种族歧视国际公约》（the Convention on the Elimination of All Forms of Racial Discrimination, CERD）的通过就是这些努力的相对较早的第一个成果（该公约于 1969 年生效）。因为当时的国际政治因素和宗教问题本身的复杂性，有关宗教领域的公约从来都没有获得通过。但是，当大家都意识到没有足够的共识能在宗教领域产生一个有法律约束力的条约文本时，就决定以宣言的形式来代替公约。因此，1981 年的联合国大会就通过了《消除基于宗教或信仰原因的一切形式的不宽容和歧视的宣言》（Declaration on the Elimination of All Forms of intolerance and discrimination Based on Religion or Belief，以下简称《1981 年宣言》）。

《1981 年宣言》共有 8 条。前 5 条实际上在逐字重复着已经包含在其他生效文件中的内容，像《公民权利和政治权利国际公约》和《联合国儿童权利公约》（the Convention on the Rights of the Child）。第 7 条重复的是《公民权利和政治权利国际公约》中第 2 条第（2）款的规定，即国家应立法对公约承认的权利产生实际影响。第 8 条宣称"本宣言任何规定均不得解释为对《世界人权宣言》和有关人权的各项公约所规定的任何权利有所限制或削减"。除此之外，很有意义的是，《1981 年宣言》重申了《世界人权宣言》中对"改变"宗教信仰的权利的肯定，尽管因为当时的政治原因，专门提及该权利的条文从《世界人权宣言》的第（1）款中被剔除。因此，《1981 年宣言》中的第 6 条是该宣言中唯一的还没有被其他有效国际条约所包含的部分，它对宗教或信仰自由的权利做了详尽的规定，如下：

第 6 条

按照本宣言第一条并考虑到第一条第（三）款的规定，有关思想、良心、宗教或信仰等方面的自由权利应着重包括下列各种自由：

（1）有宗教礼拜和信仰和聚会之自由以及为此目的的设立和保持一些场所之自由；

（2）有设立和保持适当的慈善机构或人道主义性质机构的自由；

（3）有适当制造、取得和使用有关宗教或信仰的仪式或习惯所需用品的自由；

（4）有编写、发行和散发有关宗教或信仰刊物的自由；

（5）有在适当的场所传播宗教或信仰的自由；

（6）有征求和接受个人和机构自愿捐款和其他捐献的自由；

（7）有按照宗教或信仰之要求和标准，培养、委任和选举适当领导人或指定领导接班人的自由；

（8）有按照自己的宗教或信仰的戒律奉行安息日、过宗教节日以及举行宗教仪式的自由；

（9）有在国内和国际范围内与个人和团体建立和保持宗教或信仰方面的联系的自由。

评论和问题

1. 很多人认为《1981 年宣言》的条款具有习惯法的效力。其大部分条款都是对之前使用过的多边条约的重述，而就第 6 条更准确地说，它对其他条约中简练而有约束力的规范的含义进行了详细具体无争议的陈述，鉴于这样的事实，能否断言《1981 年宣言》实际上已经具备有约束力的国际法的地位？

2. 是否还存在一些宗教或信仰自由权利的主要特征，没有能在《1981 年宣言》中得到充分阐释?

3. 你会建议采取紧急措施来制定一个关于宗教或信仰自由的有约束力的公约吗? 为什么建议或为什么不?

五、联合国监督机构

经过多年的发展,联合国已经逐步建立起了许多机构来监督和推动成员国遵守人权保护的承诺,其中也包括保护宗教或信仰自由的权利。在这里,我们主要关注人权委员会和其 2006 年的接替者联合国人权理事会,接下来的部分中将讨论到的联合国人权事务委员会,该机构承担监督条约签署国遵守《公民权利和政治权利国际公约》的责任。除此之外,还有其他联合国机构也对宗教或信仰自由的保护产生了重要影响,网络资源中有许多这些机构的相关信息,包括联合国教科文组织(UNECO)、国际劳工组织(ILO)和世界卫生组织(WHO)。而现在面临的诸多挑战之一就是确定一些制度性框架,来推动有关宗教或信仰自由的规范得到最佳落实。

(一)联合国人权委员会和人权理事会的角色和重要性

作为联合国建立的第一个人权机构,人权委员会对国际法上的宗教自由管辖权产生了深远的影响。[14] 狄奥·范·伯芬(Theo van Boven)对人权委员会的发展曾这样评价道:"自从它 1946 年建立以后,依照《联合国宪章》的第 68 条,人权委员会就将宗教或信仰自由作为最基本的人权和最重要的自由之一,进行积极主动的解释、推动和保护。"[15]

该委员会的宗教自由工作可以分为三个阶段。第一阶段(1946—1955 年),在后来成为主要的国际人权文件的起草中,人权委员会发挥了重要作用,而这些文件为宗教或信仰自由的工作打下了框架。第二阶段(1960—1981 年),经过长期的"意识形态上和政治上的较量"[16],随着《1981 年宣言》的通过,该阶段的宗教自由工作达到了高峰。自从 1981 年后,该委员会把大部分的工作放在了监督和落实人权的保护上,尽管仍有附属的法律文件陆续出台。委员会在 1986 年任命了一个特别报告人(Special Rapporteur),起初命名为宗教不宽容特别报告人,现在称之为宗教或信仰自由特别报告人。[17] 履行该职责的继任者

---

[14] 参见狄奥·范·伯芬:"联合国人权和宗教或信仰自由委员会"(The United Nations Commission on Human Rights and Freedom of Religion or Belief),载《促进宗教或信仰自由:工具书》,第 173—188 页。

[15] 同上,第 173 页。

[16] 同上。

[17] 人权委员会第 1986/20 决议(1986)。

87 的工作就是进行实地调查，对侵犯人权的报告进行回复，组织相关主题的会议，对不符合宗教自由标准的国家行为建议补救措施和提交年度报告。最后一个阶段，人权委员会面临着诸多批评指责。因为委员会的很多成员都是来自于人权遭受侵犯最严重的地区，所以他们没有加大力度促使成员国对人权的保护，而更多地利用自己的职位偏离这个目标。再加上其他的一些因素，这个现状最终引发了一系列的改革，使得一个更具有组织性的机构即人权理事会在 2006 年 3 月 15 日成立，代替了之前的人权委员会。根据该理事会的官方网站，它是一个：

> 由 47 个国家组成的联合国体制下的政府间组织，旨在加强对全球的人权的推动和保护工作。人权理事会由联合国大会创设……主要是为了披露侵犯人权的现状及对其提出建议。[18]

有关这个新成立的机构最重要的程序性发展就是全球定期审查制度（the Universal Periodic Review），即它要每四年对 192 个联合国成员的人权实施状况进行审查。人们对这项新程序的相关经验仍然不太丰富，并且鉴于所涉问题的广泛程度，报告和报告会议应该相对地简要些。但是，特别是当非政府组织的参与和对结果的广泛宣传，这套程序在促进人权活动实施方面有着巨大的发展潜力。该审查程序允许国家和其他利益相关者对其他国家的人权实施状况进行提问。在早期的一系列审查中，只有 2.9% 的问题是有关宗教自由的问题，而且其中的大部分问题是由英国、加拿大、美国和罗马教廷（Holy See）提出的。[19] 考虑到其他相关人权议题的范围，这个比例可能就不会令人感到意外了。值得注意的是，一些议题在开始提出来的时候引起了很大的关注，但却常常被视为敏感话题，因此在之后的程序中能进入到建议阶段的可能性就越来越少。[20] 不过，随着国家和非政府组织能越来越熟练地参与到这个程序当中，该理事会将产生更重大的影响。

---

〔18〕参见 http://www.ohchr.org/english/bodies/hrciuncil/。
〔19〕乔治·贾维斯（George Jarvis）、凯瑟琳·贾维斯（Kathryn Jarvis）、玛丽·库尔贝斯（Marie Kulbeth）：“在近期的全球审查制度中，宗教自由问题发生了什么”（Just What Happened to Freedom of Religion at The Recent Universal Periodic Review），是“非政府间国际组织理事会有关宗教或信仰自由”论坛（日内瓦）（NGO Committee on Freedom of Religion or Belief）的一篇论文，2008 年 6 月 5 日。
〔20〕同上。

（二）联合国人权事务委员会

联合国建立的另一个重要的专门处理宗教自由问题的机构就是联合国人权事务委员会，它是根据《公民权利及政治权利国际公约》创立的一个"条约性机构"，旨在监督其签署国对该公约的遵守。该委员会的成员都是全球著名的人权专家，他们以个人名义参与工作。因此，该委员会是一个独立的专家机构，专门负责解释公约条款。[21]

人权事务委员会有三个主要的职能：（1）对签署国所需呈交的定期报告进行审查，并根据公约要求进行评估；（2）对公约的特殊条款解释进行总评，或是对程序和实体上的议题进行综述；（3）对来自批准了《任择议定书》——该议定书允许个人来文——的国家的个人申诉进行审查。[22] 人权事务委员会已经产生了大量的有关宗教或信仰自由的《一般性评论》，其中最重要的就是《一般性评论：第 18 条》（the General Comment on Article 18）。它使得宗教或信仰自由的含义得到了更显著的丰富和发展——强调对受保护的权利范围进行扩张理解的重要性，并主张精神世界（internal forum）内的自由应该受到绝对保护，以及强调宗教自由可被限制的情势的缩减，等等。[23] 关于个人的申诉，该委员会仅处理书面意见和陈述作为技术问题而非有正式拘束力的最后观点，尽管这些观点是"由出于解释公约目的而根据该公约而设立的独立国际专家机构做出的法律解释"，因此其意义远远超过了建议，但是它的职能仍在一定程度上不同于法院。[24]

莱昂·霍多波佳诺娃（Raihon Hudoyberganova）诉乌兹别克斯坦案

联合国人权事务委员会，来文号 931/2000（2004 年）

莱昂·霍多波佳诺娃女士是塔什干东方语言国家学院（Tashkent State Institute for Eastern Languages）波斯系的一名学生，从 1995 年起到 1996 年，她转到了该校新成立的伊斯兰事务系。她解释说，作为一个敬虔的穆斯林，根据其宗教教义，她应该有相应的穿着，于是在第二年的学习中，她开始佩戴头巾（hijab）。据她所说，从 1997 年 9 月起，该校的行政机构就开始严格限制穆斯林的信仰自由权。现有的祈祷室被关闭，而且当学生对学校的政策提出抗议时，行政机构就开始骚扰他们。所有佩戴头巾的学生都被"请"出学校课堂，改在

---

〔21〕见马丁·谢宁（Martin Scheinin）："人权事务委员会与宗教信仰自由"（The Human Rights Committee and Freedom of Religion or Belief），载《促进宗教或信仰自由：工具书》，第 189—202 页。

〔22〕同上。第 190—193 页。

〔23〕联合国人权事务委员会：《一般性评论》（General Connent），22 号，第 48 条，1993 年。

〔24〕同注〔21〕，第 193 页。

塔什干伊斯兰学院（Tashkent Islamic Institute）学习。

当事人和其他相关学生仍然继续参加原课堂的学习，但是老师不断地向他们施压。1998年1月17日，她被告知学院已经通过了一项新规定，即按照规定，学生无权穿戴宗教性的服装，而她也被要求摘掉头巾。1998年2月20日，她被转出语言学院的伊斯兰事务系。同时，她被告知，伊斯兰事务系已经关闭，只有当学生们停止佩戴头巾时才有可能重开。

89

1998年5月15日，新的《良心和宗教组织的自由法案》生效。根据该法第14条，乌兹别克斯坦公民不能在公共场所穿戴宗教性服装。该校的行政机构通知学生，所有佩戴头巾的行为都要被禁止。

当事人声称，根据该公约第18条和第19条规定，她是权利侵犯的受害者，因为她基于宗教原因而戴了头巾并拒绝摘掉，而遭到大学的驱逐……

法律理据的审查

人权事务委员会对当事人的主张进行了备案，即她基于宗教信仰原因拒绝摘掉头巾而遭到大学的驱逐，从而导致其思想、良心和宗教自由权受到侵害。委员会认为，表示宗教的自由包含有权在公共场所穿戴与个人信仰或宗教相符的衣服或服装。而且，它认为，禁止个人在公共场所或私下穿戴宗教性服装可能违反了公约第18条第（2）款，即任何人不得遭受对他的宗教或信仰自由的损害。正如《委员会一般性评论》第22号（the Committee's General Comment No.22）（第5款）所反映，有和直接强迫同样目的或效果的政策或规定，比如限制教育权，都是与第18条的第（2）款不相符的。但是，它也考虑到，表示个人宗教或信仰的自由并不是绝对的，有可能要受法律所规定的以及为保障公共安全、秩序、卫生或道德，或他人的基本权利和自由所必需的措施的限制[公约第18条第（3）款]。在本案中，当事人基于学院新规定的条款而遭驱除，这发生在1998年3月15日。根据备案，在委员会看来，当事国并没有援引任何特殊理由，来说明对当事人施加的限制是第18条第（3）款规定的必要的限制。但是，当事国却寻求到了正当理由，即因当事人拒绝遵守禁令才将其从学院驱逐……在本案的具体情境下，在没有对当事国根据公约第18条的情形和对该情形的具体情况做出适当考量而限制表达信仰自由的权利，以及学术机构在有关其运作的方面实施特殊规定的权利做出预先判断（prejudging）的情况下，委员会得出调查结论，当事国没有提供任何的正当理由，其行为违反了第18条第（2）款的规定。

根据公约第 2 条第 (3) 款第 1) 项,当事国有义务为霍多波佳诺娃女士提供有效的救济措施。同时,当事国也有义务采取措施来防止将来类似侵犯事件的发生。

需要牢记的是,成为《任择议定书》的签署国就意味着当事人承认了委员会有权决定一国行为是否违反了公约。根据公约第 2 条,当事国有义务确保所有其境内或受其管辖的个人享有公约承认的权利,并在权利侵犯发生之后提供有效、强有力的救济措施,而且委员会希望在 90 天内能收到当事国有关实施《委员会意见》(the Committee's Views) 措施的反馈。

附加网络资源:	其他机构:有关处理宗教自由方面问题的其他国际机构的信息,包括联合国教科文组织、国际劳工组织、世界卫生组织、世界知识产权组织和人权事务高级专员办事处 其他国际文书:有可能只能涉及主要的国际人权方面的文书和本文提到的《1981 宣言》(例如《公民权利及政治权利国际公约》、《经济、社会和文化权利国际公约》和《世界人权宣言》);还有许多其他全球性的文书在网络增刊中可以找到

(三)关于非政府组织在推动宗教和信仰自由上的角色 [25]

非政府组织在推动宗教和信仰自由以及普世人权上扮演着重要角色。认同宗教自由的非政府组织是"作为典型的非营利机构,接受其成员的会费,基金会的赞助和来自个人、企业、宗教团体、政府或政府间、教会间组织的私人捐款" [26]。另一种就是以独立宗教团体的方式来直接推动宗教自由,这种团体也被认为是非政府组织。宗教团体可能也会联合各方力量和建立更大的组织、联合或团体,例如基督教大公会议或欧洲教会联合会 (the Council of European Churches)。

非政府组织运用了很多方式去推动宗教自由。这些方式包括"设立标准,侵权报告,提供技术建议,游说和议程设定,冲突解决,网络协作,促进彼此信任合作和教育" [27]。在推动遵守宗教自由标准和呼吁关注对该自由的侵犯上,非政府组织极大地补充其或超越了国家的作用。在一些情况下,非政府组织在国家或国际报告中发挥了重要作用,例如那些由联合国宗教或信仰自由特别报告人和美国宗教自由委员会 (USCIRF) 发布的报告。此外,非政府组织经常发布他们有关宗教自由状况和疑难案件的报告。[28]

〔25〕参见伊丽莎白·A. 斯威尔:"通过非政府组织来推动宗教或信仰自由",载《推动宗教或信仰自由:工具书》,第 819—842 页。(注:脚注基本省略。)
〔26〕同上,827 页。
〔27〕同上,828 页。
〔28〕参见 "第 18 号论坛"的案例,详情请点击 http://www.forum18.org/forum18;"无疆界的人权"(Human Rights Without Frontiers),详情请点击 http://www.hrwf.org/。更多其他有关宗教或信仰自由的非政府组织的详情,参见列入该网站中的组织机构介绍中的组织:http://www.religlaw.org。

伊丽莎白·斯威尔评价道，"非政府组织在推动宗教信仰自由方面有着巨大的潜力"[29]。通过采取多种方式和联合各种力量，非政府组织能继续为宗教自由的保护做出贡献：

成功推进人权规范的社会化进程需要监督的执行、人的羞耻心、道德告诫、运用各方力量的平衡、学术研究、制定政策的努力和许多其他活动的联合。尽管乍一看非政府人权组织的广泛范围，似乎反映了各类组织的"大杂烩"，可能只是杂乱无章，但是它们一旦协作起来，非政府组织独立次序（independent ordering）中内在的天然无序性（disorderliness）会变得极度有效率。[30]

附加网络资源：	有关非政府组织的其他信息

六、地区人权机制

自联合国建立和《世界人权宣言》通过以来，一系列地区性的国际组织成立，它们的宗旨之一即是推动人权发展，包括宗教或信仰自由的权利。本部分将重点研究欧洲国家的国际组织机构，因为这些机构有着相当重要的地位并发挥着有效的作用。除了欧洲理事会（the Council of Europe）和欧盟这些机构外，还有许多关注人权和对宗教或信仰自由有着很大作用的地区组织。这些组织包括欧洲安全与合作组织（OSCE），美洲国家组织（OAS），非洲联盟（AU）和伊斯兰会议组织（OIC）。尽管下文中我们会重点关注欧洲国家的国际组织，但需要牢记的是，其他地区国际组织的发展也对宗教自由问题有着重大的影响力。

（一）欧洲理事会

从人权角度来看，最有成效的地区组织当属欧洲理事会。它由欧洲十国在1949年5月5日建立，截止到2009年10月已有47个会员国，包括了欧洲所有的国家，土耳其和前苏联，除了白俄罗斯和中亚各国（哈萨克斯坦、吉尔吉斯斯坦、塔吉克斯坦、土库曼斯坦和乌兹别克斯坦）的所有共和国。欧洲理事会的主要政策制定和决策机构是部长理事会（committee of ministers），其中包括了各会员国的外交部长和议会会议，有630个成员。

重要的是，《保护人权与基本自由欧洲公约》在欧洲理事会的主办下起草，

---

[29] 参见伊丽莎白·A.斯威尔："通过非政府组织来推动宗教或信仰自由"，载《推动宗教或信仰自由：工具书》，第819—842、841页。
[30] 同上，第819—842、842页。

并于 1950 年 10 月 4 日在罗马签字通过，1953 年 9 月 3 日正式生效。除了规定保护基本的实体权利外，该公约还建立了许多机制来保证这些权利得以实施。有 3 个机构被委任以执行这些职责：欧洲人权委员会（1954 年建立），欧洲人权法院（1959 年建立）和欧洲理事会部长级会议。

（二）欧洲人权法院

了解欧洲人权法院的结构和程序，有助于理解它的角色和其所作的判决。该法院及其程序是根据《保护人权与基本自由欧洲公约》第 19 条至第 51 条和各种随后的议定书的规定而建立的。该条约规定了两种类型的申诉（application）：处理国家间的事务的申诉和涉及个人主张的申诉。到目前为止，前者相对来说比较少，但是个人提起的申诉数量却成倍增加。在本书中，我们专门研究个人申诉。

鉴于当时保护国家主权的信念如此强烈，引入个人申诉权从一开始就是一个巨大的创新。[31] 所以并不奇怪的是，当初国家要选择是否允许有这样针对自己的申诉时，10 个原签署国中开始只有 3 个承认这项权利。[32] 但是，到了 1990 年，所有的签署国（当时有 22 个）都开始承认这项权利，直到 1998 年《第 11 号议定书》（Protocol No.11）的生效，对个人申诉权的承认才具有正式效力。[33]

1. 委员会时代的程序

直到《第 11 号议定书》生效以前，所有的申诉最初都要由欧洲人权委员会进行审查来决定其可受理性（admissibility），并且寻求对那些可受理的申诉达成友好解决（friendly settlement）的可能性。如果不能达成友好解决，该委员会就会向部长理事会发送一份没有约束力的法律意见报告。如果所涉国接受了欧洲人权法院的强制管辖权，该委员会和（或）该国自发送报告之日起的 3 个月内提交法院作出最终的、具有约束力的判决。直到 1994 年，《第 9 号议定书》（Protocol No.9）对该公约进行了修正，允许个人申请方将案件提交给有 3 名法官组成的合议庭时，公民个人才有权以自己的名义将案件提交给人权法院。如果案件没有提交到法院，将由部长理事会来决定其是否违反公约，如果违反的话，在申诉书上签署"符合违反条件"。同时，部长理事会也有权监督人权法院判决的执行。[34]

93

---

〔31〕菲利普·林区（Philip Leach）：《欧洲人权法院案例评析》（第 2 版）(Taking a Case to the European Court of Human Rights)，牛津大学出版社，2005 年，第 6 页。

〔32〕欧盟（Council of Europe）：《法院的资料文件》(Information Document on the Court)，第 4 条，2006 年 9 月，详情请点击 http://www.echr.int/NR/rdonlyres/981B9082-45A4-44C6-829A-202A51B94A85/0/ENG_Infodoc.pdf。

〔33〕同上。

〔34〕同上，第 5—6 条。

在幕后，这些程序性的规定被欧洲委员会的扩张和申诉的指数增长（exponential growth）所扭曲。"在 20 世纪 60 年代，法院只作出了 10 项判决，70 年代有 26 项，80 年代有 169 项。而这一数字在 90 年代早期增长到了每年 50 项判决。[35]"面对这些如洪水般暴涨的申诉，《第 11 号议定书》得以通过，用单一、专职的欧洲人权法院取代了之前的委员会—法院模式，并限制部长委员会的角色。虽然《第 11 号议定书》减少了委员会的权力，但理解之前的程序是如何运作也是很重要的，因为许多奠基性的案件是在早期的体制下判决的。（要注意《第 11 号议定书》也对《保护人权与基本自由欧洲公约》的许多程序性条款进行了重新排序。）

2.《第 11 号议定书》通过后的程序（1998 年）

现在个人申请人可以把案件直接提交到法院。法院简化了程序，但是案件负荷仍在继续增长。在 1955 年到 1998 年间，法院收到了 45000 份已经"经过司法审判"（allocated to a judicial formation）的申请——也就是那些提交已审结的案件材料的申请。相比之下，仅 2008 年就收到了 19900 件这样的案件申请。自从 1999 年收到了 8400 件已审理过的案件起，收到的已审结案件以平均每年超过 4600 件的速度增加。相应地，在 1959 年到 1998 年间，法院总共作出了 837 项判决。但是在 2008 年就达到了 1543 项，而且自 1999 年后判决数量以每年超过 150 项的速度增长。从 1998 年到 2008 年，法院自成立时起作出的所有判决的 90% 都已发布（hand down）。法院发现，已做出判决中有超过 81% 的案件中，相关国家对公约的违反至少有一次。[36] 相比之下，美国最高法院（有 9 名法官而不是 47 名法官）每年要审理的案件超过 10000 件，并且对具有代表性的 80 到 90 件案件发表书面评议。

欧洲法院的案件负荷主要集中在刑事和程序性事项中，违反公约的案件有 50% 涉及公约第 6 条（公平审判），14% 涉及《第一号议定书》第 1 条（财产），10% 涉及第 5 条（自由和安全的权利），8% 涉及第 13 条（获得有效救济的权利），8% 涉及第 2 条（生命权）和第 3 条（禁止酷刑）。这意味着，只有不到 10% 的申诉涉及宗教自由、表达自由和其他种类的主张。

根据《第 11 号议定书》中的新程序，先前授予委员会的审查功能现在被

---

[35] 菲利普·林区，同注[31]，第 6 页。

[36] 参见欧洲人权法院（European Court of Human Rights）：《1959—2009 年的事实和数据》（Some Facts and Figures 1959—2009），详情请点击 http://www.echr.coe.int/NR/rdonlyres/65172EB7-DE1C-4BB8-93B1-B28676C2C844/0/FactsAndFiguresEN.pdf。

委任给法院，而部长理事会的裁判职能被取消。虽然一个会员国委派一名法官，但是法官只能代表个人立场而非作为本国政府的代表。法官每届任期为 6 年，而且可以连任，但是到 70 岁时任期届满。

法院全体大会（Plenary Court）只对行政事务负责，例如主席和副主席的选举和法院规则的制定通过。[37] 对于改革执行前的基本结构和程序，《第 14 号议定书》做了如下详细的规定：

根据法院规则，每位法官被委任到五个"组"（section）中的某一组，且其构成在地理和性别上要均衡，而且要考虑到签约国的不同法律制度。各组的构成每 3 年进行更换。

绝大多数法院的判决都是由审判庭（Chambers）作出。它由 7 名法官组成，在每组中都成立一个审判庭。组长（Section President）和法官根据涉案国而选举产生来审理每个案件。如果法官不是该组的组成人员，则他或她就作为审判庭的成员依其职权（ex officio）审理案件。如果该组的组长为案件中被告国的公民，那么由副组长来负责该案的审理。在每一个由审判庭判决的案子中，该组的其他组员，如果不是审判庭的全职法官，则作为候补法官参与案件。

每一组中设有由 3 名法官组成的合议庭（Committee），任期 12 个月。它的职能是处理那些明显不具有可受理性的申诉。

而大审判庭（Grand Chamber）由 17 名法官组成，包括职权（ex officio）法官、庭长、副庭长和组长。大审判庭处理那些提出有关公约解释和实行的严重问题的案件，或是具有重要意义的严重问题。只要双方同意，审判庭可以在审判前放弃管辖权将案件移送大审判庭。在案件作出判决的 3 个月内，任何一方都可以请求提交到大审判庭复审。如果请求被许可，整个案件都要重新审理……

任何签署国（国家名义的申请）和作为国家违反公约的受害者的个人都可以直接到位于斯特拉斯堡（Strasbourg）的人权法院提交申诉，主张自己受公约保护的权利受到了签署国的侵犯……

欧洲人权法院所进行的程序是可抗辩的和公开的。它在很大程度上是一种书面程序。听证会只是在少量案件中举行，除非审判庭或大审判庭决定要考虑其他重要的例外情况，听证会一般都是公开的。案件方所提供的备忘录和其他法律文件都存档在法院登记处中，原则上来说，都是可供查阅的。

95

---

[37]《欧洲人权公约》，第 26 条。

个人名义的申诉方可以提交案件，但是当其申诉已经送达了应诉国政府时，他们就应当由律师代理……[38]

《第 14 号议定书》中的内容按照规划将于 2009 年秋季正式生效，这将进一步推动程序的简化，即允许独任法官对案情简单明了的案件作出不予受理的裁决；为独任法官提供书记员来协助其审理案件；允许由 3 名法官组成的合议庭受理申诉，并当案件中所提的问题已经被"法院的判例法所涵盖"[39] 时，根据案件的法律性质作出迅速的判决。

3. 可受理性

每一案件面临的首要决定就是案件是否具有可受理性。根据《保护人权与基本自由欧洲公约》第 35 条，法院"可以只处理用尽所有的国内救济的事项"。而且，它可以不处理任何匿名的申诉，在实质上与委员会已经审查的问题一样或者问题已经提交其他的国际调查或者解决程序的申诉和"与公约或其议定书的条款不符，明显无正当理由，或是滥用申诉权"的申诉。在大多数情况下，不予受理的裁决基本上都没有阐明实体权利的结构，如宗教或信仰自由权。但是，在一些案件中，像那些因为明显无正当理由而不予受理的案件，权利的实质内容（substance）可能会发生作用。其困境之一就是，恰恰是因为有关宗教自由的判决常常很困难和敏感，所以不予受理这种即决裁决（summary determination）有时候被用来避开对此类问题的全面分析。

4. 资格

与宗教或信仰自由的可受理性有特别相关性的首要问题就是其资格。《保护人权与基本自由欧洲公约》第 34 条规定了可以提起个人申诉的主体如下："法院可以接受来自个人、非政府组织或是个人团体声称被缔约国（the High Contracting Parties）侵犯了公约或议定书规定的权利的受害者的申诉。"在这一点上，有两个对宗教团体有重要意义的问题。第一个就是，它们能否以自己的名义来主张其权利？第二个就是，在何种程度上国家行为变得足够具体，从而使得宗教团体被视为"国家违反公约之行为的受害者"？

委员会首先在 X 教会诉英国（Church of X v. United Kingdom）一案中讨论了第一个问题。[40] 该案件涉及由一个为与基督教科学派合作而建立的公司所提

---

[38]《资料文件》，同注〔32〕，第 14—21 条。

[39]《"第 14 号议定书"的解释报告》（Explanatory Report to Procol 14bis），第 10—15 段，详情请点击：http://conventions.coe.int/Treaty/EN/Reports/Html/204.html。

[40] 申请编号 3798/68，第 13 编，《欧洲人权公约年鉴》，第 314 页（欧洲人权委员会，1968 年）。

出的申诉。这个教会曾在英国运作过一段时间，但卫生部长提交的一份对议会质询（parliamentary question）的书面回复中这样描述，"科学派是一个伪哲学的异端，他们的教义实践活动对其教徒有着潜在的危害"。这以后，政府就采取了许多旨在限制其组织发展的措施。作为一个法人实体，该教会声称"其自身权利或（和）其成员的集体权利受到了侵犯"，即表达其宗教和不受歧视地去实践其宗教的权利。但是，自然人不能等同于一个团体。委员会承认该案由公司本身提出，并代表其个人成员。但是，它坚持"公司作为一个法人而非自然人，是不能享有或行使公约的第9条第（1）款中规定的权利的……"所以该公司的诉称是不能被受理的。

后来，委员会在这一点上改变了立场。在"X和基督教科学派诉瑞典"[41]（X and the Church of Scientology v. Sweden）一案中，该教会的牧师和教会作为其成员的代表都提出了申诉。对于改变其之前的决定，委员会特意解释道：

> 委员会现在的观点是……第9条第（1）款规定的教会和其成员之间的区别在本质上是不现实的。当教会自己代表其成员根据公约提出申诉时，这在现实中是成立的。因此当教会作为其成员的代表以自己的名义享有和行使第9条第（1）款规定的权利时，是应该被接受的。[42]

> 委员会进一步地表明，或者"教会或者……一个以宗教和哲学为目的的团体能够作为其成员的代表，以自己的名义享有和行使第9条第（1）款规定的权利……"[43] 但是，委员会仍然认为宗教团体的权利是其成员权利的派生。作为现实中的问题，只要控制公司的人和至少有一些成员的观点一致，就不太可能分辨出公司是主张自己的权利还是主张其成员的权利。在任何情况下，委员会所持的这种观点就显得更加明智，因为"在许多这种案件中，提名个人或个人作为申诉人基本上是不现实的，而教会是提起申诉的最合适的主体"[44]。这种观点使得教会团体更容易宣称自己是"受到了普遍歧视或政府迫害的宗教团体"[45]。

---

〔41〕申请编号7805/77，《欧洲人权委员会 决定及报告》第16编，第68页（1979年）。

〔42〕同上。

〔43〕Omkarananda and the Divine Light Zentrum v.Switzerland，第8118/77，第25编，《欧洲人权委员会，决定与报告》第105、117页（1981年）。

〔44〕卡洛琳·埃文斯（Carolyn Evans）：《欧洲人权公约中的宗教自由》（Freedom of Religion Under the European Convention of Human Rights），牛津大学出版社，2001年，第14页。

〔45〕同上，第15页。

法院对第二个问题（即"国家违反公约之行为的受害者"的问题）的讨论体现在"耶和华见证人会诉奥地利"（Religionsgemeinschaft der Zeugen Jehovas v.Austria）一案中。[46] 在该案中，奥地利对耶和华见证会的法定资格的授予实施了实质性的延期，导致了对他们的歧视。在认定该歧视主张的审查过程中，法院详细说明了"受害人"要满足以下要求：

97

在根据公约第 34 条而提出的申诉所启动的诉讼程序中，我们应该尽可能地把法院限制在对法院受理的具体案件的审查中。法院的任务不是从理论的角度审查国内法及其实践，以及发表有关国内立法之规定与公约的兼容性问题的观点，而是决定这些规定的适用或对申请者造成的影响是否导致了对公约的违反……因此，通过使用"受害者"一词，公约第 34 条意指由于我们所讨论的政府作为或不作为而遭受直接侵害的个人。公约第 34 条可能不是用来审理本质上是团体诉讼（actio popularis）的诉讼。可能只是在一项法律侵犯了个体的权利，个体权利无法得以实施，在他们经受着被直接侵害的风险的情况下，该条款赋予个人例外的权利来提出权利受侵害之主张……[47]

持异议的法官认为案件中的申诉人（一个宗教团体和四名成员个人）不是受害者，因为授予其法定资格的延期并没有"阻止他们以敬拜、讲道、实践和仪式等方式表达自己的信仰"，他们也没有"申诉有任何政府措施干涉了他们团体的内部组织"。[48] 此外，他们也能够获得较低层次的法人资格，该资格可使他们有权处理宗教事务。相反，多数法官的意见是承认申诉者的主张，认为已经有足够的令人不悦的不平等对待的证据证明他们是"国家侵权的受害者"。

《保护人权与基本自由欧洲公约》的关键条款

公约中有关宗教或信仰自由的最重要的条款就是第 9 条，即：

（1）人人有思想、良心和宗教自由的权利；此项权利包括改变他的宗教或信仰的自由，不论是单独或集体、公开或秘密地以教义、实践、礼拜和戒律表示他的宗教或信仰的自由。

---

〔46〕欧洲人权委员会，第 40825/98 号文件（2008 年 7 月 31 日）。
〔47〕同上，第 90 条。
〔48〕同上，斯坦纳（Steiner）法官的部分反对意见。

（2）表明其宗教或信仰的自由仅只受法律规定以及在民主社会中为维护国家安全利益所需的必要限制，目的是为了保护公共秩序，公共卫生或道德或保护他人的权利和自由。

公约中有关宗教自由保护的另一重要条款是第 14 条。第 14 条是用来防止歧视的保护条款，其他公约权利也受该条款保护。内容如下：

对公约中所规定享有的权利和自由的追求不能建立在因性别、种族、肤色、语言、宗教、政治或其他见解、国籍或社会出身和有关少数民族、财产、出身或其他身份而产生的歧视上。

公约中保护宗教自由的最后一条主要条款就是《第一号议定书》的第 2 条，内容如下：

任何人的教育权利不得被否认。在承担有关教育和教义的职责行使中，国家应该尊重父母能按照他们自己的信仰保证他们的孩子接受宗教和道德教育的自由。

该条款是公约中诸多最具争议性的条款之一，并且也包含在各议定书中，因为在签署主要的法律文件时，该措辞没有能及时取得一致同意。

阿罗史密斯诉英国案
（Arrowsmith v. United Kingdom）

欧洲人权委员会，申请号 7050/75，
欧洲人权委员会（1978 年）

［申诉方为派特·阿罗史密斯（Pat Arrowsmith），英国公民。在 1974 年 5 月 20 日，她被指控违反了《1934 年煽动背叛法》(the Incitement to Disaffection Act of 1934)，主要因为她向驻扎在军营的官兵散发传单，其目的在于诱使他们放弃在北爱尔兰服役中的职责或忠诚义务。她被判处 10 个月的监禁，且指控已经正式生效。在她向欧洲法院的申诉中，除了其他事项，她宣称她受到的指控干涉了她根据公约第 9 条第（1）款所享有的表明其和平主义信念的权利。］

委员会意见

（2）关于公约的第9条

该申诉方毫无争议是位坚定的和平主义者。被告国也接受了她对和平主义的定义——在理论和实践中，对这样一种哲学理念的信奉，即在任何情况下都不能对他人采取威胁或使用武力来寻求政治或其他目的，即便是在应对威胁或武力的情况下。

委员会认为，作为一种哲学，而且尤其如以上的解释，和平主义是属于思想和良心自由的范畴。因此，和平主义的观点应该被视为是受第9条第（1）款保护的信仰（"信念"）。正在讨论中的申诉方对传单的散发是否也能作为和平主义信念的表达而受第9条第（1）款的保护，到现在仍未有定论。

第9条第（1）款尽可能地列举了宗教或信仰的表明形式，也就是祷告、教义、实践和戒律。申诉方主张，她通过散发传单是在"实践"其信仰。

99 委员会认为，第9条第（1）款中所使用的"实践"一词并没有包括受到宗教或信仰的激发或影响而做出的每一种行为。公开地宣扬和平主义的思想并鼓动公众接受其非暴力的信仰，确实可以被认为是对和平主义信念的正常的、可被接受的表达。但是，当个人的行为实际上并不是相关信仰的表达时，就不能认为应受到第9条第（1）款的保护，即使他们受到了该信仰的激发或影响。

争论中的传单引用了两名退伍军人的讲述为开始，其中一名军人的讲述如下：

我并不反对成为一名士兵。我曾渴望为保护国家，抵御外来侵略者而战——我曾渴望的是为我所信仰的事业而战。但是正在爱尔兰发生的一切完全是不得人心的。

尽管这只是一番个人见解，其个人与编辑这份传单的组织并没有必然的关联，但是引用他的话表明作者认为它是具有说服力的。因此，不能就此认为该传单传达了这样的理念，即一个人无论在何种情况下，即便是在应对威胁或使用武力时，都不能以暴力的方式来寻求政治或其他目的。只能从传单的内容推断出，作者反对英国在北爱尔兰的政策。

这种观点不仅仅体现在退伍军人的讲述中，也存在于传单作者对所引用的讲述的评价中，比如：

我们意识到，有英国士兵因为英国在北爱尔兰的政策正在准备离开或是想离开军队。我们对此感到高兴并希望越来越多的人这样做。

而且在标题"公开拒绝被派驻北爱尔兰"下有如下的文章：

一名公开宣称拒绝在北爱尔兰服役的士兵……将为其他士兵树立榜样：加强他们抵制政府的灾难性政策的信念。

进一步地：

但是跟我们一样相信英国军队驻扎在北爱尔兰是错误的士兵应该考虑，为一个你不信仰的事业而死和因拒绝参加冲突而进监狱，哪一个要更好。

大体上来说，传单并没有向公众而是向那些可能短期内被派驻到北爱尔兰的特定的士兵宣讲和散发的。根据传单上的内容，这些士兵被建议擅离职守，或者公开拒绝被派驻到北爱尔兰。这些建议并不能很清楚地表明他们是在宣扬和平主义的理念。

委员会发现，传单并没有表达其和平主义者的观点。因此，委员会认为，申诉方散发传单的方式并不是第9条第（1）款含义中的表明其信仰的形式。由此可得出结论，对其散发传单行为的指控和判决并没有侵害其在该条款下的权利的实施。

结论

因此，委员会一致认为，公约中的第9条第（1）款并没有被违反。

关于公约第14条、第9条和（或）第10条的一并解读

委员会发现并不存在对申诉者的表明其信仰的权利的妨碍（第9条）。并且认为，在这方面也没有引起歧视的问题。

鉴于对申诉方的逮捕、起诉和控告侵犯了其表达自由的权利，委员会发现他们受激发而采取行动，是因为散发传单行为违反了《1934年煽动背叛法》这一事实，而不是她持有的包括和平主义者特定的观点。

结论

因此，委员会通过11票赞成，1票弃权，认为该案不构成对公约第14条、第9条和（或）第10条的违反。

评论和问题

欧洲法院与委员会的做法相反,"并没有对阿罗史密斯案中的原则给予如此广泛的和持续的信任……"[49] 委员会对"宗教的表明"做了过度的限制吗?即使它们没有直接表达信仰,难道"受到宗教激发"的某些行为就不能算作"表明方式"?

莱拉 · 沙欣诉土耳其案

欧洲人权法院,第 44774/98 号文件

欧洲人权法院,大审判庭(2005 年)

15.1997 年 8 月 26 日,该申诉方被伊斯坦布尔大学的希拉帕萨(Cerrahpasa)医学院录取。

16.1998 年 2 月 23 日,伊斯坦布尔大学的副校长发布了一项通知,有如下部分的相关规定:

> 根据宪法、法律和法规,以及最高行政法院和欧洲人权委员会的案例法和该校行政董事会通过的决议,"裹头"(即戴有伊斯兰教头巾)的学生和留有胡子的学生都不允许参加讲座、课程学习和助教工作。紧接着,任何留有胡子或是戴有伊斯兰头巾的学生的姓名和学号都禁止添加到已注册的学生名单中……

17.1998 年 3 月 12 日,根据上述通知,申诉方因为戴伊斯兰头巾而被监考人员禁止参加肿瘤学的笔试。

24.1999 年 4 月 13 日,在听说了她的表现后,该院的主任就根据《学生纪律规章》要求其休学一个学期。

70. 申诉方宣称高等教育机构中对于穿戴伊斯兰教头巾的禁令构成了对其宗教自由权不公正的妨碍,特别是表明其宗教的权利。她的宣称是根据公约第 9 条做出的。

法院的评估

78. 申诉方称,她通过佩戴头巾来遵守其宗教教义,也因此表明她严格遵守伊斯兰教义规定的义务的意愿。法院继续推断出争论中的规定对大学中佩戴头巾的权利进行了地点和方式的限制,这构成了对申诉方表明其宗教权的妨碍。

---

[49] 保罗·M. 泰勒(Paul M.Taylor):《宗教自由:联合国与欧洲人权法与实践》(Freedom of Religion: UN and European Human Rights Law and Practice),剑桥大学出版社,2005 年,第 216 页。

89. 宪法法院在 1991 年 4 月 9 日的判决中注意到，土耳其法的相关部分的措辞表明高等教育机构的穿着自由不是绝对的。根据这些条款的规定，学生们有根据自己喜欢来穿着的自由，"但前提是他们的选择不与现行法律相违背"。

90. 因此，争论是有关上述规定中的"现行法"一词的意义。

92. 在这个联系中，法院注意到在上述宪法法院作出的判决中，"现行法"一词必然包括宪法。该判决同样也清楚地阐明，授权学生在大学中"基于宗教信仰的原因用面纱或头巾遮住脖子和头发"是与宪法相违背的。

93. 另外，直到案发时，最高行政法院在多年内都始终如一地持有这样的观点，即大学中戴伊斯兰教头巾是与共和国的基本原则不相符的，因为头巾正在逐步成为与妇女自由和这些基本原则相反观点的象征。

95. 而且，伊斯坦布尔大学和其他大学，并不是在所有情况下都要严格执行这一特别规定，而是要考虑当时的情况和个别课程的特殊特征，这一单独的事实没有使该规定具有不可预见性。在土耳其的宪法体系中，大学当局在任何情况下都不能对基本人权做出无法律依据的限制（参见公约第 13 条）。

96. 进一步地，法院承认对像大学内部规定这样的事项进行高度准确的法律规定是很困难的，而且这种严格的规定可能是不合适的。

97. 相应地，在伊斯坦布尔大学，关于戴伊斯兰头巾的规定在该申诉方被录取之前，最迟自 1994 年起就存在，这一点也是毋庸置疑的。

98. 在这些情况下，法院发现，如果对国内法院的相关案例法进行解读，则可以为土耳其法中规定的干预找到法律基础。该法也是可取的，其术语也被认为是足够准确的，从而满足了可预见性的要求条件。申诉方应该知道，从其进入伊斯坦布尔大学的那一刻起，在大学的场所内就存在着对戴伊斯兰教头巾的限制。从 1998 年 2 月 23 日起，如果她继续戴伊斯兰教头巾，就可能被拒绝参加课堂学习和考试。

102

"民主社会所必需"

105. 虽然宗教自由主要是事关个人良心的事项，但是它也尤其（inter alia）蕴涵着，单独或私下地，或者与其他人一起，公开地和在共享信仰的内部圈子来表明个人宗教的自由。第 9 条列出了个人宗教或信仰的表明可能采取的各种形式，即祷告、教义、实践和戒律……第 9 条并没有保护由宗教或信仰促动或激发所做出的每一种行为（参见……阿罗史密斯案……）。

106. 在民主社会中，若干种宗教在同一个社群中共存，为了调和不同群体间的矛盾和保证每一个人的信仰都受到保护（考基纳吉斯诉希腊案，第 18 页，

第 33 节），有必要对表明宗教或信仰自由的权利进行限制。这些都是根据公约中第 9 条第 2 段和第 1 条规定的国家积极义务推断出来的，确保每一个人在国家管辖范围内享有公约中所规定的权利和自由。

109. 在一个民主社会中，当政教关系处于危急关头时，对此各方意见也当然会出现巨大分歧，国家决策机关的角色就必然特别重要……当涉及在教育机构中规范宗教服饰的穿着时，就是这样一个显著的问题，特别是国家当局在这个问题上采取了不同的对待方式的情况下。在全欧洲对宗教在社会中的重要性取得一致的观念是不太可能的（参见 Otto-Preminger-Institut V. Austria），宗教信仰的公共表达的意义和影响是根据时间和环境的不同而变化的（参见 Dahlab v.Switzerland）。

110. 这种评价上的空间（margin of appreciation）与欧洲法院对法律和适用法律的判决的监管齐头并进。人权法院的任务就是决定在国家层面上采取的措施是否在原则上合法和比例相称。在为目前案件中的评价空间的范围界定时，法院必须考虑什么是利害攸关的，即保护他人的权利和自由，以及保证公共秩序和国民安全以及真正的宗教多元化的需要，这些对一个民主社会的生存是至关重要的……

111. 法院也在卡拉杜曼诉土耳其（Karaduman v.Turkey）和达拉布诉瑞士（Dahlab v. Switzerland）的判决中注明，公约机构判定在民主社会中，国家被赋予了对穆斯林头巾的穿戴进行限制的权力，即当这种穿戴与其所追求的保护他人的权利和自由、公共秩序和公共安全的目的不相符的时候。在卡拉杜曼（Karaduman）一案中，大学所采取的措施是为了阻止某些原教旨主义者通过宗教运动对那些不实践其宗教或是属于其他宗教的学生施加压力，这些措施根据公约第 9 条第 2）项是合法的。由此，确定了高等教育机构可以通过对宗教表达的地点和方式进行限制来对宗教仪式和标志的表达进行规定，目的是为了确保有不同信仰的学生能和平共处而因此保护公共秩序和他人的信仰。达拉布（Dahlab）一案涉及了一名幼儿园的教师，除其他事项外，法院强调了她所戴的头巾所代表的"强大的外在标志"，以及质疑这是否可能还产生某种劝人改宗的效果，因为它看起来像是由一种与性别平等原则难以调和的宗教教义所强加给妇女的东西。法院还解释道，总之，穿戴伊斯兰教的头巾很难与民主国家中所有的教师应该传授给学生的容忍、尊重他人、平等和非歧视的信息相称。

上述原则在目前案例中的适用

114. 正如审判庭所正确阐明的，法院认为世俗主义的观念与支撑公约的价值观是相一致的。法院判定，该原则毫无疑问的是土耳其国家的基本原则之一，与法治和尊重人权相一致，坚持这项原则被认为是保护土耳其的民主系统所必需的。那些不尊重此原则的看法不一定认为是属于表明宗教自由的和享有公约第 9 条所保护的权利（参见 Refah Partisi and Others）。

115. 在考察了各方的争论意见后，大审判庭认为没有理由背离大审判庭所采取的如下方法：

……本院……注意到土耳其的宪法体制中的重点放在对女性的权利保护上……性别平等——被欧洲法院认为是公约潜在的关键原则之一，同时也是欧洲理事会成员国所追求的一个目标——也由土耳其宪法法院认定为内含于宪法所隐含的价值中的一项原则……

……另外，正如宪法法院……本院考虑到，当在土耳其的国内背景下审查伊斯兰教头巾的问题时，应该知道穿戴这样的标志可能会对那些选择不如此穿戴的人产生的影响，它表现出或被视为一种强制性的宗教义务，如同已经阐明的（参见 Karaduman 与 Refah and others），利害攸关的重大问题包括了对一国中"他人的权利和自由"的保护以及"公共秩序的维护"，在这个国家中，大多数民众虽然对女性权利和世俗生活方式有着强烈的偏好，但仍信守伊斯兰教信仰。

116. 考虑到以上的背景，如同宪法法院所阐明的那样，正是世俗主义原则是大学对宗教标志服饰穿戴的禁令中所隐含的以上考虑。在这样的情况下，当多元化的价值观，对他人权利的尊重，特别是在法律上的男女平等在实践中被教导和适用的时候，就可以理解相关当局应该希望保持有关机构的世俗性质，并认为允许宗教服装——包括如此案中的伊斯兰头巾——的穿戴违背了这种价值观。

117. 法院现在必须决定本案中干预的手段和干预所追求的合法目标间是否存在一个合理的比例关系。

118. 像审判庭一样，大审判庭一开始就注明，下面观点已是共识，即在教育机构的约束性规章的限定内，土耳其大学里持穆斯林信仰的学生有权根据穆斯林戒律的习惯规定自由地表明其信仰。除此之外，伊斯坦布尔大学 1998 年 7 月 9 日通过的决议表明各种其他形式的宗教服饰在学校的领域内也是禁止穿戴的。

122. 鉴于之前所述和考虑到签约国在这个领域的评价空间，法院判定该案中的国家干预在原则上是合法的，并且与所追求的目标是相称的。因此，这里并没有违反公约的第9条。

头巾禁令的最新信息

土耳其议会在2008年2月上旬，通过了一揽子的宪法改革，废除了在公共大学佩戴头巾的禁令。2008年6月，宪法法院推翻了此项改革并坚持了这项禁令，欧洲法院也仍然维持在法国的一项类似的禁令。

评论和问题

1. 如果委员会认为和平主义是一种宗教信仰，为什么阿罗史密斯对其宗教信仰的"实践"不属于第9条的保护范围？什么样的"由宗教或信仰激发或影响的"行为才能被第9条第（1）款中所使用的"实践"一词所涵盖？

2. 法院在沙欣（Sahin）一案中正确地适用了第9条第（2）款中的限制性条款吗？此判决是提高了女性的权利还是产生了阻碍？

3. 宗教服饰案件除了伊斯兰教头巾以外还以各种形式出现。其中有一个美国的案例，警官兄弟联盟诉纽瓦克市（Fraternal Order of Police v. City of Newark），《联邦判例汇编》第3辑，第170卷，第359页（第三巡回法院，1999）。[50] 有一部分是值得注意的，部分原因是其法官塞缪尔·阿利托（Samuel Alito）——后来被调到美国最高法院做法官——他撰写了该案的意见，部分如下：

　　该上诉反映了纽瓦克市警察局的关于警官蓄须问题的政策是否违背了第一修正案中的宗教活动自由条款的问题。区法院坚持认为该政策是违宪的，根据该政策只能因医学理由（特别是由于一种叫作假性须部毛囊炎的皮肤症状）豁免，但是该部门拒绝为因宗教信仰禁止其刮胡子的警官提供豁免。Faruq Abdul-Aziz 和 Shakoor Mustafa 两位警官都是虔诚的逊尼派穆斯林，宣称他们相信留胡子是遵守了他们的宗教义务。该教的圣行（Sunnah）认为……逊尼派的穆斯林能留胡子却拒绝留是一项重大的罪行。因为警察局的政策基于世俗的原因提供了豁免，但是没有提供一个实质的正当理由，来说明其拒绝给予由宗教原因而被要求留胡子的警官以类似对待的做法，我们可以下结论，该部门的政策违反了第一修正案。相应地，我们维持区法院的决议，即命令该部门永久不得惩罚由于宗教原因而拒绝刮胡子的两位伊斯兰警官。

105

---

〔50〕该案的简要内容是，纽瓦克市制定了一项政策，要求其警官必须剃须；然而，同时规定了一项基于医学理由的豁免。两个穆斯林警官主张他们的宗教信仰要求他们蓄须，并提起了一项诉讼，主张他们的宗教自由被侵犯。——校者注

你认为，欧洲法院在沙欣一案中的方法和美国法院在警官兄弟联盟一案中的方法，哪一种更加尊重了宗教和良心？如果豁免是为宗教信仰所创制的，考虑到对每一个人都将自为立法（every man will become a law unto themselves）的担忧，哪一种方法更具有优势？

（三）欧盟

1.《欧洲联盟条约》（1992 年签订，2001 年修订和合并版本）

《欧洲联盟条约》（Treaty on the European Union, TEU）于 1992 年在荷兰的马斯特里赫特签署并于 1993 年 11 月 1 日生效，根据条约成立了欧盟并建立了三个基础性的支柱：欧洲共同体（European Communities）（其成员国同意接受并适用由欧盟各机构创制的法律，从而也同意同欧盟分享其主权），安全与外交事务的共同政策，以及司法和警察权力机构在犯罪事务中的合作。除此之外，条约还使得其成员国在经济和社会上进一步整合。自从条约通过后，又有几条修正案通过，对初始条约进行了修正。《欧洲联盟基本权利宪章》（the Charter of Fundamental Rights of the European Union）由欧洲议会（European Parliament）、理事会和委员会于 2000 年公布。它被纳入为建立欧洲宪法的草案性条约的第二部分，该条约于 2003 年提交但还没有得到批准。因为还不是欧盟条约的一部分，《欧洲联盟基本权利宪章》对欧盟的成员国还不具有拘束力，尽管其内容要求成员国按照欧盟条约的第 6 条更普遍地尊重人权。

《欧洲联盟基本权利宪章》第 10 条，即"思想、良心和宗教的自由"规定："人人有思想、良心和宗教自由的权利；此项权利包括改变他的宗教或信仰的自由，不论是单独或集体、公开或秘密地以教义、实践、礼拜和戒律表示他的宗教或信仰的自由。"同时，第 10 条也承认了良心抵抗（conscientious objection）权，"但要符合规定该权利之行使的国内法"。受许可的限制问题在第 52 条也有陈述，如下："本宪章所承认的权利和自由行使的任何限制都必须由法律规定并尊重这些权利和自由的本质。按照比例原则的要求，只有在确有必要和确实为了满足欧盟所认可的一般利益或是需要保护他人的权利和自由的情况下，才可以对它们做出限制。"尽管从表面上看，该条款看似可能对可接受的限制做了开放式的解读，第 52 条也规定："在宪章所包含的与《保护人权与基本自由条约》规定的相对应的权利范围内，这些权利的意义和范围应该同上述条约的规定一致。该条款不能够阻碍欧盟法提供更为广泛的保护。"此外，第 53 条规定，如同包括《欧洲人权公约》在内的其他人权文件所承认的一样，"该宪章的任何条文都不能解释为限制或不利于人权和基本自由"。

106

2.《有关教会和非宗教组织地位的宣言》(1997 年)

《有关教会和非宗教组织地位的宣言》(Declaration on the Status of Churches and Non-confessional Organizations) 被《阿姆斯特丹条约》(The Treaty of Amsterdam)——该条约是 1997 年对《欧洲联盟条约》的一个修正案——吸收作为其中的一部分,因此它是欧盟法在有关宗教和非宗教组织方面的一个宣言。该宣言既特别保护了宗教组织——教会,也保护了那些与特定宗教无关,但为特定的信仰和(或)哲学的表达提供了一个平台的组织——非宗教组织。第 11 条规定:"欧盟尊重和不歧视成员国的教会和宗教组织或团体在国内法下的地位。欧盟平等地尊重哲学和非宗教组织的地位。"

该条款被扩展成为还未被批准的宪章的第 51 条。第 51 条规定:"欧盟尊重和不歧视成员国的教会和宗教组织或团体在国内法下的地位。二、欧盟平等地尊重哲学和非宗教组织的地位。"宪章草案也在序言中包含了关于对话的一个条款:"三、鉴于他们的地位和特殊贡献,欧盟应该与这些教会和组织保持一个公开的、透明的和定期的对话。"

(四)欧洲安全和合作组织(前身是欧洲安全合作会议)

欧洲安全和合作会议(the Conference on Security and Cooperation in Europe, CSCE)是作为全欧洲范围的安全会议而诞生的,有 35 个成员国,从 1972 年 12 月到 1975 年 7 月在芬兰的赫尔辛基召开。35 个成员国最后签署了会议的总结性文件:《欧洲安全与合作会议的最后协议》(the Final Act of the Conference on Security and Cooperation in Europe)(也被称为《赫尔辛基协定》或是《最后协议》,下面会摘录)。《最后协议》不能定义为一个条约,也不具有法律上的约束力,却是一个具有政治上约束力的协定,旨在增加欧洲安全和合作会议成员国间的安全与合作。《最后协议》建议召开赫尔辛基会议的定期后续会议。许多重要的文件都在这些后续会议中产生,也对有关宗教或信仰自由的承诺增加了重要细节和修改。在 1990 年,随着《新欧洲巴黎宪章》(the Charter of Paris for a New Europe)的通过,欧洲安全和合作会议的角色就从仅供讨论的平台扩展到一个活跃的安全组织。在 1995 年 1 月,该组织的名称由《迈向新世纪真正伙伴关系的布达佩斯文件》(Budapest Documentation Toward a Genuine Partnership in a New Era)(1994 年)正式修改为欧洲安全和合作组织。

欧洲安全和合作组织从最初的 35 个成员国增加到后来的 56 个。其成员国包括了西欧和东欧的国家,还有中亚、俄罗斯、美国和加拿大。该组织通过标准设定(Standard setting)和防止冲突的措施来推动其成员国的安全事务。标准的设定在军事安全、经济和环境合作以及人权的多个领域内实施。欧洲安全和合作会议 / 组织认为保护人权不仅是提高人类生活的手段，更是提高安全的手段。该宪章的宗旨中最为著名的承诺如下：

七、尊重人权和基本权利，包括思想、良心、宗教或信仰的自由；

八、人们平等的权利和自决权；（以及）

九、善意履行国际法规定的义务。[51]

乌尔班·吉布森和克伦·劳德，标准设定的进步：宗教自由和 OSCE 承诺[52]

宗教自由一直都是欧洲安全和合作组织进程中的核心部分。从《赫尔辛基最后协议》到《维也纳和哥本哈根最后文件》（Vienna and Copenhagen Concluding Documents），欧洲安全和合作组织的参加国曾反复重申宗教自由是一项基本人权。单独或共同地表示和实践宗教的自由，与其教友会见和交换信息而不受疆界限制的自由，向他人陈述和讨论自己宗教观点的自由，以及改变其宗教的自由都被神圣地载入欧洲安全和合作组织文件中。参加国同时也承诺将消除和防止在民事、政治、经济、社会和文化生活所有领域内基于宗教而产生的歧视。不干扰宗教团体事务，例如人员的选拔，也是欧洲安全和合作会议对宗教自由理解的核心。任何语言形式的宗教教育都要与父母为确保其子女受到与其信仰一致的宗教教育而享有的权利一同受到保护。参加国也承诺允许在合适的机构进行宗教人员的培训。《赫尔辛基协定》是迄今为止在国际领域对宗教自由承诺最为清楚的描述。

108

（五）伊斯兰会议组织（Organization of Islamic Conference）

伊斯兰会议组织在 1972 年第三届伊斯兰外交部长会议上通过了《伊斯兰会议宪章》914 U.N.T.S103 后建立的。根据宪章规定，成员资格向"每一个伊斯兰国家"开放。目前大概有 50 个成员国。其成员国既包括那些伊斯兰教是官方国教的国家，也同时包括伊斯兰教虽不是国教，但是本国大部分人都是穆斯林的

---

〔51〕完整的指南，可参见"关于赫尔辛基进程：欧洲安全与合作组织"（About the Helsinki Process: The OSCE），可在欧洲安全与合作委员会的官方网站的栏目下查阅，地址为：http://www.csce. gov/index.cfm?FuseAction=AboutHelsinkiProcess.OSCE&CFID=2070708&CFTOKEN=57537982（最后登录时间为 2007 年 7 月 26 日）。

〔52〕乌尔班·吉布森（Urban Gibson）、克伦·劳德（Karen S. Lord）："标准设定的进步：宗教自由和 OSCE 承诺"（Advancements in Standard Setting: Religions Liberty and OSCE Commitments），载《促进宗教或信仰自由：工具书》，第 239—254 页。

国家。伊斯兰会议的宗旨包括促进伊斯兰国家间的团结，增强成员国间的合作以及在全世界范围内支持非成员国内的穆斯林人民。该会议举办定期的成员国部长会议，且已经举办过七次首脑峰会。该会议已经在经济发展、教育、贸易、科技、文化和信息领域建立起了一系列的专门机构。在法律领域，该会议最近一直在寻求建立一个国际伊斯兰法院（International Islamic Court of Justice）和国际法伊斯兰法律委员会（Islamic Commission of International Law）。这些文件，连同《开罗伊斯兰人权宣言》（the Cairo Declaration of Human Rights in Islam），显然反映了其意在发展具有伊斯兰概念特色的国际法。[53]

1990 年《开罗伊斯兰人权宣言》

（伊斯兰乌玛[54]）希望有助于人类对维护人权的努力，有助于保护人们免于剥削和迫害，以及有助于确认与伊斯兰教法相一致的人的自由和有尊严的生活的权利；

相信在伊斯兰世界，基本权利和普遍自由是伊斯兰教的组成部分，作为原则，任何人均无权全部地或部分地停止这些权利和自由，也不得侵犯或无视这些权利和自由，因为，基本权利和普遍自由是具有约束力的真主的命令，并且，被载入"神启天经"（Revealed Books of God）中，它们由真主的最后的先知在完成真主的启示的基础上加以传播，并由此规定奉行基本权利和普遍自由是一种崇敬行为，而无视或侵犯它们则是可憎的罪孽，因此，人人负有维护基本权利和普遍自由的个人责任，伊斯兰乌玛负有集体责任。

109　　鉴于上述原则，兹宣布如下：

第 1 条

（1）所有人组成一个家庭，其成员因服从于真主而和睦相处，他们是阿丹的后裔。在基本的人类尊严、基本义务和责任上，所有人都是平等的，不分种族、肤色、语言、性别、宗教信仰、政治派别、社会地位或其他见解等任何区别。坚定的信仰是人在尽善尽美的发展道路上增强这种尊严的保障。

（2）（略去）

第 6 条

（1）在人身尊严上，妇女和男子一律平等，妇女有享受权利和履行义务的

---

〔53〕泰德·斯坦克（Tad Stahnke）、J. 保罗·马丁（J. Paul Martin）编：《宗教与人权：基本文件》（Religion and Human Rights: Basic Documents），第 184 页，哥伦比亚大学人权研究中心（Center for the Study of Human Rights），1998 年。

〔54〕伊斯兰教初期穆罕默德及其门下弟子建立的以麦地那为中心的穆斯林公社，亦称"麦地那穆斯林公社"。阿拉伯语的音译，本意为民族，后世历史学家用以专指早期麦地那穆斯林政权。乌玛为伊斯兰教的胜利发展和建立统一的民族国家奠定了基础。——校者注

责任；她享有自己的公民身份和财政独立，并有权保留其姓名和血统。

（2）丈夫应对家庭的供养和福利负责。

第9条

（1）略去。

（2）人人有权接受各种教育机构和指导机构，包括家庭、学校、大学和宣传媒介等的宗教和世俗教育，以这种一体化的、均衡的方式发展人的个性，强化人人对真主的信念，并促进他对权利和义务的尊重和保护。

第10条

伊斯兰教是不泯本性的宗教。禁止对人施加任何形式的强制或利用人的贫困或无知以便使他改信其他宗教或无神论。

第18条

（1）人人应有权在对他本人和他的宗教、受赡养者、荣誉及财产均安全的环境中生活。

（2）人人应享有在其私人事务的处理、住宅、家庭、有关财产和亲属关系中的隐私权。不容许暗中监视人，或把他置于监视之下，或玷污他的好名声。国家应保护他不受专横干预。

（3）私人住宅在任何情况下均不容侵犯。未经其居住者的同意，或以任何非法方式不得进入私人住宅，也不得拆毁或没收私人住宅和逐出其居住者。

第19条

（1）所有个人在法律面前一律平等，没有统治者与被统治者之间的区别。

（2）人人诉诸司法审判的权利受到保障。

（3）责任在本质上是个人性质的。

（4）除伊斯兰教法规定的以外，不应有犯罪或刑罚。

（5）被告在未经公正审判证实有罪之前，是无罪的。在公正审判中，应给予被告一切辩护保证。

第24条

本宣言所载一切权利和自由均受伊斯兰教法的支配。

评论和问题 110

1. 如何对欧洲人权法院和其他区域人权机构进行比较？

2.《开罗宣言》的基础是什么？《伊斯兰人权开罗宣言》可能会推动还是终止人权对话？

3.《开罗宣言》中没有权利平等的条款。对宗教少数派和女性是否提供保护仍不明确，特别是在其设想的这样一个体制中，即所有的权利和自由都要遵守伊斯兰法。

七、在国内法律制度中适用国际法规范

当然，国际文件和规范的存在并不是其所包含的权利和法律将被各国保护和适用的最后指标。为了理解这些重要的国际人权条约在某一特定国家的实际适用效果，我们必须要首先知道该国是否批准了这些条约。联合国人权事务高级专员办公室在其网站上提供了有关人权条约批准情况的最新消息。[55]

即使一国批准了一项条约，我们也必须查明该国是否对该条约或解释性声明做出过保留，其中的任一保留就可能潜在地改变该国对条约中规定的权利和规范的适用。例如，当法国批准了 1980 年《公民权利及政治权利国际公约》时，也对公约中的许多条款进行了保留。其中一项保留是，"鉴于《法兰西共和国宪法》的第 2 条，法国政府声明第 27 条就共和国而言不能适用。"[56] 法国宪法的第 2 条规定的一部分是，共和国的语言必须是法文[57]，而《公民权利及政治权利国际公约》第 27 条规定，"在那些存在着人种的、宗教的或语言的少数人的国家中，不得否认这种少数人同他们的集团中的其他成员共同享有自己的文化、信奉和实行自己的宗教或使用自己的语言的权利。"[58] 自 1993 年以来，联合国国际法委员会对现有的有关条约保留的条款进行了发展和阐释，并为各国实践提供了指南。该指南对一些重要问题进行了说明，例如："保留的有效性（即保留的合法性和他们对另一国家适用的条件）和对保留的异议（特别是，对一项既不为条约禁止也不违背其目的和宗旨的保留之异议的可受理性和范围）。"[59]

在人权领域仍存在另一未决的问题，就是条约是否赋予了个人执行条约的资格。依照传统，个人执行权利是罕见的；条约是国家间意思的一致，而且只有国家才有资格寻求条约的执行。

一旦我们知道一国是否批准了某一条约和是否做出了保留将影响到该国对条约中规定的权利的承认之后，我们还需要知道条约是否在实际上已经被该国

---

〔55〕详情请点击 http://treaties.un.org/Pages/Treaties.aspx?id=4&subid=A&lang=en。
〔56〕详情请点击 http://treaties.un.org/Pages/ViewDetails.aspx?src。
〔57〕详情请点击 http://www.religlaw.org/template, .php?id=5。
〔58〕详情请点击 http://www2.ohchr.org/english/law/ccpr.htm。
〔59〕详情请点击 http://untreaty.un.org/ilc/summaries/1_8.htm。

的国内法所吸收。国际条约适用通常不是基于批准而自动产生的。[60] 不同国家将国际法"转化"为国内法的程序是不同的。这一程序通常在一国的宪法、立法和私法判决中有详细说明。在所谓的一元论的司法权中，条约会在批准后立即成为该国法的生效部分。[61] 相反地，在"二元论"国家中，条约被视为一个独立（所以称"二元"）的法律体系，只能作为"转化行为"的结果而成为正常法律体系中的一部分。[62] 在这些国家中，任何条约都不具有国内法的约束力，除非它被立法行为吸收。[63] 美国介于两者之间："虽然条约可以包含国际义务……他们不是国内法，除非国会制定适用的法律或者条约本身包含着这样的含义，即它是'自动生效的'和基于这些条件而批准的。"[64]

最后，即使我们知道了一国是否批准某一条约、是否存在适用保留以及该条约是否被该国的国内法所吸收之后，这里还存在该国在实践中是否真正适用条约中条款的问题。

附加网络资源：	有关美国依据《国际宗教自由法案》(the International Religious Freedom Act) 呼吁各国履行宗教或信仰自由之承诺的努力的信息

---

〔60〕相关问题的概况，参见约翰·H. 杰克逊（John H. Jackson）："条约在国内法律体系中的地位"（Status of Treaties in Domestic Legal System），载《美国国际法杂志》（Am. J. Int' l L.），第 86 卷，第 310 期，第 313—315 页（1992 年）；布朗利（Brownlie）：《国际公法原则》（Principles of Public International Law）（第 5 版，1990 年）；麦克道格尔（McDougal）："国际法对国内法的影响：基于政策导向的视角"（The Impact of International Law upon National Law: A Policy-Oriented Perspective），载《南达科他州法律评论》（S. D. L. Rev.），第 4 卷，第 25 期（1959 年）。
〔61〕例如，《尼日尔宪法》第 132 条规定，"按期批准的条约或协定一经公布即自动生效，且法律效力高于国内法，前提是对方也适用条约或协定。"
〔62〕杰克逊："条约在国内法律体系中的地位"，同注〔60〕，第 313—315 页。
〔63〕例如，《津巴布韦宪法》第 111 条第 2 款规定，"除非宪法或议会立法规定，任何与一个或多个外国国家、政府或国际组织一同加入，或由总统签署或在总统权威之下执行的公约、条约或协定……不应构成津巴布韦法的一部分，除非经议会立法通过而被津巴布韦法吸收。"
〔64〕麦德林诉得克萨斯州（Medellin v. Texas），128 S.Ct.1346, 1356（2008 年）。

第四章　关于政教关系的比较宪法观点

一、引言

　　每个国家的政教关系都处在不断地变化中，因此不同国家、不同时期的政教关系模式呈现出异乎寻常的多样性。戏剧性的转变有时也会出现。例如，苏联共产主义政权的解体，引发了前苏联地区、东欧以及中欧国家间的连锁反应，空前的宪法变革随之而来，涉及保护宗教或信仰自由、政教关系结构等诸多方面。相对较小的变化更为经常，例如调整关于免税资格的规定，或者修改针对在公共场所进行各种宗教活动的规定。这些变革经常反映了各种类型的有关宗教、国家以及社会之间适当关系的思潮：宗教信仰和宗教多元化总体说来对社会有益吗？是否应当有宗教信仰自由、创立宗教的自由或者不信宗教的自由（freedom of religion, for religion, or from religion）？这些思潮反映了占主导地位的宗教传统与少数派宗教传统的影响，政治理论与实践中的各种倾向，各种宗教主要特征的影响，对特定事件的回应，不同情境下不同论点的感召力，以及构成民族史的数不清的其他趋势。

　　本章为思考政教关系可能的模式提供了一个初步的框架。虽然介绍不同类型和模式而描述不同的路径是必要的，但必须牢记的是，没有任何一种模式是静止不变的，而且它们大都兼具多种模式的特征。不过，我们所做的类型学分析仍然对当今世界既存的各种关系模式提供了一个有益的图谱。

　　本章的主要论题之一是宗教自由可以以多种形式存在，虽然其中一些模式在促进宗教自由方面不如其他模式，甚至有些模式完全与这一点相悖。本章的目的在于提供一个分析框架来比较不同模式，不仅可以降低分析不同模式的优劣的难度，而且可能更重要的是，对各种结构所反映的思想和信念进行更深入的探讨。

　　须注意的是，为了尽量保持中立，我们选择使用"宗教—国家"关系而非"教会—国家"关系。教会主要存在于基督教中，其他宗教传统中各有各的犹太会堂、清真寺、庙宇或其他组织形式。差异不仅体现在进行敬拜活动的场所不同，概念化和构建宗教与国家政权间关系的各种方法也可能大相径庭。如果我们不小心使用了长期在西方世界居于主导地位的"教会—国家"这一表述，希望读者们宽泛地理解"教会"一词，它是指某一宗教有组织的表现或其机构，可能涵盖地方性、区域性、国家性以及国际性等多个维度。

二、各种可能的政教关系结构

（一）政教关系概念化的比较结构[1]

评价一个特定社会的宗教自由程度可以根据下述两个维度——其一是政府行为对宗教信仰和活动干涉到什么程度［我们可以将其称为宗教自由连续体（religious freedom continuum）］，其二是政府机关与宗教组织之间的混同（identification）程度（政教混同连续体）。在美国，根据宪法第一修正案中宗教条款所使用的语词，这两个维度分别被认为是"宗教活动自由"和"不设国教"方面的宗教自由。但是出于比较的目的，对宗教自由和政教混同的不同程度作更广泛的思考是有益的。

至少乍一看来，有一种倾向假设这两方面存在线性关系，正如图 4.1 所展现的。该图表明高度的宗教自由伴随着较低程度的教会—国家混同，而较低程度的宗教自由伴随着高度的政教混同。这可能反映了某种对宗教自由和教会—国家混同之间关系的直觉，但毕竟过于简单，而且事实上是一种误解。如果对世界各国法律体系作一番考察，很快就会认识到虽然这种关系适用于许多体系（例如，法国和美国），可是也有许多其他体系并不符合。例如，有些国家确立了国教却仍保有高度的宗教自由（例如，英国、挪威以及芬兰），而有些国家虽然政教间有明确的分野，宗教自由程度却很低（例如，苏联时期的俄罗斯）。

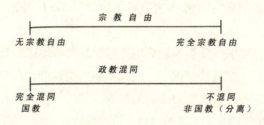

图 4.1

但是这种关联性的缺乏令人疑惑。毕竟，大部分国家在宪法中规定政教关系的主要原因是，认为在制度安排和宗教生活的最佳状态间有某种关联。对这

〔1〕该部分节选自小 W. 科尔·德拉姆："分析宗教自由的比较结构（A Comparative Framework for Analyzing Religious Liberty）"，载《全球视野下的宗教人权：法律视角》（Religious Human Rights in Global Perspective: Legal Perspectives），Johan D.van der Vyver 和约翰·威特（John Witte）编，克吕韦尔国际法律出版社（Kluwer Law International），1996 年，第 7 页。

种表面上的悖论的修正方法是在两方面重新定义政教混同。第一，应认识到可能的关系范围不仅仅限于从完全混同到不混同这一区间。事实上，可能的范围包括从完全（而且积极的）混同到不混同，并延伸至彻底的对立与迫害（即消极混同）。第二，为了使制度安排和宗教自由连续体之间的关系变得明确，混同连续体需要用环状来表示，如图 4.2 所示。

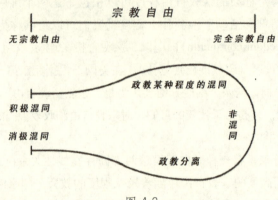

图 4.2

该图所表述的是宗教不自由与较高程度的、或积极或消极的政教混同相关。消极混同与宗教不自由相关很明显：政府对宗教的敌意及其公开施加的迫害毫无疑问地会引起宗教自由的减少。此外，显而易见的是，政府与某一宗教的积极混同会减少信仰其他宗教的自由（也包括主导的宗教中的持异议者）。不那么明显的是，主导宗教可能也会经历自由程度的大幅减少，因为其可能沦为国家机关的附庸。这是瑞典在 2000 年完成的去国教（disestablish）进程会受到国教支持的主要原因。

此外，该图也阐明，我们不能简单地假设越严格地区分教会和国家，宗教的自由程度便越高。在某些情况下，比如体制的位置沿着政教关系连续体而变化时，过分地分离会导致出现对宗教的敌意。如果不惜一切代价，机械地坚持分离，可能把一个体制推向无意的迟钝，最终导致有意的迫害。

该模型也彰显了一个虽相关但不那么明显的事实。政治体制的变迁往往在接近混同梯度两个末端的极端情形之间徘徊，而跳过了更为稳健的中间情形。例如，西班牙在过去两个世纪的大部分时间里处理政教关系的经验史反映出，政府在支持建立国教和建立世俗主义的、反神权体制之间摇摆不定。在其他情境下，基要主义（fundamentalist）体制可能被彻底的世俗主义体制取代，反之亦然。该图表明，在尖锐对立的宗教和世俗思想体系间的来回变动，可能不是钟摆的随意摇荡，而是高度对立的政治集团之间的控制权的易手，事实上这些集团在对权力的角逐中极其相仿。

（二）政教关系制度一览

如果专注于政教混同连续体这一方面，我们可以列举出许多反复出现的政教关系模式。图4.3沿着环状的混同程度曲线描述了历史上出现的各种政教关系模式。图中沿着外环依次列出的是：神权国家、国教、宗教身份制度，以及其他。沿着内环列出的是国家对宗教的各种态度：完全控制、宽容、平等对待，以及其他。接下来将描述这许多不同的"种类"。

117

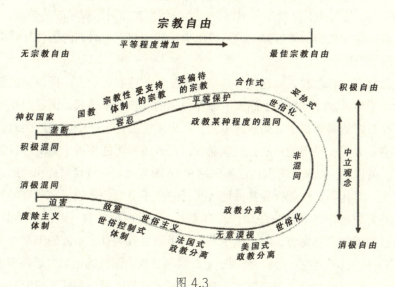

图 4.3

首先，我们重申图4.3中的不同种类是抽象类型，历史上真实出现的结构更复杂也更多样。而且，考虑到不同的类型和态度可能在基本的政教混同连续体的范围内"到处游移"，我们相信外环和内环是有弹性的。也就是说，对一些社会合适的可能是鼓励宗教自由的政教结构；而另一些社会可能偏爱更严格的分离。同时，外环的弹性是有限的：很难想象宗教地位制度（环上部）或宗教控制体系（环下部）在政教混同连续体的范围内能够被"拖"到与理想式宗教自由相关的位置。内圈的弹性情况不同。像容忍和平等对待这些态度可能出现在一系列不同类型的体制之中，因此这些体制可能发生重合。例如，妥协性体制是宽容的，保护不同宗教团体的实质平等，也就构成了一种某种形式的世俗主义体制。

在分析这许多类型时，我们从该连续体的积极一端开始，因为在世界的大部分地区，演化过程基本是从积极混同（即官方宗教）趋向更开放和更世俗的体制。问题是：在该连续体的哪个位置，各个国家和文化能找到最优结构？从积极和消极混同这两端的哪一点开始，体制超出了自由的疆界，进入到破坏宗教或信仰自由之权利的领域？

118 　　**绝对神权制。** 从该连续体中积极混同的一端开始，首先遇到的是一种与伊斯兰教原教旨主义的成见相关的绝对神权制。事实上，在穆斯林的理论和实践中许多体制都是可以采用的，这既依赖于穆斯林信仰中关于宽容的范围，也依赖于对伊斯兰教法（Shari'a）的灵活解释能给其他信仰体系的追随者多大的规范性空间。绝对主义立场中很重要的一点是他们主张对宗教领域的垄断。其中，基督教、印度教和佛教信仰中的某些历史形式，在不同时期的各种社会中主张自己的垄断地位。

　　国教。 沿着政教混同连续体，接着便是国教或官方教会。所谓"国教"的概念并不清晰，并且事实上涵盖了许多可能的政教关系模式，而它们在持异议者和少数派的宗教自由方面非常不同。在极端情况下，一个体制的国教如果在宗教事务方面被授予绝对的强制垄断权，则该体制可能接近于绝对神权制。西班牙、英格兰，以及许多其他欧洲国家在 1648 年《威斯特伐利亚和约》之后实行了这一类体制，一如世界其他地区实行的数不胜数的体制。一些有国教的国家仍然容忍有限的其他一些信仰。事实上，随着时间推移，就历史类型看来，国教趋向于越来越宽容。一个例子是，以伊斯兰教为官方宗教的国家也会允许"圣书上的民族"存在。另一个例子是，以基督教为国教的国家容忍许多主要宗教信仰，但贬低其他一些信仰。还有一些保留国教的国家保证平等对待所有其他宗教信仰。现代的大不列颠就是一个突出的例子。

　　宗教身份制度（Religious Status Systems）。 在许多国家里，有多种宗教得到官方承认，具体表现为这些不同传统的宗教法至少某些部分还对其教众有效。例如，在以色列、印度和许多有大量穆斯林人口的国家，属人法（典型的如关于结婚、家庭、离婚、继承和相关领域的法律）的适用依赖于一个人的宗教状况。如果一个人是犹太教徒，适用犹太教法；如果是穆斯林，适用伊斯兰教法，以此类推。这类宗教多元体系在承认从官方认可的宗教群体中退出的权利上，会或多或少富有弹性。

　　历史上获得优待和扶持的宗教。 这一类中的各种体制没有正式宣布某一特定宗教为该国的国教，但是承认某一特定宗教在该国的历史和传统中有特殊的地位。对那些罗马天主教占主导地位且在相对晚近的时候（特别是自第二次梵蒂冈大公会议以来）通过新宪法的国家来说，这种体制相当典型。受支持的宗教虽然不是国教，但得到特别认可，同时该国宪法宣称给予其他宗教平等保护。有时这种支持相对无关紧要，并且仅仅限于认同下面这点，即某一特定的宗教传统在一国的历史和文化中起着重要作用。另一些情况下，支持不过是保留国教特权和对受支持的一个宗教（也可能数个宗教）提供重大国家援助的一层薄面纱，虽然他们维持着一个更自由的体制的表象。

受到优待的宗教（Preferred Set of Religions）。许多类型的体制用各种方式表明对某一类宗教的偏待，有时是通过把传统宗教显明出来，给他们特殊地位或特权来体现。这也可以通过"多层面"（multi-tier）的制度含蓄地表现出来，即给不同的宗教不同程度的认可。理论上说来，这些多层面的体制为不同待遇提出了表面上客观的标准，但一般情况下，结果跟明确赋予传统宗教以优待是一样的。

合作式体制（Cooperationist）。这一类体制不给占主导地位的教会任何特殊地位，但国家持续地通过各种方式与教会紧密合作。德国提供了这种体制的原型，但当然在这个方面并非唯一。欧洲大部分国家的政教关系体系是合作式的。国家作为合作者可能向各种教会活动提供可观的经济支持，如宗教教育或教堂维护、神职人员工资等等。在这种体制中，国家与教会的关系经常是通过特殊协议来规定的，例如宗教协定（concordat，罗马教廷和各国政府签订的协定——译者注）。西班牙、意大利、波兰以及一些拉美国家都实行这种体制。国家可能也会以帮助教会收取捐献的方式参与合作（例如，德国保留了"教会税"）。合作式国家经常实行各种帮助或补助措施，特别有利于较大的教派。但是它们并不专门支持某一宗教，并且承诺对所有宗教组织提供平等待遇（如它们所理解的平等那样）。既然不同的宗教团体有不同的需求，合作式方案在对各教派的平等待遇上，会引致更为复杂的问题。从合作式滑向国家偏待型实在是轻而易举。而且和更倾向于分离的体制比较，在该体制中，保护宗教组织的自决权和内部自治权这些更复杂的问题也会出现。

妥协式体制或调和主义（Accommodationist Regimes）。这类体制可能倾向于政教分离，但仍对宗教保持着善意的中立态度。妥协主义可能被视为没有对宗教或宗教教育提供任何直接财政补贴的合作主义。一个妥协式体制完全承认宗教作为国家或地方文化一部分的重要性；同意在公共场合安放宗教标志；允许收税、限制饮食、宗教节日、安息日和其他形式的豁免等等。应注意的是国家权力的加强增加了妥协的必要性。随着国家的影响力越来越深入，管理的负担也加重，如果国家拒绝做出宗教豁免或调节，则会逐渐导致宗教对国家的敌意。

120 分离主义体制（Separationist Regimes）。"政教分离"的标签可以被用于相当广泛而多样的体制。在其较为温和的一端，分离主义和妥协主义的区别不大。主要的不同在于，正如其名称所暗示的，分离主义坚持政教间更严苛的区分。政府对宗教任何微小的支持都被认为是不适当的。在公共场合出现宗教标志是不被允许的。在一般的公法中准许基于宗教的豁免，被视为对宗教的偏待，而不被允许。在公共讨论中，如果仅仅以宗教主张为前提，则会被认为与政教分离原则相冲突。神职人员也不得担任公职。

而不那么温和的分离模式则付出更大的努力，来把宗教从公共生活中剔除出去。在许多情形下，实践中的问题来自于无心而致的不敏感性（insensitivity）。最初制定的规范通常不带反宗教的意图；那些起草规范的人只不过没有意识到这些规范对宗教可能的影响。有时候，那些受意外的负担所困扰的人，会把该问题呈于政府官员。问题就变成，能否达成合理的妥协或调解；如果能达成，会转向妥协体制，或者政府官员们会认为自己无权做出这种妥协。无心而致的不敏感性，是合作体制下微妙或不那么微妙的宗教群体特权的对立面。

分离主义体制展现的问题之一是，宗教应当在多大程度上介入公共生活。需注意的是，即使宗教团体在国家层面上没有官方的或受支持的地位，倘若公共生活的范围远大于国家的范围，则它们仍然能扮演重要的社会角色。近年来我们看到了宗教在公共生活中蓬勃复兴，什么角色是允许的和适当的问题成为重要的话题，尤其是当宗教的某些公共角色不被允许，歧视或权利的剥夺就会出现的时候。换言之，如果国家想把公共生活和私人生活区分为两个不相关的领域，并将宗教限制在私人生活的范围内，那么随着福利国家公共空间的扩大，宗教的空间将会被显著压缩。可见的一种形式是，国家对慈善、教育、社会和其他福利性服务的垄断的加强。"分离模式"最让人生厌的伪装形式是，它要求宗教退出国家意图控制的所有领域，同时又心甘情愿地接受国家对宗教事务的干涉和管制。

世俗控制体制（Secular Control Regimes）。这种体制表面看来和国教、基于历史受支持的宗教以及合作体制都有几分类似。但这类体制更明显地将宗教用作增进国家利益的工具，或者出于意识形态的原因宣扬不信宗教的自由，或者试图限制宗教，以减少其威胁到统治集团或在社会中与之争夺合法性的可能性。国教体制也是一种控制体制，但近年来，世俗控制体制的问题尤其严重。

主张废除主义的国家（Abolitionist States）。在混同连续体的消极一端是，拥有将作为一种社会要素的宗教消除掉的公然目标的体制。苏联时期的阿尔巴尼亚也许是这种体制最重要的代表。历史上，一种更常见的体制是控制强势的宗教，同时试图把少数教派从一国中消灭或驱逐掉。纳粹犹太人大屠杀是最可怕的例子。不那么极端的情况涉及公开的迫害、敌对或歧视。

121

除了识别和标示出一系列不同类型的政教关系体制，图 4.3 所做的图表化也有助于呈现关于政教关系的其他许多要点。

首先，虽然在宗教自由和宗教平等之间有重要的不同（例如，能够想象在某个社会中，在没有宗教自由这一点上人人都受到平等对待），一般的趋势仍然是宗教平等的加强和宗教自由的提升相伴共存。

其次，正如图中最右边的箭头所表明的，不同的自由体制可能反映了不同的自由观念。合作式体制反映了一种积极的自由观念，它们认为国家应当创造实现自由的条件，比如提供资金支持。分离主义体制则相反，采取了一种消极的自由观念，根据这种观念，国家干预应该最小化，从而可以实现最大程度的宗教自由。

再次，合作主义中不同的体制类型反映了对国家中立性的不同主张。一种中立模式是国家不作为。第二种中立模式是像没有偏见的裁判员那样不偏不倚。如果运用到宗教事务上，这种模式要求国家按形式中立和不区别各种宗教的方式采取行动。第三种模式把国家视作一个开放式论坛的监察员。这种模式下的国家可以对思想市场的时间、地点和方式加以约束，为了避免暴力和欺诈也可以施加特定的限制；但除此之外国家极少干涉。上面三种模式支持了分离主义的不同侧面。第四种中立模式要求实质性的平等待遇。换言之，其基本原则是相似情形下的个体应当被平等对待，但是也应当考虑到立场（position）的实质性差异，而真诚的信仰是与此有关的差异，因此应当予以调和。这种中立模式与某种妥协式体制的原则相关。第五种模式是第四种的"改进型权利"版。也就是说，将实质权利的落实视作国家的积极义务，并且因此支持合作式体制。大部分敏感于人权问题的、可信的政教关系体制，都停留在中立主义区域的某处，至少能被前面那些关于中立的观念中的一个所涵盖。

最后，关于世俗主义（secularism）和世俗性（secularity）之间的差异必须补充一点。这两个概念都和世俗化的一般历史进程相关，但是正如我们在使用中表明的，它们有明显不同的意义和实践内涵。在使用"世俗主义"一词时我们指一种决意推行世俗体制的意识形态立场。相对地，在使用"世俗性"一词时我们指这么一种处理政教关系的方式，即不把国家与任何特定宗教或意识形态（包括世俗主义本身）混同在一起，并且提供一个能够调和各种各样的宗教和信仰的中立性框架。事实上，在大部分的现代法律体系中都可以找到这两种观点的印记。关于政教关系问题的宪法性或其他法律文本，常常能被解释为支持这两种观点中的一种或另一种，并且事实上，一些重要的争论澄清了这两种方式之间的差异。从历史角度来看，法国的分离模式 [Laïcité（世俗性）] 接近于世俗主义；而美国的分离主义接近于世俗性。但是这两个社会关于国家（以及公共空间）应当在多大程度上世俗化存有争议。这两个世俗化观念之间的紧张关系贯穿了当代语境中的许多政教关系理论。

122

评论与问题

1. 哪一种或哪一些种类最准确地描述了你的祖国或你熟悉的国家的情况？

2. 如果相对于少数派宗教，你是主流宗教中的一员，对于既有体制是否有高度的宗教自由的认识会有怎样的变化？如果你是非信徒，或者对某一特定宗教传统的认同主要是文化上的而非基于信仰，情况又会怎样？若你对自己的宗教不冷不热、不委身或不能确定呢？例如，设若你生活在一个合作式体制下，属于或不属于受偏待的宗教会如何影响你对于合作价值的态度？我们对宗教的偏待应不应当是一样的，不管我们个人是致力于宗教事业，关心宗教或是反对宗教？或者我们的立场不可避免地取决于我们的个人境遇？

3. 基于历史上或目前对社会的贡献，多数派宗教团体经常声称自己应当受到特殊待遇或认同。有时这些对于特殊待遇的要求，看起来非常像工业垄断者对保护自己的垄断地位的争辩。这些要求看起来合理吗，或者仅仅是自私的？是占主导地位的多数派还是少数派需要特殊待遇？或者应当对这二者都加以特殊调和？

附加网络资源：	关于每种政教关系体制的更多拓展材料

三、积极混同体制

由于本章篇幅所限，不可能对每种政教关系都详细讨论。在下文中，我们主要关注政教混同连续体中介于合作式体制和严苛的分离主义体制之间的部分，因为大部分的主要民主国家的体制处于这一范围内。在拓展材料中也会适当关注其他体制，以针对一国在偏离非混同状态后可能出现的情况。

123

意大利法学教授西尔维奥·费拉里（Silvio Ferrari）主张，合作式体制在欧洲占据主导地位。在他看来，这些体制有如下特征："极为尊重个人的宗教自由，保护宗教自治，特别是各个教派的自我管理，国家与教会进行有选择的合作。"[2]
所谓"有选择的合作"常常指资金支持，但也包括其他方面，例如教育。从某种
意义上说，国教或受支持的政教体制就功能而言变得很像合作式体制。大部分
西欧国家的国教体制变得如此的宽容和平等，以至于很难把它跟合作式体制区
别开，只不过在形式上仍然给予一个或数个宗教以特权。例如，挪威有一个国
教，但是任何教派只要愿意，都可以得到与其成员规模相适应的政府支持，人
本主义者们也会得到相当的赞助。即使处于另一个极端的法国式政教分离，也
会提供可观的资金支持，来帮助维护有历史价值的教堂以及在私立宗教学校中
推行世俗学科的讲授。在美国，考虑到近来禁止立教条款放松了对各种形式的
政府资助的限制，一个有趣的问题是，是否美国也正趋向某种程度的合作模式。

（一）西班牙经验

西班牙是一个特别有意思的范例，因为它相当成功地从独裁制度下强力排
他的典型国教体制，转型为民主制下的合作式体制（带有一些残留的"受支持
的宗教"的特征）。

历史上的大部分时期，西班牙都是国教体制的典型范例。从 15 世纪晚
期现代西班牙国家形成开始，民族就和宗教融合在一起了。一个西班牙人必
然是一个天主教徒。迫害少数派宗教是一种得到政府支持的活动，因此直到
20 世纪早期，少数派宗教都几乎不为人所知，一个例外是躲过收复失地运动
（Reconquista）的穆斯林或犹太教小群体，但即使它们也在很大程度上隐藏在公
众视线之外。法国大革命及其影响波及西班牙之后，整个 19 世纪和 20 世纪，
西班牙的政策都在支持宗教和反对宗教的体制之间剧烈摇摆。通向现代民主体
制的转型早在佛朗哥（Franco）死前便已开始。随着以第二次梵蒂冈大公会议为
标志的罗马天主教会在政教关系问题上态度的转变，西班牙主教和罗马教廷开
始向佛朗哥政府施加压力，要求更多的宗教自由，虽然佛朗哥并不情愿，但还
是通过了 1967 年法律，给予少数派宗教真正的自由。

在佛朗哥死后，天主教会继续游说以谋求更大的宗教自由，但同时也试图
通过 1976 年 7 月 28 日签订的协定来维持它在某些方面的传统地位。上述协定
被另一份协定所取代，该协定本质上适合于 1978 年西班牙宪法的起草精神，并
于 1979 年 1 月 3 日签署，仅仅晚于宪法颁布一周。一年半之后，西班牙国会通

124

〔2〕Silvio Ferrari："总结：后共产主义欧洲的政教关系"（Conclusion: Church and State in Post-Communist Europe），载《后共产主义欧洲的法律与宗教》（Law and Religion in Post-Communist Europe），Silvio Ferrari 和小 W. 科尔·德拉姆编，皮特斯出版社（Peeters），2003 年，第 421 页。

过了《1980 年宗教自由组织法》(Ley Organica de Libertad Religiosa，或者称为LOLR)，某种程度上模仿 1979 年协定，进一步奠定了合作协议的基础。在该法的基础上，1992 年西班牙政府和三个宗教团体联合会（新教、犹太教和伊斯兰教）签署了相关协议。该法的理念是西班牙政教关系体制有四项基本的"普世原则"(principios informadores)：(1) 宗教自由；(2) 平等；(3) 国家中立；(4) 国家与教会以及宗教团体合作。因此，在很短的几年内，西班牙成功地从专制式政教体制转型为民主式合作体制。[3] 这一转型给大部分宗教团体带来了重要利益，其目的在于让其他宗教团体"赶上"罗马天主教会的水平。西班牙遇到的困难（也是其他许多合作体制的情况）是预期的高度平等化没有能惠及所有的小规模宗教团体。这经常体现在税收体制上，正如下面的欧盟委员会案例所表明的。

> 网络增刊包括教廷和政府间的协定，《1980 年宗教自由组织法》，以及政府和新教、犹太教、伊斯兰教团体签订的协定

奥特加 · 莫拉蒂利亚诉西班牙案

欧洲人权委员会，上诉案件编号 17522/90

欧洲人权委员会（1992 年 1 月 11 日）

(1985 年 6 月，申请人，一个新教教会及其牧师，要求豁免他们在巴伦西亚的礼拜场所的财产税，并且特别强调天主教会享有这样的豁免。税务部门拒绝了这一要求，理由是天主教会享有的豁免是西班牙政府和罗马教廷在 1979 年签署的协定中规定的，而授予申请人这样的豁免没有合法基础。随后申请人就此决定提起诉讼，但在国内各级司法机关的判决中都输掉了。用尽国内救济后，他们上诉至欧洲人权委员会。)

法律问题

1. 上诉人首先声称，对他们进行礼拜的场所征收财产税侵犯了其根据公约第 9 条（此处的公约指的是《保护人权与基本自由欧洲公约》——译者注）所享有的宗教自由权利……

125 委员会注意到该条款对宗教自由权利的规定，包括公开或秘密地以礼拜或宗教仪式的方式表明个人宗教信仰的权利。拥有向信徒开放的场所并为上述目的而使用之，明显是行使该权利的方法之一。但是，委员会未能从公约第 9 条

---

〔3〕想要更全面地了解西班牙的发展，参见 Javier Martinez-Torron："西班牙的宗教自由和民主化变革 (Religious Freedom and Democratic Change in Spain)"，载《杨百翰大学法律评论》，2006 年，第 777 页。

中发现对礼拜场所各种形式的税费予以豁免的权利。宗教自由的权利绝不意味着必须给予教会及其信徒不同于其他纳税人的税收待遇……因而就这一方面该申请明显缺乏正当基础，根据公约第27条第（3）款必须被驳回。

2. 申请人进一步宣称，因为西班牙的天主教会享有礼拜场所的财产税豁免权，拒绝他们对税收方面同等待遇的要求违反了公约第14条和第9条。

公约第14条规定如下：

> "对公约中所规定享有的权利和自由的追求不能建立在因性别、种族、肤色、语言、宗教、政治或其他见解、国籍或社会出身和有关少数民族、财产、出生或其他身份而产生的歧视上。"

但是，委员会指出该条款并不禁止在对待法定权利和自由的行使上有所差别，只有在区别对待缺乏客观而合理的正当基础时，平等待遇的要求才会被违反……

委员会注意到《宗教自由组织法》（组织法编号7/1980）允许政府和各类教会或宗教组织间根据信徒规模和大部分西班牙人的信仰签订协议。可以看到西班牙天主教会所享有的税收豁免是西班牙和罗马教廷在1979年1月3日签署的协定中规定的，该协定对缔约双方课以互惠义务。例如，天主教会承诺将其富于历史、艺术和文献价值的财产用于服务西班牙人民（《教育和文化事务协定》，第15条）。在另一方面，它的礼拜场所享有税收豁免权（《经济事务协定》，第4条）。

可是，提出申请的教会没有和西班牙政府签署这样一个协定，从档案中也找不到它曾试图这么做的迹象。因此，该教会不负有类似的义务，足以促使政府做出相应回报。

综上，基于公约第27条第（2）款，考虑到该诉求明显缺乏正当基础，必须予以驳回。

评论和问题

1. 委员会的分析看起来似乎是对法条的简单应用，不同情形区别对待并不构成歧视。这是不是对本案情形的正确描述？承担特殊义务并因之享有特殊权利算不算合情合理？为什么天主教会和申请人境况不同？

2. 前述案例判决不久之后，许多新教教会组成联盟，和政府签署了教产免税的协议。假设另一个既非天主教亦非本联盟成员的宗教团体，就豁免财产税提起了诉讼。该团体的诉求能否被第14条支持？

3. 哪些因素可以构成目前情况下差别待遇的"客观而合理的根据"？

（二）德国经验：关于"教会税"的争论

德国法律体系下的合作主义的重要特征是所谓的教会税。这种"税"经常遭到误解；对一般的纳税人，它看起来像是作为国家税收体制的一部分，和其他税一起从收入中抽走一定数额。从法律上看情况有些不同。许多教会有"公法上的法人"地位。拥有这种地位的教会有资格向它的成员征收教会税。正如格哈德·罗伯斯（Gerhard Robbers）教授所描述的：

这种税在功能上类似会费。那些向其成员课税的教会通常征收成员所支付法定所得税的百分之八或九。一些征税的教会借助国家税收系统，也就是请国家机关代为征收教会税。教会则将其税收收入的百分之四到五作为提供这种服务的补偿支付给国家。确实，19世纪引入教会税是为了取消以前的国教，迫使它们自食其力。教会税体制因此是国家中立的产物。[4]

值得关注的是，如今基于宪法法院的判决，退出教会的个人可以不再支付教会税。在应缴纳税收时，这样的退出已变得较为常见，虽然从数量上看并非压倒性的。大部分德国人仍继续支付教会税。该税随后被转移给各人所属的教会。该税收体制并不是用来迫使某一宗教的信徒改信其他宗教。许多较小的宗教团体也有"公法上的法人"地位。尽管从理论上看它们同样有权分享教会税体制所带来的利益，但很少会这么做。放弃教会税经常是一个宗教原则上的问题。虽然有了这些基本的保护，问题仍然会发生，例如下面的案例。（参见第十二章关于德国教会税的论述）

混合信仰婚姻教会税案

德国联邦宪法法院，19 BVerfGE 226（1965年）

巴登符腾堡州（Baden-Württemberg）的《教会税法》规定，所有的雇员均有义务根据工资收入支付教会税，如果他们自己或配偶隶属于有权征税的宗教组织的话。结果是在混合信仰婚姻的情况下，并非某相关宗教的信徒的夫妻一方可能最终得向该教会付税。联邦宪法法院第一庭作出了如下判决：

《教会税法》第6条第（2）款侵犯了并非相关宗教信徒的职员依据基本法

[4] 格哈德·罗伯斯："德国的宗教自由"（Religious Freedom in Germany），载《杨百翰大学法律评论》，2001年，第643、651页。

第 2 条第 1 款所享有的基本权利（该条规定"人人有自由发展其人格之权利，但以不侵害他人之权利或不违反宪政秩序或道德规范者为限。"）……（但根据《教会税法》，一个）职员将被课以支付教会税的义务，仅仅因为他的配偶是某一教会的成员。故而依据该州的法律，一个职员必须承担教会税，尽管他并不属于有权向他征税的宗教组织。

如本院所认为的，一部法律如果对不属于某一宗教组织的个人，课以向该组织支付经济利益的义务，不能被视为合乎宪法秩序。因为非组织成员的职员没有任何法律途径来避免这种缴税义务，《教会税法》侵犯了基本法第 2 条第（1）款中的人格权，而不能被容许……

那种认为婚姻具有让双方永久结合以至于生活中一切方面都完全融合的性质，从而可以向非组织成员的配偶征收教会税的论点是错误的。

在混合信仰婚姻中，融合并没有在本案所涉及的领域发生——也就是，宗教信仰领域。婚姻的一体并不建立在互相承认宗教信仰、价值和义务的基础上。因此，如果试图通过强加无法逃避的法律义务迫使非成员配偶和某一宗教团体建立直接的联系——即使仅仅在金钱方面，也会被认为是不合理的，并且违背了基本法的自由宪政体制。正如联邦宪法法院和联邦最高法院所认为的，夫妻中的任何一方都可信仰他所选择的宗教，或转而信仰另一宗教，如果没有构成对婚姻义务的违背，那么夫妻中一方与某一教会的关系并不能约束另一方。故而这种声称是不能成立的，即因为非成员一方决定与其配偶结婚，所以当他负有向其配偶所属的教会缴税的义务时，不能以侵犯了自己的宗教自由为理由进行抗辩。夫妻中的任何一方应当自己决定是否希望，且能够在宗教和意识形态方面做出选择。婚姻中对不同信仰的相互容忍不能导致和第三方之间出现法律联系，特别是和教会或其他宗教组织。[5]

退出教会后的教会税案

德国联邦宪法法院，44BVerfGE37（1977 年）

诉讼时在德国许多地区一直有效的《普鲁士放弃教会成员身份法》(Prussian Resignation of Church Membership Act) 第 1 条第（2）款和第 2 条第（1）款规定：

第 1 条第（2）款退出教会的声明自当地法院收到之日起一个月后发生法律效力；在此之前，声明可以以第（1）款中规定的方式撤回。

---

[5] 译自唐纳德·P. 科默斯：《德意志联邦共和国的宪法原理》(The Constitutional Jurisprudence of the Federal Republic of Germany)，第 487—488 页，杜克大学出版社 1997 年第 2 版。

第 2 条第 (1) 款退出教会的声明对退出人的效力是永久性地免除任何基于其作为宗教团体成员身份的支付义务。自该财政年度结束之日起生效，但必须在呈递声明满 3 个月之后。

网络增刊内含法庭意见中涉及的德国基本法条文

　　许多当事人在放弃宗教信仰后对该条款的适用提起了诉讼。法院推理如下：在退出组织后继续征收教会税……据称侵犯了原告有关宗教自由的基本权利。因此原告认为自己被迫从经济上支持一个宗教团体，虽然自己已不再信仰该宗教，也不再参加其组织的宗教和慈善活动。对宗教自由的保护并非没有限制，尽管宪法没有要求制定具体的某部法律；但是，为了与贯穿整部宪法的原则相协调，宗教自由不得侵犯基本法所保护的其他自由和权利。基本法以特殊权利的形式加以保护的宗教团体的利益，不管怎样都不足以对《普鲁士放弃教会成员身份法》第 2 条第 (1) 款第 2 项中的规定予以正当说明。考虑到退出教会的人相对较少，即使退出教会的声明一生效，便免除支付教会税的义务，教会预算也不可能失去平衡；在编制预算方案时，教会应当考虑到退出的情况，正如考虑到其成员死亡或者失业所导致的教会税收益降低……教会纯粹的财产利益不能作为损害退出者的宗教自由的理由……（法院认定，退出后短期之内仍然容许征税，"这样的话，如果立刻告知征收教会税的部门退出的情况，就可能避免超期征收以及随后的返还之诉，这些诉讼的标的常常很小。"但是，像第 2 条第 (1) 款第 2 项中规定的那么长的期限是不符合基本法的。)

129　　宗教信仰自由和表达宗教信仰的自由的具体范围……只有结合基本第 4 条第 (1) 款（"信仰和良心自由、宗教和世界观表达之自由不可侵犯"）以及那些限制该自由的条款才能确定。因为基本法第 4 条第 (1) 款和魏玛宪法第 135 条不同，并不要求制定某部具体的法律，由立法或基于某部法律加以（宪法性）限制是不能容许的。为了与宪法的整体性相协调……基本法第 4 条第 (1) 款和第 (2) 款所保护的自由只受基本法的其他条款约束……限制基本法第 4 条第 (1) 款所规定之自由的法律条文只有在不超出宪法本身所作的限制时才能合法有效。如果个人希望退出某教会，国家却要求其在宣布退出所需的时间以外留在该教会中，即使符合具体的现行法，也可能因为不在基本法承认的限制范围之内，成为一种对宗教信仰自由和表达宗教信仰自由的非法侵犯。同样的结果也适用于国家虽不要求退出者事实上留在该教会中，却仍对其课以教会税义务。只有那些有征税权的教会其所愿成员才需要承担教会税义务……

[第 1 条第（2）款起初在 1920 年被通过，以便在正式退出教会前引入一个
"考虑期间"。法院首先叙述了该期间的立法依据，然后分析了这样一个考虑期
间是否可以被保留。]

退出教会被认为是一个特别重大的举动，对退出者的生活有着重大影响，
需要再三考虑。许多情况下退出教会的声明是一时激动做出的。为此，让退出
者对已采取的行为及其后果，有一段时间的冷静考虑，被认为是需要的。这并
不构成对良心自由的侵犯。任何坚信其决定的人在考虑期间也会毫不动摇，并
且不会屈从于外部影响。如果在考虑期间撤回了退出教会的声明，这暗示着退
出者对其与宗教团体脱离关系的决定并不坚决，他们将得以避免草率地做出决
定……国家在预防大规模退出教会的行为方面有某种利益。因为有公法上的法
人团体身份，相关教会的权利优先于其他组织，政府通过要求退出决定须在非
基于冲动的条件下做出，表明了在享有这种优先权的法人团体会员数方面，政
府享有利益。如果教会不设法联系上那些希望退出的人，就会违反自己的义务，
但如果没有了考虑期间，教会将无从得到退出的消息……

在基本法的适用中，针对《普鲁士放弃教会成员身份法》第 1 条第（2）款
的考虑期间对宗教信仰自由和表达宗教信仰的自由的限制，上述考虑已不再能
提供合理的宪法性基础。而它们的基础理念，也就是国家应当保证宗教事务的
繁荣，并且寻求减少草率而潜在影响深远的决定，是和基本法不相容的。根据
基本法第 4 条第（1）款，涉及信仰、表达信仰和良心等事务的决定，完全是
公民的个人事务；因此公民必须自行承担草率决定的潜在风险。同样，在今天
国家不应当为了保留撤回退出教会声明的可能性，而引入考虑期间。退出者可
以在任何时候再加入教会，无须国家做出相关行为；教会是否会根据教规再接
纳其为成员，对国家而言属于宗教自我管理权的范畴，因此不受国家干预……
（公法人地位）不能为任何不同的评估提供正当说明，它与考虑期间完全无关。
最后，留出一个考虑期间以便教会和退出者进行商讨，努力澄清误解或给退出
者提供牧师指导，不应当由国家来规定。不过可以理解也无法否认的是教会在
这方面的利益。正如已经说过的那样，以前国家和教会之间的联系——旨在确
保教会福祉的行为基础——已不符合基本法确立的政教关系，后者的基础一方
面是国家在宗教和意识形态事务上的中立，另一方面是教会自治……

因此，退出教会情况下的考虑期间，超出了基本法本身对信仰自由和表达
信仰的自由所作的限制，《普鲁士放弃教会成员身份法》第 1 条第（2）款违反
了基本法第 4 条第（1）款。

评论和问题

德国教会税判决着力于确保已退出教会者不被课以教会税义务。该体制是否同样顾及使对这些义务的遵守和接受免于更为微妙的压力？换言之，履行义务的意愿是否出于强制性的压力？

（三）2005 年伊拉克宪法的规定

许多国家大部分人口是穆斯林。那些国家的法律体系，吸收伊斯兰教教规进入其法律的程度和方式，相互之间差别很大。在这里我们只考虑伊拉克，它因为在被占领期间通过了一部新宪法而成为一个与众不同的例子，但是仍然无法掩饰地出现了其他许多伊斯兰国家面临的问题。

在 2005 年通过的伊拉克宪法中，关于政教关系的关键性条款出现在第 2 条，具体如下：

第 2 条

（1）伊斯兰教为国教，是立法的基本渊源：

1）不得通过任何与伊斯兰教教规相抵触的法律。

2）不得通过违反民主原则的法律。

3）不得通过与本宪法规定之权利和基本自由相抵触的法律。

131　　（2）宪法保障多数伊拉克人的伊斯兰教徒的身份，保障个人信教和宗教活动的完全自由权，无论其是基督徒、雅兹迪教徒（Yazedis），还是曼达派的士巴人（Mandean Sabeans）。

第二部分"权利与自由"详细规定了宗教权利。第一章的第 14 条和第 29 条规定了宗教作为一种公民权利所起的作用。第二章"自由"里，第 39 条、第 40 条以及第 41 条处理关于宗教或信仰自由的问题。

第 14 条：伊拉克人在法律面前人人平等，不得因其性别、种族、民族、出身、肤色、宗教、教派、信仰或观点，或者经济社会地位而有所歧视。

第 29 条：首先

1）家庭是社会的基础，国家保障其独立存在及其宗教、道德和爱国主义价值观。

第 39 条：伊拉克人有维护据其宗教、教派、信仰或选择而产生的身份地位的自由。本领域应由法律规定。

第 40 条：任何个人均享有思想、良心和信仰的自由。

第 41 条：（1）各宗教和教派的信仰者都享有如下自由：

1）举行宗教仪式，包括古赛因（Husseini）仪式［什叶派教徒（Shiite）的宗教仪式］。

2）宗教捐款、宗教事务及宗教机构的管理。本领域应由法律规定。

（2）国家保障礼拜自由并保护礼拜场所。

在"权利与自由"一部分的结尾处，第 44 条作为一种"限制条款"，可能对立法和司法产生显著影响，因为它试图解释涉及宗教自由的条款。

第 44 条：非依法律规定，不得对本宪法明示的任何权利或自由的行使进行限制，而且这种限制必须在不危及权利或自由的实质的范围内。

评论和问题

第 2 条前后一致吗？有人批评该框架试图满足所有人，既包括倾向严格推行伊斯兰教法的伊斯兰教徒，也包括那些关心人权者。也有人称赞该框架是政治——作为一种可能性的艺术——的引人注目的范例，巧妙地把特定争议留待未来，并且提供了一个含有自由化倾向的框架。你对此有什么看法？

附加网络资源：	关于在穆斯林占多数的国家里涉及宗教或信仰自由的宪法性条文的材料

四、非混同体制：调和主义与分离主义之间的张力

（一）美国的调和和分离之争

美国的政府体制从其宪政史开始之日起，至少在全国性层面上，就以宗教自由以及特别严格的政教分离模式为显著特征。美国的情形稍稍有些与众不同，因为其有两个宪法条款涉及宗教：禁止立教条款（the Establishment Clause），具体是，"国会不得制定确立国教的法律"；以及宗教活动自由条款（Free Exercise Clause），具体是国会不得制定法律"禁止宗教活动自由"。相比之下，保护宗教或信仰自由的国际规范没有对政教分离的要求，而是仅仅规定了"自由信仰"型的保护，大概因为世界上许多法律体制并不坚持政教分离。

但是，第一，美国的体制并不像它最初看上去的那样特殊。许多其他国家，包括澳大利亚、日本和菲律宾，都有模仿禁止立教条款的规定。第二，许多国家司法裁判的规定都强调国家的世俗性。在法语以及前共产主义国家和地区，

这种情况较为普遍，即使伊斯兰教在当地居于主导地位。第三，事实上所有的现代宪法都保护平等权。这些当然可能用非常不同的方式去解释，但是一个普遍的实际效果是限制了基于宗教对个人和群体的歧视，并且经常会达到减少受偏待的宗教或国教所享有的特权效果。第四，关于宗教自由权包括宗教团体对自己事务的自治权这一点，已达成共识。这无疑暗示着某种程度的分离，从功能上看，也意味着非国教化。最后，许多国家的宪法都规定了严厉程度不等的政教分离，从相对温和到对立或迫害，例如许多前共产主义体制。

133　　　美国的政教关系史在很大程度上，由解读禁止立教条款的两种思潮间的持续对立所主导。一种是分离主义思潮，托马斯·杰斐逊所主张的"宗教和国家间的分离之墙"是其代表。另一种是妥协主义思潮，早期关于感恩节的总统公告（presidential proclamation），对于宗教普遍的友好态度，以及愿意给予探讨宗教差异以豁免等等是其证明。

　　虽然禁止立教条款可以追溯到 1791 年《权利法案》通过之时，事实上所有依据其裁判的案例，都是自 1947 年最高法院作出对埃弗森诉教育委员会案（Everson v. Board of Education）的判决后才出现的，在该案件中，最高法院第一次认定联邦禁止立教条款可适用于各州。许多随后的禁止立教条款诉讼所关注的是分离主义和妥协主义模式间的张力，而这些都可以从埃弗森案中找到征兆。该案所涉及的问题是地方教育委员会可不可以补贴校车接送去往私立宗教学校的孩子们。

　　本案为分离主义和妥协主义之争的复杂性质提供了一个重要的例证。布莱克大法官撰写的多数意见的前半部分，看上去很接近分离主义，但从中间某处他改变了倾向，而后半部分是妥协主义模式的。在阅读该判决时，须小心留意布莱克大法官在判决各部分所使用的修辞。值得注意的是，布莱克的意见包含了几乎所有论点——这些论点将出现在随后 50 年内分离主义和妥协主义对解读国教条款的争论中——的种子。

埃弗森诉教育委员会案

美国最高法院，330U.S. 第 1 页（1947 年）

　　布莱克大法官撰写了本法庭意见。

　　新泽西州的一项法案授权当地各学区就接送孩子们上学放学的事宜，制定规范订立合同。被上诉人是一个小镇的教育委员会，它根据该法案，补贴父母们花在让孩子们乘坐由公共交通系统营运的固定公交线路上的钱。这些钱中有一部分被用来支付社区中一些孩子去往天主教教会学校的费用。这些教会学校除世俗教育之外，还遵照天主教信仰的宗教原则和礼拜方式，定期给学生们以宗教指导……

上诉人声称该法案和被告的决议，迫使当地居民通过纳税来帮助维持那些致力于并定期宣扬天主教信仰的学校。这可以被视作使用国家权力来支持教会学校，违反了宪法第一修正案的禁止性规定，而第十四修正案使该规定可适用于各州。

新泽西州的法案被质疑为一部"关于确立国教的法律"。因第十四修正案而对各州有效力的第一修正案，规定各州"不得制定关于确立国教或禁止宗教活动自由的法律"。第一修正案的这些词句反映了早期美国人的脑海中存在一幅鲜明的图景，对那些图景中的状况和做法，他们热切希望能够防止以便保证自己及后代的自由。判断该新泽西州法律算不算涉及"确立国教"，需要确定相关语词的意思，特别是有关征税方面……因此，再次简要回顾宪法采用相关语词的时代背景是合适的。

美国早期的移民中很大一部分是为了逃避法律的奴役而从欧洲来的，那里的法律强迫他们支持且参加政府支持的宗教。美国殖民地期间及之前的几个世纪充满了混乱、民众纠纷以及迫害，其根源很大程度上在于被视作国教的教派决心保持他们政治和宗教上的绝对优势。凭借政府支持所带来的权力，在不同的时间不同的地点，或天主教徒迫害新教徒，或新教徒迫害天主教徒，或新教中一些教派迫害其他教派，或天主教中一种形式的信仰迫害另一种形式的信仰，而所有这些教派都时不时地迫害犹太教徒。为了迫使人们忠诚于无论哪种在特定的时间地点下，恰巧处于优势且和政府联合的宗教，罚款、监禁、酷刑以及杀戮都被采用。这些处罚所针对的违规行为，包括以不尊重的口吻谈论国教神职人员的观点，不参加那些教会，表达对他们的教义的不信仰，不支付用以维持他们的宗教捐税。

旧大陆的做法被移植到并且开始在新世界的土壤中茁壮成长。英国国王颁发的特定令状……授权个人和公司选举产生国教，要求所有人都支持并参加，无论其是信徒还是非信徒。该权力的贯彻伴随着旧世界许多惯常做法和迫害的重演……

这些做法变得如此普遍使得热爱自由的殖民地居民感觉震惊乃至厌恶。征税来支付教士们的工资，建造并维持教堂及教会财产，更引起了他们的愤怒。这些情绪通过第一修正案表达了出来……在该运动中，弗吉尼亚州发挥了巨大的促进作用并充当了有能力的领导角色，在那里国教对政治事务有着支配性影响，同时许多过激行为吸引了广泛的公众注意。和其他地区一样，那里的人民坚信若想最好地实现个人宗教自由，则政府不得享有任何这样的权力，即通过征税、资助或其他方式来帮助任何一种或所有宗教，或者干涉任何个人或团体的宗教信仰。

弗吉尼亚州为了实现该目标的运动在1785年到1786年达到了其激动人心的顶点，那时州立法机构正打算延长本州为支持国教所征税的有效期。托马斯·杰斐逊和詹姆斯·麦迪逊领导了反对该种税收的斗争。针对征税的法律，麦迪逊写下了其著名的《抗议请愿书》。在其中，他雄辩地证明了真正的宗教不需要法律支持；不应对任何人课税来资助任何形式的宗教机构，无论其信仰或不信仰该宗教；社会利益最大化需要人们的思想始终完全自由；而且，残酷的迫害是政府确立国教的不可避免的后果。麦迪逊的抗议书在整个弗吉尼亚都得到强有力的支持，议会推迟到下次会期再考虑被提议的征税措施。下次会期上该提议被提出讨论时，不仅委员会不批准该提议，而且议会还通过了最初由托马斯·杰斐逊起草的著名的《弗吉尼亚宗教自由法》。该法的序言中讲道："……强迫人们为其并不相信的观念的传播提供金钱捐助，是有罪且专制的；即使强迫人们资助自己所持宗教信仰的这个或那个牧师，也是剥夺了他捐助特定某个牧师——他可能愿意将该牧师的德行作为自己的典范——的充分自由。"

该法案本身规定：

> 不应强迫任何人经常参加或资助无论何种宗教仪式、场所，或宗教服侍；也不应对任何人的人身或财产加以强制、剥夺、妨碍，或者对其课以义务；另外，任何人不应因其宗教观点或信仰而遭受损害……

本法院以前已经确认第一修正案的条款——在其起草和通过中麦迪逊和杰斐逊起到了主要作用——和弗吉尼亚法案有着同样的目的，针对政府对宗教自由的干涉也试图提供同样的保护。在第十四修正案通过前，第一修正案不能被用来限制各州。不过大部分州很快就在各自的宪法中给予了宗教自由类似的保护。但也有些州在大约半个世纪的时间里坚持限制宗教信仰自由，并且歧视特定宗教团体……（尽管如此，还是存在）充分的理由……对"政教分离"条款进行一个粗略的解释。

第一修正案的"政教分离"条款至少意味着：无论州政府或联邦政府都不

能确立国教。它们都不得通过法律帮助某一或所有宗教，或者偏待某一宗教甚于其他。它们也都不得强迫或影响一个人违背自己意愿参加或不参加某一教会，或者强迫他声明信仰或不信仰任何宗教。任何人均不得因持有或声明信仰或不信仰宗教，或者因参加或不参加教会而受到惩罚。无论数额大小，任何税均不得被征收来资助任何宗教活动或机构，无论这些活动或机构被冠以何种名称，也不管它们采用何种形式来宣扬或实践宗教信仰。州政府和联邦政府均不得公开地或秘密地参与任何宗教组织或团体的事务，反之亦然。按杰斐逊的话来说，法律规定的反国教条款意在树立起一堵"宗教和政府之间的隔离墙"。

我们必须依照前述第一修正案规定的限制，来考虑新泽西州法案。但若该法案处在宪法确定的州权范围内，即使已很接近州权的边界，我们也不能否认该法案的效力。新泽西州不可能既遵守第一修正案的"政教分离"条款，又将税收用于资助一个宣扬某一宗教的教义和信仰的机构。另一方面，第一修正案的其他语词要求新泽西州不得限制其公民信仰自己宗教的自由。因此，该州不得因为一个人（某一信仰的信徒）持某种信仰或不持该种信仰，而不允许其享有社会公益法规的利益。然而，我们并非暗示各州不得仅向在公立学校上学的孩子们提供交通补助，我们只是认为在保护新泽西州公民免受国教困扰时必须谨慎，以确保不至于无意中阻止了新泽西州在不考虑宗教信仰的情况下，给予其全体公民普遍的州法律的利益。

依这些标准来衡量，作为对就读于公立或其他学校的学生提供交通费补助这一整体计划的一部分，新泽西州利用税收支付教会学校学生公交费的做法，我们认为并非第一修正案所禁止的情形。毫无疑问，孩子们在前往教会学校的事情上得到了帮助。当政府负担前往公立学校的交通费时，极有可能一些父母不会把孩子送到教会学校，如果他们不得不自行支付其子女前往这些学校的公交费……类似地，父母们可能不愿意让自己的孩子去那些政府不提供一般性政府服务的学校读书，这些服务包括通常的警察和消防保护、污水处理点、公共公路和人行道。当然，如果政府不向教会学校提供这些服务，因为其宗教功能而把它们如此隔离开来且如此无可争辩地分门别类，会让它们很难运营下去。这明显不是第一修正案的目的。修正案要求国家在和宗教信徒团体或非宗教信徒团体的关系上保持中立；它并不要求政府与这些团体处于敌对状态。国家权力不得被用于支持宗教，但更不得被用于妨碍宗教。

本庭已经确认父母们可以不顾各州义务教育法规定的义务，把孩子送到教会学校而非公立学校读书，只要该学校合乎各州有权规定的世俗教育要求。可以看出，这些教会学校达到了新泽西州的要求。政府未向它们捐献任何金钱。也没有支持它们。正如其适用中所表明的，所涉法案不过提供了一个一般性计划，来帮助父母们让自己的孩子可以安全快速地上学放学，无论这些孩子的宗教信仰是什么。

第一修正案在宗教和政府之间竖起了一堵墙。这堵墙必须高而坚不可摧。我们不能赞成哪怕最轻微的违反行为。本案中新泽西州并未违反修正案。

维持原判。

（省略了杰克逊大法官的单独反对意见。）

拉特里奇（Rutledge）大法官持反对意见，法兰克福特大法官，杰克逊大法官，伯顿大法官加入。

137　　我不相信（杰斐逊）……会赞同该判决。弗吉尼亚州关于宗教自由的伟大法案和第一修正案——依第十四修正案它如今已可适用于各州——在教会和政府之间竖起的那堵墙，在今天已不像从前那样高而坚不可摧了……

本案迫使我们首次公正地判定第一修正案概念下的"确立国教"的含义；并依该标准来决定新泽西州的行为是否违反了修正案的要求。

不仅仅国教，任何关于确立国教的法律也都被禁止。修正案的措辞概括但不粗疏。其目的不仅仅是打击某一教派，某种教义或宗教的官方地位，也不仅仅是宣布一种正式的关联关系（formal relation）为非法（类似的关系曾盛行于英格兰和一些殖民地），而是必须根除所有这样的关系。不过修正案的目的并不限于在狭义上分离宗教和国家，而是通过全面禁止对宗教的各种形式的公共扶持和资助，创建一种彻底而永久的宗教活动领域和国家权力领域的分离。修正案的措辞和历史背景，结合任何时候本法庭直接讨论该问题时的一贯意见，可以证明上述观点……

"宗教"一词在修正案中只出现了一次，但以相似的方式决定了两个禁止性规定。该词并非有两个意思，一个意思是狭义地禁止"确立国教"，而另一个意思是更为宽泛地保护"其自由信仰"。而是从第一个到第二个保护，"其"（thereof）一字不多不少地指代了"宗教"（religion）一词全部的准确内涵。因此国会，如今也包括各州，在两个方面也受到同样广泛的限制。

该禁令广泛地禁止政府在经济或其他方面支持宗教（无论进行了何种形式或程度的伪装）并宣布基于宗教目的而使用公共资产是非法的……

弗吉尼亚斗争的高潮时期包括从1776年到1786年这10年，从采用《权利宣言》到通过《宗教自由法案》。其顶点出现在1784年到1785年关于征税评估法案的立法之争上。这本来不过是一种资助宗教的征税方法，意在恢复征收自1777 年起暂停的宗教捐税。但是因为该税偏待某一特定教派，结果就引起了异议团体激烈而普遍的敌意。故该税被扩及这些团体，随之其中一些暂时停止了反对。替代方式是，议案给予每个纳税人特权，来指定哪个教会应当获得他所缴的那份税。未经指定的税款将被立法机关用于宗教用途。但对本案最重要的是，该提案的最终版本给予纳税人将其所缴税用于教育的选择权。

在任何时候麦迪逊都不遗余力地坚定反对这个普遍而无歧视的方案，一如他先前反对那个特定而歧视性的征税提案。

正如（麦迪逊具有深远历史意义的请愿）抗议书所表明的，自始至终麦迪逊都反对宗教和世俗权力间有任何形式和程度的正式联系。对他而言，宗教是一个完全私人的事务，超出了世俗权力所能限制或支持的范围。否认或限制宗教自由是对良心权利和自然平等权利的违背。国家扶持对宗教自由和宗教本身的危害和破坏，一点不比其他形式的国家干涉少。"禁止确立国教"和"信仰自由"是相关且外延相同的概念，不过是代表了这一显著且基本的自由的不同方面。麦迪逊在其他任何方面，都不如在反对国家通过征税来资助或扶持宗教上那么彻底而坚决。

鉴于上述历史背景，已经不需要更多的证据来证明修正案禁止通过任何对公共财产的挪用，无论数量大小，来扶持或资助任何宗教信仰……

在政教分离的进程中强迫信仰宗教，连同强制遵守宗教仪式和庆典的现象较早就消失了。随后被取消的是公职人员的宗教宣誓和宗教资格。可以预料的是，这些和我们伟大的宗教自由传统不相合的东西不会再出现了。因此在今天，除了试图在公立学校中加入宗教培训或活动以及教派议题的那些努力外，对保持第一修正案所要求的彻底而永久的政教分离，唯一构成严重威胁的是通过征税权的使用来支持宗教、宗教机构，或者有宗教背景的机构，无论其形式或特定的宗教目的是什么……

本案中使用的资金是通过税收获得的。本法庭不会也不能否认，这种使用事实上扶持和鼓励了宗教教育。我们只能断定说该扶持并非法律规定中的"支持"。但是麦迪逊和杰斐逊所反对的扶持和资助，事实上不是"纠缠于先例中"的那些法律结论。见抗议书第三段。本案中父母们承担送孩子去往教会学校的费用，政府再用税收资金补偿该交通费。这样不仅方便了孩子们上学和父母们接送孩子，而且实质上协助他们前往特定的学校获得特定的教育，也就是宗教培训和教学……

138

无论对宗教教育还是对世俗教育，交通费补贴对教育的重要性，大体相当于补贴学费、教师工资、教学场所、设备及必要用品的重要性。就一所进行宗教教育的学校来说，同世俗学校相比，该补贴对于实现其主要的宗教目标——所有那些必要项目的开支所要实现的目标——也会同样直接地相关联……

我们的宪法政策……并不否认宗教培训、教学和仪式的价值和必要性。相反宪法保证这些活动可以自由进行。但是宪法始终不允许政府以任何形式或在任何程度上，参与或支持这些宗教活动……

不管怎样确定这些冲突的结果，都必须考虑下述主张，通过补贴交通费，整个教育事业，社会总体福利和个人福利都得到了促进；因此该事务属于公共领域，应由立法决定。州法院在这一问题上发生了意见分歧，一些法官认为只有个人从中获益了，机构没有得益。另外几个法官则认为这种二分法是错误的，事实上机构和个人都从中受益了。

139　　（多数）意见承认孩子们在接受宗教教育上得到了帮助。考虑到该意见从反面看它必然暗含着——它也没有明确否认的是，在向孩子们提供宗教教育这个问题上，学校得到了帮助。宗教事业通常兼顾这两点，一如本案中为宗教目的提供交通补贴的情况。

因此，这不仅仅是一个关于公交费的小案子。通过对麦迪逊观点的阐释，本案现在的情况可能离彻底地确立国教还很远，但二者间的差别只是程度上的；并且本案中的情形是走向国教的第一步。

这样，本案已不能从是否存在法律歧视这个角度来处理了。即使政府在提供援助时对所有宗教教育都一视同仁，也不能改变这一点。因此，纵然现行法及其应用被平等施行于一切教会学校而无论其持哪种信仰，依据我们的传统它也是不合法的……不信仰任何宗教的人也会被迫为他并不相信的教义付钱。再者，这符合了建国之父们认定为非法的一种安排，即"要求公民为其不相信之观念的传播捐献金钱"。向所有教派提供资助并不能消除该行为的影响。宪法要求的不是政教全面混同，而是彻底的分离……

本案所涉及的不是一个数量问题，不能通过花费的金钱多少来判断。现在与麦迪逊所处的时代一样，按第一修正案的规定保持不同领域的分离是原则问题；要防止拿我们的自由做任何实验；也要防止该问题因判例的侵蚀变得模糊不清。我们贯彻保护宗教自由的一个方面的时候，不应逊于贯彻另一个层面时的强度和力度。

该判决应当被撤销。

评论和问题

1. 随后的半个世纪里，关于禁止立教条款之法理的几乎每一种观点，都可以在埃弗森诉教育委员会案的多数意见和反对意见中找到其先声。布莱克大法官撰写的多数意见中，甚至出现了许多相反的观点，看起来有些自相矛盾。你能找出本案所呈现的，对禁止立教条款进行分离主义阐释的关键部分吗？对禁止立教条款进行妥协主义阐释中，显而易见的关键部分又是哪些？

2. 埃弗森案反映了美国的两个基本理念间的冲突：自由和平等。本案中布莱克大法官撰写的多数意见非常有趣的一个特点是，前半部分致力于论述需要有选择宗教信仰的自由，不应受到政府干涉、强迫或支持，并因此强调分离主义论点（这些论点例如：早期去新大陆的殖民者是为了逃脱宗教法的束缚；反对为宗教目的征税的抗议请愿书；第一修正案的含义；隔离之墙）。该意见的第二部分反映了需要平等，表述了妥协主义论点，包括向所有人分配利益而不考虑宗教信仰，从而实现政府对宗教团体的中立。你能找出关注自由（导致分离主义结果）和关注平等（导致妥协主义结果）之间的转折点吗？你能想象出一个强调自由甚于平等的妥协主义情境吗？

140

（二）澳大利亚路径

澳大利亚宪法第 116 条采用和美国宪法相似的语言，规定"联邦不得制定关于建立国教、规定任何宗教仪式或禁止信教自由的法律，不得规定参加宗教考试作为担任联邦公职的资格"。但是，与美国禁止立教条款的约束力和效果不同，这些禁令被狭义地解释，并且不涉及澳大利亚的州立法权。在 1997 年宣誓就任新南威尔士州上诉法院院长的基思·曼森（Keith Mason）大法官，是一位著名的基督徒，说第 116 条"不妨碍政府帮助宗教机构，也不阻止在公共场所进行宗教活动"，并且虽然澳大利亚的"宪法体制允许自由讨论国会祈祷的问题，以及公立学校和公共场所的圣诞树问题……但是这种讨论不能发生在澳大利亚最高法院的法庭上"。澳大利亚国会也不对宗教事务立法，尽管有权力这么做。曼森大法官指出，"不让宗教议题进入我们的议会和法院的实际后果是，不像我们的美国同行，这个国家的法官们没有被卷入常常是轰动一时又迅速消失的文化冲突中。"[6]

对于第 116 条宗教条款中的这种澳大利亚式法理，一个主要的例子是 1981

---

〔6〕基思·曼森大法官："澳大利亚的法律与宗教"（Law and Religion in Australia），发表于"关于澳大利亚基督教遗产的国家论坛"（National Forum on Australia's Christian Heritage），2006 年 8 月 7 日，来源：http://www.courtwise.nsw.gov.au/lawlink/Supreme_Court/11_sc.nsf/pages/SCO_mason070806。

年的布莱克诉共和国（Black v. Commonwealth）案，是最高法院的第一个也是唯一一个禁止立教条款的判决。本案涉及对允许向私立学校提供政府扶持的联邦法律的质疑，这些学校大半是宗教性的，其中又以天主教的居多。法院将政教分离条款仅仅解释为限制政府的立法目的，而不必然涉及其效果。在该前提下，法庭多数意见认为，规定政府扶持的法律没有违反第 116 条，而且该条仅仅禁止有意以确立国教为目的的法律。法院在适用澳大利亚宪法中其他宗教条款时，也采取了这种狭义解读禁止立教条款的方式。

141

（三）各种分离模式：温和的中立或对宗教的敌意

"分离主义"一词可以被用来指代许多不同的体制。本部分将首先考察，根据第一修正案禁止立教条款之法理，美国最高法院在表述关于评估政教分离程度的检测时，所采纳的一系列观点。接下来的部分转向世俗政府理念的各种模式。不容否认的是，世俗政府既可能尊重且支持宗教和信仰，也可能对它们排斥且迫害。不论哪种情况，分离主义政府的标志性特征，似乎经常是"公共领域"和"私人领域"的分离，宗教被划归到私人领域中，不得干涉公共生活和国家事务。但是，这在很大程度上依赖于如何定义这两个领域。另外，政教分界线必然总是和公共／私人分界线一致吗？也许在有的政教分离观念中，这两方面的公共领域虽都具有正当性但相互独立。

1. 莱蒙诉库茨曼（Lemon v. Kurtzman）案中的三重标准

莱蒙诉库茨曼案因其三重标准而被铭记，也影响了许多其后对禁止立教条款的分析。长期以来，莱蒙标准不仅仅成为政教分离案件中法院使用的主要分析方法，也成为宪法裁判史上最有争议的原则之一。例如，斯卡里亚（Scalia）大法官认为莱蒙标准是一个"午夜恐怖电影中的幽灵，一次次地被杀死和埋起来后，总是一次次地爬出坟墓、四处游荡"，并注意到"近年来……不少于五位现任大法官，已各自在判决意见中批驳了该标准……而第六位大法官则赞同一份持这种观点的意见"。[7] 伦奎斯特大法官以一种温和的口吻，坚称莱蒙标准"仅仅带来了持续的不确定性"并且"实在没有为裁判禁止立教条款案件提供足够的规范……""更糟糕的是，"他继续说道，"莱蒙标准导致法官们意见不统一，多数意见难以执行。"[8] 鲍威尔大法官为"回应对莱蒙三重标准的批评"，争

---

[7] 羔羊教会诉自由学区联盟摩里奇斯中心案（Lamb's Chapel v. Center Moriches Union Free School District），508U.S.，1993 年，第 384、398 页，斯卡里亚大法官的反对意见。
[8] 华莱士诉加弗里案（Wallace v. Jaffree），472U.S.，1985 年，第 38、110、112 页，伦奎斯特大法官的反对意见。

辩道"自 1971 年出现之日起，莱蒙标准一直被用于禁止立教条款案件。总而言之，该标准已成为法律。出于遵循先例原则，我们应当服从它"。[9]【见第十三章中对莱蒙案的评述】

莱蒙诉库茨曼案 142

美国最高法院，403U.S.，第 602 页（1971 年）

首席大法官伯格撰写了本法庭意见。

这两个上诉案件对（相似的）宾夕法尼亚和罗德岛州法律提出了挑战，这两部法律向和教会相关的中小学提供政府援助……我们判决这两个州的法律均违宪……

对第一修正案禁止立教条款的用词，最好的评价也不过是晦涩，特别是和修正案的其他部分相比时。其作者们不仅仅希望禁止确立国教（当然相关历史表明，他们认为这一点非常重要）并为国教的巨大危害深感忧虑。更关键的是，他们要求"任何关于确立国教的法律均不得"制定。某一特定的法律可能没有确立国教，但仍然是一部"关于"（respecting）那方面的法律，缘由在于它也许是导致国教的一个步骤，因此违反了第一修正案。

这一领域的任何分析，都必须以法院许多年间积累下来的准则为起点。从众多先例中可以总结出三条标准。第一，法律的立法目的必须是世俗的；第二，它主要的效果必须既非促进亦非阻止宗教发展……第三，法律不得助长"政教间过度的牵连"……

（本庭没有发现任何根据，来支持立法目的是促进宗教发展这一推断，也发现不需要考虑上述三个标准中的第二个，因为据过度牵连标准已足以作出判决。）

……我们先前的判决没有要求政教间完全分离；从绝对意义上看，完全分离是不可能的。政府和宗教组织间存在某种关系无法避免。为了确定政教间的牵连是否过度，我们必须考察受益机构的特征和目的，政府所提供援助的性质，及其所导致的政府和宗教权威间的关系……本案中我们认定这两个州的法律所助长的政教牵连到了不能被容许的程度。

地区法院详细分析了过度牵连的严重潜在后果，该后果是罗德岛州罗马天主教小学的宗教特征和目的中所固有的，而这些学校的老师被确定为《罗德岛工资补贴法案》的专门受益者。

---

[9] 华莱士诉加弗里案（Wallace v. Jaffree），472U.S.，1985 年，第 63 页，鲍威尔大法官的协同意见。

该计划涉及的教会学校离教区教堂都很近。既然信仰和品行指导是总体教学计划的一部分，这样一来就可以很好地理解，方便了他们参加宗教活动。学校建筑中含有明显的宗教标志，例如外墙上的十字架，以及耶稣受难像，教室和走廊里的宗教绘画及雕塑。虽然一天只有大约 30 分钟被用于直接的宗教指导，但还有宗教导向的课余活动。这些学校里大约三分之二的老师，是各种宗教团体的修女。她们致力于营造出一种氛围，在该氛围下，宗教指导和宗教职业成为校园生活自然而固有的部分。确实，正如地区法院指出的，修女老师在增强宗教氛围方面所起的作用，已经促使教区的学校当局试图在所有学校里，都维持修女和世俗教师间的比率为一比一，而不允许一些学校几乎全部任用世俗教师的行为。

根据上述事实，地区法院判定……教会学校卷入了实质性的宗教活动和目的。这些与教会有关的学校所带有的实质性宗教特征符合禁止立教条款试图禁止的那些政教关系。而它们相当多的宗教活动使立法机关必须谨慎规定政府的控制和监督，以确保政府援助只被用于世俗教育。

《罗德岛工资补贴法案》所规定的援助的特殊形式，增加了危害及相应的政教牵连……我们不应忽视受宗教训练和控制的教师，对大学前教育中宗教和纯世俗方面的分离所能造成的损害。在我们看来，有记录表明这些损害非常巨大。宗教权威已不可避免地渗透进教育体系……

我们并不认为教会学校的老师们会因为不诚实，或者因为蓄意规避相关法律和第一修正案的限制而获罪。我们仅仅认为一个献身于宗教的人，任教于其所持信仰的附属学校，而该校又在教学中反复灌输教义，将不可避免地难以保持宗教中立的态度。

罗德岛州立法机关既不会也不能仅仅依据下述假设，即受宗教约束的世俗教师身上不会出现上面所说的冲突，就提供政府援助。考虑到禁止立教条款，政府必须确保接受其津贴的教师不会向学生灌输宗教……一个全面的、有针对性的且持续的国家监管会不可避免地要求切实贯彻那些限制和第一修正案。这不像一本书，对一个老师不可能只通过一次审查就确定其个人信仰的程度和意图，及其对第一修正案所规定限制的主观认同。这些预防性审查会涉及过度而持久的政教牵连……

在宪法理论上，一种特定的趋势发展起来了，而且可能像"滑坡"(downhill thrust) 那样易放难收。这种趋势的发展并非一无是处；它甚至正是普通法演进的方式，也是一种必须承认和正视的力量。但是，因为难以事先准确判定悬崖的"边缘"在哪里，危险性增加了。对于宗教条款所试图防范的另一个弊端的形成，政教牵连现象是一个警报。

最后，我们所表述的并非否认教会中小学在国民生活中所起的作用。但是，那些学校的优点和好处，不是我们面前这些案件的争议所在。唯一的问题是向这些学校提供政府援助，是否合乎禁止立教条款的规定。我们的体制做出的选择是，政府被完全排除于宗教指导领域之外，教会也被排除于政府事务之外。宪法规定，对于个人、家庭以及自由建立的机构来说，宗教只能是私人事务，并且尽管某种瓜葛和牵连不可避免，界限必须被划出……

评论和问题

对禁止立教条款案件，看起来莱蒙三重标准起到了分离主义的还是妥协主义的效果？该标准的哪些因素可能在判决中作用最为显著？

2. 历史和传统

1983 年的马什诉钱伯斯案（Marsh v. Chambers）是关于州议会雇佣牧师，以祈祷开始会议的合宪性问题的。法院没有提及莱蒙标准，虽然下级法院援用该标准，判决雇佣牧师在内布拉斯加州州议会上做祈祷是违宪的，同样值得注意的是，撰写本法庭意见的是首席大法官伯格，而他正是莱蒙案判决的撰写者。在考量这种做法是否违反了禁止立教条款时，法院却采用了历史学方法。

马什诉钱伯斯案

美国最高法院，476U.S.，第 783 页（1983 年）

首席大法官伯格撰写了本法庭意见。

本案的问题是内布拉斯加州州立法机关雇佣牧师，以祈祷开始每天会议的行为是否违反了禁止立教条款。

内布拉斯加州州议会每次开始会期，都要首先请牧师进行祈祷，该牧师由大会执行委员会每两年选任一次，其薪资从公共财政中支付……欧内斯特·钱伯斯是内布拉斯加州州议会议员，也是该州的一名纳税者。他声称，内布拉斯加州州议会聘请牧师的行为违反了禁止立教条款，于是提起了本诉讼……请求禁止该行为。地区法院认为不是祈祷本身，而是由公共财政承担牧师薪资违反了禁止立教条款。因此，该法院判决议会不得动用公共财政来支付牧师工资；但拒绝禁止以祈祷开始会议的做法……

（第八巡回法庭）认为雇佣牧师的行为违反了莱蒙标准的所有三个要素：16年来选任同一个牧师且发行其祈祷词的目的和主要的效果，在于增进一种特定的宗教表达；使用财政来支付工资和发行构成了政教牵连。因此，上诉法庭修改了地区法院的禁令，进一步要求立法机关不得继续其已采取的牧师祈祷。对这个因州政府雇佣牧师，用祈祷开始会议的做法而提起的诉讼，我们签发了调取案卷令状，并判决撤销原判。

议会和其他公共议事机构在开始会期时首先进行祈祷，这一做法深深扎根于我国的历史和传统中。从殖民地时期到合众国成立直至今天，议会进行祈祷的做法，和非国教原则以及宗教自由原则并行不悖。即使在美国地区法官，随后是三位巡回法官听审并判决本案的法庭上，审理开始时的宣告也是以"上帝保佑美国和本法庭"收尾的。同样的祈祷出现在所有法院的开庭。

当然，许多殖民地的这一传统是和国教分不开的，但大陆会议从 1774 年起采用了该传统做法，在会期开始时，首先由雇来的牧师进行祈祷。虽然制宪会议未延续该传统，但首届国会，作为其最初的事务之一，决定选任一名牧师用祈祷开始每次会期。规定这些牧师薪酬的法律也在 1789 年 9 月 22 日获得通过。

1789 年 9 月 25 日，国会批准有偿雇佣牧师三天之后，权利法案的文辞最终达成了意见一致。很明显，第一修正案禁止立教条款的作者们，并不认为雇佣议会牧师进行会前祈祷违反了该修正案，因为这种做法从国会早期开会时起便不间断地延续了下来。

仅仅依据历史模式，如今无法对宪法保障的违反提供正当说明，但本案所诉诸的远远不止历史模式。据此，历史背景的考察不仅指明了起草者们隐含于禁止立教条款中的意图，也厘清了他们对该条款应当如何适用于第一届国会所批准做法的态度——行动揭露意图……

在沃尔兹诉税收委员会一案（Walz v. Tax Commission）中，我们衡量了符合历史做法的行为："毫无疑问，没有人能以一贯如此为由获取违宪的权利，即使该做法从建国之初就存在，或者甚至早于建国。但是长期延续的做法……是不能轻易废除的。"……

根据两百多年来清楚连续的历史记载，开始立法机关会期时首先进行祈祷的做法，无疑已经变成了我们社会结构的一部分。被赋予立法权的公共团体请求神的指引，结合具体情况，并非确立国教或者作为确立国教的一个步骤；而仅仅是对我国人民广泛所持信仰的一种可被容忍的接受。正如道格拉斯大法官所阐明的，"（我们）是一个有宗教信仰的民族，我们的制度预设了神的存在"。[佐拉奇诉克劳森案（Zorach v. Clauson）]

然后我们转向下述问题，内布拉斯加州的做法中有没有某些特征违反了禁

止立教条款。除了进行祈祷这一基本事实，还有三点需要注意：第一，16年来
选任的都是特定教派——长老会——的一个牧师；第二，该牧师的薪酬由公共
财政支付；第三，祈祷是按犹太教和基督教所共有的传统进行的。放到历史背
景中来权衡，这些因素并不足以导致撤销内布拉斯加州的做法……

大陆会议向其雇佣的牧师支付酬劳，当时一些州也这样做。现在，许多州的
议会和美国国会都给自己的牧师发薪。而内布拉斯加州给牧师发薪的时间，已经
超过了一个世纪。至于祈祷的内容，在类似本案的情况下，不是法官所需要关心
的，因为没有任何迹象表明祈祷的机会被用以改变或增进任何人的信仰，或者贬
低任何其他信仰。故而，我们无须进行敏感的评估，或分析特定祈祷的内容……

撤销上诉法院的判决。

评论和问题

假设法院适用了莱蒙标准，你认为本案的结果将会怎样？

3. 政府扶持（Endorsement）

在林奇诉唐纳利案（Lynch v. Donnelly）中法院面临的问题是，某市包括基
督诞生画在内的圣诞展览，是否违反了禁止立教条款。首席大法官伯格认为没有
违反，但评估这些展览的标准并不明确。奥康纳大法官的协同意见提供了引入一
种标准的机会，该标准关注政府行为是否构成对宗教或某一特定宗教的扶持。

林奇诉唐纳利案

美国最高法院，465U.S.，第668页（1984年）

首席大法官伯格撰写了本法庭意见。

为了裁决第一修正案的禁止立教条款是否禁止市政当局在其一年一度的圣
诞节展览中加入基督诞生画（crèche），即基督诞生场景，我们签发了调取案卷
令状。

每年，罗德岛州波塔基特市（Pawtucket）都会和商业区零售商协会合作组
织一次圣诞展览，作为圣诞假期庆祝活动的一部分。展览在一个由某非营利组
织所有的公园里举行，位置在商业区的中心。波塔基特市的展览由许多传统上
和圣诞有关的画像和装饰物组成，其中包括圣诞老人屋，驯鹿拉着圣诞老人的
雪橇，有条纹图案的糖果棒、圣诞树、唱诗班，诸如小丑、大象或泰迪熊这些
角色的剪影，几百盏彩灯，一个上面写着"庆祝节日"的巨大横幅，以及本案
所争议的基督诞生画。展出的所有东西都归市政当局所有。

已经被展出了40年或更久的基督诞生画由传统形象组成，包括婴儿耶稣、

147 玛利亚和约瑟、天使、牧羊人、国王以及动物，所有这些形象的高度从 5 英寸到 5 英尺不等。1973 年市政当局为购得现在这幅画，花费了 1365 美元；如今这幅画价值 200 美元。为展出它所需的装卸费用，市政当局每年花费大约 20 美元；而展览中的照明也会产生少量费用。但过去 10 年间这幅画的维护费用为零。

本案被上诉人，包括波塔基特市居民，美国民权自由联盟罗德岛州分部的个人会员，以及该分部本身，在美国地区法院对罗德岛州提起诉讼，质疑市政当局在年度展览中加入基督诞生画的行为。（地区法院和第一巡回法院判决该展览违反了禁止立教条款。）我们决定撤销原判……

三

……在一部可以随时适用的法典中，禁止立教条款和正当程序条款一样，不够精确和详尽。禁止立教条款的目的"是表述一个目标，而非制定一个法条"。参见沃尔兹案。该条款容许和禁止的关系之间的界限，不可能简单而明确，正如不可能仅仅用一个词汇、短语或标准来定义正当程序。国教条款树立起一个"模糊的，不清楚的，并且会根据特定关系的具体情况而变化的界限"。参见莱蒙案。

在确定界限的过程中，我们经常发现探讨下述问题是有益的，即有争议的法律或行为是否有世俗目的，其主要的效果是不是增进或妨碍了宗教，及其有没有导致政府和宗教间的过度牵连。参见莱蒙案。但是，我们已经一再强调对于这个微妙的领域，我们不愿意被任何单一的标准限制住……

本案中，我们探讨的重点是圣诞节背景下的基督诞生画……法院可以根据其缺乏世俗目的来撤销立法或政府行为，但只有在其确信该立法或行为完全出于宗教动机时才可以这样做……

地区法院据基督诞生画的宗教性质推断出，市政当局举办展览不是出于世俗目的。该法院在这样做时，还否认了市政当局的主张，即整体来看加入基督诞生画的原因，实质上和举办展览的原因是一样的。地区法院仅仅关注这幅画的做法，明显是错误的。如果放到圣诞节假期的特有环境中考量，从记录上看，很清楚支持下述论断并无充足证据，即基督诞生画是一种蓄意的或暗中的努力，透露出政府对特定宗教教义某种微妙的拥护。在一个多元的社会中，这其实暗含了许多的动机和目的。

该市政当局和国会以及总统一样，主要不过是关照到西方世界长期庆祝的一个重大历史性宗教事件。被展出的基督诞生画，描绘了长期被当做国家节日来庆祝的传统事件的历史起源……这些都是正当的世俗目的。我们不认为展出一幅画对宗教的帮助，会大过之前被判定为符合禁止立教条款的那些利益和支持。马什案对议会祈祷的观点……也适用于市政当局展出基督诞生画的行为：其"原因或效果仅仅是偶然地符合了一些……宗教……的教义"……

……政教牵连是一个种类和程度的问题。在本案中，地区法院没有理由不判决其缺乏行政上的牵连。在购买这幅画之前或从购买算起，没有证据表明波塔基特市就展览的内容或意图和教会方面存在协议。他们没有为维护这幅画花任何钱；并且因为该市所有的这幅画现在仅值 200 美元，它所起的实际作用很小。当然，本案里也没有莱蒙案中那样的"全面的，有针对性的，且持续的国家监管"，或者"持久的牵连"。

我们对市政当局展览基督诞生画的世俗目的感到满意，该市没有违规扶持宗教，而展览该画的行为也没有造成政教间的过度牵连……

当然，基督诞生画与特定的宗教信仰相关，但关联程度并未超过我们依先例举出的情形，而那些案件都被判决为不违反禁止立教条款。考虑到当时在公立学校和其他公共场所到处都是圣诞歌，加之国会和州议会在开会时都首先有偿请牧师进行祈祷，如果还禁止在特定时间使用该静态标志——基督诞生画——的话，未免过于僵硬严厉，既有违我们的历史传统，也不符合先例。如果这幅画出现在展览上违反了禁止立教条款，那么对圣诞节和我们的宗教传统进行许多其他形式的行政干涉，同样也是违宪的……

我们判决，虽然基督诞生画具有宗教意义，波塔基特市市政当局并未违反第一修正案的禁止立教条款。因此，撤销上诉法院的判决。发回重审。

奥康纳大法官，协同意见。

我赞成多数意见。我的协同意见中将提出对禁止立教条款原则的一种阐释。在本案中，采用这种方法得出的结果和多数意见一样，并且在我看来，多数意见也与我的分析相一致……

禁止立教条款禁止政府以任何方式，将一个人的宗教信仰和其在政治共同体中的地位联系起来。政府可能主要以两种方式违反该禁止性规定。一个是和宗教机构的过度牵连，可能会干涉这些机构的独立性，让它们得以渗入政府内部或享有特定政治权力——而不信该宗教的人不能完全地共享该机会，并且推行根据宗教信仰的不同划分政治选区的做法。第二种也是更直接的违反是，政府扶持或反对某一宗教。对某宗教的扶持向非信仰者传达了下述信息，他们是局外人，不可能被政治共同体完全接纳，同时也告诉信仰者们他们是局内人，

149　　受到共同体的偏爱。对某宗教的反对所传达的信息正相反。

　　　　我们在先前的案件中适用莱蒙诉库茨曼案确立的三重标准，作为判定这两种违宪政府行为的指导原则。但是，该标准的三个方面是如何对应于禁止立教条款所确立之原则的，从未完全变得清晰。我们专注于机构间的牵连以及对宗教的扶持或反对，则使莱蒙标准作为一种分析工具，变得清晰起来……

　　　　本案的核心问题是，波塔基特市展出基督诞生画的行为算不算扶持基督教。为了回答这一问题，我们必须考察波塔基特市通过展出该画试图传达的是什么，以及该展览事实上传达了什么信息。莱蒙标准对目的和效果的考察，对应着该市行为上述两方面的意义。

　　　　某一讲演对听众的意义，既依赖于讲演者的意图，也离不开该讲演在相关群体所具有的"客观"含义。一些听众不需要仅仅依赖被使用的语词来理解讲演者的意图：例如，他们可以通过该陈述的背景或者向讲演者提问，来发现这一意图。其他那些既没有也不会试图去利用上述迹象的听众，正相反，会依赖语词本身的意义；对他们来说，实际接收到的信息可能并不符合讲演者真实的意图。如果听众很多，而这是政府通过语词或者行为"讲演"时总会遇到的情况，有一部分听众将不可避免地收到该讲演的"客观"内容所决定的信息，另一部分则会真正接受到讲演者所意图的信息。因此，必须同时考察政府行为所表达信息的主观和客观部分，以决定该行为是否包含了不被允许的意义。

　　　　莱蒙标准的目的层面要求政府行为含有世俗的目的。但仅仅是存在某一世俗目的，而同时宗教目的仍占主导地位的话，不能认为满足了该要求……我主张，在莱蒙标准的目的层面下，探究政府是否意在传达扶持或反对某种宗教的信息才是恰当的。

　　　　将该标准适用于本案，我认为波塔基特市并没有打算表达任何扶持基督教或反对其他宗教的意思。在大规模的展览中加入基督诞生画的目的，明显不是宣扬该画的宗教内容，而是借助有关传统标志来庆祝公共节日。具有重要文化意义的公共节日庆祝活动，即使也涉及宗教方面，仍然满足合法世俗目的的要求……

　　　　莱蒙标准的效果层面关注的是政府扶持或反对宗教的害处，它可以被正确地
150　解释为，不会仅仅因政府行为事实上导致了对某宗教的促进或抑制——即使这就是其主要的效果——而宣布该行为无效……起决定作用的是，政府行为有没有传达出扶持或反对某宗教的信息。只有产生这种效果的实践，无论有意地还是无心地，使得宗教在现实中或公众的意识中，与政治共同体中的地位联系在一起。

　　　　我相信波塔基特市展出其基督诞生画的行为，并不含有政府意欲扶持这幅

画所反映的基督教信仰这一信息。虽然正如地区法院所认定的，该画所具有的宗教的甚至教派的意义，无法被展览环境中和（netralize）掉，但是整体的节日氛围会改变参观者对展览目的可能的理解——这正如典型的博物馆环境，尽管无法中和掉宗教绘画的宗教内容，却也不存在任何赞同有关宗教内容的迹象。本案中的展览意在庆祝一个公共节日，没有人会把规定这个节日理解为对某种宗教的扶持。该节日本身含有强烈的世俗元素和传统。政府庆祝它是非常广泛的现象，而这种庆祝一般不被认为意在宣扬该节日的宗教内容，类似的如感恩节也不被这样理解。基督诞生画是该节日的一个传统标志，常常和纯粹的世俗标志一起被展出，正像波塔基特市所做的那样。

这些特征综合起来使政府在特定场合展出这幅画的行为，不是宣扬而是"承认"某一宗教，类似的行为诸如在马什案中判定为合法的那种议会祈祷，政府规定感恩节为公共节日，把"我们信任上帝"印在硬币上，法庭开庭时会先说"上帝保佑美国和本法庭"。政府对宗教的这些承认行为，仅仅是通过一些从我们的文化来看合理可行的方式，在隆重的公开场合实现一些合法的世俗目的，例如表达对未来的信心，鼓励和赞扬社会中值得珍视的东西。基于上述原因，也出于其历史性和普遍性，从这些行为中不能得出政府扶持特定宗教信仰的结论。同样地，展出基督诞生画也是服务于世俗目的——用传统标志来庆祝一个公共节日。无法将之理解为传达了政府扶持某种宗教的信息……

我赞成多数意见，原判决应被撤销。

评论和问题

1. 如果基督诞生画是公开展览的唯一要素，结果会不会有不同？如果是主要元素呢？坚持弱化宗教元素，是否传达出某种商业的、世俗的或反宗教的信息？站在宗教的立场上看，以满足商业化要求为代价而把基督诞生画留在展览中，真的是一场胜利吗？

2. 作为政教条款案件的一个分析焦点，"扶持"是不是"促进"宗教的一个改进？

4. 中立

151

在 1985 年的阿基拉诉费尔顿案（Aguilar v. Felton）中，最高法院判决，禁止立教条款禁止纽约市教育局根据中小学教育法第一条授权制定的计划，将公立学校的教师派到宗教学校里，为贫困生提供补习。12 年后在阿格斯提尼诉费尔顿（Agositini v. Felton）案中，该法院判决阿基拉案不符合随后的禁止立教条款之判例，推翻了该先例。本案的重点是，这个有争议的计划在适用时，是否在宗教和非宗教的受益者之间保持了中立。

阿格斯提尼诉费尔顿案

美国最高法院，521U.S.，第 203 页（1997 年）

奥康纳大法官撰写了本法庭意见。

……正如我们一再承认的，政府对宗教信仰的灌输（inculcation）会产生促进宗教的效果，这是不容许的。但阿基拉案之后，我们的判决在两个重要方面修改了用以评估这种信仰灌输的方法。第一，我们放弃了米克案（Meek）和鲍尔案（Ball）确立的一种推定，即在教会学校中安排公职人员，将不可避免地产生政府赞助宗教信仰之灌输这一不能容许的效果，或者会构成象征性的政教联盟……第二，我们已背离了鲍尔案所依赖的规则，即所有直接针对宗教学校教育功能的政府援助都是违法的……

我们在许多禁止立教条款案件中都判定，政府用以确定受益者的标准……可能本身就会对宗教灌输给予经济上的激励，从而达到促进宗教的效果。但是当政府援助的分配是根据中立、世俗的标准，对宗教既不偏待也不冷遇，在非歧视的基础上同时兼顾宗教的和世俗受益者时，这种激励便不存在了。在上述情况下，援助就不太可能导致促进宗教的效果……

将这种推理适用于纽约市教育法案第一条授权的计划，很明显是根据既不偏待亦不冷遇宗教的标准，来分配第一条所提供的服务的。所有符合该法案中资格要求的孩子都可以获得帮助，无论他们持何种宗教信仰或在哪里上学。因此，该委员会的计划不会带给受益者任何激励，让他们为了获取那些帮助而改变自己的宗教信仰或活动……

现在我们转向阿基拉案中的结论，即纽约市的计划导致了过度的政教牵连。一项政府援助计划有没有带来这样一种牵连，始终是对禁止立教条款的分析所关注的一个领域。在沃尔兹案中，法院对援助计划是否造成不被允许的促进宗教之效果进行了评估，在评估的过程中，以及在莱蒙案对因素和"效果"的区分里，我们都对政教牵连进行了分析。但是不论我们怎样描述这个问题，用来衡量牵连是否"过度"的因素，总是类似于用来考察"效果"的因素。换言之，为衡量牵连的程度，我们关注于"受益机构的特征和目的，政府所提供援助的性质，及其所导致的政府和宗教权威间的关系"。近似地，我们对法律"效果"的衡量，是通过考察受益机构的特征进行的（例如，有关宗教机构是否属于"占主导地位的宗教"），参见米克案。事实上，在莱蒙案中，那种法院看来"独立地"使相关计划无效的牵连，也具有抑制宗教的效果。

当然，不是所有的牵连都有促进或抑制宗教的效果。政教间存在相互关联不可避免，只要不超过某种程度，我们都会容忍。只有当牵连"过度"时，才会与禁止立教条款相冲突……

总的说来，纽约市中小学教育法案第一条授权的计划，没有违反我们现在用来衡量政府援助有没有产生促进宗教的效果的三条主要标准：该计划没有导致政府对宗教信仰的灌输；并非根据宗教信仰来确定受帮助者；也没有带来过度的牵连。因此，我们裁定一项依据中立的标准动用联邦资金向贫困生提供补习的计划，没有违反禁止立教条款，虽然根据计划——其中包括那些本判决提及的预防措施，政府雇员将前往教会学校讲课。支持上述裁定的因素同样也要求我们判定，这个被小心地加以限制的计划，如果被视作某种对宗教的扶持，是没有道理的。因此，我们必须承认阿基拉案，以及鲍尔案涉及大瀑布市共享时间计划（Grand Rapids' Shared Time program）的部分，不再有法律约束力。

评论和问题

1. 阿格斯提尼（Agositini）诉费尔顿案标志着禁止立教条款解释方法上的一个重大转变，从以自由为核心转变为以平等为核心。这种转变有多明显？能不能算朝着正确方向的发展？

2. 你会怎样描述这里总结的 4 个案件中，最高法院所适用的标准？莱蒙标准，以历史和传统为核心的标准，或关注某一行为是否有支持特定宗教观点的目的或效果的标准，和以中立与非歧视为核心的标准之间存在什么关系？若有关系，这些方法中的哪一种看起来捕捉到了促使禁止立教条款被采用的潜在目的和意图？

（四）法国的分离模式（Laïcité）

法国的政教分离理念，指一种特殊的法国式世俗政府概念。正如法国教授伊丽莎白·佐勒（Elisabeth Zoller）所说：

Laïcité 经常被当做"法国例外"，至少从语言学上看，是一种灵巧的设计。该词汇无法被适当地翻译为非罗曼（non-Romance）语言。在法律上，Laïcité 总是被定义为政教分离。当《法兰西 1958 年宪法》第一条规定法国是一个"非宗教的共和国"时，其意思仅仅是法兰西共和国是根据政教分离原则成立的；而不再像 1789 年那样，国家建立在宗教基础之上。Laïcité 把宗教从政府中排除了出去；禁止政府与某一宗教合作，无论在宗教组织的管理或运行上，还是在允许神职人员干预公共事务上。[10]

Laïcité 一词可以从两方面去理解。一方面，Laïcité 标志着教会和政府的分离，或者称为政教分离。另一方面，大体上如其在法国被理解的那样，Laïcité 所包含的许多公民和政治价值，可以追溯到 1789 年《人权宣言》和 1946 年宪法的导言，也被共和国法律视作基本原则。这些价值构成了共和国的道德良心，是非宗教的国教。[11]

我们不能希望简短的摘录可以从其所有的历史性复杂因素和演变中捕捉到法国的 Laïcité 观念。接下来，我们会首先关注法国法律传统上在这方面的宪法起点，然后以关于伊斯兰头巾的争议为例，说明法国的政教分离与美国的宗教自由有何不同。

法国宪法框架

1958 年 10 月 4 日，法国宪法宣布法国为一个世俗共和国：

第 1 条：法兰西为不可分割的、非宗教的、民主的并为社会服务的共和国。全体公民，不论血统、种族和宗教信仰的不同，在法律面前一律平等。法兰西共和国尊重一切信仰。

法国《1905 年法案》第 1 条和第 2 条规定了"非宗教的共和国"的内涵：[12]

第 1 条：共和国保护良心自由。在符合公共秩序要求的范围内，共和国保护宗教信仰自由。

第 2 条：共和国不会给予任何宗教教派以官方认可、酬劳或资助。[13]

回顾 1789 年法国《人权宣言》在一个多世纪之前对宗教自由的规定：

第 10 条：意见的发表只要不扰乱法律所规定的公共秩序，任何人都不得因

---

[10] 华莱士诉加弗里案（Wallace v. Jaffree），第 561—562 页。

[11] 同上，第 591—592 页。

[12] 雅克·罗伯特（Jacques Robert）："宗教自由和法国式世俗主义"（Religious Liberty and French Secularism），载《杨百翰大学法律评论》，2003 年，第 639 页。

[13] 参见《1905 年 12 月 9 日法案》，第 1—2 条，J.O.，1905 年 12 月 11 日，第 7205 页。（以下简称《1905 年法案》）

其意见甚至信教的意见而遭受干涉。

信神但不要头巾：美国式宗教自由和法国式政教分离的立国观念[14] 154

在 2004 年 3 月，法国国会通过法律，禁止公立学校学生穿着或佩戴"明显表示某种宗教信仰"的服装或徽章。该法律分别以压倒性的 494 对 36 票和 276 对 20 票在众议院和参议院获得通过，也受到全国民众的强烈支持。制定这样一部法律的运动开始于 2003 年 3 月，当时的拉法兰总理，来自于执政的保守党人民运动联盟（Union pour un Mouvement Populaire, UMP），在一次广播采访中宣称应当"彻底地"禁止穆斯林头巾出现在公立学校中。随后的几个月里出现了一系列支持该立法的活动，并且因同样来自人民运动联盟的雅克·希拉克总统，2003 年 12 月发表的一篇演说而达到了顶峰，在演说中他也类似地提议应当制定这种法律。虽然法国最高行政法院（the Conseil d'Etat）早在 1989 年已经判定，依据宪法法国儿童有权佩戴宗教徽章去上学，同时许多宗教和法律方面的学者相信，不应当制定这样一部法律，但是社会党和保守党都赞成这一受到大多数法国民众支持的运动……

法美两国有一些明显的根本相似之处。它们各自的宪法中包括了世界上最古老的两份人权文件，而且现行有效：法国《人权宣言》以及美国《权利法案》。这两份文件的起草都在 1789 年后半年，相互间只隔了几周。虽然法国可以宣称自己起草和生效的时间都在先（《权利法案》直到 1791 年才最终获得批准），美国也可以强调自己在连续性上表现更好。就法国易变的政局和宪法来看，宣言并非一直有效。尽管如此，构成这两份文件之基础的人权预设，如今差不多在世界上每一部成文宪法中，也包括所有那些基本的国际人权文件里，都是公认的（即使并不总被尊重）规范。

不过关于良心和宗教自由，这两个国家显然具有相异的语言学起点。美国的指导原则是"宗教自由"，而法国则使用了"Laïcité"一词。虽然"Laïcité"经常被翻译为"世俗的"或者"世俗主义"，但这些英文词汇无法传达出该法语词的重要内涵。"Laïcité"最早在 19 世纪晚期的法国被创造出来，描述一种关于政教间适当关系的特定态度。它衍化自"laic"或"laique"，这两个词原本被用来表示其成员未被授圣职的修道院，因此非常接近英语中"普通信徒的"乃至"世俗的"这两个词最初的意思，即指那些已经起誓过独身的宗教生活但未

---

〔14〕T. 杰里米·冈恩（T. Jeremy Gunn）：《宗教与政府杂志》（J. Church & State），第 46 卷，2004 年，第 7 页。

被授予神职的人。从 18 世纪晚期到 20 世纪早期，"laic"一词——稍后衍化为 Laïcité，开始指代意在限制（甚或消除）教士和宗教对政府之影响的政策。于是具有讽刺意味的是，"laic"一词从开始时具有明显的宗教含义，随后演变为反教权的含义，而其最终的意思，至少对某些人而言，是"反宗教"。（类似地，许多美国人相信"世俗的"意即"反宗教的"，而不是"非宗教的"。）法国的"Laïcité"可能有政府排除宗教过度影响的意思，与此不同，"宗教自由"在美国更多地是指保护宗教免受政府的过度干涉。如此，美国人似乎倾向于怀疑管理宗教的国家法规，而法国人更不信任管理宗教活动之规定的缺失。至少从理论上看是这样。

　　两国的流行修辞，把关于 Laïcité 和宗教自由的基本态度，转变成某种"立国观念"（founding myth）。这些观念一方面经常被描述为包含着相同的价值——自由、中立和平等，而各共和国正是建立在这些价值之上，但另一方面也被视作他们独有特征的一个必要方面。可以想象，法国的特征包含一个令人欣慰的信念，即国家保护其公民免受宗教的过度影响。同样可以想象，美国的特征是"我们是一个有信仰的民族"。因此，Laïcité 和宗教自由，虽然被定义为包括中立、宽容、平等和良心自由，适用中仍有根据信仰和信念区分公民的危险。

　　法国和美国涉及公立学校中宗教问题的两个争议，表明了"Laïcité"（世俗性）和"宗教自由"的观念，同样是被用来加强民族认同的一般观念。以 Laïcité（世俗性）的名义，法国国会（在多数民众的支持下）现在已经通过了一部法律，禁止孩子们在公立学校穿着或佩戴明显的宗教服饰和标志，包括伊斯兰教的头巾（voiles），犹太教的无边便帽（kippas），以及基督教的十字架。相似地，以"宗教自由"的名义，美国的政治团体和许多法官（在广泛的支持之下），坚持认为公立学校的官员应当带着孩子们背诵效忠誓词，誓词中宣称合众国是"上帝护佑的国家"，他们相信这种惯例符合宪法。"中立"和"平等"，在法国被用来禁止学校中的宗教表达；在美国又被用来在学校中普及国家支持的宗教性宣言。

　　法国和美国的观察家们可能把大西洋两岸的国家行为——禁止宗教服饰和普及国家支持的关于上帝的表达——看作侵害了他们各自谨慎遵守的特定原则，即中立、宽容、良心自由和人权。发现别人眼中的沙子很容易，而看到自身的不足总是很难……

　　2003 年 7 月，在法国的几个主要政治家已赞成通过法律禁止公立学校中出现宗教服饰后，希拉克总统委派了一个由杰出的法国学者和官员构成的小组，对此事做出独立的评估。该小组被称为"史塔西（Stasi）委员会"（以其主席的名字伯纳德·史塔西来命名），在 2003 年 12 月初发表了自己的报告。委员会提出了几条建议，包括提高一些经济萧条社区的生活标准，以及加强关于宗教和 Laïcité 的教育。但是媒体几乎无一例外地仅仅关注委员会建议中的一条：禁止公立学校的学生穿戴"表明其宗教或政治从属关系的服饰和标志"。虽然"服饰"和"标志"这两个词都是中性的，媒体却直接把该建议解释为禁止穆斯林女孩在学校里佩戴头巾。

史塔西委员会在报告的开篇首先对 Laïcité 原则进行了冗长的赞扬。这些赞扬比起希拉克总统的辞藻华丽来虽然稍逊一筹，崇敬之情却也明确无误。Laïcité（世俗性）受到称赞的诸多方面中，包括其对中立和平等的尊重。当然，委员会承认自己的任务不仅仅是称赞 Laïcité（世俗性），甚至也不在于一般性地讨论宗教服饰，而是专门关注伊斯兰头巾，并称之为"爆炸性的"议题。该议题是委员会成立的原因，也是其最重要建议的基础，但当我们特别关注于委员会对该议题的处理时，却失望地发现相关分析很单薄。尽管报告长达 78 页，涉及头巾或其他宗教服饰这一核心议题的，才不过短短数页。而且无论是说出来的还是隐含的，委员会的分析都出人意料。

第一，委员会没有宣称佩戴头巾（或穿其他宗教服饰）正在学校中引起越来越大的麻烦。事实上，委员会完全未曾试图去量化该问题或确定发展趋势——这是一个相当显著的疏忽，特别是对这样一个由严谨学者组成的小组来说。委员会甚至没有注意到，教育部的相关官员——她自己也是委员会的成员之一——已经在当年早些时候报告说，争议事件的数量已经锐减。

第二，委员会没有分析或考虑，孩子们想穿着或佩戴宗教服饰或标志去上学的任何原因或宗教动机。委员会也没有考虑，犹太教男孩或穆斯林女孩戴帽子或头巾，是不是基于宗教虔诚、个人行为得体或文化认同。委员会的报告甚至没有考虑宗教或信仰的权利，而如果其禁止宗教服饰的建议被采纳，这些权利可能会受到侵犯。至于它的分析为何能取代最高行政法院的分析——后者认为孩子们有宪法权利穿这样的衣服，该委员会也未作说明。这大概是报告最重大的疏忽和失败之处。

第三，委员会回应了下述说法，一些家庭和社区强迫（甚至威胁）穆斯林女孩必须佩戴头巾。它对这种加在女孩身上的不正当压力深感不完整，并宣称法国政府有义务保护这些脆弱的孩子。它也害怕社区对这些女孩施加的压力会导致性别隔离，以及穆斯林女孩和妇女较低的地位。尽管委员会确定这些严肃

157

的议题无疑是正确的，但整体上看来，它的分析暗示了它对于强迫的一种相当古怪的关心。尽管委员会对强迫佩戴头巾进行谴责，它却未能说明强迫不佩戴头巾有何可比利益。在法国，媒体、学校、大众和政治都对佩戴头巾有强烈的敌意，但史塔西委员会没有批评这种形式的强迫。它这种有选择地对强迫的担心，在其讨论犹太教男孩因戴无边便帽而受到嘲笑和威胁时，得到了进一步体现。虽然委员会声称国家有责任保护不愿佩戴头巾的女孩，但它不认为国家有任何责任，确保想戴无边便帽的男孩不受强迫和骚扰而做出该选择……

最后，委员会没有提供任何分析来表明其建议——禁止宗教服饰——会改善自己提出的问题：强迫和性别歧视。事实上，即使我们接受委员会对女孩为何佩戴头巾的解释（如果不戴，会受到所属团体的骚扰），我们也得不到任何分析，来证明为何禁止在学校中佩戴头巾就会解决这个问题。事实上，如果委员会关于强迫的基础性分析是正确的，我们有理由相信，若强行要求那些不幸的女孩上学时摘掉头巾，她们被自己所属团体威胁的可能性只会更大。继续假设委员会的分析是正确的，同样可以想象的是，遭受威胁的女孩可能会离开公立学校，被转到私立宗教学校读书，因此委员会表面上反对的性别隔离将会进一步恶化。

如果我们暂时退后几步，全面地去考察委员会的所作所为，会有两个重要的发现。第一，它没有认真对待孩子们良心和信仰的权利。第二，没有证据表明它提出的解决方法——禁止公立学校中出现宗教服饰——可以解决委员会提出的问题，甚至效果上可能适得其反。因此，委员会对减少强迫和性别隔离的兴趣，似乎并不如它对学校表现出 Laïcité 倾向的关注。它本可以说"我们之所以成为法国公民，是因为我们尊重个人按其良心的要求，所做出的信仰或不信仰的选择"。不幸的是，委员会实际上说的是"我们之联合成为法国公民，是基于 Laïcité 这一特定观念，该观念禁止学校里存在宗教差别"。于是，委员会对中立和平等的适用，意味着每个人都有平等的权利不穿宗教服饰……

虽然和修辞上有时所暗示的不一样，Laïcité 和宗教自由不是宽容和中立的基本原则，但是必须承认，它们做出了一些重要而积极的贡献。Laïcité 的主要价值之一是，官方认为它同样适用于非宗教的信仰，并基于它而承认许多没有在宗教里寻找到力量和价值的人的人格尊严。不管这些不信者是科学家、哲学家、医生、政治家，还是计时工人，世俗国家都会尊重他们对社会的巨大贡献，他们完全有权参与到政治和公共讨论中并得到重视。

至于美国，已经出现了——虽然更多的是近年发展出来的，而非本文所称的立国观念里暗示的——一个相当合理的推定，即政府应当保护各种差异巨大

158

的宗教信仰，而积极尊重宗教自由对国家的健康和强大可以起到切实的促进作用。这样的政策和态度，不仅仅完全符合保护宗教自由的国际人权标准，而且也深深地尊重人类的尊严，以及个体完全地或部分地献身于宗教的选择。考虑到世界上许多地区越来越倾向于世俗化和不可知论，而另一些地区则似乎越来越宗教化，美国在鼓励科学发现和保护宗教自由方面的先驱作用，无疑是一个伟大的成就。

评论和问题

1. 当欧洲人权法院审理第三章所节录的沙欣（Sahin）案时，史塔西委员会正在听证，并且禁止穿戴"明显表现出宗教从属关系"的服饰和标志的法律也已通过。欧洲法院的初审判决在 2004 年 6 月 29 日作出，距法国通过该法律不足 4 个月。大审判庭判决随后在 2005 年 11 月 10 日作出。Sahin 案判决严格说来只涉及土耳其，但显然并非没有注意到法国的相似争议。质疑法国反头巾法律的法国上诉人，是否能够区分法国和土耳其的情形呢？

2. 土耳其沙欣（Sahin）案判决背后的担忧之一是，那些佩戴头巾的人代表着让国家更趋伊斯兰化的政治压力。经典的伊斯兰模式指的是，各种宗教团体及以各自宗教为基础的法律体系，都可以在国家中共存。在某种意义上，Laïcité（世俗性）模式或土耳其的世俗主义可以被理解为一种回应，针对的是出现这种法律多元化以及相应的宗教地位体系的可能性。向一个根本上不同的体系转变的危险要达到什么程度，才能证立国家的以下行为，即对宗教事务更深入的干涉，以及对公共场合下宗教表达和宗教标志更严苛的控制？

3. 冈恩认为美国式宗教自由和法国的 Laïcité 呈现出一种"立国观念"的气息。你同意吗？我们是否因这种观念而看不清一些基本事实，无论是史实方面的或者是涉及现今相关概念的适用的？一个观念，特别是一个立国观念，常常包含着文化中某些深层次的核心。按此理解，互相竞争的宗教自由和 Laïcité 理念，反映出什么样的美国文化和法国文化？

4. 能否对世俗性 secularity 和世俗主义 secularism 做出一个有意义的区分，即在前者的体制下，互相竞争的宗教和非宗教观点得到平等对待，而后者作为一个重要体系，则试图垄断公共领域的生活和话语权？

附加网络资源：	在宗教地位体系方面可以获得大量其他材料。其中包括涉及以色列的，也有关于许多伊斯兰国家采用的米勒特制度[15]（Millet systems）的材料

〔15〕米勒特制度指的是，允许基督徒和犹太人这样的亚群体遵循他们自己的律法，由他们各自的领袖实施管理的制度。——译者注

五、过度积极或消极的区别身份的危害

激进的世俗国家：以阿尔巴尼亚为例

"二战"后，共产主义在阿尔巴尼亚迅速兴起，几乎彻底消灭了宗教自由。共产党领袖恩维尔·霍查（Enver Hoxha）认为宗教反社会主义且会导致分裂，力图消除宗教组织。大部分教产都被国有化了，许多神职人员和信徒被审判、刑讯和处死，而外国牧师则遭到驱逐。虽然共产主义宪法在理论上保护宗教自由，但实践中政府对宗教机构科以大量义务。例如，1949年1月通过的《宗教团体法》，从严规制宗教团体，要求其所有的人事任免和活动都必须获得政府批准，终止那些和外国总部有联系团体的活动，禁止它们从事教育，并剥夺它们拥有土地和运营慈善机构的权利。美国国会图书馆对霍查的反宗教运动做出了如下描述[16]：

　　虽然霍查对待各主要教派的策略存在差别，但他的总体目标还是最终消除阿尔巴尼亚一切有组织的宗教。在上世纪40年代后期到50年代，该政权通过正式承认逊尼派（Sunni）和贝克塔什派（Bektashi）之间的分裂，清除了所有反对霍查政策的领导人，并利用更温驯的人，从而操控了穆斯林信仰。同时也采取了其他措施，如清洗所有不服从政府命令的东正教神职人员，把教会作为动员那些支持政府政策的东正教群众的手段。而迫害的主要目标是罗马天主教会，原因主要是它和梵蒂冈保持着密切的联系，并且组织性比穆斯林或东正教更强。1945年到1953年间，牧师数量急剧减少，教堂数目也从253座下降到100座。所有的天主教徒都被诬蔑为法西斯主义者，尽管"二战"期间，只有少数天主教徒和意大利占领当局（occupation authority）有勾结。

　　20世纪60年代，反宗教运动达到了高潮。霍查号召开展一场坚决反对"宗教迷信"的文化—教育斗争，并把这一反宗教任务交给了阿尔巴尼亚的学生。到1967年5月，宗教机构被迫交出了阿尔巴尼亚境内全部的教堂、清真寺、修道院和圣地共计2169处，其中许多变成了青年文化中心。正如《文学月刊》Nendori报道的，通过这场斗争，青年们"创造出世界上第一个无神论国家"。

　　神职人员受到公开地污蔑和羞辱，他们的法衣被抢走并遭亵渎。许多穆斯

---

〔16〕美国国会图书馆："阿尔巴尼亚部分：国家研究"，载《宗教：霍查的反宗教运动》（Religion: Hoxha's Antireligious Campaign），雷蒙德·齐克尔（Raymond Zickel）、Walter R. Iwaskiw 主编，1994年，来源：http://lcweb2.loc.gov/frd/cs/altoc.html。

林毛拉和东正教牧师屈服了，宣布要和自己"寄生的"过去划清界限。超过200名拥有各种信仰的神职人员遭监禁，其他的则被迫去工业或农业部门找工作，有一些甚至被处决或挨饿而死。位于斯库台（Shkoder）的圣方济会修道院被付之一炬，造成4名年长的僧侣死亡……

霍查野蛮的反宗教运动成功地消除了正式礼拜，但一些阿尔巴尼亚人冒着酷刑的危险，继续暗中坚持自己的信仰。如果某人被发现身边藏有圣经、圣人画像或其他宗教物品，他将面临长期监禁。父母不敢把自己的信仰传给孩子，因为担心孩子会把这事告诉其他人。官员们试图在诸如四旬斋或斋月等宗教斋戒期间，让基督徒或穆斯林自投罗网，具体方法是，在学校或工作场所分发乳制品和其他禁戒的食物，然后公开谴责那些拒绝上述食物的人。秘密从事宗教服务的神职人员被投入监狱；1980年，一个耶稣会牧师因给自己外甥刚出生的双胞胎施洗，而被判处"终身监禁"。

1967年，政府正式宣布宗教为非法，并宣布废止所有先前关于建立有组织的宗教机构的法令。近十年后：

> 这场所谓的革命的顶峰，以1976年宪法的颁布为标志。该宪法在导言中宣称，宗教蒙昧主义（obscurantism）的基础已被摧毁。并进一步规定阿尔巴尼亚政府不承认任何宗教，同时推广无神论宣传，以引入新的科学唯物主义观念。而且，该宪法禁止成立任何宗教组织，将它们视作具有法西斯、反民主和反社会主义特征的组织。阿尔巴尼亚认为自己是世界上第一个无神论国家。[17]

随着1990年社会主义阵营解体，宗教自由又回到了阿尔巴尼亚。1991年，在新宪法的准备工作中，人民议会通过了《宪法主要条款法》，该法反映了共产主义时代之前的宗教自由原则，例如确认政府居于世俗地位，有责任保护宗教信仰自由，并应当创造出一个可安全表达信仰的环境。该权利法案宣称，不得侵犯思想、良心和宗教的自由。最后，该法保护改变宗教的自由，以及公开或私下地表达宗教信仰的自由。

---

〔17〕Evis Karandrea："阿尔巴尼亚的教会和政府"，载《后共产主义欧洲的法律与宗教》(Law and Religious in Post-Communist Europe)，Silvio Ferrari、小 W. 科尔·德拉姆、伊丽莎白·A. 苏埃尔编，彼得斯出版社（Peeters）2003年，第26—27页。

1998 年 11 月，阿尔巴尼亚通过了自己的后共产主义宪法，该法被认为符合了保护宗教权利和自由的国际标准。[18] 从那时起，阿尔巴尼亚在保护宗教自由方面取得了重大进展。根据 2008 年美国国务院的一份报告，"宪法规定了宗教自由，其他法律和政策也都促进了普遍的宗教实践自由。多层次的法律，全面保护该权利免受政府或私人的侵害。"[19] 然而，尽管宪法承诺"不存在官方宗教并且一切宗教平等……但是主要的宗教团体（逊尼派穆斯林，贝克塔什派，东正教和天主教），基于它们长期存在于该国的历史，享有更大程度的官方认可（例如，全国性节日）与相对优越的社会地位"[20]。

评论和问题

1. 阿尔巴尼亚的事件是历史上极端的宗教迫害事例之一。政教混同连续体中的某一介于合作式与世俗主义式之间的体制，得以转型为一种控制式或废除主义体制，其背后的社会和政治动力是什么？

2. 国教或政教分离体制中，哪一种更像是废除主义或强控制体制的先兆？

3. 1990 年之后，许多前社会主义体制经历了一个向着更民主体制转型的过程。所有这些国家在市场经济的发展和民主政治传统的壮大中，都经历了巨大的改变，人权方面的表现有所进步，包括宗教或信仰自由的权利。作为一个试图走出强"消极混同"处境的体制，调整政教体系来优化宗教自由中的最佳选择是什么？许多这样的国家面临的主要问题是，如何向宗教组织补偿其被前社会主义政权没收的财产。此问题明显涉及向该国历史上居主导地位的某一或某一些宗教大量移转财产。这一举动应当被认为违反了分离原则吗？共产主义时期，许多本土宗教因迫害而受到沉重打击。基于这一情况而加强"合作"——通过向各种宗教组织提供经济援助的形式是正当的吗？政府可以在重建本土宗教的同时，对其他宗教团体实施"准入限制"吗？在转型期的不同时间应当适用不同的宗教自由原则，以使政府有更大的自由空间来援助或抑制宗教吗？

---

〔18〕 Evis Karandrea："阿尔巴尼亚的教会和政府"，载《后共产主义欧洲的法律与宗教》（Law and Religious in Post-Communist Europe），Silvio Ferrari、小 W. 科尔·德拉姆、伊丽莎白·A. 苏埃尔编，彼得斯出版社（Peeters）2003 年，第 26—27 页。

〔19〕 美国国务院民主人权和劳工事务局（Bureau of Human Rights, Democracy, and Labor）发布《2007 年国际宗教自由报告》（International Religious Freedom Report 2007），来源：http://www.state. gov/g/drl/rls/irf/2007/90160.htm。

〔20〕 同上。

六、结论

我们不能说在所有合法体制中，有某一种政教关系会自动带来"理想的"或"最佳的"结果，因为在给予信仰者、不信者以及不确定信仰者最大程度的自由的时候，可以预见到，政教间的体制性联系确实会给自由带来一系列挑战。一些体制看起来更可能带来对宗教或信仰自由的广泛保护，而其他一些则似乎更容易陷入和宗教过度的积极或消极混同。在展开本书以后各章时，希望本章提供的比较分析框架，能有助于读者深入分析各种体制在处理宗教、国家和社会的接合处时所反复面临的各类问题。

第二编 宗教或信仰自由

本书第一编将宗教信仰自由权置于一个广阔的框架之中，从以下各方面来分析、解释宗教信仰自由权在现代国家的境遇：历史与哲学背景、国际标准以及对源远流长的政教关系的比较考察。

本编我们所考察的内容被普遍认为是宗教自由的核心问题。第五章将讨论以下问题：良心自由与内心信仰、免于强制表达（或不表达）信仰的权利、致力于宗教劝信的权利，以及处理出于宗教信仰或侵害宗教情感的冒犯性言论的法律界限。

第五章的讨论为第六章中的分析奠定了基础，第六章将分析宗教自由的可允许限制，换句话说，在通常适用的中立且普遍的法律之下，宗教自由诉求能在多大程度上保证获得例外情形或者对法律予以变通。实际上，宗教自由的范围是由变通的限制或程度所界定的，而这种变通决定由法院和其他行政机构根据宗教自由诉求而做出。不同的法律体系对于确定这些范围界限存在不同的方法，而第六章就将讨论各种宪法性方法和国际人权方法。

第七章至第九章是对第六章中对有关限制问题的具体延伸。第七章将讨论在不同的制度环境下宗教或信仰自由的限制。我们所讨论的两个领域——土地使用问题和公共机构（例如监狱、军队和卫生机构）中的权利问题——与美国《宗教土地使用与被监管人员法》[Religious Land Use and Institutionalized Persons Act (RLUIPA)] 的核心领域相吻合。事实上，在每一个法律体系中，这些领域都会不断地引发实际问题，因此有必要对这些领域进行详细探究。这些领域中的案件不仅仅引起了大量诉讼和争论，它们同时也更广泛地代表了现代福利国家中政府应对宗教诉求的情形。此外，这些案件所突显的内容包括，将政府权力授权给宗教团体的风险，保持政府中立性的难度，以及以有效限制行政裁量权滥用的方式来界定法律标准的挑战。

第八章将通过对越来越受关注的各类宗教极端主义进行比较研究来考察限制问题。该章将讨论新兴宗教运动以及出于宗教动机的暴力行为和恐怖行为。此外，第八章又提出了以下问题：即我们如何避免对陌生团体的否定性成见，而同时又不低估一些团体给公共安全、健康和秩序所造成的真正威胁。最后，第九章将考察宗教自由诉求和其他基本权利之间的一些基本矛盾。虽然在通常情况下，宗教自由和其他权利互相配合、互相促进，但是有时候也会产生矛盾。目前最有争议的问题之一就是宗教自由权利如何与其他领域（如种族、性别和性取向）中的非歧视标准取得平衡。

总的来说，本书第二编的走向是从良心的内在领域向宗教行为的外在范围发展，也涉及对于不断增多的法律和宪法问题的更多社会关注。由于法律有偏重于疑难案件的倾向，因此可能产生一种危险，即那些研究该领域的人可能会忽略宗教信仰自由所保护的价值。这里的问题不仅仅是法律研究对疑难案件的一贯倾斜，还可能会产生风险，使得那些研究宗教自由边缘案件的人可能会忘记为何核心保护如此重要。我们希望第一编中以各种方式所讨论的宗教自由的基础能够引发我们对适当平衡的深入思考，也能够帮助我们应对因必然关注疑难案件而产生的错误观点倾向。

第五章　宗教信仰自由与表达自由

一、引言

本章将关注宗教自由的核心问题——信仰和表达。长期以来，"内心世界"（forum internum）作为宗教自由的一个领域受到绝对的保护，本章将对该问题的各方面进行考察。美国最高法院曾表示，宗教活动自由"包含两个概念——信仰的自由和行动的自由。前者是绝对的，但后者从事物的自然属性来说，却非如此"[1]。主要的国际文件也大致保持一致的观点，认为宗教和信仰只有在"表现"出来时，才能对其加以限制，由此说来，良知作为心灵的圣所是不可侵犯的。[2] 表达超出了纯粹的内心信仰，是内部信仰与外部世界的沟通。至少在某种程度上是因为表达与"思想、良心与宗教"这些内在领域，进而与人类尊严的核心存在紧密联系，所以表达自由在一系列宪法权利和人权中才有如此重要的地位。

本章将探寻宗教自由和表达自由的交叉领域。第二部分聚焦于如何界定内心世界的绝对保护领域。是否真正存在着宗教自由在"绝对"程度上受到实际保护的情况？对某些不作为（如没有报告从忏悔中得到的信息）的惩罚和一些被强制的表达（被迫向国旗致敬）是否逾越了这种绝对保护的界限？这一部分重点研究与宗教信仰冲突的强制性爱国行为，但也涉及宣誓和秘密信仰交流等相关问题。更深层的问题是：从内心良知出发来反对国家授权行为的表达应在何种程度上得到保护？是否只有国家强制的表达才得到绝对的保护？

第三部分关注宗教言论本身。以第一章中关于劝人信教和劝人改教的案例为基础，本部分初步考察了一些有关内心信仰的问题。不论改变信仰的努力是否已经付诸行动，他们显然都牵涉到了言论。而与其他形式的言论相比，是否有根据认为这样的宗教言论应当获得较少的保护？此外，且不论人们如何看待宗教教师传教的权利，被传教者应享有哪些权利？"改变"自身信仰的权利是否应当得到绝对的保护？国家的家长式统治是否有权侵入内心世界？这个敏感问题由来已久，而且在 1948 年《世界人权宣言》实施以后，其在现代人权领域

[1] 坎特韦尔诉康涅狄格州案（Cantwell v. Connecticut），310 U.S. 第 296，第 303—304 页（1940 年）。
[2] 参见《国际公民权利与政治权利公约》第 18 条第 3 款；《欧洲人权公约》第 9 条第 2 款。

也备受争议。许多新颁布的各类法律都试图对宗教表达自由加以限制：如反改教的法律，而有些法律则对出于宗教动机而触犯或伤害他人的言论、仇恨言论及其他言论加以限制。

第四部分旨在解决如下问题：当宗教性的或出于宗教目的的言论触犯到他人时，如何解决宗教自由和表达自由之间的矛盾。相关问题包括渎神、仇恨言论和其他一些触犯到宗教敏感区域的表达行为。应当注意的是，对于展示和佩戴宗教标志的限制以及对于公开表达宗教的其他限制，其发展是与政教分离（尤见第十四章）相关的，但同时这也是为了避免基于宗教立场而对他人的冒犯——排斥性和歧视性的言论对他人的冒犯。

最后，第五部分从一个不同的角度对宗教自由和表达自由关系作出简要的评论：宗教自由是否冗余？亦即如果对表达自由采取足够宽泛的保护是否能够充分涵盖宗教自由的内容？

二、保护良知的核心领域：宗教信仰和内心世界

人们可能认为，对于"纯粹信仰"和"内心世界"的地位而言，它们的真正挑战在于信仰是"完全内在的"，它无法被他人所感知，因此就其定义而言也不会产生社会影响。从很多方面来说，美国对信仰和行动的区分似乎是在这种理论的基础上发展起来的。尽管这种纯粹信仰常常受到很多口头支持，却从来没有得到实在的理论支撑，这可能是因为在法律上似乎不存在绝对支持纯粹信仰的相关情形。

然而，事实上，内心世界的要求有时确实产生了实际影响，例如在德国，当国家要求个人应当在身份证、人口普查数据或其他情况中表明信仰时，德国人所说的"消极坦白自由"（信仰保密的自由）就有了现实的意义。相似情形在长期存在的禁止强制性爱国行为的法规中也可能出现。这些情形中都有行动的涉入，但对内心世界的强行侵入才是问题所在——国家在该层面上超越了其合法管辖权。下面的文章将研究强制性的爱国主义行为，相似问题如强迫宣誓或对秘密交流（如宗教上的告解）的保护等也在案例中出现。

这些问题之所以重要，不仅因为其在自身权利方面意义重大，也是因为在宪法权利和人权案件的裁判中，它们会引发人们对法院所用到的基本分析结构的思考。之前的例子表明，国家权力实际上能够影响内心良知领域。但是由于有关内心世界的问题相对而言很少出现，人们便会认为所有对宗教自由案件的裁决，运用的都是为外在领域情形而设定的评价标准。此处，内心世界保护的

绝对性和加强保护的必要性就被忽略了。从某种程度上说，这种内心世界领域的"绝对性"也许仅仅是对国家权力在实际运行中的有限性所作出的一种表达，也即当国家权力能有效发挥其作用时，这种绝对性便会瞬间崩溃。我们认为，此处所讨论的问题已经超越了作为／不作为、内心理念／外部世界间的区分范围。国家侵入内心领域是不合理的，不仅仅是因为有责任心的行为人将自身限制于内心世界而不突破进入外部世界，也因为此处牵涉到侵犯人格尊严的问题。再者，管辖问题同样存在于某些案例中。即使最迫切的政府利益也不足以使这种入侵正当化；或者如果各种因素能够维持适当的平衡，那么情形将大不相同。

当对宗教自由的保护似乎正在受到侵蚀时，重新思考内心世界保护这个问题则具有其价值。这种保护是否意味着在宗教自由的一般领域，都应加强（事实上也是绝对的）保护呢？如果美国的迫切政府利益（compelling state interest）分析或者欧洲和国际上的"必要性"（necessity）分析都弱化消退而无法覆盖这些领域，对内心世界标准的直接诉求有时能否至少成为替代性的保护方案？认识内心世界所存在问题的原因之一恰恰在于，它提醒我们，法律系统常用于外部社会和政治世界里，分析宗教自由外部界限的典型方法，在内心世界层面上可能并不适用，因而在与人格尊严紧密联系的领域也可能无法适用。

（一）美国的强制性爱国主义行为

在 1940 年麦诺斯维尔学区诉戈比蒂斯一案中（Minersville School District v. Gobitis, 310 U.S. 586），最高法院强调政府有权决定以适宜方式向少儿灌输爱国情怀，其认为在公立学校中强制实行向国旗敬礼且不授予信教反对者豁免权的国家法律是合宪的。此后爆发了被称为 20 世纪美国最大的宗教排斥运动。至少 31 个州采取法律措施将拒绝向国旗敬礼的在校儿童开除，大量关于报复攻击不愿敬礼的耶和华见证会信徒的事件见诸报头，其中包括群殴事件、烧毁耶和华见证会的神国堂（Kingdom Hall）以及对怀疑是耶和华见证会信徒的住所进行袭击。[3] 最常见的报复攻击行为是任意囚禁耶和华见证会信徒。虽然有时这是为了使其避开暴徒，但更多时候可以作为戈比蒂斯一案后官方参与迫害耶和华见证会的实例。这种形势直到以下介绍的巴内特一案后才渐渐有所好转。

168

---

〔3〕对戈比蒂案后耶和华见证会的遭遇的全面讨论，可参见大卫·R. 曼沃林（David R. Manwaring）：《走向恺撒式的统治：国旗致礼风波》（Render unto Caesar: The Flag Salute Controversy），芝加哥大学出版社，1962 年，第 163—167 页。

西弗吉尼亚州教育委员会诉巴内特案
(West Virginia State Board of Education v. Barnette)

美国最高法院 319 U.S. 624（1943 年）

杰克逊（JACKSON）大法官宣布法院判决如下：

根据本院 1940 年 6 月 3 日对麦诺斯维尔学区诉戈比蒂斯（310 U.S.586）一案的判决，西弗吉尼亚州立法机关……规定向国旗敬礼应当成为"公立学校活动日程的常规组成部分"，所有的老师和学生"都要参加向国家致敬的仪式，而此处国家的代表就是国旗；它还规定如果有人拒不向国旗敬礼，其行为将被视为违抗行为（insubordination）"。

起初，立法机关的决议要求实行其所规定的"为大家共同接受的国旗敬礼方式"。然而，家长教师联合会（Parents and Teachers' Association）、男女童子军（Boy and Girl Scouts）、红十字会、妇女俱乐部联盟对这种敬礼提出异议，因为它"太像希特勒所搞的那一套"。考虑到这些反对者的意见，确实有迹象表明立法机构对最初的要求作了一些修改，但却并没有向耶和华见证会做出任何让步。现在要求的是"硬臂"（stiff-arm）敬礼。敬礼者右手掌心朝上，逐步抬起，同时背诵："我向美国国旗以及它所代表的国家宣誓效忠；美国是一个不可分割的国家，它捍卫所有人的自由和正义。"

没有遵守这种要求就是"违抗行为"，要受开除出校的处罚。依据法律，除非被开除者表示顺从，否则不能再度入校。与此同时，被开除者会因"违法缺席"而被作为少年犯对待。他的父母和监护人也有可能受到起诉，如果他们被判定有罪的话，会被判处不超过 50 美元的罚款和 30 天以下的拘役。

被上诉人是美国公民和西弗吉尼亚州公民，他们在联邦地方法院代表自己以及那些和他们处境相同的人提起诉讼，要求法院发布禁令，阻止这些有违耶和华见证会信仰的法律和决议的执行。耶和华见证会……的宗教信仰本于《出埃及记》第二十章第四和第五节的字面教诲，"你们不可为自己雕刻偶像……"他们认为国旗是该诫命中所指的"偶像"之一。因此，他们拒绝向其敬礼……

《权利法案》（Bill of Rights）的根本目的就是使得某些问题免受政治争论变化无常的影响，把这些问题置于多数人和政府官员的能力范围之外，将其确立为法院适用的法律原则。人的生命、自由和财产权利、言论自由、出版自由、信仰自由、集会自由的权利和其他的基本权利并不诉诸投票；它们不取决于任何投票的结果……

戈比蒂斯案判决（其推理）的核心观点认为"国家的统一是国家安全的基石"，政府"为了达到国家的统一有权采用合适的手段"。因此，其得出以下结论：此类实现"国家统一"的强迫手段是合宪的。我们对本案的判决依据在于上述假设的真实性。

如果官员只是通过劝说和榜样作用去促进国家统一的目标，那是没有问题的。关键在于，这里所用的强迫手段对于实现国家统一的目的而言是否是宪法所允许的。

为了支持某些在当时对国家而言具有重要性的目标，努力实现情感的强制统一成为善者和恶人的共同举措。国家主义是一个相对晚近的现象，在其他的地方和别的时代，其目标会是种族安全或地区安全、对某一王朝和政权的支持以及拯救灵魂的各种具体计划。当寻求统一的最初的温和手段失败以后，那些渴求它成功的人们就会转向日益严厉的手段。当政府施加的寻求统一的压力愈来愈大的时候，统一于谁的问题就变得愈来愈尖锐……这种强迫统一的企图最终都是无效的，这得自于每一次此类努力的教训：从罗马人对基督教扰乱其异教统治的镇压、作为宗教和王朝统一手段的宗教裁判所（Inquisition）、作为俄国统一手段的西伯利亚流放（Siberian exiles），一直到我们目前的极权主义敌人即将失败的努力。那些以强迫手段排除异议的人很快就会发现他们自己成为消亡中的异议者。强迫意见统一只会导致统一的失败。

设计宪法第一修正案的目的就是要通过避免这些情况的出现来避免这些目标的实现。美国式的对于"国家"的概念、国家权力的性质和起源的理解并没有什么神秘之处。我们经由被治理者的同意建立了政府，而且《权利法案》拒绝给那些掌权者在法律上以任何强迫该种同意的机会。

这个案件之所以疑难，并不是因为据以做出决定的原则模糊不清，而是因为所涉及的国旗是我们自己的国旗。但是，我们在适用宪法的限制性规定时并不担心自由在理智上和精神上的多元乃至冲突，这种自由并不会导致社会组织的解体。用自发自愿的爱国仪式代替强迫性的仪式，爱国主义就会发扬光大——这种想法坦率地估计了我们的制度对于拥有自由思想的人的吸引力。我们完全可以拥有理智的个人主义和丰富的文化多样性，而且我们本应当将其赋予杰出的人才，然而现在获得这些的代价仅仅是偶尔的怪癖和异常态度。就像我们在本案中处理的那些行为一样，当它们对国家以及他人没有什么害处时，其代价并不是太大。但是，差异的自由（freedom to differ）不局限于那些不重要的事务。那不过是自由的剪影而已。对这种自由的实质考验在于，对那些触及现存制度核心的事务是否享有异议的权利。

如果说在我们的宪法星座中有什么恒星的话，那就是任何官员不论职位高低，其在政治、国家主义、宗教或者在其他发表意见的事务中都不能规定什么才是正统的，也不能强迫公民通过言辞或行动来坦承自己的信仰。

170 我们认为地方政府强迫向国旗敬礼和宣誓的行为超越了对它们权力的宪法限制，侵犯了智识和精神的领地，宪法第一修正案的目的就是保护它们免受任何的官方控制。

本院在麦诺斯维尔学区诉戈比蒂斯案的判决，以及在它之前并为该判决埋下伏笔的那些全体一致意见（per curia）的判决都被推翻，禁止实施西弗吉尼亚法规的判决得以维持。

维持原判决。

[弗兰克弗特（Frankfurter）法官提出异议，他认为这个案件关系到司法在立法程序中的作用。他的争议是：在此案中，对于将强迫向国旗敬礼作为培养良好公民的必要性，理性人可能会有不同的看法，但当立法机关在有正当基础通过一项法律时，司法机关在此不应扮演否认其合宪性的角色。在此案中其应当服从立法机关的决定。他辩解说，只有在各州重大的问题上，立法行为才可能凌驾于宗教自由之上，而且各州有权决定他们各自区域内的主要问题是什么。很重要的一点是，大法官弗兰克弗特做出这个决定并不轻率。在意见一开始，他就意识到了自己作为犹太人，也是宗教歧视中最常受到迫害的人的其中一员。但他认为在此案中，既然多数人的权利以立法的形式得到规定，其就应当高于少数人的宗教权利。]

评论和问题

1940 年审理戈比蒂斯一案时，美国虽尚未加入"二战"，但其仍然非常关注有关希特勒行为的报道。当时，爱国主义和孤立主义的势力在美国的文化和政治领域十分强大，国家统一也是一个重大问题。当时国内对分裂性外国势力的恐惧十分强烈，于是通过了相关法律，如《美国行政命令 9066 号》（Executive Order 9066）将上万旅美日裔驱逐出家园，使其住进战时临时集中营。然而，1943 年巴内特案时，美国加入了"二战"，也比三年前团结了许多。政治气候的变迁如何影响最高法院对相关国旗敬礼法律存在豁免的态度？如果在巴内特一案中弗兰克弗特法官的立场代表了多数意见，这又将对宗教自由有何影响？

（二）欧洲

埃夫斯崔迪欧诉希腊案（Efstratiou V. Greece）评述

APP. No. 24095/94 欧洲人权法院（1996 年）

欧洲人权法院判决希腊政府对索菲亚·埃夫斯崔迪欧（Sophia Efstratiou）因拒绝参加国家阅兵而使其停学两日的裁决不构成对第 9 条的违反。埃夫斯崔迪欧是一个耶和华见证会信徒，在学校被免除了受宗教教育和东正教弥撒的义务。然而，尽管她坚持出于信仰她有责任表明和平主义，避免任何与军事有关的活动，但她并没有被免除参加 1993 年国家军事阅兵的义务，并因为未参加而被停学两日。索菲亚及其父母依据《欧洲人权公约》第 9 条向本院起诉，称和平主义是一种宗教信仰，认为其遭受到宗教歧视。他们认为宗教活动自由的消极效力也存在，他们应当享有避免参加与信仰抵触的活动的权利。法庭认为，在免除她受宗教教育和东正教弥撒义务时，学校已经表现出对其宗教信仰的尊重。在结论中，法庭认为参加阅兵并不足以构成对其父母信仰的侵犯，因此要求其参加阅兵并不构成对第 9 条的违反。

评论和问题

1. 关于付税和其他民间支援行为：向政治机构缴税是一种爱国行为吗？参见美国诉李案（U.S v. Lee, 455 U.S.252, 1982 年）［此案认为，阿米什教派（Amish）的工人们的宗教信仰，并不使其享有免除支付社会安全税的权利。］美国最高法院在就业处诉史密斯一案（Employment Division v. Smith）中援引了戈比蒂斯一案的判决，就像从未被推翻过一样。最高法院认为，中立的、一般性的法律可以高于宗教活动自由的权利。史密斯一案是否重新回到了戈比蒂斯一案的立场？巴内特一案中的强制性爱国行为，与强制要求遵守《毒品法》（如对因吸食毒品而被解雇的人，不向其发放失业津贴）是否存在区别？

2. 参加陪审团的职责和其他公民责任，是否会与个人宗教信条相抵触或相反？这些公民责任能否被免除？

3. 在担任公职之前，是否应当要求公民进行宗教宣誓？

4. 假设有一个天主教的牧师，其所生活的州有如下法律要求：任何成年人若发现了虐待儿童的行为，他必须向州政府报告。这位牧师从一个本教区居民的忏悔中得知虐待儿童的情形。而在天主教的准则中，将告解室的秘密透露出去是一种深重的罪恶。那么，法律是否能豁免该牧师的报告义务呢？他是否应当因拒绝遵守法律而被判入狱？显然，一个州在禁止儿童虐待方面上有迫切的政府利益。在迫切的政府利益前，是否存在某种良心信仰上的诉求能够与之抗衡？

三、宗教言论

（一）宗教劝信（Religious Persuasion）

1. 美国

在一系列 20 世纪 40 年代判决的案例中，如坎特威尔诉康涅狄格州案（Cantwell v. Connecticut）、默多克诉宾夕法尼亚州案（Murdock v. Pennsylvania）、和福立特诉麦克密克镇案（Follett v. McCormick），最高法院撤销了一系列针对耶和华见证会成员挨家挨户进行宣教并出售宗教阅读资料而要求的许可证和营业税。在默多克一案中，最高法院认为：

> 散发宗教传单是一种久远的传教布道的形式，就像印刷机的历史一样古老。在很长的时间里，它一直是有力推动各种宗教运动的强大力量……依照宪法第一修正案，这种形式的宗教行为与教堂礼拜和神职人员讲道享有同等尊贵的地位，应受到与更加正统与传统的宗教活动同等的保护，也应受到同等的言论自由和出版自由的保障。（319 U.S.，第 108 至 109 页。）

2002 年的守望塔圣经书社诉斯特拉顿村案（Watchtower Bible & Tract Society v. Village of Scratton）又牵涉到了耶和华见证会，最高法院认为，城市立法要求不请自来进行挨家挨户宣教的人员办理州许可证，这侵犯了他们的宗教活动自由权利。

2. 欧洲

除第一章里讨论的考基纳吉斯（Kokkinakis）一案以外，欧洲法院还曾经在拉里西斯等人诉希腊一案（Larissis V. Greece）[4] 中审理过不当的劝诱改宗行为（improper proselytizing）。此案中，法院认为一个军事长官试图改变其部下宗教信仰的行为构成不被允许的劝诱改宗行为，因为这种类型的上下级间存在着固有的强制性压力。相比之下，军队中的人试图改变一个普通公民宗教信仰的行为，就不会受到这种"不被允许的压力"的影响。

拉里西斯一案中，申诉人是希腊空军的三位军官，他们被诉违法劝诱受其指挥的空军人员改宗，并被希腊法院认定有罪。军官们向欧洲人权法院提起申诉，称对他们的判决违背了《欧洲人权公约》，特别是侵犯了公约第 9 条所保护的宗教信仰表达的权利。法院首先认可了他们的公约第 9 条权利受到侵犯，进

172

---

[4] App. Nos. 23372/94、26377/94 和 26378/94，欧洲人权法院，1998 年 2 月 24 日。

而要认定："这样的干涉是否'由法律授权'，是否有着合法的目的，而且是否是第 9 条第 2 款意旨下的'民主社会所必需的'。"

在分析这种干涉是否为民主社会所必需时，法院的部分陈述如下：

本院在一开始就强调，尽管宗教信仰基本上属于一种个体的良知，但其仍包含着"表达（个人）宗教"的自由，这其中也包括说服邻居的权利（如通过传教）。然而，第 9 条并未保护一切基于宗教或信仰动机而引发的行为。例如，不当的劝诱改宗行为，如为了替教堂增添新成员而向人提供物质或社会的利益或向其不当施压，就不在第 9 条的保护范围之内。

本法院的任务是决定：针对申诉人所采取的措施是否在原则上具有正当性及该措施是否与其行为相称。为此，法院应当从保护他人权利和自由的需要出发，来认定申诉人的行为。

法院认识到，"当涉及对空军士兵的劝诱改宗行为和对普通公民的劝诱改宗行为这两个问题时，不同的因素在起着平衡作用，"因此，法院进而对这两种情况分别考察，得到如下结论：

军队中具有等级结构的生活特色，可能使军队和人事的每一方面都染上等级的色彩，这使得一个部下很难拒绝某个上级的要求或是停止一段由上级开始的谈话。因此，那些在公民世界里看起来没什么危害且倾听者也能自由接受或拒绝的普通思想交流，在军队的特定生活环境下，就可能成为因滥用权力而进行的侵扰或过分施压。

因此，法院总结认为：由于部下认为其处于服从和参与宗教谈话的压力之下，因而针对军官劝导军人改教的行为所采取的禁止措施是正当的。而对于针对公民的劝诱改宗行为，由于缺乏这种压力，采取措施就不存在正当性。

评论和问题

1. 在军队中，有关劝信的规定有所不同是否合理？如何看待在一个州立大学背景下的劝信行为？如果在一次校园宗教组织的会议上，由主办的老师见证其信仰（假设学生们是自由加入此组织，且没有学生在这个主办老师的课堂里），情况又会如何？

2. 在 2005 年，麦克尔·温斯坦（Michael Weinstein）和美国空军学院（United States Air Force Academy）的其他毕业生一起起诉控告学院中形成的一种促进基督教福音派的模式和实践。温斯坦指出他们被迫参加礼拜，而且一个军队牧师鼓励其他学员对他们的非基督教徒朋友进行劝信。他还提到一位空军牧师的副职负责人所说的话："我们不会要求他人改变信仰，但我们保留向非信徒布道的权利。"尽管学员们提出请求，但美国空军并没有否定该政策。参见温斯坦诉美国空军案［Weinstein v. U.S. Air Force, 468 F. Supp. 2d，第 1366、1370—1373 页（D.N.M.2006 年）］。该案由于原告不具有质疑空军未来政策的资格而被驳回起诉。如果现在有适格的学员提起诉讼，这样的案件很可能成为一个有关美国政教关系的案例。如果真是这样，空军学院的行政管理人员、教授、牧师和学生又会在何种程度上享有参与此种劝信活动的宗教活动自由权利？

3. 当某雇员在内心上认为有表达宗教信仰的必要，而另一雇员认为被其表达行为所干扰时，私人雇主应该怎样做？［主要内容参见金博尔·E. 吉尔默（Kimball E.Gilme）和杰弗里·安德森（Jeffrey M. Anderson）：《这儿容不下上帝？爱勒斯案和法拉格案后工作场所中的宗教表达》（Zero Tolerance for God? Religious Expression in the workplace after Ellerth and Faragher），42 How. L.J. 327（1999 年）。］任何冒犯到同事的宗教表达，不论其动机多么善意，都是骚扰行为吗？一旦认为的确如此，则会造成对所有的宗教表达得过分抑制。佩戴宗教配饰应当被允许吗？在雇员工作地点悬挂宗教性图画，或者邀请同事参加宗教活动或仪式的行为呢？

174

3. 马来西亚

接下来我们将讨论到的是一些广为人知的有关伊斯兰信仰的诠释，其认为应禁止放弃伊斯兰教而改信其他宗教。有些国家比较极端地完全禁止由伊斯兰教改信其他教，有些国家则仅对劝诱改宗行为进行限制，但至少这也实际上减少了改教者的数量。马来西亚的《联邦宪法》（Federal Constitution）第 11 条规定：

1. 人人皆有权利信仰及奉行其本身之宗教，及在第 4 款约束下传播之……
2. 州法律及——在吉隆坡及纳闽联邦直辖区的情况——联邦法律可以管制或限制向穆斯林传播任何宗教教义或信仰。

在 1989 年，马来西亚政府对来自联合国特别报告员（U.N. Special Rapporteur）的批评作出如下回应：

3. 宪法第 3 条第 1 款宣告伊斯兰教是联邦的官方宗教。在同一条款下，也允许其他宗教在安宁与和谐中得以奉行。

4. 为了保护伊斯兰教作为联邦宗教的特殊地位，宪法第 11 条第 4 款规定，州法律（及有关联邦领土的联邦法律）可以管制或限制向穆斯林传播非伊斯兰的宗教教义或信仰。

5. 正是在第 11 条第 4 款的规定下，吉兰丹州（Kelantan）、马六甲（Melaka）、雪兰莪州（Selangor）、丁加奴州（Trangganu）颁布了各自的非伊斯兰教法案（以下称法案）。法案宣告其目标只是为了"管制或限制向公开表示信仰伊斯兰教的人传播非伊斯兰教的宗教教义和信仰"，由此也能看出法案内容范围受其主旨的限制。

6. 法案在上述的限制范围内，保证非伊斯兰教教徒的思想、良心和宗教自由不会在任何形式上受到削弱。

7. 质疑法案"对非伊斯兰教教徒的思想、良心和宗教自由产生了消极的影响"是一概而论的说法。该论点在详尽辨明之后才可能被公允地反对。鉴于这种陈词的性质，在前几段所作说明的基础上，此时我们足以认定这些法案不会在任何形式上削减非伊斯兰教教徒的思想、良心和宗教自由。对于伊斯兰教徒来说，这些法律的目的也不是为了在思想、良心或宗教上控制他们。任何伊斯兰教徒若想了解另一种宗教的知识，甚至是出于自愿和自身动机而改信另一种宗教，这些法律并不能阻止他这样做。这些法律的目的，仅仅在于保护伊斯兰教徒，使其免于受到其他宗教试图改变其信仰的影响。

尽管马来西亚政府申明规制劝诱改宗行为的法律"不能阻止"穆斯林信仰另一种宗教，但有改变宗教意愿的穆斯林却发现情况并非如此简单。1998 年，一个来自吉隆坡名叫阿兹琳娜·翟拉尼（Azlina Jailanni）的马来本族女人受洗成为基督教徒。[5] 1999 年，她将其名字改为丽娜·乔伊（Lina Joy），但她在国家颁发的身份证上所显示的宗教却不能由伊斯兰教改为基督教。这进而阻止了她与其基督教未婚夫成婚，因为伊斯兰教的法律是禁止本教女人与异教徒结婚的。在 2007 年的上诉中，马来西亚高级法院裁定其对此事项无管辖权，乔伊是否已脱离伊斯兰教的问题应该由马来西亚的伊斯兰教宗教法院（Malaysian Shari'a Courts）处理。显然这种情形下丽娜·乔伊是不可能成功的，所以她没有向伊斯兰法院上诉，而是离开了这个国家。[6]

勒瓦迪·马索赛（Revathi Massosai）是一个出生于穆斯林家庭，而与一个印

〔5〕伊姆兰·伊姆蒂亚兹·沙阿·雅各（Imran Imtiaz Shah Yacob）："做不可能的事马拉西亚取消伊斯兰教"（Doing the Impossible: Quitting Islam in Malaysia），载《亚洲前哨报》（Asia Sentinel），2007 年 4 月 27 日，http://www.asiasentinel.com/index.Php?option=com_content&task=view&id=466&Itemid=34。

〔6〕参见美国国务院《2008 年国际宗教自由报告马来西亚篇》（Malaysia, International Religious Freedom Report 2008）。

〔7〕同上。

度教教徒成婚的女人，她的案例说明了在伊斯兰法院进行此类诉讼的风险。在她的案件中，伊斯兰法院强制性地将勒瓦迪和其丈夫分离，下令将她在某"悔改"中心拘禁180天。法院还将她的女儿置于勒瓦迪的信仰伊斯兰教的父母家中。在服刑结束后，勒瓦迪也被置于其父母的监督下，并且被禁止与其丈夫同住。[7] 在2008年5月，槟榔屿的伊斯兰教高级法院的确曾经有允许一个穆斯林皈依其原来所信仰的佛教的案例，但这个案例却没有什么判例价值。因为这个女人当初改信伊斯兰教，只是为了和一个伊朗男人结婚，而婚后丈夫却离开了她，她也从未践行过任何伊斯兰教的教义。[8]

评论和问题

《新约·马太福音》最后几节的内容被称为"大使命"。它记载的是耶稣基督复活后，向他的门徒们说道："所以你们要去，使万民作我的门徒，奉父子圣灵的名，给他们施洗。凡我所吩咐你们的，都教训他们遵守……"（马太福音28章19—20节）。对于那些相信相关经文要求其进行宣教活动的基督徒们而言，情况是否如马来西亚政府回应联合国特别报告员的批评时一样，"（限制在穆斯林中传教的）法律不会使得非穆斯林的思想、良心和宗教自由在任何形式上受到削弱"呢？宗教信仰自由权利是否超出了内心信仰的坚持，而转化为与教友们一起活动的聚众仪式或实践？从国际法的角度出发，对宣教工作的不同对待是否因为背景文化上（基督徒、穆斯林、犹太人、印度人等）的差异而具有正当性？

4. 以色列

在以色列，劝诱改宗行为本身并不是非法的。但是，刑法第174条和第368条对劝诱改宗行为进行了限制。第174条禁止改变或试图改变未成年人的宗教信仰，而第368条禁止提供与改教有关的物质利益。然而，尽管每一年都有一些案件诉称违反了这两条法律，但大多数都由于缺乏证据而被驳回，而且目前也无人因此获刑。以色列虽然没有成文的宪法，但是完全禁止劝诱改宗行为却很可能被认为与以色列有关人格尊严和自由的"基本法"相矛盾（基本法虽然不是宪法，但在出现冲突时，基本法的地位的确在其他法律之上）。基本法对基本人权保护进行保障，其本身并未特别规定宗教自由是一项基本人权，但其申明"蕴涵在《以色列建国宣言》所确立的基本精神中"的权利都"应得到维护"。[9]

---

〔8〕参见美国国务院《2008年国际宗教自由报告马来西亚篇》（Malaysia, International Religious Freedom Report 2008）。

〔9〕"基本法律：人类尊严和自由"（Basic law: Human Dignity and Liberty），参见 http://www.knesset.gov.il/laws/special/eng/basic3_eng.htm。

宣言承诺，以色列"不论宗教、种族和性别，将保障所有居民的社会和政治权利的完全平等；保障宗教、良心、语言、教育和文化的自由；保卫所有宗教的圣所；忠实于《联合国宪章》的原则"[10]。

评论和问题

1. 在何种情况下，讨论或分享宗教信仰，或积极见证其信仰会构成"不当的劝诱改宗行为"？如果个人参加了政治信仰的比较和分享活动，或者尝试劝导他人接受其政治观念，那么是否应对这种言论加以政府的法律规制？

2. 摩西·赫希（Moshe Hirsch）声称，从早期国际文件（如《世界人权问题》中提到的"改变"其宗教的权利）到后期表达（如《公民权利和政治权利国际公约》所表示的保护"持有或采纳某种宗教和信仰"的权利）的变化，这反映了当涉及宗教劝信时，两种处于紧张关系的权利在其平衡上发生了转变，这两种权利是参与劝信活动的自由和个人信仰宗教不被干涉的自由。他认为，这两种权利在如下情况将得到最好的平衡：在他所谓的"半私人化的宗教领域"（semi-private religious domain）中，应当在某种程度上允许对劝诱改宗行为的规制。"半私人化宗教领域"背后的理念是"不应通过要求他人参加宗教活动的方式，而要求任何人明示或暗示地表明或讨论其宗教倾向，除非他曾经做过这样的表示"[11]。在他看来，"为了劝导他人表明或讨论其宗教信仰，而去主动接近别人……是可以被禁止的"[12]，而"在同样的原则下，开办一个宗教中心，为那些表明愿意接受的人们提供宗教文章或宗教服务，这是允许的"[13]。赫希还坚持说"同等原则下，宗教性的电视和广播频道的运营，不同文件的邮递，都是允许的"[14]。在这种观点下，考基纳吉斯案（见第一章）那种性质的活动是否应被禁止？街头活动呢？这个原则对于通过网络来传教又意味着什么？比较守望塔圣经书社诉斯特拉顿村（Watchtower Bible and Tract Society v. Village of Scranton）一案，536 U.S. 150（该案宣布一项规制不请自来的推销和对私人财产

177

---

[10] "以色列国建国宣言"（Declaration of the Establishment of the State of Israel），颁布于1948年5月14日，http://www.mfa.Gov.il/MFA/Peace+Process/Guide+to+the+Peace+Process/Declaration+of+Establishment+of+State+of+Israel.htm。

[11] 摩西·赫希："基本协定和国际法下的改教自由"（The Freedom of Proselytism under the Fundamental Agreement and International Law），载《梵蒂冈以色列协议：政治、法律和神学背景》（The Vatican-Israel Accords: Political, Legal and Theological Contexts），马歇尔·J.伯杰（Marshall J. Berger）主编，巴黎圣母院出版社（Univ. of Notre Dame Press），2004年，第189—191页，第183页。

[12] 同上，第190—191页。

[13] 同上，第191页。

[14] 同上，第201页第58点。

的乞讨行为的城市法令无效，然而该法令也同时规制宗教劝信、匿名政治言论和散发传单等问题）。

（二）反改教法

1. 印度

宗教改信一直是印度的一个重要问题。即便早在受英国控制的时期，一些土邦（Princely States）就通过了禁止改教的法律。最早禁止宗教改信的法律是《1936年赖格尔州改教法案》（Raigarh State Conversion Act）。在获得独立后，印度在1949年颁布了一部包含保护宗教自由的宪法。尽管相当一部分人认为应设立禁止强制性改教的条款，但宪法起草者最终仍将第25条确立为："除受公共秩序、道德与健康以及本章其他条款之限制外，一切人皆平等享有良心自由与信教、传播和参加宗教活动之权利。"（强调为作者所加）

尽管印度旗帜鲜明地保护传教自由，但自宪法施行开始，印度的九个州都通过了限制劝诱改宗和改教的法律。十分讽刺的是，这些法律大多数都以"宗教自由法"来命名。这些法律多数包含了禁止以"强制力"、"诱惑"或"欺骗性手段"使人改教的条款。然而，对这些术语的定义却十分模糊，很多法律还要求那些有改教意愿的人向地方治安官告知其改教意图，或者从治安部门获得进行改教仪式的许可。早期的法律统一禁止所有"强制性"的改教，而现在的很多法律则对改信印度教或重新信仰印度教的情况作出了特免。

尽管这些法律对宗教改信的限制和宪法对传教自由的保障之间存在明显的矛盾，也有很多人认识到了该矛盾，但印度最高法院却在以下的案例中确认了这些法律的合宪性。

斯坦尼斯劳斯神父诉中央邦案
(REV. STANISLAUS V. MADHYA PRADESH& OTHERS)

印度最高法院，1977 AIR 908（1977年1月17日）

（斯坦尼斯劳斯神父在拒绝作改教登记后，被控告违反了中央邦的反改教法。斯坦尼斯劳斯提出了针对该法律的初步反对意见，并最终通过中央邦高级法院向印度最高法院提起了上诉。奥里萨州的反改教法也曾面临过相似的挑战，但其州高级法院当时做出了相反的处理。因此，最高法院将这两个案件合并处理。然而法院只考察了斯坦尼斯劳斯案的事实部分，因为其是处理该问题的关键部分。）

大法官雷（Ray）做出以下陈述：

两个案件中我们都应当考虑的相同问题是：1）这两个法案是否侵犯了由宪

法第 25 条第 1 款所保障的基本权利，和 2）州立法机关是否有权颁布此法案。宪法第 25 条第 1 款规定如下：

第 25 条

第 1 款　除受公共秩序、道德与健康以及本章其他条款之限制外，一切人皆平等享有良心自由与信教、传教和参加宗教活动之权利。

上诉人的辩护律师表示，"传播"（propogate）宗教的权利意味着使他人改信自己所信宗教的权利。在这个基础上，辩护律师进一步辩护认为，这种使他人改信自己宗教的权利是由宪法第 25 条第 1 款保障的基本权利。《简明牛津辞典》对"传播"一词的定义是"在人群、各个地方散布，使（陈述、信仰和实践等）分散、散播"。《世纪词典》（英语语言的百科全书式的词典）对"传播"的解释是：

"在人群中、各个地方传送或散布；向前或继续输送；分散；延伸。例如传播一份报道，传播基督教。"

毫无疑义地，第 25 条第 1 款是在此种含义上使用"传播"一词的，因为此条赋予的不是使人改信自己所信宗教的权利，而是通过阐述宗教原则来传送或散布自己所信宗教的权利。需要记住的是，此条保障每一位公民而不仅仅是某一宗教的信徒的"良心自由"。相应地，此条也蕴涵了如下假设：使人改信自己所信宗教的基本权利并不存在。如果一个人有意地进行使人改信自己宗教的行为，而不是仅仅传送或散布其宗教信条，那么他将侵犯到这个国家每个公民都同等享有的"良心自由"。

本院对第 25 条作出了准确解释，有观点认为此条赋予了个人使他人改信自己宗教的基本权利，但我们并没有发现任何理由可以支持这一观点。值得肯定的是，此条所蕴涵的宗教自由不是对单一宗教的保障，而是同等地涵盖了所有宗教。如果一个人在本宗教上行使与其他宗教的信奉者相当的权利，那么他就可以真正地享有该权利。一个人的自由，也应当是相等程度下的他人的自由，因此，不存在使他人改信自己所信仰宗教的基本权利。

中央邦法案中禁止用强力、诱惑或欺骗性的手段和其他附属性的方式改变他人宗教的规定是适宜的。该法案也已界定了"诱惑"和"欺骗"的含义。法

179

案出于维持公共秩序的考虑作出了如上规定，因为一旦不禁止强制性的改教行为，就会扰乱各州公众秩序。

"公共秩序"一词有着宽泛的内涵。在拉美什·达珀诉马德拉斯州（Ramesh Thapper v. The State of Madras）一案中，法院认定"'公共秩序'是有宽泛内涵的词汇，它意味着在一个政治社会的公民中安宁状态是主流，而这种状态是由公民建立的国家的内部规制所达成的"。……因此，任何意在引起公众情绪的行为都很可能构成了对公共秩序的违反，影响到整个社会，例如一个人被"强制"改变信仰另一种宗教的情况。由上可见，出于公共秩序的考虑，被质疑的法案处于国家权力的规制范围以内。

评论和问题

1. 反改教法对传教者的行为定罪，或对改教者的行为定罪，这两者是否有所不同？法院认为使人改教的权利会侵犯改教者的宗教自由，这种观念是否合理？一个传教士会声称其行使的只是传教的权利，而让可能的改教者自己做出最终的决定，这种说法是否经得起推敲？

2. 我们应赋予"公共秩序"多大的理解范围？仅仅是劝诱改宗行为（即使没有被要求付诸行动）冒犯了其他宗教团体而导致其安宁状态的降低，该因素是否足以说明规制的正当化？如果传教活动潜伏着引起公众暴力的危险，那么这就足以使得对传教活动的限制正当化了吗？如果潜在的危险只是针对传教士的袭击呢？暴力危险应达到如何的紧急程度，才能使阻碍或禁止宗教言论的行为得以正当化呢？

180　　3.《公民权利和政治权利国际公约》第 20 条第 2 款规定："任何鼓吹民族、种族或宗教仇恨的主张，构成煽动歧视、敌视或强暴者，应以法律加以禁止。"对考基纳吉斯案（见第一章）传教行为的限制是否因这一条款而正当化？坎特韦尔一案（见第一章）呢？

2. 伊斯兰

伊斯兰教法下改信其他宗教的违法性

[摘自加麦尔·穆罕默德·侯赛因（Gamil Muhammed Hussein）的《伊斯兰刑事司法制度的基本保障》（Basic Guarantees in the Islamic Criminal Justice System），《伊斯兰刑事司法》（Criminal Justice in Islam）第 37 卷，第 42—43 页。穆罕默德·阿卜杜勒·哈利姆（Muhammad Abdel Haleem）、埃德尔·奥马尔·谢里夫（Adel Omar Sherif）、凯特·丹尼尔（Kate Daniel）编，牛津大学出版社，2003 年。]

在伊斯兰教法（Shari'a）中触犯惩戒法（hudud）的行为，是违背真主、违背伊斯兰国家的关键体系和基础、违背社会集体利益的罪行。对该类犯罪的刑罚是由真主在《古兰经》或穆罕默德在教规中所决定的。惩戒性犯罪一旦在法官前得以证实，就不会也不能被原谅或宽恕；证实犯有此种罪行的罪犯必须被惩罚。对惩戒法中"叛教"（背弃伊斯兰教的信仰）的描述如下：

> 你们中谁背叛正教，至死还不信道，谁的善功在今世和后世完全无效。这等人，是火狱中的居民，他们将永居其中。（《古兰经》2 章 217 节）

同样的，穆罕默德宣告："杀死那些背弃信仰的人。"

然而，此罪行的成立需一人在知情情况下有意做出使其背弃伊斯兰信仰的行为、不作为或宣告。但是如果该行为、不作为或宣告是在不知情或不情愿的情况下做出的，那么他／她则不被认为犯下了此罪行。

对这种罪行今生的惩罚，是死刑。对改变伊斯兰信仰或背弃其信仰的人处以如此严酷的惩罚，是为了保护伊斯兰乌玛（umma，意指信仰、群体等）远离混乱、间谍活动、不敬和蔑视。在伊斯兰教法里，伊斯兰是宗教、民族，也是国家；追随伊斯兰的人是伊斯兰国度和乌玛的成员，享有穆斯林"国籍"。因此，公然背弃伊斯兰信仰，相当于向真主、向传道先驱者、向穆斯林国家或乌玛挑起战争。因此对这种严重罪行的严峻惩罚也就是保卫了乌玛。

[以上反映的是传统伊斯兰教义者们的观点，但有相当一部分穆斯林学者认为，对叛教者的严苛制裁进行规定的段落实际上是针对穆罕默德时期的叛教和叛国行为而言，在今天并不适用。[15] 虽然《古兰经》在多处都提及了叛教的严重罪行，但却从未表明过任何属世的制裁，这个事实也支持了上面的观点。相反地，《古兰经》包含了许多与宗教自由一致的经文："你们有你们的报应，我也有我的报应"（《古兰经》109 章 6 节），"谁愿信道就让他信吧，谁不愿信道，就让他不信吧"（《古兰经》18 章 29 节），"对于宗教，绝无强迫。因为正邪确已分明了。"（《古兰经》2 章 256 节）认为叛教不应受处罚的学者们惊奇地发现，《古兰经》对较轻的罪行，如盗窃和通奸都有明确规定的惩罚，但对唯一一项被认为应当强制处以死刑的罪行，却忽略了这个细节，而将该问题交给确定性较小的《穆罕默德言行录》（hadith）来处理。[16] 至少在这个备受争议的问题上，

181

---

〔15〕纳兹拉·伽尼（Nazila Ghanea）：《宗教亵渎和改变宗教信仰的自由》（Apostasy and Freedom to Change Religion or Belief），载《促进宗教信仰或自由手册》（Facilitating Freedom of Religion or Belief: A Deskbook），第 681—685 页。塔尔·林霍尔姆（Tore Lindholm）、小 W. 科尔·德拉姆（W. Cole Durham, Jr.）、巴伊亚克·G. 塔兹巴列（Bahia G.Tahzib-lie）合编，马蒂纳斯·尼吉霍夫出版社（Martinus Nijhoff），2004 年。
〔16〕同上。

有许多不同的观点。[17]

除了将叛教视为一种罪行外，按照前现代的伊斯兰教法的规定，叛教在民事上也相当于被判了死刑，叛教者的婚姻将被取缔，其继承权也被剥夺。自然地，对从其他信仰转信伊斯兰教的行为，伊斯兰法不会施以任何刑罚。

现在，呼吁对叛教者判处死刑的穆斯林能从一些法律权威中为自己的立场找到支持，但他们却忽视了其他与现代的宗教自由理念更匹配的对伊斯兰文献的合理诠释。反对刑罚的穆斯林认为前现代的法律诠释并没有得到伊斯兰文献的支持。伊斯兰价值体系和传统都体现了对宗教差异的宽容原则，这能够支持宗教信仰属于良心问题这一观点。《古兰经》2 章 26 节出现了一条禁止宗教强迫的训条。开明解释派指出，《古兰经》里没有关于叛教的属世刑罚的特别规定，前现代法学家对叛教的教义规则是从穆罕默德的生活和逝世后的历史事件中推断而来的，而这些材料的形成存在很多的可能性。

现代学者已经找到很多理由来敦促我们重新思考叛教者必须被处死这一规则。例如，黎巴嫩学者萨布里·马赫马萨尼（Subhi Mahmassani）认为死刑只有在很小的范围内才能使用。他指出穆罕默德从未仅仅因为叛教而杀死任何人。相反地，死刑只有在背叛伊斯兰教也牵连到对共同体的政治背叛时才会被使用。在这种情形下，马赫马萨尼认为死刑不是用来处理单单地改教行为的，而是用来惩罚叛国、通敌叛变和煽动叛乱等行为的。

对叛教的死刑执行情况在各个伊斯兰国家都不一样。一些国家颁布了明确宣告叛变罪死刑的法律，一些国家将伊斯兰教义融入到国家法律中，也达到了同样的效果。一些国家如马来西亚，仍然将叛教视为罪行，但是处以较轻的刑罚——如监禁。叛教者的性别，以及其是否生为穆斯林或是后来改信伊斯兰教的，这些问题也能影响到处罚的不同。

在 1989 年，《〈消除基于宗教或信仰原因的一切形式的不宽容和歧视宣言〉的实施情况》（the Implementation of the Declaration on the Elimination of All Forms of Intolerance and of Discrimination Based on Religion or Belief）的联合国特别报

---

〔17〕 主要参见唐纳·E. 阿茨特（Donna E. Arzt）：《古典时代和现代的伊斯兰教法：如何对待异教徒》（The Treatment of Religious Dissidents Under Classic and Contemporary Islamic Law），载小 J. 威特（J. Witte, Jr.）和 J.D. 范德·维也（J.D. van der Vyver）主编：《全球视野下的宗教人权》（Religious Human Rights in Global Perspective），第 387—453 页。马蒂纳斯尼吉霍夫出版社（Martinus Nijhoff），1996 年。

摘自安妮·伊丽莎白·梅耶（Ann Elizabeth Mayer）：《伊斯兰教和人权：传统与政治》（Islam and Human Rights: Tradition and Politics），2007 年第 4 版，第 167—168 页。

告员要求毛里塔尼亚（Mauritania）政府对其刑法典第306条授权对放弃信仰的穆斯林处以死刑的信息做出回应。政府在其回应中宣称，"毛里塔尼亚政府没有鼓励基于信仰原因的不宽容或歧视"，但对宗教的该种合理限制是"保卫安全、公共秩序和道德"[18]的需要。政府解释道，其居民拥有自由选择信仰的自由，但"任何自愿选择伊斯兰教的人都应接受其所有的教义，包括对叛教的规定。该宗教保障了众多自由、安全、稳定和社会安定，对它的叛离被认为是叛国罪。而且每个人都清楚国家对这种危及他们的稳定和存在的罪行将施以何种刑罚"。[19]因而，对叛教的处罚是正当的。此种论证在改变信仰的问题上是否有说服力，是值得质疑的。然而，对于那些在伊斯兰国家出生，在接受伊斯兰教时并不必然是在充分知情的情况下"出于自己意愿"的人来说，他们几乎不可能捍卫他们的宗教自由权。

一个阿富汗人从伊斯兰教改信基督教的案例

在2006年春天，阿富汗公民阿卜杜·拉赫曼（Abdul Rahman）在儿童监护程序中被家人揭露了其基督教徒的身份，进而他被非正式地以叛教罪提起公诉。16年前，他在为一个基督教援助组织工作时改信了基督教。在美国推翻了塔利班政府后，阿富汗宪法进行了新的修改，宪法融入了自由民主的理念和基于哈奈斐（hanafi）学派理论的伊斯兰教法的内容，其中包括对叛教者判处死刑。因此，如果罪名成立，阿卜杜将会被处以死刑。

对拉赫曼的起诉引起了国际关注。西方国家将其贬斥为侵犯人权的行为，那些仍有军队驻扎在阿富汗的国家如德国和美国，它们对总统哈米德·卡尔扎伊（Hamid Karzai）施压要求其介入该案。另一方面，穆斯林的游行示威者、伊斯兰教神职人员以及卡尔扎伊的政治联盟都要求排除西方的影响，执行伊斯兰法律。卡尔扎伊在说明了司法在宪法上的独立地位后，拒绝直接干预此案。而且听审法官安萨鲁拉·莫拉卫·扎达（Ansaruulah Mawlavi Zada）也坚定地表示决不受政治压力影响。[20]

183

---

〔18〕联合国《〈消除基于宗教或信仰原因的一切形式的不宽容和歧视宣言〉的实施情况》的特别报告员，报告由阿尔梅达里贝罗氏安赫·洛维达先生（Mr. Angelo Vidal d'Almeida Ribeiro）提交，第109页，U.N. Doc. E/CN.4/1991/56（1991年1月18日）。

〔19〕同上。

〔20〕阿卜杜勒·瓦希德·瓦法（Abdul Waheed Wafa）："因拒绝伊斯兰教引致杀身之祸的阿富汗人"（Afghan Faces Death for Rejecting Islam），见《纽约时报》2006年3月23日版，http://www.nytimes.com/2006/03/23/world/asia/23iht-afghan.html。

尽管拉赫曼否认自己有任何精神疾病，案子最终仍以拉赫曼精神上不宜出庭为由而被驳回。虽然有阿富汗公民和神职人员的抗议，拉赫曼仍被释放，而后逃往保证为其提供政治庇护的意大利。

结果是阿富汗人民和西方国家都不满于此案的决定。阿富汗人将其视为正义的流产，西方却将矛头指向了如下事实：宣告叛教死刑的法律仍然在威胁宗教和表达自由。拉赫曼一案成为了西方民主和中东保守主义之间不可调和的紧张关系的一个标志。许多人还援引此案作为证据，说明在政治上寻求深度表达的新伊斯兰教正在崛起。对将政教分离视为基本的民主原则的西方人来说，政治化的伊斯兰教侵蚀到了公共和私人生活的每个角落，这是一件可恼的事。但对很多中东人来说，一个世俗国家的前景同样是令人厌恶的。

评论和问题

1. 印度和一些伊斯兰教国家的法律限制改变宗教的机会。从内心领域的角度出发来考察这些法律，你认为他们是关系到内心领域还是外在世界的问题呢？

2. 毛里塔尼亚政府的观点是，接受伊斯兰教的人也应当接受伊斯兰教对于叛教后果的信条，对此你是怎样看的呢？

四、宗教自由和表达自由之间的矛盾

言论自由和宗教自由紧密相连。然而有时，宗教和言论间也会出现矛盾。这种矛盾主要以两种形式出现。一方面，出于宗教原因的言论有时会冒犯或伤害他人，例如人们可能会出于宗教原因说出谴责同性恋或堕胎的言语。另一方面，一些言语也可能在冒犯或伤害宗教信仰者的同时也伤害到了宗教本身。例如，一些人讥讽所有的宗教信仰，而另一些人针对特定的某些宗教使用了亵渎或其他冒犯性的言论。在现代的背景下，尽管有关渎神的法律常常看起来是个时代性的错误，但是我们却不难想象有一系列团体是多么想寻求来自反亵渎法的保护。本章的这一部分内容将介绍在平衡宗教自由权利和其他权利和价值中所遇到的一些挑战。

（一）由宗教驱动的冒犯性言论

出于宗教动机谴责同性恋的言论
格林牧师案（THE PASTOR GREEN CASE）

瑞典最高法院，B 1050-05 号案件（2005 年 11 月 29 日）

艾克·格林（Ake Green）是一名新教牧师，他在 2003 年 7 月 20 日在瑞典博尔霍尔姆（Borgholm）的布道中引用了许多看起来谴责同性恋的圣经段落。虽然牧师一方面要求会众要对同性恋者施予爱，但是另一方面其讲道却包含以下内容：

"将男人之间或女人之间的伙伴关系合法化，明显会带来空前的灾难。"

"圣经有对这些不正常状态的讨论和教导。性异常是社会身体上生长的一块严重的肿瘤。"

"神知道，性取向反常的人甚至会对动物施暴。"

"娈童的人是圣经所说的堕落的人。然而，我在此强调，不是所有的同性恋都是恋童癖者。在同性关系中保持忠诚和每天都更换伴侣一样糟糕。"

"同性恋是一种疾病，换言之，完整而纯洁的思想被污浊的思想所取代，一颗完好的心被病态的心所取代。"

格林牧师被以"煽动反对具有民族性、种族性和其他类型群体"的罪名起诉，中级法院作出了有罪判决。最高法院指出，"从以上展示的布道的部分内容和其背景来看，艾克·格林散布了蔑视同性恋性别取向的言论。艾克·格林的动机是用一种能引起重点关注的方式传播他的信仰。"

法院推理

《刑法典》第16章第8条规定，在种族、肤色、国籍或其民族起源、宗教信仰或性别取向问题上，如果有人对民族性群体或其他群体作出威胁性或蔑视表达的陈述或作出相似的信息传播，就构成了煽动敌视特定群体罪。在2003年1月1日，刑法修正案将煽动敌视同性恋规定为犯罪，将其作为一个群体对待。而且在修正案的筹备工作中特别指出，同性恋常常因为其性别取向成为犯罪的牺牲品，是社会上一个脆弱的群体。

罪行中"蔑视表达"这个要素，和法案的修正案一起，成为了讨论的议题。不是每一种贬低性的言论都包含在"蔑视表达"这个概念内。对于特定人群的客观评价不应受到罪责。自然地，言论自由和批评的权利并不能用来保护对特定人群的蔑视性表达，例如认为特定民族低人一等的蔑视。然而，刑事行为的范围不能延伸至对同性恋的客观讨论或批评的领域。刑事化不是用来限制言论自由或者威胁到自由公共辩论的。此外，科学自由也应得到维护。这就意味着，这种在自由和公开的辩论中才能得到最好测评和修正的言论不能被处以刑事处罚。

185

因此，必须在一定程度上允许不被刑罚处罚的批评和相似表达的存在。决定性的因素是客观评价的表现形式。此外，背景环境必须明确表现出作恶者有传播威胁或蔑视特定群体言论的意图。

……例如，仅仅引用或讨论宗教经文不属于与此条相应的应受刑罚处罚的行为。然而，利用宗教背景威胁或蔑视穆斯林或基督徒是不被允许的，利用这种条件威胁或歧视同性恋团体同样是不被许可的。

本案涉及的这段言论不能被视为艾克·格林对圣经段落的直接引用，而应认为是对整个群体的侮辱性评价。我们很清楚地看到，这种针对同性恋团体的言论已经超出一个客观且负责的讲道的范围。艾柯·格林在此次布道中，明知会众会将其理解为侮辱言论，还有意地在他们面前传播这些言论……

然而问题是，出于宗教自由和表达自由的考虑，是否可以比根据法条背景和立法历史的直接解读更狭义地解释"蔑视"一词。2003 年修正案是建立在对宪法和《欧洲人权和基本权利国际公约》中言论自由权利保护的基础之上，其目的在于明确限制言论自由的条件。

现在，最高法院需要决定是否应适用《刑法典》第 16 章第 8 条，因为此条款的应用可能会侵犯宪法或《欧洲人权和基本权利国际公约》。

《政府法案文件》（Instrument of Government Act）第 2 章第 1 条第 1 款第 6 项将宗教自由定义为独自或与他人一起行使宗教的自由，此种自由不受限制。这种定义是狭义的，而其他一些权利如言论自由在这些狭义方面也可能受到同样的限制。一般情况下，对于构成犯罪的行为，我们不会仅仅因为其宗教背景而对其施以特别保护。因为宪法上的保护是要禁止那些明显与宗教行为针锋相对的条款，或者禁止那些虽然使用普通词汇，但其目的仍然明显为阻碍特定宗教目标实现的条款。

《政府法案文件》第 2 章第 1 条第 1 款第 6 项规定，立法可以在一定程度上限制言论自由。一般说来，只有为了达到一个为民主社会所接受的目的，才能施加这种限制。此种限制，绝不能超越其制定时的目标的必要性，不能威胁到思想的自由交流这一民主的基础，也不能仅仅基于政治、宗教、文化和其他相似理念而施加限制。另外，第 13 条第 1 款还列举了一些限制言论的特别原因。在这些具体例举外，还有一条原则：如果有其他特别重要的合理且正当的原因，也可对这种自由施加限制。该条第 2 款指出，在考虑依据第 1 款应做出何种限制时，必须重视言论自由在政治、宗教、劳工、科学和文化等方面上要得到最大可能的保护。

宪法对言论自由的保护并不影响对格林依据起诉进行定罪。

接下来需要评论的是：《欧洲人权公约》在何种程度上影响格林的刑事责任。

第 9 条规定，宗教自由包括在公共场所、私人场所、宗教礼拜、宗教学习、宗教惯例和宗教仪式中单独或和他人一起进行宗教和信仰行为的自由。第 10 条规定，言论自由包括不受政府权力干扰接受和散布信息和思想的自由。

《瑞典刑法典》中有关煽动对特定群体的仇恨的条款，与《欧洲人权公约》的限制是一致的。但问题在于，在格林案中应用这些条款是否违反了瑞典作为公约缔约国所作出的承诺。

此处的关键是，在民主社会里是否需要对格林的传教自由加以限制。这就需要评估这种限制是否与应受到保护的利益成比例。

还应注意的是，第 10 条不仅保护信息和思想的内容，也保护其散布的方式。

欧洲最高法院在决定是否需要采取限制时，要考虑如下条件：是否存在迫切的社会需要，限制的手段是否与要实现的目的相称，政府机关是否提出恰当而充分的理由。

在对格林案的情况作出综合评估后，参照欧洲人权法庭的有关案例，显然此案中不存在所谓"仇恨言论"的问题。

因此，欧洲法院认为对格林的有罪判决将会构成对其传播圣经观点权利的限制，但这样的限制是不适度的，因而也侵犯了《欧洲人权公约》。

有关煽动对特定群体仇恨的条款中，"蔑视"一词的含义不宜僵化理解，以免造成《欧洲人权公约》与《刑法典》的实际法律冲突。如上所述，对《欧洲人权公约》的遵守和落实，在此案的具体情形下将不允许对格林作出有罪判决。综上所述，驳回对格林的诉讼要求。

评论和问题

瑞典最高法院认为，对格林牧师的言论予以定罪不会违反瑞典宪法的规范；而且推翻格林的有罪判决，不是因为法律本身不符合《欧洲人权公约》的标准，而是在本案中对法律的适用违反了这些标准（因为其布道显然没有真正构成仇恨言论）。瑞典最高法院对《欧洲人权公约》标准的诠释正确吗？

卡尔·马克思曾写道：

宗教里的苦难既是现实的苦难的表现，又是对这种现实的苦难的抗议。宗教是被压迫生灵的叹息，是无情世界的感情，正像它是没有精神之制度的精神一样。宗教是人民的鸦片。废除作为人民虚幻幸福的宗教，就是要求人民的现实幸福。要求抛弃关于人民处境的幻觉，就是要求抛弃那些需要幻觉的处境。[21]

正像格林牧师一案所展示的一样，根据瑞典法律，马克思会不会因为"以陈述或传播威胁和蔑视特定群体宗教信仰的言论的方式来煽动对特定群体的仇视"而被判有罪？对宗教言论和反宗教言论的保护是否是相称的？能进行何种程度的批评？

美国针对仇恨言论的立法情况——勃兰登堡诉俄亥俄州案

(Brandenburg V. Ohio, 395 U.S. 444 , 1969 年)

在美国受保护的自由中，最令人羡慕的一项就是言论自由。尽管言论自由并非绝对权利，但美国对其的保护标准却比大部分其他国家要高。联邦最高法院没有对出于宗教动机的言论做出特别规定，但勃兰登堡诉俄亥俄州一案阐明了最高法院对言论的规制标准。

188

克拉伦斯·勃兰登堡 (Clarence Brandenburg) 是三K党 (Ku Klux Klan) 的成员，在一次俄亥俄州汉密尔顿县的三K党会议上，他发表了一些言论，并因此被诉违反了《组织犯罪防治法》(Ohio's Criminal Syndicalism Statute)。此法律禁止"'为了实现工业和政治革命，而鼓吹犯罪、破坏活动和暴力的义务性、必要性和合理性，或鼓吹非法的恐怖行为'，此外，该法还禁止'自愿加入任何以教授、鼓吹组织犯罪为目的的社团、群体和集会'，《俄亥俄州修订法典注释》(Ohio Rev. Code Ann.) §2923.13."[22]。勃兰登堡向最高法院提出对有罪判决的上诉，认为俄亥俄州法律违反了美国宪法第一修正案和第十四修正案。法院认可了勃兰登堡的请求，认为只有在"鼓吹行为的目的是引发或造成紧迫的不法行为并可能造成该情况"[23] 时，政府才可能采取禁言措施。法院认为俄亥俄州的法律没有清楚地区分鼓吹暴力和煽动暴力，违反了宪法中对言论自由的保护。

大学中的仇恨言论规范情况一览

一些大学为了对学生和教职工成员的攻击性言论进行限制，创设了一些"仇恨言论"规范。这种规范的发展成为了当代美国校园中一个有趣的话题。

---

[21] 卡尔·马克思：《黑格尔法哲学批判导言》(Contribution to the Critique of Hegel's Philosophy of Law)，载《卡尔·马克思和弗里德里斯·恩格斯作品合集》(Karl Marx & Frederick Engels: Collected Works)，1844 年，第 175—176 页。维尔塔·波斯伯洛瓦 (Velta Pospelova) 等人主编，杰克·科恩 (Jack Cohen) 等人翻译，国际出版社 1975 年版。

[22] 勃兰登堡诉俄亥俄州案 (Brandenburg v. Ohio)，395 U.S. 第 444—445 页（1969 年）。

[23] 同上，第 447 页。

目前这些规范的应用，主要在于禁止"贬低个人或群体的种族、性别、宗教、肤色、信条、残疾、性取向、出生国、血统或年龄"和"对教育、学校相关工作或其他学校授权的活动构成恐吓、敌意或贬低"[24]的评论，还没有特别涉及出于宗教动机的言论。大学意图执行这些规范，但法院却普遍认为"这些政策可能造成对言论广泛的压制，由此说来，它们也是非法的。"[25]联邦最高法院指出，校方虽有权规范校园里的行为，但其不得侵犯宪法所保护的权利范围。[26]如此说来，大学可以对"仇恨言论"的时间、地点和形式问题加以规范，但却不能以任何方式对其内容进行规定，因为这是第一修正案所禁止的。[27]

为了规避州法律对学校的仇恨言论规范的限制，一些州立大学正开始实行"多样化教育"。一个极端的例子是特拉华州立大学，其要求学生承认"白人都是种族主义者"并接受教育改造。此种情形证实了一种趋势，即大学在被禁止对仇恨言论进行规制的情况下，它们似乎试图强制实行多样化言论。不论是对仇恨言论的规范还是"多样性教育"项目，如果它们禁止出于宗教动机的言论或强制他人做出与其信仰抵触的表达，那么它们就与宗教信仰形成潜在的冲突。

189

对仇恨言论悖论的一些说明

尽管仇恨言论规范（不论是在大学里还是在普通的法律中）的目的是保护少数派，但可能会最终变成对多数派的保护。评论家们已经注意到，此悖论存在于美国和欧洲的相关实践中，尤其是涉及种族主义言论的情况。例如，玛莎·麦诺（Martha Minow）认为，反对规制仇恨言论的人提出了让人头疼的难题："行政人员和其他当权者对少数派言论的注意和限制，会不会比对其反对者言论的注意和限制还要多？这种风险是真实存在的吗？"[28]为了论证政府的这种区别对待，她指出，联邦最高法院在两个有关规制仇恨言论的案例中得出了截然相反的结论。

在一起名为R.A.V诉圣保罗城案（R.A.V. v. City of St. Paul）的案例中，几个白人在一对非裔美国夫妇的私人地域上焚烧十字架，法院宣告此案中涉及

---

〔24〕威斯康星大学邮报公司诉评议委员会案（UWM Post, Inc. v. Board of Regents），774 F. Supp. 第1163、1165 页（1991 年）。

〔25〕丹布罗特诉密歇根大学案（Dambrot v. University of Michigan），839 F. Supp. 第477、484 页（1993 年）。

〔26〕希利诉詹姆斯案（Healy v. James），408 U.S. 第169、180—181 页（1972 年）。

〔27〕巴比什诉理事会案（Papish v. Board of Curators），410 U.S. 第667、670 页（1973 年）。

〔28〕玛哈·米诺（Marha Minow）："对仇恨的规制：谁的言论，谁的罪行，又是谁的权力？——谨以此文献给肯尼思·喀斯特"（Regulating Hatred: Whose Speech, Whose Crimes, Whose Power?—An Essay for Kenneth Karst），载《加州大学洛杉矶分校法律评论》（UCLA L. Rev.）第47 期，第1253—1264 页（2000 年）。

的关于仇恨动机犯罪的法律因违宪而无效。一年后，在威斯康星州诉米歇尔（Wisconsin v. Mitchell）一案中，法院却支持了有关仇恨动机犯罪的法律。此案情况是：一名非裔美国年轻人和同伴讨论一部电影，该电影描述一名3K党白人如何残暴地对待一个祷告中的非洲裔儿童。接着他带领同伴殴打了一个白种未成年人，并因此受到从重处罚。[29]

麦诺承认"在这两个案件中有许多不同的因素"，但她仍指出"不难想象，一个以白人为主要成员的法庭对白人的认同感将超过其对黑人的认同"[30]。如果执法机关确实存在这种偏见，那么对仇恨言论规范的选择性运用将会导致"对社会最弱小和最少数成员的歧视性后果"[31]。

在英国，由于对《种族关系法》（Race Relations Act）的选择性运用，相似的担忧也同样存在。"对于作为历史受害者的少数群体，其种族主义言论可能会被禁闭，因为其可能带来爆炸性的后果。而对于历史上拥有权力的主体群体成员，其种族主义言论则可能会被认为不过是一种无害的刺激而被忽略。"[32] 案例研究也表明"主要群体成员总会被豁免，而边缘地带的人总受到不合比例的起诉和判决"[33]。

问题也不仅仅是多数派群体得到有利待遇这样简单。那些本应该从这种立法受益的人往往害怕向其寻求保护。因为从实际角度出发，这样做的后果无异于亮起了一道光，吸引更多的人对可能想要寻求保护的人、当事人的家庭成员或群体的其他任意成员进行仇恨性的攻击。而多数派群体或主体群体的人往往不会有这样的忌讳。

相似问题想必也同样存在于出于宗教动机的仇恨言论的情形中。对于基于保护少数种族、民族和少数宗教群体而制定的仇恨言论规范来说，其最终都必须面对和解决这一悖论。

---

〔29〕玛哈·米诺（Marha Minow）："对仇恨的规制：谁的言论，谁的罪行，又是谁的权力？——谨以此文献给肯尼思·喀斯特"（Regulating Hatred: Whose Speech, Whose Crimes, Whose Power?—An Essay for Kenneth Karst），载《加州大学洛杉矶分校法律评论》（UCLA L. Rev.）第47期，第1264—1265页。

〔30〕同上，第1265页。

〔31〕同上，第1266页。

〔32〕迈克尔·A.G.克伦高（Michael A. G. Korengold），"面对种族主义言论的必修课事与愿违，及〈消除一切形式种族歧视国际公约〉第4条第1款"（Lessons in Confronting Racist Speech: Good Intentions, Bad Results, and Ariticles 4 (a) of the Convention on the Elimination of All Forms of Racial Discrimination），载《明尼苏达法律评论》（Minn. L. Rev.）第77期，第719—729页。（1993年）

〔33〕同上，第730页。

（二）伤害宗教情感的言论

约瑟夫·博斯汀公司诉威尔逊案
（Joseph Burstyn, Inc. v. Wilson）

联邦最高法院，343 U.S. 495（1952 年）

克拉克（Clark）大法官陈述法庭意见。

此处的问题是，纽约州法律以"渎神"为由禁映电影是否合乎宪法第一修正案和第十四修正案。此法认为"除非当时有来自教育部没有效力瑕疵、完全的生效执照或许可，在州内任何营利性的娱乐场所有偿地放映、销售、出租、出借任何电影或胶卷（特别的例外不包括在此）或其他与商业相关的行为"都是非法的。

该法律进一步规定：

此法要求教育部门电影分部的主管和由当局授权的地方办公室或办公处的官员应当对呈递给他们的电影立即进行审查。除非此电影或电影的部分内容是淫秽下流、不道德、非人性或亵渎的，或者放映此部电影将腐化道德或引发犯罪，他们都应当发放许可。如果主管和授权下的官员拒绝发放许可，应当向申请人发放其拒绝原因的书面报告，如果未通过许可的是电影的部分，则应当对相应部分作出说明。

［上诉人是一家电影放映商，其取得了意大利电影《爱的道路》（Ways of Love）三部曲之一《神迹》（The Miracle）的放映执照。在其放映的大约 8 个星期中，纽约州教育部的领导机关——纽约州行政委员会（New York State Board of Regents）收到了反对或支持该片的诸多意见。1951 年 2 月 16 日，委员会成员观看了《神迹》并裁定该片"渎神"，因此命令教育部部长撤销上诉人的放映执照。部长遵循了命令。上诉人通过纽约州的各级法院，最终上诉至联邦最高法院。］

在此案中，上诉人声称，纽约州法律侵犯了言论和新闻出版自由，违反了宪法，我们认为只需要对此问题进行考察。

此案首次直接提出如下问题：第一修正案通过第十四修正案要保护的任何形式的"言论"和"新闻出版"的范围中是否包含电影。考虑到电影是思想交流的一种重要媒介，法院认为以电影为形式的表达方式应属于第一修正案和第十四修正案所保护的言论和新闻出版自由。

然而，认定电影属于宪法第一修正案和第十四修正案所保护的表达自由，并不是我们所讨论的问题的终结，并不能因此认为宪法允许在任何时间、任何地点完全自由地放映任何影片。该观点主要可以通过本院对有关其他思想交流媒介的一系列案件得到证明。

此案中所涉法律的目的，不是对引起可惩罚行为的言论和文字进行事后处罚，相反，纽约州要求政府官员对文字和图片的内容进行判断，这些意图传播的文字和图片必须获得他们的事先许可。多年前，在尼尔诉明尼苏达州案 (Near v. State of Minnesota ex rel. Olson, 1931, 283 U.S. 697) 中，本院就认识到很有必要撤销这种侵犯言论自由的事先限制。在该案中法院重申了历史，第一修正案保护新闻出版自由很大程度上是为了防止对出版的事先限制，该院还提醒，该保护并不是新闻出版自由的全部。法院进一步申明，"针对事先限制行为的保护措施也不是毫无限制的，但是只有在例外的情况下才能对其施加限制。"

纽约州最高法院认为本案中所运用的法律条款"并无神秘之处"："简单说来，任何普通理性人观念中的宗教，都不得受到蔑视、嘲弄、责骂和讽刺。"这就远远超出了州法律所能规定的言论自由的例外情况，即为了满足社会其他利益的相反要求所设定的例外范围。审查员一旦试图运用纽约州法院对"渎神"作出的宽泛而包罗万象的定义，那么他的处境就犹如漂流在一片有着千万股宗教激流暗涌的汪洋大海中，而其手中的航海图却是由最强大和最有发言权的正统所授予的。纽约州不能将控制电影的毫无限制的权力置于审查员的手中。因为在这样的环境下，即使是最细致和宽容的审查员，其实际上也不可避免地会偏向于一种宗教，不可避免地倾向于禁止一些不受欢迎的表达，而这些表达对于少数派宗教来说可能是神圣的。由于种种原因，对"渎神"进行的此种分析将使得第一修正案保障的政教分离以及所有人的信仰自由都面临重大问题。然而从言论自由和新闻出版自由出发，州在保护宗教免受不利认同上不存在任何法律基础，而这些不利认同意见足以证明对这些观点进行事先限制具有正当性。法院指出，政府没有职责来镇压任何攻击特定宗教信条的真实或想象行为，无论其是否出现在出版物、演讲或电影中。

推翻原判决。

奥托·普瑞明格研究所诉奥地利案
（Otto-Preminger-Institut v. Austria）

欧洲人权法院，App. No. 13470/87 Eur. Ct. H.R.（1994 年）

[上诉人奥托·普瑞明格研究所（OPI）是一家通过视听媒介来宣传创意、通讯和娱乐的奥地利私人协会。1985 年 5 月，该工作室系列式地放映了韦纳·修赫特（Werner Schroeter）导演的电影《爱的盛典》（Das Liebskonzil）。罗马天主教会在因斯布鲁克（Innsbruck）教区请求公诉机关以"诋毁宗教信条"罪起诉工作室经理戴尔·金戈尔先生（Mr. Dietar Zingl）。随后，金戈尔先生被定罪，所有的公映都被禁止，意在禁止该影片的案件最终以没收令而收场。]

A. 电影《爱的盛典》[又名"天堂会议（Council in Heaven）"]

22. 电影中，犹太教、基督教和伊斯兰教的上帝被描绘成一个衰弱的老人，他匍匐在魔鬼面前，深深亲吻魔鬼并称他为自己的朋友。而且他以魔鬼的名义起誓。在另一些场景里，在有人向圣母玛丽亚诵读一个猥亵的故事时，她没有拒绝；电影还表明她和魔鬼有着某种不正当关系。成年的耶稣基督被形容成一个轻微的精神病人，还在一幕中试图鄙俗地抚摸亲吻母亲的乳房，而圣母也没有拒绝。在电影中，上帝、圣母玛利亚和基督都对魔鬼持赞同态度。

本案的法律问题

B. 被诉违反第 10 条

42. 上诉人协会认为，对电影《爱的盛典》的扣押和随后的没收行为违反了《公约》第 10 条保护的表达自由权。

1. 是否干涉表达自由

43. 法院认定扣押和没收行为都构成了上述干涉。此种干涉如果是"由法律规定"、有合法目的，而且是为达成该目的而"为民主社会所必需"时，那么其不构成对第 10 条的违反。

2. 干涉是否"为法律所规定"

（法院判认，干涉行为"为法律所规定"，是对奥地利法律的正确运用。）

3. 干涉是否存在"合法目的"

46. 政府坚持认为对电影的扣押和没收是为了"保护他人的权利"，尤其是尊重他人宗教情感的权利，同时也是为了"防止混乱局面"。

47. 本院在考基纳吉斯诉希腊案中指出，公约第 9 条所保障的思想、良心和宗教自由是"民主社会"的基础之一，是信教者身份和生活理念中最重要的因素之一。

不论是多数派宗教或是少数派宗教的成员，在选择行使表达自己宗教的自由时，理应不可期望自己不受任何批评。他们必须容忍和接受他人对自己宗教的否定，甚至是他人宣传那些与自己的信仰相悖的信条。但是，以何种形式来否定或反对这些宗教信仰和信条，可能是牵涉到政府职责的一个问题，政府有职责保证这些信仰和信条的信奉者能和平地享有第9条所保障的权利。在一些极端的情况中，反对和否定宗教信仰的特别方式确实能使得那些信仰者无法自由地持有和表达他们的信仰。

本院在考基纳吉斯案的裁决中指出，依照第9条的内容，政府在认为必要时可以采取措施针对一些形式的妨碍他人思想、良心和宗教自由的行为，其中包括对信息和思想的传播行为。我们可以认为，对宗教崇拜对象进行具有挑拨性的形象塑造在法律意义上侵犯了第9条保护的信教者的宗教情感；而且其塑造的这种形象也是对民主社会的基本特点——宽容精神的恶意冒犯。

48. 本案的争议措施是基于《奥地利刑法典》（Austrian Penal Code）第188条而做出，该条旨在禁止敌视宗教崇拜对象并可能引起"合理愤怒"的行为。因此该措施的目的在于保护公民的宗教情感，避免其因他人在公共场合表达观点而受到侮辱。因此本院认为，受非议措施所追求的是合乎第10条的合法目的，即为了"保护他人的权利"。

4. 扣押和没收是否"为民主社会所必需"

49. 正如法院所一贯强调的，表达自由是民主社会的最主要基础之一，是民主社会进步和个人发展的基本条件之一。表达自由不仅仅针对于那些被大众接受、没有冒犯性质或无所影响的"信息"和"思想"，而且同样适用于那些冒犯性的，或造成恐慌和困扰的信息和思想。这些都是多元、宽容和开放所要求的，而没有多元、宽容与开放，就没有"民主社会"。

194　　　然而，任何行使这一自由的人都应当承担一些"义务和责任"。在这些义务中——在有关宗教观点和宗教信仰的语境下——存在一种法定的义务，即尽量避免无故发表冒犯他人以至于侵犯他人权利的言论，和那些不能促进人类事业进一步发展的公共辩论言论。

因此，在一定的民主社会中，对不当攻击宗教崇拜对象的行为有必要采取制裁甚至预防措施。

50. 在有关"道德"的案例中，对于宗教在社会中的重要性问题，整个欧洲不可能达成统一的认识。基于此点原因，我们也不可能对干涉表达自由权行使的行为给出一个综合性的定义。因此各国当局就享有一定的自由裁量权，他们可以认定该种干涉行为是否有必要及其必要程度。各国的自由裁量权并不是绝对的。限制行为的必要性应当确实存在，且能让人信服。

52. 政府认为该电影攻击了基督教尤其是天主教，因此应当对其采取扣押措施。

53. 上诉人协会称，他们的行为，是在负责任的态度下作出的，其旨在避免构成无正当理由的冒犯行为。该协会组织指出，其计划在自己的电影院放映此电影，公众成员只有付费才能看到。并且只有那些对开明文化感兴趣的人才是电影的受众。最后，根据现行有效的提洛尔（Tyrolean，地名）相关立法，17 岁以下的人被禁止观看此部电影。因此，实际上，一个人并不可能在违反自己意愿的情形下接触这些材料。

54. 法院首先指出，虽然进入电影院观看此电影必须支付入场费并且有年龄限制，但电影的宣传十分广泛。公众对电影的了解足以让他们清楚地知道其性质；由于以上原因，应当认定这部打算放映的电影的"公开性"足以构成冒犯行为。

55. 法院面临的问题是如何衡量宪法所保护的两种基本自由之间——即表达自由和宗教自由——的利益冲突。因此，这里还需要考虑各国被赋予的自由裁量权，各国政府在民主社会中的义务也是要将社会利益作为整体来考虑。

56. 奥地利法院认为在提洛尔公众的思维中，该电影已经成为对罗马天主教的侮辱性攻击，因此下令扣押进而没收电影。

法院无法忽略如下事实：罗马天主教是特洛尔地区大多数人的宗教信仰。在扣押该电影时，奥地利政府的行动是为了保障当地的宗教安定，免得一些人感觉其宗教信仰受到了毫无缘由和冒犯性的攻击。在决定是否有必要采取上述措施时，国家政府比一个国际法官更加适合来判定是否有必要采取相关措施。

因此，扣押行为不构成对第 10 条的违反。

57. 以上原因对没收行为同样适用。在奥地利法律中，没收一般是扣押的后续行为，其合法性也决定了扣押行为最终的合法性。

依据对第 10 条的解释，出于公共利益而对法律认定的非法物品进行没收，不是第 10 条所禁止的行为。

由于以上原因，本院以 6 比 3 判定，搜查和没收行为都没有违反《公约》第 10 条的规定。

195

帕耳木法官（Palm）、佩卡宁法官（Pekkanen）、马卡兹克法官（Makarzyk）的共同反对意见

1. 很遗憾，我们不能同意多数意见，他们认为没有违反第 10 条。

3. 如果表达自由的应用必须与公认意见一致，那么表达自由就不可能得到保障。

4. 为了达到合法目的而进行的特别干预，应当具有令人信服的必要性。在像本案这样采取了事先限制措施的案件中，情况更是如此。如果这样的事先限制只是为了保护社会强势群体的公认利益，那就会损害多元化社会赖以存在的宽容性。

6. 公约并没有规定保护宗教情感的权利，这样的权利更不能从宗教自由权利中衍生而来，因为宗教自由权利实际上包含着对他人宗教意见的批评权。

但是，限制公众的批评和辱骂言论是"民主社会所必需"的，我们在这一点上赞同多数意见。

7. 一个人在意图行使自己的表达自由时，应当尽一个理性人所能，限制其言论可能对他人造成的冒犯，这是他应当承担的义务和责任。国家只有在此人未采取必要行为或行为达不到标准时才能采取干预措施。

即使事态表明有必要采取压制性行动，采取的措施也应当"与追求的合法目的成比例"。

只有在相关行为构成足够严重的辱骂，或几乎构成对他人宗教自由的否定，或其滥用该权利而被社会所不能容忍时，才有必要采取绝对禁止言论自由的压制性措施。

9. 该电影原计划在"艺术电影院"对付费观众放映，其受众是一小群爱好实验电影的观众，因此不太可能出现对该电影没有特别兴趣的观众。

196　　此外，事先也存在足够的警示机会让观众对此电影的性质有所了解。与多数意见不同，我们认为上诉人协会发布电影公告是为了告知观众电影是以批判罗马天主教的方式展开；事实上这种通知行为非常明显，那些敏感的宗教信仰者完全可以决定绕道而行。

因此，我们认为，上诉人协会为了减小放映电影可能带来的不良影响，已经采取了负责的行为。

11. 我们并不否认放映该电影可能触犯了提洛尔一部分人的宗教情感，但是考虑到上诉人实际上采取了许多措施来保护潜在被冒犯者，而奥地利立法也对

17 岁以下人群加以保护。在权衡后，我们认为对电影的扣押和没收与其所追求的目的不成比例（不相称）。

评论和问题

此后，欧洲法院的许多案例都涉及触犯宗教情感的表达。案例可参见温劳夫诉英国案（Wingrove v. United Kingdom, App. No. 17419/90，欧洲人权法院，1996 年 11 月 25 日）[此案认为拒绝向以色情方式描绘圣女大德兰（St. Reresa of Avila）的狂喜状态的影视作品发放许可，是根据对言论自由的限制做出的合理决定]；帕迪雷诉法国案（Paturel v. France, App. NO.54968/00，欧洲人权法院，2005 年 12 月 22 日）[有人利用公共资金进行私人反宗派运动（anti-sect movement）受到某出版物的攻击，法国将该出版行为入罪，本院认为法国的行为违反了《欧洲人权公约》第 10 条]；基纽斯凯诉法国案（Giniewski v. France, App. No. 64016/00，欧洲人权法院，2006 年 1 月 31 日）[上诉人发表批评天主教罗马教皇通谕的文章，之后被责以罚款，法院认定该做法违反了《欧洲人权公约》第 10 条]；阿尔伯特·恩尔曼应用技术研究院诉奥地利案（Alvert Engelmann – Gesellschaft mbH v. Austria, App. No. 46389/99，欧洲人权法院，2006 年 1 月 19 日）[将批评天主教领导层成员的冒犯性言论归罪的行为触犯了《欧洲人权公约》第 10 条]；克莱因诉斯洛伐克案（Klein v. Slovakia, App. No. 72208/01，欧洲人权法院，2006 年 10 月 31 日）（情形同上）。

值得一提的是，法院绝未忽视那些触犯到穆斯林的宗教情感的案例。在土耳其处罚渎神小说出版商案（I.A. v. Turkey, App. No. 42571/98，欧洲人权法院，2005 年 9 月 13 日）中，法院面临的案情如下：在上诉人出版的一本名为《禁语》（The Forbidden Phrases）的小说，其中一些段落提及了真主的虚构性质、穆斯林信仰的非理性和伊玛目（imam，清真寺内率领伊斯兰教徒做礼拜的人）蹩脚的推理技能。这部小说仅仅印刷了两千多册。接着，上诉人被以"亵渎真主、伊斯兰教、穆罕默德和圣书"的罪名起诉和定罪。（同上，第 6 段）。欧洲法院在此案中出现了分歧，最后以微弱的优势（4 比 3）认定此次定罪未违反《欧洲人权公约》，并援引了奥托普雷明格学院案（Otto-Preminger-Institut）中确定的原则。8 个月后，在艾登·塔特拉诉土耳其案（Aydin Tatlav v. Turkey App. No. 50692/99，欧洲人权法院，2006 年 5 月 2 日）中，法庭一致认定对亵渎伊斯兰教定罪的行为确实违反了表达自由。在这个案件中，上诉人是一篇题为《伊斯兰教的现实》（The Reality of Islam）的文章的作者。这部作品带有鲜明的无神论倾向，在很多方面都对伊斯兰教进行了尖锐的批评。截至起诉时，此书已发行

197 了 5 版。法院在讨论相关问题时提出，欧洲在此类案件上并没有达成一致意见，因而可以赋予各国广泛的自由裁量权。但是，这并不意味着赋予宗教信仰者们免受任何批评的权利；情况恰恰相反，宗教信仰者必须接受以下现实：人们有权宣传与他们的信仰相反，甚至是敌视其信仰的教义。法庭参考了土耳其处罚渎神小说出版商一案的判决，但只是从结论的角度来分析该案件。尽管法院承认，穆斯林读到书中"对他们宗教的刻薄评论"时一定会感觉受到了冒犯，但法院"未能在被控告的这个段落中察觉到一种直接针对信仰者的侮辱口吻，或是对伊斯兰教神圣标志的辱骂性攻击"。（同上，第 28 段）。因此，法院认为没有证据表明存在一种"紧迫的社会需要"，可以使得限制上诉人言论自由的行为正当化。（同上，第 30—31 段）。

在处理有关伊斯兰教渎神问题的案件与基督教情感问题的案件时，法院是否秉持了一致的态度？有无必要重新考察奥托普雷明格学院案？在保护宗教情感的名义下，表达自由是否受到了过度的限制？

英国的《2006 年反种族和反宗教仇视法》
（Racia and Religious Hatred Act 2006）

尽管亵渎性的诽谤在英国不再是违反法律的行为，但《2006 年反种族和反宗教仇视法》仍然禁止一些曾经被规定为亵渎神明的行为，而且该法案不仅仅针对基督教，还适用于所有的宗教。这部法律将意图引发宗教仇恨的行为予以定罪。根据该法案第 29B 条第 1 款，"出于引发宗教仇恨的意图而使用威胁性的言论、行为，或公布威胁性的文字资料者，构成犯罪。"宗教仇恨的定义是："出于宗教信仰或无宗教信仰的原因对一个群体的仇恨。"但下文保护表达自由的第 29J 条，限制了法案的适用范围：

本部分在内容上和效果上应当作如下理解：任何一种宗教、信仰或其信仰者的实践，都应当接受讨论、批评、反对、厌恶、嘲笑、侮辱或侵犯性的言论，不应对这些言论进行禁止和限制；此条适用于任何其他宗教体系及其信徒的信仰和实践。此外，使其他宗教信仰体系的信奉者改变信仰或试图让其停止践行其当下宗教或信仰体系的行为，也不应当受到禁止和限制。

一些质疑此部《反种族和宗教仇视法》的人指出，若依照法案的字面含义理解，那么像《圣经》、《古兰经》这样重要的宗教著作都是违法的。但是，考虑到第 29J 条所提供的保护，这些质疑声则显得苍白无力，因为法案几乎保护除最具威胁性的言论以外的所有言论。

评论和问题

宗教仇恨言论立法只针对特定的威胁和煽动，而不对侮辱进行归罪，并且广泛保护所有的宗教。它是渎神法（blasphemy laws）的现代版本吗？英国的《反种族和宗教仇视法》能否满足美国的合宪性要求？

丹麦伊斯兰漫画风波 198

这场丹麦的漫画风波缘起于 12 幅描绘先知穆罕默德的社论型漫画。丹麦的《日德兰邮报》（Jyllands-Posten）在 2005 年 9 月 30 日刊登了这些漫画。该报社表示其目的是参与一场关于伊斯兰教和自我审查制度的辩论。许多欧洲国家的报纸转载了这些漫画，并称自己的行为是捍卫表达自由。

丹麦的穆斯林组织反对其对穆罕默德的此般描绘，并展开了一系列的公开抗议活动。这场风波遍布欧洲各地并扩散至主要伊斯兰教国家，其中，中东地区的穆斯林领导者显然起到了煽风点火的作用。风波的扩散接着又导致了另一轮逐步升级的抗议和暴力活动。许多穆斯林领导人呼吁和平抗议，但也不乏一些发出死亡威胁的领导人。许多人（多为穆斯林）在暴力抗议活动中失去了生命。

这部漫画产生了巨大影响：伊朗宣布中止与丹麦的贸易关系，伊朗的抗议者轰炸了丹麦驻伊朗大使馆；挪威驻叙利亚大使馆被烧；克什米尔地区（Kashmir）爆发大规模罢工，导致商场和贸易关闭；阿富汗总统哈米德·卡尔扎伊（Hamid Karzai）要求西方国家采取"强有力的措施"保证该类漫画不再出现；骚动的范围波及整个世界。

评论和问题

1. 漫画的出版人费林明·罗斯（Flemming Rose）表示他不仅仅是针对伊斯兰教，他对所有宗教都可能采取同样的讽刺方式，他解释了其出版该漫画的目的。其目的在于向丹麦社会传输一种接受和包容的重要信息，传输一种认可和尊重而非不敬的信息。[34] 2009 年秋季，耶鲁大学出版社出版吉特·克劳森（Jytte Klausen）的著作《震惊世界的漫画》（The Cartoons That Shook the World），决定不在书中再次发表这些漫画。出版人不希望为另一轮暴力行为买单。因为漫画所表现的对先知穆罕默德的不敬，引发了穆斯林们狂热的情感，

---

[34] 弗雷明·罗斯（Flemming Rose）编写："我为何要出版穆罕默德的漫画"（Why I Published the Muhammad Cartoons），载《纽约时报》，2006 年 5 月 31 日。

如何处理这种穆斯林情感才是最负责的方式呢？言论自由原则应该要求那些敏感的少数派迟钝到什么程度呢？合乎法律与合乎道德这两者在此的差异又有多大？

2. 在一些欧洲的判例中，否认大屠杀行径是可起诉的罪行。这些地区悲剧的历史背景，和当前仍存在的反犹太主义使得一些问题尤为敏感。以拒绝受理屠杀案件的方式来限制表达，是否是一种事实上的区别对待？这样做合适吗？

附加网络资源：	更多关于丹麦漫画风波的信息（我们没有转载这部漫画，但仍然介绍了相关的文化背景，以解释为何出版这些漫画会带来比我们想象中更大的危险）

199

宗教诽谤

近年来在国际社会最显著的动态之一，是围绕联合国的宗教诽谤决议而持续进行的论战。丹麦漫画风波[35]和荷兰的提奥·梵高（Theo van Gogh）被害事件[36]鲜明地体现了这一点，但事实上这种现象之前就已经存在。早在1999年，巴基斯坦就代表伊斯兰会议组织（Organization of the Islamic Conference）向联合国人权委员会（UN Commission on Human Rights）提交了一份有关"诽谤伊斯兰教"的决议草案。[37]起初的决议草案由于专门针对"伊斯兰威胁论（Islamophobia）"[38]而遭到了反对，最终草案以"宗教诽谤"的名称浮出水面。[39]其后，直到2005年，联合国人权委员会每年都会通过类似的决议。2005年以后，随着新的联合国人权理事会（UN Human Rights Council）的组建，该机构开始负责决定这些决议，其每年也都通过类似的决议。[40]从2005年起，联合国大会也开始每年通过类似决议[41]，尽管反对的声音越来越多。[42]许多国家也进行了相应的立法。

---

〔35〕参见吉特·克劳森（Jytte Klausen）：《震动世界的漫画》，耶鲁大学出版社，2009年。

〔36〕参见 L. 伯内特·格雷厄姆（L..Bennett Graham）："诋毁宗教：多元主义的终结？"（Defamation of Religions: The End of Pluralism?），载《埃默里国际法律评论》（Emory INt' l L. Rev.），2009年。

〔37〕联合国经济与社会理事会（ECOSOC）、人权委员会、巴基斯坦起草修订：《种族主义、种族歧视、仇恨心理和一切形式的歧视》（Racism, Racial Discrimination, Xenophobia and All Forms of Discrimination），U.N. Doc. E/CN. 4/1999/L. 40（1999年4月20日）。

〔38〕见前注〔36〕，第70页。

〔39〕人权委员会第1999/82号修改文件（CHR Res. 1999/82），第280页，联合国人权委员第55届会议，Supp. No. 3, U.N. Doc. E/CN. 4/1999/167（1999年4月30日）。

〔40〕人权理事会2007年3月30日第4/9号修改文件；人权理事会2008年3月27日第7/19号修改文件。

〔41〕联合国大会2005年12月16日第60/150号修改文件；联合国大会2006年12月19日第61/164号修改文件；联合国大会2007年12月18日第62/154号修改文件；联合国大会2008年12月18日第63/171号修改文件。

〔42〕见前注〔36〕，第72页（请注意，2008年时，否定和弃权票数目首次超过赞成票数目）。

尽管我们很容易对这些决议背后的基本情感因素表示认同，但事实上我们并不能回避某些严肃的问题，至少也应细心地限定由此引起的相关立法。"宗教诽谤"这个概念是存在许多问题的。首先，从技术上来说，诽谤是为了保护个人名誉免受侵害而设定的一种法律概念。宗教如何能主张此种权利，我们并不清楚。其次，就算不讨论技术上的缺陷，"宗教诽谤"这个概念本身就是模糊且不易应用的。当权者在运用这一概念时，都会过于倾向用它来保护主流宗教，而不是那些少数派宗教或不受欢迎的宗教。在绝大多数情况下，这种概念会被用于助长专制体制。诽谤宗教会被当做迫害政治反对群体的借口，或用来强制实行一些信仰者个人认为非法或并不认同的宗教派别。总之，人们担忧的是：对"宗教诽谤"施行制裁的概念将会大大超过《公民权利和政治权利国际公约》第 20 条第 2 款所允许的禁止"煽动歧视、仇恨和暴力"的范围。有人担心即使是像"煽动"这样严格限定的概念，都可能遭到滥用来惩罚或恐吓少数派宗教群体的合法宗教言论。这样的担心并不是杞人忧天。因此，反对宗教诽谤决议的一致声音越来越大，这并不是因为随便侮辱宗教信仰本身合理，而是因为在保护这种价值时，应当寻求一种更为体恤的，不威胁到其他人的表达自由、宗教信仰的方式。[43]

我们接下来要看到的这一段，是一份来自联合国宗教或信仰自由特别报告员和联合国有关当代各种种族主义、种族歧视、排外主义与相关不宽容现象的特别报告员的联合报告。这份报告是在丹麦的漫画纷争后，应联合国人权理事会的要求作出的。

特别报告员关于煽动种族、宗教仇恨和鼓励不宽容的报告

A/HRC/2/3 2006 年 9 月 20 日

23. 宗教或信仰自由特别报告员在其活动中认识到，宗教团体或信仰在许多情况下都会成为批判性分析的目标。在这些批评中，有些仅仅从神学角度出发，有些极端的情形则是煽动对宗教群体成员的暴力或仇恨，在这两者之间还存在各种各样的表达方式，包括刻板的成见、讽刺、不敬的评论以及侮辱。

---

〔43〕参见联合国特别报告员："特别报告员关于煽动种族、宗教仇恨和鼓励不宽容的报告"（Report of Special Rapporteurs on Incitement to Racial and Religious Hatred and the Promotion of Intolerance），A/HRC/2/3，第 58—61、65—66 段，2006 年 9 月 20 日；国际宗教自由协会专家委员会（Board of Experts of the International Religious Liberty Association）："有关宗教诋毁建议稿的陈述"（Statement of concern about Proposal Regarding Defamation of Religious）（2009 年 9 月 3 日），参见 http://irla.org/index.php?id=368（最后访问时间：2009 年 9 月 14 日）。

24. 特别报告员注意到，这些表达方式针对的是宗教信仰的内容或持有此种信仰的宗教信仰团体的成员。她进一步指出，各种不同的宗教，不论其古老或新颖，强大或弱小，都是批判的对象。在这一点上，特别报告员指出：对主流宗教的批评总能吸引大家的注意，而很多对小宗教的批评则较少受到关注。

25. 专题报道员指出，发表该类批评的人未必就是无宗教主义者，还包括宗教团体的成员。因此，宗教团体不仅仅是批判表达的对象，在许多情况下还是其起源……

36. 就其含义而言，相关国际法律标准所保障的宗教或信仰自由权利，并不包含使某宗教信仰免于批评或讥讽的权利。此外，根据成员的信仰，在宗教团体内部可能会存在一些义务（例如禁止扮演宗教人物的义务），但这些义务自身并不具有普适性或约束力，因此其不适用于特定宗教群体或团体以外的人，除非这些义务的内容与人权法所保护的权利相一致。

201   37. 当鼓吹言论是出于宗教原因而煽动针对个人的暴力或歧视行为时，其表达自由权可以被合法限制。宗教诽谤可能会冒犯他人，伤害到人们的宗教感情，但其并不一定就构成侵权（包括侵犯他人的宗教自由权），或至少不是直接侵权。宗教自由主要是赋予个人依照其宗教来行为的自由，但并没有赐予信教者权利，使其宗教可以免受非议。

42. 在一些国家、世界各地区以及在不同的宗教背景下，某些形式的宗教诽谤会构成刑事犯罪。虽然由于历史和政治因素等原因，人们对这些诽谤的处理方式各有不同，但将宗教诽谤归罪可能会适得其反。对宗教如此彻底的保护可能会营造一种不宽容氛围，激发恐惧甚至是集体抵制的可能。针对宗教冒犯行为而过度立法或者狂热地适用相当公正的法律，这可能会造成对少数派宗教的迫害，这种情况并不少见。作为对表达自由和资讯自由的限制，这还可能会妨碍对宗教问题的学术研究，抑制直率的辩论和研究。

43. 虽然对诽谤宗教进行归罪的言论不构成国际法所禁止的表达形式，但其也会限制对于宗教实践的讨论，因而妨碍到其他人权。在这种情况下，对宗教实践的批判——有时表现为法律形式——虽然看起来只是侵犯人权，但却因受到宗教制裁或者被认为应当受到宗教制裁而落于宗教诽谤的范围。由于对该法律进行批判性研究本身会被视为诽谤宗教，因此我们将陷入更深的困境中，无法对这类法律的影响进行独立研究。

（《公民权利和政治权利国际公约》第 20 条第 2 款规定："任何鼓吹民族、种族或宗教仇恨的主张，构成煽动歧视、敌视或强暴者，应以法律加以禁止。"）

47. 特别报告员指出，该公约第 20 条起草的历史背景，是当时第二次世界"二战"纳粹专制所引发的恐惧。这一条规定，只有构成鼓吹民族、种族和宗教仇恨的主张才会被禁止，其门槛还是比较高的。因而特别报告员认为，某种表达只有构成煽动针对特定个人或群体的紧迫性暴力和歧视行为时，才为第 20 条所禁止。

评论和问题

上述特别报告员建议联合国人权理事会可以"考虑在表达自由、宗教自由和非歧视的相互关系上制定补充性标准，特别是对第 20 条进行整体性评价"。如果人权理事会要起草这样的整体性评价，你有什么建议吗？

202

五、宗教信仰自由权是一种冗余的权利？

至此，在本章中我们主要讨论了宗教表达受压制或宗教自由和表达自由的权利相冲突的情形。在本章的最后部分，我们提出如下理论问题，即适当扩展的表达自由是否能取代独立的宗教自由，使其变得不再必要。事实上，在 1990 年史密斯一案中，美国联邦最高法院降低了对宗教活动自由的保护。[44] 此后，任何中立的普通法律实际上都能在宗教自由诉讼中获胜，而表达自由所提供的保护甚至比传统的宗教自由规范还要大。一种更合理的观点认为，宗教自由所受到的保护，至少应当不低于言论自由、结社自由和平等保护规范的保护程度。[45] 但是由于这些规范既然已经存在，就有观点认为对宗教自由的特别保护是不必要的。

以上观念正体现了一种涵盖广泛、被称为宗教自由还原论（religious freedom reductionism）的观点。这些观点认为宗教自由是一种冗余的权利，将其从人权和宪法权利的系统中剔除，不会减少任何实质性的保护。

马可·图什内特（Mark Tushnet）就提出了这样的问题："如果从宪法中把宗教活动条款删除，当代的宪法性法律会有什么变化？"[46] 他的答案是：变化不大。他指出，宗教活动自由条款的范围在史密斯案后已变得十分狭窄。[47] 其

---

〔44〕俄勒冈州人力资源部就业处诉史密斯案，494 U.S. 872（1990 年）。第六章将详细讨论该案。

〔45〕弗雷德里克·马克·吉蒂克（Frederick Mark Gedicks），"宗教活动自由原则向可辩护发展"（Towards a Defensible Free Exercise Doctrine），载《乔治·华盛顿法律评论》（Geo. Wash. L. Rev.），第 68 期，2001 年。

〔46〕马克·图什内特（Mark Tushnet）："自由条款是多余的吗？"（The Redundant Free Exercise Clause?），载《芝加哥洛伊大学法律期刊》（Loy. U. Chi. L.J.），第 33 期，第 71 页，2001 年。

〔47〕同上。

后，他进一步证明："其他宪法原则如何广泛地保护了宗教信仰者们涉及的一系列行为"[48]，例如：对言论的直接保护[49]；禁止强制性言论[50]；象征性言论（即以交流为目的并为人所理解的表达性行为）[51]；言论自由原则，包括禁止观点歧视、要求同等享有公共资源、禁止歧视性监管影响的内容。[52] 同样重要的还有表意性结社（expressive association）的权利[53]，其可以很好地解释一些法律规定，如反就业歧视法在某些部门的例外（宗教团体可对其成员优先录用），以及更为普遍的情况——宗教团体对其内部事务享有自治权。[54]

同样的观点在国际规范中也同样适用。詹姆斯·尼克尔教授（James Nickel）提出，宗教自由为国际法广泛承认的以下九大自由所涵盖：(1) 信仰、思考和探索自由；(2) 交流和表达自由；(3) 结社自由；(4) 和平集会自由；(5) 参政自由；(6) 迁徙自由；(7) 经济自由权利；(8) 在居所、家庭、性生活和生育中的隐私和自治权；(9) 选择道德体系、计划生活、生活方式或传统生活方式的自由。[55] 在他看来，一旦这一整套基本自由得以到位，我们就不再需要特别用宗教自由来保护那些传统上由其保护的利益。[56] 而他认为这样做至少有四种益处。首先，它明确了宗教自由与其他自由一样，应基于同样的一般性因素，而不应以特别的宗教性原因作为其基础。[57] 其次，它"为宗教自由设定了广泛而普遍的范围，将其延伸至如结社、迁徙、政治和商业等各个领域"[58]，也强调了宗教自由的多面性。第三，这种方式将宗教自由从条文的局限中解脱出来，使其不再依赖于宪法性和国际性文件中措词的偶然性。[59] 第四，其拒绝"夸大宗教自由的优先性"[60]，从而将宗教自由设定在与其他权利平等的基础上。

---

〔48〕 马克·图什内特（Mark Tushnet）："自由条款是多余的吗？"（The Redundant Free Exercise Clause?），载《芝加哥洛伊大学法律期刊》（Loy. U. Chi. L.J.），第 33 期，第 72 页。

〔49〕 同上，第 73—80 页。

〔50〕 同上，第 74 页。

〔51〕 同上，第 75 页。

〔52〕 同上，第 75—76、80—83 页。

〔53〕 同上，第 84—90 页。

〔54〕 同上，第 84—86 页。对这些原则的进一步讨论请参见第十章内容。

〔55〕 詹姆斯·W. 尼克尔："谁需要宗教自由？"（Who Needs Freedom of Religion?），76 U. Colo. L. Rev. 第 941、943 页（2005 年）。

〔56〕 同上。

〔57〕 同上。

〔58〕 同上，第 944 页。

〔59〕 同上。

〔60〕 同上。

不论是图什内特还是尼克尔都不质疑这种基本权利的重要性。而且他们都认识到，要想涵盖宗教自由的内容，有必要在一定程度上延伸其他权利的范围。例如，尼克尔承认象征性言论可能无法涵盖某些宗教信仰意义上的行为。这是因为这些行为虽然"是为了交流……信仰，但其一般情况下却不被认为是交流行为"。[61] 同样地，由于美国法律对宗教自治的尊重适用于所有的就业决策，而不仅仅适用于那些与宗教表达活动直接相关的就业决策，因而表意性结社也可能无法完全囊括与教会相关的就业情况。[62] 但总体上，他仍认为"当代的宪法原则会使得宗教活动自由条款成为冗余"。[63]

评论和问题

你同意上述观点吗？对于其他权利，是否存在与宗教自由权利同样的权利变化类型，从而可以用来诠释这些权利？表达自由规范（或其他权利规范）的延伸能涵盖所有的宗教领域吗？其对内心世界能否提供同等程度的保护？宗教（以及广阔的世界观）是否在扮演一种独特的角色，从而值得特别的保护？

204

---

[60] 詹姆斯·W. 尼克尔："谁需要宗教自由？"（Who Needs Freedom of Religion?），76 U. Colo. L. Rev. 第 941、943 页（2005 年）。

[61] 同上，第 76—77 页。

[62] 见前注〔37〕，图什内特，第 86 页。引用迈克尔·W. 麦康奈尔（Mickael W. McConnel）："孤立宗教的问题"（The Problem of Singling Out Religion），50 Depaul L. Rev. 1，第 20 页（2000 年）。

[63] 同上，图什内特，第 73 页。

第六章　对宗教行动和表达的限制

一、引言

在绝大多数宗教自由案件中，最困难的事情在于判断有关宗教信仰自由的特定诉求能否在事实上得到保护，或者相互对抗的利益冲突是否会导致对于该权利的限制。换句话说，问题在于，受到许可的宗教自由界限在哪里以及如何划定。不论依据哪种宗教自由理论，一定的界限必然存在。如果所有的宗教信仰都能得到保护而没有限制，那么即使某人的信仰是奴役全人类，他也有权获得绝对的保护，这种规定显然会侵犯其他人的宗教信仰自由。界限到底划在哪里是另一回事，但是必须得划出一定的界限，这一点是清楚无疑的，即使对于内心世界的绝对保护只适用于内心世界。

事实上，法律和宗教领域内最重要的宪法剧变与适用于宗教信仰自由之诉的审查规则的演变有关。在美国，这种剧变以宪法斗争的方式呈现，斗争的焦点在于适用严格的迫切政府利益标准（compelling state interest test）（"严格审查"方法），能否证明对宗教自由的限制是正当的，或者说中立的普遍适用的法律是否足以对抗大多数宗教自由之诉。相比之下，欧洲人权法院评价的是对于宗教和信仰自由的干预是否"在法律规定的范围之内"，以及其是否属于一系列有限的合理目标之一（公共安全，秩序，健康或道德，或者他人的权利和自由），这种干预"在民主社会中"对于促进一个或多个合理目标是否必要。"必要性标准"（"necessity" test）要求国家提供具有说服力的并且必不可少的理由来证明限制措施的正当性，以表明此处存在着"与法律追求的合理目标比例相当"的"迫切社会需求"。然而，美国社会存在着一定的压力，促使其扩大合理目标的范围，缓和比例标准（proportionality test）的严格程度，从而缩小保护范围。

有趣的是，在美国和欧洲（以及许多其他法律系统之中），可适用的标准其最重要的实施方面在于法院的解释。这些解释既从适用根本性规则的内在逻辑以及发展审判技术出发，又从宪法和法律文本的字面意思出发。在不同标准下，案件具有概念上的细微差别。通过这些差别来审视案件，不仅有利于加深对于亟待解决的一系列问题的理解，而且有利于丰富对于各类司法方法的比较认识。

二、美国

在美国，对于宗教自由的保护经历了曲折的过程。美国学者之间达成的普遍共识是：根据现在用来分析宗教自由之诉的原则框架，法院所能提供的对于宗教自由的保护远不如上一代人。本部分中，我们将回顾一些有力的保护原则的衰落和部分复兴的历程，包括放弃由最高法院确立的迫切政府利益标准以及该原则在种种其他环境下的恢复状况。

（一）19世纪的情况

美国联邦最高法院在成立之后的最初100年中，对于宗教少数派的自由活动权没有什么兴趣。这一现象在很大程度上是最高法院在巴伦诉巴尔的摩城［Barron v. City of Bltimore, 32 U.S. (7Pet.) 243（1833年）］一案中的判决所导致的结果。判决认为包括宗教自由在内，体现在权利法案中的保护只适用于联邦政府，而不适用于各州。然而，由于犹他州在1847年首次成为殖民地之后到1896年取得州的地位之前，只是一个地区，而不是一个州，因此19世纪晚期联邦开展反多妻制运动时，联邦议会是其立法者。[1] 故而居住在犹他州的耶稣基督后期圣徒教会的成员（摩门教徒）可以援引第一修正案的规定："议会不得制定关于确立国教或禁止宗教活动自由的法律。"[2] 在雷诺兹诉美利坚合众国［Reynolds v. United States, 98 U.S.145（1878年）］一案中，由教会实施多妻制的权利所引发的宗教活动自由之诉最后上诉到了联邦最高法院。

雷诺兹一案的被告被控实行多妻制，即同时与在世的多个女子保持婚姻关系。在其他争议点中，法院审查的是，若多妻制是构成一种正当宗教信仰的必要部分，禁止多妻制的法律是否因为剥夺了宗教活动自由而违宪。摩门教徒的宗教活动自由与联邦政府的反多妻制运动背道而驰，所以无效。雷诺兹

207

---

〔1〕多妻制问题过于复杂，此处不作深入讨论。要想了解关于这种社会现象以及相关法律问题的精彩论述，参见凯瑟琳·米·戴恩斯（Kathry M.Daynes）：《多个妻子：摩门教婚姻制度的改革1840—1910年》(More Wives Than One: Transformation of the Mormon Marriage System, 1840—1910) (2001)；埃德温·布朗·菲尔马杰、R.科林曼格鲁姆（Edwin Brown Firmage and R.Collin Mangrum）：《法庭上的犹太人：耶稣基督后期圣徒教会的法律史，1830—1900年》(A Legal History of the Church of Jesus Christ of Latter-day Saints, 1830—1900), (1988年)；萨拉·巴林杰·戈登（Sarah Barringer Gordon）：《摩门教问题：多妻制度和十九世纪美国的宪法冲突》(The Mormon Question: Polygamy and Constitutional Conflict in Nineteenth-Century America) (2002年)；理查德·S.瓦格纳·凡（Richard S.Van Wagoner）：《摩门教多妻制度的历史》(Mormon Polygamy: A History)；奥马·林福德（Orma Linford）《摩门教和法律：多妻制案例》(The Mormons and the Law: The Polygamy Cases) ［犹他法律论坛（Utah L.. Rev.）第九卷第二部分，第543—591页，1965年］；奥马·林福德：《摩门教和法律：多妻制案例》（犹他法律论坛第九卷第一部分，第308—370页，1964年）。

〔2〕美国宪法第二修正案（强调为作者所加）。

（Reynolds）一案的结果十分清楚：宗教活动自由不能对抗多妻制指控。但是本判决的实施标准可以从不同角度进行解释。就某一层面而言，法院从人们所知的"信仰与行动的区别"这一方面出发，来论述判决的正当性。根据这一标准，对信仰的规制受到绝对禁止，但是州政府对行为的规制则受到较少限制。具体来说，法院支持对重婚定罪是基于如下理由，"法律是为积极行动的政府而设，尽管法律不能干涉宗教信仰和想法本身，但是可以干涉行为。"[3] 然而，法院究竟是说任何法律都可以对抗宗教自由之诉，还是说争议的法律必须是"普遍而中立的法律"或者特别重要的法律，例如长期存在的刑事立法，这个问题并不清楚。此外，判决意见书特别强调说反多妻制法律背后的政府利益在于保护婚姻制度。"这一制度既是社会生活最重要的特征，也可以说是社会建立的基础。"[4] 因此，哪条标准对于法院意见最为关键，人们看法各异，据此本案既可以解读为史密斯（Smith）一案（下文有摘录）的前身——"信仰与行动"案件，又可以解读为迫切政府利益标准的先驱。

对于信仰/行动二分法的广义解释仅仅禁止规制信仰本身，而完全允许控制基于信仰所做出的行为。这种解释与宪法保护宗教"活动"自由的规定显得格格不入，因为该规定不只意味着要保护信仰和表达，还意味着要保护行为。鉴于许多宗教习俗都同时要求信徒持守与践行其信仰，审理雷诺兹一案的法庭的解释可能反映了新教徒对于信仰中心地位的情感。无论如何，对雷诺兹一案的信仰/行动解释方式都意味着政府有权控制的宗教活动范围十分广泛。

从南北战争即将开始前（19世纪50年代中期）到19世纪90年代初期，根据这一时期内两个主要学者的命名，发生了"针对摩门社群的战争"[5]。思考一下这段时期内颁布的法律有助于理解为什么那些实质上允许规制行为的解释具有重大意义。在此期间，联邦政府颁布了一系列措施，其不仅针对多妻制，而且针对整个摩门社群。几乎不需要什么行为作为理由，国家就能实施制裁。比如，在戴维斯诉比森 [Davis v. Beason, 133 U.S.333（1890年）] 一案中，最高法院认为仅仅因为个人是信仰重婚的宗教团体的一员，就有足够的理由剥夺其选举权。除专门针对重婚的法案以外[6]，一些名义上中立，实际上将曾

---

[3] 雷诺兹案，98 U.S.，第166页。

[4] 同上，第164—166页。

[5] 菲尔马杰、曼格鲁姆（Firmage and Mangrum），同注释 [1]，第210—260页。

[6]《莫里尔法案》（Morrill Act），12 Stat.501（1862年）；《埃德蒙兹法》（Edmunds Act），22 Stat.30（1882年制定，1887年修改）；《埃德蒙兹—图克法》（Edmunds-Tucker Ac），24 Stat.635（1887年）[对《埃德蒙兹法》（Edmunds Act，22 Stat.30，1882年）的修改]。

经和现在的重婚者排除在陪审团[7]以外且剥夺其选举权[8]的法案也获得了通过。联邦法院系统事实上落入了非摩门教徒手中，并且获得了优于地方法院的地位。[9] 1870 年，犹他州地方立法机关授予妇女选举权[10]，但 1887 年，议会剥夺了这一权利。[11]犹他州废除了普通法保护的婚姻豁免权。[12]由于选举权被剥夺，同时也由于法律的规定，摩门教徒不能再担任公职。[13]一部允许重婚制下的妻子和孩子与一夫一妻制下的继承人享有同等继承权的地方性法案遭到废除。而"非婚生"子女不论是通过遗嘱继承还是法定继承都无权获得遗产。[14]永久移民基金 (The Perpetual Emigration Fund) 被强制解散，财产也被没收。这一基金设立的目的是促使不太富裕的摩门教徒从国外移民到国内。[15]而一系列的行政和外交努力都旨在阻止摩门教徒移民进入国内。[16]最终的一击来自于一条关于教会解散的法律规定，包括教堂在内超过 50000 美元的教会财产均予以没收。[17]联邦最高法院在耶稣基督后期圣徒教会法人组织诉美国 (The Late Corporation of the Church of Jesus Christ of Latter-day Saints v. United States) 一案中肯定了该行为的所谓合宪性。[18]

面对这些压力，当时的摩门教会首领威尔福德·伍德拉夫 (Wilford Woodruff) 发表了 1890 年"宣言"[19]，最终导致了重婚行为在教会内部的终结。教会的财产得以恢复。而随着犹他州明确要求禁止多妻制，它作为一个州的地位也得到承认。如今实施多妻制的个人会被逐出摩门教主体教会，而教会已无意再卷入 19 世纪的反多妻判决。然而毫无疑问，结束多妻制是一次重要的方向调整，导致的结果是若干小团体从教会主体中分离出来，继续奉行多妻制直到

---

〔7〕《埃德蒙兹法》，22 Stat. 30，第 5 条。

〔8〕同上，第 8 条。

〔9〕《波兰法》(Poland Act), 18 Stat.153（1847 年）；参见菲尔马杰、曼格鲁姆，同注释〔1〕，第 219 页。

〔10〕菲尔马杰、曼格鲁姆，同注释〔1〕，第 235 页。

〔11〕《埃德蒙兹—图克法》，第 20 条。

〔12〕菲尔马杰、曼格鲁姆，同注释〔1〕，第 206 页。

〔13〕同上，第 236 页。

〔14〕《埃德蒙兹—图克法》，第 11 条。

〔15〕同上，第 15 条。

〔16〕菲尔马杰、曼格鲁姆，同注释〔1〕，第 241—244 页。

〔17〕《埃德蒙兹—图克法》，24 Stat.637，第 13 条。这部法案为"那些专用于礼拜，牧师住宅以及墓地的财产提供了有限的例外"。由于在准备法案通过的过程中出现了一些变动，这部法案的作用有所降低，所以，财产得到了妥当管理而不被联邦政府征收。

〔18〕136 U.S. 1（1890 年）。

〔19〕《教义和圣约》(Doctrine and Covenants)，官方声明一（1890 年）。

209　今日。[20] 多妻制的诸多案例阐明了即使名义上"中立和普遍"的法律是如何以特定的宗教活动为目标的。

（二）迫切政府利益标准的提出

20 世纪中叶，关于宗教活动自由这一难题，法院的态度发生了转变。正如我们在第一章中所看到的那样，坎特韦尔诉康涅狄格州 [Cantwell v. Connecticut, 310 U.S.296（1940 年）] 一案中，最高法院认为宗教活动自由条款（free exercise clause）既适用于联邦政府，也适用于各州，其完全推翻了对耶和华见证会（Jehovah's Witness）所作的刑事判决，他们在没有事先获得州法所规定的许可证的情况下，就要求宗教奉献。三年之后，在另外两起耶和华见证会案件中（详见第五章），有迹象表明事情已经发生了重大变化。在默多克诉宾夕法尼亚州 [Murdock v. Pennsylvania, 319 U.S.105（1943 年）] 一案中，法院认为向街头传教士征收许可证税的规定违宪，而在西弗吉尼亚州教育委员会诉巴内特 [West Virginia State Board of Education v. Barnette, 319 U.S. 624（1943 年）] 一案中，法院宣布向国旗敬礼的强制性法律规定无效。第二个案件在某种程度上意义重大，因为它推翻了麦诺斯维尔学区诉戈比蒂斯 [Minersville School District v. Gobitis, 310 U.S. 586（1940 年）] 一案，该案判决认为要求人们参加国旗仪式的法律是名义上中立且普遍适用的法律，可以对抗宗教活动自由之诉。而戈比蒂斯一案的法院否认个人可基于宗教理由而免于向国旗敬礼，并且说道："拥有与政治社会的相关问题相互冲突的宗教信仰，这一事实本身并不足以使公民免于承担政治义务。"（同上，第 594—595 页）。然而，仅仅过了三年，法院在创设基于宗教禁忌的免责情形时，站到了个人自由一边。这种做法标志着朝向严格审查标准演变的趋势开始了。尽管巴内特一案的法院明显仍然更加依赖言论自由条款，而非宗教活动自由条款。但该案中的学生作为耶和华见证会的成员，能够出于宗教信仰而拒绝向国旗敬礼，这一事实本身就证实了这一原则：宗教活动有时能获得第一修正案的保护，而不必遵守与之矛盾的制定法规定。

正如人们所预料的那样，扩大对于宗教少数派的保护的趋势并非一帆风顺。在布朗菲尔德诉布朗 [Braunfeld v. Brown, 366 U.S.599（1961 年）] 一案中，最高法院审查了一位正统犹太教（Orthodox Jewish）商店老板提出的异议，该异议针对的是要求店铺星期天歇业的法案。这样的法案给那些视星期六为安息日的人增添了巨大的负担，因为如此一来他们整个周末都得歇业，而周末是零售业在

---

〔20〕最可靠的估计表明约有 30000 到 35000 人在家里加入了仍然奉行多妻制度的小团体——与教会的 1300 万名成员比起来，数量微不足道。参见戴恩斯（Daynes），同注释〔1〕，第 210 页。

一周中最重要的时间段。最高法院并没有减轻这一负担，而是裁定周日歇业的法律没有违反宗教活动自由条款，因为该法具有合法的世俗目的（规定统一的休息日），同时也因为该法施加于宗教活动之上的限制是"间接的"，而非"直接的"。

然而仅仅过了三年，在谢伯特诉弗纳（Sherbert v. Verner）案中，最高法院就把迫切政府利益标准开始明确运用于宗教活动自由之诉。

谢伯特诉弗纳案（SHERBERT V. VERNER） 210

美国联邦最高法院，374 U.S. 398（1963 年）

布伦南（Brennan）法官陈述法庭意见。

上诉人谢伯特（Sherbert）是基督复临安息日教会（Seventh-day Adventist Church）的成员，因为不愿在其信仰所规定的安息日周六工作，而被她的南卡罗来纳州雇主所解雇。当她出于良心上的顾虑不愿在周六工作因而无法获得其他职位时，她依据《南卡罗来纳州失业救济法》（South Carolina Unemployment Compensation Act）提起诉讼，要求获得失业救济金。《失业救济法》规定，申请人必须"能够工作……并随时准备好工作"，才有资格获得救济金。此外，"如果……申请人没有正当理由，拒绝……接受雇佣机构或其雇主所提供的现有的适当工作……"，那么该申请人没有资格获得救济金。在法律规定的行政程序中，被上诉人就业保障委员会（Employment Security Commission）发现上诉人不愿在周六工作这一情况符合以下条款的规定：被保险工人没有正当理由拒绝接受"由雇佣机构或其雇主所提供的适当工作"即丧失获得救济金的资格。委员会的决定得到了斯帕坦堡县（Spartanburg）民事诉讼法院的支持。该法院的判决又转而得到了南卡罗来纳州最高法院的肯定。上诉人主张南卡罗来纳州法律中的丧失资格条款剥夺了她的宗教活动自由，而该权利的依据源自通过第十四修正案实施的第一修正案的宗教活动自由条款。上诉人的这一主张遭到了州最高法院的拒绝。该州最高法院特别指出上诉人丧失资格这一事实并没有侵害她的宪法自由，因为这样的法律规定"既没有对上诉人的宗教信仰自由予以限制，又没有以任何方式阻止她为了遵守与良心要求相一致的宗教信仰而自由行使其权利和自由"。我们注意到了对于上诉人上诉的可能管辖权。我们将南卡罗来纳州最高法院的判决予以发回，在不违背本意见的情况下，进行进一步审理。

A

宗教活动自由条款不允许政府控制宗教信仰本身。政府既不能强迫人们信奉自己讨厌的信仰，也不能因为个人或团体持有与官方相悖的宗教观点就惩罚或歧视他们，更不能通过行使征税权的方式来阻止特定宗教观点的传播。另一方面，法院根据宗教活动自由条款，拒绝了人们为反对政府规制某些基于宗教信仰或原则的公开行为而提出的异议。因为"即使该行为与个人的宗教信仰相吻合，也不能完全免于受到法律规制"（布朗菲尔德诉布朗案，366 U.S.599，603）。这些受到规制的行为或活动不可避免地对公共安全、和平和秩序构成了严重的威胁。

211 　　显而易见的是，上诉人出于良心反对周六工作，并不能构成州法意义上，基于宗教原则而做出的行为。因此，如果南卡罗来纳州最高法院的判决经受得住上诉人的合宪性挑战，要么是因为她丧失受益人资格并不表明该州侵犯了她受宪法保护的宗教活动自由，要么是因为任何对上诉人宗教活动自由的限制都可以根据这一理由加以正当化，即"对于规制州宪法授权范围之内的事项，州政府有重大利益……"[美国有色人种促进会诉巴顿案（NAACP v. Button, 371 U.S.415），第 438 页]。

B

　　我们首先考虑的问题是：丧失获赔资格是否限制了上诉人的宗教活动自由。我们认为确实有所限制……因为"如果一部法律的目的或效果就是要阻止人们遵守某个或所有宗教，或者就是要区别对待不同的宗教，那么即使这种限制只具有间接性，这部法律也会因为违宪而无效"（见布朗菲尔德诉布朗案，第607页）。本案中，上诉人所称的丧失获赔资格完全是她的宗教行为导致的结果，这一事实显而易见。不仅如此，促使她放弃这一宗教行为的压力也确定无疑。法院的裁决迫使她在两种情况中做出选择：一种做法是遵守教义，失去利益。另一种做法是为得到工作而不予遵守她所属宗教的这种规定。政府强加的上述选择对于上诉人宗教活动自由的限制，就如同针对她的周六礼拜活动处以罚金一样……

　　我们认为这种选择侵犯了守安息日者的宗教自由，而南卡罗来纳州的行为清楚表明，星期天礼拜者无须做出此类选择。在"国家紧急状态"期间，州政府劳动专门委员会（State Commissioner of Labor）授权纺织厂可以在周日开工，但是"若雇员出于良心反对周日工作，便不得要求其在周日工作；如果雇员基于良心上的反对拒绝在周日工作，该拒绝行为不会损害他/她的升迁，也不会以其他方式造成对个人的歧视"[《南卡罗来纳州法典》（S.C.Code），第 64 条第 4 款]。周日礼拜者丧失获赔资格的情况不可能发生，因为我们无从想象雇主会去违反法律解雇他。因此，守安息日者丧失资格这一事件的违宪性由于掺杂了宗教歧视的因素而变得复杂，而南卡罗来纳州的整个法律体系必然会对宗教歧视产生影响。

C

我们接下来要考虑的是，南卡罗来纳州法律的获赔资格条款中所体现的迫切政府利益标准是否能够证明，对于上诉人第一修正案权利的实质性侵害具有正当性。在这个高度敏感的宪法领域，"只有威胁到首要利益的最严重侵害才需要予以限制"［托马斯诉柯林斯案（Thomas v. Collins, 323 U.S. 516），第 530 页］。在本案中并无这样的侵害或危险发生。被上诉人只是提出一种可能性：有些动机不纯的起诉人假装基于宗教理由反对周六工作，借此提出欺诈性诉讼。这些诉讼不只会减少失业救济基金，而且会妨碍雇主进行必要的有关周六工作的安排……没有任何证据可以证明存在着被上诉人在本案中所提出的诸如装病、欺诈之类的顾虑……而且即使虚假诉讼可能会减少救济金或是打乱工作计划，显然被上诉人有义务证明除了侵害第一修正案的权利以外，就没有其他替代的规制方法可以对抗这样的权利滥用……

因此，从这些方面来说，本案中所主张的政府利益与上述布朗菲尔德诉布朗一案中所主张的利益完全不同，后者用以证明对宗教活动施加的不那么直接的限制具有正当性。该案的法院承认判决所支持的周日歇业法无疑"增加了（正统犹太教商人的）宗教活动费用"（366 U.S., 605）。然而，该法规得到了另一种相反因素（本案中没有这样的因素）的支持——为所有劳动者提供统一的休息日是重要的政府利益。法院认为只有宣布周日为休息日才能达到这一世俗目的。关于守安息日者取得豁免的要求，虽然在理论上可行，但是会导致重大的行政问题，或者会令豁免者拥有巨大的竞争优势以至于这种要求会造成整个法律系统难以运行。本案中南卡罗来纳州最高法院认为上诉人的宗教致使她没有资格获得救济金，但是本案中并无正当理由可以证明这一点。

D

我们如此裁定，当然并不是要促成基督复临安息日教（Seventh-day Adventist religion）在南卡罗来纳州的"法定宗教地位"。因为允许守安息日者与周日礼拜者一样享有失业救济金，仅仅反映了政府在宗教差异面前保持中立的义务，而不代表世俗机构对宗教事务的介入，而这种介入正是政教分离条款所要阻止的。

南卡罗来纳州最高法院的判决被推翻，因其与本判决不一致而予以发回进行进一步审理。依本法院指示发回重审。

道格拉斯（Douglas）法官持相同意见……

212

穆斯林的宗教戒律要求他们周五去清真寺，一天祷告 5 次。锡克教徒（Sikh）的宗教戒律要求他佩带一柄常规的或象征性的剑。耶和华见证会成员（Jehovah's Witness）的宗教戒律教导他发放宗教书籍，从一个城市到另一个城市，挨家挨户去散发宗教宣传手册。贵格会（Quaker）的宗教禁忌禁止教徒宣誓，而代之以确认。佛教徒（Buddhist）的宗教禁忌要求他不吃肉，即便是鱼肉都不行。

例子可以举很多，包括基督复临安息日会，他们的安息日是周六，而且提倡不吃某些肉……这些例子足以表明许多人所持的信仰迥异于社会主流。这些信仰受到第一修正案的保护，但是反映主流观点，披着"治安"或"健康"外衣的法律规则很容易将其践踏。

有人认为只要主流的宗教规则可以看做是执行了有效的世俗功能，那么社会多数派就可以通过国家行为，强迫少数派遵守他们的特定宗教禁忌。这种观点是法院在周日歇业法中判决的核心所在……这一判决我当时不同意……现在仍然不同意。

南卡罗来纳州请求我们认定，当涉及休息日时，守安息日者为了获得失业救济金，就得遵从大多数人的宗教禁忌。

判决结果不取决于受侵害的程度。以普通标准来评判的话，侵害可能根本不存在。此处的侵害指的是对个人宗教禁忌和良心的干涉，而这正是由第一修正案保护的不受政府干预的重要隐私领域。

哈伦（Harlan）法官与怀特（White）法官持反对意见……

南卡罗来纳州的《失业救济法》于 1936 年颁布，旨在应对当时大萧条期间出现的严重社会经济问题。

因此，该法案的目的是帮助人们渡过难以找到工作的困难时期，以避免社会经济动乱。然而另一方面，法案显然并不打算为那些纯粹因为个人原因而无法或变得无法再工作的人提供救济。与此目的相对应的是，该法第 68 条第 113 款规定："对于一个失业的被保险工人，只有当委员会发现……他能够工作并且愿意工作时……才能有资格领取当周的救济金……"（强调为作者所加）

南卡罗来纳州最高法院一直认为……如果某人失业不是由于该产业不能提供工作，而是由于个人情况，那么不论该情况多么严重，也不能构成"准备并愿意接受工作"……

本案中州法院所做的一切都只是适用已获认可的规则。由于斯帕坦堡（Spartanburg）所有的工厂都是一周开工 6 天，当上诉人因为个人考虑拒绝在该产业以及她的工作地点的全部工作时间内进行工作时，她并非"准备并愿意接受工作"，因此无权获得救济金。这种个人考虑来自于她的宗教信仰，与州法院的法律适用完全无关……

法院的意见认为，如果南卡罗来纳州决定将上诉人是否准备并愿意接受工作作为发放失业救济金的条件，该州就得依据宪法，将那些出于宗教信仰而不愿接受工作的人作为例外来对待，并为其提供救济金。这一判决在两个方面具有重大意义。

第一，尽管联邦最高法院并不希望如此，判决结果还是会推翻布朗菲尔德诉布朗案（366 U.S. 599）。该案认为州政府禁止守安息日者在周日营业并没有违反宪法上的"宗教活动自由"条款。现在摆在我们面前的这部法案的世俗目的比其在布朗菲尔德一案中更为明确。在布朗菲尔德一案中，若守安息日者享有例外，可以不用遵守周日歇业法，那么这一例外就不符合规定统一休息日的目的，而且会导致对宗教信仰的个案审查。本案与之类似，若法院允许个人基于宗教信仰，享有获赔资格条款的例外，法院就必须审查这些信仰。而且这一例外与该法于工业不稳定时期稳定经济的有限目的并不相符……

第二，本案判决的暗含之义远比在粗略且明显狭隘的角度下所能展示的东西更为复杂、麻烦。正如已经指出的那样，这份判决的意思是南卡罗来纳州必须提供失业救济金给那些由于实施其宗教信仰而不愿意工作的人。也就是说，南卡罗来纳州只能向那些基于宗教动机而实施某种行为的人提供经济帮助，而拒绝给那些不是出于宗教动机而做出同样行为的人提供同样的帮助。

评论和问题

1. 按照多数意见法官的推理，对于主张豁免权的宗教诉讼有些什么限制？按照不同意见法官的推理呢？

2. 反对意见法官认为本案默示地推翻了布朗菲尔德诉布朗案，他的意见对吗？

3. 关于经济帮助的问题，反对意见法官认为本裁定只向宗教信徒提供而拒绝向其他人提供经济帮助，道格拉斯法官认为本案的性质并不是个人可向政府要求什么，而纯粹是政府不应对个人做什么，以至于侵犯其宗教禁忌。谁的意见更为合理？

4. 审理谢伯特（Sherbert）一案的法院一度指出，即使迫切政府利益标准适用于本案，该州也不能证明对宗教活动自由的限制是正当的，除非该州同时证明没有替代的规则能解决这一问题。从实践出发来考虑，严格检查标准在这一

214

方面的重要性有多大?

威斯康星州诉约德案（WISCONSIN V. YODER）

美国联邦最高法院 406 U.S. 205（1972 年）

［旧秩序阿米什教派（Old Order Amish）和保守阿米什门诺教会（Conservative Amish Mennonite Church）的成员由于拒绝送其孩子到学校接受八年级以后的教育，而被指控违反了威斯康星州的强制入学教育法（该法案要求学生接受学校教育直至年满 16 岁）。威斯康星州最高法院支持父母一方的诉求，认为这一要求侵犯了他们的宗教活动自由。最高法院授予了调卷令（a writ of certiorari），对威斯康星州最高法院的判决进行复审。］

215　　首席大法官伯格（Buger）陈述法庭意见……

威斯康星州为了迫使学生接受八年级以后的学校教育（当有人基于宗教活动自由条款反对这一要求时），它要么证明这一要求没有侵犯宗教活动自由，要么证明存在足够大的政府利益可以凌驾于依据宗教活动自由条款所主张保护的利益之上……

被上诉人公开承认并且确实作为信念宣称，他们的宗教信仰以及我们今天称之为"生活方式"的东西数个世纪以来在基本方面上都没有发生变化。尽管要求其顺应潮流的压力使维持这种生活方式变得非常困难，但他们仍然生活在以教会为主导的社区之中，与外部世界和"世俗"影响隔离开来，对于自然和土地充满了依恋之情，其在本质上仍然是简单质朴的。他们拒绝使用电话、汽车、收音机和电视机，具有独特的衣着和谈话方式，习惯于手工劳动，这一切确实将他们与大部分现代生活方式隔离开来……

强制入学教育法对于被上诉人的阿米什宗教活动所产生的影响不仅颇为严重，而且无法避免，因为通过刑事制裁的威胁，威斯康星州的法律能够强迫他们实施那些无疑会与自己的宗教信仰基本原则背道而驰的行为。这部法案的影响也不仅限于在主观上严重干预了阿米什重要的宗教原则，它对于第一修正案旨在保护的宗教活动自由的确构成了客观的威胁。正如记录所显示的那样，强迫阿米什儿童接受义务入学教育直至 16 岁的要求，对于损害当前存在的阿米什社区和宗教实践构成了非常现实的威胁。他们要么放弃信仰，充分融入社会，要么被迫搬迁到其他更为宽容的地区……

公认的专家关于教育和宗教历史的证言没有受到质疑，他们始终如一的宗教实践延续了几乎 300 年，有力的证据表明不可动摇的信念渗透并调节着被上诉人的整个生活方式，这些情况都支持了以下诉求：实施威斯康星州关于接受八年级以后正规义务教育的要求就算不会剥夺被上诉人的宗教活动自由，也会对其造成严重威胁。

（威斯康星州并没有质疑初审法院的事实认定或者阿米什信仰的性质，而是主张该州在义务教育制度中的利益"如此巨大，其重要程度胜过了被上诉人毋庸置疑的权利主张，即为使孩子适应阿米什生活，被上诉人所采用的方式……属于其宗教信仰和实践的关键部分"。）

威斯康星州承认依据宗教条款（Religion Clauses），宗教信仰完全不受州政府的规制，但同时主张"行为"不属于第一修正案的保护范围，即便是出于宗教理由而做出的行为也是如此。但是，我们的判决否认了这个将宗教行为总是置于宗教活动自由条款保护范围之外的观点。各州在行使自己的保留权力以促进健康、安全和公共福利时，以及联邦政府在行使自己被授予的权力时，个人行为即使是基于宗教理由也要常常受到州和联邦的规制。虽然这种情况真实发生……但是同意宗教行为必须经常受制于州政府广泛的治安权并不意味着否认以下事实：有的行为领域受到第一修正案中宗教活动自由条款的保护，因而即便是依据具有普遍适用性的法规，州政府也无权控制。例如，谢波特诉弗纳案［Sherbert v. Verner, 374 U.S. 398（1963 年）］；默多克诉宾夕法尼亚州案［Murdock v. Pennsylvania, 319 U.S. 105（1943 年）］；坎特韦尔诉康涅狄格州案［Cantwell v. Connecticut, 310 U.S.296（1940 年）］。因此，虽然被上诉人被指控实施了拒绝送孩子到公立高中上学的"行为"，但本案的审理并没有因此而变得更加轻松。在本案的背景下，信仰和行为无法用一种严密的逻辑予以划分。

本案的处理也不能基于如下假设：威斯康星州要求学生入学直至 16 岁的规定统一适用于本州所有居民而且从表面上看其没有歧视所有宗教或特定宗教，或者说这一要求是出于合理的世俗顾虑。然而，表面上中立的规定如果过分限制了宗教活动自由，在实施中就会违反关于政府中立性的宪法要求……

我们接下来讨论该州从更广泛的角度所提出的论点：义务教育制度中的州利益如此迫切以至于阿米什人固有的宗教实践也得向其让步。然而，在根本性的宗教自由诉求得不到满足的情况下，我们无法接受如此宽泛的权利主张。即使其在大多数案件中都具有公认的有效性，我们也必须彻底审查该州通过要求学生接受义务教育直至 16 岁所希望实现的利益目标，以及如果认可阿米什的豁免主张会对这些目标产生什么样的障碍……

威斯康星州提出了两个主要理由来支持它的义务教育制度。该州提出，正

216

如托马斯·杰斐逊（Thomas Jefferson）在我们早期历史上所指出的那样，如果
我们要保持自由和独立，就有必要让公民接受一定程度的教育，以便他们有效
而理智地参与我们的开放政治体制。此外，教育能使个人成为自力更生和自给
自足的社会参与者。我们接受这些论点。

……让阿米什小孩再接受一两年正规高中教育，以代替他们长期存在的非
正规职业教育方案，其效果对于实现那些利益并不会有什么作用……当教育的
目标是培养孩子适应大多数人生活的现代社会时，接受一两年八年级以上的义
务教育也许会有必要。这种情况是一回事，但如果教育的目标被看做是培养孩
子适应作为阿米什信仰基石的独立农业社会，那么情况就完全不同了……

事实上，阿米什社区极为类似于并且充分反映了杰斐逊关于"坚毅自耕农"
（sturdy yeoman）理想的诸多特点，这些自耕农构成了杰斐逊所认为的民主社会
理想的基础。即便是他们与众不同的与世隔绝状态也可以作为我们公开表示赞
扬和鼓励的多样性的例子。

我们与威斯康星州最高法院意见一致，认为第一和第十四修正案禁止该州
强迫被上诉人让孩子进入正规高中直至 16 岁。

217　　　　除了（成功自给自足的已有历史和虔诚的宗教信仰以外），他们为证明以下
事实承担了更重的责任：在该州为支持其义务高中教育方案而提出种种利益作
为支撑时，他们有足够的理由继续进行非正式职业教育的替代方式。由于这一
具有说服力的证据可能极少有其他宗教团体和教派能够提供，同时通过衡量州
的要求与阿米什已接受部分之间的细微差别，该州必须提供更多的细节以证明
该州在义务教育中已获承认的巨大利益，会因为授予阿米什人豁免权而受到怎
样的不利影响……

怀特（White）法官、布伦南（Brennan）法官与斯图尔特（Stewart）法官
持同意意见。

诸如此类的案件总是要求在一些重要但冲突的利益之间做出微妙的平衡。
我之所以赞成法庭的意见和判决，是因为我没办法说该州要求……接受九年级
和十年级义务教育的利益，大于公认善意的阿米什宗教实践对于该教派继续存
在的重要性。

如果被上诉人的诉求是他们的宗教禁止他们的孩子在任何时候进入任何学
校，以及禁止他们以任何方式满足州法规定的教育标准，那么对于我来说这会
是一起完全不同的案子。由于阿米什儿童可以通过接受一年级到八年级的教育，
而获得能够在现代社会中生存的基本识字技能，同时也由于违背州义务教育法

的程度相对较轻，我得出的结论是被上诉人的诉求必须得到支持，很大程度上是因为"宗教自由——即信仰宗教的自由，以及实施奇怪行为甚至可能是外来信条的自由——在传统上已经成为我们社会的最高价值之一"。（布朗菲尔德诉布朗案）

道格拉斯（Douglas）法官持部分反对意见。

……不能对宗教自由之诉进行孤立的分析。本案中如果允许父母取得宗教豁免，就必然会将父母的宗教义务观念强加到他们的孩子身上……由于孩子缺乏其他有效的场合发表意见，所以应该在这一诉讼中对他们的权利加以考虑。而且，如果阿米什儿童渴望进入高中，并且成熟到了其渴望应受到尊重的程度，该州完全可以推翻父母基于宗教动机而提出的异议……

今天的判决威胁到的不是父母的未来，而是孩子的未来。如果父母拒绝让其孩子接受小学以上的教育，那么这个孩子将永远无法进入我们今天所拥有的这个多姿多彩的新奇世界。孩子可以决定父母的做法是更好的道路，也可以选择反叛。我们说过关于《权利法案》的话，我们也说过关于孩子有权成为自己命运主宰的话，如果我们要赋予这些言论以充分的意义，那么孩子的判断，而非父母的判断，最为关键。如果那些有权支配他的人将他束缚在阿米什生活方式之上，如果他所接受的教育不足，那么他的整个生活就可能受到阻碍和扭曲。因此，在该州给予我们今天所支持的豁免之前，应该给孩子一个被倾听的机会……

218

评论和问题

1. 额外的两年教育不再具有强制性，这一事实对于阿米什人来说有多大的重要性？这一重要性是否会影响到法院的分析？

2. 首席法官伯格的意见中所使用的语言似乎是将阿米什宗教定性为古朴而又在美学上令人愉悦的宗教。这种定性对于他的判决来说起到多大作用？如果所争议的宗教不那么具有吸引力，结果是否会有所不同？

3. 是否应该如同道格拉斯法官所坚持的那样，使孩子的权利优先于父母（以及社区）的权利？

4. 在考虑宗教活动自由之诉时，谁的信仰更具重要性？个人的，还是团体的？参见托马斯诉审查委员会案 [Thomas v. Review Board, 450 U.S.707（1981年）]。（支持耶和华见证会成员的宗教活动自由之诉。关于是否能在军工厂工作这一问题，该信徒比起许多其他教友持更严格的观点。）

（三）迫切政府利益标准的部分放弃

约德案之后的数年间，在联邦最高法院的众多判决中，迫切政府利益标准

受到了削弱。有些案件是由于涉及诸如军队或监狱等特殊背景，因而运用了更
为宽松的原则；有些案件是由于政府的利益在于管理其自己的土地，而不在于
施加一般的社会规范；有些案件是为了尊重税务机关的权力。而在还有一些案
件中，可能只是因为法院过于草率地判决迫切政府利益标准已经得到满足。在
就业处诉史密斯〔Employment Division v. Smith, 494 U.S. 872（1990 年）〕一案
中，法院做得相当彻底，除有限的一系列宗教活动自由案件以外，完全放弃了
迫切政府利益标准。

俄勒冈州人力资源部就业处诉史密斯案
（EMPLYMENT DIVISION, DEPARTMENT OF HUMAN RESOURCES OF OREGON V. SMITH）

美国联邦最高法院，494 U.S. 872（1990 年）

斯卡利亚（Scalia）法官陈述法庭意见。

本案要求我们裁决第一修正案的宗教活动自由条款是否允许俄勒冈州将基
于宗教动机使用佩奥特碱（peyote）的行为，包含在关于使用毒品的普遍性刑事
禁令之中，以及是否因此而允许该州拒绝提供失业救济金给那些基于宗教动机
使用该毒品而遭解雇的人……〔本案的宗教权利请求人在一家私人毒品康复机
构工作，由于在美国原住民教会（Native American Church）的仪式上出于圣礼
目的使用了佩奥特碱而遭到解雇。佩奥特碱是一种致幻剂，常会引发恶心和类
似的不适感觉，无论如何也算不上是娱乐性药物。美国原住民教会属于真正的
宗教，拥有详细的记载和悠久的历史。本案中所主张诉求的真实性毋庸置疑。〕

219　　　第一修正案中的宗教活动自由条款通过融入第十四修正案而适用于各州，
其规定如下："议会无权制定关于确立国教或者禁止宗教活动自由的法律……"
宗教活动自由首先意味着人们有权信仰并公开表明任何自己所追求的宗教信条。
因此，第一修正案明显排除了"对于此类宗教信仰"的"一切政府规制"。政府
不得强迫人们信仰某种宗教，惩罚其认为错误的宗教教义的表达，基于宗教观
点和宗教地位而进行专门的限制，或者把权力出让给那些与宗教权威或教条相
冲突的个人或另一方（引文省略）。

但是"宗教活动"通常涉及的不只是信仰和认信的问题，还有身体行为的
实施（或者不予实施）……尽管我们的案子没有涉及这一点，但是我们认为，
当一个州禁止此种作为或不作为仅仅是出于宗教原因，或者仅仅是因为这些行
动或不作为表明某种宗教信仰时，该州就属于"禁止宗教活动自由"。比如说，
禁止铸造"出于崇拜目的而使用的雕像"的规定，或者禁止跪拜金牛犊的规定

无疑都是违宪的。

但是本案的被上诉人试图将"禁止宗教活动自由"的含义向前推进一大步。他们主张自己使用佩奥特碱的宗教动机将其置于刑法管辖范围之外，而刑法并非专门针对他们的宗教行为而设，而且他们认为将这种情况适用于因其他原因而使用这一毒品的人群具有显然的合宪性。也就是说，他们宣称"禁止宗教活动自由"包括要求任何人遵守这样的普遍适用的法律：该法律要求个人实施他的宗教信仰所禁止的行为，或禁止个人实施他的宗教信仰所要求的行为。从字面意思出发，我们不认为这些词应该被赋予那种含义……

我们从来不认为个人的宗教信仰能使他免于遵守在其他方面有效的法律（该法律禁止实施某项该州有权规制的行为）。与此相反，一个多世纪以来的宗教活动自由判决也与他们的主张背道而驰。在雷诺兹诉美利坚合众国一案（98 U.S.，第 145 页，1878 年）中，我们否定了摩门教徒的主张，他们认为禁止重婚罪的刑法适用于他们时是违宪的，因为其宗教要求他们做出这样的行为。"虽然法律不能够干涉纯粹的宗教信仰和观点，但是可以干涉行为……个人是否有权出于自己的宗教信仰而做出相反的行为呢？如果允许这样的事情，就会使得所宣称的宗教信仰的教义优先于当地的法律，其结果是允许每个公民自己制定自己的法律。"（同上，第 166—167 页……）

我们只在某些案件中认定，第一修正案可以阻止中立并具有普遍性的法律适用于基于宗教而做出的行为，但这些案件涉及的不是孤立的宗教活动自由条款，而是与其他宪法保护相结合，例如言论自由和出版自由，或者父母掌控孩子教育问题的权利。（例如，坎特韦尔案和约德案）……

本案不存在这样的混合情形……被上诉人敦促我们认定，当其他可禁止行为伴随着宗教信仰时，不只是信仰而且行为本身也不受政府的规制。我们从来没有作出过那样的判决，现在也拒绝如此判决。 220

被上诉人主张，即使怀有宗教动机的行为者不能自动享受普遍适用的刑法的豁免权，至少宗教豁免的诉求应该依据谢波特诉弗纳一案中提出的平衡标准（balancing test）进行衡量。在谢伯特标准下，对宗教实践施予实质性限制的政府行为必须通过迫切的政府利益来获得正当性。除了拒绝给予失业救济金的案件以外，最高法院从来没有在谢伯特原则的基础上宣告过任何政府行为无效。尽管我们有时试图将谢伯特标准运用于失业救济金以外的情况，但是我们总是发现其已经达到这一标准的要求。近几年来，我们已经完全放弃在失业救济金以外的领域运用谢伯特标准了。

即使我们倾向于在失业救济金以外的领域赋予谢波特标准一些生命力，我们也不会将其适用于要求获得对普遍适用的刑法的豁免。我们应该记得谢伯特标准是在一定背景（非刑事的失业救济金）下发展而来的，这一背景有利于对相关行为的原因进行个别性的政府衡量。我们现在的结论是：更合理的方法，也是与我们绝大多数先例相一致的方法，就是将这一标准不予适用［在针对行为的普遍刑事禁令］。要是个人遵守这类法律的义务取决于法律和其宗教信仰相一致的程度（除了政府的利益具有"迫切性"以外），那么就是允许他根据其信仰"制定自身的法律"（雷诺兹诉美利坚合众国案，98 U.S.，第167页），这种做法同时违背了宪法传统和常识。

"迫切的政府利益"要求看起来温和无害，因为这在其他领域都很常见。但是在政府可能根据种族实施不同待遇之前，或者在政府可能管制言论内容之前，将这一标准作为必须满足的条件而使用，其丝毫不同于为了本案所宣称的目的而使用的情况。这一标准在其他领域中所产生的结果——平等对待和不限制有争议的言论——是合宪的情况；而在本案中可能产生的结果——个人有权忽视普遍适用的法律——是宪法上的异常现象。

只有当被禁止的行为是个人信仰的"核心"时才适用"迫切政府利益标准"，这样做也不能限制被上诉人提议的影响力。在言论自由领域，法官在适用"迫切政府利益"标准之前，先决定"观点"的重要性，这样做是合适的；但是在宗教活动自由领域，法官在适用"迫切政府利益"原则之前，就先决定宗教信仰的中心所在，这种做法就不再合适了。

如果要适用"迫切利益"标准，那么就必须将其全面适用于所有被认为是由宗教所要求的行为。此外，如果确实按照"迫切利益"的含义进行理解……那么许多法律都不满足这一标准。任何采用这种制度的社会都会招致混乱，而且这种危险与一个社会宗教信仰的多元性和它不强迫或压制任何宗教的决心直接成正比。恰恰因为"我们是一个世界主义的国家，由几乎任何可以想象得到的宗教信仰者所组成"（布朗菲尔德案，366 U.S.，第606页），同时也正因为我们重视和保护这种宗教多样性，因此我们负担不起这种奢侈品：即任何一项不保护最高秩序利益的行为规范在适用于因宗教原因而持反对意见的人时，都推定其没有效力。被告支持的规则将会导致这样一种前景：几乎在每种可以想象的公民义务中，都存在着宪法要求的宗教豁免……保护宗教自由的第一修正案并不作如此要求。

那些通过置放在《权利法案》神龛内而得到保护、不受政府干预的价值并没有因此被驱逐出政治进程……所以无须惊讶的是，许多州已经在毒品法中将在圣礼上使用佩奥特碱的行为规定为例外。但是，我们说非歧视性的宗教实践豁免是允许的，甚至是必要的，并不是说这是宪法所要求的，也不是说它出现的合适场合是可以由法院确定的。虽然公平地讲，适应政治进程将会使那些没有得到广泛参与的宗教实践处于相对的劣势，但是民主政府不能避免的这种结果必须优先于这样一项制度：在其中每个人的良心是自己的法律，或者法官将所有法律的社会重要性与所有宗教信仰的中心信条加以权衡。

由于被上诉人食用佩奥特碱的行为遭到俄勒冈州法律的禁止，同时由于这种禁令是合宪的，所以当被上诉人遭到解雇是由于食用该毒品时，俄勒冈州可以做出与宗教活动自由条款相一致的行为，拒绝向被上诉人提供失业救济金。俄勒冈州最高法院的判决因此被推翻。依照本法院指示发回重审。

奥康纳（O'Connor）法官对判决持同意意见。[布伦南法官，马歇尔（Marshall）法官和布莱克门（Blackmun）法官在呼吁保留迫切政府利益标准的部分上与奥康纳法官的意见一致。]

虽然我同意本案中法院的判决结果，但是我不能加入其意见。在我看来，这份判决极大地偏离了已经确立的第一修正案的先例，并且与我国对于个人宗教自由的基本责任格格不入……

法院现在从我们长期以来的宗教活动自由先例中抽象出了这条孤立的绝对规则："如果限制宗教活动……只是一项普遍适用且有效的法律条款的附带结果，那么就没有违反第一修正案。"……然而，要想得出这个一概而论的结果，法院必须……忽视我们在涉及有关普遍适用性规范限制宗教活动的案件中一贯都适用宗教活动自由条款的事实。

虽然法院通过给约德案贴上"混合"（hybrid）判决的标签，以尽力摆脱我们在约德案中的决定，但是无可否认的是，约德案明显是依赖于宗教活动自由条款而判决，而且一直被认为是我们宗教活动自由理论的主流……

如果某州规定个人出于宗教动机的行为属于犯罪，那么该州便以可能是最严重的方式限制了个人的宗教活动自由，因为它促使个人做出选择，要么放弃自己的宗教原则，要么面对刑事指控……

就我而言，比较合理的方式……就是在每个案件中运用（"迫切政府利益"）标准，以决定施加在眼前特定原告身上的负担是否具有重大的宪法意义，以及该州主张的刑法上的利益是否具有迫切性……

（奥康纳法官通过认定俄勒冈州禁止使用佩奥特碱和其他危险药品的政府利

222

益在于保护大众以及禁止管制药品的非法交易，而适用了迫切政府利益标准。）

基于以上原因，我相信本案中如果授予其选择性的豁免权，就会严重损害俄勒冈州在禁止居民拥有佩奥特碱的规定中所拥有的迫切利益。在这种背景下，宗教自由活动条款不要求该州容忍被上诉人出于宗教动机的行为。所以，我对法院的判决持同意意见。

布伦南（Brennan）法官、马歇尔（Marshall）法官和布莱克门法官（Blackmun）持反对意见。

（多数意见法官）对于我们先例的曲解导致（他们得出结论）：严格审查限制宗教活动自由的州政府法律，是拥有良好秩序的社会所无法负担的"奢侈品"，以及压制少数派宗教属于"民主社会无法避免的结果"。我相信开国者们不会认为他们逃离宗教迫害而辛苦得来的自由属于"奢侈品"，而不属于自由的基本要素——而且他们也不会认为宗教上的不宽容是"无法避免"的，因为他们起草宗教条款的目的恰恰是为了避免那种不宽容。

基于以上原因，我同意奥康纳法官对于适用宗教活动自由原则的分析，但是我并不同意她对该问题的具体答案……

A

当使用"迫切政府利益"标准时，运用精确的词句表达清楚所涉及的政府利益十分重要。该州对于进行关键的"毒品战"并不存在广泛的利益（这一利益必须与被上诉人的诉求进行衡量），但该州拒绝把出于宗教和仪式目的而使用佩奥特碱的行为规定为例外却是出于其狭隘利益的考虑。

（反对意见指出，该州没有提供证据证明佩奥特碱是有害的，也没有对佩奥特碱的使用者提起公诉。它竭力避免提供失业救济金只是在做出一种象征性的表示。反对意见拒绝将象征性表示作为迫切的政府利益。）

B

……被上诉人相信佩奥特碱植物是他们的神的化身，食用这种植物是一种崇拜和圣餐仪式，即基本的宗教仪式。他们的虔诚从来没受到过质疑。如果俄勒冈州能够依照宪法规定对他们的这一拜神活动提起公诉，他们可能会像阿米什人一样，"被迫移居到其他更为宽容的地区"。（约德案，406 U.S, 218）

由于以上原因，我得出的结论是，俄勒冈州执行其毒品法以反对基于宗教原因使用佩奥特碱所体现的利益并不足够迫切，从而能使其凌驾于被上诉人的宗教活动自由之上……为了与宗教活动自由条款保持一致，俄勒冈州不得拒绝向被上诉人提供失业救济金。

223

我持反对意见。

评论和问题

1. 史密斯一案是否多此一举？毕竟放弃迫切政府利益标准的斯卡利亚法官与运用这一标准的奥康纳法官得出了同样的结论。

2. 迫切政府利益标准的运用与否为什么具有重要性？如果存在迫切政府利益标准，那么其可能会对发生在宗教权利请求人与反对豁免的政府官员之间的首次协商产生什么样的影响？如果不存在这一原则呢？［如欲详细了解有关史密斯案判决的影响以及下面讨论的迫切政府利益标准的重要复兴，请参见威廉·W. 巴西特（William W. Bassett）、小 W. 科尔·德拉姆（W. Cole Durham）和罗伯特·T. 史密斯（Robert T. Smith）的《宗教组织和法律》（Religious Organization and the Law）§1：6，汤森路透／韦斯特法律出版社（Thompson Revters/West），2008 年］。

3. 史密斯一案之后，在什么情况下严格审查标准才会适用于宗教活动自由之诉？有的制定法规范没有明确地以特定宗教为目标，但是却因为拥有很多个别化的例外而使得只有一个或者一些宗教受到限制，能否仍旧运用严格审查标准来分析针对这些制定法所提出的有关宗教活动自由的异议？例如，参见卢库米·巴巴鲁·埃教会诉海里亚市案（Church of the Lukumi Babalu Aye v. City of Hialeah），508 U.S. 520（1993）［禁止为了仪式屠杀动物的城市规章受到严格审查标准的制约，因为对于例外方案的分析表明其以萨泰里阿教（Santeria）为目标］。

4. 在一些领域中，宗教权利自由因混合权利的存在才发挥作用，在这些领域中是否有必要主张宗教权利自由？在这些背景下宗教自由会增加哪些内容？

（四）迫切政府利益标准的复兴

1. 议会对就业处诉史密斯一案的反应：《1993 年宗教自由恢复法》[The Religious Freedom Restoration Act of 1993 (RFRA)]

公众对于就业处诉史密斯一案的反应以否定为主。一个广泛的宗教和公民自由团体联盟（既有保守派又有自由派）迫使议会制定恢复迫切政府利益标准的法案。议会对此的回应是，以绝对多数通过了《1993 年宗教自由恢复法》。该法案的相关部分规定如下：

政府不能实质性地限制个人的宗教活动自由，即使这一限制来自于具有普遍适用性的规则，除了……只有当政府能够证明对于个人的限制（1）可以促进迫切的政府利益；并且（2）是促进该迫切政府利益的方法中限制程度最小的手段时，政府才可以实质性地限制个人的宗教活动自由。

224　　　该法案还允许胜诉权利人获得律师费，因而刺激了进行诉讼的动机，增强了进行诉讼的实际能力，同时也激励政府官员寻找令人满意的变通方案。

2.联邦最高法院对于《宗教自由恢复法》的反应：《宗教自由恢复法》在适用于各州时违宪

《宗教自由恢复法》的目的实质上是要推翻史密斯一案，以及恢复谢波特一案中的迫切政府利益标准。除了许多案件中议会（以及一些州）能够施加高于宪法门槛的要求以外，议会想要推翻一项宪法判决的情况看起来是很反常的。毫不奇怪，《宗教自由恢复法》的合宪性受到了猛烈的抨击。争议的焦点变成仅仅掌握有限列举权力的议会是否有权通过《宗教自由恢复法》。

波尔恩市诉圣安东尼奥大主教 P. F. 弗洛里斯案
（CITY OF BOERNE V. P. F. FLORES, ARCHBISHOP OF SAN ANTONIO）

美国联邦最高法院，521 U.S. 507（1997 年）

肯尼迪（Kennedy）法官陈述法庭意见……

A

圣彼得天主教堂（St. Peter Catholic Church）坐落于得克萨斯州（Texas）波尔恩市（Boerne）的一座小山上，在圣安东尼奥市西北方约 28 英里处。这座教堂建于 1923 年，其结构模仿了这一地区早期的布道院风格。教堂只能容纳大约 230 名礼拜者，远远小于日益扩大的教区规模。有时星期天做弥撒的时候，教堂容纳不下的教区信徒达到了 40 到 60 人。为了满足会众的需求，圣安东尼奥大主教允许该教区实施改建计划，以扩大建筑物的占地面积。（请求扩建的建筑许可证申请遭到了拒绝，因为这些改建工程不符合一项地方性历史界标条例所确立的要求。这项裁决在联邦法院系统内层层上诉到了最高法院。）……

B

……在案件和争议中，决定法律合宪性的司法权力是基于以下前提："立法权力得以明确与限制；而且合众国的宪法是成文的，这些限制决不能被混淆或遗忘。"[马伯里诉麦迪逊案（Marbury v. Madison），5 U.S.137，1803 年]

国会在制定《宗教自由恢复法》中那些影响最为深远而又最具有实质意义的条款时，依据的是第十四修正案的执行权，这些条款将国会的要求施加于国家。第十四修正案的相关部分规定如下：

"第一款 ……任何一州，都不得制定或实施限制合众国公民的特权或豁免权的任何法律；不经正当法律程序，不得剥夺任何人的生命、自由或财产；在州管辖范围内，也不得拒绝给予任何人以平等法律保护。

第五款 国会有权以适当立法实施本条规定。"

国会制定《宗教自由恢复法》的行为是否恰当行使了第5款规定的权力，即通过"适当立法""实施"宪法的保障，禁止各州"不经正当法律程序"剥夺任何人的"生命、自由或财产"，以及拒绝给予任何人以"平等法律保护"。双方当事人对此存在争议。

为了替这部法律辩护，上诉人大主教在美国政府［作为法院之友（amicus）］的支持下主张，《宗教自由恢复法》是可允许的执行性法律。据其声称，国会只是通过立法将保护宗教活动自由的程度提高到了史密斯一案中的必要程度之上，而宗教活动自由是第十四修正案的正当程序条款所要保障的自由之一。上诉人还声称，国会的决定忽略掉故意或公开歧视的证据，而专注于法律的效力，这种做法符合已经形成的理解，即第5款包括制定法律以防止和救济违反宪法情况的权力。上诉人进一步主张，国会的第5款权力不局限于救济性的或预防性的法律……

然而，依据第5款规定，国会的权力范围仅限于"执行"第十四修正案的规定。法院将这种权力描述为"救济性的"。该修正案的立法意图和第5款的内容都与以下意见不符：国会有权裁定第十四修正案对于国家的限制的具体内容。篡改了宗教活动自由条款含义的法律不能被认为是在执行这一条款。国会并不是通过改变权利的内容来实施该宪法权利。它被赋予的权力是"实施"，而不是决定哪些要素构成了对宪法的违反。如果这一点不成立，那么从任何意义上来说，国会所实施的内容都不再符合"第十四修正案的规定"。

虽然救济或防止违宪行为的措施与实质性修改执行性法律的措施之间的界限并不容易区分，而且国会在确定这一界限时必然拥有广泛的空间，但是区别是存在的，而且必须加以识别。在所预防或救济的损害与为此目的而适用的措施之间必须具有某种一致性和相称性。如果缺乏这种联系，法律的实施和效果就会具有实质性的影响。历史传统和我们的判例法支持做出这种区分，修正案的文本也明显有这种区分……

……无论国会议事记录的内容如何，只要"救济性"和"预防性"这些词还具有某种意义的话，《宗教自由恢复法》都不能被视为救济性的和预防性的法

律。《宗教自由恢复法》与预定的救济或预防目标如此不成比例，因而不能将其
理解为对违宪行为的应对或预防措施。《宗教自由恢复法》看起来反而像在试图
对宪法保护做出实质性的更改。当人们有理由相信受到国会立法行为影响的大
量法律都极有可能违反宪法时，禁止这类法律的预防措施就可能是恰当的。参
见罗马市案（City of Rome），446 U.S.，177（因为"那些显然具有故意种族歧视
历史的司法管辖区……造成了有意歧视的风险"，所以国会可以禁止在那些司法
管辖区内做出有歧视性影响的变更）。根据第五款制定的救济性法律"应该与
第十四修正案意图反对的损害和不当行为相适应"。公民权利案件（Civil Rights
Cases），109 U.S.，13。这些法律的范围极为广泛，因而涉足到政府的每个层面，
既可以替代其他法律，又可以禁止几乎所有的官方行为，而不论行为的内容如
何。《宗教自由恢复法》的限制适用于联邦、各州和地方政府的每一个行政机关和
公务员。《宗教自由恢复法》适用于在它制定以前或以后通过的联邦和各州的一
切法律、制定法以及其他法规。《宗教自由恢复法》没有终止日期，也没有终止
机制。任何个人如果主张自己的宗教活动自由遭到了实质性的限制，都可以在
任何时候针对任何法律提出异议……

　　《宗教自由恢复法》对于州法的严格要求反映出在所追求的合法目标与采
取的措施之间缺乏相称性或一致性。如果反对者能够证明其宗教活动自由遭到
了实质性的限制，那么该州必须证明具有迫切的政府利益，同时证明这部法律
是促进这一利益的最小限制方式。政府往往很难反驳某人关于法律实质性地限
制了其宗教活动自由的主张。参见 404 U.S.，887（"如果某宗教信徒主张某特
定行为对其个人信仰至关重要，那么什么样的法律或逻辑原则能用来反驳这种
主张呢？"）……要求某州证明存在着迫切利益以及其为实现这一利益采用了最
小的限制方式，这是对合宪性法律最严格的标准。如果"确实按照'迫切利益'
的含义进行理解……那么许多法律都不满足这一标准……这一标准将会导致这
样一种前景：几乎在所有可以想象的公民义务中，都存在着宪法要求的宗教豁
免"。404 U.S.，888……

　　美国的经验表明，当三权分立政体的各个分支既能尊重宪法，同时又能
尊重其他分支的恰当行为和决定时，宪法能得到最好的保障。法院解释宪法
是在司法部门的权力范围之内进行，而阐明法律的内容是司法部门的义务之
一。（马伯里诉麦迪逊案）当政府行政部门的行动没有遵守已经颁布的宪法
司法解释时，必须明确的是，在后来的案件和争议中，法院会依据遵循先例
（stare decisis）等已经形成的原则，尊重以前的判例，而不要指望其采取相反

的做法。制定《宗教自由恢复法》是为了控制案件和争议，比如眼前这件案子，但是由于本案所涉及的这部联邦法案的规定超越了国会的权力范围，因此必须适用法院的先例，而非《宗教自由恢复法》。

应该首先由国会"决定是否适用法律以及适用什么样的法律来保障实施第十四修正案"。而且国会的决定应该在很大程度上得到尊重。[卡森巴克诉摩根案（Katzenbach v. Morgan），384 U.S., 651。] 但是国会的自由裁量权并非没有界限。而法院自从马伯里诉麦迪逊案以来就保留了权力，其可以决定国会是否超越了宪法的授权。尽管根据第十四修正案的执行条款（Enforcement Clause），国会拥有广泛的权力，但是《宗教自由恢复法》违反了为保持三权分立和联邦平衡所必需的关键性原则……

史蒂文斯（Stevens）法官持相同意见……

在我看来，《1993 年宗教自由恢复法案》和《宗教自由恢复法》是"关于确立国教的法律"，违反了宪法第一修正案。

如果在波尔恩市山上的历史界标正好是一个属于无神论者所有的博物馆或者艺术画廊，那么它将没有资格在禁止扩建建筑物的城市条例下获得豁免权。由于该建筑物属于天主教堂所有，因此其声称《宗教自由恢复法》赋予其所有权人以联邦制定法上的权利，使其免于遵守普遍适用且中立的民事法律。不论教堂实际上能否依据法律取得胜诉，这部法案都向教堂提供了无神论者或不可知论者所无法获得的法律武器。政府对于宗教而不是无神论的优待是第一修正案所禁止的。[华莱士诉杰弗瑞案（Wallace v. Jaffree），472 U.S. 38，第 52—55 页，1985 年。]

奥康纳法官持反对意见，布雷耶（Byeyer）法官在除第一部分第一段以外的部分加入其意见。

我不同意法院对于本案的处理。我同意法院对本案争议点的判断，即国会制定《1993 年宗教自由恢复法案》和《宗教自由恢复法》的行为是否恰当行使了执行第十四修正案的权力。但是法院使用了俄勒冈州人力资源部就业处诉史密斯 [Employment Div, Dept. of Human Resources of Ore. v. Smith, 494 U.S. 872（1990 年）] 一案的判决作为衡量《宗教自由恢复法》合宪性的标准，该判决促使国会制定《宗教自由恢复法》并将其作为执行宗教活动自由条款更为严格的方式。我坚持认为史密斯一案的判决是错误的，我也会运用本案来重新审查史密斯一案中法院的判决。因此，我会引导当事人思考史密斯一案是否代表着对于宗教活动自由条款的正确理解，并对这一案件进行重新讨论。如果法院能够纠正在史密斯一案中对于宗教活动自由条款所做出的错误解释，那么法院就能够让第一修正案理论回到正轨上来，同时减轻国会中大多数人的合理担忧——他们相信史密斯一案不恰当地限制了宗教自由。然后我们才能在对于宗教活动自由条款的恰当解释的基础上审查《宗教自由恢复法》。

我同意法院意见在第三部分第一小节中所提出的大部分推论。实际上，如果我同意史密斯一案中法院的标准，我就会加入这一意见。正如法院仔细全面的历史性分析所指出的那样，国会没有"权力来裁定第十四修正案对国家的限制的具体内容"。此外，依据第十四修正案，国会的权力范围仅限于实施修正案的规定。简而言之，国会无权运用制定法独立地界定或扩张宪法权利的范围……（强调为作者所加）。

苏特（Souter）法官持反对意见。

为了判断第十四修正案是否赋予国会以足够的权力来制定《1993年宗教自由恢复法案》，法院运用史密斯一案中的宗教活动自由标准来衡量这部法案。基于卢库米·巴巴鲁·埃教会诉海厄利亚市 [Church of Lukumi Babalu Aye, Inc. v. Hialeah, 508 U.S. 520，第564—577页（1993年）] 一案中我的意见里提出的理由（部分同意法院意见和同意判决结果），我极其怀疑史密斯规则的先例价值以及坚持它的必要性。眼前的历史性讨论加剧了这一怀疑。这些讨论回到了奥康纳法官在反对意见中所提出的对于宗教活动自由条款的最初理解上。该反对意见对于史密斯规则的合理性提出实质性争议，但是由于缺乏对于该规则优点的简述和论据（法院在任何案件中都没有提到过，包括史密斯一案本身……），我既不准备加入奥康纳法官的意见而拒绝这一规则，也不准备加入多数意见而假定规则是正确的。为了提供充分的对抗性观点，应当确定该案要在允许重新全面审查此问题的基础上进行重新论证。

关于"联邦《宗教自由恢复法》"地位的说明：
冈萨雷斯诉植物联盟教会精神救助中心案
（CONZALES v. O CENTRO ESPIRITA BENEFICENTE UNIAO DO VEGETAL）

美国最高法院（2006年）

在波尔恩市（City of Boerne）案中，《宗教自由恢复法》在涉及州政府和地方政府的行为时，被宣告违宪。迄今为止，联邦最高法院尚未直接面对"联邦"《宗教自由恢复法》是否违宪的问题，但是初步迹象表明其没有违宪。卡特尔诉威尔金森案 [Cutter v. Wilkinson, 544 U.S. 709（2005年）] 中，法院认定《宗教土地使用与被监管人员法》（RLUIPA）没有违反政教分离条款。当然，这一法案的适用范围远比《宗教自由恢复法》狭窄，但是本案的基本原理似乎同样适用于联邦《宗教自由恢复法》所涉及的情形。根据这一原理，提高对于囚犯宗教自由权利的保护水平并不违反政教分离条款。此外，虽然在冈萨雷斯诉植物联盟教会精神救助中心案（126 S. Ct.1211，2006 年）中，联邦《宗教自由恢复法》的合宪性问题没有正式提交法院，但是联邦最高法院在适用该法案时，允许主张享有联邦毒品法豁免权的宗教请求人胜诉，而没有暗示可能存在必须加以考虑的合宪性问题，这一事实表明最高法院不太可能禁止《宗教自由恢复法》适用于联邦。

救助中心一案涉及的巴西基督教灵魂教派（Christian Spiritist Sect）（美国的分支机构约有 130 名成员）"通过饮用圣礼茶的方式接受圣餐仪式。圣礼茶用当地特有的植物酿造，其中含有受到联邦政府《药品管制法》（Controlled Substances Act）规制的致幻剂"。虽然政府承认这种实践活动是善意的宗教行为，但仍然试图禁止美国的教会成员使用该药品，因为其违反了《药品管制法》。该宗教团体的回应指出，《宗教自由恢复法》适用于本案而该法禁止联邦政府实质性地限制个人的宗教活动自由，除非政府能够"证明针对个人施加的限制"，属于促进迫切政府利益的最小限制方案。

政府主张在统一适用毒品法方面存在迫切的政府利益，不应该为了适应宗派善意的宗教行为就制定例外规则，允许使用致幻剂药物。然而，最高法院适用《宗教自由恢复法》并得出结论：政府不能证明，在阻止教会为圣事目的而使用致幻茶（hoasca tea）方面存在着迫切的政府利益。法院指出：

229

　　《宗教自由恢复法》及其采用的严格审查标准在考虑问题上比政府的绝对方法更具有集中性。该法案要求政府证明，将受到争议的法律适用于"个人"（即其善意的宗教活动遭到实质性限制的特定权利请求人），可以满足迫切利益标准。该法案明确采用了谢伯特诉弗纳案（Sherbert v. Verner）与威斯康星诉约德案（Wisconsin v. Yoder）中提出的迫切利益标准。上述两个案件中法院都不局限于审查用以证明政府规定具有普适性而广泛形成的利益，还要详细审查将具体豁免授予特定宗教权利人的所谓危害……

　　根据《宗教自由恢复法》所要求的更为集中的审查以及迫切利益标准，政府仅仅援引《药品管制法》中第一类药品的一般特征，并不能达到目的。当然，第一类药品无疑极其危险，例如致幻茶中的致幻成分二甲基色胺（DMT）。但是没有迹象表明国会在将二甲基色胺进行归类时，考虑到了本案争议的特定使用方法所引发的危害（即植物联盟教会出于圣礼目的而有限制地使用致幻茶）。国会将二甲基色胺列入第一类药品的决定本身不能无条件地减轻《宗教自由恢复法》中政府所应承担的责任。

政府还主张其迫切利益来自于遵守 1971 年《联合国精神药物公约》（United Nations Convention on Psychotropic Substances）的义务。美国政府签署的这一公约要求签署方禁止人们使用包括二甲基色胺在内的致幻剂。但是，这一过于宽泛的主张同样遭到了法院的拒绝。

公约涵盖"致幻剂"（hoasca）的事实并不自动意味着政府已经证明其具有迫切的利益，可以将用来执行公约的《药品管制法》适用于植物联盟教会为了圣礼目的而使用这种茶的情形。现阶段足以看出政府甚至没有提交证据说明授予该教会以豁免权将产生的国际性后果，而只是让国务院（State Department）官员提交了两份宣誓书，用以证明遵守国际义务以及保持美国在国际毒品大战中领导地位的一般重要性。我们不怀疑这些利益的合理性，正如我们不怀疑实施《管制药品法》以促进公共健康和安全的一般利益一样，但是依据《宗教自由恢复法》，仅仅援引这些利益是不够的……

在结论中法院指出，尽管实现《宗教自由恢复法》规定的平衡十分困难，但这正是本案中国会对法院提出的要求。

230　　　　政府一再援引国会用来支持《药品管制法》的裁定和目的，但是国会制定《宗教自由恢复法》同样也有其原因。国会因为认识到"对待宗教'态度中立'的法律与用来干涉宗教活动的法律一样，都可能会限制宗教活动"，所以才将"迫切利益标准"规定为法院"在宗教自由和相对抗的优先政府利益之间寻求理智平衡"的方法。我们没有理由认为国会依据《宗教自由恢复法》指派给法院的这一任务十分容易完成。事实上，在认定国会后来依据该法案所要求的方法不符合宗教活动自由条款对于宪法性法律的要求时（参见史密斯案），法院就提出过本案中政府所强调的这类困难。但是国会认为，法院在寻求平衡时应该依据迫切利益标准，而该标准要求政府根据争议的特定行为来证明其迫切利益。下级法院的裁定是，在预防性禁止令阶段，政府没有能够证明其具有迫切利益以禁止植物联盟教会基于圣礼目的而使用致幻茶。我们运用迫切利益标准来判断，这一裁定是正确的。

由于本案的上诉是基于授予预防性禁令的程序，现将其发回下级法院，就事实部分进行审理。但是，如上所述，法院意见中不存在任何迹象表明，其谨慎适用的《宗教自由恢复法》的法律用语在联邦背景下具有宪法上的缺陷。

实际上，宗教权利请求人和联邦官员都不太可能会去质疑联邦《宗教自由恢复法》，因为权利人寻求的是可能得到的最佳保护，而就联邦官员而言，联邦检察官也许有兴趣提起此类异议，但负责做出这种决定的最高级别联邦官员[总检察长（Attorney General）和副总检察长（Solicitor General）]有责任捍卫而不是攻击联邦立法，他们尤其不可能攻击如同《宗教自由恢复法》一般在政治上广受欢迎的法律。

3. 宗教活动自由的复兴：波尔恩案之后的发展

国会遵照波尔恩案的判决，重新在一些特定领域内制定法律，他们相信在这些领域内他们确实有合乎宪法的权力来制定宗教自由的法律。国会根据其破产管理权，通过了《1998 年宗教自由与慈善捐赠保护法》（Religious Liberty and Charitable Donation Protection Act of 1998）[21]，该法禁止破产受托人收回破产宣告前 3 个月以内给予宗教组织的捐赠。而《2000 年宗教土地使用与被监管人员法》[22] 也许是在波尔恩案之后通过的法律中影响最为广泛的一部。顾名思义，这部法律在涉及土地使用和有关特殊机构背景（主要是监狱和精神病院）的领域时给予了更高程度的宗教自由保护。正如上文所述，在卡特尔诉威尔金森案[23] 中，这部法案经受住了根据政教分离条款所提出的挑战。此外，《宗教自由恢复法》通过之后不久，国会制定了《美国印第安人宗教自由法 1994 年修正案》（The American Indian Religious Freedom Act Amendment of 1994）[24]，使得

231

---

〔21〕 公法号（Pub.L.No.）: 105-183, 112 Stat.517, 1998 年（对《美国法典》11 编第 544、546、548、707、1325 条作出修改，1994 年）。

〔22〕《2000 年宗教土地使用和被监管人员（信仰）法》，《美国法典》42 编第 2000 cc 条及以下。

〔23〕 544 U.S. 709（2005 年）。

〔24〕 公法号：103-344, 108 Stat. 3125, 1994 年（《美国法典》42 编第 1996 条第 1 款，2007 年）。修改之前，《美国印第安人宗教自由法》（公法号：95-341, 92 Stat.469, 1978 年；《美国法典》42 编第 1996 条，2007 年）被最高法院视为"某种意义上毫无效力的国会联合决议"。林诉西北印第安公墓保护阿斯恩案（Lyng v. Northwest Indian Cemetery Protective Ass'n, 485 U.S. 439, 455）[引用法律提案者议员尤德尔（Udall）的话]。"本法案（《美国印第安人宗教自由法》）中完全没有迹象表明意图创造诉因或可由法院执行的个人权利。"林案，485 U.S., 455。

土著美国人出于宗教目的而使用佩奥特碱的行为变得合法。

波尔恩案之后最为重大的发展有一部分发生在各州。该案件认定国会无权制定适用于各州的宗教活动自由标准。但与此相反的是，各州若要采用高于史密斯一案所要求的标准则不存在任何障碍。因此迄今为止，有 13 个州——亚拉巴马州、亚利桑那州、康涅狄格州、佛罗里达州、爱达荷州、伊利诺伊州、密西西比州、新墨西哥州、俄克拉荷马州、宾夕法尼亚州、罗德岛州、南卡罗莱纳州以及得克萨斯州——通过制定法或宪法修正案确立了各"州"的宗教自由恢复法。而有 11 个州——阿拉斯加州、夏威夷州、印第安纳州、缅因州、马萨诸塞州、密歇根州、明尼苏达州、纽约州、俄亥俄州、华盛顿州以及威斯康星州——通过解释州宪法的宗教活动自由条款和宗教自由条款，要求适用严格审查标准或者其他比史密斯一案的要求更为严格的高度审查方式。只有 3 个州（马里兰州、新泽西州以及怀俄明州）的高级法院在解释州宪法时明显遵照史密斯一案的推理思路。在其他审理过宗教活动自由之诉的 10 个州中，有 4 个州（加利福尼亚州、科罗拉多州、犹他州和佛蒙特州）明确表示现在不予决定关于未来判决适用哪种标准的问题。有 6 个州（爱荷华州、密西西比州、蒙大拿州、内布拉斯加州、内华达州以及弗吉尼亚州）尽管适用了史密斯原则，但是没有说明其适用的是州法还是联邦法。剩下的 13 个州——阿肯色州、特拉华州、内布拉斯加州、堪萨斯州、肯塔基州、路易斯安那州、新罕布什尔州、北卡罗来纳州、北达科他州、俄勒冈州、南达科他州、田纳西州以及西弗吉尼亚州——其高等法院由于既没有审理过宗教活动自由之诉，又没有通过类似《宗教自由恢复法》的保护措施，因而尚无机会决定是拒绝还是遵照史密斯案的原则。然而，在史密斯一案之前，许多州的高等法院判决就适用了严格审查标准，而总有一些州可能不会放弃高度保护措施。因此，看起来大多数司法管辖区最终都有可能维持严格审查这一保护措施。上述情况再加上联邦《宗教自由恢复法》存留的效力以及在这一问题上的其他主要联邦法律，这意味着一大部分的宗教自由之诉在未来将仍然获得严格审查标准的保护。

三、欧洲（和国际）的限制方式

正如前面章节中讨论的欧洲法院审理的案件所表明的那样，一般来说，欧洲人权法院在开始审理宗教自由之诉时，首先判定是否存在对于第 9 条权利的"干涉"。如果回答是肯定的，那么问题就会变为，这种干涉是不是一种得到允许的限制。正如第五章所述，限制只能施加于宗教的"表达"，而不能施加于内

心世界。一旦涉及宗教的"表达",用来评估限制的基本原则便由公约第 9 条的
"限制性条款"（limitation clause）予以设定：

　　A. 表示个人对宗教或者信仰的自由仅仅受到法律规定的限制，以及基于在
民主社会中为了公共安全的利益考虑，为了保护公共秩序、健康或者道德，为
了保护他人的权利与自由而施以的必需的限制。

　　所以第 9 条第 2 款确立了三条准则，必须一一满足，才能证明这种干涉是
正当的。第一，限制必须由法律施加，尤其是符合法治理想的法律。正如帕拉
非亚诉乌克兰（Svyato-Mykhaylivska Parafiya v.Ukraine）案中所总结的那样，这
条准则对于法律既有形式上的要求又有实质上的要求。

　　备受指责的措施不但要在国内法律中具有一定的基础，而且要与受争议法
律的性质相关。该法律的效果必须具有足够的可理解性和预见性，以便个人可
以相当准确地得出法律结果（如果需要可以提供适当的建议），从而能够调节自
己的行为。

　　虽然有些案件中法律用语比较模糊，或者政府官员不遵守其司法机构的命
令，但是一般说来，这个要求通常很容易得到满足，所以违反法治要求本身就
足以导致违反第 9 条规定。[25]

　　第二，限制必须能够促进一系列极为有限的合理社会利益或目标之一。所
以只有当限制能够促进公共安全、公共秩序、健康或道德，以及他人的权利
和自由时，才能获得许可。很重要的一点，正如联合国人权事务委员会（UN
Human Rights Committee）对《公民权利和政治权利公约》（ICCPR）第 18 条第
3 款的类似规定所做的一般评论（General Comment）所述，限制性条款的内容
应该予以严格解释：

　　即使这些限制可以针对公约保护的其他权利提出，例如"国家安全"但是
对宗教自由的限制不能基于该条没有指明的原因而提出。限制的施加只能基于

[25] 例如参见汉森和乔什诉保加利亚案（Hasan and Chaush V. Bulgaria），App. No.30985/96，欧洲
人权法院（2000 年 10 月 26 日）。

预先设定的目标，而且必须与其依赖的特定需求直接相关且相称。不能为了歧视性的目的或者采用歧视性的方式施加限制。[26]

原先人们仅仅将作为合理目标之一的"公共秩序"一词作狭义理解，认为其仅指阻止公共骚乱或者阻止会造成具体危害的类似混乱情况，而不是更广泛意义上的尊重普遍的公共政策。《公民权利和政治权利国际公约》的法文版本和英文版本清楚地表明了这一点。值得注意的是，在该公约的法文版本中，"公共秩序"一词不是用法国公法和行政法中通常用来表示社会一般政策的"ordre public"一词来表示，而是用意味着具体公共骚乱和混乱的"la protection de l'ordre"[27]一词来表示。虽然也存在有趣的例外，但与法治要求相同的是，法院一般不难为受到质疑的政府行为找到合法的理由。

第三，即使对于宗教或信仰自由的特定限制满足了以上所有标准，在国际人权法上，该限制只有具备了真正的必要性才能得到许可。大多数欧洲法院案件的结果取决于对"民主社会需要什么"这一问题的分析。坚持限制必须具有真正、严格的必要性十分关键，否则政府行为就会对宗教表达施加过多的限制。

按照欧洲法院对该问题的阐述，只有当存在"与所追求的合法目标相称"[28]的"迫切社会需求"时，对宗教的干涉才具有必要性。显然，如果要用这些术语来分析必要性问题，就必须对其进行个案评估。但是仍然存在某些一般性的结论。第一，在评价限制是否"相称"时，关键是要记住"思想、良心和宗教

---

〔26〕联合国人权委员会："对第 18 条的 22（48）号一般性评论"（General Comment No.22（48）on Article 18），1993 年 7 月 27 日由联合国人权委员会通过，U.N. Doc. CCPR/C/21/Rev.1/Add.4（1993年），再版于 U.N. Doc. HRI/GEN/1/Rev.1，第 35 页，第 8 段（1994 年）。

〔27〕卡罗琳·埃文斯（Carolyn Evans）：《欧洲人权公约规定的宗教自由》（Freedom of Religion Under the European Convention of Human Rights）牛津大学出版社，2001 年，第 150 页；曼弗雷德·诺瓦克（Manfred Nowak）、塔尼娅·沃丝帕尼克（Tanja Vospernik）："对于宗教或信仰自由的可允许限制"（Permissible Restrictions on Freedom of Religion or Belief），载《促进宗教或信仰自由手册》，（Facilitating Freedom of Religion or Belief），第 152—153 页，注释 23。[塔尔·林霍尔姆（Tore Lindholm）、小 W. 科尔·德拉姆（W. Cole Durham, Jr.）、巴伊亚克·G. 塔兹巴列（Bahia G..Tahzib-lie）合编，马蒂纳斯·尼吉霍夫出版社（Martinus Nijhoff），2004 年。]

〔28〕例如参见，考基纳吉斯诉希腊案（Kokkinakis v. Greece），App. No. 14307/88，欧洲人权法院（1993 年 5 月 25 日），第 49 段；威格夫诉英国案（Wingrove v. United Kingdom），23 Eur. Ct. H.R. (ser. A) 1937（1996 年），第 53 段；马努萨克斯斯和其他人诉希腊案（Manoussakis and Others v. Greece），App. No. 18748/91，欧洲人权法院（1996 年 9 月 26 日），第 43—53 段；谢里夫诉希腊案（Serif v. Greece），App. No. 38178/97，欧洲人权法院（1999 年 12 月 14 日），第 49 段；巴撒拉比亚正教会诉摩尔多瓦案（Metropolitan Church of Bessarabia v. Moldova），App. No. 45701/99，欧洲人权法院（2001 年 12 月 13 日），第 119 段。

自由是'民主社会'的基石之一"[29]。州政府利益必须确实十分重要才能证明废除如此重要的权利具有正当性。第二，如果这些限制表明政府行为不是中立无偏的[30]，或者其对于表达宗教的权利施加了任意约束[31]，那么该限制就无法满足必要性标准。歧视性和任意性的政府行为不具有"必要性"，特别是在民主社会之中。如果政府的规范过度或任意地限制了公民在社区中与他人交往和一起做礼拜的权利（例如烦琐的登记要求），那么这样的规范尤其不能得到许可。[32]一般来说，如果宗教团体能够表明其替代性方案既能减少其负担，又能实质性地实现政府的目标，那么政府就很难主张那种负担更重的方案具有真正的必要性。

作为欧洲限制分析法的核心，相称性分析方法（比例分析方法）可以阐述为：

234

宪法审判的总原则……该标准起源于德国，之后扩展到整个欧洲，包括中欧和东欧的后共产主义国家（post-Communist）以及以色列。它还被英联邦国家的法律体系所吸收，包括加拿大、南非和新西兰，并通过欧洲法律被引入英国。目前其影响正扩展到中美洲和南美洲地区。截止到20世纪90年代末期，除美国的部分州以外，世界上几乎每个有效的宪政体系都包括了比例分析法的重要原则。引人注目的是，比例分析法还被引入欧盟、欧洲人权公约和世界贸易组织这三大条约共同体；它们的重要要求被认为在某种程度上具有"宪法性质"。[33]

当你阅读以下材料时，应当考虑是什么因素使得该原则具有如此吸引力，同时要考虑它与美国的各种审查标准之间存在何种区别。

（一）对于宗教或信仰自由的干涉

犹太查阿沙洛姆礼拜仪式协会诉法国案
（JEWISH LITURGICAL ASSOCIATION CHA'ARE SHALOM VE TSEDEK v. FR

欧洲人权法院，App.No.27417/95 [大法庭（Grand Chamber），2000年6月27日]
2. ……原告协会声称，法国政府因为拒绝授予其使用屠宰场的必要许可，

---

〔29〕巴撒拉比亚正教会诉摩尔多瓦案，第114段。

〔30〕巴撒拉比亚正教会诉摩尔多瓦案，第116段。

〔31〕同上，第118段；马努萨克斯和其他人诉希腊案，第43—53段。

〔32〕巴撒拉比亚正教会诉摩尔多瓦案，第118段。

〔33〕亚历克·斯通·斯维特（Alec Stone Sweet）、士·马修斯（Jud Mathews）：《比例平衡和全球宪法化》（Proportionality Balancing and Global and Constitutionalism），Colum. J. Transnat'l L.，第73—74页（2008年）。

使其无法依照极端正统派的宗教要求进行仪式性屠宰，所以违反了公约的第 9 条规定……

16.《摩西五经》（Torah）（《利未记》第 7 章第 26—27 节；第 17 章第 10—14 节）规定不可吃野兽和雀鸟的血。屠宰行为必须"按照上帝指示的方式"进行（《申命记》第 12 章第 21 节）。禁止食用自然死亡或者因其他动物所捕杀而死的动物（《申命记》第 14 章第 21 节）。禁止食用屠宰时有生病迹象或者不洁净的动物（《民数记》第 11 章第 22 节）。可食用动物的肉类和其他制品（例如牛奶、奶油或黄油）必须分开食用、分开准备并用不同的器皿盛用，因为《摩西五经》禁止使用母乳来烹调其幼仔（《出埃及记》第 22 章；《申命记》第 14 章第 21 节）。

17. 为了保证遵守《摩西五经》中规定的所有禁令，后来的解释者建立起了极为详细的规则体系，特别是在经认可的屠宰方式方面。这些规则的形成最初靠的是将口头传统代代相传，后来则是通过对注释进行全面的汇编，形成的集注叫做《塔木德经》（Talmud）。

235

18. 为了遵守上述食肉规则，有必要采用特殊的屠宰程序……法院接下来描述了这种屠宰程序的细节，包括采用特定的程序放血以及对是否存在病变或异常的迹象进行检查。

22.1982 年 7 月 1 日，联合犹太教委员会（Joint Rabbinical Committee）成为唯一一家获得了必要许可从而有权授权屠夫的机构。该机构属于巴黎犹太公会（Jewish Consistorial Association of Paris）的一部分，而巴黎犹太公会又是中央犹太公会（Central Consistory）的分支。1808 年 3 月 17 日，拿破仑一世为了管理法国的犹太人的崇拜行为，通过诏令（Imperial Decree）设立了中央犹太公会。

24. 犹太公会内的教徒代表了犹太教（Judaism）主要教派的大多数。但自由派和极端正统派除外，自由派认为应该结合现代生活状态来解释《摩西五经》，而极端正统教徒完全与之相反，主张严格解释《摩西五经》。

27. 犹太查阿沙洛姆礼拜仪式协会成立于 1986 年 6 月 16 日，其注册地址是巴黎的吕阿姆洛（Rue Amelot）。

30. 原告组织最初是从巴黎犹太公会中分离出来的少数派。其成员被要求按照最为严格的正统信仰进行宗教实践。他们尤其希望以比巴黎犹太公会授权的屠夫所遵循的规则更为严格的方式来举行仪式性屠宰，这些规则与检查被宰杀动物是否生病或异常有关。

31. 这些关于可食性肉类的规定来自于《利未记》，汇编在一部叫做《犹太分类法》（Shulchan Aruch）[《分类表》（The Laid Table）] 的简编书中，该书由拉比优素福·卡罗（Yosef Caro）（1488—1575 年）写成，其制定了非常严格的规则。但是后来的一些注释者接受了限制较少的规则，尤其是与检查被宰杀动物的肺部相关的部分。尽管如此，包括原告在内的许多正统犹太教徒［尤其是最初起源于北非的西班牙裔犹太人（Sephardic）］仍然希望食用按照最为严格的《布就筵席》要求进行屠宰的动物。在犹太人使用的意第绪语（Yiddish）词汇中这种肉类被称作"glatt"，意思是"毫无问题的肉"（smooth）。

32. 某种肉要想被称为"毫无问题的"（glatt），那么被宰杀动物必须没有任何不洁净的地方，或者换句话说，没有任何生过病的迹象（尤其是肺部）……按照原告的说法，犹太教律法法庭（Beth Din）是巴黎犹太公会（ACIP）辖下的法庭，其是 1982 年 7 月 1 日得到农业部（Ministry of Agriculture）许可的唯一授权机构，该机构授权的仪式性屠夫现在不再详细检查动物的肺部，而且对于肉类洁净度与瑕疵的要求也更为宽松，所以原告提交的意见指出，屠夫所卖的肉类虽然获得了中央犹太公会关于清洁可食的认证，但原告团体成员却认为其不洁净，因此不适合食用。

33. 原告因此指出为了能够向其信徒提供"毫无问题的"可食用肉类，其不得不进行非法屠宰并从比利时获得供应……

58. 原告主张，法国政府一方面拒绝授予其必要的许可，使其能够委托自己的仪式性屠夫实施与其宗教规定相一致的仪式性屠宰，另一方面将这种许可单独授予巴黎犹太公会，因此这是以一种歧视性的方式侵犯了原告通过遵守犹太教的宗教仪式来表达其宗教的权利。这一主张得到委员会的支持……

61. 原告主张，《公约》第 9 条第 2 款所设立的任何合理目标都无法证明政府拒绝授予其许可的行为是正当的，而且这一行为与公约的目的……并不相称。原告强调其雇佣的仪式性屠夫无疑与巴黎犹太公会的屠夫一样，谨慎地遵守适用于屠宰场的卫生条例，因此政府不能一味坚持其拒绝授予许可的行为符合"保护公众健康"的合理目标……

67. 政府在其意见的最终分析中指出不存在对宗教自由权利的干涉。因为本案中拒绝授予原告许可的行为所产生的唯一影响是，犹太人无法选择购买由原告所屠宰的动物身上的肉。假如肉类质量相同的话，这种肉类与巴黎犹太公会提供销售的肉类相比，唯一不同之处在于价格，因为申请人所交的屠宰税还不到巴黎犹太公会的一半。在政府看来，这种选择自由是经济性的，而非宗教性的。这一主张可由以下事实加以证明。据巴黎犹太公会所言，原告曾经试图从其手中获得某种代理权，以便能够在其获得的许可之下独自进行仪式性屠宰，但由于双方在合同价款方面没能达成一致意见，因而这一方案没有实现。

68. 政府宣称，即使其拒绝行为干涉到了原告表达其宗教的权利，这种干涉也是由法律（即规制屠宰场活动的 1980 年法案）所规定的，而且符合保护秩序和公众健康的合理目标。具体说来，政府主张仪式性屠宰行为极大地背离了在动物和公共卫生保护领域内适用的国内法与国际法的基本原则。现行成文法禁止虐待动物，并且要求人们在屠宰动物之前使其昏迷以免除其痛苦。相应地，健康方面的考虑要求屠宰行为在屠宰场中进行，而且在仪式性屠宰的情形下，由相关宗教组织授权的屠夫进行，以便防止宗教活动自由引发背离卫生和公众健康基本原则的行为。因此只能对仪式性屠宰的授权加以严格的限制。

75. 正如政府意见所述，法院将首先考虑案件事实是否能表明不存在干涉公民行使公约所保障的某项权利和自由的情形。

77. 用来规制仪式性屠宰活动的例外规则仅仅允许经认可的宗教组织所委托的屠夫进行此类行为，这一事实本身并不能表明它干涉了他人表达其宗教的自由。法院与政府一样，认为避免在卫生状况不确定的地方进行不受规制的屠宰行为正是一般利益之所在。因此如果存在仪式性屠宰的话，最好在由公共权力机关所监管的屠宰场中进行。所以，当 1982 年国家授权给巴黎犹太公会（中央犹太公会的分支）这一最能代表法国犹太社会的宗教机构时，其并没有以任何方式侵犯个人表达宗教的自由。

78. 然而，如果另一个公开宣称信仰同一宗教的组织为了获得进行仪式性屠宰的许可而提出申请，那么其必须证明所采用的屠宰方法属于行使公约第 9 条所保障的个人表达宗教的自由。

79. 法院指出原告的仪式性屠夫所采用的屠宰方法与巴黎犹太公会的仪式性屠夫采用的方法完全相同，唯一的区别在于动物被宰杀后，检查其肺部的彻底程度有所不同。对于原告来说，关键之处在于证明肉类不仅是清洁可食的（kosher），而且是"毫无问题的"，从而与其对饮食规则的解释保持一致，而大部分犹太教徒都能接受经巴黎犹太公会证明为清洁可食的肉类。

80. 法院意见认为，只有当现行仪式性屠宰违反法律从而使得正统信仰派的犹太人不可能吃到根据他们认为应当适用的宗教规则而屠宰的动物时，才干涉到了个人表达其宗教的自由。

81. 但是本案并非如此。毫无疑问原告可以在比利时轻易获得"毫无问题的"肉类，而且从书面证词和诉讼参与人提供的执行官报道中可以明显看出，在巴黎犹太公会控制下经营的一些屠宰店铺能够向犹太人提供犹太教法院认可的"毫无问题的"肉类。

82. 从整个案卷以及听证会上的口头报告来看，原告组织的犹太成员能够获得"毫无问题的"肉类。与此不相矛盾的是，政府特别提到了发生在原告和巴黎犹太公会之间的协商，该协商目的是达成协议使得原告能够在巴黎犹太公会获得的许可之下独自实施仪式性屠杀。该协议由于经济因素没有达成一致意见。（参见上文第 67 段）。

诚然，原告宣称其不相信巴黎犹太公会所委托的仪式性屠夫会在动物死亡之后对其肺部进行彻底检查。但是法院认为，如果正如上文所述，原告及其成员实际上仍然可以获得和食用其认为更能符合其宗教规定的肉类，那么公约第 9 条所保障的宗教自由权利就不能延伸到亲自参与仪式性屠宰活动以及其后的认证程序。

83. 由于没有证据表明原告组织的犹太成员无法获得"毫无问题的"肉类，也没有证据表明申请者无法通过与巴黎犹太公会达成协议从而使其可以在公会所获许可之下进行仪式性屠宰活动的方式，为其成员提供"毫无问题的"肉类。因此法院认定，拒绝给予原告所请求的许可并没有干涉原告表达其宗教的自由。

这一认定免除了法院的任务，使其不必裁决原告质疑的限制与《公约》第 9 条第 2 款规定的要求是否相符。然而即使这种限制可以看作是对个人表达其宗教的自由的干涉，法院也认为，法律所规定的争议措施具有合理的目标，即保护公众健康和公共秩序，其中由国立组织进行崇拜活动有利于宗教的和谐和宽容。此外，必须留给缔约国一定的裁量余地……尤其是关于建立国家与宗教之间的微妙平衡关系，所以，不能认为该措施是过度或不相称的。换句话说，该措施符合《公约》第 9 条第 2 款的规定。

评论和问题

1. 如果将本案中法院的"不存在干涉"判决与布朗菲尔德案中星期天歇业法施加于犹太教守安息日者的限制相比较，情况如何？经济性限制是否总是无法构成对于宗教权利的限制或干涉？

2. 在设定可以审理（cognizable）的宗教自由之诉的界限时，注重"干涉"宗教表达与注重"限制"或"实质性"限制宗教活动自由之间，是否存在重大区别？

（二）合理目标：是否包括国家安全？

诺兰与 K 诉俄罗斯案（NOLAN AND K v. RUSSIA）

欧洲人权法院，App. No. 2512/04, Eur. Ct. H.R.（2009 年 2 月 12 日）

[美国公民帕特里克·诺兰（Patrick Nolan）于 1988 年加入统一教会（Unification

Church），并且自 1994 年以来，一直在俄罗斯南部的顿河畔罗斯托夫（Rostov-on-Don）的统一教会分部担任传教士。统一教会于 1991 年在俄罗斯正式注册，而诺兰的工作许可证也得以例行延期。2000 年，俄罗斯联邦的代总统修改了"第 24 号总统令，《俄罗斯联邦国家安全的概念》"（the Concept of National Security of the Russian Federation）第四章的相关段落，即"保证俄罗斯联邦的国家安全"，修改如下：

239
　　保证俄罗斯联邦的国家安全也包括保护其……精神和道德遗产……国家政策在公众精神和道德教育领域的形成……而且同样包括反对外来宗教组织和传教士的消极影响……（第 12 段）

　　2002 年 5 月，诺兰前往塞浦路斯（Cyprus），将未成年儿子（他是其法定监护人）留给保姆照顾。而他一回到俄罗斯就遭到拘留，最后被驱逐出境。政府撤销了他的护照，并且拒绝其进入俄罗斯。诺兰最终在乌克兰与保姆带来的儿子重逢。他向俄罗斯法院提起诉讼，质疑政府拒绝其返回俄罗斯的行政决定，但结果却是败诉，理由是其对国家安全构成了威胁。驳回其诉讼请求的莫斯科地区法院（the Moscow Regional Court）指出："根据参与编写报告的俄罗斯联邦安全局（Federal Security Service）专家的意见，原告在我国的活动具有毁灭性，对俄罗斯联邦的安全构成了威胁。代表……强调，对国家安全的威胁是由原告的活动所造成的，而不是其宗教信仰。"（第 37 条）诺兰在用尽当地救济手段以后，向欧洲人权法院提起诉讼，除了其他事项以外，他主张其第 9 条权利遭到侵害。法院的推理见下文。尽管欧洲人权法院提出了要求，但是俄罗斯政府仍然拒绝提供联邦安全局的报告，而该报告是法院认定诺兰构成国家安全威胁的基础。］

是否存在对于申请人宗教自由权利的干涉

61. 虽然宗教自由主要是个人良心方面的问题，但是除此之外，也意味着"表达个人宗教"的自由。言行方面的见证与宗教信仰的存在有着密切的联系。法院曾经在很多案件中作出判决，认为将行政或刑事制裁施加于宗教信仰的表达或者宗教自由权利的行使，是对公约第 9 条第 1 款所保障权利的干涉。

62. 申请人起诉状的关键不在于其未能获准在俄罗斯停留或居住，而在于是其宗教信仰和行为使得俄罗斯政府禁止其再次入境。在这方面，法院重申，虽然外国人进入或停留在某国境内的权利本身不受公约的保障，但是移民控制措施的行使必须符合公约的责任……特别是关于第 9 条规定，法院强调："驱逐出境……本身不构成对于第 9 条所保障权利的干涉，除非能够证明这一措施的目的在于约束个人行使以上权利以及抑制信徒传播其宗教或哲学。"[参见嗡喀拉南达和灵光中心诉瑞士案（Omkarananda and the Divine Light Zentrum v. Switzerland），欧洲人权委员会（ECommHR），1981 年。] 最近，法院审查了一些针对保加利亚提起的诉讼。在这些案件中，国家运用移民控制的手段禁止某申请人在其管辖范围内实施宗教活动，法院认定这一做法可以引起侵犯第 9 条权利的适格诉讼。[参见阿尔纳什夫诉保加利亚案（AL-Nashif v. Bulgaria），欧洲人权法院，2001 年，以及洛特诉保加利亚案（Lotter v. Bulgaria），欧洲人权法院，1997 年] 而在一起拉脱维亚（Latvia）案件中，政府基于国家安全考虑而拒绝向一位福音派牧师颁发"进行宗教活动"的永久居留许可证，法院认定这一做法构成了对于申请人宗教自由权利的干涉。[参见佩里诉拉脱维亚案（Perry v. Latria），欧洲人权法院，2007 年。] 因此，只要政府所施加的关于申请人在特定国家继续居留的措施，关系到了宗教自由权利的行使，那么这样的措施就可能对这一权利构成干涉。

63. 因此，本案中法院的任务就是确定将申请人驱逐出俄罗斯的做法是否与其宗教自由权利的行使相关。法院了解到在 1994 年申请人是出于统一教会的邀请而来到俄罗斯。该教会是在俄罗斯经过正式注册的宗教团体。随后，根据统一教会和在圣彼得堡（St Petersburg）的某非教派联合团体的邀请，上诉人被授予的居留许可证得以逐年延期。1999 年他搬到了顿河畔罗斯托夫，为统一教会的罗斯托夫分部工作。案卷中没有证据表明（政府也没有主张），统一教会或其分支除了传播教义和引导信徒遵守文牧师（Rev. Moon）的精神运动戒律以外，还从事过其他活动。

64. 此外，并无证据表明申请人接受过来自统一教会及其组织以外的工作或职位，也没有证据表明，申请人除了以统一教会牧师的身份参与宗教和社会工作以外，还从事过其他活动。政府一再声称，对于国家安全的威胁来自于上诉人的"活动"而非其"宗教信仰"。但是，在本院审理本案前，其诉讼程序中没有哪一点表明申请人可能从事了任何所声称的具有非宗教性质或特征的活动。既然政府隐约提到了与申请人"活动"相关的操作审查措施的"调查结果"，那么其拒绝向法院提交法院一再要求的联邦安全局报告的复印本，便意味着它丧失了证实其主张的机会。

65. 最后，法院不应忽视申请人主张的以下事实：《俄罗斯联邦的国家安全概念》于 2000 年 1 月进行修改之后宣称，尤其应该通过反对"外来宗教组织和传教士的消极影响"来保证俄罗斯的国家安全。将外来传教士的任何活动都不加限制地描述为有害于国家安全，这一事实为申请人的主张提供了支持。申请人认为其宗教信仰以及其作为一家外来宗教组织的外国传教士地位，也许是俄罗斯政府决定阻止他重返俄罗斯的关键原因。

66. 基于双方提交的文件以及案卷所显露的信息，法院认定，申请人在俄罗斯的行为主要是宗教行为，因而构成了行使其宗教自由的权利。考虑到没有证据表明申请人参与了任何其他非宗教活动，同时也考虑到《俄罗斯国家安全概念》所设立的关于外国传教士威胁国家安全的一般政策，法院认为，现有证据足以表明政府禁止申请人进入俄罗斯的目的在于约束其行使宗教自由的权利以及阻止统一教会教义的传播，因此侵犯了上诉人受公约第 9 条所保障的权利⋯⋯

67. 为了判断这种干涉是否构成对公约的违反，法院必须认定其是否满足了第 9 条第 2 款的要求，即是否"由法律规定"、符合本条的合理目标以及"在民主社会中具有必要性"。

干涉的理由

68. 政府首先主张干涉具有正当性，因为申请人在俄罗斯的活动已经威胁到了国家安全。申请人否认这一主张。

69. 法院重申，在公约的程序中，评价证据的惯常指导原则是⋯⋯举证责任由提出肯定主张的一方承担，而不是否定的一方⋯⋯政府一方在没有给出满意解释的情况之下拒绝提供这类信息，这一事实会导致我们认为申请人的主张具有充分根据，干涉成立。

70. 关于干涉的正当性，本案中政府提出的理由仅限于以下主张：上诉人的活动威胁到了国家的安全。显然，由于信息具有敏感性，只有作为被申请人的政府才能获得用来支持这一主张的材料，而申请人无法获得。但是，政府没有提交任何上述材料，也没有给出解释说明其为什么无法提供用来支持其主张的证据。此外，政府一再拒绝提供 2002 年 2 月 18 日的报告，或者至少是报告内容的摘要，而该报告显然在俄罗斯政府决定基于国家安全而驱逐申请人出境的过程中发挥了关键作用。

71. 法院进一步发现，对于禁止申请人进入俄罗斯的必要性，国内程序中并没有提出或审查过相关证据。法院重申，即使国家安全处于危险之中，民主社会中的合法性概念和法治概念也要求那些影响基本人权的措施必须受制于某种形式的对抗性程序，而实施该程序的是有资格审查决策原因和相关证据的独立机构，而且如果有需要应对机密信息的使用进行适当的程序限制。必须赋予个人以权利使其能够反对行政部门关于国家处于危险之中的主张。虽然关于哪些因素威胁到了国家安全这一问题，行政部门的评价从性质上来说极为重要，但是对于那些没有事实基础就援引这一概念的案件，以及对"国家安全"的解释不合法或者违反常识且具有任意性的案件，独立机构应当有所反应……

72. 在本案中，国内程序中代理联邦安全局的律师提到了 2002 年 2 月 18 日的报告，但是却没有提交具体文件，用以说明支持其决定的事实情况或者说明申请人一方非法行为的性质（如果报告中确实包括这些内容的话）……这种情况下，法院无法识别国内判决的具体事实认定，而该事实认定可以证明政府关于申请人的宗教活动威胁到了国家安全的主张。

242

73. 此外，鉴于政府将保护国家安全作为这个受指责措施的主要合理目标，法院重申，必须对第 9 条第 2 款所列宗教自由的例外情况进行狭义解释，因为该条款完全地列举出了这些例外情形，其含义也必然要受到限制……本条所列的合理目标包括：公共安全利益、对公共秩序的保护、健康或道德以及对他人权利自由的保护……然而，与第 8 条、第 10 条、第 11 条第 2 款所不同的是，公约第 9 条第 2 款不允许以国家安全作为限制理由。第 9 条的限制中没有包括这一特定理由完全不是出于无意的疏忽，而是反映了宗教多元论"作为'民主社会'一大基石，其在公约意义上"具有根本的重要性，也表明政府不得规定个人的信仰或者采取强制措施迫使个人改变其信仰……因此，国家安全利益不能证明俄罗斯当局针对申请人所采用的措施具有正当性……

75. ……法院认定，政府没有提出表面上合理的法律和事实理由，无法证明基于上诉人的宗教活动将其驱逐出俄罗斯的行为具有正当性，因而违反了公约第 9 条的规定。

评论和问题

1. 即使《欧洲人权公约》不保障外国人进入或停留在某国境内的权利，法院仍然认为诺兰先生的宗教自由权利遭到了干涉。这一结论是否正确？

2. 法院的结论认为国家安全不能作为限制宗教自由权利的合理理由，这一结论有何重大意义？俄罗斯政府在本案中能否成功援引第 9 条第 2 款中的其他限制理由？如果存在真正的国家安全威胁呢？

3. 第 8 条（关于隐私和家庭生活）、第 10 条（关于表达自由），以及第 11 条（关于和平集会和结社的自由）都明确将国家安全规定为限制理由。《欧洲人权公约》的起草者显然没有将国家安全作为限制思想、良心和宗教权利的合理理由。这一事实有何重大意义？

附加网络资源：	来自欧洲法院和其他司法管辖区的材料，阐明在什么情况下健康、安全、秩序、道德和他人权利可以使得对宗教或信仰自由的限制具有正当性

243

（三）必要性（Necessity）和相称性（Proportionality）

1. 欧洲

关于欧洲人权法院对待必要性和比例性问题的例子，参见第十一章摘录的巴撒拉比亚正教会诉摩尔多瓦案（Metropolitan Church of Bessarabia v. Moldava）、莫斯科基督教科学派教会诉俄罗斯案（Church of Scientology Moscow v. Russia）以及第十章的帕拉菲亚诉乌克兰案（Svyato-Mykhaylivska Parafiya v. Ukraine）。

2. 加拿大

马尔塔尼诉

玛格丽特—包尔吉欧耶斯校董委员会和魁北克司法部长案

（MULTANI v. COMMISSION SCOLAIRE MARGUERITE-BOURGEOYS AND ATTORNEY GENERAL OF QUEBEC）

加拿大最高法院，1 S.C.R. 256, 2006, SCC6（2006 年）

[一名年轻的加拿大锡克教徒古尔巴伊·辛格·马尔塔尼（Gurbaj Singh Multani）和他的父亲针对玛格丽特—包尔吉欧耶斯校董委员会（CSMB）提起诉讼，反对关于禁止携带危险物品进入学校的规定。他们认为这一规定无疑对其虔诚的信仰构成了干涉，因为其信仰要求他随时佩带金属锡克短刀（kirpan）。这种短刀形似匕首，对正统锡克教徒来说，是重要的宗教象征。学校董事会成员提出了最初的调整方案，允许该男孩佩带锡克短刀，但要将其密封起来，缝在衣服内，这一方案为原告所接受。但是最终，这所地方学校的董事会管理委员会拒绝了这一方案。

加拿大最高法院认定，玛格丽特—包尔吉欧耶斯校董委员会拒绝调整方案的做法是违宪的。法院认为，由于这一政策迫使该男孩转到私立学校，因而侵害了他的宗教自由权和就读公立学校的权利。法院虽然赞同学校安全构成迫切而重大的社会需求，但它仍然拒绝了这一政策，因为即使政策和需求之间具有合理联系，该政策也不具有相称性。

法院如此判决的主要原因在于该政策不能被说成是"对被侵犯权利或自由的最小损害"。没有证据表明该男孩造成了暴力威胁，而另一名学生从他身上夺走锡克短刀的可能性（将他制服，进行搜身，拔开刀鞘，并拆开或撕开缝合处从而拿到锡克短刀）也微乎其微。100多年以来尚无学生曾在加拿大校园内暴力使用过锡克短刀。]

对于宗教自由的侵犯

32. 法院在很多案件中都强调过宗教自由的重要性［本案中，法院引用了比格·M. 药房案（Big M Drug Mart）中的论述（见下文），阐明根据《加拿大权利自由宪章》（Canadian Charter of Rights and Freedoms），一切加拿大人都有权决定其"宗教义务（如果存在的话）的内容，而政府无权做出其他要求"］：

宗教自由概念的实质在于，个人有权选择并拥有其宗教信仰，有权公开宣称其宗教信仰而不必害怕遭到妨碍或报复，以及有权通过礼拜、实践、教导和传播的方式来表达其宗教信仰。但是这一概念不只意味着以上权利。

……自由意味着任何人不得被强迫按照与其信仰和良心相悖的方式行为，但要受到一些限制，这些限制必须对于保护公共安全、秩序、健康、道德或他人基本权利自由具有必要性。

法院列举了阿姆塞莱姆（Amselem）一案。该案中法院主张，原告必须证明（1）他们虔诚地信仰一种与宗教相关的实践或信念；（2）第三方行为以不容忽视的方式干涉到了他们"根据该实践或信念而行为的能力"。在阿姆塞莱姆案中，法院解释道，宗教自由指的是"有在宗教意义上实施行为或持有信念的自由，由此个人可以证明，自己诚心相信且虔诚致力于这种行为和信念是为了实现沟通神明的目的，或是将其作为自己精神信仰所要求的职责之一"。

35. ……个人必须做的事情就是，证明他虔诚地相信某特定信念或实践是其宗教所要求的。个人必须善意地坚持其宗教信仰，而不能胡乱编造，随意变更或者存心欺诈。毋庸置疑，古尔巴伊·辛格虔诚地相信其宗教要求他随时佩带金属短刀……

法院认为，这一禁令"剥夺了古尔巴伊·辛格就读公立学校的权利"，这种"对于其宗教自由的干涉"使得他为"遵守宗教信仰"而离开学校，因而"并不是无关紧要或无足轻重的"。

41. 所以校董委员会阻止古尔巴伊·辛格携带锡克短刀进入圣凯瑟琳拉布雷（Sainte-Catherine-Labouré）学校的决定，无疑侵犯了他的宗教自由。因此，必须根据《加拿大宪章》（Canadian Charter）第1条来证明这种限制具有正当性。

244

《加拿大宪章》第 1 条

42. 校董委员会做出决定的依据在于……《教育法》(Education Act)。禁止在学校佩带锡克短刀的规定构成了《加拿大宪章》第 1 条意义上的法定限制，因此必须根据第 1 条来证明其具有正当性：

1.《加拿大权利与自由宪章》保障在该《宪章》上开列的权利与自由，只服从于在自由民主社会中能够确凿证明为正当并且由法律规定的合理限制。

43. 被告人有义务通过衡量各种可能性来证明，侵害是合理的，而且在自由民主的社会中是正当的。为此，必须满足两个要求：其一，所追求的立法目标必须足够重要，使得限制宪法权利的措施具有必要性。其二，国家机关所选择的措施必须与争议的目标具有比例性。参见奥克斯案 (Oakes)；R 诉爱德华兹书籍和艺术有限公司案 (R. v. Edwards Books and Art Ltd.)，2 S.C.R.713, 1986 年。

目标的重要性

44. 正如上诉法院所言，校董委员会改变决定的"动机在于追求迫切而重大的目标，即确保环境有利于学生的发展和学习。这一目标要求玛格丽特—包尔吉欧耶斯校董委员会有义务保证学生和教职工的安全。这一义务是政府委托给教育机构的核心责任"(第 77 段)。上诉人承认这一目标值得推崇，所以其满足了审查的第一个标准。被上诉人还提交了相当详细的证据……用以解释学校安全的重要性以及与武器相关的校园暴力事件迅速增长的现实。

45. 显然，保护学校安全的目标十分重要，足以证明对宪法所保护权利自由的限制具有必要性。法院还需要认定，委员会通过禁止携带武器和危险物品的规定，试图达到哪个级别的安全水准以及据此可以容忍何种程度的危险……安全水准的可能范围可以从追求绝对的安全一直到完全缺乏安全意识。在这两个极端之间，我们希望确保一种合理程度的安全。法院接受了诉讼参与人加拿大人权委员会 (Canadian Human Rights Commission) 所提议的安全级别，即"合理的安全，而非绝对的安全"，这也是学校董事会所追求的。

相称性

合理联系

49. 相称分析法的第一个步骤在于判断校董委员会的决定是否为了促进这一目标。该决定必须与追求的目标具有合理的联系……禁止古尔巴伊·辛格携带锡克短刀进入学校的规定便是旨在促进这一目标。虽然对于古尔巴伊·辛格而言，锡克短刀具有重大的宗教意义，但其毕竟具有锋利武器的特征，因而可能造成伤害，所以校董委员会的决定与旨在保证学校达到合理程度安全的目标之间具有合理的联系……

最小损害

50. 在决定侵害《加拿大宪章》所保护的权利是否具有正当性这一点上，比例分析法的第二个步骤，往往起到关键的作用。对于被侵害权利或自由造成最小损害的限制，不一定得是干扰最少的措施。在雷诺麦克唐纳公司诉加拿大（司法部长）案（RJR-MacDonald Inc. v. Canada Attorney General, 3 S.C.R.199, 1995 年，第 160 段）中，法院对于这一标准做出如下限定：

> 损害必须"最小化"，即，必须对法律进行谨慎调整，使得对权利的损害不超过必要限度……如果法律属于一系列的合理替代方案之一，那么即使对于促进侵害行为所追求的目标存在更好的替代措施，法院也不能仅因此就认定该法律限制过度……

[法院认为，争议点在于被上诉人是否能够证明绝对禁止措施（被上诉人认为这一措施是学校安全所必需的）具有正当性。但是法院指出古尔巴伊·辛格愿意在法院施加的条件之下佩带锡克短刀。]

学校安全

被上诉人声称在学校佩带锡克短刀"所导致的危险是"锡克短刀的所有者或者其他夺走它的学生"可能将其用于暴力目的"。法院驳回了这一主张并且指出古尔巴伊·辛格没有行为问题，也没有在学校实施过暴力行为。此外，法院将古尔巴伊·辛格"出于暴力目的而使用锡克短刀的危险性"界定为……"高度不可能"。同样地，法院认为另一个学生从其手中夺走锡克短刀的危险性"相当低"，因为这名学生必须"控制住他的身体，然后搜查其衣服，拿走刀鞘，设法拆开或撕开包裹着刀鞘的布，这样才能拿到锡克短刀"。法院提出，这种学生可以从"别的途径获得武器"。法院还指出，许多无害而较易获得的物体都可以成为备选武器，包括剪刀、铅笔和球棒。

63.……学校里的安全与飞机上和法庭上的安全一样重要，但是很重要的一点在于要具体情况具体分析……在尼加（Nijjar）案中，尼加先生的诉讼原因是，其佩带锡克短刀乘坐加拿大 3000 航空公司（Canada 3000 Airlines）飞机的权利遭到了拒绝。法院驳回了这一诉求，因为除了别的事项以外，他没能证明如果按照加拿大 3000 航空公司的规定不佩带锡克短刀便不符合其宗教信仰……虽然法庭认为尼加先生没有遭到基于其宗教信仰的歧视，但是仍然考虑了有关合理调整方案的问题……

65. 学校是一个允许开展学生和教职工之间关系的特殊环境。这些关系使得发生在学校内部的种种情形可以得到较好的控制……

66. 每个环境都是一个具有自己独一无二特征的特殊情况。根据情况的不同，其要求的安全级别也各不相同。

（法院拒绝了绝对禁止措施，驳回了认为锡克短刀在本质上具有危险性的主张。）

校园里武器的迅速增加

被上诉人主张，允许"辛格在学校佩带锡克短刀的规定具有涟漪效应"，这使得"那些得知正统锡克教徒可以佩带锡克短刀的学生们希望携带武器来保护自己……"法院驳回了该主张。法院意识到这一主张是基于以下观点："锡克短刀在学校里对其他学生造成了安全威胁，迫使他们武装自己。"然而，法院宣称这种主张"纯属假设"，并且指出，"没有证据支持这一主张……即使有也不被接受……"

对于学校环境的消极影响

法院还拒绝了以下主张："在学校佩带锡克短刀会毒化学校环境"，因为锡克短刀是一种"暴力的象征"，而且"其传递的信息是，使用暴力是宣告权利和解决争议的方式"。与该观点相反，法院认为，"这一主张不仅仅与关于锡克短刀象征性质的证据相互矛盾，也不尊重锡克教徒……而且没有考虑加拿大基于多元文化主义的价值观……学校有责任向学生灌注……这种作为我们民主重大基石的价值观。"

法院因此得出结论："完全禁止携带锡克短刀进学校的规定削弱了这一宗教象征的价值，并且会使学生认为某些宗教实践活动不能享有如同其他宗教一般的保护。另一方面，在某些情况下调整……佩带锡克短刀的规定表明我们社会重视保护宗教自由以及尊重少数派，因而完全禁止措施的危害性大于其有利影响。"

3. 南非

普林斯诉好望角律师协会主席案（PRINCE V. PRESIDENT, CAPE LAW SOCIETY)

南非宪法法院（South Africa Constitutional Court）（2002 年）

［本院所面对的宗教诉求与美国的就业处诉史密斯案一样，都是要求在禁止使用毒品上取得豁免。本案的上诉人加雷斯·普林斯（Garreth Prince）是拉斯塔

里教（Rastafarian religion）的一名现有成员，该教派在其若干崇拜活动中都使用大麻。当好望角律师协会拒绝对加雷斯的社区服务合同进行注册（该合同对于其成为律师必不可少）时，他将律师协会告上了法庭。尽管普林斯满足了成为律师的所有学历要求，但是律师协会仍然拒绝对其合同进行注册，原因在于他表示出持续违反法律的意图，因而不适合成为律师。宪法法院的 9 个法官以 5 比 4 的票数作出裁决，支持律师协会，维持下级法院的判决。请注意，下文的第一份法院意见是由作为反对法官之一的恩格克波·J（Ngcobo, J）法官撰写，接下来是查斯卡尔松·C.J（Chaskalson, C.J.）法官、阿克曼·JJ（Ackermann, JJ）法官以及克里格勒·JJ（Kriegler, JJ）法官撰写的多数意见。最后是萨克斯·J（Sachs, J）法官给出的另一份反对意见。]

37.《宪法》第 15 条第 1 款规定了宗教自由的权利，规定如下：

"人人都具有良心、宗教、思想、信仰和意见自由的权利。"

第 31 条第 1 款第 1 项也规定了相关内容：

"属于某个文化、宗教或语言团体的个人有权与团体的其他成员一起……享受其文化，实践其宗教以及使用其语言。"

38. 法院曾经两次考虑过宗教自由权利的内容，并且每次都认为宗教自由权利至少包括：（a）有权享有个人所选择的宗教信仰；（b）有权公开宣告个人的宗教信仰而不必担心遭到报复；（c）有权通过礼拜、实践、教导和传播的方式来表达这些信仰。宗教自由权利本质上要求"不受胁迫或限制"，因此"如果有人采取措施强迫他人以违背宗教信仰的方式实施或者禁止其实施相关行为，那么他就侵犯了他人的宗教自由"。

248

39. 就这一层面来看，第 15 条第 1 款与第 31 条第 1 款第 1 项具有互补作用。后者强调并保护文化、宗教和语言权利的群体性质。在宗教意义上，这条规定强调保护因宗教而联合在一起的社会成员，以使他们实践其宗教……目前必须考虑的问题是，被指责的规定中所包含的禁令是否限制了上诉人关于宗教自由的宪法权利……

42. 法院不应该关心的问题是，在宗教教义上，特定的实践对于该宗教来说是否至关重要。宗教是关于信仰和信念的问题。教徒认为有的信念十分神圣，因而是其宗教信仰的关键所在，但这样的信念在非教徒看来也许既奇特又不符合逻辑和理性。人们可以自由地信仰他所不能证明的东西。但是，即使他们的信仰在别人眼中既奇特又不符合逻辑和理性，同时还无法用科学手段证明，但是这并不妨碍他们的宗教信仰有权享受宗教自由权利所提供的保护……

45. 为了满足合宪性的要求，必须根据宪法第 36 条第 1 款来证明对于宪法性权利的限制具有正当性。限制分析法要求审查，在一个以个人尊严、平等和自由为基础的开放民主社会之中，某种限制是否是合理正当的。在该审查中，我们要考虑一些相关的因素，包括权利的性质，限制的范围，限制的目标、重要性和效果，以及是否存在实现这一目标的更小限制方法。这些因素中的任何一个都不能单独起决定作用，并且这里也没有穷尽所有需要考虑的相关因素。上述因素与其他相关因素必须作为整体进行考察。因此，限制分析法包括对冲突价值的衡量以及基于比例原则的最终评估。

46. ……衡量和评估过程必须考虑政府利益的三大要素，即限制的重要性、限制与其根本目标之间的关系以及基于宗教原因的豁免对于限制的整体目标将会产生的影响。我们必须在政府利益与上诉人的宗教自由权利诉求之间进行权衡。后者也包括了三大要素：在一个以个人尊严、平等和自由为基础的开放民主社会之中，宗教自由权利的性质和重要性；大麻使用对于拉斯塔里教的重要性；以及限制措施对践行该宗教的权利所产生的影响。本案中，进行比例分析尤其与下列问题相关："……在一个以个人尊严、平等和自由为基础的开放民主社会之中，拒绝以豁免的方式来包容上诉人的宗教信仰和实践……是否能够被认为具有合理性和正当性……"

宗教自由权利也许是所有人类权利中最为重要的权利之一。宗教问题是内心和信仰方面的问题。宗教构成了信徒与上帝或造物主之间关系的基础，并且宣告了这一关系……在基督教教育（Christian Education）案和普林斯一号（Prince 1）案中，我们注意到以下内容：

> "毫无疑问，宪法所规定的开放民主社会应有的宗教、信仰和观点自由十分重要。根据个人的信仰或非信仰来相信或不相信、作为或不作为，这是个人尊严的关键要素之一。但是宗教自由不只是保护个人良心不受侵犯。对于许多信徒来说，他们与上帝或造物主之间的关系在其所有活动中占有关键地位。这一关系涉及他们是否有能力以具有强烈意义的方式与其个人意识、社会和宇宙进行联系。对于社会各阶层的数百万人来说，宗教为个人和社会的稳定与发展提供了支持、培养和框架。宗教信仰能够唤起自我价值和个人尊严的概念，而这些概念是构成个人权利的基石。宗教信仰会影响教徒对于社会的观点，建立起是与非的界限。宗教信仰体现为对于强大传统的肯定和延续，而这些传统通常具有超越历史时代和国家边界的古老特征。"

49. 对于我们这个建立于个人尊严、平等和自由之上的宪政民主国家来说，宗教自由的权利尤其重要。我们的社会是一个多元化的社会，由各种文化、社会、宗教和语言背景的男女所组成。我国宪法也承认这种多元化……保护多元化是自由开放社会的标志，也是对于全体人类固有尊严的认可。自由是个人尊严中不可或缺的要素……

52. 然而几乎可以肯定的是，反毒品战争中的限制也很重要。这一战争具有重大而迫切的社会目标：阻止滥用致依赖性药物所产生的危害以及禁止贩运这种药物。滥用药物会危害到那些滥用者，并进而危害到社会。因此，政府在禁止滥用有害药物方面具有明显的利益。我们的国际义务也要求我们根据宪法进行这一场战争。

54. 政府并没有主张，为了实现其目标，需要绝对禁止使用和持有毒品。它也没有主张，在任何情况下使用大麻的任何行为都是有害的。在政府的控制之下，为了研究或分析目的而使用和占有大麻很难说是有害的，更谈不上滥用。同样，在医生的谨慎监督之下，为了医疗目的而使用大麻也不能说是有害的。因为医生会控制剂量，从而保证其使用不会造成危害。大麻的这些使用行为获得了豁免，因为其不会损害禁止性规定的目标。所以，如果拉斯塔里教使用大麻的行为本质上没有危害，或者说能够得到政府的有效控制从而防止其危害和贩运，那么拒绝在这些情况之下给予宗教性豁免的规定就很难说是合理正当的。但是，情况确实如此吗？……

250

62. 他们在圣餐杯中吸食大麻，或者在名为"纳宾斯"（Nyahbinghis）的宗教仪式上将其作为"焚香"进行焚烧。在拉斯塔里教的仪式日程中，这样的仪式极为稀少……由于拉斯塔里教认为"圣草"十分重要，因此他们更愿意自己种植。大麻的种植、收割和养护被看做是一门艺术。为了在圣餐杯中进行吸食大麻，他们遵循一套特殊的准备程序，而圣餐杯的使用也有一套烦琐的礼节。他们只有在由牧师、助理牧师或者长老所主持的宗教性聚会或仪式中才会吸食大麻。根据记录，我们很难说在这些个别场合使用圣餐杯吸食大麻的行为是否可以被描述为"长期大量使用或者用于瘾症"。然而，即使符合这种描述，也没有证据可以表明，在这些稀少而孤立的宗教仪式上，他们吸食大麻的行为无法得到有效的控制，且无法将其限定在一个不会造成危害的数量上。

69. 当基于圣礼目的而使用大麻不会造成危害时，取缔非法药品的规定并不要求对其进行全面禁止，而是要求政府采用与毒品使用豁免情况相同的方式对其进行规制……

72.……根据相关国际文书……对列举的行为方式进行定罪必须根据各成员方的"宪法性限制"。因此，如果我国宪法豁免大麻的宗教性使用，那么这类豁免与国际文书就不会产生冲突……

77. 在衡量冲突利益和评估相称性时，我们不仅有必要详细审查完全禁止拉斯塔里教出于圣礼目的而使用或持有大麻的规定与该限制目标之间的关系，还要审查是否存在实现此目标的更小限制方案。禁令的目标显然是防止有害药物的滥用和贩运。所以，在执业医师的谨慎监督之下出于医疗目的而使用大麻的行为，以及为了分析或研究而使用大麻的行为，都不属于禁令的打击范围。然而，出于圣礼目的而使用大麻的行为（例如将其作为焚香予以焚烧）并未被证实为有害，但却遭到了禁止。禁止宗教性使用的规定如此全面，以至于要求教徒在大麻植物面前鞠躬和祷告的宗教实践也遭到了禁止。而这种使用大麻的方式对于教徒的健康不会产生危害……

79. 在我们这样一个承认和容忍多元化宗教信仰的宪政民主国家之中，如果包容所有宗教的实践活动不会损害到合理的政府利益，那么就必须这样做才能体现对于多元化的宽容。因此，当议会面对的宗教实践包含某种违背其目标的行为时，符合宪法的恰当做法是不要限制整个实践活动，而只是限制违背其目标的行为（如果这样做不会损害其目标的话）。这种做法符合我国宪法中所固有的包容与接纳各类宗教信仰的宪法义务。在限制宪法性权利时必须使用更小限制方案的要求，正是这种义务的体现……

81. 我同意受非议条款的目标在于打击滥用和贩运致依赖性药物的行为。我也同意这是一个合理的目标。但问题在于为实现这一目标而采用的措施是否合理。在我看来，这些措施并不合理。根本原因在于这些方案的限制范围过于宽泛。它们的打击目标显然应当是使用和贩运本质上具有危害性的致依赖药品的行为，但同时它们却不合理地打击了那些不会造成危害或者能够得到严格规范和控制的使用行为。这些措施的范围如此广泛，以至于那些不会造成危害并且可以得到政府有效控制的使用方法也像其他一些危险性药物一样受到禁止。就这一点来说，该方案是不合理的，无法满足第一个标准。所以也就没有必要考虑其是否具有正当性的问题。

82. 因此，受非议条款中所包含的禁止性规定违背了宪法，因为即使大麻的宗教性使用行为没有威胁到政府利益，也遭到其禁止。但是，禁止性规定的违宪性仅就这一层面而言。根据这一结论，没有必要再考虑其他的宪法性质疑。

85.……恰当的救济方式是，宣告《毒品法》（Drugs Act）的第 4 条第 2 款以及《药品法》（Medicines Act）的第22A条第10款的相关内容，在禁止善意的拉斯塔里教徒使用、持有和运输大麻方面，不具有效力……

86. 但是，如果这一无效声明立即生效的话，那么就会给社会造成真正的威胁。该声明会导致对大麻的使用无法控制，并且会危害公认合理的政府目标，即禁止致依赖性药物的不良影响和贩运。因此，必须给予议会弥补两部法案缺陷的机会。所以基于这一目的，无效声明应该推迟12个月生效。

[莫克戈罗（Mokgoro）萨克斯·JJ（Sachs JJ）法官和马德朗加·AJ（Madlanga AJ）法官同意恩格克波·J法官的判决。]

查斯卡尔松·CJ法官、阿克曼·JJ法官以及克里格勒·JJ法官陈述多数派意见：

111. 恩格克波·J法官认为，法律将使用和持有大麻的行为规定为犯罪限制了拉斯塔里教徒依据《宪法》所享有的宗教权利，我们同意其观点。而本案中需要认定的问题是，依据宪法第36条，这一限制是否具有正当性。正是在这一问题上，我们与恩格克波·J法官产生了分歧。我们不认为国家为了满足拉斯塔里教徒的宗教权利，有义务在禁止持有或使用大麻的一般规定之外，再制定例外规则，理由如下……

114. 根据《宪法》第36条所要求的比例分析法，毫无疑问的是，在一个建立于个人尊严、平等和自由之上的开放民主社会之中，宗教自由和践行宗教的权利是非常重要的权利，而争议法律对拉斯塔里教的宗教实践施加了实质性的限制。我们也必须承认该法律在反毒品的战争中服务于重要的政府目标。实际上上诉人所主张的是，尽管该法律在其目标和适用于一般公众方面都具有合理性，但是其范围过于宽泛，因为其将拉斯塔里教徒使用大麻的行为纳入到法律的规制之中，而该使用行为是合理的，不应该遭到禁止。以过于宽泛作为理由来质疑法律的合宪性，实质上就是基于下列理由而提出质疑：该法律所追求的合理政府目标可以由另一种限制更小的方式予以实现……

116. 在禁止持有或使用有害药品的受争议法律之中，得到公认的普遍性禁令首先旨在切断这类药品的供应，使其不能到达潜在使用者手中。该禁令试图通过禁止一切持有违禁药品的行为（除了医疗和研究目的以外）来解决药品问题所带来的危害，而不仅仅是处罚有害使用这类药品的行为。这种规定有利于法律的执行……《1961年麻醉品单一公约》（1961 Single Convention on Narcotic Drugs）事实上便规定了这一控制方案，而南非是其成员国之一。

117. 政府不需要证明控制有害药品使用的措施具有正当性。禁止持有和使用药品的普遍规定的有效性已为人们所接受。在本案中，上诉人希望政府能够

252

做到的是，除了法律中所包括的医疗和研究豁免以外，还应该制定规则，允许拉斯塔里教成员出于宗教目的而使用大麻。

118. 恩格克波·J法官强调拉斯塔里教使用大麻的某些行为不具有危害性，对于这一观点我们无法赞同。由于自我约束力的不同，这一使用方式可能有害，也可能无害。但是对于非拉斯塔里教徒来说，情况并无二致。即使其使用行为富有节制，不会损害自身，他们也被禁止使用或持有大麻。（接下来法院为了支持其不予豁免的决定，详细地考察了美国最高法院在就业处诉史密斯一案中的判决）……

122. 史密斯案中的少数派以一种更为符合我国宪法的方式表达了他们的不同意见。他们同意第一修正案在适用于宗教实践时并不具有绝对性，这区别于其对信仰的保护。当政府能够证明存在"迫切的政府利益以及实现该利益的适当方案"时，对行为的规制就可能要服从于普遍的政府利益……

128. 正如萨克斯·J法官在基督教教育一案中所述，我国宪法在处理权利限制的问题时，虽然不要求采用不同程度的审查标准，但是第36条的比例分析法却"明确表明运用细微差别和个案分析的平衡方案"。

129. 一些诉讼当事人试图基于宗教原因而豁免于普遍适用的刑法规定，但是史密斯案表明这确实具有难度。几乎可以肯定的是，即使依据该案中少数派所采用的严格审查标准，以拉斯塔里教使用大麻的方式来使用类似毒品的行为也不会被允许。大麻与佩奥特碱不同，南非和国际市场上存在着大量关于这种毒品的非法交易。此外，拉斯塔里教并不只是在宗教仪式上出于圣礼或象征目的而少量地使用大麻。他们既共同使用，也个人使用，既在两个或更多教徒聚集的宗教仪式上使用，也在其他时间和场合使用。根据上诉人自己提供的证据，他在家里和其他地方经常使用大麻。他使用大麻的行为与受到禁止的一般使用行为之间的所有差别就在于，他使用大麻的目的以及其声称具有不滥用大麻的自控力。

130. 执法人员没有客观的手段可以分辨出大麻的使用是出于宗教目的还是娱乐目的。而要客观地分辨出持有大麻是出于上述哪个目的，就算不是完全不可能，也会更加困难。当被发现持有大麻的个人声称其是出于宗教目的时，执法人员也没有客观手段可以判定他的话是否真实。事实上，由于缺乏得到许可和谨慎控制的供应渠道，我们很难想象，拉斯塔里教为了实践其宗教而合理获得并使用大麻的情形，如何可以区别于周围非法贩运和使用的泛滥情形……

132. ……如果允许将豁免笼统地授予那些出于宗教目的而持有和使用有害药

物的个人，那么政府执行其毒品法的能力将会受到极大的损害。

133. 上诉人了解这一困难，因此建议实施一种许可制度，允许善意的拉斯塔里教徒出于宗教目的而持有大麻。为了支持这一主张，上诉人类比了法律规定允许基于医疗目的而使用有害药品的情形。但是，这一类比并不具有合理性。在允许基于医疗目的而使用违禁药品的情形下，需要由限制药品剂量和使用时间的执业医师开具书面处方，并且在其使用过程中进行控制……

134. 执行许可制度将会产生实际性的困难……包括建立和实施任何此类制度的财政和行政问题，而且如果颁布许可证，允许基于宗教目的而持有大麻，将会产生监督困难的问题。

144.……

驳回上诉。

[戈德斯通（Goldston）法官和雅谷·JJ（Yacoob JJ）法官同意查斯卡尔松·CJ法官、阿克曼·JJ法官以及克里格勒·JJ法官的意见]

萨克斯·J法官持不同意见：

145. 不容异己的行为会以许多形式出现。其中最引人注目和最具破坏性的形式是用权力去摧毁自己认为不同且危险的信仰与实践。而温和一点的做法是实施严格的主流规范，从而不允许存在其他行为方式的可能性。摆在我们面前的案件无论如何也不会是侵略性的攻击行为。将使用大麻规定为犯罪的法律并非针对拉斯塔里教，明显也不是为了干涉其宗教仪式。尽管这些法律看起来像是普遍适用的中立法规，但是却严重干涉了（虽然是无意的）拉斯塔里教的宗教实践。因此，该法律的效果与专门禁止拉斯塔里教的核心实践并没有区别。拉斯塔里教声称，作为一个宗教团体，他们遭到了这些措施的无情镇压，而作为单个信徒他们被迫在个人信仰和法律之间做出选择，而这种选择是宪法所不允许的。上诉人既是一个法学毕业生，又是一个雄心勃勃的律师。通过他提起的这一起判例案件，许多拉斯塔里教徒都来到本院寻求救济。

146. 在基督教教育案和普林斯一号案中，本院在衡量政府和宗教团体之间的冲突利益时，强调了适用合理容忍原则（reasonable accommodation）的重要性。正是出于对这种容忍的追求，在普林斯一号案中，本院将当前的问题发回给当事人，要求其提供有关可能适用豁免的进一步信息。法院意识到，争议的问题是，服务于重要公共利益（即禁止药品的贩运和滥用）的法案是否有效，所以宣告其无效的声明将对司法产生深远的影响。与此同时，法院重申，在一个开放民主的社会之中，上诉人声称的实践其宗教的宪法权利具有根本重要性。

上诉人声称的宪法权利不仅仅涉及其个人利益，而且影响到了拉斯塔里教社会。

147. 多数意见的结论是，即使授予拉斯塔里教有限的豁免权，也会实质性地损害到政府执行反毒品法的能力。我认为这一判决迫使拉斯塔里教社会在实践信仰和尊重法律之间做出选择，而在我看来这种做法是没有必要的。普遍法律的豁免通常会给政府造成一定的负担，但是对已确立的多数派思维方式造成实际不便和妨碍正是宪政体制对政府的要求。在我看来，多数意见过于重视执法的方便程度，而不够重视该措施的影响，不论是对上诉人及其宗教教区基本权利的影响，还是对于宽容与尊重多元化这一基本概念的影响。而在我们的社会中，按照宪法规定，这是每个人的义务和权利。

148. 在我看来，恩格克波·J法官的意见令人信服地表明，恰当的平衡手段以及对于合理容忍原则的运用，可以对拉斯塔里教信仰和实践的核心圣礼施以保护，又不会过度影响到更为广泛的反对有害药物的运动。最有用的方案似乎是建立一个想象中的连续统一体，开端是易于控制并且明显是出于宗教目的的使用行为，末端是警察难以监管，并且与普通的娱乐性使用区别不明显的使用行为。恩格克波·J法官曾提过一个例子，即官方认可拉斯塔里教高层人员可以从政府官员手中获得大麻，以使其在圣礼场合可以将大麻作为焚香置于神龛内焚烧。这个例子就是处于易于控制并且明显是出于宗教目的的起始点上。这种范围狭窄、限定严格的豁免行为受制于可以控制的政府监管，并且会被公众理解为是与宗教性使用直接紧密相关的行为。更进一步则是允许指定的牧师出于圣礼目的而获得大麻，包括在指定的地方和场合从交轮（handed-round）圣杯中进行吸食。这种做法也很容易监督，并且因为其类似于广泛实践的宗教而较易得到大众的赞同。事实上，我很难想象任何措施在合理衡量拉斯塔里教和政府各自的利益之后会提供更小的容忍度。连续统一体的另一头是授予上诉人要求的一切豁免，包括在拉斯塔里教徒的家中私下自由使用大麻。这种使用方式将会极度难以监管，而且会完全模糊公众眼中出于宗教而吸食大麻与出于娱乐而吸食大麻的界限。议会应该制定出最佳方案，以保证拉斯塔里教享有宪法所授予的可行豁免。这样的结果可能不符合拉斯塔里教开始提出的主张，但是至少可以在其居住的黑暗道德墓穴中，投下了一缕闪烁的宪法之光，而且为其赢得一项表示尊严和认可的适度而有意义的措施。我们无法完全满足他们的要求，但这并不是什么都不给他们的理由……

155. 我国宪法所规定的限制分析法不是建立在正式或绝对的推理之上，而是建立在第36条所要求的平衡和比例分析过程之上。因此，本院不同意美国最高法院的多数意见：在信仰多元化的社会中，少数派的信仰如果遭到正式中立法律的限制，可能得不到救济。同样地，另一方面，人们也不认为以下事实是宪政体制不可避免的结果：对于宗教实践的每一项立法限制都没有效力。与之相反的是，第 36 条的限制分析法与一些极端立场背道而驰，而这些立场最终都将民主和一般执法活动的强制效力，设定为与宪政体制的恒定目标和对基本权利的保护相冲突的状态。限制分析法的要求是，在各种冲突的利益之间实现最大限度的平衡。这种和谐状态建立于既有原则性又有细微差别和弹性的个案分析基础之上，扎根于南非的现实情况但又受到国际经验的指导，其阐明方式既恰当又公平，并且在实现的过程中没有忽视我国宪法所强调的基础价值。为了实现这种平衡，法院可能会经常发现自己面临着复杂的问题，主要是关于宪法分配给立法和行政机关的自由裁量范围应当包括哪些内容，哪些东西属于明确可以由司法机关所决定的范围。

156. 因此，在这一未开发的法律领域内，寻找合适的应对措施使得法院承担了特别沉重的负担，其必须对于机构能力和权力分配等因素具有敏感性。法院的不当冒险行为可能与其过于胆怯的行为具有同样的危害性。一方面，法院为了捍卫受到保护的团体，具有一种不顾执法机构所面对的真实困难而提供过度保护措施的冲动。另一方面，法院无意识中具有支持现存司法体制及其思维方式的倾向，其原因仅仅在于它们已经存在，就如同珠穆朗玛峰已经存在一般；或者用伯格·CJ（Burger CJ）的话来说，仅仅是因为有必要意识到"当代社会的要求是坚持多数人的标准"。（威斯康星诉约德案，406 US 205，第 217 页，1972年）两种极端都要予以避免。

157. 对于拉斯塔里教来说，坚持多数人标准的做法具有特别消极的影响。该教派具有很强的识别性，由于受到歧视，并且在政治上处于无权地位，因此确实是属于孤立分散的少数派，其利益在国外和本国都很难得到保护……

170. 总之，我想说本案表明了合理容忍原则为何如此重要。上诉人已经表明他是一个具有原则性的人，为了追求其宗教信仰宁可牺牲其职业与物质利益。如果我们坚持采用迫使其在良心和职业之间做出选择的法律，那么不仅会令他个人经济窘迫，还会威胁到整个南非，淡化其作为开放民主国家的蓬勃发展前景。考虑到在我国以前的专制时期，掌权者总是试图命令全社会的行为、信仰和品味，因此差异权（the right to be different）作为新兴宪政秩序最宝贵的方面之一而出现绝非偶然。有些问题可能本质上就包含着一些难以处理的因素。所以，正规的宪法分析法自身无法解决平衡信仰和公众利益的困难。而为了保护作为宪法特点的宽容，也为了尊重作为宪法原则的多元化和开放性，信仰和公共利益互相重叠纠缠。因此，宗教宽容不只是对于一些个人具有重要性，他们因此不必在其信仰和法律之间做出艰难抉择。它对于我们所有人都意义深远，因为我们都具有宗教和信仰问题，也因为我们都想要住在一个开放的社会之中。

171. 所以本案的中心问题不在于我们是否同意使用大麻，不在于我们是否具有信仰，或者我们是否信仰某一特定的教派。事实上，本案中对于宽容的响亮号召在我们的一些人中一样会产生有力的回响，包括那些对大麻使用问题实际上持谨慎态度的人，以及虽然尊重所有信仰，但却不信仰任何宗教的人，更不用说同情拉斯塔里教的信仰和实践信条的人了。如果一个人将合理宽容差异的做法不仅仅视为一种有利于解决争端的精妙法理技术，而是将其看成一个宪政体制中至关重要的原则，那么他就会响应这一号召。在基督教教育案中，本院认为宪法中的大量规定都肯定了"个人有权做自己，而不必被迫遵守他人的文化和宗教信条，而且个人和团体能够享受所谓的'差异权'也非常重要"。每个案件中都为社会成员可以偏离一般标准留有空间。这些规定共同或单独地承认了民主社会的多彩性，尤其是语言、文化和宗教在总体格局中画出了一幅交错的彩色图画。

评论和问题

1. 关于宗教或信仰自由问题，你认为哪种解决方案更为合适，是美国最高法院在史密斯一案中的方案，加拿大的方案，还是南非的方案？后两者是否授予司法部门以过多的权力？

2. 杰拉尔德（Gerald）教授将美国式的迫切政府利益分析法与欧洲的比例分析法（加拿大和南非也是采用这一方法）进行了对比。

可以肯定的是，某人表达宗教信仰的权利并非毫无限制，而证明权利限制具有正当性的标准不同于美国宪法上的迫切利益标准。第 18 条第 3 款列举了可以证明对权利的限制具有正当性的特定利益。由于该条规定的权利具有不可克减性，因此不能通过主张存在紧急权力，就对其进行增补。这些利益包括公共安全、秩序、健康和道德，以及他人的基本权利和自由。这些利益的范围应该已经足够广泛，它包括任何会被美国法律承认为具有迫切性的利益，以及一些不具有迫切性的利益。"有必要保护这些利益"的标准通常被《公民权利和政治权利公约》以及类似的人权条约解释为包含了比例性原则。"限制的施加只能基于预先设定的目标，而且必须与其预测的特定需求直接相关，并合乎比例。"比

257

例性要求必然造成以下结果：对于严重的干涉行为，在实践中只有迫切利益才能证明其对表达信仰的权利进行干涉具有正当性；而对于不太严重的干涉，证明其具有正当性的负担则较轻。

杰拉尔德·L. 纽曼（Gerald L.Neuman），《〈宗教自由恢复法〉的全球维度》(The Global Dimension of RFRA)，《宪法评论》(Const. Comment) 第 14 期，第 33 页起，第 45—46 页（1997 年春）（内部引文省略）。是否存在不同于以上方案的其他方法？

3. 罗伯特·阿列克西（Robert Alexy）教授是支持欧洲式比例分析法的主要理论家之一。根据他的意见，比例分析法（广义上的衡量）具有四个要素："适应性和必要性这两个要素集中关注实证效果，要求以最具现实可能性的方式来实现其原则。另外两个要素，合理目标和平衡方法（狭义上的）则具有规范性，要求应该最大限度地根据相互冲突的规则来实现其原则。"马蒂亚斯·库姆(Mattias Kumm)，《作为原则的宪法权利：宪政的结构和领域》(Constitutional Rights as Principles: On the Structure and Domain of Constitutional Justice), 2 Int'l J. Const. L.，第 574、579 页，2004 年（总结阿列克西的观点）。把阿列克西教授的主要著作从德语翻译成英语的朱利安·瑞弗（Julian Rivers）教授将其比例分析法概括如下：

有关原则的理论使得比例性"原则"（即一套规则）成为必然……阿列克西认为，应该将必要性理解为，根据实证上或者事实上的可能因素，使得相关原则实现最优化，同时应该将狭义上的比例性标准理解为，根据法律上的可能因素，使得相关原则实现最优化。必要性关注的是，更小限制方案能否达到同样的目的，这是关于预测和因果关系的实证问题。而比例性关注的是，根据追求目标所必需的代价，从而判断这一目标是否值得追求。要发现必要性标准和比例性标准的不同之处，这一点很重要：某种措施也许是达到特定目标的最小限制方案，但即使是限制最少的方案也可能要付出过高的代价，可能会干涉其他法律认可的利益。

[朱利安·瑞弗，《译者的介绍》(Translator's Introduction)，摘自罗伯特·阿列克西，《宪法权利的理论》(A Theory of Constitutional Rights)，第 31—32 页（朱利安·瑞弗翻译，牛津大学出版社，2002 年）。] 库姆和瑞弗教授所描述的阿

列克西比例分析法与美国的严格审查标准有何异同之处？

4. 按照马蒂亚斯·库姆教授的说法，在比例分析法下有一项措施是必要的：

只有当不存在更小限制措施时，才能采用可行的等效措施来达到预定的政策目标。这种标准包括但不限于美国宪法律师所知的下列要求：某种措施必须与其政策目标"严格相称"（narrowly tailored）。"必要性"要求包括"严格相称"要求，因一项措施不具有严格相称性。那么它也不会具有必要性。与此同时，"必要性"又超出了"严格相称"要求，因为其允许考虑替代措施，而不仅限于改进已选定用来解决问题的措施。

马蒂亚斯·库姆教授，《作为原则的宪法权利：宪政的结构和领域》，2 Int'l J.Const. L 574，第 580 页（2004 年）。在评价方法—目标机制以及替代措施的方案中，哪一种看起来更为合适？

5. 下列理解宗教自由权利的方式中，哪种最为合适？是将其看作为有力的手段［罗纳德·德沃金（Ronald Dworkin），《认真对待权利》（Taking Rights Seriously）第 24、26 页，哈佛大学出版社，1977 年］，还是对抗政府干涉的盾牌［弗雷德里克·施尔（Frederic Schauer），《三维方案》（Prescriptions in Three Dimensions］，《爱荷华法律评论》（Iowa L.Rev），第 82 卷，第 911—922 页，1997 年），或者是按照阿列克西的比例理论所述，将其作为在事实和法律许可的范围内实现最优化的原则？

第七章 专门监管体制下的宗教权利

一、引言

在第六章中我们探究了在不同制度下决定对宗教自由和信仰进行限制应适用何种分析工具，现在我们转向讨论在诸多实践领域如何来运用这些工具。这一章我们重点关注三种监管体制：土地用途管制、专门机构（如监狱和精神卫生服务机构）的管制和独特的军旅生活环境。这些领域在美国具有特殊的重要作用，前两项与《宗教土地使用与被监管人员法》[Religious Land Use and Institutionalized Persons Act (RLUIPA)] 的两个部分相对应，这两个问题从全球环境来看也明显是很重要的。每种社会环境都会面临"不要在我家后院"（not in my backyard）的问题。也就是说，如果一种陌生的宗教（或者甚至是熟悉的）不会夺取你的财产或者搬到你的隔壁，那么实际上每个人都是支持宗教的。同样的，每个国家也面临着怎样去处理被监禁人员的宗教诉求这个难题，每种社会制度也需要去思考如何使宗教权利在军队环境中得以满足。

这些问题如此重要不仅仅因为它们在使宗教崇拜、教导、实践和仪式成为可能这个问题上具有现实意义。它们也代表了一系列涉及协调宗教或信仰自由与政府间关系的情况。当然，还有其他各种各样数不清的专门监管体制可以讨论：广播、教育、劳动法、卫生法规、知识产权和征税等。其中许多内容已经在其他章节或网络附加资源中有所讨论。

就我们的目的而言，本章涉及的问题能帮助我们思考什么是所谓的"重复的官僚主义体制"（recurring bureaucratic situations）。这些体制的典型特点是它们涉及了重要的共同体价值。它们经常涉及由相应的复杂立法所规制的复杂领域。监管目标通常具有广泛的社会意义，只是偶尔才会涉及宗教问题。其所涉及的问题常常很普通，并且通常会被认为源于"宪法下位法"（sub-constitutional）的 范畴。有关的管理官僚结构的官员通常认为他们所处理的是具有普适性且中立的法律，而这些法律并非专门为调节宗教问题而设。这些官员往往在执行他们的工作时被授予了非常大的自由裁量权。他们的行为可以通过各种各样的方式来证明是合法的，而这些方式可能会掩饰宗教歧视。例如，规划委员会和市议会在作出会给宗教团体造成负担和限制的决定时总能说出中立的或听起来中立的理由。监狱和精神病院的问题甚至更为严重，因为发生在这些机构的事情常常是在暗中进行的。因此，本章中的问题代表了在官僚制国家的日常监管体制下，保护宗教信仰自由所存在的挑战。

二、土地使用和区域划分

（一）土地使用的程序：区域划分、许可、使用的兼容性

因为标准的土地使用规则非常复杂，并且因为这个领域的决定一般都由低级别的政府官员做出，他们可能受制于种种政治和社会压力，所以关于土地使用的决策很容易导致表面看来正当的政府行为实际上掩盖了宗教歧视的存在。在美国，许多研究记录下了这种现实，而且事实上相似的问题比比皆是。根据经验显示，一些非主流的宗教团体在以下问题上存在着相当大的困难：拥有崇拜的场所，取得普通的土地使用许可批文以及得到必要的建设工程规划许可证和占用许可证等等。[1] 这些问题的起源很广泛，从国家授予宗教团体权力去做出土地使用的决定，到明显聚焦于"崇拜场所"许可的程序，以及管制界标和文化遗产问题的法律。

1. 美国

拉尔金诉格兰丹尔·丹公司案（LARKIN v. GRENDEL'S DEN, INC.）

美国联邦最高法院，459 U.S.116（1982 年）

[1977 年，一个马萨诸塞州许可证委员会拒绝了格兰丹尔·丹餐厅（Grendel's Den）的经营者提出的供应酒精的申请，理由是邻近的圣十字亚美尼亚天主教教区（Holy Cross Armenian Catholic Parish）提出了反对意见。马萨诸塞州的一条法规（第 16C 条）规定教堂和学校可以反对距其场所 500 英尺范围之内的贩酒经营执照的申请。]

首席法官伯格（Burger）出具了法庭意见。

宪法第一修正案涉及宗教的保障内容具有双重的作用：排除国家对宗教信仰活动的干预，以及防止形成类似于其他国家在 18 世纪时的国教。宗教和政府相互分离，继而才能相互共存。杰斐逊（Jefferson）关于"墙"的理念……就强调分离这一概念而言是一个非常有力的比喻。在复杂的现代社会中［例如参见雷蒙诉克茨曼案（Lemon v. Kurtzman）］，教会和国家权力机关之间一些有限的

[1] 参见道格拉斯·莱考克（Douglas Laycock）：《各州宗教自由恢复法和土地使用管制》（State RFRAS and Land Use Regulation），32 U.C. Davis L. Rev. 755, 1999 年。

或偶然的牵连是无法避免的。但是，分隔"墙"这一概念则是一个有效的标识。但这里，这座"墙"由于宗教机构被授予自由裁量的政府权力而受到严重损害。

法院坚持认为在符合政教分离条款的情况下，通过一条法规必须满足以下三个标准：

第一，该法规必须具备一个合法的世俗目的；第二，其最主要、最基本的作用必须既不推动也不阻碍宗教发展……最后，该法规不可引起"政府与宗教过多的牵连"。（雷蒙诉克茨曼案）

即使不考虑三条标准中的第一条，该法规赋予宗教机构以政府权力本身也必然牵涉到政教分离条款。

根据地方法院的描述，涉案法规第16C条的目的是"确保精神、文化和教育中心远离同酒精出售相关的一切喧嚣"。毋庸置疑，它具有合法有效的世俗目的。但是，这些有效的世俗目标却可以轻而易举地通过其他手段来完成，比如通过权威的立法来禁止在距离教堂、学校、医院和类似机构的规定距离以内售卖酒精，或是确保那些受影响的机构在颁发许可证的过程中能够在听证会上阐述自己的观点。而在听证会上，这些观点无疑有着举足轻重的作用。

上诉者称法规第16C条仅仅对宗教的发展附带地有些微小的影响。但马萨诸塞州的最高法院却认为该法规授予了教会对政府颁发许可证的否决权。法规第16C条赋予了教会决定某一个申请者是否被授予贩酒经营执照的权力，甚至是决定几个互相竞争的申请者中某一个能够获得执照的权力。

在这项法规之下的教会权力是无标准可循的，不需要原因、调查或是合理的结论。这种权力除了被教会用于隔绝一些不合要求的邻居之外，也被用于一些其他目的……此外，教会与政府即使仅仅表现出一点联合立法的样子，也会让人因被授予的权力认为宗教获得了重要的象征性利益。因此，若说此项法规对宗教发展有一个基本的、主要的促进作用，与我们先前的观点也并不相左。

而对于因雷蒙诉克茨曼案所引发的第三阶段的审查，我们可以看到，先前我们并未考虑过一条授予教会重要的政府权力的法规所可能带来的复杂影响。此项法规使教会陷入了政府重要权力的执行当中，而这恰与我们对政教分离条款的一贯解释相对立。"目的在于尽可能阻止任何一方（教会或州政府）侵入另一方的管辖范围。"雷蒙案……政教分离条款所暗含的最基本理论就是"阻止政府与宗教功能的联合"，阿宾顿校区诉香朴案（Abington School District v.

262

Schempp.）。宪法制定者建立政府体系的初衷并不是要将重要的政府裁量权力授予宗教机构或者是与宗教机构分享该权力。

法规第16C条以一种单边的、绝对的教会权力取代了公共立法机构合理决议，该决议是就一些重要的政治经济问题依据证据和规程而作出的。如雷蒙案中所述，这项备受争议的法规将教会卷入了政府工作当中，也引起了"政治分裂和宗教分歧"。一般的人类经验和一系列案例都表明，没有哪些权力纠缠比上述情况更加违背宪法精神了。

维持上诉法院的判决。

法官伦奎斯特（Rehnquist）持反对意见，他指出马萨诸塞州区域划分法是一种恰如其分而又行之有效的方法，它使一些诸如教堂、学校等地区远离了与之不相称的酒精供应。对伦奎斯特来说，与法院所认可的应当绝对禁止在学校、教堂和类似机构附近经营酒精相比，此项法案的监管程度较轻，更应该获得支持。

伦奎斯特还提出法院"将此法规条文作为'否决权'频繁提及，表明法院认为法规第16C条实际上使得教会成为马萨诸塞州第三个拥有立法权的议院"[2]，但法院并未给出充足的证据证明此观点。由于没有发现此项法规是如何推动宗教发展的，因此伦奎斯特是这样阐明此项法规的：

> 没有赞助或资助任何宗教团体和活动。该法规不鼓励、更不强迫任何人参加宗教活动或是支持宗教机构。但说该法规"推动"宗教发展则超出了该词所表达的含义……在我看来，该州并没有通过为那些希望参加宗教活动和那些希望参加教育活动的人制定法规来"推动"宗教发展，从而使他们不受来自周边的酒吧或酒馆的那些历来被认为不相称的活动所干扰。

最后，伦奎斯特指出，法院担心教会反对贩酒经营执照的权力会被滥用，但这一担心并不能证明此项法规违背了政教分离条款，因为在本案中并没有任何滥用权力的行为。伦奎斯特总结他的意见时声称："法院将宪法第一修正案这一重型火炮瞄准了这一合情合理且无可非议的马萨诸塞州法规，这样做没有必要也不会有作用。我要推翻上诉法院的判决。"

评论和问题

1. 依你之见，规定在距离教堂某个特定的距离之内严禁贩酒经营合乎宪法

---

[2] 拉尔金诉格兰丹尔·丹公司案，459 U.S. 第116、129页（1982年）（伦奎斯特法官持反对意见）。

吗？这样的法律规定可以被视为具有中立的宗教立场吗？[3]

2. 请考虑与格兰丹尔·丹案中争议法规相类似的两种法律规定。它们是否合乎宪法？为什么？

（1）在距离教堂或学校 500 英尺内完全禁止对教堂售卖酒精，而教堂或学校并没有选择否决或是放弃的权力。

（2）完全禁止售卖酒精，但是凡在 500 英尺范围之内的所有教堂有一致选择放弃保护的权力。

3. 法院提到一种可能性，即一项法规可以"为那些受影响的机构提供在颁发许可证的过程中在听证会上阐述自己观点的机会。而在听证会上，这些观点无疑有着举足轻重的作用"。确保听证权利和给予否决权之间有多大区别？要是该教会在其辖区有着强有力的政治支持，会怎么样？要是政治支持相对较弱，甚至是不受欢迎，又会怎么样？在什么情况下州政府的任何授权都不会被许可？

《宗教土地使用与被监管人员法》

42 U.S.C.A. §2000cc（土地使用条款）

在《宗教土地使用与被监管人员法》（RLUIPA）中，同以下两个案例相关的主要土地使用条款如下：

第二条　保护用于宗教活动的土地

A. 实质性负担——

（1）通则——任何政府不可强制实行或推行某项土地使用法规，将实质性负担加诸于某个个人、宗教团体或机构的宗教活动之上，除非政府证明加诸于此个人、团体或机构的实质性负担——

a. 是为了促进迫切的政府利益（compelling governmental interest）；

b. 而且它是促进该迫切政府利益的最小限制方法。

B. 歧视和排斥——

264

（1）平等条件——任何政府不可强制实行或推行某项土地使用法规，以不平等的条件，对待宗教团体或机构逊于非宗教团体或机构。

（2）无歧视——任何政府不可强制实行或推行某项土地使用法规，以宗教或宗派为由歧视任何团体或机构。

---

[3] 关于此案另一观点，参见辛西娅·A. 克雷布斯（Cynthia A. Kerbs）：《宗教分离条款及酒精售卖：高级法院冲入天使都害怕涉足的地方——拉尔金诉格兰丹尔·丹公司案》（The Establishment Clause and Liquor Sales: The Supreme Court Rushes in Where Angels Fear to Tread——Larkin v. Grendel's Den），103 S. Ct.，第 505 页（1982 年），59 Wash. L. Rev.，第 87 页（1983 年）。

（3）排斥和限度——任何政府不可强制实行或推行某项土地使用法规——

a. 完全将宗教团体排除在辖区范围之外；或

b. 在辖区范围内不合理地限制宗教团体、机构或组织。

灯塔福音学院诉隆布兰奇市案
（LIGHTHOUSE INSTITUTE FOR EVANGELISM, INC. V. CITY OF LONG BRANCH）

美国第三巡回区上诉法院，510 F.3d 53（2007 年）

[灯塔福音学院在新泽西州隆布兰奇市"百老汇长廊"（Broadway Corridor）地区获得一处地产。这片地区处在一个重建计划（以下简称"计划"）范围内，该计划规定在"百老汇长廊"内土地仅用于剧院、电影院、烹饪学校、歌舞工作室、时装设计学校、艺术工作室、餐馆、酒吧、俱乐部和专业零售店。该市明确规定这些用途，旨在建设一个"充满活力"和"生机勃勃"的市区。在此区域内，教堂和宗教用途并未列在被允许的清单之上，且该计划规定"任何在列举清单以外的用途"都是不允许的。于是灯塔福音学院申请将其房产作为教堂和相关宗教用途发展，市议会则拒绝了这一申请，由于新泽西州存在一条禁止在礼拜场所（或学校）200 英尺以内发放贩酒经营执照的法规，市议会认为教堂的存在会"破坏该区作为高端娱乐和休闲区域的功能"……灯塔福音学院提出诉讼，指出否决其发展计划违反了《宗教土地使用与被监管人员法》（RLUIPA）中的"平等条件"条款。地方法院驳回灯塔福音学院要求作出即决判决[4]（summary judgement）的交叉协议（cross-motion），法院认为在《宗教土地使用与被监管人员法》第 2 条第 A 款第 1 项所提出的实质性负担要求同样适用于该法第 B 条第 2 款第 1 项的"平等条件"条款，并认为灯塔福音学院并没有能够证明加诸于其宗教活动的实质性负担。]

巡回法官罗思（Roth）的意见：

本起上诉案件的首要问题是，一个地方政府是否可以将宗教团体或机构排除在一个特定的区域（此区域中世俗的团体和机构是被允许的）之外，而同时不违反……《宗教土地使用与被监管人员法》中的平等条件条款。

（同地方法院采取的立场相对）……该法规的结构和立法历史清楚地表明有关实质性负担这一要求并不适用于根据第 2 条 B 款第 1 项平等条件条款所提出

---

[4] 即决判决（summary judgement），指当事人对案件中的主要事实不存在争议，法院就可以不经开庭审理而及早解决案件。提出该动议的一方当事人，即使在审判中没有举证责任，也需要承担该即决判决是正确的证明责任。——译者注

的要求。第 2 条 B 款第 1 项中不包含"实质性负担"这一要素；而第 2 条第 A 款第 1 项的实质性负担条款中，正如其所命名的那样，则包含了这一要素。既然国会明显知道要求证明实质性负担的程序，那么它必然不会在平等条件条款中再作如此要求。

……我们认为，地方法院对《宗教土地使用与被监管人员法》中平等条件条款的理解是正确的，其对原告的要求不仅仅限于证明存在任何非宗教团体或机构在土地使用法规之下享有更优厚的条件。但是，我们发现法院错误地要求作为宗教一方的原告证明存在提出与其相同土地用途申请的对应世俗机构。

根绝宗教活动自由的多个案例，关于一项法规是否侵犯了原告宪法权利的判决，取决于比较该法规如何对待对其目标具有同样影响的组织或行为……地方法院认为，在《宗教土地使用与被监管人员法》的"平等条件"条款之下所做的相关分析必须考虑到这项有争议的法规的目的，这是正确的，即：只有一项法规出于法规目的对待宗教团体或机构逊于与之处于相似情况的世俗团体或机构，此项法规才会违背"平等条件"条款。不管怎样，于宗教机构而言，不需证明存在一个与之相应的世俗机构在执行相同的功能。基于此原因，地方法院错误地将重心放在灯塔福音学院未能指出与之土地用途相类似的对应世俗机构上……

……我们认为《宗教土地使用与被监管人员法》中"平等条件"条款的运作是基于严格的责任标准；严格审查并未开始发挥作用。分析严格审查是否适用于"平等条件"条款，取决于我们所讨论的在此条款下原告是否必须承担"实质性负担"的证明责任（如前所述）。《宗教土地使用与被监管人员法》中土地使用条款的结构意在严格区分根据第 2 条第 B 款第 1 项（实质负担部分）和第 2 条第 B 款第 2 项（歧视和排斥部分，包含平等条件条款）而提出的不同要求。由于实质负担部分包含严格的审查规范，而歧视和排斥部分则不包括，因此我们认为国会这种"迥然不同的排除"并非出于疏忽，而是有意为之。

我们已经清楚，《宗教土地使用与被监管人员法》中"平等条件"条款并不包含实质负担或严格审查的要求。"平等条件"条款要求原告证明，在同样对土地使用规范的目的造成负面影响时，其受到次于对应世俗机构的待遇。总而言之，原告若以《宗教土地使用与被监管人员法》中"平等条件"条款为由进行诉讼其必须证明：（1）其为宗教团体或机构；（2）遵守土地使用法规；（3）该法规不平等地对待宗教团体和（4）非宗教团体或机构；（5）而该非宗教机构并未给该法规所追求的利益带来更少的危害。灯塔福音学院就"计划"提出"平等条件"的诉求，我们目前必须在此分析框架下判定，地方法院在"即决判决"上支持了隆布兰奇市是否正确。

266

该"计划"允许诸如剧院、电影院、表演艺术长廊、餐馆、酒吧、俱乐部、烹饪学校和歌舞工作室等非宗教团体进入该区，但排除任何不在清单之上的团体，其中就包括教会和犹太会堂。因而问题是，是否将教会和宗教团体排除在百老汇长廊区之外，就是差别对待教会与这些不会给长廊区的重建新生计划带来更少危害的世俗团体或机构。我们得出的结论是否定的。

隆布兰奇市批准此项计划的目标在文件中已清楚地表明——该计划旨在"重建该市欠发达和未充分开发的地段"。隆布兰奇市寄希望于将"百老汇长廊"变为长期从事零售业的主街，并成为一个充满活力生机勃勃的城市居民区……我们同意隆布兰奇市的看法，考虑到该计划的目标，教会同其他被允许的团体并不处于类似的情况下，在计划区域内，由于执行一项州法规的原因，教会将对隆布兰奇市给百老汇长廊区内各场所颁发贩酒经营执照的权力产生束缚。如果百老汇长廊区内相当大的一片区域不被允许售卖酒类，那么隆布兰奇市此项计划所希冀建设的那种娱乐区——一个餐馆、酒吧和俱乐部充盈其间的区域，就很难成为现实……

因而，我们同意地方法院的意见，隆布兰奇市有权就灯塔福音学院关于"计划"提出的"平等条件"诉求赢得即决审判，因为灯塔福音学院没有出示任何证据表明，该计划差别对待一个宗教团体和一个世俗团体，即使该世俗团体会对隆布兰奇市的法规目标带来同样危害。

巡回法官乔丹（Jordon），部分支持、部分反对法庭意见。

……不同于多数意见，我认为该法规并未要求超出"团体或机构"这一包含广泛的术语内涵，例如该法规本身的术语。正确的分析应该以法规的语言出发，并尽可能以法规的语言为归结。由于重建计划的内容差别对待教会和世俗团体或机构，我反对地方法院准予该市即决判决请求，我认为该判决应当就灯塔福音学院基于《宗教土地使用与被监管人员法》提出的诉求而形成有利于福音学院的判决。

在这起案例中，争议的焦点是该市制定和施行这一受争议的法令是否导致以下结果：即与一个清单允许的世俗团体相比灯塔福音学院受到"不平等"的对待……这一受争议的法令允许设立学校、礼堂、健身房、剧院、电影院、餐馆、酒吧和俱乐部，所有这些大体上都可以称作团体或机构，因为人们聚集在这些地方或娱乐、或受教育、或者根据他们共同的目的而组织起来。而宗教团体，如基督教会和犹太会堂，是不被此法令所允许的……我认为该重建计划这一明显的区别性对待违反了法规第 2 条 B 款第 1 项。简而言之，教会受到了"不平等"的对待，因为世俗团体获得了允许而教会却被明确禁止。就此而言，该市或许有一个值得称道的目标，但这不能掩饰该市的不合法行为。

多数派和地方法院都拒绝……这种处理意见，因为他们显然是担心这会扩展对《宗教土地使用与被监管人员法》的解释，以至于只要牵涉到教会，就开始进行合理的区域规划。但是，与这些担心恰恰相反，对于法规第 2 条第 2 款第 1 项的该种解释并没有禁止政府对教会在区域规划上实行限制。一方面，一条禁止教会在某一区域出现的法令，若是同时禁止了宗教团体和世俗团体，不太可能违反法规第 2 条第 B 款第 1 项……在我看来，《宗教土地使用与被监管人员法》并非阻挠城市在其区域规划法令当中包含一些限制土地使用的合理条款，只要这些条款能够平等地适用于宗教团体和世俗团体。

举例来说，一项控制建筑物大小的法令也许会禁止在邻近地区建立一个大教堂……但在本案中，所适用的法令并没有以平等条件对待宗教团体和世俗团体。相反，宗教团体被明确禁止。因此判定这些法令违反法规第 2 条 B 款第 1 项，并不是给宗教团体以一种"自由通行证"，而是恰好达成了国会意图。

尽管如此，该市仍然认为——而且也为多数派所接受——相较于世俗团体或机构，该市并没有以"不平等的条件"对待灯塔福音学院，因为涉案的区域划分法令是"中立的且具有普适性"。我完全不同意对这些法令的界定方法，我认为该市和多数派在沿着错误的方向处理问题。

"中立且具有普适性"这一用语来自于宗教活动自由条款的理论。确实，《宗教土地使用与被监管人员法》的立法历史表明了国会有意将该理论的一些方面编入法典，但这并不意味着国会旨在简单复制在宗教活动自由诉讼时所进行的分析模式。若将基于《宗教土地使用与被监管人员法》的诉讼与宗教活动自由诉讼完全对等，该法规则显得有些多余。国会在选择界定某项行为是否违反法规第 2 条 B 款第 1 项时，并不是根据一项法令的中立性和普适性，而是根据其是否给予平等待遇，例如一项法令是否以"不平等的条件"差别对待宗教团体或机构和世俗团体或机构……

此外，说一项法令具有中立性和普适性不应该成为不平等待遇诉讼的辩护理由。首先，它表现出一种逻辑矛盾。如果一项区域规划法明显以不平等条件差别对待宗教和世俗团体或机构，那么该法律就不是真正地具有中立性或普适性，"因为这样一种不平等待遇表示该法令不恰当地将一个团体的宗教特征作为打击对象"。米德拉什西裔犹太人组织诉瑟夫赛德镇案（Midrash Sephardi, Inc. v. Town of Surtside), 366 F. 3d 1214, 第 1232 页（第十一巡回法院，2004 年）。其次，从某种重要的意义上来讲，此种说法离题了。如果所受的待遇不公，而同时又满足该法案所要求的其他前提条件，那么其诉求自然就成立了……

不过，为了对其不平等对待宗教团体的行为做辩护，该市指出其如此规定的原因，是存在一项禁止在距宗教机构一定距离内颁发贩酒经营执照的州法律。根据该市的观点，如果在重建区域内允许设立教会，那么禁酒令将会阻碍该区向高端娱乐区的转变。但是不管怎样，新泽西州的法律都无法为该市违反《宗教土地使用与被监管人员法》的困境解围。《宗教土地使用与被监管人员法》是联邦法，任何州或地方政府都不可基于州立法的要求而为一项违反了联邦法的行为进行辩护。否则，某州只要通过一项强制教会接受不平等对待的法规就可以使《宗教土地使用与被监管人员法》失效。

该市还以经济为由为其对宗教团体的不公平待遇进行辩护。以下是就该观点的两个回应。首先，以经济为由缺乏可信度，因为该计划并未禁止非营利性的博物馆、非营利性的剧团、非营利性的教育机构以及其他非营利性的机构。同布朗牧师（Reverend Brown）的教会相比，这样的机构更不会"扰乱该区"的原因并不清楚。其次，这与违反该法案的动机完全不相关。无论出于什么原因，世俗的团体甚至非创收的团体，获得了允许，而宗教团体却被禁止了，我们所面临的问题恰好是国会通过《宗教土地使用与被监管人员法》所要解决的问题。因此，经济理由并非一个可以无视国会合法意愿的许可证。

考察一项法规如何适用于处于类似情况的世俗行为，这对于处理宗教活动自由诉讼中针对一些表面中立的法律时非常有用，因为这会帮助法院决定一项法规是否不恰当地将出于宗教动机的行为作为打击对象。但是，当受争议法规本身的内容已经对出于宗教动机的行为和非出于宗教动机的行为作出区分时，就不再需要做以上此种分析了……

将根植于平等保护案件之中的"类似情况"（similarly situated）分析方法引入到《宗教土地使用与被监管人员法》中的做法会阻碍国会实施宗教活动自由条款的意图，因为这会使宗教团体很难获得法规第 2 条 B 款第 1 项规定的庇护。我们的法院认为，如果要表明一个宗教团体与根据争议区域规划法所被允许的其他团体的情况类似，那么他就必须证明此宗教团体的目的同被允许的团体的目标不存在"功能性差异"（functionally different)，且其土地用途要与该区域所允许的用途"看似一致"。因此，由于通常情况下，宗教和非宗教团体或机构是出于不同的目的而建立，有着不同的目标，因而当由于区域划分产生冲突时，有想象力的市政官员和他们的律师很容易就能发现在宗教和非宗教团体之间功能性的差别。如果"情况类似"这一要求被写入法规，那么当地政府将会有一个现成的工具使法规第 2 条第 2 款第 1 项毫无实际意义可言。

将额外的要素加入《宗教土地使用与被监管人员法》第 2 条 B 款第 1 项中并没有体现国会的意图，而且我们妨碍了国会意图在宪法允许的最大限度范围内实施宗教自由活动条款的目标。因此，我对支持给予该市即决裁判的这部分判决持反对意见。

评论和问题

《宗教土地使用与被监管人员法》中的"平等条件"条款需要采取多数意见所提倡的限制性解释吗？还是如反对派所提出的那样，这很可能会有损《宗教土地使用与被监管人员法》的目标实现呢？

圣·约翰基督联合教会诉芝加哥市案　269
（ST. JOHN'S UNITED CHURCH V. THE CITY OF CHICAGO）

美国上诉法庭，第七巡回法院，502 F. 3d 616（2007 年）

美国最高法院在伯尼市诉弗洛里斯（City of Boerne v. Flores）一案中裁定《宗教自由恢复法》（RFRA）违宪，包括伊利诺州在内的许多州对此作出回应，纷纷通过各州宗教自由恢复法，重新制定了有关迫切政府利益的标准，以应对政府行为实质性地限制宗教自由的情况。该类立法原本的目的是在州法律下为宗教活动提供更多的保护，这种保护要比在就业处诉史密斯一案（Employment Division v. Smith）中所体现的联邦宪法的保护力度更大。根据《伊利诺伊州宗教自由恢复法》（IRFRA），为了推进奥黑尔机场（美国两三个最大的机场之一）的扩建，伊利诺伊州立法机关于 2003 年通过《奥黑尔现代化法案》（O'Hare Modernization Act）。《奥黑尔现代化法案》（OMA）包括一项对《伊利诺伊州宗教自由恢复法》的修正条款，此条款旨在防止严格审查《奥黑尔现代化法案》所规定的一些行为，这些行为对宗教土地的使用——尤其是对那些阻碍了机场扩建的公墓——产生了影响。这一切通过对《伊利诺伊州宗教自由恢复法》所增加的第 30 条内容得到落实，该条规定《伊利诺伊州宗教自由恢复法》中任何一条法规都不可限制该市根据《奥黑尔现代化法案》（OMA）进行迁移公墓和墓地的权力。圣·约翰教会（其他一些教会的诉求也于本案的部分判决中予以解决，但此处未引述）提起诉讼，指出《伊利诺伊州宗教自由恢复法》的修正条款侵犯了他的宗教活动自由权利，因为该条款并不具有中立性且特别地针对宗教，而且该权利标准在就业处诉史密斯一案中已经阐述清楚。此外，圣·约翰教会还指出此项修正案违反了《宗教土地使用与被监管人员法》(RLUIPA) 中的土地使用条款，该法同样规定了有关土地使用问题的迫切政府利益标准。

四

现在，我们讨论本案中圣·约翰教会的这部分内容。第一个问题是根据州法律，圣·约翰教会是否有权获得《伊利诺伊州宗教自由恢复法》(IRFRA) 的保护。在地方法院中，圣·约翰教会称《奥黑尔现代化法案》(OMA) 对《伊利诺伊州宗教自由恢复法》的修正违反了第一修正案的宗教活动自由条款。宗教活动自由条款禁止政府在没有事先声明具有"正当的政府迫切利益"的情况下对"某项重要宗教信仰的奉行或实践施加实质性的负担"。埃尔南德斯诉国税局长案 (Hernandez v.C.I.R，1989 年)。但是，在就业处诉史密斯一案中，最高法院裁定具有普适性的中立法律与宗教活动自由条款并不相冲突，即使这些法律有时会给宗教实践带来一些限制。要判断一项法律是否具有中立性（因为法院在史密斯一案中曾使用这一术语），我们就必须审查该法律的目的。如果"一项法律的目的是侵害或限制一些出于宗教动机的行为"，那么此项法律就不具有中立性——［卢库米教会案 (LUKUMI)］。"普适性"的相关原则禁止政府以一种"选择性的方式""仅仅将负担强加于出于宗教信仰的行为"。（同上）

根据圣·约翰教会的观点，其宗教信仰的一个主要教义即是那些被埋葬在圣·约翰公墓的遗体不可被打扰，直到耶稣基督在最后审判日使他们全都复活……我们接受这些信仰陈述。圣·约翰教会继续指出《奥黑尔现代化法案》不应针对毗邻奥黑尔机场的宗教性公墓……但是，（地方法院）认为这是错误的观点：其对宗教机构并无任何歧视或刻意针对，因为任何地产，无论是宗教性的或是其他计划用于奥黑尔机场扩张的地区都要服从于《奥黑尔现代化法案》所授予的特别权力……

我们认为公墓或是墓地并非天然地具有宗教意味，因而根据卢库米教会案中所使用的术语，迁移它们的行为从表面而言并不会侵害宗教实践。

即使一项法律通过中立性的表面审查，但我们仍然需要审查其对宗教是否存在狡诈或伪装的敌意。要回答这个问题，我们必须审查……此法律的目标，包括制定此项法律所意欲实现的效果、其历史背景以及该法律的立法和执行历史——（卢库米教会案）。《奥黑尔现代化法案》的所有内容都经伊利诺伊州大会（General Assembly）通过……

尽管圣·约翰教会在其控告中称该市在要求伊利诺伊州大会通过修订《伊利诺伊州宗教自由恢复法》（IRFRA）将其作为《奥黑尔现代化法案》的一部分是在针对其所享有的宗教权利……但在这冗长的上诉状中并没有事实可以证明此种有关针对宗教机构和实践的断言。根据《奥黑尔现代化法案》所称的立法目标，其制定在部分上是为了确保"不存在阻碍完成（奥黑尔）计划的法律因素"[《奥黑尔现代化法案》第5条第6款]。我们在之前已经注意到，《奥黑尔现代化法案》的大部分条款跟宗教、公墓或是《伊利诺伊州宗教自由恢复法》都无任何联系……

圣·约翰教会明确指出，就目前的情况，它是伊利诺伊州唯一受到《伊利诺伊州宗教自由恢复法》第30条新的规定所影响的公墓。诚然如此，但"不利影响不一定会招致禁止其设定原目标的判决"（卢库米教会案）。实际上，如果这一点起作用的话，那么情况可能有利于奥黑尔市……此立法使其他宗教公墓未受影响这一事实强化了以下观点，即：立法机关的目的是无歧视的，其旨在清理奥黑尔机场扩建所需的所有土地……我们认为《奥黑尔现代化法案》，包括《伊利诺伊州宗教自由恢复法》的修正，是一项具有普适性的中立法律。为了促进机场建设计划，伊利诺伊州立法机关有权使伊利诺伊州法律恢复到史密斯案所确立的法律体系。

（尽管并无讨论此问题的必要，但是法庭还是认为该市已经采取了限制最小的方式来推进政府利益。法庭在论述奥黑尔机场扩建计划缺陷问题时论述了政府利益的重要性，并认为此扩建提议是解决此问题限制最小的方式。）

六

最后，圣·约翰教会援引《宗教土地使用与被监管人员法》……摆在我们面前的问题是《宗教土地使用与被监管人员法》中的"土地使用"条款在此是否适用……我们必须认定该市的计划对圣·约翰公墓采取的措施是否符合《宗教土地使用与被监管人员法》意义上的一项"土地使用管制"规定。我们同意地方法院的结论，即它并不符合……《宗教土地使用与被监管人员法》对"土地使用管制"这一术语所做的如下定义：

271

　　如果原告对规定的土地享有所有权、租赁权、地役权、役权或其他财产权利或是有合同权利或期权来获得此种利益，那么限制或限定了原告土地的使用与发展（包含此土地上的附着物）的某项区划法或界标法，或者是此类法规的实施，就可以被称为"土地使用管制"。

然而，圣·约翰教会却并不反对该市任何不利划分他们财产的计划，也不反对该市根据界标法限制其财产的计划。由于该法将其土地的许可用途从宗教公墓转为指定"机场财产"，圣·约翰教会反而声称《奥黑尔现代化法案》属于"区划型法律"……伊利诺伊州法院一直以来都承认，"警察的区划权和征用权是政府的两种不同权力"［芝加哥卫生区诉芝加哥 & 奥尔顿铁路公司案 (Sanitary Dist. Of Chi. v. Chi. & Alton R.R. Co.)］。由于区划和征用是以"完全不同的方式"处置土地的"两个不同概念"，因此我们不认为该市计划根据《奥黑尔现代化法案》而处置圣·约翰公墓的行为属于一种区划行为……

由于本案并不涉及"土地使用管制"，我们没必要讨论《宗教土地使用与被监管人员法》的其他因素——即有关该市的拟定行为是否会给原告的宗教活动带来实质性限制的问题……

据此，我们维持地方法院的判决。

巡回法官里普尔（Ripple），部分支持、部分反对法庭意见。

关于雷斯特·黑文（Rest Haven）及市政被告所提出的主张，我同意我同僚的意见，维持法庭判决。然而，我认为在《奥黑尔现代化法案》中对《伊利诺伊州宗教自由恢复法案》所做的修改违反了宗教活动自由条款，因此，必须接受严格审查。而且我认为，芝加哥市是否已经证明其拟定的奥黑尔机场现代化和扩建计划切合该市声称的迫切利益，在这一点上仍存在重大疑问……因此，我谨对此表示反对……

《奥黑尔现代化法案》对《伊利诺伊州宗教自由恢复法案》的修改从表面上看不具有中立性……唯一受到《奥黑尔现代化法案》对《伊利诺伊州宗教自由恢复法案》的修改部分影响的公墓就是该市试图使之迁移的宗教性公墓。《奥黑尔现代化法案》对《伊利诺伊州宗教自由恢复法案》的修改违反了宗教活动自由条款，因为其惩罚那些宗教惯例受到扩建计划影响的个人，拒绝让他们"平等地分享其他公民享有的权利、利益和特权"［林诉西北印第安公墓保护协会案 (Lyng v. Northwest Indian Cemetery Protective Ass'n)，1988 年］……因此，《奥黑尔现代化法案》对《伊利诺伊州宗教自由恢复法案》的修改限制了宗教活动自由，也缺乏表面的中立性，因而对此项修正案必须采取严格的审查。

但是，即使《奥黑尔现代化法案》的修正案从表面上看是中立的，其仍需接受严格审查，因为其对宗教施加了实质性限制。最高法院在卢库米教会诉海厄利亚市（Church of Lukumi Babalu Aye, Inc. v. City of Hialeah, 1993 年）一案中宣称："表面的中立性不具有决定性。宗教活动自由条款与政教分离条款一样，并不限于表面的歧视。此条款'禁止对中立性的微小偏离'[吉勒特诉美国案（Gillette v. United States）]，……针对宗教行为采取特殊对待的官方行为不可以仅仅因符合表面中立性的要求而得到豁免。"

我们曾作出判决认为，当法律向宗教信徒施加重大压力迫使其放弃宗教诫命时，对宗教活动自由的限制即上升到了违宪的高度……圣·约翰公墓迁移一事会迫使圣·约翰教会放弃其关于成员埋葬的宗教诫命。这一影响不仅限于此。若迁移圣·约翰公墓，圣·约翰教会势必"被政府行为强迫而不得不违背其宗教信仰"[林案（Lyng）]。

因为《伊利诺伊州宗教自由恢复法案》的修正案触犯了宗教活动自由条款，因此该法律必须经过宪法第一修正案以及第十修正案中平等保护条款的严格审查。在严格审查的过程中，政府有义务证明，有关行为促进了迫切政府利益，同时要证明为追求这一利益所采取的方式完全切合其目的……在诉讼的这一阶段，我们认为没有必要认定该市所选择的方式是否切合其声称的迫切利益，因为本案目前并没有任何实质性的进展。

因此，我认为应将本案发回重审，以期在后续程序中取得实质性进展。为此，我谨对法庭驳回圣·约翰教会诉求的部分表示反对。在其他方面，我同意法庭意见。

评论和问题

1.《宗教土地使用与被监管人员法》保护何种类型的土地？你同意政府行使征用权不属于《宗教土地使用与被监管人员法》（RLUIPA）所规定的"限制或限定了原告土地的使用与发展（包含此土地上的附着物）的某项区划法或界标法，或者是该法的实施"吗？政府征用权是否应该自动优先于宗教自由问题？

2. 各州的《宗教自由恢复法》的效力固有地弱于联邦《宗教自由恢复法》[伯尼（Boerne）除外]，因为他们不享有联邦的至上性条款利益（Supremacy Clause）。也就是说，联邦《宗教自由恢复法》会优先于任何州宪法性条款或成文法规，包括那些制定于《宗教自由恢复法》之后的法规。当各州的《宗教自由恢复法》被通过时，它们通常被认为具有内在的结构性弱势，因为根据普通法原则，它们可以明确或隐含地被随后的法律所代替或修改。圣·约翰教会的反对意见却提出了一种可能性，即各州的《宗教自由恢复法》的效力可能比预期来得强，因为一旦某项州《宗教自由恢复法》被通过，那么任何欲撤销该法案的努力都会被认为是要限制已经授予的宗教自由，而且当政府行为特别针对宗教活动时，可用的宗教活动自由保护将会被启动。在这个问题上，你同意多数派还是反对派的意见？

附加网络资源：	道格拉斯·莱考克（Douglas Laycock）教授对实证证据的分析，强调RLUIPA 保护在土地使用领域的必要性

2. 欧洲

273

马努萨克斯及其他人诉希腊案
（MANOUSSAKIS AND ONTHERS V. GREECE）

欧洲人权法院，Application No.18748/91, 1996 年 9 月 20 日

[1983 年，马努萨克斯先生在伊拉克利翁（Heraklion）（克里特岛，Crete）租了一间房子"用于各种耶和华见证会的集会、婚礼等"。有几次，他向当地警方投诉他房间的窗户被打破了。在当年的 6 月份，马努萨克斯向希腊教育与宗教事务部部长（The Minister of Education and Religious Affairs）申请批准其将此房间作为礼拜场所。当地东正教会向警方投诉该房间未经授权就被耶和华见证会作为礼拜场所，并告知警方有关耶和华见证会向希腊教育与宗教事务部部长提出申请的事宜。东正教权威机构"要求警方对该场所进行检查，并对其负责人采取处罚措施，尤其是在希腊教育与宗教事务部部长授予其相关权利之前禁止再有任何集会"。在此后的 13 个月中，这些申请人收到了宗教事务部连续 5 封信，通知其由于没有从相关部门获得必要的信息，因此部长仍未就此做出决定。1986 年 3 月，伊拉克利翁公共检察官办公室以申请人未获得正当的授权而擅自运营礼拜场所为由向他们提起刑事诉讼。他们在初审中被宣告无罪，但是上诉法院却判处每个被指控者 3 个月监禁的处罚，该监禁可转化为每天 400 德拉马克的金钱处罚，并处以每人罚金 2 万德拉马克。申请人在希腊用尽各种救济办法之后，他们将案件上诉到欧洲人权法院，声称希腊违反了《欧洲人权公约》第 9 条的宗教自由条款。]

A. 是否存在干涉

36. 对申请人的有罪判决……干涉了他们行使"以崇拜……和仪式……表达其宗教的自由"。此种干涉违反了《欧洲人权公约》第 9 条的规定，除非其是"根据法律规定"，追求一个或多个《欧洲人权公约》第 9 条第 2 款所提到的合

法目标，且该干涉行为对"在民主社会中"达到这个或这些目标"是必要的"。

B. 干涉的合理理由

a. "根据法律规定"

38. 对于本案中的干涉行为是否为"法律所规定"，法院不认为有必要对此问题作出裁决，因为不管怎样，它在其他方面与《欧洲人权公约》第9条规定相矛盾。

b. 合法的目标

274

39. 据政府方面所言，施加于申请人的惩罚是为了确保公共秩序和保护其他人的权利和自由。首先，尽管公共秩序这一观念具有欧洲民主社会所共通的特点，但其实质由于国家特征而有所不同。在希腊，实际上几乎全国人口都信仰基督东正教，这与历史上希腊的一些重大历史事件有关。在外国占领期间，东正教使得民族主义意识和希腊爱国主义得以继续。其次，各教派通过使用各种"不合法或不正当的"方法来表达其观点或教义。为了保护人们的权利和自由不受具有社会危险性的宗派活动的影响，国家对该领域介入管理是保证希腊国内公共秩序的必要手段。

40. 正如这些申请人一样，法院认识到各国有权核实一项表面上追求宗教目标的运动或组织活动是否会对公众造成危害……法院认为这一备受非难的举措所追求的目标属于《欧洲人权公约》第9条第2款所规定的合法目的之一，即维护公共秩序的目的。

c. "民主社会所必需"

41. 申请人控诉的基本主张在于，他们认为希腊政府加诸于耶和华见证会的限制实际上妨碍了他们行使宗教自由的权利。就立法和行政实践而言，他们的宗教在希腊，并没有享受到在欧盟委员会其他成员国均有的宗教保护，这也是他们起诉的原因。因此，"作为民主社会象征的多元、包容和开放的观念"在希腊受到严重损害……要求获权运营礼拜场所这一显然无害的要求从纯粹的形式问题被转化为危害宗教自由权的致命武器。"磨蹭"这一措词被欧盟委员会委婉地用于描述希腊教育与宗教事务部部长处理其申请授权一事。某些非东正教宗教团体尤其是耶和华见证会，其生存之战是在政府和主流教会的干涉和压迫的氛围下进行的，鉴于此，《欧洲人权公约》第9条也成为一纸空文。各种意图取消宗教自由的频繁且公然的违反行为都以该条款为攻击对象。申请人引用目前在希腊的实践以支持他们的观点，给出了大量的实例。他们要求法院在审查其诉讼时参考这些其他案件。

42. 据政府方面所言，为了解决对申请人入罪是否必要这一问题，法院首先应该审查预先授权要求的必要性，因为预先授权要求缺乏历史基础。在他们看来，前者取决于后者。申请人的真正目的不是抱怨判其有罪，而是争取废除该项要求。要求设立礼拜场所须经过国家同意，这具有充分的公共秩序理由。在希腊，这一控制措施适用于所有信仰，否则其不仅违宪也与《欧洲人权公约》相对立。耶和华见证会也不能豁免于这项限制全国公民的法律要求。所以政府方面坚称，在希腊设立教堂或是礼拜场所常被作为劝人改教（proselytism）的方式，尤其是一些耶和华见证会成员的密集劝信行为违反了法律，而欧洲人权法院已经认定该法律符合《欧洲人权公约》（参见上述考基纳吉斯一案的判决）……

45. 首先，法院指明第 1363/1938 号法律及 1939 年 5 月 20 日 /6 月 2 日命令——有关希腊非东正教的教堂及礼拜场所的法规——都允许政治、行政及教会权威对宗教活动自由进行广泛的干涉。除了命令第 1 条第 1 款和第 3 款中规定的众多正式条件（其中一些授予警方、市长或区议会主席广泛的自由裁量权）以外，在实践中，希腊教育与宗教事务部部长仍然可以无限期地拖延其答复（命令中并没有规定期限），或是在没有任何解释或没有给出确定原因的情况下拒绝授权。就此而言，法院注意到该命令授权希腊教育与宗教事务部部长——尤其是在决定要求授权的数量是否与命令第 1 条第 1 款第 1 项的规定相符时——评估相关宗教团体是否"真正需要"设立教堂。这一标准本身就可能构成拒绝的理由，而不需要涉及宪法第 13 条第 2 款所规定的条件。

46. 政府坚持希腊教育与宗教事务部部长批准或拒绝授权的权力并不是任意行使的。如果满足宪法第 13 条第 2 款中规定的三个条件：必须是某个已知的宗教，不得损害公共秩序或公共道德，没有劝他人改教的危险；那么他就有义务批准授权。

47. 法院注意到，在审查拒绝授权的合法性时，最高行政法院制定了判例法以限制希腊教育与宗教事务部部长在此类事件上的权力并授予当地基督教权威以纯粹的咨询地位。《欧洲人权公约》保障的宗教自由权利，在决定宗教信仰或表达其信仰的方式是否合法的问题上，排除了国家的一切裁量权。因此，法院认为，在由宗教事务部部长来核查其是否满足这些法律的正式条件上，第 1363/1938 号法律及 1939 年 5 月 20 日 /6 月 2 日命令规定的授权要求与《欧洲人权公约》第 9 条是一致的。

48. 有证据表明，希腊欲利用上述条款所提供的可能性，向某些非东正教信仰尤其是耶和华见证会，施加严格或者事实上的禁止性条件。申请人援引的许多其他案例也证明了这一点，政府也没有提出异议。无可否认，最高行政法院宣布任何缺乏原因而不合理的拒绝授权行为无效，但是此领域内大量的判例显示，行政和教会权威方面明显有倾向要使用这些条款来限制非东正教的信仰活动。

49. 在本案中，申请人在没有先获得法律要求的授权的情况下违法运营礼拜场所，因而被起诉并入罪。

50. 政府在其意见中主张，根据1939年5月20日/6月2日命令第1条第1款，只有在建立或设立教堂时才需要当地主教的授权，而如本案所涉及的礼拜场所则不需要。对于礼拜场所，确实只需要像本案申请人一样向希腊教育与宗教事务部部长提出申请就足够了。

51. 然而法院指出，不管是伊拉克利翁公共检察官办公室在向申请人提出诉讼时（参见前文第12段），还是伊拉克利翁刑事法院在1990年2月15日对上诉案件所作的判决（参见前文第15段），都是明显依赖于申请人缺乏主教授权及希腊教育与宗教事务部部长的授权的事实。在回应申请人在1983年10月25日至1984年12月10日提出的五项请求时，后者答复其正在审查他们的卷宗。迄今为止，就法院所知，申请人还没有得到一个明确的决定。此外，在听证会上，一位政府的代表自己也承认部长的行为不公平，他认为原因可能在于部长要对拒绝授权的明确决定给出合法有效的理由是十分困难的，或者是因为部长担心他会给申请人上诉到高级行政法院质疑明确的行政决定提供理由。

52. 在这种情况下，法院认为政府不能凭借申请人未能遵守法律程序而判定其有罪。而且没有充分理由对其处以如此严厉的处罚措施。

53. 同欧盟委员会一样，法院的观点是这一备受指责的定罪行为对申请人的宗教自由产生了直接影响，不能认为它与所追求的合法目标具有相称性，因此其在民主社会中也不是必需的。

总而言之，其违反了《欧洲人权公约》第9条的规定。

法官马滕斯（Martens）的同意意见

1. 我完全同意法院判决中的观点，但是我会更愿意按照"根据法律规定"这一要求来判定是非曲直，这可以解决法院尚未有定论的问题。

2. "民主社会所必需"这一要求的实质就是对个别案件的各要素进行平衡。但不管怎样，如下取自法院判决第38段的内容指出，申请人抱怨的实际上并不是个人问题，而是一种普遍的不公：他们抱怨的并不是他们所受到的侵扰，而主要是耶和华见证会设立礼拜场所所面对的惯常阻碍。因此"根据法律规定"

这一要求更适合——政府也这么认为——用于公平对待申请人的主要观点，即第 1363/1938 号《必需性法》（Law of Necessity no. 1363/1938）与《欧洲人权公约》第 9 条相矛盾，而当权者总会单独或者同时援引这两个规定。

3. 我认为尽管这一方式或许略有革新，其仍与法院的政策一脉相承。在"根据法律"这一要求之下，法院的部分任务是确定该法律的性质，而在对干涉行为的审查过程中该法律作为辩解理由被援引。

4. 现在来看看申请人的观点，他们认为第 1363/1938 号《必需性法》与《欧洲人权公约》第 9 条相矛盾。我同意政府律师所言，第一个需要讨论的问题是第 9 条是否为"事前限制"留有空间。这种"事前限制"包括要求礼拜场所的建立与运营必须取决于政府的事先授权，以及将没有经过授权而建立与运营礼拜场所的行为入罪。

5. 由于属于第 10 条的范围内容，我反对明确给出否定的回答。我们有理由相信在某个特定地区运营——更不必说建立——礼拜场所可能会引起严重的公共秩序问题，而且在我看来，这种可能性证明了我们不能完全排除一种情况，那就是将运营或建立礼拜场所的行为建立在政府的事前授权之上。

6. 不管怎样，我认为目前宗教自由处于危险当中——比其在第 10 条中所面临的危险更大——问题非常棘手，因为以公共秩序为由很容易会掩盖不宽容的情况。该问题在有官方国教的地方就显得更为敏感。在此类情况中，有关法律无论是其措辞还是实践都必须绝对明确，事先授权这一要求决不能促使官方有权"评估"申请团体的教义。作为原则问题，除非在特殊情况下，授权要求应当具有客观且不可避免的公共秩序基础。

7. 政府试图向我们证明第 1363/1938 号《必需性法》满足这些公认的严格要求，但他们最终还是徒劳的。政府律师声称该法并未留有自由裁量的空间，但是他同时也说明了该法要求官方详查其申请是否出于由衷的宗教需求或仅是作为劝人入教的方式，而且要审查申请团体的教义是否可以被接受。事实上，其要求申请团体至少有 50 个差不多来自同一街区的家庭成员，这不仅说明存在充足的自由裁量空间，也说明第 1363/1938 号《必需性法》在宗教自由"事先限制"方面远远超出了允许的限度。除此之外，主导宗教的神职人员介入授权程序——即使他们被严格限定为咨询角色（我对此表示怀疑）——本身意味着相关法律没有满足上述严格要求，也与第 9 条规定相矛盾。

8. 总而言之，我认为申请人正确地指出了第 1363/1938 号《必需性法》本身与第 9 条相矛盾。

附加网络资源:	库兹涅佐夫及其他人诉俄国案（Kuznetsov and Others v. Russia），欧洲人权法院，2007 年（俄国案例认为以缺乏适当文件为由有意破坏宗教活动的行为违反了《欧洲人权公约》第 9 条的规定）

（二）界标的地位

美国

圣·巴肖罗缪教会诉纽约市案

（ST. BARTHOLOMEW'S CHURCH V. CITY OF NEW YORK）

美国上诉法院，第二巡回法院，914 F.2d 348（2d Cir. 1990）

[圣·巴肖罗缪教堂是一座位于派克大街的圣公会教堂，它是根据传统拉丁十字教堂而建，其中还融入了对拜占庭建筑威尼斯式的改造。1967 年，界标维护委员会（The Landmarks Preservation Commission）将该教堂和与其相邻的社区之家（Community House）指定为"界标性建筑"，因而禁止任何未经政府同意的变更或毁坏。当时，该教堂并没有反对将其地产定为界标性建筑。但是，自 1983 年始，该教堂向该委员会几次提出申请希望将社区之家代之以一座大型办公楼。所有的请求都被该委员会以不适当变更为由驳回。该教堂坚持认为这已经对其宗教活动自由施加不被允许的负担，并且导致违反政教分离条款的复杂错综情况。其声称《界标法》（The Landmarks Law）违反了宪法第十四修正案中的平等保护与正当程序条款，并且导致无偿征用财产事件的发生。]

1. 宗教活动自由诉求

该教堂认为《界标法》极大地加重了宗教的负担，违反了借宪法第十四修正案而适用于各州的宪法第一修正案。该教会特别指出，纽约市及界标维护委员会（合称"该市"）否决其在自己地产上建立商业办公楼的申请，损害了教会进行和推广作为宗教事业核心的宣教及慈善活动的能力。其认为社区之家已经不足以用以开展此类活动，而且教会的经济基础受到了损害。教会坚持认为，在曼哈顿市中心建立类似圣·巴肖罗缪教堂周围建筑的办公楼能够为一些教堂活动提供更好的空间，也能更好地获取资金来支持和扩展教会的宣教和社区活动。因此，该教会表示，即使拟建的办公楼不足以支持教会所有的计划，由出租商业办公用地所得的收入也能够使教会得以推动一些计划的进行，如收容无家可归者。该教会称，《界标法》拒绝给予其利用这一方式推动其宗教事业的机会，违反了宪法。虽然《界标法》极大地限制了教会增加收入以推广其宗教慈善活动的机会，但是我们认为根据最高法院的判例，该教会的诉求无法得到支持。

279

最近法院在就业处诉史密斯（Employment Division v. Smith）一案中表明，宗教活动自由条款尤其禁止"政府如此管制宗教信仰"。没有人真的认为《界标法》会干涉实质性的宗教观点。但是，除了侵犯宗教信仰以外，政府管制也许还影响了与这些信仰相关的举止或行为。最高法院的判决表明政府或许不会强迫个人选择某种信仰或因为某人的宗教观而对其施以惩罚，但它会依靠其一般的监管权力限制某些与宗教实践相关的活动……

对该方面判例法的综合观点陈述如下（史密斯一案）："'如果一项有效、中立的普适性法律禁止（要求）其宗教所要求（禁止）的行为'，那么宗教活动自由的权利不能免除个人遵守该法律的义务。"因此最主要的区别在于，中立、普适的法律是碰巧限制了出于宗教动机的活动，还是因为特定行为的宗教因素而对其加以限制。最高法院的判决表明，《界标法》是一项表面上普适中立的法律。因此，它适用于"任何修葺行为，只要其所有部分都有 30 年甚至更久的历史，而且具有特殊的品质或特别的历史或审美的意义和价值"。

诚然，《界标法》影响了很多宗教建筑。该教堂因此而宣称在 600 座界标建筑当中，超过 15% 的建筑是宗教财产，其中超过 5% 的建筑是圣公会教堂。不管怎样，我们并不认为这些事实能够证明该法缺乏中立性和普适性。由于宗教和某些教堂在我们的社会和文化历史中的重要性，也由于很多教堂的设计极具吸引力，因此许多宗教建筑就可能符合《界标法》所规定的中性标准，"具有特殊的品质或特别的历史或审美的意义和价值"。但是，这并不能证明在制定界标建筑的过程中存在歧视或是侵犯宗教信仰的意图。

该教会在诉状中援引了几位评论家的话，其中一位是该委员会的前主席。此人严厉批评了《界标法》，理由是该法给予委员会很大的自由裁量权，而且一些追求个人利益而不希望维持历史名胜或是美学建筑的人可能会影响委员会的决定。然而，并没有证据可以证明其歧视性地行使裁量权，这些评论也与合宪性毫无关联。土地区划同样要监管土地使用，但其仅仅是一个自由裁量权受到精确的原则限定或是不受个人和政治利益影响的程序，而且它已经通过了宪法的审查……

显然，《界标法》严格限制了该教堂增加收入以进行各种慈善及宣教活动的能力。在本案中，由于社区之家所处之地若是用于商业必然极具价值，因此这里所涉及的收入款项非常大。但是，我们认为最高法院的判决意味着减少宗教组织收入的中立法规并不牵涉宗教活动自由条款……

由于没有证据表明存在歧视性的动机、强迫宗教实践的行为或者该教会无法在其现有设施中进行宗教事业，因此我们同意地方法院的观点，这里并不存在违反宪法第一修正案的情况……总而言之，《界标法》是有效、中立且具有普适性的法规。而且正如下文解释所述，我们同意地方法院的观点，认为该教会未能证明其在现有设施中无法继续其宗教实践。[4]

2. 征用诉求（Takings Claims）

［法院认为在宾州运输公司（Penn Central）一案中的征用诉求无效，该案中最高法院裁定对纽约《界标法》的适用并未构成征用。］

a. 地方法院的事实认定

地方法院认定的主要事实——是其拒绝该教会宗教活动自由诉求和征用诉求的主要原因——是该教会"未能提出压倒性证据证明其无法在其现有场所中继续进行慈善活动或是宗教事业"……

不管怎样，该教会这一诉求的致命缺陷在于没有为以下情况提供证明：无论采取何种符合《界标法》目标的重组或扩展措施，都无法弥补社区之家在空间上的缺乏……实际上，这座建筑有着现代的轻钢架构，其设计允许在原建筑基础上额外增加两层。此外，委员会已表示他们会同意该教会所提出的额外增加两层的提议。虽然扩建社区之家的空间或许不能为教堂的扩展计划提供理想场所，但它仍然使得这些计划可以在这座建筑中继续进行。当然，在考虑以大型办公楼替代当前建筑这一提议之前，教会应该认真探讨有限扩展这一折中选择。

b. 修复和复原费用

教会同时主张，对于建筑质量急剧恶化的教堂和社区之家进行必要修复，将花费过于昂贵的费用。（教堂方面的专家估计修复需要花费大约1100万美元。地方法院拒绝承认这些估算，它指出这些估算由于支持替代方案而有失偏颇，并且与一些中立的顾问和反对这一计划的专家所做的估算相矛盾。）

我们下一阶段的讨论表明，即使修复的可能花费总值高达450万美元，该教会也没有充分证据证明其无法支付这一费用……

281

---

[4] 该教会认为《界标法》导致政府与宗教之间过度错综的关系，违反了政教分离条款。地方法院以与本案内容无关为由驳回了这一论点，理由是政教错综原则仅适用于政府资助宗教组织的情况。但是，在吉米·斯瓦格特圣公会（Jimmy Swaggart Ministries）一案中，最高法院对政府对宗教组织出售宗教资料的征税行为进行政教错综式的审查。法院没有发现违宪之处，因为此法规仅要求履行例行的行政及记录保存义务，其并没有对宗教组织进行持续监视，也没有探究该组织的宗教教义及动机。同样的这些因素当然大部分也符合《界标法》的情况。对该教会唯一的严格审查是在获得适格证书的程序当中，所审查之事也仅仅是与经济和建筑相关的方面。双方间的关系还没有上升到违宪的错综关系的高度。

c. 教堂的财政状况

教会提出修复和复原教堂和社区之家建筑的代价过于高昂，其必然结果就是教会主张其经济状况不允许其进行必要的改善措施和继续其他计划。但是，地方法院发现上诉人没能充分证明其主张，这一事实认定并无明显不当之处。

该教会有三个主要的支持和收入来源：在礼拜活动中以认献（pledge）或奉献（offering）的方式收取的捐献（contribution），通过投资获得的收入，以及向由其主办的活动收取参加费用……

教会最主要的理由是，修复和翻新教堂和社区之家的建筑需要大量修葺开支，这会严重影响其"不稳定的"收支平衡。因为这一支出来自捐赠资金，教会声称由于消耗殆尽的投资，未来的投资收入毫无疑问会减少……并且会带来"严重赤字"。

虽然资本减少会降低投资收入，但该教会仍然没有证明其预算无法在一个合理的融资程序下负担起建筑修葺开支。例如……可以从所获捐赠中逐渐拨款以减少流失的投资收益，或者教会可以预支其所获捐赠，并为该贷款设立更长的偿还期。上诉人没有提供财政规划或是现金流转分析以证明这些融资方法是不可行的。由于没有这些数据，地方法院认定该教会未能证明可能的财政困难，这并无明显不当之处。

该教会没有提供足够的证据证明其无法利用其他形式获得收入，对此我们也不能忽视。教会声称，因为教会的长期成员已经没有捐献的动力，所以教会已经耗尽其主要的筹款动力，其筹款可能性被削弱。然而，摆在委员会面前的证据表明，教堂地产上空的可转让发展权并不是毫无价值，这与教会的主张是相悖的。

最后，该教会辩称即使其所获捐赠能够支持该建筑工程，但是由于法律限制其投资资金的使用，教会不能为了该目的而随意抽出大量资金。教会特别强调这使得其无法在该项建筑工程上支出必要资金。不管怎样，该条款只是要求教会承担受托人的责任，令其以一种负责审慎的态度管理会众的资金，并且只有在相关支出严重地损害教会的财政状况时才会涉及该条款……

评论和问题

1. 法院对于该教堂的经济能力进行了详细审查。对于法院而言，此类审查是否为宪法所许可？为什么这没有构成教会与政府的错综关系？

2. 即便在法国这个权力分立最为明显的欧洲国家，公共资金也可以用于维修保养构成历史性界标的宗教建筑。美国政教分离条款（Non-Establishment

Clause）的原则大概会禁止类似补贴，不允许对诸如圣·巴肖罗缪教堂此类建筑所需的花费施与帮助。宾州运输公司（Penn Central）一案的判决认为，界标法规是监管当局的行为，而不是会引起合理补偿诉讼的征用行为。政府是否有义务（和能力）补偿教会在维持界标建筑上的花费呢？

3. 根据《公民权利和政治权利国际公约》（ICCPR）和《欧洲人权公约》（ECHR），《界标法》可以施加多大程度的限制？该法的合法依据是什么——公共安全、卫生、秩序、道德还是第三方的权利？请注意，建筑监管的其他形式如安全守则、卫生守则、环境法及类似措施往往是出于健康和安全的考虑。相反，界标法规更多地关注美感和历史感。根据国际标准，地标法规在限制宗教表达的问题上，是否符合所允许的合法依据？美学和历史保存价值应在何种程度上优先于宗教自由权利？[5]

4. 如果界标局力图阻止改变与礼拜活动相关的内部设计（如圣坛位置的变化），结果将会如何？例如参见新英格兰耶稣会诉波士顿界标委员会（Society of Jesus of New England v. Boston Landmarks Comm'n）[564 N.E.2d 571（1990年)]（根据州宪法有关条款宣布界标法规无效，该法规阻止教会根据第二次梵蒂冈大公会议改变其圣坛位置）。礼拜仪式所要求的改变，是否应该优先于出于教堂经济状况考虑而要求的改变？

三、专门组织结构下的宗教信仰自由

283

（一）监狱和政府的监管

1. 美国

欧龙诉沙巴兹房产案
（O'LONE V. ESTATE OF SHABAZZ）

美国最高法院，482 U.S. 342（1987年）

[穆斯林囚犯要求每周出席一个被称为聚礼（Jumu'ah）的穆斯林公理会的仪式，这个仪式据可兰经规定"必须于每周五的午后在太阳达到它的最高点之后而在晡礼（Asr）或者下午的祷告之前举行"，但这项活动被新泽西的里斯堡州立监狱（Leesburg State Prison）所禁止。监狱出于安全考虑禁止囚犯们进行这项礼拜仪式。囚犯遂对此提起诉讼声称这侵犯了他们在第一修正案中享有的

---

〔5〕参见安杰拉·C. 卡梅拉（Angela C. Carmella）："教会财产的界标式保存"（Landmark Preservation of Church Property），34 Cath. Law. 41（1991年）。

权利。]

一些一般原则能够指导我们对这个问题的考量。首先，"既决犯并不因为他们被定罪和被囚禁在监狱而丧失所有的宪法保障。"

美国宪法第一修正案规定，国会不得制定法律禁止宗教活动的自由，囚犯们当然保有这条修正案所给予他们的保护。第二项原则是，"合法的监禁会引起对很多特权和权利的必要限制甚至剥夺，这种对权利的撤销的正当性是符合我们的刑罚系统的价值度量的。"对宪法权利的限制来源于监禁的事实和刑罚目标的有效达成——包括制止犯罪、挽救罪犯和保障制度安全。

为了达到以上诸多因素的最佳平衡，我们常常认为刑罚目标的评估任务应交给监狱管理者来判断决定，而他们"是这一试验中的特定体制的实际负责人，并在其中发挥重要作用"。为了确保法院对监狱官员给予足够的尊重，我们决定对涉嫌侵犯宪法权利的监狱规章适用比通常检验侵犯基本宪法权利较为宽松的"合理性"（reasonalbeness）审查标准。

最近我们重申了什么是恰当的标准："当监狱规章侵犯了囚犯的宪法权利，如果它被认为与合法的刑罚利益相关……那么这个规章就是有效的。"这种方法确保了矫正官员能够"预见到安全问题并且在有关监狱管理的棘手难题上采取创新的管理方法"，并且避免司法干涉那些特别不适合以"判决解决法"（resolution by decree）来应对的难题。我们并不赞同每当规章禁止（不仅仅是限制）某项特定宪法权利的行使时，就加强对该规章的审查，这是不合适的。

我们认为上诉法院的决定是错误的，错在它确立了监狱官员独立的证明责任，要求他们证明"在不引起安全问题的情况下不存在合理的方法能够满足囚犯的宗教权利"。（监狱官员需要"提出令人信服的证据来证明，他们如果不干涉犯人自由活动的权利就不能够达到他们的制度目标"。）有观点认为"监狱官员……必须建构起任何能想象得到的、满足控告者宪法诉求的替代方法，然后将其驳倒"。虽然满足的可能性与合理性审查有关，但是我们并不同意该观点。上诉法院把反驳替代性选择的可能性的证明责任加在监狱官员身上，没有能够反映出美国宪法对监狱管理者的裁决的尊重。

来关注一下本案中受争议的政策，我们认为地方法院的调查结果清楚地表明监狱官员的行为是以合理方式做出的。特纳诉萨夫立（Turner v.Safley）一案吸取先例的经验来确定与合理性标准有关的一些因素。第一，一部规章必须与能证明其正当性的合法政府利益有逻辑上的联结。我们现在讨论的政策明显符合这个标准。基于对公共秩序和安全的考虑，需要尽量让全级囚犯（full minimum）和群级囚犯（gang minimum）[6] 在主要设施外工作，因为地方法院认为它"至少在某种程度上是对州立监狱中危险的过分拥挤情况的一种回应，并且……至少在某种程度上是被设计来缓和当囚犯们脱离监狱主体的边界时所引起的紧张状况"。毋庸置疑，这个合理的意图符合上述标准。

在这项标准下随后禁止在白天返回监狱的政策也被认为是基本合理的。监狱官员证明说囚犯们从工作场所返回会引起拥挤现象和在大门的滞留，这里也是发生事变的高风险区。返回的要求也会给监督户外工作场所的守卫们带来莫大的压力，先前他们被要求去"评估每个服刑人员要求返回监狱的理由的正当性，同意或拒绝其要求"。对服刑人员回归社会的考虑进一步支持了这项政策；矫正官员们在探寻一种效法社会工作条件和社会责任的模拟环境。

我们从特纳案的裁决中也发现"囚犯仍保留有行使权利的替代性方法"。当然，出席聚礼是没有替代方式的；被上诉人的宗教信仰坚决要求这项仪式在特定时间举行。但是聚礼对举行时间的严格要求使监狱官员非常难以保证每个穆斯林囚犯都能够参加。尽管我们无意减弱聚礼对被上诉人的极端重要性，但是我们并不认为宪法要求监狱官员为该目标而牺牲合法的刑罚目标。在特纳案中，我们没有探求囚犯们之间是否有其他的交流沟通方式，取而代之的是调查他们是否被剥夺了"所有的表达方式"。回到这个案子，同样地，我们认为应当看看在这些规章的规定下，囚犯们是否能够参加其他的穆斯林宗教仪式。记录表明囚犯们并没有被禁止参加所有的宗教活动，反而他们可以自由地履行自己的宗教义务。聚集在一起祷告或者讨论的权利"事实上除了在工作时间之外都没有被限制"，并且由政府提供的伊玛目（imam，教长）可以自由出入监狱。每当监狱餐厅提供猪肉的时候都会给穆斯林囚犯提供不同的膳食。在斋戒月长达一个月的禁食和祷告期间也会有特殊的安排。在此期间，穆斯林囚犯会在凌晨四点被叫醒来享用早餐，在每晚八点半享用晚餐。我们认为，被上诉人能够参加有关于他们信仰的其他宗教仪式的事实证明了本案中监狱的限制是合理的。

最后，如果被上诉人要求的权利被满足会给其他囚犯、监狱管理人员和监狱资源的分配造成影响，考虑到这些影响更增强了本案中规章的有效性。被上诉人提出一些满足其宗教实践的要求，包括把所有的穆斯林囚犯安排在一个或两个室内工作场所或给他们提供周末的劳动。正如地区法院记录的那样，不管怎样，被上诉人提出的每条建议在监狱官员看来都会对监狱制度造成不利影响。

285

---

〔6〕二者根据自由活动的时间和区域有所不同。——译者注

为群级囚犯提供室内工作场所与 853 标准（Standard 853）的正当要求相违背。地方法院还发现，为了给穆斯林囚犯创造周末的工作所增加的监督力量"会消耗本来就稀缺的监狱的人力资源"。监狱官员还认为，这些替代方法允许"亲密团体"在监狱中兴盛起来，会威胁到监狱的安全。行政官欧龙证明说"我们认为几乎每个监狱行政官都知道，任何时候如果你把一群人以一种特有的亲密关系集合在一起……就不可避免地会出现一个领导人物或组织机构来挑战监狱的权威"。最后，官员们认为对一小群人的特殊待遇会造成这样的问题，"其他的囚犯看到的是特定的一群人逃脱了严酷的工作环境"，感到他们被偏袒了。监狱行政官们的这些担忧足够支持以下结论：满足穆斯林囚犯参加聚礼的要求会对监狱造成不良后果。这些困难也表明不存在"显而易见且容易的选择可以代替上诉人所采取的政策"（特纳案，第 93 页）。

即使有人根据宪法第一修正案提出控诉，希望"用我们对监狱管理这一疑难敏感问题的判决"来替代那些背负管理监狱的重大责任的被诉者所作出的决定，我们仍要借此机会重申驳回起诉的立场。地方法院认为，本案中涉嫌侵犯被上诉人宪法性权利的规章与正当的刑罚目标存在合理的联系。我们同意地方法院的意见，我们也认为涉案规章没有违反美国宪法第一修正案中的宗教活动自由条款。因此我们推翻上诉法院的判决。

286 　　[布伦南（Brennan）、马歇尔（Marshell）、布莱克门（Blackmun）和史蒂文斯（Stevens）法官持不同意见。布伦南法官认为聚礼并不危险，他要求监狱官员证明他们的限制对增进重要的政府利益是必要的。他指出合理性标准，要求监狱官员证明允许被上诉人参与聚礼的替代方式是不可行的。多数意见认为这项政策不是对宗教权利的完全剥夺，但布伦南主张聚礼是穆斯林最重要的宗教仪式，这就像天主教徒被禁止参与弥撒（mass）一样，所有人都会觉得这是对宗教活动自由权利的剥夺。]

评论与问题

1. 在欧龙案中，最高法院支持了监狱对聚礼的限制。监狱为满足"正当的刑罚目标"的要求，可以在何种程度上限制囚犯的宗教活动？

2.《宗教土地使用与被监管人员法》要求在像监狱这样的组织结构中运用传统的政府利益标准。《宗教土地使用与被监管人员法》第 3 章明确规定："对于居住于或被拘禁于监狱的人来说，政府不应当对其宗教活动自由强加实质性的负担……即使这种负担是某项规则普遍适用的结果，除非政府能够证明对其施加负担——（1）是为了促进迫切的政府利益；并且（2）是对促进该政府利益限制度最小的方法。"按照此标准，欧龙案的结果会如何？《宗教土地使用与被监管人员法》有多大可能会改变监狱的做法？

2. 其他司法体系中监狱里的宗教信仰自由

X 诉德国案（X v. GERMANY）

欧洲人权委员会，Application No. 2413/65（1966 年）

（申请人是一个在德国因多种罪行被定罪的英国人，被关押在德国。他提出众多针对其监禁的控诉，其中一项涉及宗教信仰自由。以下摘录是委员会对其起诉的描述和答复。）

申请人对施特劳宾监狱（Straubing）的条件有诸多抱怨之处。他指出在施特劳宾地区没有圣公会的教堂和牧师。因此，他没有机会根据其信仰来敬拜，他的精神慰藉权利被剥夺。他请求把他转去策勒（Celle）地区的监狱，那里有一名圣公会牧师，然而该请求被拒绝。看起来这是对巴伐利亚司法部（Bavarian Ministry of Justice）的一次失败申诉。申请人声称这是对《公约》第 9 条第 1 款、第 16 条、第 17 条、第 18 条的持续违反。

然而，关于申请人控诉施特劳宾监狱没有按照圣公会仪式安排牧师或者敬拜活动，我们应注意到没有证据证明申请人无法接触到新教牧师或者无法参加新教的敬拜活动；鉴于此，以上对此案的审查显示，不存在任何对《公约》特别是第 9 条所述权利和自由的侵害；因此该项申诉理由明显不充分。

评论和问题

1.X 诉德国案是委员会相当早的一个裁定。在今天是否仍然有效？是否应该有效？

2. 在一些国家，问题不是囚犯们是否应该有机会接触他们本教派的神职人员，而是较小宗教组织中的神职人员是否能够探访那些希望与他们见面的本教派的信徒（或者其他宗教信徒）。在确定不同宗教信仰的代表探访囚犯的机会时，应当考虑哪些因素？

（二）军队

军队构成了另一个重要的环境，在军队环境下对宗教信仰自由的保护可能和对寻常百姓的保护有所不同。在美国，军队中之所以能够承受政教分离的压力而存在牧师是因为，军队中的环境更有强制性，如果不允许牧师的存在，士兵们的宗教信仰自由会受到损害。另一方面，在很多方面对宗教信仰自由的保护要给军队生活的需要让路。

1. 美国

戈德曼诉温伯格案（GOLDMAN V. WEINBERGER）

美国最高法院，475 U.S.503（1986 年）

[戈德曼是一个正统犹太教徒并被任命为拉比（rabbi），其作为一名临床心理医生在加利福尼亚州某空军基地的心理保健诊所为空军服务。为了维护他佩戴圆顶小帽（犹太男子在祷告、学习、吃饭等时戴的）的权利，他对《空军规章》（AFR）第 35 条第 10 款关于"室内不许戴帽"的规定提起诉讼。]

与针对平民社会的同类法律制度的违宪审查相比，我们审查那些与第一修正案有所出入的军队规章制度时所秉持的态度要尊重得多。军队不需要提倡争辩，也不需要对抗议容忍到第一修正案要求平民社会应有的容忍度的范围内；为了完成任务，军队必须培养本能地服从、团结、献身和团队精神。兵役的本质"就是个人欲望和利益服从于服役的要求"。

军队生活的这些部分当然没有导致第一修正案中保障的内容在军队环境中毫无价值。但是"在军事社会中明显没有像在更大的平民社会中那样的（个人）人身自由"……

空军部深思熟虑后所做出的专业决策是，整齐划一的制服作为传统的人员装备，强调个人偏好和个性要服从于整体的团队任务。除非是体现等级区别，否则制服会倾向于消除所有个人外表的区别，来助长一种按等级划分的团体感。空军部认为制服无论在和平时期还是战争时期都是同样生死攸关的，因为空军部人员必须时刻准备着根据即时的通知做出有效的防御；纪律和团结所必需的这些行为习惯必须未雨绸缪，提前养成。我们已经表示"像军队纪律和服从命令这种硬性要求不可能在战场上教授；立即服从军队程序和命令的习惯必须是没有丝毫争辩和回应时间的条件反射"……

戈德曼声称，依据第一修正案中的宗教活动自由条款的规定，除非服饰构成破坏纪律和团队精神的"明确危险"，否则空军部应当在制服要求上对宗教服饰网开一面。他断言一般情况下，可见但"不显眼"的服饰不会造成那样的危险，因此它们应该得到认可。他认为，空军部没能证明他习惯于戴一顶不起眼的犹太圆顶小帽的这个特殊例外会威胁到纪律。他主张空军部否定其要求的断言仅仅是武断之辞，没有任何记录在案的实际事件和科学研究的支持，而且还有专家证言反驳这一断言。专家们发现对《空军规章》第 35 条第 10 款的宗教特例是可取的，而且能使空军部成为一个更人性化的地方，从而达到增长士气的效果。

但是，无论专家证人是否觉得对《空军规章》第35条第10款的宗教特例有可取之处，其实都无关紧要。军装的规章制度的可取性由相应的军队上层决定，宪法没有命令他们放弃他们深思熟虑后的专业决策。虽然原告解释头戴犹太小帽只是类似于祷告的一种无声的祈祷形式，但很明显，某种程度上，规章制度中不允许佩戴此类宗教服饰。原告可能会因此更加反对军队生活，其他人可能也会变成这样。但是考虑到这些行为习惯可能会削弱服装规章制度寻求的划一性，所以第一修正案没有要求军队对宗教服饰予以认可。空军部已经基本在可见宗教服饰和不可见宗教服饰间划清了界限，我们可以认为规章制度中遭到质疑的这些部分是为了满足军队对划一性的感官需求，而合理且公平地管理着装情况。第一修正案也因此没有禁止这些部分对原告生效，即使它们的影响会是限制请愿人的宗教信仰所要求的头饰佩戴。

评论和问题

在最高法院判决戈德曼一案的一年后，美国议会制定了《公众法》（Public Law）（100—180），《公众法》中规定在大多数情况下，允许在军队里穿戴宗教服饰，如犹太小帽。如果基于公共秩序的理由，通过禁止军队里佩戴宗教头饰而限制一个人的宗教表达，《公众法》的内容对这样理由的说服力作何解释？该事例是否说明议会比最高法院更加尊重少数群体的宗教自由利益？

2. 欧洲

克拉克诉土耳其案（KALAC V. TURKEY）

欧洲人权法院（1997年7月1日）

[克拉克是土耳其武装部队的空军军法检察官。他被查出主张"信奉不合法的原教旨主义信条"，这与土耳其规章制度关于军官和士官评审条件的规定相违背，因此克拉克在1990年8月被最高军事法庭（Supreme Military Council）勒令强制退役。克拉克是一个虔诚的穆斯林教徒，每天都会做5次祷告，斋月严格奉行斋戒。这些行为习惯都没有超过军队的限制范围。然而，土耳其政府认为克拉克是信奉原教旨主义的苏莱曼宗派分子（Suleyman），也因此证明他对世俗主义原则缺乏忠诚，而该世俗主义被政府视为土耳其的建国基石并军队也应尽的职责。克拉克申请最高行政法庭（Supreme Administrative Court）撤销强制退役的勒令，但是该申请被驳回。克拉克在土耳其用尽各种救济方法之后，于1992年7月向欧洲人权委员会提出申请，认为对自己被强制退役构成无法容忍的宗教信仰歧视，这违反了《欧洲人权公约》第9条。1996年2月，委员会一致认为该

289

事件违反《欧洲人权公约》第9条规定，并将其转交欧洲人权法院审理。]

27. 法院反复强调，宗教自由首先是个人良心的问题，它同时更意味着，表达自己宗教的自由不仅可以发生在与他人相处时、在公众场合中、在互相分享信仰的圈子里，同样可以发生在独自一人时和私下里……《欧洲人权公约》第9条中罗列了一些宗教和信仰的表达方式，即崇拜、教导、实践和仪式。然而，《欧洲人权公约》第9条并没有保护宗教或信仰引发或鼓舞的每一个行为。而且，当一人在行使其宗教表达的自由时，可能需要考虑他的具体情况。

28. 克拉克主动选择军旅生涯表明，他自愿接受军纪体制，这无疑暗示军队成员的某些权利和自由可能会被限制，而这些限制并不能加诸于平民身上……各国也许会在军队中通过纪律规范禁止这样或那样的行为方式，尤其是禁止对反映兵役要求的既有秩序存有抵触态度。

29. 毫无疑问，在军队生活要求的限制范围内，申请人能够通过践行穆斯林常规仪式而履行其宗教义务。例如，他特别被允许一天做5次祷告，并履行其他的宗教义务，比如斋月奉行斋戒以及参加清真寺的周五祈祷仪式。

30. 此外，最高军事法庭的勒令并不是基于克拉克上校的宗教观点或信仰，或是基于他履行宗教义务的方式，而是基于他的行为和态度……据土耳其政府所言，这种行为破坏了军队原则，也违反了世俗主义原则。

31. 因此，法院指出强制申请人退役并不构成对《欧洲人权公约》第9条所保障权利的侵犯，因为该措施并非基于申请人表达其宗教的方式而做出。

因此，并不存在违反《欧洲人权公约》第9条的情况。

评论和问题

1. 如果因为强制申请人退役"并非基于申请人表达其宗教的方式而做出"，而认为克拉克的《欧洲人权公约》第9条权利没有受到侵犯，这是否表示强制退役勒令乃是基于其内在信仰（例如，他声称信奉苏莱曼宗派以及不怎么相信世俗主义），那么，是否应该对其施予程度似乎更高的针对内心世界的绝对保护呢？

2. 在戈德曼（Goldman）案和克拉克（Kalac）案中，哪个法院更多地考虑军队的特殊需要？

3. 出于良心拒服兵役（Conscientious Objection）和替代役

出于良心拒服兵役似乎正处于从备受争议的权利向公认权利的转变过程中。联合国人权委员会（The UN Human Rights Committee）曾指出："《欧洲人权公约》(ICCPR) 没有明确提到出于良心拒服兵役的权利，但是鉴于使用致命性武器的义务会严重与良心自由和表达其宗教或信仰的权利相冲突，委员会认为这一权利可以从第 18 条中推出。"[7]

美国最高法院多年来已对许多重要案件作出判决。这些案件在第二章中已有所提及，因为他们提出的难题之一就是如何界定宗教信仰的范围。例如美国诉西格案（United States v. Seeger）[380 U.S. 163（1965 年）]。由于美国军队全部是志愿军，因此良心权利的核心问题——即要求免除强制兵役——就不再存在了。但是在一些有趣的案例中出现过这样的情况，即个人在参军之后随即经历了宗教信仰上的改变，这导致其成为出于良心而拒服兵役却已身在军中的人。这也不足为奇，或许这类案例常常会发生在从和平时期向战时动员时期转变的过程中。

在许多仍然保有征兵制度的体制中，以替代役来代替在普通军队中服役的权利已经成为规矩。在很多国家，该权利被载入宪法条文。例如，《德国基本法》第 4 条第 3 款规定："任何人不得被迫违背其良心服兵役并使用武器。"此外，第 12a 条第 2 款规定："对于出于良心方面的理由拒绝持武器服兵役的，可课以替代役义务。替代役的期限不得超过服兵役的期限。"司法解释认为在和平时期也可以出于良心反对使用武器。此外，关于替代役的期限不可长于常规服役期限的观点有所发展，常规替代役时间可以等于正常义务兵新兵基本训练时间加上预备役的时间。各国处理替代役问题采用了明显不同的政策。受篇幅所限，有关问题将在附加网络资源中予以讨论。

关于替代役权利的判决

俄罗斯联邦宪法法院（1999 年 11 月 23 日）

1999 年，俄罗斯联邦宪法法院宣布，个人出于宗教原因要求"以替代役代替战时兵役"的权利，不可仅仅由于此人所属的宗教组织不符合俄罗斯法律规定的适当认可这一点而遭到拒绝。俄国一位耶和华见证会成员曾提出诉讼，声称兵役"与他的信仰和宗教相违背"，通过以上做法，法院解决了这一棘手的宪法问题。之前，俄国某地方法院拒绝承认他服替代役的权利，理由是根据俄罗斯法律的要求，"没有文件可以证实"其宗教组织"在相应的领土上存在了至少 15 年"。由于该教会无法证实其作为宗教组织的地位，因此其并不被允许服替代役的法律条文所保护，进而，该教会成员也无法根据俄罗斯法律要求服替代役的权利。

但是，俄罗斯联邦宪法法院认为不可基于教会归属的原因而拒绝承认个人

[7] 1993 年 7 月 20 日联合国人权委员会正式通过《第 22（48）号一般性评论》（General Comment）。U.N. Doc. CCPR/C/21/Rev.1/Add.4（1993 年），再版于 1994 年 U.N. Doc. HRI/GEN/1/Rev.1，第 35 页。

的此项权利：

292

对该耶和华见证会的俄罗斯拉夫尔分部（Yaroslavl Religious Group）成员（I.M.Schurov），应适用《联邦法》"关于良心与宗教组织"（On Freedom of Conscience and Religious Association）的第3条第4款，这也就是说，如果服兵役和某俄罗斯联邦公民的信仰和宗教相悖，那么其就有权以替代民用役代替兵役，所以该条款实际上与《俄罗斯联邦宪法》第59条（第3款）相一致。相关联邦法律能够决定替代役代替兵役的条件及程序，但是此项权利本身并不需要具体条件；根据《俄罗斯联邦宪法》第18、28、29条规定，此项权利属于实际有效的个人权利，该权利仅与个人而非集体的宗教自由相关，因而行使该权利时不应考虑个人是否是某个宗教组织的成员。[8]

评论和问题

1. 在"二战"后不久通过的国际文书并没有明确承认出于良心拒服兵役的权利。当时该权利是否已经出现？这一过程是如何发生的呢？

2. 出于良心拒服兵役应该有多大的权利？它是否超出传统宗教观点而进入了世俗世界观（weltanschauungen）的范畴？[参见威尔士诉美国案（Welsh v. United States），398 U.S. 333（1970年）。]发展为个人化的宗教观点了吗？[参见托马斯诉审查委员会案（Thomas v. Review Board），450 U.S. 707，1981年]（某耶和华见证会成员的持续要求，其观点比他的一些教友更为严格）发展为选择性的出于良心而拒服兵役了吗？[参见吉勒特诉美国案（Gilette v. United States），401 U.S. 437（1971年）。]

3. 替代役应当具有多大的弹性？各国可以要求这些选择服替代役者的服役期，要比那些接受正常军队生活风险者的服役期更长吗？可以比其长多久？如果替代役完全处于军队的控制和引导下，是否存在其他合理的替代方案？

附加网络资源：	关于出于良心拒服兵役的其他案件和材料，以及对各种替代役方式的概述

[8] http://www.religlaw.org/template.php?id=560.

第八章　对宗教极端主义的回应

一、引言

虽然对宗教信仰自由的法律保护显然是必要的，但在保护宗教权利和保护社会不受宗教团体的危害二者之间会不时地产生紧张关系。近些年来，人们在所谓的危险宗派的政策问题上倾注了相当多的关注。难道一些团体如此的问题重重以至于它们的运作需要被限制在公共利益的范围之内吗？另一方面，当一个组织被归类为危险宗派（sect）或者膜拜团体（cult）时，宗教信仰自由的长远利益就要被损害并且取消保护吗？当那些新兴而陌生的团体，仅仅因为它们是新的并且不为人所熟知，而被贴上危险宗派或者膜拜团体的标签时，人们做出了这些强有力的推定。那些专门术语也可能会出人意料地复杂。在美国，"膜拜团体"（cult）这个词通常被视为远远比"宗派"（sect）这个词有着更加负面的含义。然而，法国的情况却恰恰相反。在法国，"culte"这个词和单纯的（纯粹的）"宗教"（religion）或者"崇拜"（worship）的含义相近，正如其在"信仰自由"（liberté de culte）或者"天主教或天主教信仰"（le culte catholique）中的含义一样。另一方面，在法语当中，"secte"一词往往是一个贬义的用语，它有着许多如同"膜拜团体"（cult）一词在英语中一样负面的含义。同样地，"宗教极端主义"这个术语也充满了贬义的色彩。某个人的极端主义却可能是另一个人的正统观念。对一些人而言，"原教旨主义"（fundamentalist）这个词充满了极端和危险的含义，而对其他人而言，它却意味着真理和基本的信仰。在该领域，正如许多其他领域一样，语言和标签的使用具有重大的影响。单单"贴标签"的行为就可能构成迫害，或者也可能被他人利用作为迫害的理由。

本章的目的是在"危险"或"极端"的宗教团体的背景下，探讨对表达其宗教或信仰的合法限制的界限。第六章所讨论的限制性规定如何适用？标准限制条款（standard limitation clauses）是否足以解决这些特殊群体所带来的问题？这些团体到底有多么特殊？

当你阅读本章时，请记住，每一个宗教都曾是一个新兴宗教运动，在其起源的时候很可能有人将它视为激进和危险的宗教。

艾琳·巴克（Eileen Barker）：《为什么是膜拜团体？
新兴宗教运动与宗教或信仰自由》[1]

所有的宗教都可能侵犯人权，同时，人权的滥用也可能对宗教造成损害。这段摘录提出了一个问题，即可能是什么因素使得新兴宗教运动（NRMs）、"膜拜团体"或"宗派"尤其容易受到这样的歧视。难道新兴宗教运动有什么内在的因素，导致其他人觉得有必要把它们作为一种值得特殊控制的事物来对待吗？并且 / 或者是因为社会中存在的某些因素鼓励它们去限制新宗教的自由吗？

为了解决这些问题，我们需要再考虑几个问题，例如什么是新兴宗教运动？它们和既有宗教有什么区别？它们在何种程度上超越了可接受行为的界限？在什么条件下它们最可能遭遇歧视性待遇？最后，我们可能会问：如果可能的话，针对这些情形，人们可以采取什么行动？

1. 什么是新兴宗教运动？

……确定诸如新兴宗教运动、膜拜团体和宗派这些术语的确切含义，从而进一步确定这些标签可以应用在哪些组织上，不仅仅是一个学术活动。这些相关因素可能会产生非常实在的效果，这取决于他们是否发现自己正落入新兴宗教运动、膜拜团体或宗派的范畴之中，或者被归类为一个正统并（或）真正的宗教。在没有任何进一步的说明或信息的情况下，某个标签（label）的应用可以赋予其尊严和特权，比如社会地位和免税特权；而另一个标签的应用则会使得整个社会对该组织进行严厉抨击，并且将它的成员作为低级公民，甚至非公民来对待，否认他们作为公民应当享有的基本权利……

虽然诸如教会（church）、教派（denomination）、膜拜团体（cult）、宗派（sect）和新兴宗教运动（NRM）这些概念在宗教研究和社会科学的文献中有其技术性的含义，但是膜拜团体以及宗派这些术语在媒体和日常用语中被广泛地使用在反对的语境中，明确或隐含地暗示它们天生就是不好并且危险的，而没有指出任何可观察、可识别的特征。基于这个原因，当谈到那些通常被称为膜拜团体或宗派的团体时，学者倾向于使用较为中性的术语"新兴宗教运动"。然而，该术语并非没有其自身的问题，因为并非所有的新兴宗教运动（NRMs）都

---

[1] 艾琳·巴克（Eileen Barker）："为什么是膜拜团体？新兴宗教运动和宗教或信仰自由"（Why the Cults? New Religious Movements and Freedom of Religion or Belief），载《促进宗教或信仰自由手册》（Facilitating Freedom of Religion or Belief：A Deskbook），第 571—580 页 [塔尔·林霍尔姆（Lindholm）、小 W. 科尔·德拉姆（W. Cole Durham, Jr.）、巴伊亚克·G. 塔兹巴列（Bahia G.Tahziblie）合编，马蒂纳斯·尼吉霍夫出版社（Martinus Nijhoff），2004 年]。

是新兴的，也并非都具有明显的宗教性——至少根据几个普遍接受的关于宗教的定义来看是这样的……

几乎所有的立法机构都已经认识到，要找到一个令人满意的标准来定义新兴宗教运动或"膜拜团体"，是极端困难的……一些政府组织和监督膜拜团体的组织企图避开这个问题，他们将那些被（一些人）认为是以某种危险的（非特定）方式进行的运动定义为（或者更准确地说是"列举为"）膜拜团体或宗派。当然这样做是在对某一特定运动的实际特征进行任何调查之前对其预先判断，因为一旦某一事物被定义为是危险的，人们便不能再论证或者质疑它是否真的是危险的；根据定义或者因为它已经被列入了名单，则它必定是危险的。

先不考虑其他而仅仅基于这些原因，如果政府和其他官方赞助的报告不公布这样的名单——暗示（即使并没有明确地说明）名单上的这些宗教、宗教社团或组织在某种意义上是危险的或不受欢迎的，而其他宗教、宗教社团或组织并非如此，那么，至少一些无根据的歧视的概率可能会减少很多。然而，如果要对宗教的分支或类别进行划分，应当在以经验为主的可识别并且可测试的特征的基础上进行。换句话说，通过给这种经由挑选出的团体类型下一个较为中性的定义，我们可以提出这样一个问题，即是否有任何特殊的团体，在它的那个历史阶段，对社会构成了实际或潜在的威胁，以至于社会想要将它和其他团体予以区别对待。然后，举个例子，如果涉及犯罪组织，关于特定的宗教是否构成犯罪的决定不应当取决于一个标签或他们是否被列入了名单，而应当取决于这一运动团体（或者它们的成员）在法庭上是否被指控犯有某些刑事犯罪活动……

2. 新兴宗教运动是什么样子的?

概括归纳的不可能性

人们能够对新兴宗教运动做出的一个最重要的概括就是，人们不可能概括他们。根据不同的传统他们会有所区别，并且他们本身也是传统的题中之意。几百年来，虽然大多数西方新兴宗教的早期浪潮起源于犹太基督教的传统，但是在过去的一个世纪中，变得日益明朗的当今的宗教浪潮却可以在几乎全世界所有的传统当中，以及一些新的思想和理念当中找到它的源头。

人们可以在新兴宗教运动中发现异教徒（Pagans）与新异教徒（Neo-Pagans）、巫术与魔法、新纪元运动以及各种各样的人类潜能组织［比如，科学派教会（the Church of Scientology）、自我实现研究会（the Institute of Self

Actualization)、内心灵魂知觉运动（MSIA）以及顿悟会（Insight）]，虽然它们并不总是自称为宗教或者（甚至是）精神运动，但它们却往往都遵循这样的理念，即颂扬"内心上帝"（the god within）、"身体宫殿"（the temple of the body），也许还有"宇宙化基督"（Cosmic Christ）。更进一步的运动还包括所谓的飞碟教派（UFO-cults）[比如，雷尔运动（the Raelians）和魔法世界会（the Aetherius Society）]和形形色色深奥神秘的团体、调和论哲学（syncretistic philosophies）以及精神教派，它们从各种各样的传统风俗中得到了借鉴，同时又分别将自身独有的特征融入了往昔和明日的智慧中。然后，在较为黑暗的一面，人们可能会偶然发现还有那突如其来的撒旦崇拜者（Satanist），比如安东·勒维的撒旦教（Anton LaVey's Church of Satan）或迈克尔·阿基诺的集合礼拜堂派（Michael Aquino's Temple of Set）。

296　　谈到生活方式，我们可以发现，新兴宗教运动的成员居住在公社、社区、独立洋房或高层公寓大楼里面。他们可能全职致力于其宗教运动，或者也可能除了出席为崇拜或某种形式的宗教仪式而举办的聚会以外，过着正常的生活。这些仪式可能包括祈祷、诵经、各种各样的瑜伽和冥想、跳舞或鸡的献祭活动。一个新兴宗教运动的组织模式可能是独裁的、专制的、等级制的、无政府主义的、民主的、神权制的，也可能是这些模式相互之间或与其他模式之间各种各样的组合。新兴的宗教，像古老的宗教一样，在对自己成员的影响上和对社会上其他人的影响上有所区别。一些新兴宗教运动无疑是良性的，而其他的则带有明显的恶意。有的为它们的一些成员带来了利益，却导致了对他人的损害。此外，以新兴宗教运动潜在或实际的危险而言，它们有着如此不同的方式。当涉及违法的性行为时，和传统宗教相比，某个新兴宗教运动可能是同样谨慎的（或者更为谨慎），但在要求其成员放弃过多的钱财方面，新兴宗教运动却可能是更为有效的；而另一方面，在对金钱的兴趣上，与已存的宗教相比，新兴宗教运动则可能没有那么浓厚，但它却可能强加给自己的成员一个非常苛刻的时间表，这可能危及他们的健康并且/或者削弱他们与家庭的联系。

　　分歧的数量可能无限制地扩大下去，但是将新兴宗教运动或"膜拜团体"归并在同一背景下进行考虑，然后便假定这一标签足以告诉我们新兴宗教运动是什么样子的，这种做法是充满危险的，我认为在强调这一点上我们已经做了足够多的解释。新兴宗教运动组织们所唯一共有的一个特点就是它们都是新兴的并且宗教性的（用这个词的广义定义），在不同的意义上它们分别被称为新兴宗教运动、膜拜团体或宗派。

3. 新兴宗教的特点

然而，即便如此，有一些特点是许多新兴宗教运动所共有的，仅仅因为它们是新的宗教——对这些特征的认知，可以提醒我们注意它们之所以会被认为具有实际或潜在的危险性（或不受欢迎），并因此应当得到特殊对待的一些原因。

1. 第一代成员

第一，因为是新兴的，因而可以断定新兴宗教运动是由第一代成员组成的。人们频繁地注意到，任何宗教的中途皈依者往往远比那些生来就是该宗教信徒的人更笃信他们是正确的——他们发现了真理。单是这一事实就可以在很大程度上解释他们的热情，甚至是狂热。人们能够经常在新兴宗教运动中发现这种热情，而对于那些把宗教视为理所当然而在日常生活中经常忽略的人而言，这种热情似乎是让人苦恼的。此外，那些中途皈依者经常迫切地希望使他们的朋友和亲人（以及任何其他他们能够说服听从自己的人）认识到他们新发现的真理的重要性。如果那些他们寻求拯救或启发的人拒绝他们传递福音的友好表示，他们会极其愤怒。

2. 非典型成员

第二，新兴宗教运动往往吸引全体居民中的非典型群体，而并非一个随机的群体。当下的浪潮已经不成比例地吸引了（二十几岁或三十几岁的）年轻人，他们来自于中产阶级并接受了高于平均水平的教育。这些成员几乎没有像小孩或老人这样需要照顾的受供养者，而且大部分年轻人未婚，几乎没有经济上或其他方面的责任，比如维持按揭还款……此外，这种人口状况将导致人们认为，绝大多数的成员几乎没有可以与他们的热情相匹配的生活或者领导经验。

3. 明晰性

第三，比之那些更古老的宗教通常吸纳连续数代信徒的观点与影响，新兴宗教运动的信仰与实践则显出清晰、精确而纯粹得多的趋势。在新兴宗教运动中，一个信仰者到底被期待去信仰什么、做什么，都是十分清楚的。并且成员们对于他们的信仰体系倾向于有一个相对同质的理解，而不是说一些成员更为传统而刻板地遵循文本，另一些成员则更为开放且自由地解释文本。尽管如此，由于一些初信者尚未深入体会宗教思想之灵知或者内部核心的神秘体验，因此对于不同层级的成员而言，其在知识深度上，可能还是存在差异的。

4. 魅力型领导者

第四，新兴宗教运动通常是由一个具有超凡魅力的领导者所建立，或者是很快就被这样的领导者所控制。他的（偶尔会是她的）追随者们会相信，他

297

（她）拥有神所恩赐的天赋异禀，他（她）会被认为能与神直接沟通——或甚至会被认为就是神。从定义上说，超凡权威在践行上与超凡者的指示相融合，也因此不受规则与传统的束缚。这种权威的影响能够延伸到追随者生活的方方面面——他们穿什么、住在哪里、做什么工作、与谁结婚、与谁共枕，而且或许还会涉及生存和死亡问题。换言之，具有超凡魅力的领袖不需要对任何人负责，而且因为他们能在一眨眼间改变自己的想法，所以与那些遵守已有传统或是一系列官方制定的规则的人相比，这些宗教运动的行为则要难以预测得多。

5. 两分法

第五，新兴宗教运动所拥护的信仰与其遵循的常规，为广阔社会的信仰与常规提供了一个替代性选择。新兴宗教运动的信仰者会为了保护他们全新的信仰与常规而与这个社会决裂，有时是身体上的，但更多的是社会性的……对于现今新兴宗教的浪潮而言，这一点也不奇怪。据说耶稣曾声称他的到来是为了破碎家庭（《马太福音》第10章：第35—37节），他还告诉那些可能的追随者，如果他们不恨他们的父母（甚至是他们自己的生命），那他们就别指望能够成为他的门徒（《路加福音》第14章：第25—26节）。

受世界保护的需求和忠于组织和／或领导的需要，多多少少在追随者与非追随者之间挖掘了一条深深的壕沟——事实上，对于新兴宗教运动（或者其他任何类型的新思想）而言，持有一个大体上泾渭分明的世界观是再正常不过的（尽管绝不普遍），这种世界观不仅将社会意义上的"他们"与"我们"，神学意义上的"神圣"与"罪恶"以及道德意义上的"好"与"坏"加以区分，同时也对时间意义上的"当时"与"现在"或者"之前"与"之后"加以区分。

6. 改变

尽管第六个特征足够明显，但出人意料的是，它却经常被遗漏。这个特征就是新兴的宗教并不能无限期维持其新颖性，也因此，那些使他们倾向于依上述方式行事的显著特征容易随着时间的流逝而逐渐减弱。实际上，新兴宗教运动正在经历的最显著的几个变化，与不可避免的人口统计因素紧密相关。下一代的到来对于第一代成员来说意味着新的责任，捉襟见肘的资源供应如时间与能量等必须被用于孩子们的养育与社会化。然后，当孩子们长大成人时，他们很可能会质疑父母的信仰，并可能会悖逆他们认为是强加于他们的行为模式。但与那些不顺从的皈依者不同，他们并不能被开除教籍或是逐出教会。而对于孩子们的不妥协反抗的回应，新兴宗教运动通常会缓和其一些过于极端的信仰以及／或者实践。而当第二代及随后的几代逐渐成长为领导者时，他们则会采用更多"普通的"，或至少是不那么狂热的信仰与生活方式。同时，随着孩子们的成长，最初的皈依者也渐渐成熟，他们积累了更多生活的经验以及如何去处理意外的常识。他们也可能会见证对那些经验主义主张的否定，比如耶稣即将降临人间的主张。

此外，在创立该宗教的超凡领导者死亡之前或之后，他 / 她通常会被一个更制度化的权威所取代；规则被建立，传统逐渐发展，领袖地位也变得更加公开和可预知。通过这些途径，限制性的资格和条件使得那些不妥协且严格区分的世界观得以削弱。而尽管新兴宗教运动可能会保持一些显著的特征，但他们也会开始不那么抵触地融入这个多元的社会——如果他们被允许这么做的话⋯⋯

7. 怀疑与歧视

这一点使我们可以了解新兴宗教运动的一个更深层次的特征：这个社会的一部分人倾向于带着恐惧与怀疑对待他们，并经常辱骂他们。该特征的出现并不会完全出乎人们的意料，因为新兴宗教运动同时在家庭与社会层面上挑战现有的状况，他们会被认为是，在提供全新的（或对其成员的父母或其特定社会来说是全新的）观念与生活方式，并以此来拒绝正常的、"自然的"（观念与生活方式）。以上所述所有特征本身都不会必然导致新兴宗教运动出现严重的问题，因此我们可以理解，热心参与、缺乏经验、不可预知性与新颖性似乎对新兴宗教运动的成员与社会其他人构成威胁，以及为什么人们总感到"有些事必须去做"——这种想法导致了迫害和对普遍自由的否定。

对新兴宗教的歧视已经不再是什么新鲜事了，在整个历史进程中，他们遭受了数不清的迫害。早期的基督教徒被抛去喂狮子，卡特里派教徒（Cathars）在宗教裁判所中被审判，并被烧死在木桩上。而且不计其数的其他新教徒也在血腥的斗争中被残杀，杀害他们的人认为（至少将此作为一种理由）他们的出现是对上帝的亵渎和对他人的威胁，甚至他们的存在侵害了整个社会的基础。

今天的迫害虽然没有之前早期基督教时期或中世纪时期时那样严重，但是迫害却仍然继续。不计其数的新兴宗教运动的成员仅仅因为他们是新兴或者外来宗教的成员而遭到身体摧残，甚至是屠杀。譬如，统一教会（The Unification Church）的成员在多米尼加共和国被杀害；在埃塞俄比亚（Ethiopia）被处死；在保加利亚遭到殴打；被囚禁于泰国、捷克斯洛伐克、老挝以及其他地方；而且它在巴西的几个聚会中心在 1980 年被烧毁。

然而如今对新兴宗教运动的歧视，其更为常见的表现形式包括，以法律或其他形式的侵扰为幌子而对他们的自由施加歧视性限制，否认他们的公民

299

权，以及对他们表达自身信仰创设不可逾越的障碍。这些歧视包括否认新兴宗教运动组织修建教堂或租赁礼拜者聚会所需礼堂的权利，或者告知房主说那些租房者已经被列为危险的膜拜团体而使得房主在最后时刻取消租约。这样就造成了如下局面：在法国，雷尔教徒（Raelians）失业；在德国，基督教科学派（Scientologists）的孩子们被驱逐出学校；在英格兰或其他地区，家长对孩子的监护权仅仅因为他们是新兴宗教运动的成员而被剥夺。

虽然上述情形在今天的西方并不像十几年前那样频频发生，但是仍然有数以百计的新兴宗教运动成员被绑架并被强迫进行所谓的"心灵净化"（deprogramming）。在这种被喻为洗脑的进程中，如果新兴宗教运动成员的父母还想再见到他们的（成年）子女，他们就要向心灵净化者支付上千美金或英镑来"拯救受害者"。在美国，"劝退辅导"（exit counseling）由于不使用暴力犯罪手段，并且较之从前更为激烈的方法其有效性有所增强，因此这种辅导开始变得流行起来；一种更为温和的手段是"思想改造咨询"（thought reform consultation）。另一种并不罕见的方法是"医疗"转化法，这是一种囊括了医院治疗、药物使用以及电击治疗等的方法，其目的在于矫正患者疯狂的信仰——这种方法在西方已经越来越少见了。

二、宗教原因导致的恐怖主义

"对于恐怖主义的定义十分混乱"[2]，第二巡回法庭在驳回 1993 年世贸中心爆炸案实施者拉姆齐·尤塞夫（Ramzi Yousef）和他的同伙上诉的决定中这样强调。这很大程度上是因为该词具有强烈的贬义色彩，以及该词通常所形容的组织具有模糊的属性，因此，对恐怖主义的定义也成为困扰立法者、学者、执法者和军事人员的实际原因。尽管联合国在涉及面很广的《全球反对恐怖主义战略》（Global Counter-Terrorism Strategy）[3] 中强烈谴责"各种形式和表现的恐怖主义"，但联合国却并没有作出任何决议来准确定义恐怖主义。即便在像美国这样的单一政府内部，对于恐怖主义的定义也一直存在争议。此处有限的篇幅并不允许我们对各种定义进行详细的审查或者试图对恐怖主义给出一个精准的定义，但是这足以说明它仍然是一个处于激烈争论中的论题。然而，大部分人都同意恐怖主义包括为促使社会发生变动而使用暴力或者暴力威胁。而暴力的层次、行为人的身份及其他的特征仍然是学者、立法者和国家之间的争论焦点。

---

〔2〕美国诉优素福案（U.S. v. Yousef），327 F.3d 56，108 n.42，第二巡回法庭，2003 年。
〔3〕G.A. Res. 60/288，U.N. Doc. A/RES/60/288，2006 年 9 月 20 日。

如果这种混乱情况再涉及宗教因素的话，对恐怖主义的定义只会变得更加具有争议性。恐怖主义更多的是与达成暂时的政治胜利联系在一起，而不是实现虔诚信仰者所追求的属天目标。这样，也就不奇怪宗教恐怖主义往往都会和基本性的政治运动融合在一起，比如反殖民运动、分离主义、民族统一主义或其他一些运动。

尽管最近一些世界性的事件使得这些宣称有伊斯兰传统的恐怖组织受到更多的关注，但是大部分（如果不是所有）具有主流宗教传统背景的恐怖组织成员都在以信仰的名义从事恐怖暴力行为。1 世纪狂热的犹太爱国主义者（奋锐党人）（CE Jewish Zealots）公然暗杀罗马人及犹太通敌者。[4] 600 年后的印度，暴徒运动（Thugs）——一场旨在崇拜印度恐怖和破坏之神卡莉（Kali）的宗教运动——每年要在仪式上勒死数以百计的朝圣者。[5] 最近，一个被认为受到拉比迈尔·卡享（Meir Kahane）极端宗教思想影响的犹太人巴鲁克·戈尔茨坦（Baruch Goldstein），于 1994 年袭击一座清真寺，杀死了 29 名穆斯林，另有超过 100 名穆斯林受伤。1984 年作为对印度政府袭击锡克教圣地金庙（Golden Temple）的报复，锡克教教徒们暗杀了印度总理英迪拉·甘地（Indira Gandhi），并且宣称他们的行动具有宗教上的正当性。在美国，比如基督教认同运动（Christian Identity）等具有基督教背景的松散组织要对几起袭击事件负责，如亚伦·伯格（Alan Berg）暗杀事件，甚至可能是 1999 年洛杉矶犹太人社区中心袭击事件。

宗教恐怖主义和非宗教恐怖主义之间可能的最大区别在于其杀人的意愿。政治学家和恐怖主义研究专家布鲁斯·霍夫曼（Bruce Hoffman）写道：

对于宗教恐怖主义者来说，暴力首先是为了直接回应一些宗教强制性要求而做出的一些神圣行为或职责。（宗教）恐怖主义者将自己设定在一个超凡的位置之上，因此其行凶者就不像其他的恐怖分子一样会受到政治、道德或者习惯的约束。非宗教恐怖分子极少会试图无差别地杀害大规模的人群，因为这样的策略与他们的政治目标不相符合，而且会产生相反效果。宗教恐怖分子则通常试图对定义宽泛的敌人进行清洗，他们相应地认为这种大规模的暴力不仅在道德上是正当的，也是实现他们目标的一种必要而可取的策略。[6]

301

---

〔4〕布鲁斯·霍夫曼（Bruce Hoffman）：《恐怖主义内幕》（Inside Terrorism），哥伦比亚大学出版社，2006 年，第 83 页。
〔5〕同上。
〔6〕同上，第 88 页。

由于宗教恐怖分子通常并不在意——有时甚至追求——大量平民的伤亡和附带的损害，因此近些年来他们已经实施了一些最为暴力的恐怖事件，而且他们的行为方式也是特别地推陈出新。宗教恐怖分子最早使用了大规模的杀伤性武器——也就是生化武器、致幻剂甚至核武器——作为他们攻击的手段。1984年，一名来自俄勒冈州某膜拜团体的成员，试图通过污染水库和向多个沙拉吧所提供的食物投放沙门杆菌（salmonella bacteria）来影响一个重要的地方选举，虽然无人死亡但却导致 700 多人受伤。[7] 1995 年，具有基督教背景的白人至上主义（white supremacist）恐怖组织的两名成员呼吁明尼苏达州爱国者委员会（Minnesota Patriots Council）制造足够的蓖麻毒素（一种致命的毒素），用以杀死100 多人，并且在他们被捕之前还在计划将其用在政府工作人员身上。[8] 最近一些伊拉克的恐怖组织开始试图在他们临时拼凑的爆炸装置中加入氯缸（chlorine cylinders）来制造粗糙的化学武器，而且似乎其他的恐怖组织也曾试图获得核武器。迄今为止，恐怖组织使用大规模杀伤性武器最成功的例子仍然是 1995 年日本奥姆真理教（Aum Shinrikyo）袭击东京地铁事件。

（一）日本：奥姆真理教

1995 年 3 月 20 日，宗教团体奥姆真理教（Aum）的 5 名成员在 5 列东京地铁中释放了剧毒的神经性作用剂，即所谓的沙林毒气。尽管奥姆真理教的成员意欲杀死数千人，并使用了足够多的沙林毒气（sarin）来执行他们的计划，但质量糟糕的传送系统与毒物本身限制了气体的效用。尽管如此，这次攻击还是导致 12 人死亡，超过 5000 人受伤。[9]

布鲁斯·霍夫曼（BRUCE HOFFMAN）：《恐怖主义内部》（INSIDE TERRORISM）[10]

奥姆真理教可能代表了一种新类型的恐怖主义威胁，这种观点并非由其传统的世俗敌对者所提出，其提出者是一个大型的宗教运动组织，而该组织是以神秘、超凡且神圣的命令作为其基础。奥姆真理教成立于 1987 年，创始人是麻原彰晃（Shoko Asahara）……麻原因前几年的一次喜马拉雅山之旅而成为一名自我膏立的先知。随后，他的救世主倾向因回日本后的一次沙滩冥想而越发强烈。据麻原所称，上帝向他传递了一个"信息"，选定他来"领导上帝的军队"。

---

〔7〕布鲁斯·霍夫曼（Bruce Hoffman）：《恐怖主义内幕》（Inside Terrorism），哥伦比亚大学出版社，2006 年，第 119 页。

〔8〕同上，第 107 页。

〔9〕"沙林"，对外管理委员会（Council on Foreign Relations），2006 年 1 月，http://www.cfr/publication/9553/。

〔10〕霍夫曼，同前注〔4〕，第 119—125 页。

这次经历后没多久，麻原偶然一次在山上的一个灵修院中与一位古怪的历史学家进行了交谈。那个历史学家告诉他末日决战（Armageddon）将于世纪末降临，"只有仁慈且虔诚的种族才能幸存"，而"这一种族的领袖将出现在日本"。麻原马上就意识到他就是那个注定成为领袖的人。因这次天启的改变，他将自己的名字从原来听上去十分普通的松本智津夫（Chizuo Matsumoto）改成更加具有属灵意义的"麻原彰晃（Shoko Asahara）"。

其后不久，麻原与仅有的 10 名追随者一起，开办了第一个奥姆教会。奥姆真理教是佛教与印度教的高度特殊的混合体，并杂糅了末日救赎的观点，这对于那些虽然聪明却与充斥着工作、成功、技术与赚钱的社会格格不入的日本年轻人有极大的吸引力。因此到 1987 年年底，奥姆真理教已有 1500 多名成员，并在日本多个城市中都有分支机构；不到 10 年，它在日本就拥有了约 1 万名成员，其成员通过分散于全日本的 24 个分支机构组织在一起。而且据称仅仅在俄罗斯它就拥有 2 万至 3 万名追随者，此外至少在其他 6 个国家还有 1 万至 2 万名皈依者，同时其在纽约、德国、澳大利亚与斯里兰卡都有分会。

从一开始，麻原就讲道宣传世界末日迫在眉睫且不可避免，他强调他的独特救世任务，并用各种各样的称呼描述自己，如"今日基督"……以及"唯一获得终极真理之人"。他还特别强调印度的毁灭与重生之神，湿婆（Shiva）。湿婆 15 英尺长的脸孔控制着沙田第七实验室的入口，奥姆真理教用于地铁攻击的沙林神经毒气就是在该实验室中被大量制造……麻原还借用了犹太教与基督教共有的末日大决战的概念，他还经常援引法国占星家诺斯特拉达穆斯（Nostradamus）[11] 的著述，而该占星家的译著是日本的畅销书。根据麻原的说法，这个世界将终结——但他却从未给出过一个肯定的时间，而是将 1997 年、1999 年、2000 年与 2003 年作为可能的几个时间。尽管具体日期无法确定，但麻原肯定的是，末日大决战将是由第三次世界大战导致的。至于他超凡的能力……他曾在 1987 年的一次奥姆真理教会议中声称在 1999 年至 2003 年间核战争"肯定会爆发"。麻原还使他的追随者们相信，如若他们努力在世界上的每个国家都建立奥姆真理教的分会，那么这次大灾难将可以避免……

麻原就美国对日本的普遍仇视及对他自己的特别敌意有着疯狂的执念，而这些执念正来源于这些末日预言。"我们正迈向 2000 年"，奥姆真理教的宣传手

---

〔11〕诺斯特拉达穆斯 [1503—1566 年，法国占星家、医生；诺斯特拉达穆斯为其法语原名米歇尔·德·诺斯特拉达穆的拉丁文译名；他以押韵四行诗体所作的隐语式灾难预言分两集问世（分别是 1555 年和 1558 年）]，对它们应作何种解读至今仍有争议。——译者注

册警告道，"将会有一系列难以言喻的残暴而恐怖的事件发生。日本的土地将成为一片核废墟。就在 1996 年至 1998 年 1 月之间，美国与它的同盟国将攻击日本，而只有主要城市百分之十的人口能幸存下来。"此外，麻原还经常就日本的经济与社会问题斥责美国，同时指责美国试图彻底毁掉他自己的健康。而所有这些他所声称的阴谋背后有一个本质因素，就是麻原对于神经毒气的迷恋。

303　　摩尼教的世界观坚信，世界是一个正义与邪恶的战场，这也是其他宗教恐怖主义组织所信奉的世界观。受此世界观驱使，麻原在其宗教团体内蓄意促成一种妄想性期待的气氛。奥姆真理教所声称的敌人逐渐扩展，不仅包括掠夺成性的美国政府与其在日本政府中的走狗……还囊括神秘的国际秘密集团共济会成员（Freemasons）、犹太人和金融家……

　　麻原警告说，末日大决战将会借由毒气之阴云而爆发，而这阴云将由美国释放，并吞没日本。此后，一场灾变性的国际冲突将会爆发——同时包括神经性毒气与核武器——……这会促成一千年的和平，在那之后，一个新的救世主将会出现并建立一个"人间天国"。在 1993 年，不知出于什么原因，麻原突然开始宣称，如果奥姆真理教采取适当的措施，即将来临的世界末日可以避免。"我们需要大量武器来防止末日大决战的出现"，他反复告知他最亲密的信徒，"而且我们必须快点准备"。

　　于是，奥姆真理教开始其收购各种常规和非常规武器的计划，该计划若得以有效实施，奥姆真理教的武器装备将使最悠久的民族国家军队的常备武器库都相形见绌。为了达到这个目标，该组织从日本、俄罗斯和其他国家招募了科学家和技术专家，其中甚至包括两名俄罗斯的核武器专家……此外，由于拥有雄厚的财力（据估计奥姆真理教掌握的资产价值超过 10 亿美元），该教派能够获得任何其成员所缺乏的知识和资源……奥姆真理教还被认为已经从克格勃（KGB）那里得到了大量轻武器装备，并且还进入了能够交易苏制 T—72 型坦克、米格—29 型战斗机、洲际弹道导弹甚至核弹头的军火市场。已为人所知的是奥姆真理教成功获得过一架……配备化学毒剂喷射装置的直升机。该组织有着野心勃勃的计划——并且已经拥有了精密的自动化制造设备——以生产至少1000 支……AK—47 突击步枪，以及上百万发子弹。该组织还成功制造出了三硝基甲苯（TNT）和塑胶炸药的核心成分，即环三亚甲基三硝胺（RDX）。

　　然而，奥姆真理教的目标远不止成为一支装备常规武器的革命力量：该组织用生化战剂把自己全副武装起来，并且渴望得到核武器（并未实现）。当警方因东京地铁的神经毒剂袭击案而突然查抄该教派的实验室时，他们发现了足以杀死约 420 万人之多的沙林毒剂……

奥姆真理教最富野心的计划是尝试发展核武器。为了达到这个目的，这个组织甚至在西澳大利亚的偏远地区买下了占地面积达 50 万英亩的牧羊场……在那里，该组织希望可以发掘出铀矿以便将开采出的铀矿石运回日本的实验室，供科学家在那里提炼可以制造成武器的核原料……

"有了沙林毒气，我们就有能力摧毁大城市了"，麻原彰晃曾扬言道。在 1995 年 3 月 20 日的早晨，他的信徒们终于将他的死亡计划付诸实施。这一日期比他预期的要早很多，但由于奥姆真理教潜伏在警政署（National Police Agency）的情报人员警告说警方准备搜查其场地，所以麻原彰晃突然下令发起攻击……并希望……以此使得警方针对奥姆真理教的强势调查完全扑空。大约在早上 8 点左右，也就是在星期一早高峰期间，精心挑选的奥姆真理教骨干们将 11 包装有沙林毒气的装置安放在 5 列地铁列车上……很快，乘客们就受到有害烟雾的影响，一些人立刻被熏倒了，其他人则饱受流鼻血、口腔出血、不停咳嗽或抽搐等症状的折磨……如果不是因为有利的天气条件以及人们为了降低沙林毒气威力而采取的紧急措施（也因此可能遭到了一些破坏），则极可能会导致更加巨大的损失。

令人惊奇的是，这既不是奥姆真理教第一次利用生化制剂发动袭击，也不是最后一次。早在 1990 年 4 月，该组织便开始着手筹划肉毒素袭击以实现麻原彰晃关于大灾难迫在眉睫的某一恐怖预言。通过利用其科学家研发的一个可以使毒剂大面积扩散的喷雾装置，这一异教组织将目标锁定在东京的闹市区，特别是国会议事堂（Diet）。然而，毒素最终并没有产生预期的效果。另一次旨在将肉毒素散发到东京市中心的行动发生在同年 6 月份，同样以失败告终。此外，同年 7 月份，一个怀疑是奥姆真理教密谋的炭疽传播计划也流产了。其后，1994 年 6 月，该组织还试图在松本（Matsumoto）的一个乡村度假村杀害 3 名法官，因为这 3 名法官正负责审理一起针对奥姆真理教的民事诉讼。奥姆真理教徒计划向法官们下榻的房间喷洒沙林毒剂。7 人在此事件中丧生，另外，超过 250 人因摄入神经毒剂而住院。虽然病情危急，但法官们最终活了下来……最后，为了阻止政府因为地铁毒气事件而随之展开的对该邪教组织的清算，奥姆真理教的信徒们还计划发动一系列行动，其中包括在儿童节那天利用氰化氢物质——也就是臭名昭著的泽克隆 B 型毒剂（Zyklon B）——发动化学袭击。

1995 年 12 月 15 日，时任日本首相援引 1952 年反颠覆活动法下令将奥姆真理教予以解散并没收其全部财产。

* * *

[解散命令发布后不久，（日本）奥姆真理教的代表就通过向法院起诉的方式来挑战首相所发布的命令。其上诉一直到达日本高等法院（High Court of Japan）。日本高等法院很快于1995年1月30日作出判决，支持解散奥姆真理教法律实体的决定，但是重申原奥姆真理教的成员所享有的宗教信仰自由和结社自由的权利不受侵犯。]

东京高等法院关于奥姆真理教案（THE AUM SHINRIKYO CASE）的判决

1996年1月30日

法律声明授予宗教组织法律能力，是为了使这些组织拥有并管理与宗教仪式相关的设施和其他资产，法律还规定可以授予这些组织以法律人格。因此，法律中关于宗教组织的法规只是规定了有关宗教组织一些综合方面的内容，而没有涉及其灵性或宗教方面的问题。法律并不打算干涉宗教自由，例如信徒们参与宗教仪式的行为。法律中针对宗教组织的解散令，其目的是为了能够通过司法程序强制解散宗教组织，并在某一宗教组织的行为违反法律、对公共福祉造成实质性的损害、超越宗教组织的实质性目标以及该宗教组织不再具有宗教法律人格或法人之实质等情形下，能够剥夺其法律人格。因为在上述情形下，保留该宗教组织的法律能力便不再合适或者不必要。这与解散公司的命令是相类似的。

因此，即使宗教组织被解散令所解散，但这并不妨碍信徒们继续保留其宗教组织（虽然没有法律人格），也不妨碍他们重新创设一个这样的宗教。同样，他们可以继续从事宗教行为，或者添置新的设施和设备以实施这些宗教行为而不被阻止。解散令并不含有任何禁止或限制信徒们宗教行为的法律效力。然而不可否认，一旦解散令生效，清算程序就会启动，因此，原来用于宗教活动的宗教组织资产将会被分配，这就有可能干扰信徒们继续使用这些资产从事宗教活动。虽然关于宗教组织的法律法规不包含限制信徒宗教行为的效力，但是鉴于宗教自由作为宪法所保障的精神自由之一而具有相当的重要性，因此如果发现有任何可能对宗教行为造成干扰的情况，就应当谨慎审查这种限制是否为宪法所允许。

如果以上述视角来看待本案，宗教组织的强制解散制度纯粹只是出于折中的目的，并无意要干扰宗教组织及其信徒们的精神和宗教权利，因此，这一制度的目标是具有合理性的。根据原审法院所认定的事实，上诉人的代表人及其骨干成员依据该组织的指示，为大规模杀戮而秘密计划生产一种名为沙林的有毒气体，并且聚集许多信徒有组织有系统地生产沙林，他们所使用的设施和资金资源也属于上诉人。很明显上诉人已经违反了法律，实施了实质性损害公共福祉的行为，并且实际上超越了其作为宗教组织的目的。针对上诉人的这一行为，解散上诉人及剥夺其法律人格是适当并且必要的。即便考虑到解散命令可能对作为宗教组织的奥姆真理教及其信徒们的精神和宗教权利产生影响，该命令依旧被认为是处理上诉人行为所必要且无可避免的法律规制行为。

毋庸赘言，宗教行为的自由应该在可能的最大限度内受到尊重，但这种自由并不是完全没有限制的。

• • •

1995 年的袭击事件发生之后，许多刑事审判接踵而来。2006 年 9 月，日本最高法院宣布了麻原彰晃的死刑判决。至 2008 年 2 月为止，另外 4 名奥姆真理教的成员也被判处死刑，最高法院通过了以上死刑判决。至本书写作时为止，上述死刑判决均尚未执行。

2000 年 1 月，根据 1999 年制定的法律，日本公共安全调查委员会（the Public Security Examination Commission of Japan）决定对奥姆真理教施予为期 5 年的监视。该法律允许公共安全调查机构监视任何过去曾犯下"肆意大屠杀"罪名的组织。这使得警察和安全机构能够在没有许可的情况下对该类组织的设施进行突击检查，并且如果他们认为有必要的话，还可以对其宗教活动进行限制。同时，这些组织还被要求向上述安全机构报告其成员的身份。此外，该法律还包含一项特殊条款，即每 5 年对其进行一次审查，并在无进一步需要的情况下予以废除。2004 年，公共安全调查委员会决定将对奥姆真理教的监视期限延长 3 年，原因是由该组织所造成的危险尚未消除，并且该组织成员没有能够与上述机构展开合作。

（二）恐怖主义与伊斯兰教

在 20 世纪后半叶，那些自称因主要受伊斯兰教影响而实施恐怖主义行为的情况激增，并且该趋势一直延续到了 21 世纪，该现象一出现就引发了人们广泛的讨论。像大多数的宗教恐怖主义一样，这些组织的活动大多是出于某个目标，而不是出于他们所认为的宗教原因的推动。最近，2001 年的"9·11 事件"以及中东和阿富汗所发生的持续暴力活动，都促使恐怖主义者对外宣称自己是以伊斯兰教的名义从事这些活动，并将其作为首要理由。

许多恐怖主义组织试图通过语言和宣传上的努力将自己与伊斯兰教联系起

来。这些组织经常引用绝大多数穆斯林所同样使用的神圣著作来为自己的暴力行动辩护，并频繁地自称为"伊斯兰教组织"或"圣战（jihad）组织"：在美国国务院所认定的 42 个恐怖主义组织的名单中，有 10 个在其名称中带有"伊斯兰教"的描述，5 个以"圣战"一词作为其名称的主要特征。

任何组织的名称与"恐怖主义"一词联系在一起就必然会引发争论，在涉及伊斯兰教的情况下尤其如此。面对这些以伊斯兰教的"圣书"作为其暴力运动辩护理由的组织，西方学者、媒体和政策制定者们一直苦于创造一个称谓来描述这些恐怖主义者。一些人转而使用诸如"伊斯兰恐怖主义"（Islamic terrorism）和"伊斯兰极端主义"（Islamist extremism）这些词汇。其他人则倾向于使用一些中立的术语，比如"激进分子"（militants）。此外，还有一些人选择使用那些组织用以自称的阿拉伯名称，比如"穆斯林游击队"（mujahideen）或"伊斯兰圣战运动"。

尽管像"伊斯兰恐怖主义"这样的术语已经被用于描述那些宣称代表伊斯兰教的恐怖主义者，但对这些术语的使用始终是受到不断批评的主要原因。在宗教领域，许多穆斯林的领导者们已经公开表示恐怖主义与伊斯兰教无关，并敦促媒体和其他社会人士全面停止将恐怖主义与伊斯兰教相联系。举例来说，在美国，政府官员正努力寻找一种合适的词汇，该词汇既要能够恰当地描述宣称信仰伊斯兰教的恐怖主义者，又能够承认他们的宗教思想，同时要避免曲解整个伊斯兰教。一般而言，这种名称只会使恐怖主义者的活动表面上更加合理化，基于这样的理念，美国政府已经从对恐怖分子的指涉中除去了诸如"伊斯兰教"和"圣战者"这样的词汇。英国开始谴责那些原本可能被人们称为"伊斯兰恐怖主义"的组织为"反伊斯兰教运动"，并称"伊斯兰教与谋杀、痛苦和悲伤毫不相干"，这些行为是"反伊斯兰教的"。[12]

以下这些摘录的各个作者对参与恐怖主义活动的穆斯林有着各自不同的立场。

贝娜齐尔·布托：《伊斯兰、民主和西方的调和》[13]

（贝娜齐尔·布托是一位有西方教育背景的女性，其曾两度就任巴基斯坦总

---

〔12〕"我们共同的价值观——共同的责任"（Our Shared Values—A Shared Responsibility），2008 年 1 月英国内政大臣雅基·史密斯（Jacqui Smith）在关于激进化和政治暴力的第一次国际会议（the First International Conference on Radicalisation and Political Violence）上的演讲，内政部新闻办公室（Home Office Press Office），http://press.homeoffice.gov.uk/Speeches/sp-hs-terrorism-keynote-jan-08。
〔13〕贝娜齐尔·布托（Benazir Bhutto）：《伊斯兰、民主和西方的调和》（Reconciliation: Islam, Democracy, and the West），哈珀·柯林斯一般图书出版集团（HarperCollins），2008 年，第 20—22、27 页。

理职位并且是现代历史上伊斯兰国家的第一位女性领袖。缘于在美国和英国的教育经历，布托常被认为是连接西方和伊斯兰世界的桥梁。尽管布托两次任职都因腐败指控而备受争议，但其在同胞中仍深受欢迎。布托在具有争议性的腐败指控中获得特赦后，于2007年返回巴基斯坦继续为自己的政党拉票，并鼓励巴基斯坦成为更加民主的国家。2007年12月27日，布托在离开一个竞选集会时被恐怖分子暗杀。在其去世前不久，布托完成了这部书的手稿《伊斯兰、民主和西方的调和》，该书在其死后才得以出版。这里摘录该书的部分内容。）

我认为因为对一个基本词语"圣战"的错误理解，使得世界上对暴力是否是伊斯兰教的中心信条存在非常大的混乱理解。因为恐怖分子把他们的杀戮行为自称为圣战，所以世界上的大多数人开始认为恐怖主义是一种诫命，是伊斯兰教针对其他人类发动的圣战。人们应当立即改变这种认识。

世界上的很多人认为"圣战"仅指军事战争，但其实并非如此。当我还是个孩子时就曾被教导"圣战"的含义是斗争（struggle）。阿斯玛·奥法沙如丁（Asma Afsaruddin）是一位受尊崇的伊斯兰教学者，他正确地解读了圣战这个词："'jihad'最简单的英文译法即是'圣战'，该名称在学术或非学术的著作中都非常普遍，但是这样的翻译却严重歪曲和误解了其在古兰经中的用法。"相反，其本意是遵循正确道路的斗争，是对"要求行善、禁止作恶"的基本实践。

圣战的重要性根植于古兰经要求沿着真主的道路去斗争（"jihad"一词的字面含义）的命令，以及先知穆罕默德与其早期同伴的例子……

308

极少数偏激穆斯林分子，联想到发生在20世纪80年代的反对苏联侵占阿富汗的防御圣战，从而认为打败了一个超级大国就同样可以战胜另一个。于是他们计划于阿富汗和巴基斯坦部分地区组成圣战部队向西方进军，他们采取恐怖主义的方式攻击穆斯林和非穆斯林平民，并认为这可以在一定程度上解放各地的穆斯林，打破衰颓的枷锁和西方的统治……

在古兰经的历史中，"圣战"这一宗教术语有两层含义建构，一是指内部的圣战，即一个人抵御灵魂的诱惑，超越自己成为更好的人。这一斗争的重点在于根除自恋、贪婪、邪恶等人性缺陷。这是更为伟大的圣战。圣战的另一层含义即是指在战争或冲突之时的个人行为。流传当穆罕默德从战场回到家中时曾以言警示，"我们是从小的圣战转回到更伟大的圣战中来"。这体现了长久的内部斗争（这是我们每个人在内心中所必须面对的）的重要性。正是非暴力斗争使得我们成长为更好的人。这更伟大的内部圣战看起来要比渺小的外部圣战重要的多……

让我们具体来看恐怖主义这一问题。穆斯林法学家创建了一套称为"沙亚尔"（siyar）的专门法律体系，用以解释和分析战争的正义性。该法律的某一部分表明，"谁单方面地非法宣战、攻击手无寸铁的平民、肆无忌惮地毁坏财物即是公然破坏伊斯兰教关于正义战争（bellum justum）的法律观念。伊斯兰法律对于此种武装分子有一个专门的名称，即'战争反社会分子'（muharibun）。而'muharibun'一词的现代定义更为接近现在'恐怖分子'的意思。这些'muharibun'的行为被称为 hiraba（发起战争反对社会，'恐怖主义'）。然而所有的恐怖主义都是错误的，不存在'好的恐怖主义'与'坏的恐怖主义'之分。"奥萨马·本·拉登（Osama bin Laden）的信条是"我们所从事的恐怖主义是属于值得赞美的那种"，这只不过是一种为使谋杀和伤害合理化的发明。在伊斯兰，任何恐怖主义——滥杀无辜——都不是合理的。

玛丽·哈贝克：《了解敌人：伊斯兰圣战主义意识形态与反恐战争》[14]

得出这样的结论是……错误的，即认为"9·11"事件的劫机者、基地组织（al-Qaida）以及其他激进组织与伊斯兰教毫无关联……这些极端主义者明确地诉诸一些神圣的文本（可兰经与伊斯兰教规，其又具体规定于穆罕默德言行录中）来昭示其行为的正义性。他们也从那些为人所尊敬的伊斯兰教教义解释者那里为自己的观点找到了依据，并且以自身的虔诚以及对宗教理念深刻巧妙的讲解赢得了众多的信徒。而问题在于，他们代表了哪支伊斯兰教派。作为一个拥有过10亿信徒的宗教，伊斯兰教并不外现出一致的"脸孔"，而是通过多种方式被践行：呈现于印尼与非洲地区的是一种融合的形式；在中亚、埃及、伊朗与非洲北部的农村地区，传统的信仰被坚守着；而在突尼斯、伊拉克、叙利亚以及土耳其出现了伊斯兰教世俗化的变种；至于统治广阔伊斯兰世界的，则是那神秘的苏菲教派（Sufi sects）。这些不同类型的伊斯兰教涵盖了世界上绝大多数的穆斯林，但它们中没有任何一个教派曾要求发起一场针对美利坚合众国的战争。因为"9·11"事件而指责伊斯兰教不仅是一个偏执的错误，其结果更是得不偿失……

……在2001年9月11日攻击美国的那19个人，以及许多其他正继续

---

[14] 玛丽·哈贝克（Mary Habeck）：《了解敌人：伊斯兰圣战主义意识形态与反恐战争》（Knowing the Enemy: Jihadist Ideology and the War on Terror），耶鲁大学出版社，2006年，第3—5、7—12页。

从事破坏工作的组织（包括基地组织），都属于多元化的伊斯兰教信仰体系中的激进派。这个派别——通常被称作"圣战组织"（jihadi）或"圣战主义者"（jihadist）——在如何复兴伊斯兰教、如何重建穆斯林的政治权力以及该如何对待敌人这些问题上都有着特别的观点。圣战主义者与其他伊斯兰教派最主要的区别在于，极端主义者热衷于以暴力推翻现有国际体系并代之以一个全面的伊斯兰国家。为了证明其诉诸暴力的合理性，他们将"圣战"（这个词可以解释为取悦真主的对内斗争，也可以解释成响应伊斯兰教号召而针对那些开放国家的对外战争）定义为孤军奋战。只有通过对圣战组织复杂教义的理解……世人才能确定应该如何包容他们并最终终结他们给稳定与和平所造成的威胁……

那圣战主义者是如何解释他们的行为的呢？他们说，他们致力于毁灭整个世俗世界，因为他们坚信，为了在地球上建立一个伊斯兰式的乌托邦，这是必要的第一步。这种思维过程所使用的推理方法，恐怕是极端派以外的其他人所难以理解的。但是正如我们所预想的那样，这对那些圣战主义者几无影响。他们并不关心他们的武断思想是否能在他们之外的民众中引起共鸣。另外值得强调的是，为了能够了解他们的过去，他们对于历史事实以及传统的宗教解释采取反复无常的态度，因为他们认为历史必须被认识。首先，他们坚决主张伊斯兰教应当是人类生活的唯一方式。当这独一真实宗教的早期形态被人们故意破坏之后，真主将《可兰经》与穆罕默德赐予人类，以昭示人们该如何取悦真主，如何建立一个完美的社会……一旦穆斯林们接受了真理，他们就有义务与他人分享这天赐的恩宠与理想的乌托邦。若遭遇不义统治者的阻挠，他们就必须依伊斯兰教的呼召，以战斗的方式（发动圣战）来解放这个国家。另外，既然伊斯兰教的主旨是建立一个信徒社会，圣战主义者主张穆斯林应该生活在一个完全执行真主所命令之法律的社会中……即使是真主的最小诫命也不得被忽视或轻视。就他们对历史的看法而言，穆斯林在1000多年的时间里总是依真主的命令而行……而作为回报，真主赐予他权利统治世界、分配正义并救人们出黑暗入光明。

其次，在圣战主义者的解释中，历史上的一些事件严重悖逆了真主的该项命令。基督教徒与犹太教徒——这些堕落宗教的追随者——不知如何竟成为了人类新的领袖，并开始指示穆斯林该如何生活。信奉基督教的欧洲人甚至征服并占领了伊斯兰教的领地并建立了以色列，将其作为乌玛土地上长存的桥头堡。同时，美国、欧洲甚至日本与其他亚洲国家都发展成军事、经济与政治超级大国来支配人们生活的一切。每一天，真实信仰的追随者都蒙受着公开的羞辱，这不断警示他们自己是多么的无权无势，而且他们正被非信徒所统治，而并非统治这些人。

如此可怕的情况是怎么产生的呢？圣战理论家给出了三种基本的解释。第一种解释认为该问题出现在伊斯兰教的早期，在那 4 个正直的哈里发（Caliphs，或 al-Rashidun，正统继承人）被阿巴斯王朝（the Abbasids）的世袭君主国取代之后……在政治上与宗教上，这个新兴的君主国催生了专制的暴君，他们制定自己的法律而不执行真主所赐予的伊斯兰教法律系统。圣战主义者主张这些专制的统治者依旧存在——穆巴拉克（Mubarak）、穆沙拉夫（Musharraf）、阿萨德（Assad）以及沙特阿拉伯人（Saudis）都是那些世袭统治者的思想继承者——并且，他们背弃了宗教信仰，得到了美国及其他西方国家的支持，成为这些国家用以暗中腐蚀伊斯兰教、破坏世上真主律法的傀儡……

一些其他的圣战主义者则坚信这个问题开始于 1924 年 3 月 3 日，当时穆斯塔法·凯末尔·阿塔图尔克（Mustafa Kemal Ataturk）废除了土耳其帝国的哈里发，而哈里发当时被所有的伊斯兰教徒视作唯一权威的宗教领袖。这项被某位圣战学教授称作"万恶之母"的举措，给"真正的"伊斯兰教画上了一个句号。尽管存在压倒性的相反证据，但圣战派信徒仍坚持自穆罕默德死后的每一段时期内只有一个哈里发统治着整个穆斯林信徒……因为只有在一个被整个伊斯兰国家所承认的哈里发的统治之下，伊斯兰教法才能得到充分的执行，而废除哈里发则是对伊斯兰教的毁灭。当代圣战主义的主要拥护者赛义德·库特布（Sayyid Qutb）认为，这场罪行意味着所谓的穆斯林自 1924 年起就一直生活在罪中，而在世界的任何角落伊斯兰教都不再被践行……

最后，还有一些圣战主义者相信，由于很多人通过"不信"的方式蓄意攻击伊斯兰教，从而使穆斯林们丧失了他们的尊严与荣耀。从一开始，谎言（batil）与不信（kufr）就被认为是纯粹邪恶的力量，这种力量依附于该纪元，呈现出各种不同的形式，并一直试图毁灭这独一真实的信仰。随着最后的先知穆罕默德的来临，二者之间的矛盾激化为彻底的战争。当时无信仰者（kufr）的代表是不信伊斯兰教的犹太教徒和基督徒。1400 多年来，因"真理"而愈演愈烈的战争总能在最后取得胜利……然后不信者的最后化身——欧洲与美国……设法弱化了乌玛，使他们的土地成为殖民地，并使他们在整个世界面前蒙羞，这是其他不信者所从未做到过的……从这个视角看，帝国主义的整个目标就是摧毁伊斯兰教并尽可能多地杀戮穆斯林。

在很大程度上，选择什么样的行为来治疗降临于伊斯兰教与穆斯林社会中的痼疾，依赖于特定的圣战主义组织会倾向于哪种解释方法。

哈利德·阿鲍·艾尔·发德：《伟大的盗窃：将伊斯兰从极端主义中挣脱》[15]

311

在公众的眼中和所有日常媒体的报道中，伊斯兰教的任何其他方面均不足以与圣战和恐怖主义问题相提并论。事实上，在伊斯兰教中，圣战的目标是立于这样一个基础，即对于伊斯兰教与非穆斯林和平共处、互相合作的能力的需求。尽管关于这个主题存有许多著述，但令人感到困惑的则是，这么多的穆斯林对该教义的理解竟会如此不同。毫无疑问的是，诸多关于圣战的著述并不怎么为人所知，甚至是无人知晓的。但同样不可否认的是，穆斯林们的言行举止使得圣战概念变得难以理解甚至是一片混乱，这种情况在现代尤其明显。圣战，尤其是西方媒体所描述的圣战和恐怖分子所利用的圣战，通常与布道中所宣传的以真主的名义针对不信者所开展的神圣战争相联系，并且常常与最不堪的宗教不宽容相提并论。而最糟的是，恐怖主义问题已经毁了这个世界上第二大宗教的清誉。

毫无意外地，温和派（moderate）与纯粹派（puritan）在这个问题上的姿态是截然不同的。可问题是，与温和派相比，纯粹派的声音要大得多。纯粹派用枪杆子说话，那么温和派又有什么武器能够倚仗呢？……

在伊斯兰教神学思想中，圣战是一个核心的原则；这个词本身，在字面上意味着"去奋斗、努力、抗争与坚持"。在很多方面，圣战一词蕴涵着伊斯兰教一种强烈的精神上与物质上的职业伦理。虔诚、知识、健康、美丽、真理与正义若离开了圣战将是不可能的——这就像不再持续而勤奋地辛勤工作一样。

哈利德·阿鲍·艾尔·发德：《伊斯兰教的宽容之处》[16]

如今，伊斯兰教正在经历一个重大的变革，这是其过去所没有经历过的。伊斯兰文明已经土崩瓦解了，那些曾经支撑并传播伊斯兰教正统思想的制度——这些制度曾使伊斯兰极端主义处于伊斯兰教的边缘——也已被废除了。就传统而言，伊斯兰教的认识论对于有分歧的观点与思想流派，持容忍甚至是

---

〔15〕哈利德·阿鲍·艾尔·发德（Khaled Abou El Fadl）：《伟大的盗窃：将伊斯兰从极端主义中挣脱》（The Great Theft：Wrestling Islam from the Extremists），哈珀·柯林斯（Harper Collins）出版社，2005年，第220—221页。

〔16〕哈利德·阿鲍·艾尔·发德："伊斯兰教的宽容之处"（The Place of Tolerance in Islam），引自《伊斯兰教的宽容之处（三）》，乔书亚·科恩（Joshua Cohen）和伊恩·莱格（Ian Lague）编辑，贝肯（Beacon）出版社，2002年，第9—13页。

欢迎的态度。"法学家的合法性"很大程度上仰仗于分权政治体制下他们所享有的半独立性，以及他们在普通信徒前代表政府利益又在政府面前代表信徒利益的双重功能。

但是在今天的伊斯兰国家，政府已变得极为强大而且富有干涉性，其集权的程度也是两个世纪前所不可想象的。在绝大多数的伊斯兰国家，原来支撑法律阶层的私人宗教捐款（awqaf）已经牢牢掌握在政府手中。此外，政府现在还指派伊斯兰教的神职人员，并将他们纳入食其薪俸的公务人员队伍。这一改变削弱了神职人员的正统性、合法性，并使宗教权威处于严重真空的状态。因此，现代伊斯兰教实际上处于混乱的状态之中：人们不能肯定谁对宗教问题的评论才是权威……在宗教对公共合法性和文化意义的动向具有关键作用的社会中，有关谁是上帝话语代言人的问题就显得至关重要。

纯粹主义和现代伊斯兰教

有一种说法认为，如今，诸如基地组织或伊斯兰圣战组织（al-Jihad）这样的狂热至上组织填补了现代伊斯兰教的权威真空，然而这种说法是错误的。狂热派无论是从社会性和理性上看，都依然处于伊斯兰教的边缘地带。但在现在伊斯兰教中，他们仍是更加盛行的理性化、神学化思潮的极端表现。

狂热派的神学理论是从瓦哈比（Wahhabi）和沙拉菲（Salafi）信条这种不宽容的纯粹主义思想中发展而来的。在 18 世纪，传道士穆罕默德·伊本·阿布德阿·瓦哈卜（Muhammad ibn Abd al-Wahhab）在阿拉伯半岛创立了瓦哈比主义。瓦哈比的教义要求回到一个假定的原始、简单、直接的伊斯兰教，而这样的伊斯兰教可以通过对穆罕默德命令的准确实施和对正确仪式的严格遵守而完全得以重建。很重要的一点是，由于环境变化而不得不对其进行重新解释，因此瓦哈比主义拒绝对神圣法律进行历史解释或文义解释。

20 世纪初，绍德家族（the Al-Saud family）发动战争并取得了最终的胜利，推翻了土耳其民族的统治，瓦哈比主义在此之后声名鹊起。然而，即使是在沙特阿拉伯建国后，瓦哈比主义的影响力仍很有限，直到 20 世纪 70 年代中期，石油价格的急剧上升以及沙特的积极传教，才极大地促进了其在伊斯兰世界的广泛传播。

瓦哈比主义并未将其自身视为一个思想的流派或伊斯兰教的某一特定信仰，而是宣称其是正统的通往伊斯兰教的"直接通道"……它的支持者坚持认为他们只遵守"al-salaf al-salih"（指引正确方向的祖先们，即先知穆罕默德和他的同伴们）的指引，正因如此，瓦哈比派教徒才会采用沙拉菲主义的象征意义和类别划分。

到 19 世纪 70 年代……瓦哈比主义已成功地将沙拉菲主义从一个现代自由主义教派转化为一个注重文义、追求纯粹主义和保守思想的神学教派。1975 年石油价格的急剧上升，使得作为瓦哈比主义主要支持者的沙特阿拉伯能够在沙拉菲主义的幌子下传播瓦哈比主义的教义，该教义旨在恢复不受历史宗教习俗影响而真实的基本教义。然而，在现实中，沙特阿拉伯将其相当保守的文化习俗融入伊斯兰教的文本，并进而将其视作伊斯兰教正统观念的具体体现进行传播。

尽管有狭隘和僵化的一面，但是，瓦哈比主义对现今伊斯兰恐怖组织的存在并不负主要责任。当然，瓦哈比主义及其激进分支有着共同的态度和思想倾向……但瓦哈比主义是独特的内向型派别——尽管它也重视权力，但它主要是宣称其凌驾于其他穆斯林的权力……然而，激进的纯粹主义组织兼具内向和外向两种特点，他们试图拥有同时掌控穆斯林和非穆斯林的权力。当代社会，在严厉的专制政府和外国干预势力的统治下，大多数穆斯林都遭遇被剥夺权利的痛苦。而这些纯粹主义组织属于民粹运动（populist movements），是对这种夺权行为的一种反应。

313

偏狭的神学

伊斯兰纯粹主义者，无论是瓦哈比或是更激进的分支，都提供了一系列的古籍文献以支持他们的排他性和偏狭的神学倾向。例如，他们经常引用《古兰经》经文："信道的人们啊！你们不要以犹太教徒和基督教徒为盟友。他们各为其同教的盟友。你们中谁以他们为盟友，谁就是他们的同教。真主必定不引导不义的民众。"瓦哈比和激进的纯粹主义者从字面上理解这一条以及其他类似的经文，因此得出具有高度排斥性的结论……

伊斯兰纯粹主义还经常援引《古兰经》经文声称："舍伊斯兰教寻求别的宗教的人，他所寻求的宗教，绝不被接受，他在后世，是亏折的。"这句经文被用以辩称伊斯兰教的神学和礼仪是救赎的唯一途径……

至于引导穆斯林和非穆斯林间互动的原则，纯粹主义者引用《古兰经》经文要求穆斯林与异教徒战斗，"直到迫害消除，一切宗教全为真主"。此外，为了证明穆斯林相对于非穆斯林具有实质的优越性，纯粹主义的支持者经常引用下面的《古兰经》禁令："当抵抗不信真主和末日、不遵真主及其使者的戒律、不奉真教的人，即'圣书上的民族'（Peeple of the Book）（犹太人和基督教徒），你们要与他们战斗，直到他们依照自己的能力，规规矩矩地交纳丁税。"

依据这些文字证据，穆斯林纯粹主义者断言：穆斯林是具有客观确定性并可实现的神圣真理的继承者；虽然可以容忍犹太教徒和基督徒，但却不得以他们为盟友。然而，最终他们一定会被征服，并以规规矩矩地交纳丁税的方式承认穆斯林至高的地位。纯粹主义教义并不是必然或完全地对非穆斯林的权利不屑一顾，也并不一定就会导致对犹太人和基督徒的迫害。但它确实强调等级制度，而且容忍其他宗教的承诺是相对脆弱和不可预知的。这样就很可能会导致傲慢自负的情绪，而这种情绪又会很容易转化成为对非穆斯林福祉和尊严的不尊重或漠不关心。而当这种傲慢的倾向与提倡穆斯林与异教徒战斗的文本相结合时，就可能会产生激烈的战斗。

评论和问题

1. 艾尔·发德（El Fadl）在前文中所使用的"纯粹主义"（puritan）一词是什么意思？对一个美国读者而言，这种用法有什么隐含的意义？什么样的组织会经常将该词汇作为名称使用？这里所隐含的比较是什么？纯粹主义的英雄式人物是否活跃于宗教自由运动、宗教狂热和历史遗迹保护等活动？相对于"原教旨主义"，使用"纯粹主义"一词是否更为恰当？

2. 在什么情形下宗教群体会具有危险性？试比较新兴宗教运动、奥姆真理教和对暴力行为负责的伊斯兰分支这三者的特征。

三、打击"危险"的宗派和膜拜团体

（一）美国

警惕（旧）膜拜团体网络组织（Cult Awareness Network）的经验

1978 年，宗教组织"人民圣殿农业计划"（Peoples Temple Agricultural Project）的成员在圭亚那（Guyana）的琼斯镇（Jonestown）集体高调自杀。在此之后，美国公众开始关注那些有影响力的新兴宗教运动所隐含的潜在危险。在人民圣殿教教徒集体自杀事件发生后不久，警惕膜拜团体网络组织（CAN）成立了，这个组织宣称专门提供有关"危险膜拜团体"的信息——这些团体可能通过思想控制及洗脑的方式对其教徒产生不正当的影响。而实际上，警惕膜拜团体网络组织当时正积极通过思想净化者（deprogrammers）来引导那些不赞同其亲属的宗教信仰的公民。两名研究 CAN 活动的研究人员作出以下描述：

思想净化已经成为流行文化中的一个术语。近来，由于大多思想净化者的名声不佳，他们已经开始用新的委婉说法来描述他们的职业，诸如"干涉主义者"（interventionists）和"劝退辅导的导师"（exit counselors）。不幸的是，这些术语却将问题越描越黑。在专业顾问的指导下，这些术语很可能顺理成章地出现在新兴宗教运动成员和他们家庭间的自主讨论中，或者仅仅成为强制思想净化者语言上的托词。不过我们仍然能够看到这些新术语设定的初衷：思想净化的效果在于，可以使某些宗教团体的成员退出其组织。这些团体是一些未获认可的宗教组织，其提倡干涉、退出和消除的思想，而不提倡宽容或接受。[17]

这些净化思想者往往会通过暴力手段来强迫所谓的具有危险性的膜拜团体成员放弃他们的信仰。尽管 CAN 在官方政策上禁止非自愿的思想净化行为，但有证据表明 CAN 清楚地知道，他们交给思想净化者的人多数都被施予暴力和强制性手段。[18]

警惕膜拜团体网络组织通过洗脑请求和对某组织贴以"危险膜拜团体"的标签这两种手段从思想净化者的成果中获利。[19] 随着警惕膜拜团体网络组织的权力膨胀，到 20 世纪 90 年代中期，被记录在案的组织列表也随之扩充，包括青年杂志（Teen Magazine）、安利（Amway）、路德宗（Lutherans）以及天主教（Catholics）等等。[20]

315

20 世纪 90 年代中期，被警惕膜拜团体网络组织盯上的许多组织的成员对其提出诉讼。其中一个典型的案子就是由一个曾被思想净化者们绑架的 18 岁少年提起的。他最终得以脱离，而后对他的思想净化者提出侵权诉讼，并最终胜诉，警惕膜拜团体网络组织因此支付 100 万美元的损害赔偿金。[21] 正是由于此类案件时有发生，警惕膜拜团体网络组织最终被迫宣告破产。

警惕膜拜团体网络组织在流行中兴起并最终垮台的事例，凸显出通过某个组织来裁决认可宗教团体这一政策所存在的一些问题。警惕膜拜团体网络组织利用了当时因膜拜团体和洗脑行为所带来的恐惧，以及多数美国公众对"膜拜团体"这个字眼的过激反应倾向。这种思考方式所造成的不良影响的例子可见

〔17〕安森·舒佩（Ansen Shupe）、苏珊·E. 达内尔（Susan E. Darnell）：《我们所不知的警惕膜拜团体网络组织（CAN）：性、毒品、思想净化者的回扣以及（旧）CAN 中的法人犯罪》（CAN We Hardly Knew Ye: Sex, Drugs, Deprogrammers' Kickbacks, and Corporate Crime in the (Old) Cult Awareness Network），论文发表于科学研究宗教协会（Society for the Scientific Study of Religion）2000 年峰会，参见 http://www.cesnur.org/2001/CAN.htm#Anchor-10421。
〔18〕斯科特诉罗斯案（Scott v. Ross），140 F.3d，第 1275、1282 页（第九巡回法院，1998 年）。
〔19〕舒佩、达内尔，同前注〔17〕。
〔20〕关于警惕膜拜团体网络组织所监控组织的完整列表，见附件二。
〔21〕斯科特案，140 F.3d，第 1280 页。

于下文即将学习的案例。

评论和问题 .

作为一个非政府组织，警惕膜拜团体网络组织试图消除其所认为的一些宗教组织具有的危险和有害影响。基于言论自由和结社自由，像警惕膜拜团体网络这样的组织从事相关活动时应当受到多大程度的保护？如果这样的组织是由政府自己建立并资助的，情况会有怎样的改变？

红宝石岭（Ruby Ridge）事件和大卫教派（The Branch Davidians）事件评述

20 世纪 90 年代前期发生的两个事件展现了当政府干涉行为没有被引导和限制时可能会产生的悲剧后果。

第一个事件发生在 1992 年爱达荷州（Idaho）的红宝石岭。[22] 兰多·维弗（Randall Weaver）和他的家人居住在爱达荷州郊区的一个农场里，在那里他们可以自由地实践他们的宗教信仰，其内容包括保持与其他种族的隔离。兰多·维弗被控倒卖两支非法猎枪，但他并没有出现在庭审中（他声称其行为是在联邦官员的诱使下发生的），因此美国联邦烟酒枪支管理局（Bureau of alcohol, Tobacco and Firearms）的调查员将他和他的家人置于严密的监视下。8 月 21 日，正当美国联邦烟酒枪支管理局的调查员对维弗的财产进行监视时，维弗的狗、他 14 岁的儿子和一位家庭友人与这些调查员产生了冲突。一声枪响划破了宁静，尽管对是谁先开的枪仍有争议，但在接着发生的冲突中，维弗的狗、他的儿子和一名调查员丧生。该事件致使维弗的房子被调查员们包围了 10 天之久，在此期间，狙击手射杀了维弗的妻子薇姬（Vicki），当时她正站在门口而怀里抱着他们 10 个月大的儿子。政府坚持他们所采取的行动是针对维弗的高度武装和危险性行为所作出的反应，然而维弗认为是政府先对其实施过分的暴力行为，他所做的不过是出于自卫。

当维弗案还处于爱达荷州的审讯阶段时，另一场政府工作人员与某个非主流宗教信仰团体之间的冲突悲剧在得克萨斯州韦科城（Waco）发生了。1993 年 4 月 19 日，美国联邦调查局对得克萨斯州韦科城附近的一片建筑群发动了武装袭击，这里由大卫·柯罗什（David Koresh）和他领导的"大卫教派"所占领，而"大卫教派"是"基督复临安息日会"（the Seventh-Day Adventists）的一个边缘支派。"大卫教派"被指控从事严重的非法枪支经营和虐待儿童活动，他们藏

〔22〕迈克·撒普（Mike Tharp）："得克萨斯州悲剧的回响"（Echoes of the Texas Tragedy），载 1993 年 5 月 3 日《美国新闻与世界报道》（U.S. News World Rep.），第 33 页。

匿于这块"场地"中，被政府武装围困已达 51 天。在之前 2 月份政府发动的一次袭击中，已经有 4 名法律执行官员和 6 名大卫教徒丧生。在 4 月 19 日这次袭击中，又有另外 76 名大卫教徒身亡，其中包括 21 名儿童和 2 名孕妇。下文中的几段摘录对在韦科城发生的事件进行了进一步探析。第一段摘录阐明了在最广义的理解下，什么情况会被视为政府在判断上的失误。第二段摘录强调为避免类似红宝石岭和韦科城的悲剧事件重现，倡导宗教学专家与宗教团体进行沟通的重要性。

艾伯特·K. 贝茨：《在韦科城到底发生了什么？"异教狂热"还是一场骗局？》[23]

在听完美国联邦调查局关于韦科城局面不断恶化的简要报告之后，克林顿总统提出了两个基本考量：第一是要确保儿童的安全，第二是以和平的方式对柯罗什和他的追随者进行劝降。然而这两条却成了美国联邦调查局表面上的指令，在不到一周的时间里，现场指挥官杰弗里·贾马（Jeffrey Jamar）就制定出一个"紧急袭击计划"。

贾马所选择的武器并不是催泪瓦斯——甚至根本不是气体。他选用的武器是 CS [一氧氯苯丙二酸腈（O-chlorobenzalmalononitrile）]，这是一种被《化学武器公约》（Chemical Weapons Convention）禁止在战争中使用的极细微粒。为了实施本国法律而使用这种武器是与国际法和诸多联合国人权公约相悖的。使用 CS 的武装分队能看到武器标志上的提示：它在封闭区域使用是致命的，而且绝对不能在室内环境下使用。此外，在亚甲化氯浮质（methylene chloride aerosol）中的 CS 是极度易燃的。在封闭区域内使用可能会爆炸。当 CS 燃烧或与水混合后，它的副产品会形成一种骇人的混合物，包含氢氯化物（hydrogen chloride）、一氧化碳以及氰化氢（hydrogen cyanide）。贾马的"紧急计划"是对克林顿所提出的两个主要目标的背弃。

从华盛顿赶来的美国联邦调查局的行为科学家指出，谈判和持续的战术增压并施的传统策略已经不能适用了，这种策略会"最终产生相反的效果，造成生命的损失。每次柯罗什的追随者察觉到作战小组的行动时，柯罗什都能据此证实他的预先警告——袭击将至，他们必须进行自卫"。

人质救援小组（Hostage Rescue Team）向联邦调查局全国总局征召了两名

---

[23] 艾伯特·K. 贝茨（Albert K. Bates）："在韦科城到底发生了什么？'异教狂热'还是一场骗局？"（What Really Happened at Waco? "Cult" or Set-up?），载《社区杂志》（Communities Magazine）秋季版，1995 年。

正式顾问，试图用暴力犯罪分析学来分析柯罗什此人。然而，这些精神病学家在犯罪行为研究上很专业，但对宗教信仰却缺乏研究，他们指出"既然这些人畏惧法律的强制实施，（联邦调查局）应当给他们一个在执法人员陪同下向他们选择的中立方投降的机会"。

317   贾马拒绝了这个建议，并下令重新草拟一些偏重于战术压力的建议。贾马和他的上级们将大卫教派的宗教信仰视为一种便利的掩饰手段。他继续将在建筑区内的公众作为大卫教派的人质对待，然而讽刺的是他却完全忽视了那些人其实是他手上的人质。

联邦调查局的行为科学家们很负责地重拟了他们的建议，他们建议采取各种增加该教会内部不适程度的手段，诸如切断水源和电力的提供，突然调离设备和人力资源，控制电视和电波的接收以及断绝交涉。

詹姆士·D. 泰伯和尤金·V. 盖拉夫：《为什么是韦科城？美国之膜拜团体与为争取宗教自由之战争》[24]

就在周日联邦烟酒枪支管理局发动第一次袭击后的那个夜晚，已经受了重伤的柯罗什通过达拉斯电台（KRLD）和美国有线电视新闻网（CNN）有线电视的现场连线，发表了几次演说。在那些吸引人的访谈中，柯罗什基于他自己对所处环境的圣经天启意义的理解，开始了他长时间的解释。他最后一次和非政府官员的直接交流是在第二天凌晨 1 点 50 分，通过 KRLD 电台与电台台长查理·塞拉芬（Charlie Serafin）进行的一场即兴谈话。在那些现场广播中，柯罗什提供了理解大卫教众基于《圣经》形成的世界观的关键。不幸的是，无论是联邦调查局的负责官员，还是这些官员所依赖的诸多顾问都无法理解大卫教众的想法。

只要认真听了柯罗什在 KRLD 电台和 CNN 有线电视上的现场访谈，任何一个熟悉圣经文本的人都可以理解当时的情形，而绝不是政府所指的"解救人质"。对于大卫教徒们而言，并不存在人质。他们所需要的唯一"解救"恰恰是从政府中得到解脱。在大卫教派看来，联邦官员所代表的是邪恶的政府体系，如同《启示录》中的"巴比伦"。政府在接下来的 7 个星期内一直期望他们"向适当的当权机关投降"，但该想法显然不在这些信仰者们所考虑的范围之内，除非能让他们相信那是上帝所希望的。正如大卫教徒们所看到的，他们的教派遭

---

[24] 詹姆士·D. 泰伯（James D. Tabor）、尤金·V. 盖拉夫（Eugene V. Gallagher）：《为什么是韦科城？美国之膜拜团体与为争取宗教自由之战争》（Why Waco? Cults and the Battle for Religious Freedom in America），加州大学出版社，1995 年，第 3—4、6、10—11 页。

到了政府人员肆意地攻击和屠杀，而他们认为这些人与上帝以及上帝所膏立的先知大卫·柯罗什相对立。如今他们的命运已经掌握在上帝的手中。

　　韦科城的情势原本可以通过其他方式进行处理，并可能得到和平的解决。这并不是毫无根据的臆测或是一相情愿的想法。这一想法是在韦科城围困期间与大卫教徒共度了大部分时间的律师们，以及许多了解圣经天启信仰体系（比如大卫教的信仰体系）的宗教学学者们经过深思熟虑所得出的结论。政府是可以通过一定方式与这些以圣经为导向的群体进行交流的，但这绝对与人质解救或反恐政策无关。事实上，在联邦调查局的协作下，休斯敦联合研究所（Reunion Institution）的菲利普·阿诺德（Phillip Arnold）和夏洛特市（Charlotte）的北卡罗来纳州大学（University of North California）的詹姆士·泰伯（James Tabor）试图实行该策略……与阿诺德和泰伯一起工作的是两名律师，迪克·萨马利坦（Dick DeGuerin）和杰克·齐默曼（Jack Zimmerman），他俩在3月29日至4月4日之间在卡梅尔山中心（Mount Carmel center）整整待了20个小时，与柯罗什和他的主要发言人斯蒂夫·施奈德（Steve Schneider）进行了直接的交流。不幸的是，这些尝试都为时已晚。正当他们的努力已使情况有所好转之时，华盛顿那边已经作出决定——说服首席检察官（Attorney General）珍妮特·里诺（Janet Reno）以武力来结束这场围困……当权者所明显忽略的是，无论对于柯罗什本人或者他的跟随者而言，只有柯罗什的训诫才是唯一起实质作用的东西，而且对话只有在大卫教徒们赖以生活的圣经框架内才能够进行。

　　十分明显，柯罗什自己对所发生的事情也抱有疑惑……柯罗什本人并不肯定，烟酒枪支管理局的突然袭击是否预示着（《圣经》所预言的末日）征兆，这为和平处理当时的形势提供了极大的可能性。在2月28日KRLD的电台访谈中，当电台经理询问柯罗什对于那些伤亡的烟酒枪支管理局工作人员作何感想时，柯罗什断然回答道："我的朋友，这是不必要的。"他接着说，这所有的一切都是令人遗憾的，无辜的生命逝去，他宁愿接受任何有关他购买武器的政府调查。此外，大约在一年前，亦即1992年6月，在烟酒枪支管理局刚开始调查大卫教派时，其官员曾质询韦科城的军火商亨利·麦克马洪（Henry McMahon）。事实上，当时柯罗什就邀请他们去卡梅尔山[25]（Mount Carmel）并与他们交谈，随后，柯罗什就将购买武器的单据复印件传真给麦克马洪，以协助麦克马洪应对烟酒枪支管理局的调查。在3月7日，该组织录制了一段长达一小时的柯罗

[25] 全称应为 Mount Carmel Centre，是大卫教派的发源地与根据地，位于韦科市外，词源是《圣经》中的位于以色列北部的山 Mount Carmel，这与大卫教派的信仰有关。——译者注

什及其妻儿的视频。在这段视频中，柯罗什以一种非常配合通融的态度向联邦当局发表讲话，陈述了他和平处理形势的愿望，同时，柯罗什依然对联邦当局挑起这整个冲突进行了尖锐的斥责。在录像的最后他说道："希望上帝给予我们更多的时间。"

这些行为意味着，柯罗什并不将 2 月 28 日的对抗视作实现预言中最终末日不可避免的过程，尽管这一切符合他对其追随者所描述的最终末日的种种细节。

评论和问题

南茜·T. 阿梅曼（Nancy T. Ammerman）是耶鲁大学宗教社会学教授，大卫教派韦科大火案中司法部门的外部评论员。根据报道，她曾表示："只有当确切证据证明存在犯罪行为时，当局才能干涉宗教活动自由，而且只有这样才能够适当采取少量的侵扰手段。"[26] 该建议意见是否被有效遵行？如果当时由你给韦科城政府官员提供意见，你可能会采取哪些步骤来避免悲剧的发生？阿梅曼教授所提出的干涉标准是否合适？

（二）欧洲

1. 法国与比利时的概况

尽管欧洲具有悠久的宗教自由传统，但是在 20 世纪 90 年代，一些与膜拜团体有关的谋杀和自杀事件引起了广泛注意，也推动了现代反膜拜团体运动的发展，尤其是在欧洲的法语国家。由太阳圣殿教（Order of the Solar Temple）的成员所实施的大规模自杀与谋杀事件是其中最令人头痛的。太阳圣殿教是一个小型膜拜团体，主要集中于法国、瑞士和加拿大。其信仰系统由一个杂糅的混合体构成，其中包括有些人所谓的"新圣骑士"（neo-Templar）思想、环境保护主义、基督教思想与一系列的新纪元（New Age）信仰。该团体的成员们相信，死亡仅仅是一种幻象，一旦死去他们就将在其他星球获得重生，而死于火中则是他们净化自己的程序中一个必不可少的组成部分。

1995 年至 1997 年间，74 起死亡案例与该组织有关，其中绝大多数是自杀，另外一些人则死于谋杀。其中特别使人震惊的是，以宗教仪式杀害一个被组织领袖认为是敌基督的婴儿。尽管与该组织有关的大量死亡案例极大地震惊了欧洲公众，但其团体的许多成员具有中上层的社会与经济地位，这是更加令人苦恼的事情。

在欧洲，不同地区对于膜拜团体活动的回应各有不同。下面摘录了法国和比利时政府所采取的措施。

---

〔26〕南茜·T. 阿梅曼："致司法部与财政部关于执法与得克萨斯州韦科市大卫教派相互关系的报告" 1993 年 9 月 3 日，参见 http://hirr.hartsem.edu/bookshelf/ammerman_article1.html。

威利·法特莱（Willy Fautre）：《法国与比利时的宗派问题》
（THE SECT ISSUE IN FRANCE AND IN BELGIUM）[27]

上个世纪90年代上半叶，一些宗教运动或者自称为宗教运动的领导者，在美国、欧洲与亚洲发动了一系列的集体性自杀、杀人与攻击事件，这使得整个世界处于恐慌之中。

1993年4月19日，88名大卫教徒（Davidians）在韦科镇（得克萨斯州）与警方的对峙中丧生。1994年10月4日，发生于瑞士与加拿大的大规模自杀与杀人事件夺去了53名太阳圣殿教教徒的生命。1995年3月5日，奥姆真理教（Aum）在东京地下铁实施的毒气攻击导致了约5000人受伤，12人死亡。1995年12月，在法国的文瑟斯（Vercors）又发生了太阳圣殿教16名教徒的自杀杀人事件。在那以后，2000年3月，在非洲乌干达又发生了导致几近1000人死亡的一系列自杀与杀人事件。

欧洲联盟、欧洲委员会以及几个成员国已经以各种各样的方式表达了他们对于该现象的关注。问题是，为了阻止这些悲剧的再次出现，是否需要制定并执行针对非传统宗教的特殊政策。问题的答案并非千篇一律。

其中11个欧盟成员国认为，这些"宗派"对于个人、家庭与社会或他们的民主制度的伤害还未严重到有必要设立新的制度或机构来打击它们的程度。在他们看来，同过去一样，运用现存的法律资源就能够解决这些宗教活动所导致的问题，必要时，还可以求诸于正常的法律方法。因此，这些国家并没有采取任何可能侵犯国际人权准则所保护的宗教或信仰自由的政治与法律措施。但是，有四个欧盟成员国决定采取一系列新的行动：包括两个德语国家（奥地利与德国）、一个法语国家（法国）以及一个具有混合语言与混合文化的国家（比利时）。

奥地利设立了一个关于宗派的信息与记录中心，并将其置于联邦环境、青年与家庭部（Federal Ministry of the Environment, Youth and the Family）的管理之下。一份包含各宗派信息的小册子也被广泛传播。这次反对运动警告大家主要提防11个由宗教教师领导的运动，它们均起源于东方。同时还包括3个心理学组织、2个声称源自"新启示（revelation）"的组织、3个有基督教源头的教

---

[27] 首次发表于《宗教信仰自由和平等的国际透视》（International Perspectives on Freedom and Equality of Religious Belief），H. 戴维斯（H.Davis）与格汉德·拜瑟（Gerhard Besier）编辑，J.M. 道森政教关系研究院（J.M. Dawson Institute of Church-State Studies），贝勒（Baylor）大学，2002年，参见威利·法特莱的网站，http://www.willyfautre.org/。

派以及另外 4 个属于"杂"类的组织。德国成立了一个议会委员会并发布了一份报告。基督教科学派（Scientology）被置于监视之下，但目前还没有对其行动采取任何法律措施。各州出版并分发了一些信息小册子，警告大家警惕那些宗派……（而在法国和比利时则发生了更为强烈的反应表现。）

2. 国家反宗派政策的发展

法国

早在 1985 年，根据总理的要求，前议会成员与大臣阿连·威因（Alain Vivien）撰写了一份题为《法国的宗派：道德自由的表达，还是操纵之源？》(Sects in France: Expression of Moral Freedom or Sources of Manipulation) 的报告。这份报告描述了宗派现象，并做了相应的建议（主张以各部联合的结构方式来对宗派现象进行适当的监视，以一种中立的方式提醒并告知公众等等）。

1999 年 6 月 29 日，国家议会全体一致采纳了一个解决方案，即成立一个调查委员会"来研究宗派现象"。这个委员会由国家议会的代表阿连·盖斯特（Alain Gest）领导，采取严格保密的工作方式（在共 21 小时的时间内进行了 20 场访谈）并发布了一份题为《法国的宗派》(Sects in France) 的报告。通过将 173 个运动组织认定为具有潜在危害性的宗派，该委员会赋予了这些由"一般智力中心理事会"（R.G.）[28] 做出的调查以法律效力。在其报告中，该委员会主张增加关于这些组织的信息，并增强对这些宗派的行政控制，对那些小型的福音派也是一样。（随后，一系列连续的步骤被执行。）

第一步：1996 年 5 月 9 日，以法令的形式成立了一个针对宗派的部长间观察机构。根据授权，该机构有权分析宗派现象，向总理报告其工作并提出建议，为与宗派的斗争提供更好的措施。1998 年，该观察机构发布了有关其活动的第一份报告，之后该机构就不再存在了。这似乎是因为一些成员，尤其是国会议员简·皮埃尔·布拉德（Jean Pierre Brard），不仅仅是希望研究与"观察"这些宗派现象，而希望走得更远。

第二步：从 1996 年至 1998 年，为了增强政府与国家对宗派的控制，法国开设了一系列针对警察、检察官、法官与教师的培训与教育项目。但学者并未包含其中。

第三步：1997 年 11 月 7 日，内务部部长舍韦内芒（Chevenement）——其职责包括对警察的监管——向警察系统的长官们发出一份通知，要求"与宗派

---

〔28〕全称 Direction Centrale des Renseignements Généraux，一般简称为 Renseignements Généraux（即 R.G.），直译为中文就是一般智力中心理事会。

组织应受谴责的行动做斗争"。舍韦内芒部长向两个非政府组织 UNADFI[29] 和 CCMM[30]（两个为"宗派受害者"提供帮助的不同组织）提出请求，要求它们帮助提高公众的认知。但是，政府既没有设立任何机制来检验这些组织就宗派所作声明的准确性，也没有提供一个机制来保证对现有信息、解释与评估的公开辩论。此外，该通知还呼吁动员全国的官员抵制这些"宗派"，包括交换信息、提高警惕以及加强对工作、学校和健康的监察。该通知还重复道，"本次斗争属于国家重点工作范围"。

第四步：1998 年 10 月 7 日，共和国总统与总理共同签署了一项法令，设立了"反宗派部际代表团"（MILS - Interministerial Mission to Combat Sects），其总部设在总理府。该组织的设立，既是国家议会的宗派研究组织施加强大压力的结果，也是 UNADFI 与 CCMM 领导人有效斗争的产物。

第五步：1998 年 12 月 1 日，司法部向公共检察官办公室发出通知，要求检察官和法官与诸如 UNADFI 和 CCMM 的反宗派组织联合起来，"与那些具有宗派性质的组织所犯下的攻击个人及其财产的行为做斗争"。

第六步：1998 年 12 月 15 日，政府当局成立了一个国会调查委员会，专门调查那些宗派的资金、财产与财政情况，同时还调查他们的经济活动以及它们与经济和金融集团的关系。该委员会花了 6 个月时间，对那些被其认定为宗派的组织进行调查和报告，内容包括其资金交易、资源和资产情况。

第七步：2001 年 5 月 30 日，法国国家议会的所有议会组织在二读程序时一致同意通过了阿伯特皮卡德（About and Picard）法律草案，该法案意在加强对于一些宗派组织的预防与压制，因为这些组织可能会侵犯人权与人类的基本自由。

该法案允许法院解散社团，如果特定社团因伤害个人、非法用药或制药、误导公众或者欺诈而被判有罪的话。该法案还明确规定，被禁组织若以一个不同的名称另起炉灶，将面临被起诉。

2000 年 6 月，当首次提议将"精神控制"入罪的法律文件进入国家议会审查程序时，它就引发了无数争议，其中包括来自若干少数派宗教组织、天主教与新教领袖以及众多学者的公开反对。最终，直到一个官方人权顾问机构与当时的司法部长伊丽莎白·癸勾（Elisabeth Guigou）对该条款表示质疑，该条款才被废除。但是，它却被刑法法典中既存的类似条款所取代，该条款本是基于其

---

[29] 全称 Union nationale des associations de défense des familles et de l'individu，意为保护家庭与个人的组织的国家联盟。——译者注
[30] 全称 Centre Contro Les Manipulations Mentales，意为反心智控制中心。——译者注

他目的而设立，被称为滥用他人软弱条款（abuse of someone's weakness）。尽管改变了该法律条款的法律渊源，但是其哲学基础还是一样的，当然，其结果也相同。"滥用他人软弱状态"罪从此适用于那些所谓的膜拜团体活动，而犯罪者最高可被判 3 年的监禁与高达 35 万美元的罚金。一个被判有罪的"宗派导师"（guru）可被判处 5 年的监禁与高达 70 万美元的罚金。同时，该法律还允许反膜拜团体组织、国家认可的社会公益组织代替受害者成为民事诉讼当事人。

比利时

1996 年 1 月 10 日，众议院的司法委员会开始审查一个提案⋯⋯该提案建议在国会中设立一个调查委员会，这个委员会将制定政策来应对那些宗派以及它们给人们所造成的危险，特别是对未成年人造成的危险。

该调查委员会由 11 名成员组成，于 1996 年 4 月 25 日开始工作，他们召开了 58 次会议并听取了 136 位证人的陈述，并不区分公共领域和私人领域的证人⋯⋯（大多数）证言是以秘密封闭的方式取得，有时是在其他成员并不知晓的情况下只由其中一些成员听取证言。委员会也并未请教那些宗教社会学家们。那些仅被怀疑是危险或有害的宗派，包括一些小规模的福音派，并未被邀请参加听证，但调查委员会向 71 个被多个政府部门认定为对社会或个人有潜在危害性的组织发出一封信函。信中要求这些组织描述它们的宗旨，并对它们可能存在的宗派性特征进行辩驳，但在公共与非公共的听证会中所提起的针对这些组织的指控，信中并未提及。因此，它们就无法为自己进行辩护。其他 118 个在列的团体并未收到这份邀请，也因此无法提交有关其活动的概要或者反驳对其的指控。

1997 年 4 月 28 日，议会委员会发布了一份长达 670 页的报告。报告附件列举了 189 个活动团体。在对该名单的介绍中，报告的起草者承认，他们未能管理好收集来的信息。而且，报告中还再次出现了针对那些活动团体的单方面指控，尽管这些指控缺乏进一步的调查与任何的交叉询问。甚至在被控告的团体举出强有力证据证明那些誓言下的指责站不住脚时，他们还是坚持指控。为此议会未能通过整个报告，而仅仅是投票通过报告中的结论与建议（长达 19 页）。本次报告的阻力主要来自基督人民党（CVP）与基督社会党（PSC），这两个政党均是天主教政党，而清单中却囊括了一些天主教团体，如主业会（Opus Dei）、工作会（The Work）、奥普斯托社区团体（Opstal Community）以及神恩复兴运动（Charismatic Renewal）等等。尽管报告没有通过，但政府却并不觉得出版整个报告会有什么问题，甚至是那份饱受争议的附件列表！⋯⋯

1998 年 6 月 2 日，议会通过了《关于建立信息与建议中心和行政协作部门的法案》（Law regarding the establishment of an Information and Advice Center and an Administrative Coordination Agency）。

1999 年 4 月 29 日，众议院在其解散前的最后一次会议中，为"针对有害宗派组织的信息与建议中心"任命了 12 名委员与 12 名副委员，任期 4 年。这些委员均挑选自"受人尊敬且对有害宗派运动问题有知识经验与兴趣的杰出知名人士"（上述法案第 4 条）。

1999 年 10 月 12 日，在议会选举后的 5 个月，新的众议院通过了"信息与建议中心"的《内部规则》。

至于"反有害宗派组织的行政协调部门"，1998 年 11 月 8 日的皇家命令决定了该部门的成立、运作与结构。该部门的成员均由司法部于 2000 年 5 月 3 日任命。

这两个组织均是在 2000 年的秋天才开始运作。

国家反宗派政策对保护宗教与信仰自由的国际人权标准的偏离

作为联合国、欧洲安全与合作组织及欧洲理事会的成员国，法国和比利时在很多国际公约、欧洲公约以及协议中都承诺保护宗教自由。

其中最为相关的两个国际文件是《公民权利与政治权利国际公约》（ICCPR）和《消除基于宗教或信仰原因的一切形式的不宽容和歧视宣言》（1981 年宣言）。上述三个国家都是这两个国际文件的成员国。

327

上文所描述的法国与比利时的国家反宗派政策均不符合这些国际文件相关条款的要求，而这些条款是法国与比利时均承诺遵守的。

而随着议会报告与"宗派清单"公之于世，公私领域内许多有关不宽容与歧视的案例也开始在法国和比利时见诸报端。而在法国与比利时，抱怨日益增长，那些被列入黑名单的宗派的成员怨声载道：被诽谤、中伤，在生活场所、工作地点甚至学校里受伤害，个人名誉受损，失去工作与升迁的机会，被解雇，失去探望权或者在离婚纠纷中失去对孩子的监护权，无法为举行宗教仪式或者召开会议租借到设备，"宗派"或宗派成员的账户被单方面无理由地冻结，慈善机构拒绝来自"宗派"的捐赠，禁止使用公共宣传栏以及被警方监视。

结论与建议

法国与比利时的反宗派政策已经掀起了一股歧视、不容忍那些非常规宗教与信仰组织的浪潮，虽然至今，这股浪潮也并非广为人知。他们同时也违反了其在国际与欧洲各条约及相关文件中所承诺履行的关于宗教自由与信仰自由的义务。

法国反宗派的政策选择与欧盟大多数成员国形成了鲜明对比。当然，作出该选择的原因可以在法国的历史中发现，如启蒙运动以及那些几世纪以来对法国式思维方式产生巨大影响的哲学运动。而法国所采取的立场也透露出它谋求出位的政治意愿，法国想要维持其个性与不同，以及保证在法国影响区域内的领导地位，因此"宗派问题"已经从宗教社会学家所研究的社会现象领域中脱离出来，而成为了一个公共的政治和外交的问题。

一些人权组织和国家对法国的立场表示谴责。到现在为止，法国的政治决策者们并没有重视这些指责，也没有调整政策以使其符合国际人权的标准。

此外，反宗派部际代表团（MILS）还试图将法国的反宗派模式移植到其他国家，特别是中欧与东欧的国家，并试图与那些反宗派的国家与主流教会采取联合行动。

比利时与瑞士（日内瓦州）等其他国家也受到了国际社会的谴责，因为它们做了同法国一样的选择：放弃对话，反对宗派。

• • •

328

从一开始，法国的反宗派工作就在不断改变其重点和范围。2002 年，法国政府将其反膜拜团体组织的名称从"反宗派部际代表团"（MILS）变为"监视、对抗膜拜团体行为部际代表团"（MIVILUDES）。名称的转变，反映了法国政府对宗派的实际含义还缺乏官方的定义，而法国当局的工作重点也从针对宗派组织转为针对宗派行为。[31]

2005 年，MIVILUDES 发生了一起重要的转折性事件，当时即将离任的总理简—皮埃尔·拉夫林（Jean-Pierre Raffarin）针对法国的宗派活动签发了一份行政命令。他在备忘录中重申，列举宗派组织的理念对于反宗派活动来说并非有效的方法。更确切地说，这份行政命令鼓励 MIVILUDES 在打击宗派组织或个人时要更多地侧重其行为与特征，而不是看他们是否属于宗派名单的一员。拉夫林也提到试图继续这样的名单列表是十分困难的，因为在互联网普及之后，许多膜拜团体越来越呈现出分散的特点。[32] 事实上，自 1995 年首次发行，到 2008 年 2 月为止，这份名单就没有全面更新过，现在已经被认为是"过时"的东西——在一些人看来，这是"令人尴尬的"的处境。[33]

2007 年被选为总统的尼古拉斯·萨科奇（Nicolas Sarkozy）也推动了这样一项转变，即从惩罚组织内的成员转向惩罚其行为。萨科奇因其"积极的政教

---

〔31〕宗教范围（Religioscope），参见 http://www.religioscope.info/article_138.shtml。

〔32〕备忘录，参见 http://www.legifrance.gouv.fr/affichText.do?cidTexte=JORFTEXT000000809117&dateTexte=。

〔33〕法国最近有关宗派的详尽名单出现于 1995 年；艾曼纽·米尼翁（Emmanuelle Mignon）认为其具有诽谤性质，政府将其判定为过时的文件。载《费加罗报》（Le Figaro），2008 年 2 月 22 日。

分离论"而得名，他推动 MIVILUDES 向"自由但坚定"（liberal but firm）的政策靠拢，以推动之前拉夫林的政策和其他政策的进一步执行，以"压制"可能扰乱公共秩序的行为。同时，他要求避免在黑名单时代所经常发生的无理指责、专横执行法律的情形。尽管这项政策遭遇了一些阻力，特别是像阿连·盖斯特这样的政治家，因为他参与制定了最早的宗派名单，但是"自由但坚定"的做法已经成为法国的官方政策。

评论和问题

1. 法国与比利时的"宗派名单"饱受争议，因为，尽管这些名单并未得到正式采纳或接受，因此并不能撤销或是起诉这些宗派，但是这些名单却以各种各样的形式被利用，导致了严重的歧视。那么，国家当局应在多大程度上参与认定或者列举"危险"组织呢？

2. 国家机构可以使用诸如"宗派"或者"反教团体"（邪教）等毁谤性语言来描述一个组织（或者说这是对人权的侵犯）吗？请参见福德克莱泽诉德国案（Forderkreise v. Germany）[App. No. 58911/00，欧洲人权法院（2008 年 11 月 6 日）。

3. 现在有一种趋势认为，安全问题与"危险"组织的宗教自由之间存在着 ₃₂₉ 不可避免的紧张关系。但是从普通角度出发，我们清楚地知道，宗教自由准则现身历史至少在一定程度上是为了减少宗教战争所带来的风险，为稳定和平的社会提供安全的基础。安全问题何时才可以凌驾于对宗教自由的保护之上呢？对宗教自由的保护能否促进安全问题的解决，在什么情况下可以？

附加网络资源：	有关宗教或信仰自由如何促进长期安全的材料

第九章　宗教冲突和宗教自由与
其他权利之间的张力

一、引言

331　　本章描述了宗教冲突的不同类型，包括从恐怖的种族灭绝到一种更为普通的（尽管仍然是应受到谴责的）歧视方式。但是我们仍然希望，宗教自由规则的更好实施有助于缓和不同的宗教团体之间的紧张状态，并进而降低不同宗教之间因不相容忍、怨恨和憎恶所引发的暴力行为的风险，以此促使各宗教之间不相互歧视并相互尊重。但是，有时宗教自由的保护往往就会意味着保护或者防护的行为模式会使这种紧张关系恶化。有时宗教自由还会为歧视行为和其他有害行为模式的继续提供借口。某个宗教团体视为错误的行为也许恰恰会是其他宗教团体视为正确的行为。什么情况下保护宗教和意识形态的差异能够构成一个健康的多元文化？什么情况下这样的保护可以跨越社会所允许的界限？

　　（一）宗教自由和其他人权的相互补充

　　在分析宗教冲突之前，认识到人权之间互补方式的多样性是相当重要的。这就是"一切人权都是普遍、不可分割、相互依存和相互联系的"[1] 这一宣言背后的真理要点。相较于与其他人权的冲突，宗教自由权利可能更多地被其他

332　　人权保障所强化、确认并赋予实质内容，借此其他人权也获得相应的利益，比如自由和尊严权（《世界人权宣言》第 1 条）、反对歧视（《世界人权宣言》第 2 条）、法律面前人人平等和获得法律的平等保护（《世界人权宣言》第 7 条）、在适格的国家法院获得有效救济的权利（《世界人权宣言》第 8 条）、隐私权和名誉及荣誉免受攻击的权利（《世界人权宣言》第 12 条）、迁徙自由的权利和居住权（《世界人权宣言》第 13 条）、在受到迫害时寻求庇护的权利（《世界人权宣言》第 14 条）、婚姻权和成立家庭权（《世界人权宣言》第 16 条）、单独享有以及和他人共享财产的权利（《世界人权宣言》第 17 条）、主张和发表意见的自由

---

〔1〕参见《维也纳宣言和行动纲领》（Vienna Declaration and Programme of Action），在 1993 年 7 月 25 日被世界人权会议（World Conference on Human Rights）通过。来源：http://www.unhchr. ch/huridocda/huridoca.nsf/(symbol)/a.conf.157.23.en。

（《世界人权宣言》第 14 条）、和平集会和结社的自由（《世界人权宣言》第 20 条）、为了人性的充分发展而受教育的权利（《世界人权宣言》第 26 条）以及承担在法律所明确限制的基础上为这些权利限定的义务（《世界人权宣言》第 29 条）。

在很多情形下，宗教自由的权利和其他重要的人权是一致的或者是重叠竞合的。再者，还有许多补充性的国际规则被设计用来阻止反宗教的行为，其中包括从歧视到最邪恶的种族灭绝犯罪。此外，恰如在本书第二章中所强调的，社会科学研究已经日益表明宗教自由已经成为一系列社会公益的一部分，其中包括经济发展和教育。的确，一个社会对待宗教自由的方式可能是它遵行其他权利的重要指标，并且反映它的社会和经济发展状态。

（二）宗教自由和其他人权之间的紧张关系

尽管存在互为补充的关系，但是宗教自由有时仍然会和其他权利产生紧张关系或冲突。从一般意义上说，这种紧张关系在本书第六章里面已经遇到过，该章分析了对宗教或者信仰自由的限制。毕竟，限制宗教自由的合法理由之一即是"保障其他人的基本权利和自由"。比如《公民权利和政治权利国际公约》第 18 条第 3 款和《欧洲保障人权和基本权利公约》第 9 条第 2 款。再者，其他合法的限制理由（公共安全、健康、秩序和道德）因为它们在保障其他权利方面的重要性，通常拥有足够的优先性，可以凌驾于宗教自由之上。这正是在这个意义上，对于本文中宗教自由与其他权利冲突的一般问题，这就是首选处理方法。

在一些领域中，与宗教自由权利的冲突已经受到特别的关注，并且值得进一步的分析。受制于本章的篇幅，本章将重点考察宗教自由与种族、性别和性取向歧视之间的紧张关系。与原住居民和儿童的权利相联系的特殊问题可参见附加网络资源的内容。

二、种族灭绝

当考虑宗教自由问题时，我们有时候会倾向聚焦于象征性的而非生命攸关的问题。例如，在美国，大量的文字传播和无线电传播被投放到"圣诞大战"中，这是由直言不讳支持政教分离的人士所发起，他们向大型零售商施压，要求零售商在圣诞销售旺季将与基督或相关圣诞节影响的宣传从零售店中移除。他们经常使用强硬的措辞，包括采用军事暗喻和宗教迫害的可怕语言。对于清除基督对圣诞节影响的可疑行为和从公共生活中消除所有有关宗教信仰内容的极端行径，无论人们的看法如何，这多少都存在一些夸张的矫枉过正，尤其是在世界上仍有一些地方的人们会因为而且的确因为他们的宗教信仰而丧命的情

333

况下。20 世纪和 21 世纪早期的大部分种族清洗的例子都包含重要的宗教成分。到目前为止，因人们的宗教信仰而对人类产生的最大伤害在于：因为某人的种族或宗教身份，而通过政治和军事运动来压迫甚至杀害他们。以下是关于种族灭绝的材料，用以提示在宗教自由保护（和其他的人权）失败时可能出现的恐怖情形。

《防止及惩治种族灭绝罪公约》

(1948 年)〔2〕

缔约国：

鉴于联合国大会在其 1946 年 12 月 11 日第 96（1）号决议内曾声明灭绝种族系国际法上的一种罪行，违背联合国的精神与宗旨，且为文明世界所不容，

认为有史以来，灭绝种族行为殃祸人类至为惨烈；

深信欲免人类再遭此类狞恶之浩劫，国际合作实所必需，

兹议定条款如下：

第一条

缔约国确认灭绝种族行为，不论发生于平时或战时，均系国际法上的一种罪行，承允防止并惩治之。

第二条

本公约内所称灭绝种族系指蓄意全部或局部消灭某一民族、人种、种族或宗教团体，犯有下列行为之一者：

（1）杀害该团体的成员；

（2）致使该团体的成员在身体上或精神上遭受严重伤害；

（3）故意使该团体处于某种生活状况下，以毁灭其全部或局部的生命；

（4）强制施行办法，意图防止该团体内的生育；

（5）强迫转移该团体的儿童至另一团体。

第三条

下列行为应予惩治：

（1）灭绝种族；

（2）预谋灭绝种族；

（3）直接公然煽动灭绝种族；

334

---

〔2〕1948 年 12 月 9 日由联合国大会（General Assembly）260A（3）号决议通过并建议签署和批准或者加入，与第 13 条的规定一致，于 1951 年 1 月 12 日生效。

（4）意图灭绝种族；

（5）共谋灭绝种族。

第四条

凡犯灭绝种族罪或有第三条所列其他行为之一者，无论其为依宪法负责的统治者、公务人员或个人，均应惩治之。

第五条

缔约国承允各依照其本国宪法制定必要的法律，以实施本公约各项规定，而对于犯灭绝种族罪或有第三条所列其他行为之一者尤应规定有效的惩治。

波斯尼亚冲突

种族灭绝悲剧背后的动机几乎都是多样和复杂的。更深层次地考察纯粹的种族或者民族冲突，可能发现其往往呈现出宗教冲突的元素，反之亦然。种族灭绝事件本身的发生往往是有争议的，它涉及某一特定冲突是否可以或应该被视为种族灭绝。其中一个复杂和有争议的例子是发生在 20 世纪 90 年代的波斯尼亚冲突。以下是国际刑事法庭（International Criminal Tribunal）针对前南斯拉夫（Former Yugoslavia）波斯尼亚·塞尔维亚（Bosnian Serb）军队司令拉迪斯拉夫·克尔斯蒂奇（Radislav Krstic）的审判意见中非常简短的摘录，拉迪斯拉夫·克尔斯蒂奇要对斯雷布雷尼察（Srebrenica）种族灭绝案负责。《国际刑事法庭规约》（Statute of the Tribunal）第 4 条的规定将种族灭绝定义为这样一种（或一些）行为，即该行为针对并寻求全部或局部消灭某一民族、族裔、种族或宗教团体。法庭认定克尔斯蒂奇将军犯有种族灭绝罪并得出结论，第 4 条意义上的被保护的群体是指波斯尼亚穆斯林（Bosnian Muslims）这一宗教团体，此外，"意图杀死所有的在斯雷布雷尼察的波斯尼亚穆斯林役龄男子，在第 4 条意义上构成部分的毁灭波斯尼亚穆斯林群体的意图，因此必须被认定为种族灭绝。"克尔斯蒂奇将军在审判时 53 岁，被判处 46 年监禁。在上诉中他原来的定罪被推翻，而代之以一种较轻的罪行，亦即帮助和教唆种族灭绝罪。当你阅读这些材料时，尤其是前南斯拉夫解体的部分，请考虑发生这些事情的地区在历史上相互交织的种族、宗教、政治以及其他的冲突，而仅仅把种族灭绝的发生归因于单一动机或者原因是多么简单的想法！

335

检察官诉拉迪斯拉夫·克尔斯蒂奇案
（Prosecutor v. Radislav Krstic）

国际刑事法庭对前南斯拉夫的审判

IT-98-33 (2001) ICTY8 (2001 年 8 月 2 日)

一、案件介绍

1.1995 年 7 月围绕波斯尼亚塞族（Bosnian Serb）接管联合国在波斯尼亚和黑塞哥维那地区（Bosnia and Herzegovina）的"安全区"斯雷布雷尼察所发生的事件，已经是众所周知的了。尽管联合国安理会的决议宣布该地区"免受武装攻击或任何其他敌对行为"，但是波斯尼亚塞族军队（Bosnian Serb Army）仍然发动攻击并占领该城。在短短的几天之内，大约有 2.5 万波斯尼亚穆斯林被赶出家园，其中大部分是居住在该地区的妇女、儿童和老人。在一种恐怖的气氛中，这些人被波斯尼亚塞族军队装进极其拥挤的公共汽车，经由对峙线运送到波斯尼亚穆斯林控制的领土内。而斯雷布雷尼察达到兵役年龄的波斯尼亚穆斯林男子却被置于另外一个命运当中。当成千上万的这些人企图逃离该地区时，他们被俘虏并且关押在残酷的条件之下，之后被处死，超过 7000 人从此消失。

2.1995 年 7 月 10 日至 19 日发生在斯雷布雷尼察的事件其恐怖程度是非语言所能形容的，这一事件意味着人类在冲突的压力下完全有能力做出如此残暴的行为。在仅仅一个星期多一点的时间内，成千上万的生命被夷灭，或不可挽回地被剥夺，或轻易地从历史中抹去……审判庭不容许自己仅仅沉湎于表达其对斯雷布雷尼察所发生悲剧（惨剧）的感受，或者（即使）是对非本案当事者的个人和国家性、国际性组织对该悲剧所起作用的看法。正如所有其他被告一样，这名被告应当予以个案考虑，而且其只有在证据确凿的情况下，法院认定他的行为构成由《国际刑事法庭规约》规定的犯罪时才能被定罪。

二、事实认定

（一）斯雷布雷尼察的接管及其后果

A.1991—1992 年：前南斯拉夫的分裂

7. 从 1945 年直到 1990 年，南斯拉夫由 6 个共和国组成——波斯尼亚和黑塞哥维那（Bosnia and Herzegovina）、克罗地亚（Croatia）、马其顿（Macedonia）、黑山（Montenegro）、塞尔维亚（Serbia）和斯洛文尼亚（Slovenia）。某些共和国的人口主要是单一的种族群体：例如，塞尔维亚共和国的塞维利亚人（Serbs）和克罗地亚的克罗地亚人（Croats）。本案所涉及的地区，亦即波斯尼亚和黑塞哥维那的部分地区，是所有的共和国中种族构成最复杂的地区，战前该地区有44%的穆斯林人口、31%的塞尔维亚人和17%的克罗地亚人。

8. 数个世纪以来南斯拉夫的领土被各个不同的族群共享，但和平共处期间偶尔也会有矛盾出现。第二次世界大战则是一个充满仇恨的冲突期，伴随着对来自四面八方的暴行的指控。铁托（Tito）元帅的战后政府淡化了民族分裂和民族主义，而将焦点集中于共产主义国家的统一。因此，1945年至1990年期间相对平静与和平的种族关系占据了主导。然而，各团体仍然对其不同的身份有所意识。

10. 波斯尼亚的独立起始于1991年10月15日议会的主权宣言。欧洲共同体（European Community）于1992年4月6日承认波斯尼亚和黑塞哥维那共和国，美国也在随后的一天承认其地位。但是，国际承认并没有导致该事件的结束，一场激烈的争取领土控制权的斗争随后即在波斯尼亚的三个主要族群穆斯林、塞尔维亚族和克罗地亚族之间展开。国际社会作出了各种努力来建立和平，但这些尝试收效有限。在波斯尼亚东部接近塞尔维亚的一部分地区，波斯尼亚塞尔维亚族和波斯尼亚穆斯林之间的冲突尤为激烈。

B. 1995年7月6日至11日：接管斯雷布雷尼察

[当斯雷布雷尼察被作为联合国的"安全区"成立以后，一小部分联合国部队被派驻至此以协助保护该地区。但是，波斯尼亚塞族军队（VRS）扩充自己的军队人数并且切断联合国军队的供给，直到保卫军队足够薄弱及波斯尼亚塞族军队足够强大，使它能够展开攻击并在1995年7月6日到11日的5天时间内接管斯雷布雷尼察。]

C. 斯雷布雷尼察的波斯尼亚穆斯林平民

1. 波托卡里（Potocari）的民众

37. 鉴于斯雷布雷尼察已经陷落，被波斯尼亚塞族军队所控制，数千名波斯尼亚穆斯林居民从斯雷布雷尼察逃到波托卡里以寻求联合国收容所的保护。截至1995年7月11日晚，大约2万至2.5万波斯尼亚穆斯林难民聚集在波托卡里。数千名难民拥挤在联合国收容所内，其余难民则遍布邻近的厂房和田地。

38. 波托卡里的条件非常糟糕，那里只有很少的食物或水，而且7月的酷热令人窒息。1995年7月12日，随着时间的推移，本就贫乏的物质条件由于一场恐怖的行动而更加恶化，从而增加了居民的恐慌。1995年7月12日整个下午，塞尔维亚士兵夹杂在人群中。一名目击者回忆说，士兵们咒骂波斯尼亚穆斯林并且要求他们离开，威胁要屠杀他们并表示这是塞尔维亚人的国家。

塞族士兵开始从人群中挑选人并将他们带走，其中许多人没有再回来。妇女们也被拖走，一位年轻女子在其他波斯尼亚穆斯林难民的众目睽睽之下被强奸，这些难民被塞族士兵拦阻，而不能对该女子提供任何帮助。

2. 在波托卡里的波斯尼亚穆斯林男子被隔离

53. 从7月12日早上开始，波斯尼亚塞族军队就开始在波托卡里搜集难民中的男性并将他们安置在不同的地点。一位联合国部队的荷兰目击者看见男子们被带到锌厂（Zinc Factory）前的一块地方，随后，那天晚上他们就被一辆货车带走。此外，当波斯尼亚穆斯林难民开始登上巴士的时候，波斯尼亚塞族士兵有组织地将那些试图叫嚣上车并符合兵役年龄的男子分离出来。有时，一些年幼和年老的男性也会被阻止上车。这些人被带到一个在波托卡里被称为"白屋"（White House）的建筑。

D. 处死从斯雷布雷尼察来的波斯尼亚穆斯林男子

66. 在波托卡里从妇女、儿童和老人中隔离出来的波斯尼亚穆斯林男子（大约1000人）被运送到布拉图纳茨（Bratunac），随后，一队进入森林试图突破边境进入北方波斯尼亚穆斯林控制领域的男性被捕获，并被投入到这些人中。这些人被关押在各种地点，如废弃的仓库、旧学校，甚至是关押在将他们运送到该地的公共汽车和卡车上。那几个晚上，布拉图纳茨的囚犯被单独带出去，痛苦的呼声和枪叫清晰可闻……

67. 在斯雷布雷尼察被接管之后，数千名被俘的波斯尼亚穆斯林几乎无一幸免。有些人以单独或者小群体的方式被俘获他们的士兵所杀，也有些人在他们的临时羁押地被杀害。但是大多数人是在精心策划的大规模死刑中被杀害，死刑执行从1995年7月13日于斯雷布雷尼察以北的区域开始。在1995年7月13日没有被杀害的囚犯随后被大巴运送到位于布拉图纳茨以北的执行区内执行死刑，该执行区位于兹沃尔尼克旅（Zvornik Brigade）的责任区内。北部的大规模死刑执行发生在1995年7月14日至17日之间。

评论和问题

1. 很多人也许会认为波斯尼亚冲突主要是民族冲突而不是宗教冲突。如果保护宗教自由的政策能够及早得以确立稳固，是否可能产生不同的结果？

2. 在这种冲突发生之前或者之后，宗教领袖是否可以起到一定的作用？神职人员为从事牧师工作所通常接受的培训，是否同样为他们处理预防冲突和解决冲突的危急情况而作了预备？

三、宗教与反歧视规范的冲突

美国法律教授玛莎·努斯鲍姆（Martha Nussbaum）中肯地介绍了宗教信仰

自由和其他权利之间可能出现的紧张状态。努斯鲍姆引用一名研究印度法的学者的观点解释道，"虽然所有的宗教在创立之初的目的都是净化人类，帮助他们通过祈祷过上一种道德的生活，但是在某些情形下，盲目的传统、习俗和迷信造成的往往并非宗教的净化效果，而是地方自治主义、狂热主义、原教旨主义和歧视的蔓延。"[3] 努斯鲍姆补充认为：

现代自由民主国家通常认为，宗教信仰自由是一个极其重要的价值，对其保护是政府最重要的职能之一。这些民主国家通常也将保卫其他人的广泛的利益、自由和机会作为最重要的内容。其中包括迁徙自由、在家庭以外寻求就业的权利、集会权、保持身体完整权、受教育的权利以及保有并继承财产的权利。但是有时宗教并不支持这些其他自由。有时人们的确拒绝将这些自由给予某些类别的人群，而对于这些类别的区分是基于与道德无关的特征，如种族、等级或性别。在那些宗教不具有很大法律权威的国家，这样的拒绝可能没有多大的意义。但是，在一些国家，宗教在其法律制度的运行机制中占有很大的比重，那么拒绝这些自由就成为许多人生活的决定性因素。

这样，自由的国家就处于一个两难的困境。一方面，干预宗教表达自由是打击了公民个人的自我认同和基本自由；但是不干预则是允许在其他方面削弱自我认同和自由。因此现代民主国家在这方面饱受烦恼并不奇怪……[4]

约翰·D. 范德尔·维维尔（Johan D. Vander Vyver），《宗教或信仰自由标准与其他人权的关系》[5]

1996 年，南非议会通过一项立法禁止"在学校对学习者进行体罚"[6]。该立

---

〔3〕吉娜·纳瓦兹（Heera Nawaz）："迈向统一"（Towards Uniformity），载《妇女正义：私法、妇女权利和法律改革》（Justice for Women: Personal Laws, Women's Rights and Law Reform），印第拉·杰辛（Indira Jaising）编辑，印度其他出版社（The Other India Press），1996 年。

〔4〕玛莎·克雷文·努斯鲍姆（Martha Craven Nussbaum）：《妇女和人类发展：能力取向》（Women and Human Development: The Capabilities Approach），剑桥大学出版社（Cambridge Univ. Press），2000 年，第 167 页。玛莎·克雷文·努斯鲍姆版权所有，经剑桥大学出版社许可转载。

〔5〕约翰·D. 范德尔·维维尔（Johan D.Vander Vyver）："宗教或信仰自由标准与其他人权的关系"（The Relationship of Freedom of Religion or Belief Norms to Other Human Rights），载《促进宗教或信仰自由手册》（Facilitating Freedom o f Religion or Belief：A Deskbook），塔·林霍尔姆（Tore Lindholm）、小 W. 科尔·德拉姆（W. Cole Durham, Jr.）、巴伊亚克·G. 塔兹巴列（Bahia G..Tahziblie）合编，马蒂纳斯·尼吉霍夫出版社（Martinus Nijhoff），2004 年，第 85 页。

〔6〕《南非教学法》（South African Schools Act），第 10 章第 84 条，1996 年。

法遵循宪法法院（Constitutional Court）先前的一个判决与几个相邻地区的判例，这些判决认定鞭打构成残忍和不人道的惩罚。

在宗教自由的基础上，该项南非法规的合宪性受到质疑，该质疑最初是由在美国建立的旨在"促进福音派基督教教育"的组织提出的，该组织在南非控制着196个独立的基督教学校并招收了14500名学生。这些学校寻求保持一个积极的基督教风气，其中体罚是不可或缺的一部分。该合宪性质疑是基于一个假设，即立法禁止在申请人的学校进行体罚违反了与申请人情况相同的那些人自由践行其宗教的权利，而这种权利包括个人权利、父母权利和团体权利。

为了支持这一立场，申请人列举了《圣经》中几节有关需要"体罚教训"的经文：

《箴言》22: 6，"教养儿童，使他走当行的道，就是到老他也不偏离。"

《箴言》22: 15，"愚昧迷住了孩童的心，用管教的杖可以远远赶除。"

《箴言》19: 18，"趁有指望，管教你的儿子，你的心不可任他死亡。"

《箴言》23: 13—14，"不可不管教孩童，你用杖打他，他必不至于死。你要用杖打他，就可以救他的灵魂免于死亡。"

高等法院（High Court）和宪法法院支持了这部具有争议性法律的合宪性。在这两种情况下，法院都认可了申请人宗教的真实性，并认为体罚教育构成所宣称的宗教信仰的一部分。但是被引用来支持其意见的圣经经文只将责备孩子的责任赋予家长，并未支持父母将该责任转让给第三方，包括教师在内。

该判决对于当前审查目的的意义可以体现在法官艾尔比·萨奇斯（Albie Sachs）的评论之中（该项判决获得了该案件所有其他9名法官的同意），他指出"本案体现了一个多元、相互交叉的宪法价值和利益，其中一些相互重叠，一些相互竞争"[7]，包括儿童获得尊严、自由和人身安全的权利，以及免受虐待、忽视、辱骂或潦倒之苦。根据南非宪法，"儿童的最大利益（best interest）是所有关于儿童的事项中最重要的问题。"

几乎所有涉及宗教或信仰自由的情况都不可避免地会出现类似的交叉价值和问题。该南非案件中所触及的宗教或信仰自由与其他基本人权之间的相互关系是一个反复出现的主题：一方面，有需要通过保护那些有利于宗教或信仰活动自由的其他权利和自由，来给予宗教或信仰自由有效的保障；另一方面，某些特定宗教或信仰的支持者认为一些自由违反了他们宗教信仰所赖以建立的基

---

〔7〕《南非共和国宪法》（Republic of South Africa Const.），1996年第108号法案（Act 108 of 1996），第28章第2条。

础，而这种想法与一些基本权利之间存在某种程度的矛盾，宗教或信仰自由不 340
能仅靠自身而变得兴旺，它需要诸如言论自由和集会自由等保障性权利的保护。
相反，当涉及宗教教义时，许多宗教提倡在家庭和教会结构中男性具有统治地
位，或者谴责同性恋，并进而发现基于性别平等的非歧视性信条是与他们所主
张的宗教教义相冲突的。

信仰团体的自决权如果脱离一系列其他的基本人权和基本自由，那么它就
既不能存在，也无法行使。这些基本人权和基本自由包括平等受保护和不受歧
视的权利、言论自由、集会和结社自由以及出于维护宗教或信仰自由或出于保
护信仰团体成员完整性的目的而获得有效救济的权利。表达自己宗教或信仰的
自由并非是绝对的。它主要局限于一个由"宗教或信仰"的概念意义所确定的
授权领域。它的行使必须考虑到其他人的权利和自由并在公共利益范围内行使。

评论和问题

1. 正如约翰·范德尔·维维尔所说，南非宪法法院在分析该冲突时做出了一
些具有重大意义的事情。你怎样看待它们？一方面，法院接受申请人的宗教真
实性。另一方面，法院认为体罚是其宗教信仰的自然结论。该案同时对一段宗
教经文给出一个由国家强制力支持的权威解释。法院的结论认为这些学校所援
引的《圣经》经文只适用于父母而不适用于教师，你对此有何看法？一般来说，
家长比教师更容易伤害儿童。我们是否需要让世俗法院来解释宗教文本？

2. 法院运用平衡分析的方法，指出该案件涉及的"宪法价值和利益具有多
重性"，其中一些相互重叠，另外有些则相互竞争。关于法院给予儿童最大利益
（best interest）以优先权你有何看法？"最大利益"与儿童的权利是否有所不同？

四、对少数种族的歧视

（一）南非

宗教与种族隔离（Apartheid）

以下来自考特尼·W. 豪兰（Courtney W. Howland）的摘录描述了国际法
院（International Court of Justice）对于纳米比亚（Namibia）种族隔离案的咨询
意见。法院于 1971 年审理该案，该案涉及南非占领纳米比亚的合法性和种族隔
离制度的实行。国际法院的结论是，该占领是非法的，并宣布种族隔离政策是 341
"对《联合国宪章》以下称《宪章》宗旨和原则的公然违反"。

南非的种族隔离政策（随后是纳米比亚）是在源于加尔文宗（Calvinist）的

南非白人旧约基督教（Afrikaners' Old Testament Christianity）的基础上建立的。南非白人认为，他们是上帝所选择的拥有统治其他人这一神圣使命的种族。因此，他们产生了一种白人至高无上的观念并采取种族隔离与歧视政策。国际法院拒绝南非提出证据来证明其种族隔离是"善意"的，或者证明他们旨在推动居民的幸福和进步。相反，国际法院认为，作为一个法律问题，与制度性歧视有关的政府目的和动机并不具有相关性，而且它们对于确定种族隔离的影响也并不是必需的。因此，南非作出的任何以下辩解都是没有意义的：即它有关种族隔离的意图是"善意的"，因为它是在保护（南非白人的）宗教自由权利；或者其良好的愿望是明确的，因为它正在履行对南非白人的神圣计划；或者，如果南非白人不能维持其相对于非洲人的神圣至上地位，那么他们的宗教自由将受到深深的侵犯；以及神圣的计划对于白人和黑人的自然作用是明确的，并且这在种族隔离政策中得到印证。法院认为，不论其来源，没有任何动机或意图可以正当化这种制度性歧视以及对《宪章》所规定人权的剥夺。此外，显示种族隔离制度运行良好的证据——如由非洲人提出的证明种族隔离制度促进了他们的福祉和进步的证据——也是无关紧要的。通过拒绝听取任何有关种族隔离的意图和有利特征的证据，法院基本上认定制度性歧视本身违法以及没有任何可以依据宪章而得出的正当理由。

尽管南非没有提出宗教性抗辩，但国际法院却意识到了这些问题。法院特别指出，种族隔离政策及其相关的法律和法令可以从公共记录中找到，法院也已经认识到了这一点。因此，法院没有必要被告知南非白人的宗教信仰，因为这些信仰可以从早期福尔特雷克共和国（Voortrekker）到当今南非和纳米比亚公开记录的法令和法例中得到证明。这些认识并没有说服法院，因为宗教信仰不能证明种族隔离政策的合理性，也不能作为支持该政策"善意"的证据。

这些为基于宗教信仰的制度性种族歧视和种族隔离辩护的言论现在是多余的了。国际社会不可能接受所谓宗教信仰可以使制度性种族歧视正当化的观点。因此，即便法院在其判决中并没有以任何宗教理由作为论点，但是很显然，现在国际法不会接受宗教信仰自由作为支持制度性种族歧视的正当理由。在种族歧视的语境下，国际法院在《宪章》的框架下建立了非歧视标准：《宪章》完全禁止建立和实施基于种族的区别、排斥、限制和约束。[8]

---

〔8〕考特尼·W. 豪兰（Courtney W. Howland）："宗教原教旨主义对妇女自由和平等权利的挑战：在联合国宪章框架下的分析"（The Challenge of Religious Fundamentalism Equality Rights of Women: An Analysis Under the United Nations Charter），35 Colum. J. Transnat' l L.，1997 年第 271、347—349 页。

评论和问题

请比较南非宪法法院在体罚案中所采取的宗教抗辩方法与国际法院在纳米 342
比亚种族隔离案中所采取的方法。虽然利用宗教辩护的理由在这两个案例中均
被反对,但两者拒绝的方式是截然不同的。南非法院承认申请人论点的真实性,
并将其与儿童的最大利益进行平衡。而在此,国际法院基本上认为一些宗教性
观点是不可接受的,而且无须对其认真对待。哪种方法更为可取?是否每个方
法只适合特定的情况?你认为这两个案例能否代表那些存在对比的情况?

(二) 美国

鲍勃·琼斯大学诉美利坚合众国案评述
(BOB JONES UNIVERSITY V. UNITED STATES) [9]

鲍勃·琼斯大学是一家私立基督教学校,坐落在南卡罗莱纳州的格林维尔
(Greenville, South Carolina)。尽管这所大学不专属于某一宗派或教派,但其致
力于基督教原始教义的教授和宣传工作(鲍勃·琼斯大学诉美利坚合众国案,
461 U.S. 574,1983 年,第 580 页)。从大学初始建立一直到该判决作出的多年
期间,该大学一直坚持认为圣经禁止不同族群之间约会和通婚。法院认可这种
宗教信念的真诚性。为了支持这种信仰,该大学在 1971 年以前一直不接收非裔
美国人,直到 1971 年该校开始接收非裔美国人,但是这些人必须是非裔美国人
种族内的已婚人士。自 1975 年始,作为对麦克拉里诉鲁尼恩案 [10] (McCrary v.
Runyon) 禁止私立学校种族排斥的回应,未婚黑人也被允许入学,但学校的纪
律规则仍然禁止不同族群之间的约会。(461 U.S.,第 580—581 页)

鉴于 1970 年美国国税局 (Internal Revenue Service) 政策的变化,其宣称:
"它不能再给予这种施行种族歧视的私立学校以免税地位 [这种免税地位是根据
《国税法》(Internal Revenue Code) 第 501 条第 3 款第 3 项所取得],因为这种行
为已经不能在法律上寻求到正当根据了。"(同上,第 573 页) 鲍勃·琼斯大学的
免税地位被撤销。该案诉至基层法院,并最终上诉到美国联邦最高法院,最高
法院推理如下:

具有慈善性质的税收豁免必须有一个正当性根据,即该免税团体提供了一
种公共利益——该利益是社会或社区自己无法选择或无能力提供的,或该利益

---

〔9〕 461 U.S. 574 (1983 年)。
〔10〕 515 F.2d 1082 (第四巡回法院,1975 年),427 U.S. 160 (1976 年) 维持原判。

343 补充或改善了已获税收支持的公共机构的工作。历史的逻辑一再表明，为了保证税法第501条第3款第3项免税措施的执行，某机构必须属于该条款规定的机构种类，而且必须确实为公共利益服务，并与公共利益相一致。该机构的目标必须不与社会共同体的良知相矛盾，以至于损害任何在相反情况下可获得的社会公共利益。（同上，第592—593页）

法院强调了"布朗诉教育委员会案（Brown v. Board of Education）之后一系列案件所确立的不容置疑的法院立场，即在教育领域中的种族歧视违反了国家最基本的公共政策"。（同上，第593页）因此，法庭维持剥夺鲍勃·琼斯大学免税资格的判决。

在形成这一判决的过程中，该大学认为尽管这一税收政策可能在非宗教性学校有效，但其不能被应用到因为真正的宗教信仰而实施区别对待的学校，因为这将侵害到他们宗教活动自由的权利，法院驳回了该抗辩主张。（同上，第602—603页）法庭毫不费力地发现"此处所涉及的政府利益具有迫切性"，并且"超过了任何因取消税收利益给上诉人宗教信仰行为所造成的不利影响"。（同上，第604页）而且进一步讲，"也没有'更小的限制性措施'可以达成该政府利益"。（同上）

[在不同意见中，伦奎斯特（Rehnquist）法官支持采取强有力的国家政策反对种族歧视，但他主张在没有通过新的立法取得国会授权的情况下，国税局无权改变税法第501条第3款第3项所规定的条件（因为其是由国会所设立）。鲍威尔（Powell）法官赞成大部分人关于取消鲍勃·琼斯大学免税资格未违反宪法第一修正案的说法，但同时对法院广义地理解国税局权力及其解释《国税法》重要条款的权力表示担忧。]他作出以下推理：

使我困扰的是法庭的分析似乎充斥着对一致性的要求。法庭宣称，免税组织必须"显然是为公共利益服务或与其保持一致"，必须有体现"普遍的社会良知"的目标，并且不能以与"政府公开宣称的与其整体定位必然相矛盾"的方式行事。总结一下，这些话表明一个免税组织的首要功能是代表政府推行政府允许的政策。我认为，这样一种对第501条第3款第3项的认识忽视了税收豁免在促进多样化行为或观点中所起到的重要作用，尽管这种多样化经常存在激烈的冲突。正如布伦南（Brennan）法官所注意到的，私立的非营利性组织之所以获得税收豁免，是因为"每个组织体都对社团、观点、企业的多样性做出贡献，而这种多样性又是一个充满活力和多元化的社会所必不可少的"。对非营利性组织免税的规定绝不是加强可感知的社会良知的实现手段，而是限制政府权力在社会生活领域影响的一种必不可少的方式。[11] 鉴于我们多元主义传统的重要性，"保持对私人慈善事业的自由选择具有重大意义"。

344

鲍勃·琼斯大学诉美利坚合众国案的影响

当时该学校校长鲍勃·琼斯三世（Bob Jones III）于 2000 年正式宣布废除不同种族之间的约会规则。鲍勃·琼斯大学 2008 年在其网站上贴出如下《鲍勃·琼斯大学有关种族问题的通告》：

在近两个世纪以来，美国的基督教，包括早期的鲍勃·琼斯大学，都充斥着美国文化中的种族隔离主义气息。因此长期以来，我们国家允许有关种族的政策更多地直接来源于这种文化气息，而不是《圣经》中的有关原则和观点。我们遵从了文化传统，但却没有提供一个清晰的基督教式的相应观点。

我们这样做并没有能够准确地代表上帝，也没能够履行爱人如己的诫命。我们对没有做到这些深感痛心。尽管我们学校不允许个人层面上的少数民族敌视或种族主义言论，但是我们却允许危害种族平等的学校规则继续有效。

在 2000 年 3 月的国家电视台上，2005 年之前一直担任鲍勃·琼斯大学校长的鲍勃·琼斯三世在国家电视台上发表声明说，该校鲍勃·琼斯大学在 1971 年以前不接收非裔美国人的做法是错误的，可悲的是，在那个年代之前，这是公立大学和私立大学的普遍做法。同时，他还宣布废除禁止异族约会的学校政策。[12]

---

[11] 当然第 501 条第 3 款第 3 项并没有以法院分析所建议的方式来适用。1100 页长的豁免组织名单包括美国朋友服务委员会（American Friends Service Committee, Inc.）、当前危险委员会（Committee on the Present Danger）、美国耶和华见证会（Jehovah's Witnesses in the United States）、道德多数派基金会（Moral Majority Foundation, Inc.）、地球之友基金会（Friends of the Earth Foundation, Inc.）、山地诸州法律基金会（Mountain States Legal Foundation）、全国生命权教育基金会（National Right to Life Educational Foundation）、美国计划亲子联盟（Planned Parenthood Federation of America）、科学家和工程师安全能源公司（Scientists and Engineers for Secure Energy, Inc.）、科学家关注联盟基金会（Union of Concerned Scientists Fund, Inc.）。参见美国国家税务局，1954 年《国内税收法》（Internal Revenue Code）第 170 条第 3 款关于累计组织名单的描述，参见第 31、221、376、518、670、677、694、795、880、1001、1073 条（1981 年 10 月修订）。想要说上述任一组织都反映了"公序良俗"或者"明显地与公共利益相一致"，这是相当困难的。这些组织都是从数以万计的名单中随机抽取的，将它们列举出来当然并非表明我不同意对这些组织实行免税。相反，这表明政府即使是对分歧最大的意见也能容忍，至少包括那些经常与政府立场"相悖"的一些意见，这是值得赞扬的。我们一贯认可这些意见迥然不同于政府的团体被授予免税的特权。同上，第 619—610 页。

到 2009 年为止，该大学从未再申请免税资格。然而，有很多鲍勃·琼斯大学的附属机构，如鲍勃·琼斯大学博物馆和美术馆都是免税的。[13]

评论和问题

1. 在判决的脚注 30 中，法庭也针对学校提出的政教分离条款（Establishment Clause）诉求作出回应：

鲍勃·琼斯大学也辩称道，取消免税资格违反了政教分离条款，因为如果这样做则表明，与信仰禁止种族间通婚的宗教相比，其更倾向于喜好那些非信仰种族歧视信条的宗教。很明确，某个州或联邦政府无权通过"偏袒某个宗教"的法律，但同样确定的是不能仅仅因为一个规定"恰好与某些宗教或全部宗教的信条一致"就被认定为其违反政教分离条款。本案中国税局的政策是建立在"中立和一般人观点的基础之上"，并没有违反政教分离条款。另外，正如上诉法院（Court of Appeals）所述，"对宗教性学校适用统一的法律规则，避免了可能出现的对宗教限制性行为是否出于真实宗教信仰的无谓调查。"

2. 这个判决是否侵害了鲍勃·琼斯大学的宗教信仰自由，或者仅仅是增加该校践行其信仰的成本？这个案件是否对迫切性政府利益和对宗教的附加负担做出平衡？如果政府将这种牵涉种族歧视或禁止异族约会的学校组织行为规定为犯罪，那么情形又将如何？这样的法律是否侵犯宗教活动自由？

3. 国税局是促使教会改变他们的信条和政策的合适政府机构吗？由鲍威尔（Powell）法官所提出的多元化考虑因素是推翻禁止种族歧视的国家政策的有力根据吗？

4. 面对政府施加的压力，来自宗教方面的强烈反应会产生什么样的风险？在某些情况下依照传统的内部自发性改变是否可能会比政府引导的改变更加有利呢？政府的政策制定者应该有多大的容忍度呢？鲍勃·琼斯大学最终在政策上的变化是否表明税收政策的胜利或者只是政府对宗教事务越权干预的一个例子？在这一方面，当涉及性别或性倾向歧视时，政府政策所主导的措施是否应该有所不同？

---

〔12〕参见 http://www.bju.edu/welcome/who-we-are/race-statement.php。
〔13〕参见 http://www.bju.edu/giving/how-to-give/。

五、宗教和性别

宗教信仰和妇女权利之间的紧张关系可以体现在许多问题上——诸如堕胎、在宗教机构中授予妇女圣职、宗教在塑造男女社会角色中的影响、教规中对结婚和离婚的规定及其对家庭角色的影响等等不一而足。女权运动带来了许多新的观念，无论是对法律制度，还是对于我们关于权利本身性质的理解和对解决紧张局势和冲突的方法的认识，它都具有塑造或扭曲作用。当然，女权主义也是多种多样的。有的女权主义者对父权制和男性压迫进行了激烈的批判，但在许多（也许是大多数）文化中，妇女较之男子更多地参与并投身于宗教之中，而且获得比男子更多的保护。妇女可能试图从宗教所解释的一些意义上寻求解放，但她们并非想逃避宗教（或信仰），因为宗教是意义的来源、良知的呼唤和社会的纽带。由于可以从多个角度思考这种对立，所以只能在本部分对该问题做一粗略探讨。

346

（一）《消除对妇女一切形式歧视公约》（CEDAW）

从 1979 年联合国大会通过的《消除对妇女一切形式歧视公约》（Convention on the Elimination of All Forms of Discrimination Against Women）开始来谈这个问题显得较为合理。该条约通常被认为是国际性的妇女权利法案。该公约由序言和 30 条条文组成，它界定了什么行为构成对妇女的歧视，并为国家采取行动消除这种歧视设定了日程。[14] 本公约的完整文本和补充材料可参见附加网络资源。以下条文除了该公约的一些基本规定外，则是一些可能与宗教自由规范冲突的规定。

《消除对妇女一切形式歧视公约》[15]

（1979 年）

第一条（歧视）

为本公约的目的，"对妇女的歧视"一词是指基于性别而作的任何区别、排除和限制其作用或目的是要妨碍或破坏对在政治、经济、社会、文化、公民或任何其他方面的人权和基本自由的承认以及妇女不论已婚未婚在男女平等的基础上享有或行使这些人权和基本自由。

---

〔14〕联合国提高妇女地位司（UN Division for the Advancement of Women），经济与社会事务部（Department of Economic and Social），可参见 http://vww.un.org/womenwatch/daw/cedaw/，最后登录时间 2008 年 8 月 18 日。
〔15〕本公约根据 1979 年 12 月 18 日的联合国大会第 34/180 号决议批准并向成员国开放签署、批准和加入，于 1981 年 9 月 3 日生效。

第二条（政策措施）

缔约各国谴责对妇女一切形式的歧视，协议立即用一切适当办法，推行政策，消除对妇女的歧视。为此目的，承担：

（1）男女平等的原则如尚未列入本国宪法或其他有关法律者，应将其列入，并以法律或其他适当方法，保证实现这项原则；

（2）采取适当方法和其他措施，包括适当时采取制裁，禁止对妇女的一切歧视；

347

（3）为妇女与男子平等的权利确立法律保护，通过各国的主管法庭及其他公共机构，保证切实保护妇女不受任何歧视；

（4）不采取任何歧视妇女的行为或做法，并保证公共当局和公共机构的行动都不违背这项义务；

（5）应采取一切适当措施，消除任何个人、组织或企业对妇女的歧视；

（6）应采取一切适当措施，包括制定法律，以修改或废除构成对妇女歧视的现行法律、规章、习俗和惯例；

（7）同意废止本国刑法中构成对妇女歧视的一切规定。

第五条（对性别角色成见与歧视）

缔约各国应采取一切适当措施：

（1）改变男女的社会和文化行为模式，以消除基于因性别而分尊卑观念或基于男女定型任务的偏见、习俗和一切其他方式。

（2）保证家庭教育应包括正确了解母性的社会功能和确认教养子女是父母的共同责任，但了解到在任何情况下应首先考虑子女的利益。

第十六条（婚姻与家庭生活）

1. 缔约各国应采取一切适当措施，消除在有关婚姻和家庭关系的一切事务上对妇女的歧视，并特别应保证她们在男女平等的基础上：

（1）有相同的结婚权利；

（2）有相同的自由选择配偶和非经本人自由表示、完全同意不得结婚的权利；

（3）在婚姻存续期间以及解除婚姻关系时，有相同的权利和义务；

（4）不论婚姻状况如何，在有关子女的事务上，作为父母亲有相同的权利和义务。但在任何情形下，均应以子女的利益为重；

（5）有相同的权利，自由负责地决定子女人数和生育间隔，并有机会获得使她们能够行使这种权利的知识、教育和方法；

（6）在监护、看管、受托和收养子女或类似的社会措施（如果国家法规有这些观念）方面，有相同的权利和义务。但在任何情形下，均应以子女的利益为重；

(7) 夫妻有相同的个人权利，包括选择姓氏、专业和职业的权利；

(8) 配偶双方在财产的所有、取得、经营、管理、享有、处置方面，不论是免费的或是收取价值酬报，具有相同的权利。

2. 童年订婚和童婚应不具法律效力，并应采取一切必要行动，包括制定法律，规定结婚最低年龄，并规定婚姻必须向正式登记机构登记。

评论和问题

1. 前文提到的《消除对妇女一切形式歧视公约》的哪些条款可能和宗教信仰相冲突？例如，如果一个教会只有男性牧师是否会违背该公约？

2. 国家对公约的执行应该严格到什么程度？第 5 条第 1 款要求国家有义务强制改变宗教歧视或者相关行为吗？什么是"一切适当措施"？国家执行与宗教信仰不符的措施是否适当？在处理宗教自由诉讼时，体现在消除性别歧视上的政府利益与体现在消除种族歧视上的类似政府利益是否一样重要？

3. 在加入公约时，成员国作了比其他主要人权公约更多的保留。许多伊期兰国家已经对公约第 16 条的所有内容提出保留，因为这与伊斯兰教法（Shari' a）相冲突。以色列也已经提出了类似保留，以保证其个人地位法（personal status law）在管辖宗教社会的法庭中得以实施。许多其他国家也提出了保留——有一些是天主教人口在总人口中占多数的国家，如爱尔兰和巴西；而其他一些则是因为亚洲文化的缘故，如韩国和泰国。参见联合国秘书长的文件，《有关〈消除对妇女一切形式歧视公约〉的宣告、保留、反对以及对销消保留的通知》（Declarations, Reservations, Objections, and Notifications of Withdrawal of Reservations Relating to the Convention on the Elimination of All Forms of Discrimination Against Women）[U.N. Doc. CEDAW/SP/1992/2 (1991 年)]。这样的保留是否与公约的核心价值相冲突？或者说公约的核心价值是否允许在一个多样化的世界中存在必要的灵活性？

4. 考虑下列在宗教权利和妇女权利上相反的观点，你将在这样的问题上持何种态度？

朱丽叶·希恩，《对妇女维护宗教或信仰自由权利的限制》[16]

对于那些基于享受人权和信仰自由的原因而对妇女权利所造成的侵犯，我们应当特别关注。虽然信仰权利已经于 1981 年联合国《消除一切形式的基于宗教和信仰的不宽容和歧视宣言》（1981 UN Declaration on the Elimination of All Forms of Intolerance and of Discrimination Based on Religion and Belief）中有详细阐述，但是在我们这个对性别问题敏感的社会中仍然可能会忽视一些其侵犯女性权利的情况。宗教有太多的男性化成分，以至于宗教教义和宗教信仰的延伸内容有时会内在地造成对妇女人权的侵犯。

349

属于宗教和信仰自由保护范围的宗教表达和实践，直接或间接地与其他权利和自由紧紧缠绕在一起。这其中包括结社与和平集会的自由、言论自由、迁徙自由、发表政治观点与其他观点的自由、免遭歧视并获得有效法律救济的自由、免遭任意干涉的自由、结婚与建立家庭的自由、教育与被教育的自由、拥有财产的自由等。正如《1981 年联合国宣言》（1981 UN Declaration）第 5 条和第 6 条所确认的那样，所有这些权利和自由都是保持并延续人们的宗教和信仰体系及其组织的重要因素。然而，对于妇女们而言，当宗教自由被当做王牌而使其他权利向其臣服时，她们的以上权利将面临被侵犯的危险。

玛丽·安·格伦登，《妇女的未竟之旅》[17]

1995 年，教皇约翰·保罗二世（Pope John Paul II）在《世界和平日消息》（World Day of Peace Message）中这样写道：妇女争取自由的征程"艰辛而复杂，有时道路会很曲折。但是即使这一征程尚未完成，它已成为一件具有极其重大意义的事件……《消除对妇女一切形式歧视公约》25 周年纪念……提供了一个反映这段历程的契机"。

在风云激荡的 20 世纪 60 年代和 70 年代，公约的准备工作恰巧赶上了一场颇为奇怪的女权运动，这场运动的特点在于妇女对男性、婚姻和母亲身份都持

---

〔16〕朱丽叶·希恩（Juliet Sheen）："对妇女维护宗教或信仰自由权利的限制"（Burdens on the Right of Women to Assert Their Freedom of Religion Belief），摘自《促进宗教或信仰自由手册》（Facilitating Freedom of Religion or Belief: A Deskbook），第 513—514 页，塔尔·林霍尔姆（Tore Lindholm）、小 W. 科尔·达勒姆（W. Cole Durham, Jr.）、巴伊亚克·G. 塔兹巴列（Bahia G. Tahzib-lie）合编，马蒂纳斯·尼吉霍夫出版社（Martinus Nijhoff），2004 年。

〔17〕玛丽·安·格伦登（Mary Ann Glendon）："妇女的未竟之旅"（Women's Unfinished Journey），载《白皮书》（Position Papers），http://www.positionpapers.ie/articles/pastpapers/Glendon%20Women%27s%20unfinished%20journey.htm。

负面态度。不幸的是，这场运动的领导者低估了性别"解放"将会带给女性的沉重负担，并完全忽视女性和男性在生理上的重大区别。一场女权运动如果与绝大部分女性的需求和愿望有巨大的分歧，那么它就必定只会是昙花一现。然而公约正是在这场运动的活跃期成形的。

其结果是，在 1979 年开始签署的文件中，存在着诸多隐患。除了有助于增加妇女接受教育、医疗保障和经济来源机会的条款外，公约还夹杂着大量模棱两可的语句，这些语句常常被曲解来阻碍甚至禁止给予母亲特殊保护。另外，由政府出面促进私人及公共场合中性别平等的要求，也同结社、言论和信仰自由等基本人权产生了严重的冲突。

附加网络资源：	有关《消除对妇女一切形式歧视公约》的资料，包括公约的完整文本、保留条款的具体细节、联合国"消除妇女歧视委员会"的官方建议、《〈北京宣言〉及其行动纲领的十年回顾与评价》(Ten-year Review and Appraisal of Beijing Declaration and Platform for Action) 以及其他资料

（二）宗教与妇女权利的冲突

1. 离婚

印度

穆罕默德·艾哈迈德·汗诉霖·邦·贝古姆案（MOHAMMED AHMED KHAN V. SHAH BANG BEGUM）评述[18]

穆斯林男人只需说三声"离婚"（talaq）就可以立即与妻子离婚。女性只允许带走结婚时带来的嫁妆，而得不到任何多余的赡养费。由于这一规定使许多穆斯林妇女陷于绝境，因此印度妇女从刑法典中找到了适用于印度全境的救济之策。法典第 125 条禁止"拥有一定财产的"男性对包括前妻在内（1973 年由特殊修正案通过）的各种近亲放任不顾，使其处于"居无定所、一贫如洗"的状态。许多根据穆斯林法律离婚的妇女依此规定得到了赡养费；而将前妻算作本条中的亲属也是出于这一特定目的（穆斯林联盟成员以阻碍宗教活动自由为理由表示反对）。

1978 年的马德亚普拉德什邦（Madhya Pradesh），一位名叫沙阿·巴诺（Shah Bano）的年迈穆斯林妇女被她的丈夫——一位富有的律师——扫地出门。此前，两人共度了 44 年的婚姻生活。根据穆斯林法律，丈夫退给她价值 3000

350

---

[18] 玛莎·努斯鲍姆（Martha Nussbaum）：《现实中的国际人权法：印度：通过法律实施性别平等》(International Human Rights Law in Practice: India: Implementing Sex Equality Through Law)，2 Chi. J.Int' l L.，2001 年，第 35、44 页。

卢比的嫁妆（按照今天的兑换比率约合 60 美元）。顺理成章地，老妇根据法典第 125 条请求支付救济金。该案最终来到最高法院。法院决定维护沙阿·巴诺的权益，判决丈夫每月支付 180 卢比（约合 4 美元）的生活费。首席法官全德拉楚德（Chandrachud）是一名印度教徒，他在冗长的判决书中既批判了伊斯兰的惯例，也从自己的角度来解释伊斯兰教经典，从而说明支付赡养费与伊斯兰的行为准则相一致。判决中的雄辩言论却令人非常遗憾：这位首席法官援引了一个英国人对《古兰经》的评述来证明"伊斯兰国家的致命弱点在于女性地位的降低"。他又写道："毫无疑问，穆斯林丈夫享有抛弃妻子的特权，而不论这种抛弃发生于何时，也不管原因的好坏，实际上根本不需要任何原因。"

人们高度关注这篇带有蔑视色彩的评论，这引起了最糟糕的反响。到目前为止，在穆斯林社会中存在对性别平等甚至是建立统一民法典这一目标的广泛支持。之前妇女可以不受阻碍地获得赡养费……但是现在，穆斯林社会中的许多人都感到他们的荣誉遭到轻视，其公民地位受到威胁，于是他们团结起来，拒绝向妇女支付赡养费。在谈及印度穆斯林的所愿所想时，几乎不会有人征询印度妇女的意见；于是人们有了一种感觉：所有的穆斯林都反对这个判决。

同时，穆斯林领导层劝服拉吉夫·甘地（Rajiv Gandhi）政府于 1986 年通过了一部法律：《1986 年穆斯林妇女（离异后保护）法案》（以下称《1896 年法案》）[Musilim Women's (Protection after Divorce) Act of 1986]。这部法律单单剥夺了所有穆斯林妇女通过刑事法典获得赡养费的机会。政府从未与其他社会部门协商；相反，政府却允许激怒的穆斯林领导者们代表所有人的意见。这一法律令穆斯林妇女们义愤填膺。在《1986 年法案》通过当天，一位活跃分子站在议会门前的台阶上疾呼："你们单独为穆斯林妇女们制定法律，那就意味着你们试图表示我们不是这个国家的公民，那你们为什么不清楚明白地告诉我们应该建立一个新国家——这个国家既不是印度（Hindustan），也不是巴基斯坦（Pakistan），而应该被称作'女人斯坦国'（Auratstan，女人之地）。"与此同时，印度教的男人们则抱怨说新法律歧视印度教教徒，给了穆斯林男人"特殊的权利"。在这项穆斯林妇女法案通过后，许多离异的穆斯林妇女陷入贫困。更糟糕的是，经济上的贫困又对孩子的教育产生了不良影响，他们原本可以去学校读书，现在却不得不通过工作来帮助他们的母亲。妇女们以宗教无歧视原则为由向新法律发出挑战（向最高法院上书申请），但这些努力却以失败告终：很明显，最高法院在沙阿·巴诺一案中所扮演的角色已经引起了争议，这使其采取了回避政策。

评论和问题

1. 知道提起诉讼的沙阿·巴诺有什么样的遭遇吗？她回到了家乡，但却受尽排挤，她的家人和村民都排挤她。努斯鲍姆描述了她的个人遭遇。[19]

1985 年 11 月 2 日，在 4 名男性证人的目击之下，沙阿·巴诺在一份对所有穆斯林的公开信上按下了手印，并表明伊斯兰的领袖们已经根据《可兰经》（Quran）和《穆罕默德言行录》（Hadith）向她解释了关于离婚及离婚后赡养问题的命令。她在信中所使用的法律语言极可能不是由其自己选择，她也很可能不明白这些语言，她在信中宣布撤回对赡养费的请求并且希望印度政府撤销最高法院的判决。她还说"印度宪法第 44 条与《可兰经》和《穆罕默德言行录》的精神相悖，因为该条要求制定适用于所有人的统一民法典"。她请求政府放弃统一立法的目标并正式决定"不再试图干涉"伊斯兰法庭的司法行动。她最后说道："我感谢印多尔（Indore）的毛拉·哈比卜·亚尔·汗（Maulava Habib Yar Khan）和哈吉·阿卜杜拉·加法尔·萨希卜（Haji Abdul Ghaffar Saheb），他们给我指明了方向、帮助我追寻真理，他们拯救了我的今生和来世。"[20]

我们很难不得出以下结论，那就是一位虔诚、不名一文的女人的信仰正因政治原因而被利用。用林肯的话说："一位公义的上帝不会要求一个老弱穷苦的妇人放弃她对最基本生活的诉求。"尊重宗教自由不意味着给予少数宗教领袖肆意的无限权力来延续人类的苦难，并不意味着抑制个人的信仰自由，也不意味着把法律玩弄于股掌之间。这并不是对宗教自由的攻击，而是对宗教自由基本原则的深层保护。在这类案件中，法律必须"施予援手"以保证"社会能够继续向前发展"。

352

2. 你认为为什么沙阿·巴诺在本案后会出现退让，并放弃她从法院已经获得的权利？有效的法律救济要求文化、法律和社会条件之间存在一定的联系，在以上情形中该联系是如何体现的？作为律师，我们能从沙阿·巴诺案中得出怎样的普遍教训？

---

[19] 参见玛莎·克雷文·努斯鲍姆（Martha Craven Nussbaum）：《妇女和人类发展：能力视角》（Women and Human Development: The Capabilities Approach），剑桥大学出版社，2000 年，第 239—240 页。

[20] "沙阿·巴诺对穆斯林的公开信"（Shah Bano's Open Letter to Muslims），1985 年 11 月 3 日，发表于《革命》（Inquilab），第 211—212 页。由 A. 卡里·帅克（A. Karim Shaikh）翻译成英文，由工程师（Engineer）出版社再版编辑。沙阿·巴诺于 1992 年死于印多尔，享年 89 岁。

加拿大
从仲裁法的角度评价伊斯兰教法：属人管辖的排除[21]

还记得 2003 年从安大略省（Ontario）传出的议案引起的激烈纠纷吗？
该省庞大而复杂的伊斯兰团体中的一些成员利用《1991 年安大略省仲裁法》
（Arbitration Act of 1991）的相关条款，企图就个人地位问题建立适用伊斯兰教
法的仲裁法庭。[22] 这项议案既没有经过通常的立法程序，也没有经过政府提
议和法律修改程序。然而，一个名叫加拿大穆斯林协会（Canadian Society of
Muslims）的相对保守的小规模非政府组织，在一系列新闻发布会上表明他们要
建立"私人伊斯兰正义法庭"（Private Islamic Court of Justice），或者称为伊斯兰
法法庭（Shari'a tribunal）。他们的这项意图成为随后争论的焦点。根据其拥护者
所言，这个设想中的审判委员会将允许达成合意的双方当事人，不仅可以通过
现存的仲裁法使双方进入一个对抗性较低的庭外争议解决程序，而且也可利用
仲裁法中的法律选择条款来适用宗教准则，可以根据"任何伊斯兰教派的法律
或者教义——比如，什叶派（Shiah）或逊尼派（Sunni）[哈纳菲（Hanafi）、沙
菲仪（Shafi'i）、汉巴里（Hambali）或马利基（Maliki）]——来解决家庭纠纷"。
其拥护者还指出一旦伊斯兰仲裁法可以有效适用，那么它将为加拿大的穆斯林
提供一个清晰的选择：接受宗教属人法还是接受世俗的加拿大家庭法。这项议
案的提出是"私法自治原则"（non-state-law-as-competition）对安大略省法律的
正面挑战。而即使是宽容且具有文化多样性的安大略省（加拿大最大的省，也
可以说是最具普通法传统的省）也不会漠然接受这样的原则。

353

随后发生了一场大规模的争论。反对者认为这种宗教法庭允许不同团体通
过"分割"法律的特定方面而将他们自己排除在《联合国宪章》条款以及制定
法和行政法基本规则的限制范围之外，这将是非常危险的先例。允许设立这样
一个不受管制的"具有私人管辖权的国中之国"将会对加拿大法律的普适性造
成巨大伤害。女权主义活跃分子和加拿大穆斯林妇女委员会（Canadian Council
of Muslim Women）等草根组织进一步强调，这种法庭将会给穆斯林妇女们带

---

〔21〕摘自然·赫雪尔（Ran Hirschl）、阿耶莱特·夏沙（Ayelet Shachar）："分裂的新墙：允许多
样性，限制竞争"（The New Wall of Separation: Permitting Diversity, Restricting Competition），30
Cardozo L. Rev. 2535，第 2554—2556 页，2009 年（省略大部分引文）。
〔22〕参见《仲裁法》（Arbitration Act），S.O.，第 17 章（1991 年），安大略省（允许当事人选择
适用于他们纠纷的法律……这是通过允许当事人选择或区分可适用的法律而实现的）。同时参见约
翰·D. 格雷戈里（John D. Gregory）、安·玛丽·普列德科（Anne Marie Predeko）和朱丽叶·尼高力
（Juliet Nicolet）：《基于信仰的裁决一》（Faith-Based Arbitration 1），2005 年。

来额外的负担，因为她们将会被社会强制要求认可这种基于伊斯兰法的仲裁程序，否则就可能被放逐或被制裁。其他人则担心，这种法庭可能会成为宗教内部政治的附庸并被宗教领导人所左右。随着紧张气氛的升级，这场针对设立基于信仰的法庭的争论变得更加政治化和极端化。正是在这种情况下，安大略省省长道尔顿·麦坚迪（Dalton McGuinty）决定终止这场争辩，他公开宣布不允许根据安大略省仲裁法产生基于宗教信仰的法庭。非诉纠纷解决机制（alternative dispute resolution, ADR）可能会有效减少法院系统的压力，但这并不意味着可以创造一个独立于基本法律原则以外的宗教管辖权。

安大略省总检察长（Attorney General）对于这件事的陈述最清楚地表明了政府的立场。总检察长是安大略省的最高文官，具有发展和解释公民宗教（civil religion）的权利。认识到这次要进行的立法实际上是对仲裁法的修正和补充，司法部长表示：“安大略省的家庭仲裁法必须依据加拿大法施行。”[23] 政府对于私法自治原则挑战的回应是制定相应的官方立法，而“基于其他法律和规则（包括宗教准则）的纠纷解决方法将不具有法律效力，只可作为建议参考”。这项命令于 2006 年生效，在 2007 年更进一步通过法规的形式详细规定。为了使问题更加清楚，总检察长再次确认只有那些承担保障公民宗教实施责任的人才有权代表民众公开发表言论。他强调，“对于所有安大略人来说，只有一个家庭法，那就是加拿大法。”任何其他的规范性、权威性渊源，包括宗教准则在内，都被限制于“非官方”、“未被认可”甚至是“非法律”地位的范围以内。

英国
英国伊斯兰教法委员会（BRITISH SHARI’A COUNCILS）[24]

英国穆斯林所遇到的一个问题就是“蹩脚”婚姻，他们的婚姻关系在一种法律制度中被认为是有效婚姻，但在另一法律制度下却已经解除。因为一些伊斯兰学者认为，根据英国民法而离婚并不具有宗教上的效力，所以很多英国穆

354

〔23〕司法部（Ministry of the Att'y Gen.）：“家庭法修正案”（The Family Statute Law Amendment Act），2005 年 11 月 15 日的记者招待会，参见 http://www.attorneygeneral.jus.gov.on.ca/english/news/2005/20051115-arbitration-bg.asp。这些变化随着 2006 年《仲裁法》第 1 章第 1 条第 2 款（该条后来并入 1991 年《仲裁法》第 2.2 条）和 2007 年根据该法而设的法规而实施。参见《家庭仲裁法》（Family Arbotration），O.Reg. 134/2007。
〔24〕引自艾哈迈德·萨米尔（Sahmeer Ahmed）：“多元化的英国伊斯兰推理：在英国承认伊斯兰法的问题”（Pluralism in British Islamic Reasoning：The Problem with Recognizing Islamic Law in the United Kingdom），载《耶鲁大学国际研究》（Yale J. Int'l L.），2008 年第 33 期，第 491 页，第 492—493 页（引文省略）。

斯林会离两次婚——民法式的和伊斯兰式的。然而，当一个穆斯林男人按照民法程序而不是伊斯兰公认程序与其妻子离婚时，问题就会产生。因为根据对伊斯兰法的解释，他们仍被认为是夫妻，于是他们就处于一种蹩脚婚姻之中。因为在历史上伊斯兰法允许一夫多妻制，所以在上述情况下丈夫仍可以同时通过民法和伊斯兰法再婚。与其相反，妻子则被视为抵押品，不得再婚，因为在很多伊斯兰大众的眼里，她仍然是已婚的。此外，她没办法求助于英国法律，因为这对夫妇已经合法离婚。所以，一些伊斯兰男人，能够通过保留伊斯兰式离婚来胁迫他们的妻子，除非他们的妻子同意在经济补偿、财产和孩子的抚养上作出令他们满意的处理。

由于英国法律体系基本没有可以适当解决蹩脚婚姻问题的救济措施，所以英国穆斯林发展出了他们自己正式的争议解决程序：伊斯兰教法委员会。这些委员会是由一些英国的伊斯兰领袖所建立，他们认识到有必要建立一个非官方的伊斯兰家庭法律体系，从而允许伊斯兰妇女实现与其丈夫"伊斯兰式"的离婚而避免承担被胁迫的风险。伊斯兰教法委员会的基本功能就是行使伊斯兰法官（padis）的功能，向被困于蹩脚婚姻的伊斯兰妇女发布"伊斯兰式离婚"的决定，允许她们离开前夫而无须担心承担宗教上的后果。

目前，英国的法律体系并不认可伊斯兰教法委员会，而对于委员会是否是解决伊斯兰婚姻纠纷及在英国实施伊斯兰家事法的最佳方式，英国的伊斯兰学者们还存在不同的认识。他们之中的大部分人对于该问题都持下面的其中一种观点：（1）英国需要一个合法有效的伊斯兰家事法律体系；（2）非官方的伊斯兰教法委员会足以满足英国伊斯兰的需要或者（3）伊斯兰教法委员会没有必要存在，因为穆斯林可以完全遵守英国法，同时又仍然能够遵循伊斯兰教法的原则。

评论和问题

英国的上述三种观点哪一种看起来更为可取？加拿大是否可以接受这些观点？

2. 女性割礼（Female Circumcision）

355 女性割礼行为——有时指女性外阴毁损（female genital mutilation, FGM）——经常被视作违反妇女权利的宗教实践的例子。伊斯兰学者就女性割礼问题展开了积极的讨论，讨论焦点在于女性割礼是否为宗教法律所要求，或者它只是一种伊斯兰教完全不要求的文化习俗而已。当你阅读下面的摘录时，请思考目前的割礼实践是更多地出于宗教动机还是出于文化习俗的动机。如果一位母亲或者女儿相信他们是为了宗教原因而受割礼，那么这种割礼决定相比于因其他原因而受割礼，是否应当受到更高程度的保护呢？

接受女性外阴毁损的自由与公共健康的保护[25]

出于风俗、传统、宗教、信仰以及美学等非治疗性的原因，女性外阴毁损（FGM）在世界不同的地区存在，通常是在其年龄较小时施行。据了解，它存在于以下不同宗教和信仰的跟随者之中，包括很多基督教派的基督徒、逊尼派（Sunni）和什叶派穆斯林（Shiite Muslims）、埃塞俄比亚犹太人（法拉沙人，the Falasha）以及非洲土著信仰的信徒。女性外阴毁损通常被认为要先于伊斯兰教和基督教等许多一神论宗教而存在。人们普遍认为，任何主流的一神论宗教都没有鼓励或要求进行女性外阴毁损，因此很多人主张女性割礼与宗教联系在一起是错误的。尽管如此，在一些文化中，妇女和女孩仍然认为这一有争议的实践是与她们的宗教或信仰相联系的，包括一些不知名的、非全球性的或是无神论的信仰。她们会认为女性外阴毁损的施行是宗教所要求的或者是出于宗教目的，与人生的特定阶段相联系。基于此，她们会要求对其外在的宗教或信仰自由进行保护。那些青睐于这种实践而反对上述保护妇女更愿意将其称为"女性割礼"、"女性生殖器切割"或者"女性生殖器手术"。在她们看来，"女性外阴毁损"一词是一种来自外人的贬义价值判断，它暗含了对遭受这种经历的妇女和女孩，以及参与其中的人的不友好和不尊重。

如果一个国家出于公共健康利益而明确地禁止任何形式的女性外阴毁损，那么该国的法律就显然与异议妇女对其宗教或信仰的外在表达相冲突。因此我们必须判断国家是否能够以公共健康的原因来解释对妇女外在自由的限制。人们已经确认，国家可以援引"公共健康"的理由而"采取措施来应对威胁全体居民或者个别成员健康的情况"。这些措施必须专门用于预防疾病或者损伤或者为病人或伤者提供救治。

为了证明目前基于"公共健康"利益所采取的限制措施具有合理性，国家必须对涉及异议成年女性和异议女孩的情况作出区分。在异议者为妇女的情况下，国家应当说明女性割礼会带来严重的健康后果。例如，他们可以举证说明女性割礼必然带来直接且长期的健康风险，而这种风险会根据手术的性质和程度而有所不同。主要的身体并发症包括大出血、剧烈疼痛、破坏周围器官、尿

356

---

〔25〕摘自巴伊亚·G. 塔齐布-列（Bahia G. Tahzib-Lie）："异议妇女、宗教或信仰与国家：值得注意的当代挑战"（Contemporary Challenges That Require Attention），载《促进宗教信仰自由手册》（Facilitating Freedom of Religion or belief：A Deskbook），第455页，塔尔·林霍尔姆（Tore Lindholm）、小 W. 科尔·德拉姆（W. Cole Durham, Jr.）、巴伊亚克·G. 塔兹巴列（Bahia G. Tahzib-lie）合编，马蒂纳斯·尼吉霍夫出版社（Martinus Nijhoff），2004年。

潴留、瘢痕疙瘩、反复感染、分娩并发症，甚至在某些情况下导致死亡。除了身体损伤，还可能导致重大打击、情绪紧张以及各种心理、性和生殖方面的障碍。其次，正如很多国际会议和非政府组织的证据所显示的那样，国家可以说明国际社会已经形成强烈共识，公开指责女性外阴毁损是一种严重威胁妇女和女孩健康的行为，并且呼吁各国通过立法来反对它。第三，国家可以表示这种限制并不是随心所欲、不公正或者是基于非理性的考虑。基于公共健康的考虑，这一限制是必要的，而且它还保证了最重要的外部自由。政府当局因此也可以主张他们已经满足了第二和第三方面的内容。

在异议者为女孩的情况下，国家可以同样举出压倒性证据来揭示女性外阴毁损的危害后果。另外，国家可以援引一项国际公认的针对诸如女性外阴毁损等有害行为的禁令，该禁令规定"儿童生长地的宗教或信仰实践不得对其生理或心理健康或者其全面发展造成伤害"。该项禁令表明，为了保护有关女孩的健康甚至生活选择，对外部自由的限制是合理的。此外，国家可以指出这些女孩绝大部分都很年轻，根本不可能给出有根据的赞同。

然而，一些异议妇女是在有认知能力、完全知情的情况下做出同意进行女性外阴毁损的自由选择，她们可能会反对那种认为这种限制是保护公共健康所必需的观点，因为只有她们自己的健康遭受危险……成年人有权对其身体做出选择，包括那些可能对身体造成不利影响并且加重公共卫生体系压力的选择。就此，她们可以指出，相对于女性外阴毁损所带来的影响，公共卫生体系更受过量饮酒和吸烟的困扰。根据这一思路，根据成年人的知情同意权，国家无权禁止个人划破或者切割他们的身体，甚至是伤害他们的身体。

国家可以提出各种理由来证明这种推理思路并不合理。第一，"公共健康"这一词同时包括集体和个体的健康利益。第二，如果该妇女有性伴侣，那么割礼带来的性心理影响和精神影响可能会导致她与其伴侣间的冲突，因此也会影响他的健康和幸福。第三，如果该妇女性欲旺盛且血液中携带有病毒，例如乙肝、先天性免疫缺陷或者后天免疫缺陷（艾滋病病毒），那么女性外阴毁损的结果可能会将这些疾病传染给他人，从而使他人的健康陷入危险。第四，女性外阴毁损能够在怀孕和分娩阶段导致并发症，从而威胁胎儿的生命和健康。第五，国家有义务告知公众女性外阴毁损的风险及其对于健康的不利影响，特别是要告知妇女和女孩，这显得很合理。健康知识和教育是消除女性外阴毁损的关键策略，并且应当被视为一种正常的方式。例如，国家经常性地告知公众过量饮酒和吸烟等公众健康问题所带来的危害结果。第六，不同于过量饮酒和吸烟，女性外阴毁损被禁止是因为它对身体构成直接的和长期的健康危险。涉及部分或全部切除女性外阴的任何形式的女性外阴毁损都是不可挽回的。第七，公共卫生体系的性质表明，社会作为一个整体将承担治疗女性外阴毁损所带来的并发症的费用，而这种并发症经常发生且以多种形式出现。由于涉及公共财政的问题，所以这又说明了禁止该行为是基于"公共"利益的考虑。此外，很多非洲国家已经指出女性外阴切割构成了"影响卫生服务的主要公共健康问题，而卫生服务早已资源匮乏、不堪重负"。然而对于世界其他地区来说，最后一个理由可能并不成立或者问题并没有那么严重，例如，在一些地方，过量饮酒和吸食尼古丁相对来说会给公共卫生体系带来更大的负担。

政府可能会发现，第二条、第三条、第四条原因同样可以表明他人的健康正濒于险境。除了公共健康理由，政府也可以依赖于他人的基本权利和自由这一点来禁止女性外阴毁损，特别是他人享受最高水平的健康的权利。

上述内容表明有足够的理由可以相信，基于公共健康，禁止女性外阴毁损是必要的。

但是，在这方面，重要的是要强调政府需要采取一个开阔的策略来改变个人行为和社会规范，从而阻止人们实践女性割礼。国家应当关注受到影响的妇女和女孩，并且在坚持禁止女性割礼的情况下，帮助她们寻找可以替代女性割礼的无害方案。例如，在那些女性割礼象征女孩长大成人的传统中，可以鼓励佩戴上一个特别的手镯或者进行象征性的礼物馈赠。通过这种方式，隐藏在女性割礼背后的仪式性传统可以在不进行该有害实践的情况下得以继续。

评论和问题

1. 回答女性割礼是一个文化实践还是一个宗教实践这一问题有何重要意义？这是否使我们更容易证明，阻止该实践的干预措施具有合理性？它是否使得干预措施更可能成功？如果主要是因为母亲们而不是父亲们的原因造成该种实践的持续，是否会有所不同？

2. 很明显只要是在有不同宗教信仰诠释的地方，一个人就可能会要求宗教自由对其某一观点进行保护，即使在其传统中另一种观点才是主流观点。但是当某人善意但错误地把某一信念设想为宗教时，其是否可以要求为其信念提供宗教自由保护？

3. 你觉得男性割礼的情况是否相同？它经常发生在刚出生的婴儿身上，这是否有问题？如果父母让孩子进行割礼是出于宗教、文化或者健康的原因，这是否有影响？这应该由父母做决定，还是国家在这方面拥有足够重大的利益可以进行干预？你的答案是否取决于你（或者你的伴侣）是否受过割礼？

4. 是否容许家长式地援引公共卫生作为理由，也就是说，对于那些要求宗教自由权利、反对干预的人，是否可以援引公共卫生理由干预其生活？

附加网络资源：	关于女性割礼的附加资料（代表了多种意见）以及宗教信仰自由与原住民权利的对立情形

六、对于性取向少数派的歧视：关于同性婚姻的论战

在世界上很多地方，包括美国，同性婚姻已经成为一场激烈的争论。2008年5月15日，加利福尼亚最高法院正式宣布了一项裁决，使得同性婚姻在该州合法化。数以百计的个人和组织向法庭提交了意见陈述。正如每个美国州最高法院审理的同性婚姻案件一样，在该案中，众多宗教机构的代表在向法庭提交意见的过程中形成了对于该问题的两派观点。他们对同性婚姻合法化对宗教自由所产生的影响发表了观点，虽然法庭没有直接论述任何一方的观点，但是下文对立双方的意见摘录将阐述争论的性质以及各方对自己观点准确性的确定程度。

第一种意见陈述支持婚姻仅存在于男人和女人之间，这一意见由贝克特宗教自由基金（Becket Fund for Religious Liberty）于2008年5月在加利福尼亚重婚案件中提出。第二种意见支持同性婚姻，由该案件的被告所提出。这一重婚案件始于2004年2月，当时的旧金山市市长不顾成文法相关条款规定开始向同性夫妇发放结婚证，该条款于2000年由61.4%的加利福尼亚选民通过，将婚姻限定于异性夫妇之间。加利福尼亚最高法院命令市政府官员执行州的现行法律，但是，由于这个问题当时并没有经过法庭审理，因此法庭并没有就该法律条款是否合宪作出判决。不久之后，有人提起了几次诉讼，他们挑战将婚姻限定在男人和女人之间的法律条文的合宪性。当这一案件于2008年5月到达加利福尼亚最高法院时，法庭以4比3作出裁定，认为这一法令确实违背了州宪法。除其他事项外，法庭认为，加利福尼亚宪法保障所有个人和夫妇的基本婚姻权利，而不论其性取向。但是，法庭的裁决仅仅在几个月之后就被第八修正议案（Proposition 8）否决，这次备受争议的提案在2008年11月的选举中被提出，该提案再次将加利福尼亚合法婚姻定义为一男一女之间的婚姻。投票的结果非常接近，大约52%的投票者支持第八修正议案而48%的人表示反对。在选举后几乎即刻就有人对第八修正议案提出诉讼。2009年5月，加利福尼亚最高法院确认了第八修正议案，但是也允许任何已存在的同性婚姻，维持该种婚姻在该州的合法性。

再婚案例

贝克特宗教自由基金支持州被告而提交的申请和法庭之友（Amicus Curiae 协助法庭解决问题的人）

加利福尼亚最高法院，2007 年 11 月 14 日，183 P.3d 384（2008 年）

建议意见（摘录）

法庭之友的申请和利益

……在 2005 年 12 月，贝克特基金主持了一个研讨会，邀请跨政治和宗教领域的著名宪法第一修正案学者参加，来讨论同性婚姻合法化对于宗教自由的影响，研讨会的最终成果是一部学术论文集。[26]

尽管一些学者完全支持同性婚姻而另一些则表示反对，但他们都认同一个结论——修改"婚姻"的法律定义使其能够包括同性婚姻，将会对第一修正案的言论自由和宗教条款带来前所未有的法律冲突。

确切地说，扩大合法婚姻范围使其包括同性婚姻将会触发无数的政府禁令和对宗教机构的处罚，因为作为一个宗教良心问题，宗教机构认为婚姻应当被限制在异性夫妇之间，所以在道德上不能同等对待同性的结合。

I. 使同性婚姻合法化将会带来针对宗教机构的民事诉讼，因为它们在道德上拒绝给予合法婚姻下的同性伴侣与异性夫妇同等的待遇 360

A. 根据反歧视就业法规（employment anti-discrimination laws），宗教机构若在其就业政策中表明对同性婚姻的反对，它们将面临诉讼风险

在古德里奇案（Goodridge）之前〔27〕，法院通常不要求雇主将津贴范围延及同性伴侣，州或市的反歧视法规中也没有具体的规定。但是在那些案件中的推理表明，如果婚姻被重新定义，那么拒绝给予配偶津贴的判决也将需要考虑。宗教背景的雇主将自动被要求为所有合法"配偶"提供保险——包括夫妻配偶和同性配偶——以遵从国家和地方政府的反歧视法规……

B. 根据公平住房法规（fair housing laws），宗教机构若拒绝向同性配偶提供与男女配偶相同条件的住房津贴，它们将面临诉讼风险

在少数州，法院会越过强烈的宗教反对，强迫房东减轻其承租人中未婚同

---

〔26〕此处提到的论文集是指道格拉斯·赖考克（Douglas Laycock）、小安东尼·R.皮卡尔洛（Anthony R.Picarello, Jr）和罗宾·弗雷特维尔·威尔逊（Robin Fretwell Wilson）主编的《同性婚姻与宗教自由：新兴的冲突》（Same-Sex Marriage and Religious Liberty: Emerging Conflicts），偌门和利特菲尔德出版社（Rowman&Littlefield），2008 年。

〔27〕古德里奇诉公共卫生部案（Goodridge v.Dept. of Pub. Health），440 Mass. 309，798 N.E.2d 941（2003 年）（使得同性婚姻合法化的马萨诸塞州案例）。

居者的租金。如果不得因为对婚姻状态的保护而在住房方面歧视未婚情侣，那么合法的同性夫妇就应当受到相对更强的保护，因为公共政策倾向于将对婚姻的支持和资助作为一种惯例，特别是在像加利福尼亚这样禁止歧视婚姻状态的州。

但是，我们没必要要求以类推的方式来看待下面宗教学校不允许同性同居的情况。在莱文诉犹太大学案（Levin v. Yeshiva University, 96 N.Y. 2d 484, 2001年）中，纽约上诉法院（The New York Court of Appeals）的判决直接针对这一问题。在莱文案中，法院认为，在该大学拒绝将已婚学生的住房津贴提供给未婚的同性伴侣后，这两位女同性恋学生提出了有力的基于性取向歧视的"差别性影响"诉讼。所以，在本案原告申请承认同性婚姻前，宗教大学贯彻自己信仰的权利——特别是，支持和赞成已婚的夫妻学生——早已受到质疑，大学被认为存在非法歧视。

如果法院遵循古德里奇案（Goodridge）和莱文案（Levin）的推理，那么地方机关将很可能强迫宗教学校补助或以其他方法为同性同居提供便利，以此来要求宗教学校违反其信仰。

C. 根据公共设施法规（public accommodation laws），宗教机构若拒绝向同性配偶提供与男女配偶相同条件的服务或设施，它们将面临诉讼风险

从医院、学校到咨询辅导、婚礼服务，宗教机构为其成员和一般公众提供了广泛的方案和设施。对于他们会提供何种宗教服务和设施以及具体为谁提供这些服务，宗教机构在历史上拥有广泛的选择自由。但是，因为两个原因，改变婚姻的法律定义可能要求对这一理解进行重新评估。第一，加利福尼亚等州已经将性别、性取向以及婚姻状况作为公共设施法规的受保护类别。第二，宗教机构及其相关部门正面临被宣布为公共设施场所的巨大危险，这会使它们受制于旨在规制世俗商业活动的法律制度。当结合同性婚姻合法化时，这两方面原因，将使得那些基于宗教原因而拒绝为已婚同性配偶提供相同服务的宗教部门，承受广泛的责任。

对于那些拥有非常开放的会员资格和服务政策的宗教机构来说，这一风险尤其严重。具有讽刺意味的是，一个宗教机构越是想出于宗教动机来努力事奉普通公众（相对于其教友而言），其服务和设施就越有风险被作为"面向公众"的事物而受公共设施法规所调整。例如，在天主教慈善基金诉萨克拉曼多高等法院（Catholic Charities v. Superior Court of Sacramento, 32 Cal. 4th 527, 2004年）一案中，法庭发现，天主教慈善基金既不是由足够的教徒组成，也没有在其服务条款中加入足够的宗教价值观，因此，它不能基于宗教原因而免受要求为其

雇员办理处方避孕保险的法律的规制。换句话说，如果一项出于宗教动机的服务同样提供世俗服务，那么该组织的宗教动机并不足以成为其免于政府管制的宗教自由抗辩理由，即使该组织具有一个宗教身份，例如它是"天主教会的组成部分"。（同上，第539页）……

与其他的一些州不同，加利福尼亚州的公共设施法规在禁止性别、婚姻状况以及性取向歧视等方面，并没有明确的宗教豁免。

D. 宗教机构若公开表达其对于同性婚姻的宗教性反对，它们将面临仇恨言论和仇恨犯罪的诉讼风险

虽然加利福尼亚州在其民事和刑事反仇恨条款（anti-hate provisions）中特别豁免了非暴力言论，但是对于那些"煽动"企业基于某组织成员或顾客的性取向而抵制该组织的人，法律却允许对其施予惩罚。所以，如果一位牧师或伊玛目（imam，清真寺内率领伊斯兰教徒做礼拜的人）告诉企业主他们有不光顾同性婚姻组织的宗教义务，那么他可能要承担煽动他人非法抵制的责任。但是，即使法律没有禁止仇恨言论，反对同性婚姻的典型宗教言论所引起的诉讼在美国也不再只是猜想而已。

II. 同性婚姻合法化也会产生这种风险，即对于那些拒绝给予同性配偶与异性配偶同等道德待遇的宗教机构，政府会剥夺给它们的津贴

正如上面所讨论的，同性婚姻的合法化将会引发大量的诉讼，这些诉讼主要针对政府直接调整宗教机构婚姻相关政策的反歧视法规。另一个争论也将接踵而至，那就是政府是否可能取消对那些宗教机构的资助或者不再提供政府津贴，因为它们长期反对同性婚姻而被政府定性为"歧视者"。政府也早已表示，法律或者公共政策都阻止政府向这种歧视性的宗教机构提供政府服务，甚至是与其发生联系。

很多政府资助的项目要求接受资助者应当"为公共利益"而运行，或者他们的行动不能"与公共政策相违背"。所以那些拒绝认可、资助或者执行国家认可的同性婚姻的宗教机构很容易会被发现违背了这些一般准则，因此它们也失去了进入公共论坛、获得政府资助或者免税地位的机会。在一些州，法院和立法机关无法迫使宗教团体接受同性婚姻规范，但收回特殊政府津贴和设施也被证明同样有效。面临风险的政府津贴的金额较大，而且在以信仰为基础的组织与州和联邦政府在医疗、教育以及"慈善选择"项目上的合作越来越多的情况下，面临风险的金额只会越来越大。

A. 宗教机构若拒绝承认同性婚姻的，它们将面临失去免税地位的风险

……凡政治意愿所支持的决定，立法和行政行为也可能会对其言听计从。正如在鲍勃·琼斯诉美国（Bob Jones v. United States）一案中，法院认定坚持夫妻婚姻的崇拜场所与"一般的社会良心如此的不一致以至于侵害了任何否则可能被赋予的公共利益"（同上，第592页），因此必须撤销他们的免税地位。虽然根据第一修正案那些机构在法庭上将无法抗辩，但征税机关却无须做到通过令其恐惧来要求他们遵从的程度。仅仅是失去免税地位的威胁就会迫使很多宗教机构遵从，而犯不着冒险去严重危及他们迫切提供社会和精神服务的能力。

B. 宗教机构若拒绝承认同性婚姻，它们将面临被排除不得参与竞争政府资助的社会服务合约的风险

即使礼拜场所没有成为攻击目标，那么附属于它们的宗教性社会服务机构也可能会成为诉讼对象。按照目前的情况，宗教性大学、慈善机构和医院都获得大量政府资助，但是这种资助可能在某一天因诉讼或者监管机构的决定而被剥夺……

在有关收养的情况下，宗教机构也面临一个相关问题。州政府是否会强迫宗教机构将孤儿置于同性配偶的照顾之下？这种情况已经发生。在马萨诸塞州，大型的宗教性社会服务组织波士顿天主教慈善会（Boston Catholic Charities）被迫退出收养事宜，因为它被强迫在将儿童寄养在同性恋夫妇那里（违反其宗教信仰）与失去其州收养代理许可证之间做出选择。

……爱荷华州（Iowa）的基督教青年会（The Young Men's Christian Associati-on，简称YMCA）被强迫改变其对于"家庭"的定义，以包括男同性恋或女同性恋的结合，否则其将失去政府对基督教青年会社区方案102000美元的资助。在该案中，基督教青年会被认为违反了得梅因市（Des Moines，爱荷华州的首府）的公共设施法规，因为其拒绝向一对已经在佛蒙特州（Vermont）结婚的女同性恋伴侣提供"家庭成员"补助。为了处理这一问题，基督教青年会通过创造一个新的成员类别从而允许男同性恋或女同性恋配偶得到与"家庭"成员同等的补助——但是市议会并不满意并且要求基督教青年会在其对于"家庭"的定义中包括男同性恋和女同性恋，否则其将会失去政府资助。

C. 宗教机构若拒绝承认同性婚姻，它们将面临被排除出政府设施和政府论坛的风险

一方面，宗教机构可能将面临无法公平获得一系列不同补贴的挑战，另一方面则可能失去参与他们可以自由讨论其宗教信仰的论坛的机会。一种可用的相似例子就是美国童子军（Boy Scouts of America）将继续面对因其成员资格标

准而产生的报复。童子军备受争议的要求——即其成员信奉上帝并且不提倡或不参与同性恋行为——已经引发了很多诉讼。这些由政治活动家和政府当局提起的诉讼试图拒绝让童子军获得政府补助或进入公共论坛。

政府对于童子军的排斥只不过是一种预兆，这同样会发生在那些基于宗教信仰坚持反对同性婚姻的宗教机构身上，特别是在那些同性婚姻已经合法化的司法管辖区域内。这些宗教机构将会被强迫要么改变他们对于同性婚姻的信念和思想，要么冒险承担雪崩式的诉讼以及应对试图将其排除出公共特权和津贴范围的地方政府法令。

D. 宗教机构若拒绝承认同性婚姻，它们将面临被免除颁发结婚证的政府职能的风险

宗教机构可能很快会面临一个无法回避的抉择：或者抛弃他们关于婚姻的宗教原则或者被剥夺执行法律认可婚姻的能力。由于法院推动婚姻的民事定义，使其与历史性的宗教定义产生更大的冲突，因此关于如何庆祝世俗婚姻（civil marriage）以及由谁主持庆祝活动的争议将不可避免地加大。

如果牧师为夫妻合法证婚时是行使公务员的职能，那么他们可能很快就会像公务员一样受到法律规制。佛蒙特州（Vermont）已经作出规定，如果神职人员基于宗教原因拒绝向同性配偶颁发结婚证，因而被解雇，其宗教活动自由权利并未受到侵犯。而且至少 12 位持反对意见的马萨诸塞州（Massachusetts）治安法官因为拒绝执行同性婚姻而被迫辞职，尽管他们非常愿意并且很有能力执行异性婚姻。由于牧师在合法主持婚姻时履行了重要的政府职能，因此有人可能会强烈要求解除那些拒绝主持同性婚姻的牧师执行该民事职能的权力，而不顾他们基于宗教活动自由的反对。

总结

总的来说，如果法庭支持原告，那么加利福尼亚州的法院毫无疑问，将因为最近极具争议性的"婚姻"的宗教和法律定义问题而面临一波政教关系诉讼的浪潮，法庭之友主张法庭做出不利于原告的决定，以使得那些新的冲突不会产生。

被告对于法官之友意见的统一答复（摘录）

364

IV. 规定加利福尼亚州必须允许同性伴侣结婚与宪法的宗教中立性要求相一致

一些法庭之友（amici）认为加利福尼亚州宪法允许州政府将同性伴侣排除在婚姻之外，因为"几乎所有信仰团体"大概都会支持这种排除。这一说法不成立，原因有二。第一，从事实上看它是错误的：很多宗教团体在教义上和实践中都确认，同性伴侣有权结婚。第二，即使所有信仰团体都反对同性婚姻，

宪法也不能依靠宗教信仰来证明，民事婚姻法规中的歧视具有合理性。

另一些人则认为允许同性伴侣结婚会通过禁止宗教机构歧视同性伴侣而侵害他们的宗教自由。如下文所述，这种观点误解了宪法施予宗教的保护，该保护确保牧师不被要求主持一个与其宗教信仰不一致的婚姻。这种观点也忽视了加利福尼亚州的法律环境，其法律已经禁止对同性配偶的歧视，同时也规定了对这种禁止的豁免以保护宗教自由。允许同性伴侣结婚不会限制任何其他人的宗教自由。

A. 法院裁决婚姻案件应当基于中立的宪法原则而不立足于或偏好任何特定的宗教

……这些婚姻案件涉及的是世俗婚姻，而不是任何的宗教圣礼或仪式。虽然在很多国家世俗婚姻的历史和宗教信仰纠缠在一起，甚至在一些国家与其国教相联系，但是如今在加利福尼亚州，婚姻却具有一个宗教上中立、由国家赋权的地位。在对哪些人可以结婚这个问题的理解上，世俗和宗教之间存在很大的不同。例如，有些宗教不允许离婚或者再婚；另一些宗教则认为不同宗教信仰的人不应当结婚。宗教理解与法律规则之间的这些不同之处大量存在于加利福尼亚州和整个国家。

宗教信徒有自由（正如双方的法庭之友所做）主张与其宗教信仰一致的法律并且在其宗教信仰的激励下成为积极的倡导者。但是州政府不能仅根据其是否符合特定团体的宗教信仰来制定一部法律。要求确保加利福尼亚州的法律与特定宗教保持一致，并不是一个合法的政府利益。一个半世纪以来，加利福尼亚州有关州和联邦宪法中宗教条款的判例清楚地表明了这一点。在纽曼单方诉讼案（Ex Parte Newman）中，本法院接受了"宗教自由的最广含义——教会和政府完全独立，而且所有宗教派别之间无差别地完全平等"。当狂热（包括宗教狂热）达到顶峰之时，正是法院应当通过公平而一致地运用宗教中立的宪法原则来满足少数派法律要求的时候。

365   我们的国家（美国）是一个宗教多样化的国家。在大量的基督教教派的内部，也存在着各种各样的信仰和实践。此外，我们中的很大一部分人信奉非基督教或者不信教。要尊重本国人民选择不同宗教的自由，就要求政府既不能表示出对任何特定的宗教实践的支持，也不能对任何宗教问题表明立场。

B. 允许同性伴侣结婚不会侵犯宗教信仰自由

贝克特基金会（Becket Fund）假定，如果允许同性伴侣结婚，那么宗教机构在"拒绝给予同性配偶与异性配偶同等道德待遇的时候"，可能会面临承担民事责任的风险，并且这样的宗教机构可能会被剥夺公共补贴，这样的话，宗教机构将面临"无处不在的政教冲突的风险"。如下文所述，贝克特基金会设想的情况并没有涉及宪法权利，并且在很大程度上忽视了一个基本问题，即加利福尼亚州法律已经普遍要求同性恋配偶在商业交易和公共计划中得到平等的对待，同时为了满足不同信仰者的要求已经规定了例外情况。

a. 婚姻仪式的主持

主持宗教婚姻仪式的牧师有权只主持与其宗教信仰相符的宗教婚礼，并且他们受到严格的宪法原则的保护，可以不被强迫去主持其他的婚礼。（美国宪法第一修正案；加利福尼亚州宪法第 1 条第 4 款。）所以，神职人员和宗教团体可以因为某人之前离过婚或者因为两人有不同的宗教信仰而拒绝主持其婚礼。即使这些人明显有权进入民事婚姻，政府也不能要求神职人员和宗教团体这么做。当法院裁定允许同性伴侣结婚时，牧师和宗教团体会受到同样的宪法保护。

然而，贝克特基金会却作出推测，认为宗教机构将不得不选择执行他们不赞成的婚礼仪式或者完全放弃主持婚礼仪式。这种推测是毫无根据的。贝克特基金会所依靠的是佛蒙特州和马萨诸塞州的事例，在这些事例中，政府官员分别被禁止拒绝向同性伴侣颁发结婚证以及为其主持世俗婚礼。基于这些例子，贝克特基金会试图制造牧师"很快就可能会像公务员那样受管制"的问题。贝克特基金会错误地将牧师与政府的公职人员混为一谈。即使同性伴侣被允许结婚，牧师仍可以自由地拒绝主持那些与其宗教信仰不相符的婚姻仪式，而政府公职人员则仍会被要求在执行公务时遵守法律。

b. 就业、住房和公共设施

贝克特基金会声称，如果允许同性伴侣结婚，宗教机构将会被要求不得在就业、住房和公共设施方面歧视已婚的同性配偶，这将会侵害宗教机构的权利。（贝克特基金会意见第 7—10 页。）出于两个基本理由，这些担心是毫无根据的。第一，加利福尼亚州法律已经豁免了反歧视法对于宗教组织和宗教机构的适用。允许同性伴侣结婚不会以任何方式缩小宗教自由保护的现有范围。例如，宗教机构保有录用和解雇其神职人员的能力，同时他们有权将对其教育机构的招聘范围限定于那些与其有共同宗教观点的人。

366

---

〔28〕贝克特基金会设想一些宗教性学院和大学尤其可能会反对同性配偶同居于学生和教师宿舍。虽然《教育法》（Education Code）禁止教育机构对性取向的歧视，但是这种禁止只有当私立宗教性教育机构接受公众资助时才对其适用。参见参议院第 777 号法案（2007-2008 Reg. Sess.），第 1.5 条；《教育法》第 200、220 条。

同样，《公平就业和住房法》（FEHA）已经豁免了那些由非营利性的宗教组织和社团管理的、通常不对公众开放的住房 [《政府法典》（Gov.Code），§12955.4.]。[28] 同样地，根据《昂鲁法案》[Unruh Act《政府法典》§51，subd.（b）]，不构成"商业机构"的私人非营利性团体已经得到《昂鲁法案》的豁免。允许同性伴侣结婚并不会改变这些豁免。

第二，当某雇主、房东或者机构没有获得宗教豁免的资格而要遵从有效的反歧视法时，那些禁止基于婚姻状况和性取向而歧视他人的法定禁令已经以同样的方式保护夫妻配偶和经登记的同性伴侣。例如，《家庭法》第五章第297.5条（Family Code Section 297.5）规定："经登记的同性伴侣在反歧视方面享有与夫妻配偶同样的权利。"在克柏科（Koebke）案中，本法院认可对该条款进行广义理解，"即不得歧视对待经登记的同性伴侣和夫妻配偶"。同样，同性配偶已经有权利要求，受《昂鲁民权法案》（Unruh Civil Rights Act）支配的机构对其平等对待。另外，州法律已经要求健康维持计划和保险政策平等地涵盖夫妻配偶和经登记的同性伴侣。根据这些已经确立的反歧视保护，允许同性伴侣结婚将不会改变那些雇主、房东或机构的法律地位，因为他们原本就必须遵守现有的反歧视法律。

c. 仇恨犯罪法（hate crime laws）中的法律责任

贝克特基金会声称，牧师可能会因为表达对同性恋关系的宗教性谴责而遭遇刑事诉讼或民事诉讼，这也是站不住脚的。加利福尼亚州的仇恨犯罪法禁止以暴力方式反对同性恋，但却并没有规定仅因言论可以产生民事或刑事责任。如果同性伴侣被允许结婚，这种标准也不会改变。

贝克特基金会还令人难以置信地认为，根据《民法典》第51.5条（Civil Code section 51.5. Provision）的相关宗教性命令，"如果一位牧师或伊玛目告诉企业主他们有不光顾同性婚姻组织的宗教义务，那么他可能要承担非法煽动他人抵制的责任。"但是，不管是否允许同性伴侣结婚，他们都受到宪法的保护，而且这种保护将会持续。在实践中，宗教机构及其领袖有时会号召他们的追随者不要光顾那些对同性恋雇员和顾客持支持态度的企业。同性伴侣是否被允许结婚不会影响他们的该种能力。即使万一《民法典》第51.5条被解释为可以适用于这种抵制，那么，不管同性伴侣是否被允许结婚，它都会适用。

d. 政府合约、拨款和其他津贴

贝克特基金会同时认为，如果宗教机构不遵守州政府和地方政府在政府拨款和政府合约中所要求的反歧视条款，那么它们可能会失去政府拨款和津贴。

的确，法院最近全体一致地裁定，政府可以决定，接受公共拨款和津贴的条件之一就是同意在政府拨款的项目中不得进行差别对待。很明显，这种反歧视的要求同样也不会侵犯宗教活动自由。允许同性伴侣结婚也不会影响这种固有的法律机制。

e. 税收豁免地位

贝克特基金会认为，享有免税地位的宗教学校或其他宗教机构，可能会因为歧视同性恋配偶而被撤销其联邦税收豁免地位。根据基金会所描述的情况，该担心并不可信。贝克特基金会援引了我国历史上唯一的相关案例，在该案中，一个宗教大学因为一项歧视性政策而失去其联邦税收豁免地位——该案中的歧视属于种族歧视。不管怎样，贝克特基金会也承认，并没有其他宗教机构因为任何形式的歧视而失去其免税地位，而且［尤其是根据联邦《婚姻保护法》(Defense of Marriage Act)，其禁止联邦承认同性婚姻］，联邦法律不太可能在短期内对任何歧视同性配偶的机构施加惩罚。

评论和问题

1. 在这个同性婚姻案中，关于法院判决结果对宗教自由的影响，双方在哪些领域达成了一致意见？双方通过何种方式预测出不同的结果？你作何感想？

2. 贝克特基金会认为那些拒绝执行或承认同性婚姻的教会将很容易失去其税收豁免地位，是否正如被告方所称，"该担心并不可信"？或者说，鲍勃·琼斯大学案（Bob Jones University）是否能为该相关机构提供依据？

3. 如果同性配偶的宗教（或信仰）承认同性婚姻，那么基于宗教信仰而拒绝为同性婚姻提供便利的权利是否与同性配偶的权利相称？对于被允许的行为，宗教活动自由是否会以与保护受宗教信仰所支配和激励的行为同样的方式来保护之？

368

附加网络资源：	关于同性婚姻的额外资料，包括在许多欧洲国家的发展；以及关于宗教信仰自由和儿童权利的内容

七、结论

正如本章开头所述，我们不应当夸大宗教信仰自由与其他重要人权和人类幸福之间的冲突。然而，这种冲突确实会产生，并且需要谨慎应对。值得关注的是，通常冲突并不在于宗教信仰自由本身，而是存在于某一特定宗教或宗教信仰与一些其他价值（可能是一个相冲突的宗教信仰或世俗信念）之间。在这种情况下，宗教或信仰自由保护个人持有其宗教或者宗教信仰的权利，即使该信仰可能会造成冲突。但是宗教信仰自由本身并不是造成对立的根源；冲突通常是伴随着一个特定的宗教或宗教信仰而来，而不是宗教信仰自由这一概念。某一宗教与另一价值之间的冲突，以及宗教与该价值间的冲突，这两者不可混为一谈，更不用说宗教自由与该价值间的冲突了。

在冲突真正产生时，记住欧洲法院（European Court）的建议对解决冲突很重要：

> 根据宗教自由的含义，人们不得基于推广其宗教信仰的愿望而对他人施加不合适的压力……但是，在这种情况下，政府的作用不是通过消除多元化来消除引起矛盾的原因，而是确保相竞争的各群体相互容忍……[29]

在试图遵循这一建议时，重要的是要记住民主的多数派自身通常会很关注他们中间少数派的权利和需求。而且不要因为法律知识的缺乏而内疚，这一点也很重要。我们要认识到，在这个领域中，我们即使不以法律手段作为主要解决方法，也可以有所收获，在用非法律中心主义的方法来解决这些问题时我们也能从这一领域获益。教育和态度，而不是成文法，通常才是找到解决办法的关键。

---

〔29〕耶和华见证会的葛丹妮聚会处诉乔治亚州案（Gldani Congregation of Jehovah's Witnesses v. Georgia），App. No. 71156/01，欧洲人权法院（2007 年 5 月 3 日），132 页，引自瑟瑞夫诉希腊（Serif v. Greece）一案，App. No. 38178/97，欧洲人权法院（1999 年 12 月 14 日），53 页。

第三编 — 宗教机构和国家的关系

本编重点关注宗教机构和国家的关系问题。尽管有关宗教信仰自由的现代国际宪政标准渐渐趋同〔如负担／干涉分析（burden/interference analysis），遵守法制，宗教自由的法律限度，必要性／比例相称性分析〕，但是政教关系有其复杂的历史和文化背景，并在不同的国家表现为不同的形式。有关这些差异的大体思路框架已在第四章中提及（参见第四章第二部分）。政教关系的多种表现形式让我们的比较分析变得非常复杂，但也更饶有趣味。

本编各章所涉及的问题大多与美国宪法第一修正案禁止的"设立国教"问题有关。世界上其他地区的宪政学者常认为这种政教分离原则与他们的国情不相关联，因为大多数国家的宪法中并未设置政教分离条款。世界范围内更为典型的模式是政教协作，许多国家还进一步地建立了官方宗教。

但事实上，正如第四章中提到的那样，各种不同的政教关系体制之间呈现出实质的趋同现象。一方面，美国近些年来对于政教分离原则（non—establishment principle）的解释使得政府和宗教组织之间的合作更为容易。这些并非没有争议，例如"信仰行动计划"（faith—based initiatives）所受到的批评。但是，给予宗教机构对于进入政府设施及项目的"平等机会"原则使潜在的合作范围不断拓展，甚至发展到国家以一定补贴的形式支持宗教组织举办的活动。同样，其他有着深厚的政教分离传统的国家，例如法国，也向宗教性组织提供了大量的财政帮助。

另一方面，美国的许多宗教问题在禁止立教条款的规定之下得到分析和研究，而类似的宗教问题，在欧洲等地区所适用的各种法律规范制度下亦得到讨论，这些规范包括宪法上的宗教自由条款、宗教自治规范、平等规范以及规制宗教团体间关系的各种制定法、协议等。而且，美国的方法并非人们认为的那般独特，因为实际在许多国家，例如日本、菲律宾和澳大利亚的宪法中都有类似于美国禁止立教条款的规定（虽然这些规定常常被从其他角度来理解）。再者，相当多的宪法条文强调政府应当扮演一种世俗角色。在现代法律语境下此类世俗条款的具体要求还需要经过更深入的探究。总之，尽管存在巨大的历史和文化差异，通过对各地区情况的比较分析依然会得到相当丰硕的成果。

第十章 宗教自治

一、引言

一般说来，"自治"这个词被作为"自主"（liberty）、"自由"（freedom）的同义词使用。在此种语意下，宗教自治很可能简单地被视为有关宗教信仰自由的一般性权利。但在本章中，我们将在一个更为特定的语意下使用"宗教自治"，它特指宗教团体独立决定自己的教规与教义、宗教使命、组织和社团结构集会方式（例如：圣统制、联络制、代表制等等）、成员、内部规范和管理体系等，总的来说，即自主决定它们的真正属性以及愿望。

佩里·戴恩（Perry Dane）教授对"宗教自治的法律问题"阐述如下：

> 世俗法律力图实现宗教自治，尤其是其制度及组织结构方面的自治。在美国，宗教自治在如下背景下进行讨论：首先是传统的有关教会财产、成员的争论，其中世俗法庭不得不在宗教团体范围内来按照其治理结构作出判断；其次是近来被提出的问题，即诸如劳动法、民事权利法、渎职法、诽谤法和合同法这些监管体制，能在多大程度上对宗教团体内部的关系进行干预……
>
> 在美国，许多因"禁止立教条款"而起的争论——诸如政府对于宗教活动、宗教组织的赞助和财政支持——可被理解为试图在一般或"整体"层面上解决有关分离原则的问题。而有关"宗教自由活动条款"（Free Exercise Clause）的许多争论则可在"个体"层面上进行理解，它们多是为了让这一原则得到调整以适用于特定的宗教以及宗教信徒。在这些"个体"问题之中最重要的是基于宗教的豁免问题，其解决方案至今饱受诟病……
>
> "宗教自治"这一问题涉及禁止立教和宗教自由活动两大条款，因此，需要在"整体"和"个体"两个层面上为宗教和政府划定界限。就"宗教自由活动条款"而言，宗教自治是宗教自主的一种表现形式，但同时其也有自己的特性。一方面，它在整体上包含着明确的机构或集体利益，而非仅仅是个体利益。另一方面，至少那些要求宗教自治的典型主张，并不基于某一个特定宗教团体的形式提出，相反，它们要求限制政府对"任何"宗教组织的干预。例如：有人主张世俗反歧视法律不得适用于神职人员的选任，这样的主张并不单针对那些

在教规中存在区别待遇条款的宗教组织，而适用于所有组织，其依据这样一种基本理念：政府不能干涉任何教会职务的任命。如此，相对于宗教豁免这种纯粹的"个体"主张，宗教自治是一种完全不同的主张。[1]

在德国政教关系理论中，宗教自治与"教会的自决权"联系在一起。[2] 这一理念被写入《魏玛宪法》第 137 条第 3 款，同时也体现在德国《基本法》第 140 条："宗教组织可以在法律的一般性限制内独立管理自己的事务。"这一条款确立了对宗教自治的广泛保护，其中所包含的公式化的限制性表述，随着时间的推移逐步地进行了狭义解释。[3] "与宗教自由、政教分离并列，对教会的自决权的确认构成了（德国）宪法（基本法）中政教关系体系的第三个支柱。"[4] 宗教组织的自决权重合但又独立于基本法第 4 条对于宗教信仰自由的基本保护。[5]

373 独立自主权在最广泛的层面上确保了"宗教自治"这一概念。"宪法不仅赋予宗教组织自我管理的权力，而且承认它们的自主决定权，以及免于政府监管和控制的完全自由。"[6] 其适用范围已经超出了"内部"宗教事务，因为在德国宗教被视为拥有一定公共维度，宗教事务的管理就其性质而言已经扩展到了公共领域。自决权的范围涵盖宗教组织自身的所有事务。[7] 也就是说，这些事务显然属于宗教组织层面，但是已经超出了内部事务范畴。教会的宗教使命以及其

---

〔1〕佩里·戴恩（Perry Dane）："不同种类的宗教自治"（The Varieties o f Religious Autonomy），载格哈德·罗伯茨（Gerhard Robbers）主编，《教会自治：一个比较性的考察》（Church Autonomy: A Comparative Survey），皮特·朗出版社（Peter Lang），2001 年，第 119—120 页。

〔2〕参见赫尔曼·冯·曼戈尔特（Hermann von Mangoldt）et al., 14 Das Bonner Grundgesetz Kommentar, Rdn., Vahlen Verlag, 1991 年第 3 次修订，第 75、77 页。

〔3〕"法律的一般性限制"一词源于 18 世纪，但后来一直被缩小解释。在最原始的用法中，其被理解为限制专制权力的法律：君主可以通过任何法律，这些法律适用于所有人。正如格哈德·罗伯茨（Gerhard Robbers）教授总结的那样：一段时间内，联邦宪法法院使用了这样一种方案，即当法律并非特定影响某一宗教组织而是影响所有个体时，该法律不能够妨碍宗教组织的自决权。据此，当某个教会之所以受到不同于其他个体的影响，是由于其自身的特质、认同感以及其宗教使命导致其更易于遭受不利，法律可以打破其自决权。联邦宪法法院所创立的一种更好方案是：教会自治权不能超越那些对于公共福利具有重要意义的基本法律之上。格哈德·罗伯茨（Gerhard Robbers）："德国的政教关系"（State and Church in Germany），载格哈德·罗伯茨主编，《欧盟的政教关系》（State and Church in the European Union），Nomos，2005 年第 2 版，第 77、83 页。

〔4〕阿科瑟尔·弗赖赫尔·冯·卡姆普豪森（Axel Freiherr von Campenhausen）："德国的宗教自治"（Church Autonomy in Germany），载格哈德·罗伯茨（Gerhard Robbers）主编，《教会自治：一个比较性的考察》（Church Autonomy: A Comparative Survey），皮特·朗出版社（Peter Lang），2001 年，第 77 页。

〔5〕参见同上，第 77—78 页。

〔6〕同上。

〔7〕同上。第 79 页。

自我认知是判定什么是"自身"事务的重要标准。[8] 联邦宪法法院认为："什么是教会自身事务，这取决于教会自己如何认识自己的事务，即使根据基本法律规定，最终判定权还保留在联邦法院。"[9] 值得注意的是，有权获得这种自治的并不仅限于宗教组织，而且扩展到了执行其任务的其他关联组织。因此，"自主权……不仅仅为教会本身享有，凡是与教会在某一方面存在有联系的机构，无论其具体法律形式如何都享有同样的权利。确实，只要这些机构存在与宗教机构的自我认同，真正得到了教会的授权并且恰当地执行教会的目标和职责，上述内容就能成立。"[10]

德国坚持这一观点：宗教自治权，尽管与基本的宗教自由权有所重合，但仍具有其独立性。这与戴恩（Dane）教授的认识一致，即在美国宗教自治原则处于宗教自由活动条款和禁止立教条款的中间位置。重要的是，美国的宗教自治判例非常著名，这些判例并没有因为劳工部诉史密斯一案（Employment Division v. Smith）所确定的"令人信服的国家利益标准"遭到否决或限制（第六章对此有论述）。[11]（参见第六章，第二部分内容）

许多极其困难的宗教自治问题在这样的背景下产生：同一宗教团体内不同派系之间对于实体资产和宗教权力的控制权，以及宗教组织内宗教职务的人事安排等问题产生了分歧。对于根据宪法要求必须在宗教纷争中保持中立的政府而言，这些问题极度棘手。当政府无论作出任何决议（包括不予裁决的决定）都会产生支持其中一方的效果时，政府如何能够保持中立？这一章将会研究这些难题，包括涉及宗教财产、选举和惩戒教内成员的纷争。

评论和问题

1. 如何定义宗教自治权？它们是否从个人宗教自由权利当中衍生出来？它们是否属于一种群体权利？它们是否也和个人宗教自由一样受到责任范围条款（limitation clause）约束？或者实质上它们在某种程度上更要"受司法管辖"？也就是说，宗教自治权是否应当被定义为一项需要与国家利益进行权衡的权利？还是说其是一种主张政府无权力（司法管辖的能力）干涉特定事务的要求？

374

[8] 阿科瑟尔·弗赖赫尔·冯·卡姆普豪森（Axel Freiherr von Campenhausen）："德国的宗教自治"（Church Autonomy in Germany），载格哈德·罗伯茨（Gerhard Robbers）主编：《教会自治：一个比较性的考察》（Church Autonomy: A Comparative Survey），皮特·朗出版社（Peter Lang），2001 年，第 79 页。

[9] 格哈德·罗伯茨（Gerhard Robbers）："德国的政教关系"（State and Church in Germany），同前注[3]，第 83 页。

[10] 同上。（citing BVerfGE 70, 138/162）

[11] 劳工部诉史密斯案（Employment Division v. Smith），494 U.S.，第 872、877、887 页（1990 年）。

2. 缺少禁止设立国教、政教分离的条款的宪法，或者一些世俗条款，同样能够保护宗教自治权。它们在保护的功能上是否存在差异？下列规定哪一种更能有效保护宗教自由：明确的机构分离、世俗主义条款、宗教自治条款、平等条款，或者是前述的综合？

3. 宗教自治问题最有可能在什么领域产生？我们在这里可以参考一下马克·查布克（Mark Chopko）的意见：

我认为谈论"政教分离"并没有特别的意义，与其讨论这个，倒不如更为全面、谨慎地讨论，保护对真实的宗教信仰和实践以抵制政府干涉的需要，反之亦然。在人类的生活中，某些事务专属于宗教领域，而与政府毫不相关。同时，也有独属于政府而无涉宗教的政府利益。宗教与政府间的大多数冲突之所以产生，只因为出现了双方都合理地认为应由自己实现的利益……对于所有关于教会自治的讨论，可以归结为这样一个假定：某人受到伤害，并且将之归咎于一个宗教机构。那么对执业者而言，对此的补偿应当来自于教会还是世俗法庭？[12]

二、有关宗教财产的争议

（一）美国

1. 遵循联邦普通法的治理结构：沃特森诉琼斯案（Watson v. Jones）

在沃特森诉琼斯案 [80U.S. (13 Wall.) 679 (1871)] 中，法庭并未适用传统英国法上的"背离教义"（departure from doctrine）准则，这一准则是将争议财产分配给那些对原始教义最为坚持的教派。法庭认为这一标准与美国所信奉的宗教自由不符。它适用了另一个原则：法庭在处理宗教争端时需要服从于宗教组织自身的冲突解决机制，避免以法庭自己的裁断取代宗教组织的判断。

沃特森诉琼斯案中，南北战争后肯塔基州的一个教会内部由于奴隶制问题而分裂为两个派系，两个派系之间产生了纠纷。[13] 法庭需要解决的问题是肯塔基州路易斯维尔（Louisville）的沃尔纳特街（the Walnut Street）上的长老教会教堂应该属于哪一派所有。长老教会处于长老执行理事会、长老会、主教和全

375

---

〔12〕 马克·查布克（Mark Chopko）："教会自治的宪法保护：一个实践者对于宗教自治的观点"（Constitutional Protection for Church Autonomy: A Practitioner's View），格哈德·罗伯茨（Gerhard Robbers）主编：《教会自治：一个比较性的考察》（Church Autonomy: A Comparative Survey），皮特·朗出版社（Peter Lang），2001 年，第 95 页。

〔13〕 沃特森诉琼斯案（Watson v. Jones），80 U.S. (13 Wall.)，第 679、681 页（1872 年）。

体大会这一多层级的圣统制治理结构之下。在形式上，这处财产由教会合法所有，并由每年换届两次的三位受托人占有。这些受托人在长老执行理事会的指示下管理财产。执行理事会由牧师和执政长老组成。执行理事会负责当地教众的精神领导。长老们通过投票依据多数意见来决定各类事务，但无权处置教会财产。随着时间推移，本案中两派系的成员都曾被选任为受托人。

1865年5月，长老会全体大会宣布其将在奴隶制问题上支持联邦政府的立场。负责管理沃尔纳特街教堂的地方长老会拒绝服从该指令，在随后的9月份发行的一个小册子上，他们公开谴责"长老会接受且宣扬了异端教义和行为"[14]。1867年6月，作为教内最高管理机构的长老会全体大会宣布，将支持奴隶制的派别驱逐出教会，从此其与全体大会不再有任何关系，反对奴隶制的领袖才是地方教会真正的长老和主教。地方教会因此而分裂。支持奴隶制的派别于1868年加入了南部联邦的长老教会。作为路易斯维尔地方教会成员的印第安纳居民向联邦法院起诉，请求法院裁决争议财产应当属于哪一派系所有。

此案中，法院认定，"任何时候，只要有关纪律、信仰、教会规定、风俗或者律令的问题已经过教会最高管理机构决定，法庭将会接受其作为最终的、有约束力的决定……"[15] 鉴于长老会全体大会已经作出决定，确认反对奴隶制的派别为教会的新领导人，最高法院判决如下：

> 在美国，任何人都拥有完整的自由权利，去选择任何宗教信仰、践行任何宗教准则、宣扬任何宗教教义——只要这些教义不违反道德和财产法律、不侵犯人权。法律无从判定何谓异端，也不支持任何教义，不设立官方支持的教派。自愿组建宗教团体以传播宗教教义，创立宗教法庭以解决团体内部的宗教事务纷争并对教众、领导人进行管理，这些权利是毫无疑问的。成员组建或加入这一团体，实际上已经暗含着对这种管理的认同，因此必须对其服从。然而，如果任何人认为他因宗教组织的决定遭受了不公待遇，就要求世俗法庭对其进行改变，那么上述认同也就没有了意义，甚至整个宗教组织可能被颠覆。这是之所以建立宗教组织的本质所在，也是建立宗教法庭以解决内部争论的权利的本质所在，因此对于所有被认定为教会事务的争议，宗教法庭的决定都应当具有约束力，除非机制本身规定了提出申诉的途径。[16]

[14] 沃特森诉琼斯案（Watson v. Jones），80 U.S.（13 Wall.），第690页，（1872年）。
[15] 同上，第727页。
[16] 同上，第728—729页。

虽然沃特森诉琼斯案是按照联邦普通法原则进行判决的，当时宪法第一修正案尚未在全美适用，其仍然是一个重要的先例。因为在该案的判决时，法院尚未承认，第十四修正案确保的第一修正案对于政府行为的限制。但其判决理由"仍然散发出了宗教组织的自由精神、远离世俗操控的独立性，总之，确认了宗教应当免受政府的干涉，有权自行决定应由教会自我管理的事务，有权自行决定信仰和教义，等等"[17]。

2. 遵循第一修正案的治理结构：凯德罗夫诉圣·尼古拉斯大教堂案

在凯德罗夫诉圣·尼古拉斯大教堂案（Kedroff v. St. Nicholas Cathedral）[344 U.S. 94 (1952)] 中，联邦最高法院认为，纽约的法律构成违宪，其将纽约东正教教会的管理权从位于莫斯科的东正教中央一级转移到美国的东正教教会下的规定违反了宗教自由活动条款。根据俄罗斯东正教的管理结构，对教会的管理权属于俄罗斯东正教会。而该处于争议中的法律：

> 将纽约东正教的管理权由俄罗斯东正教会、莫斯科大主教和神圣会议（the Holy Synod）的手中转移到了位于美国的东正教管理组织，而其原本仅限于对南美洲和阿留申群岛（the Aleutian Islands）的教区进行管理。该法的通过导致了管辖权的转移，已经构成对宗教自由活动的阻碍，因此该法违反了美国宪法第十四修正案。其通过要求服从"纽约举行的全体大会上所通过的教会法令……"来实现对教会管理、运行以及神职人员任命的规制，侵犯了宗教活动的自由。[18]

至于冷战中俄罗斯东正教会的圣统制治理结构可能受到共产党某种程度的影响，这一事实并没有为该案的另行处理提供有效的依据。美国的自我治理习惯和分离主义运动也没有带来任何不同影响。俄罗斯东正教会从未放弃过其管理权，也从未承认美国的教会自治。最高法院认为，直接禁止了宗教权利的自由行使的规则，是出于教会对管理制度的选择。正如沃特森诉琼斯案中一样，最高法院认为民事法院应当遵循俄罗斯教会的管理与决定，即使在苏联共产党的影响下，俄罗斯教会是否能够保持真正的独立自主这点值得怀疑。

377

---

[17] 凯德罗夫诉圣·尼古拉斯大教堂案，344 U.S. 94，第116页（1952年）。

[18] 同上，第107—108页（1952年）。

3. 否定 "背离教义" 标准

美国长老会诉玛丽·伊丽莎白·蓝赫尔纪念堂长老会案

（Presbyterian Church In The United States v. Mary Elizabeth Blue Hull Memorial Presbyterian Church）

美国联邦最高法院，393 U.S. 440（1969 年）

布鲁南（Brennan）法官阐述了法院的意见。

这是一起有关教会财产的纠纷，当时两个地方教会正从总教会（此教会为圣统制）中分离出去。民事法院作出决定，先前使用该财产的地方教会将丧失其使用权，其判断依据是佐治亚州的法律，以及总教会是否放弃或者背离了当地教会加入时所秉持的信仰、行为准则。现在的问题是，宪法第一修正案对国家干预宗教的限制（通过第十四修正案适用于各州）是否允许民事法院基于其对宗教教义的解释和对教义重要性的认识判定宗教财产的归属。

[1966 年蓝赫尔纪念堂长老会（Hull Memorial）和东部高地长老会（Eastern Heights）的教会成员投票决定脱离最高长老会，理由是在它们隶属于总教会期间，总教会的某些行为和声明违反了长老会的章程、背离了该教会有约束力的教义和实践。调解失败以后，总教会接管了地方教会的财产，直至新的地方教会领袖得到任命。两个教会分别提起独立的诉讼，声称其对教会财产享有所有权。两案合并之后被提交陪审团，本案的裁决依据是总教会的行为是否违反了总教会最初的教义，新的教义与总教会成立时的宗旨是否存在差异。陪审团作出有利于地方教会的裁决，而审理法官基于这样的裁决，认定默示的信托已经终止，因此禁止总教会干涉该争议财产的使用。佐治亚州最高法院维持了该判决。]

当然，政府在解决财产纷争中具有正当权益（legitimate interest），而民事法院正是解决纠纷的合理平台。但是当这些纷争涉及教会教义和实践时，特殊的问题便产生了。法庭在此类案件中的处理方式是从沃森诉琼斯案中发展而来的。……和本案一样，当时地方教会基于总教会违背教义，请求法院判决终止默示信托。法院在审理沃森一案时指出，允许民事法院裁决教会争端的做法显然和美国社会认同的政教关系相矛盾，并基于此否决了地方教会的请求……

但是，之后案件的裁决依然基于非宪法理由，确认民事法院在某些情况下可以对教会的裁判进行有限的审查。审查的界限在冈萨雷斯诉罗马天主教大主教马尼拉（Gonzalez v. Roman Catholic Archbishop of Manila）一案中得以明晰。布兰代斯（Brandeis）大法官在法庭意见中对民事法院在处理宗教财产争议中的角色

378

作了如下定义："在没有欺诈、串通勾结、专断的情况下，教会法庭对于单纯的宗教性事实作出的裁决，即便涉及世俗权利，也应当在民事法院审理过程中得到承认，因为利益相关方已经以合同或其他形式使教会法庭拥有如此权威。"

在凯德罗夫诉圣·尼古拉斯大教堂案中，最高法院将沃森案中体现并在冈萨雷斯案中被证明是正确的原则发展成了宪法性规则。

（凯德罗夫案）中判定立法行为无效的理由被扩展用于在克里斯希克诉圣·尼古拉斯大教堂 [Kreshik v. St. Nicholas Cathedral, 363 U.S. 190 (1960)] 一案的司法决定。最高法院依据宪法对宗教自主的保障，推翻了纽约法院的判决，认定纽约州的法令——将圣·尼古拉斯大教堂的控制权由俄罗斯东正教中央教会转移到美国境内独立的俄罗斯教会——无效。

第一修正案严格限制了民事法院在处理宗教财产争议中的角色。但是，显然并非民事法院对宗教组织财产所作出的所有判决都会危及第一修正案所保护的价值。如果案件仅仅涉及宗教财产的争议，民事法院的审理并不会妨碍宗教自由活动。而且，一些带有中立色彩的法律原则可以适用于所有种类的财产纠纷，运用这些原则将不会发生将财产判给"欲立之国教"（"establishing" churches）的情况。但是若对于教会财产的审理需要法庭对于有关宗教教义、实践的争论进行裁决，第一修正案的价值绝对会被损害。一旦民事法院以判决财产纠纷为目的着手解决此类争议，宗教教义的自由发展将可能受到限制，世俗的利益可能渗透进单纯的宗教事务中，危害显而易见。正因如此，第一修正案禁止政府机构基于宗教目的的活动……该修正案要求民事法院在判决宗教财产纷争案件时，不解决潜在的有关宗教教义的争议。因此，政府、宗教组织以及个人必须自己建构有关宗教财产的关系，而不得诉至法院要求解决此类宗教争端。

佐治亚州法院违背了第一修正案的要求。该法院在审理中采纳了默示信托中的背离教义原理（the departure-from-doctrine element），该原理要求世俗司法机构对以下问题作出裁判，即在地方教会隶属于总教会期间，总教会的行为是否在"事实上背离了"信仰和实践，进而裁定这种为总教会利益而设立的信托是否应当终止。此类判决包括两部分：首先，民事法院必须判定总教会的行为是否背离了之前的教义。在作出该判决的时候法庭必然要对宗教教义作出解释。如果法庭认为实质性的背离已经发生，那么其必须继续判定总教会所背离的内容是否在传统神学中居于重要地位，以至于信托关系必须被终结。民事法院只有在评估了遭到背离的教义的相对重要性后才能作出裁决。因此，默示信托理论中的背离教义原理要求民事法院的判决依据宗教的核心部分——

解释特定教会的教义，以及那些教义对宗教的重要性。显然，第一修正案禁止法院扮演这一角色……

撤销佐治亚州最高法院的判决，发回本案进行进一步审理，并不能与以上观点相矛盾。

判决如上。撤销原判，发回重审。

4. "法律中立原则"（the "Neutral Principles of Law"）标准

蓝赫尔纪念堂长老会一案之后，为了发展替代背离教义标准的新标准，佐治亚最高法院适用了后来广为人知的"法律中立原则"方法。依照此种方法，法庭运用世俗的理解方式去检视那些财产契约、身份契约及其他相关文件，并判断是否存在明示或者暗示的信托可以用来解决教会内部的争议。最高法院审理的琼斯诉沃尔夫（Jones v. Wolf）一案中使用了这一方法 [Jonesv.wocf, 241Ga.208, 243S.E.2d860 (1978)]。

该案源自佐治亚州梅森（Macon, Georgia）的瓦恩维尔长老会（Vineville Presbyterian Church）的一次分裂。通过投票，大多数成员决定脱离长老会主体。少数派被总教会确定为"瓦恩维尔长老会的真圣会（the true congregation）"，而原来控制教会教堂的多数派别则被拒绝承认。少数派通过诉讼希望确认其作为美国长老教会（PCUS）成员对瓦恩维尔教会财产的排他性所有权和使用权。初审法院在本案中按照"法律中立原则"的指导，根据契约语言、教会章程、州法令和教会总会章程的条款来解决争端。初审法院依据"法律中立原则"裁决：由多数派控制财产。佐治亚州最高院认为该法庭正确地适用了佐治亚州的法律，驳回了少数派基于第一和第十四修正案的上诉。以下是法院意见的节选。

琼斯诉沃尔夫案（Jones v. Wolf）

美国联邦最高法院，443 U.S.595（1979 年）

布莱克门（Blackmun）大法官阐述了法院的意见。

此案涉及圣统制宗教组织的地方教会分裂后，教会财产所有权争议。问题是在遵循第一和第十四条修正案的前提下，民事法院是否可以通过"法律中立原则"来解决纷争，还是说必须遵循圣统制教会中的宗教法庭的决定……

最重要的是，第一修正案禁止法院依据宗教教义和行为来解决教会财产纷争。此要求的必然后果是，民事法院应当遵从最高教会法庭对于宗教教义或宗教机制的处理……总体上，我们认为"法律中立原则"与前述宪法原则相一致。

这些中立原则的主要优点在于其操作完全世俗化，因而能灵活地适用于各

380

种形式的宗教组织和机制。该方法的依据仅仅是客观的、已为大家接受的财产法以及信托概念，律师和法官可以熟练地适用。

这并不是说可以毫无困难地适用中立原则。中立原则——至少在其产生发展的佐治亚州——要求民事法院审查某些宗教文件，比如教会宪章，看其中是否存在与总教会间信托关系的内容。民事法院必须以完全世俗的方式来特别细致地审查这些文件，并且，在判定信托关系是否存在于某个教派中时，亦不得依据宗教概念。此外，可能有的案件中财产契约、公司章程或是总教会宪章中关于财产所有权的规定融入了宗教概念。遇到这种情况，要解决所有权争端可能会要求民事法院一并解决其中的宗教争议，那么民事法院必须服从教会权威机构对教义作出的判定。

但是，总的说来，中立原则中蕴涵的对不干涉并中立的承诺，并不只是对在适用中偶发问题的补偿。随着"政府、宗教组织以及个人认识到需要自己建构好有关宗教财产关系的责任，以免诉至法院来解决此类宗教问题"[19]，这些问题也应当逐渐被消除。我们因此认为，政府依据宪法应当采纳法律中立原则作为解决教会财产争议的方法。……

有待解决的是佐治亚州在本案中对法律中立原则分析的适用是否合宪。虽然初审法院和佐治亚最高法院认为此案涉及的不过是在长老会案（Presbyterian Church Ⅱ）和卡恩斯案（Carnes）中确立的原则的适用，但目前这个案子包括了一个独有的复杂因素。上述两个案件都为涉及有关总教会和地方教会整体的教会财产争议。但本案的地方教会却自己分裂为两个派系，其中一支拥有164人教徒的多数派想脱离美国长老会，另一支94人的少数派想维持隶属关系。从来没有法院涉及过此类问题，法院的判决中从未讨论或分析过，地方教会拥有财产或者是地方教会由多数派而非少数派代表这些问题。

原告严肃地提出：哪一派别是瓦恩维尔教会的真正代表这一问题，完全属于宗教事务，不能由民事法院来回答。而且本案涉及的美国长老会是等级制教会，长老会执行理事会已经决定了谁代表"真圣会"，民事法院不能在这样的案件中回答如此问题。被告反驳道，佐治亚法院不过是适用了一般的假设，在没有别的相反迹象的情况下，一个自愿性的宗教组织都应由其多数成员代表。

如果佐治亚法院采纳了多数派代表的假定规则，同时如果能证明地方教会的身份可被其他方法确认，该规则失效，那么我们认为这与法律中立原则分析

381

---

〔19〕美国长老会诉玛丽伊丽莎白蓝赫尔纪念堂长老会（Presbyterian Church In The United States v. Mary Elizabeth Blue Hull Memorial Presbyterian Church），393 U.S.，第440、449页（1969年）。

和第一修正案均相一致。多数规则在宗教团体的管理中被普遍适用。而且，在不涉及任何宗教教义、机制问题的情况下，就能确定哪一方为多数派，况且本案中纷争产生时，大家对于瓦恩维尔教会成员的身份、出席会议的法定人数以及最终的投票结果这些问题都没有争议。最为重要的是，在法律中立原则下，多数代表规则可以因下列情况被推翻：即在组织纲领或者总教会宪章中明确规定，地方教会的身份由其他方法确定，或是教会财产为总教会和忠于总教会者所享有。的确，政府可以适用任何其他方法来推翻多数规则，只要该方法没有侵害宗教自由活动权或者使法庭涉入对宗教争议的处理。

但是，无论是初审法院还是佐治亚州最高法院，都没有清楚地陈明其采纳了多数代表这一推定规则。而且，事实表明，在佐治亚法律下判定哪一派别为瓦恩维尔教会代表者的程序包括了对于宗教教义和机制的考虑。佐治亚法律规定"教会财产依据教会的管理形式进行占有"，而且认为隶属于等级制宗教组织的地方教会"是总教会下的一部分，而且应当服从更高级别组织的管理和法律规定"。[20] 这些表明契约中所述"瓦恩维尔长老会"的身份必须根据美国长老会章程（Book of Church Order）来确定。但是，要作出这样的裁定，民事法院就需要对宗教教义问题进行判断，从而侵入了由长老会任命的执行理事会的职能，而后者早已经裁定原告才是瓦恩维尔教会的真正代表。因此，如果佐治亚州的法律要求依据长老会的"法律和规章"作出判定，那么根据第一修正案的要求，佐治亚法院必须遵循长老会理事会的决定。

当然，佐治亚州法的性质如何本院在此不作判断。因为原判裁定由被告代表瓦恩维尔教会的依据不明，因此撤销佐治亚最高法院的判决，发回做进一步审理，并不得与本院的上诉意见不相一致。

评论和问题

1. 琼斯诉沃尔夫（Jones v. Wolf）一案是否推翻了蓝赫尔纪念堂长老会案的裁决？或者说琼斯诉沃尔夫一案提出了对中立原则方法的要求？

2. 遵循教义和法律中立原则，哪一种对于宗教自治的保护更为有力？

3. 劳工部诉史密斯（Employment Division v. Smith）一案中，使用"中立法律的普遍适用性"（neutral laws of general applicability）足以推翻宗教自由诉求，琼斯诉沃尔夫一案中的中立原则方法与其有何联系？［参见第六章第二部分内容］

（二）欧洲

相较于美国而言，欧洲的宗教财产纷争有着更为深厚的历史渊源。在这一

［20］参见卡恩斯诉斯密斯案（Carnes V.Smith），第 325 页。

方面，乌克兰（Ukraine）是一个极为有趣的例子，因为其位于东西方基督教文明的交界地带。苏联时期，这种因此带来的宗教差异在很大程度上被抑制，但是自从 1990 年开始这种差异又在诸多重要方面显现。根据官方数据，东正教派占到了全国宗教组织的 52%。乌克兰希腊礼天主教会（Ukrainian Greek Catholic Church, UGCC）的信徒组成了该国西部最大、全国第二大教派，这是一个隶属于罗马的东方仪式性教会。[21] 2007 年的一项调查显示，大约 40% 的乌克兰信徒认为自己并不隶属于任何教派，而 36.5% 的信徒有教派归属。后者当中，33% 的信徒隶属于乌克兰东正教会的基辅牧首区（Ukrainian Orthodox Church of the Kyiv Patriarchate, UOC-KP），31% 的信徒隶属于乌克兰东正教会莫斯科牧首区（Moscow Patriarchate, UOC-MP），还有 2.5% 的信徒隶属于乌克兰独立正教会（Ukrainian Autocephalous Orthodox Church, UAOC）。被调查人群中只有不到 5% 的人声称自己是罗马天主教徒、新教徒、穆斯林或者犹太教徒。[22] 乌克兰脱离苏联独立后，基辅牧首区于 1992 年成立，它的成立与乌克兰民族主义密不可分。莫斯科牧首注册为乌克兰东正教会，并且不承认基辅牧首区。基辅牧首区、乌克兰独立正教会和乌克兰希腊礼天主教会的追随者集中在该国中西部地区；莫斯科牧首区则在东部更具代表性。虽然基辅牧首区为新出现的教派，而且随着时间的推移各教派之间也存在着实在的融合，但是东西部之间的基本分歧却已经延续了好几个世纪。东正教传统中的这种分化形成了乌克兰的多样性文化，但也引起了很多宗教财产纷争。

圣迈克尔教区诉乌克兰案（St. Michael's Parish v. Ukraine）

欧洲人权法院，App. No. 77703/01, Eur. Ct. H.R.（2007 年 6 月 14 日）

1989 年 4 月，包括沃罗德梅尔·马卡尔奇科夫（Volodymyr Makarchykov）在内的 25 个人成立了一个宗教组织，打算建立一个名为"基辅—罗斯千年洗礼的圣迈克尔教区"（Svyato-Mykhaylivska Church of 1000 years of Baptisms in the Kyivan Rus）的教会。该组织于 1990 年 2 月 22 日注册成为了一个东正教宗教团体，4 天之后被批准建设教堂。1990 年 3 月 4 日，该组织通过了它的章程，并且选举了管理组织（教区居民全体大会，教区居民委员会，监事会）。依据其预期的以一小部分成员组成领导层的要求，从其成立之日到 1999 年 12 月教区居

---

〔21〕美国国务院："乌克兰：2008 年国际宗教自由报告"，参见 http://www.state.gov/g/drl/rls/irf/2008/108477.htm。

〔22〕同上。引自独立智库祖姆科夫中心（Razumkov Center）的调查报告。

民全体大会的成员数一直在 20 到 27 人之间变动。马卡尔奇科夫当选为教区居民委员会的一员，其后成为委员会主席。他同时也担当该宗教组织的主席，并时常兼任全体大会会议期间的秘书。

1992 年乌克兰东正教会基辅牧首区成立以后，该东正教团体本来应当隶属于前者，但该团体于 1992 年 3 月 22 日通过决议改变教派，在组织、信仰、商业行为上均实现独立。刚开始，其通过决议遵循芬兰东正教会大主教在其教规中的宗教指引。但同年该团体又决定归附莫斯科牧首区。1992 年 11 月 19 日，教区居民全体大会通过了一项新决议，决定申请将团体注册为一个法律实体。1993 年 2 月 8 日，乌克兰总统代表作出一项正式决议，将该经过章程修改的教区登记为法律实体，并承认从此以后该教区正式隶属于莫斯科牧首。

该章程的关键条款如下：

2.1 教区的最高权力机构是教区居民全体大会，每次全体会议需有不少于三分之二（法定人数）的成员出席方为有效。其作出的决议需经成员经简单多数表决通过。

2.2 宗教活动方面，教区全体居民必须接受由全体大会选举的高级教士的领导。行政和财务方面，则由全体大会负责管理决定。

2.5 教区居民全体大会的新成员从提出申请的神职人员和普通教徒中产生，这些成员当符合以下条件：年满 18 周岁；参与宗教服务和忏悔；遵守高级教士的教义引导；从未被逐出过教会；未受过宗教法庭审判。

2.12 所有正式的教会文件必须由高级教士和教区居民委员会主席签署；借贷以及其他财政文件必须由教区居民委员会主席和财务主管签字。

6.1 章程的修改、修订必须由教区居民委员会提出，并由全体大会决议通过……

6.2 章程的修改、修订应当遵循章程规定的时限，按照规定的方式作出。

1994 年及 1999 年，教区居民全体大会拒绝按照莫斯科牧首区附属协会的标准章程对自己的章程进行修改，除非至少等到供协会所用的新教堂建设工作圆满竣工。

到了 1999 年年末，其与莫斯科牧首区之间出现了纷争。双方针对财政的错误决策相互指责不休。教区居民全体大会选择取信马卡尔奇科夫的账簿，依据该账簿显示，现任以及往届的高级教士都参与过不正当交易，总共有 2880000 美元通过这些教士流出教区。全体大会决定免除现任高级教士的职务，并对其以及往届高级教士提起刑事指控。1999 年 12 月 24 日，教区居民全体大会（27

名成员中的 21 名出席）决定脱离莫斯科牧首区的领导，并归附于基辅牧首区。
大会授权马卡尔奇科夫和另外一人将此修改记入章程当中使其生效。菲拉雷特
大主教（Archbishop Filaret）于 1999 年 12 月 25 日和 2000 年 1 月 10 日正式宣
布该教区是基辅牧首区的一部分。但是，在该修正案正式生效之前，有 150 到
200 名神职人员和普通教徒认为应当由莫斯科牧首区占有教堂。莫斯科牧首区的
代表任命了一个新的教区居民全体大会。2000 年 1 月 2 日，莫斯科牧首区的支
持者，其中许多来自基辅各地的教会，举行会议选举了一个新的教会管理组织。
385　这个新的全体大会通过了标准章程，宣布归属莫斯科牧首区。争议双方站在各
自立场上寻求各种来自政治和行政的证明和支持，并且相互指责、控诉。

　　2000 年 1 月 21 日，基辅市的国家行政机构拒绝对由原教区居民全体大会通
过的修正案作变更登记，因为该文件没有高级教士（之前被全体大会撤职的那
一位）的签名。该组织因此以政府拒绝变更登记违法为由诉至法院，2000 年 4
月 21 日，基辅市法院驳回了起诉。法院认为，依据团体章程，章程修改必须由
教区居民委员会提议，并由全体大会通过，但事实上，原来的教区居民委员会
在该修改被提议之前，就已经脱离莫斯科牧首区，加入基辅牧首区了；政府拒
绝登记，正是基于这样的事实，即该文件没有依据章程的要求通过，可能侵犯
了信徒的权利。所以政府的拒绝行为并无违法之处。

　　最高法院驳回了该团体的上诉，因为章程里的确定成员资格条款并没有允
许组织当中的多数在教会的管理事务当中表现其信仰。此外法院还认为，规制
宗教组织创设的立法不允许对成员资格进行限定，所以团体的章程是非法的。
依据最高法院的观点，"教区居民全体大会"和"宗教组织全体大会"是一样
的，而章程中对于管理委员会成员资格进行限制的条款，"给宗教团体中的多数
派带来了事实上的阻碍"，侵犯了他们展示自己宗教信仰的权利。

　　团体原领导者的一些同伴都遭受到了大量不断地骚扰，包括马卡尔奇科夫
和他的妹妹。这个案子最终被提交到欧洲人权法院。该团体声称，政府拒绝对
章程修正案进行登记的行为违反了公约的第 9 条。法院专家的意见如下：

A. 法院判例法所奉行的一般原则

　　112. 法院重申：虽然宗教自由主要是个人良心事务，此外，它也包含一层
隐含的含义，即独自或在团体中与其他人共同"展示自己宗教"的权利的自由。
因为宗教群体在传统上以有组织的结构形式存在，因此第 9 条必须依据第 11 条
来进行解释，以保护宗教结社活动不受政府的非法干涉。

　　113. 从这个角度看，信徒的宗教信仰自由权包括在团体中与其他人共同

"展示自己宗教"的权利，应当允许信徒拥有不受政府独断干涉自由联络的预期。正如法院的判例法中确定的一样，政府有保持中立和公正的责任，这就要求政府无权对宗教信仰的合法性问题作出评判……

是否存在对于申请人结社权的干涉

386

123. 本院考虑到……在一个宗教组织明显与其所属的教会领导相冲突时……或者被迫修改自己的章程并予以登记，或者承受从由章程创设的法律实体中被开除的风险，面对此种争端，要求国内当局采取极度细致、公平的方法来解决。因此结论是，基辅市行政管理机构拒绝对申请人的章程修正案进行登记，以及基辅市法院、最高法院的支持……构成了对于申请团体宗教自由权的干涉，该权利由公约第9条，结合第11条的规定给予保障。本院要特别指出的是，本案中的团体不具有法律实体地位，国内的官方干涉将会限制本案宗教组织的活动，使其无法进行经登记的非政府法律实体可实施的常规活动……其作为一个独立宗教团体管理其建设和工作的教堂的权利也受到阻碍……

B. 此种干涉是否"在民主社会里是必要的"？

137. 本院认为在民主社会里，的确需要对宗教自由设立一定限制以协调各种不同宗教组织之间的利益……但是，公约第9条和第11条对这些限制的种类作出了详尽的规定，而且需要在政府被允许活动的有限边界内进行严格的解释，只有足以令人信服的强有力的理由才能证明此种对自由限制的正当性。所有的此类限制都必须满足"急迫的社会需要"以及"与所追求的合理目标相称"……

138. 法院的任务是判定拒绝对申请团体的章程修正案进行登记是否在原则上正当，是否"与所追求的合理目标相称"。为此，法院必须从案件整体的角度来审查这种干涉，以决定国家行政机关援引的理由是否"相关且充分"。法院必须确认国家行政机关适用的标准与公约中的原则相一致，并且机关作出决定是基于对相关事实的合理评估……

139. 在这一点上，法院认为国家行政机构给出的拒绝登记理由并不一致。尽管基辅市的行政管理机构最初援引了章程的第2.5条，声称提交的变更登记文件中存在缺陷，但在随后的法院判决中这并未成为驳回申请团体请求的最主要理由。具体说来，一审法院认为1999年12月24日召开的教区居民全体大会程序不合法，因为其没有包括教区所有成员……而最高法院判定，章程中确定成员资格的要求与法案不相一致……

387

140. 因此，本院认为有必要依次仔细审查拒绝变更登记的三个主要原因，以检验它们是否与上面提到的原则相违背（参见上面的第 138 段）。

i. 与章程第 2.5 条相一致

141. 法院注意到申请团体的变更登记最开始是依据章程第 2.5 条而被拒绝，该条款的内容是"所有正式的教会文件都必须由高级教士和教区居民委员会主席签署"。除此之外，基辅市的行政管理机构没有给出其他理由。

142. 法院指出，其结论不符合章程第 6.1 条和二第 6.2 条所规定的……所有改变或者修订在提交行政管理机构变更登记之前都必须由高级教士和教区居民全体大会的主席签字。章程第 6.1 条和第 6.2 条以及法案的第 14 部分均明确规定，改变或者修正案都必须跟该文件最初制定时的方式一致。

143. 此外，即使没有满足章程第 2.5 条的要求，法院认为实质上当时高级教士的职务是空缺的，因为任命高级教士的权力由章程第 2.2 条授予了教区居民全体大会……由莫斯科牧首区提名的人选并没有被教区居民全体大会批准……

144. 法院认为行政管理机构在理解章程第 2.5 条时没有注意到章程第 6.1 条和第 6.2 条所规定的内容。其提出的拒绝变更登记的理由既不相关，也不充分。

ii. 关于 1999 年 12 月 24 日教区居民全体大会
因为没有包括所有教徒而不合法的认定

145. 法院认为《宗教与信念自由法案》（Freedom of Consciousness and Religions Act）的第七节并没有对宗教团体进行准确的定义。第八节也只是将宗教群体定义为地方宗教团体……团体的成员"包括有着相同宗教信仰和宗教文化的信徒，其自愿组织起来实现他们的宗教需要"。本院的观点与国内法院相反，法案的第七节、第八节并不强调一个宗教群体需要有所有信徒参加某个特定的教会活动。而且，国内法对于"宗教组织"（religious organization）和"宗教群体"（religious group）的构成规定也存在明显不一致，两者的唯一区别是"宗教群体"的地方性身份以及依据法案不要求其进行官方注册。此外，依据法案的第十四节，"宗教群体"可以成为一个"注册宗教团体"，只要有不少于 10 名达到年龄要求的乌克兰公民作为多数派，就可以向当地行政机关申请登记。

388

146. 此外，法案的第八节也没有作出任何限制或是阻止宗教团体以自己的方式、标准以及程序来决定吸收新成员或者选举管理机构。依据公约第 9 条的宗旨，按照第 11 条的内涵来理解，上述均是私法决定，其不应当受到行政机构的干涉，除非这些决定影响到他人的权利，或者决定内容超出了公约第 9 条第 2 款和第 11 条第 2 款的限制范围。换句话说，政府不能够要求一个私法机构吸纳或者开除成员。这类干涉会损害宗教团体自由规范自身行为，管理自己事务的权利。因此，法院必须审查章程中对于教区成员的规定和本案的各方面事实情况。

147. 申请人团体自 1989 年 4 月成立，直到 2000 年 1 月，一直都只有 20 到 30 名成员……现在它仍然是由 30 名成员组成。另外，依据章程第 1.1 条，该教区是一个由教区教士、教会执事和普通教徒组成的宗教群体。也就是说，该条涉及成为教区成员的资格问题。然而，章程第 2.1 条规定，教区的最高管理机构是教区居民全体大会，其由创始成员和教区建立后依据章程第 2.12 条中规定的条件从教区成员中产生的人组成。因此，法庭认为这个教区的内部组织架构在章程中作出了明确的规定。国内当局，包括法庭，无视教区这一私法组织的内部架构，声称该宗教群体只不过是由 300 余人组成的"宗教群体的永久性成员"中的少数分子，虽然他们是其中的一员，但并没有被邀请出席教区居民全体大会。

148. 但是，法院不能通过认定教区成员人数或者计算希望改变教派的成员人数，而将自己的观点强加于有关国家权力机关之上。法院的任务，如上所述，是审查国内当局依据自由裁量权和上述原则作出的决定是否合理（参见上面的第 138 段）。

149. 法院注意到，无论是基辅市法院还是最高法院都忽略了教区的内部规章，以及这个教区从 1989 年至 2000 年的管理历史，两级法院都只是依据法案第 8 节中交代不明的"宗教群体"和语义模糊的"教区"、"组织"、"全体大会"、"教区居民全体大会"作出裁断。因此本院认为，基辅市法院拒绝对于章程变动修改进行登记的决定，其理由并不"相关且充分"。

iii."确定成员资格"要求

389

150. 法院重申，宗教团体可以自行决定其接纳和开除成员的方式。宗教组织的内部结构和成员管理规定必须被看做是这些组织表达自我信念和保持宗教传统的一种方法和手段。法院指出，宗教自由权利排除了国家对于何种手段表达宗教信仰为合法的裁量权……

151. 法院认为，最高法院 2000 年 4 月 21 日裁决中的结论认定"确定成员资格"的要求不是立法规定，由于"教区居民全体大会"、"宗教组织全体大会"的含义不清，以致宗教群体中多数派的权利，以及其进行宗教活动的权利被侵害。法院的依据"既不相关也不充分"。

E. 总体结论

152. 通过审查否决章程变更登记的理由，依据以上阐述……本院认为，对于申请人团体的宗教信仰自由进行干预是不正当的。本院同时认为，国内法院没能够对登记管理机关毫无限制的专断决定进行审查和纠正。立法缺乏一致性和可预见性，导致法院得出了不同的结论。总之，依据公约第 6 条第 1 款和第 11 条的精神，其构成了对公约第 9 条的违反。

评论和问题

1. 欧洲法院的做法是更接近"中立原则"还是美国法院使用的"服从教会治理结构"的方法？如果是后者，那存在着差异性的教会治理结构到底是什么——由许多追随者所创造的法律实体或是宗教社团的社会存在？

2. 原教区居民全体大会于 2000 年年初下台。在那之后直到欧洲法院作出判决，莫斯科牧首控制该教堂多年。据推测，支持莫斯科牧首的人继续留在圣迈克尔教堂工作，莫斯科牧首负担了维护费用（可能还包括进一步建设的费用）。欧洲法院裁定中的结论是这种干预性占领为非法行为，但是对于那些同时在一直使用这些设施的人的权利如何恰当地保护呢？

三、宗教自治和人事问题

迄今研究的宗教自治案例中，关注的重点是民事法院要在什么样的程度上保持中立以防陷入解决宗教信仰问题，同时要恰当解决宗教财产争议。当涉及有关宗教人事问题争议时，问题变得更加复杂。有时候，决定谁应该拥有特定职务或职位，将会影响到对财产的控制，有时争议焦点又在于谁有权决定特定职位的人选。无论哪种方式，研究这些案件会深化对如何构架政府和宗教系统间互动关系的理解。

（一）神职人员的自治权

1. 美国

东正教塞尔维亚主教辖区诉米利弗贾维奇案

（Serbian Eastern Orthodox Diocese v. Milivojevich）

美国联邦最高法院，426 U.S. 696（1976 年）

在美国和加拿大为了东正教塞尔维亚主教辖区的控制而旷日持久的纷争中，神圣主教会议（the Holy Assembly of Bishops）和塞尔维亚东正教（母教）神圣会议（the Holy Synod）暂停并最终免除了本案答辩人迪奥尼斯基（Dionisije）该教会美国和加拿大辖区主教的职务，并任命本案上诉人弗米利安（Firmilian）为辖区管理者，而母教会随后又将辖区分为三个教区。塞尔维亚东正教教会是一个圣统制教会，而其主教的唯一的任免权掌握在其神圣主教会议和神圣会议手中。迪奥尼斯基向伊利诺伊州法院提起诉讼要求禁止申请人干预其在非营利性伊利诺斯公司的教区财产，并宣布其为该教区的真正主教。经过漫长的审判，法院在很多争议问题的解决中支持了申请人。伊利诺伊州最高法院经过部分确认和部分改判，认为迪奥尼斯基被逐出和解职的"任意"决定必须被搁置，因为针对他的程序没有依照教会的宪章和刑罚章程来进行，而且教区的重组无效，因为在没有主教批准的情况下这一行为超越了母教会的权力范围。美国最高法院推翻了判决结果，认为伊利诺伊州最高法院的决定属于不恰当的司法干预。最高法院的意见摘录如下。

布伦南（Brennan）大法官宣读了法院的意见。

伊利诺伊州最高法院判决的谬误在于，它否决了圣统制教会最高法庭基于争议事实所作的裁判，而这种否决是不被允许的，同时它还错误地审查了教会治理结构及其对争议作出的决议。根据宪法第一和第十四修正案的规定，民事法院不得扰乱圣统制教会中最高层次教会法庭的决定，他们必须接受这种裁判的约束力，并将其运用到有关教会教义或治理结构的宗教性事务中。

对于这起宗教性争议的判决除了影响到美国和加拿大辖区的组织和管理，还涉及了教会财产的支配。这是因为辖区主教控制着被告圣·萨瓦修道院（Monastery of St. Sava），并且是被告财产控股公司的主要领导人。因此，对于迪奥尼斯基被解职这一宗教争端的裁决，附带决定了财产的归属。基于此，本案实质上涉及的不是教会财产纠纷而是宗教性纠纷，从而应当由宗教法庭而不是民事法院作出判决。即使当同一教会内部敌对的教派请求民事法院对宗教财产争议进行解决的时候，依然存在如下重大危险，国家将会卷入到宗教争议中，或者站在信奉特定教义的派别一边对宗教事务进行干涉。考虑到这种危险，"宪法第一修正案对民事法院在解决教会财产纠纷中扮演的角色做出了严格的限制。"[23]

尽管沃森案使得民事法院在解决教会财产纠纷的过程中，无法对宗教裁判进行审查，但冈萨雷斯案首先注意到，当民事法院对宗教法庭的裁判是否具有欺诈、共谋或专断产生争议时，"民事法院拥有有限的审查权"（长老会诉赫尔教会案）。不过，由于本案中没有迹象表明（大主教）在行使其权威作出决议时有专断行为，那么，作为沃森规则例外的"欺诈、共谋或专断"就没有适用的空间了。虽然自从沃森规则确定之后，对于例外的论述出现在许多案件的判决中，并得到了第一修正案的承认，但最高法院从未确认"例外"的具体内容，

391

---

〔23〕基督教长老会案，393 U.S.，第 449 页。

也没有适用过。而伊利诺伊州最高法院针对该案决定的依据却正是此例外规则，因此，让我们转向这个问题：既然第一和第十四修正案禁止民事法院否决母教对宗教性争议的判决，那么本案中的条件是否允许法院适用例外规则？通过法庭调查，伊利诺伊州最高法院确信母教会在作出决议的时候并没有遵循自己的法律和程序。因此，法院认为母教会的决议是专断、恣意的。我们认为，暂且不考虑基于对"欺诈"或者"共谋"的狭义理解，是否存在"民事法院有限审查"的空间，仅就以"专断"而言，没有任何宪法性规范给予认可。相反，这些规范规定民事法院有义务接受圣统制宗教组织最高司法机构所作的裁判，这些裁判的内容涉及戒律、信仰、内部组织、教会规则、习惯或法律。因为民事法院在分析宗教法庭的决议是否"专断"时必然会对宗教法庭所遵循的宗教教规、法律中的程序，或是处理宗教问题所依据的重要原则进行调查。而这种调查正是第一修正案所禁止的；承认此种例外将会威胁到宪法的基本规则：民事法院不是宗教争议的合法调查者，它必须接受教会法庭已经作出的宗教性裁判。

392

的确，宗教信仰的本质是宗教决议作出后就被接受为信仰，不无论其是否合理或者是否能用客观标准衡量。法定的正当程序涉及"基本的公正"（fundamental fairness），不合法目的等世俗概念，因此很难将其适用到此类在宗教层面进行判断的事务中。

同样的考虑对我们的判决提出了第二个不得不解决的问题——伊利诺伊州最高法院司法行为的合宪性问题：即州法院认定母教重新划分辖区的行为无效，因为其"母教显然已经超出了自己的管辖权范围"。实际上，法庭的判决理由在于：辖区的历史"表明了其在宗教和司法层面成为塞尔维亚东正教有机组成部分的同时，保持自己在处理行政事务方面的独立自主的明显意图"，而法院对于美国和加拿大辖区宪章的解释也证实了这一意图。为了进一步证明这一结论，法院同样对塞尔维亚东正教的宪章进行了解释，该宪章在辖区宪章之后被通过。但是，该结论并没有完全依据"欺诈，共谋或专断"这一例外条款作出。的确，伊利诺伊州最高法院采用了所谓的"中立原则"来解决财产纷争，这将使法院"不会被迫对神学或者教义问题作出裁决"。尽管如此，伊利诺伊州最高法院以自己对辖区和母教宪章的解释取代了教会最高法庭依据教会法作出的解释。这是被美国宪法第一和第十四修正案所禁止的。

我们不会去探究与该结论相关的宪法条文，因为那将重蹈伊利诺伊州州最高法院的覆辙。但我们依然能注意到，辖区的重组涉及教会内部管理，是宗教事务的核心；母教宪章的第57条和第64条将此类教会治理结构的问题归属于神圣大会的职权范围。美国和加拿大辖区宪章条款规定并不明确，民事法院才能够在不经过探究的情况下擅自行使其管辖权，进而对教会治理结构做出了调查，而这种调查其实是不被允许的。

事实上，重组的影响表现为：辖区在神圣大会中拥有三倍于前的代表席位，以及圣统制权威的分权化管理需要其更密切地关注各个教派的需求。该结果在迪奥尼斯基和他的代表看来是必然的。法人的内部章程或其他管理单个控股公司的文件，是否会影响辖区财产的预期处分，这一问题并不属于我们管辖。

总之，第一和第十四修正案允许圣统制宗教组织针对自己的内部纪律和管理创制自己的规章，并设立法庭审理上述问题可能引起的纠纷。当宗教组织做出选择，建立宗教法庭解决有关管理和分支组织领导的有关争论时，宪法要求民事法院接受该裁判，并受其约束。

撤销原判。

伦奎斯特（Rehnquist）大法官发表反对意见，史蒂文斯（Stevens）大法官加入该反对意见……

民事法院在适用那些原则的时候仍然必须进行事实调查，除非圣统制教会财产纠纷完全脱离民事法院管辖权范围，而只能由这些非理性力量所解决。我们被告知"民事法院必须接受宗教法庭所作出的裁判"。……但即使是需要遵守这一规则，也需要证据证明该决议的内容具体是什么，而如果多个证据之间相互冲突，那么法院就不可避免需要决定选择采信哪一种。在选择过程中，要让选择达到理性结果，那么必须给出依据说明为什么这一决定要优先于另一决定。作出选择必须依据争论双方都愿意遵守的教会法律，但是仍然存在着这样的情况，即在教会法的不同观点中选择更倾向于对其中某一种的适用。

如果民事法院的这些做法能够符合第一修正案，那么问题是为什么伊利诺伊州法院所做的就是不允许的：法院根据教会法专家证词，断定迪奥尼斯基大主教被解职的决定违反了其自己的程序规定。假定神圣大会有100名成员；根据教会规定为大主教可以被满足法定出席人数会议的多数表决解职，该法定人数是最少40人。那么在一个30人出席的神圣大会上，由16票通过解除迪奥尼斯基大主教的决定对于民事法院是否有约束力？该假定的结论比目前的实际案例要更明显，不过两者的原则是相同的。如果民事法院必须被任何带有宗教印记和宣称为宗教法院判决的文件所约束的话，那么他们就很容易变成专断且无视法律的女仆……

评论和问题

1. 米利弗贾维奇（Milivojevich）一案的主要裁断理由是"专断"例外不能在宗教自治案件中适用，因为如此则要求民事法院对宗教教义进行评判。真的是如此吗？是否存在这样的情形：教会的决定是如此的专断，以至于民事法院的干预是正当的？

394

2. 如果圣·迈克尔教区一案中的决定适用米利弗贾维奇案中的多数派原则，是否会得出不同的判决？

3. 有人认为个人宗教权利是最重要的，而教会自治位居其次。但是，宗教自治在某种形式上比宗教权利的理念更早出现。而这是否意味着自治跟个人宗教自由同等或者更为重要？两者之间是什么样的关系，哪一个优先？

2. 欧洲

塞里夫诉希腊案（Serif v. Greece）

欧洲人权法院，Application No. 38178/97, Eur.Ct.H.R.（1999 年 12 月 14 日）

a. 案件事实

7. 申请人是一位 1951 年出生的希腊公民。他是神学院的毕业生，居住在科莫蒂尼（Komotini）。

8. 两位色雷斯（Thrace）穆斯林领袖之一，罗德匹省（Rodopi）的穆夫提（Mufti, 伊斯兰教宗教领袖）于 1985 年去世，随后希腊政府任命一位新的穆夫提。同时，第二个临时的穆夫提 M.T. 先生也被任命了。1990 年 4 月 6 日，总统确认后者正式担任罗德匹的穆夫提职位。

9. 1990 年 12 月两位分别代表克桑西（Xanthi）和罗德匹地区的国会穆斯林议员要求政府依据法律重新组织罗德匹省的穆夫提选举。他们还要求政府同时组织色雷斯（Thrace）另一个宗教领袖，克桑西省的穆夫提选举。由于没有得到任何回应，两位代表于 1990 年 12 月 28 日星期五自己在清真寺组织了选举。

10. 1990 年 12 月 24 日，依据内阁的提案和宪法第 44 条第 1 款，总统通过了一项改变穆夫提选举方式的法令。

11. 1990 年 12 月 28 日，申请人在举行周五祈祷会的清真寺被出席的信众选为罗德匹省的穆夫提。他与其他一些穆斯林一起向最高行政法院提出申诉，质疑对 M.T. 任命的合法性。该案仍在审理当中。

12. 1991 年 2 月 4 日，议会通过了 1920 号法案，追认 1990 年 12 月 24 日的法案有效……

[依据 1913 年雅典和平条约（Treaty of Peace of Athens），穆夫提由穆斯林选民在自己的选区选举产生，除了有权管辖纯粹宗教事务之外，穆夫提对于穆斯林的婚姻、离婚、抚养、监护、未成年人行为能力、伊斯兰遗嘱、继承等事务亦享有管辖权。穆夫提的判决由希腊当局负责执行。第 2345/1920 号法律也作出了相似规定，即穆夫提除了宗教职能，还有权在伊斯兰法律的管辖权限内对穆斯林之间的亲属继承纠纷进行裁决。法律还规定穆夫提由其所在地区的有权参加国家选举的穆斯林选民直接选举产生。神学院的毕业生有权成为候选人。第 1920 号法律并没有改变穆夫提的职责，但是规定总统可以根据教育大臣的提名任命穆夫提，而教育部长在提名之前，需要征求一个由政府选择的当地行政长官和穆斯林权贵组成的委员会意见。

395

希腊刑法典第 175 条和第 176 条规定有下列行为之人将被定罪："故意篡夺国家或者地区官员职责"，或是"公开穿着官员装束"。这些条款同样适用于律师、希腊东正教或其他宗教的牧师的相同行为。申请人被判定违反了第 175 条和第 176 条，虽然证据表明申请人最多不过是参加了宗教仪式，且没有证人声称其故意履行了司法权或是其他职权。上诉没有成功，案件随后被提交到欧洲人权法院。]

法律规定

I. 宣称的对公约第 9 条之违反

A. 干预的存在

38. 法院重申，宗教自由主要是个人精神事务，但除此以外，它还包括了在与他人交往中和公共场合宣扬自己的宗教信仰和教义……

39. 法院进一步提到，申请人因为下述原因被定罪：篡夺一种"广为人知的宗教"的牧师职位，并且在无权这么做的情况下公开穿着这样一位牧师的装束。申请人被其国内法院定罪的依据的事实，只是传达了在宗教节日的机会上发表讲演，以及在宗教节日场合身着宗教领袖的服装这样的信息。在这种情况下，法院认为对申请人定罪的行为构成对公约第 9 条第 1 款规定的权利的干预，"在与他人交往或是在公开场合……宣扬自己的……宗教信仰和教义"……

B. "遵循法律规定"

42. 法院认为，没有必要针对此种干预是否为法律规定这一问题作出裁决，因为无论如何，它基于任何的其他理由，都与第 9 条不符。

C. 合理的目标

43. 政府认为这种干预是为了达到一个合理目标。通过对穆夫提的保护，国内法院力图维持不论在某个宗教团体还是在整个社会中的正常秩序。

396

44. 申请人不同意这样的观点。

45. 法院认同此种干预是为了实现公约第 9 条第 2 款的立法目标，即所谓的"保护公共秩序"。因为同时存在两个人宣称自己为当地穆夫提，这将在穆斯林中引发紧张局势。1990 年 4 月 6 日当局任命了另外一个人为罗德匹省的穆夫提，而相关决定被诉至最高行政法院。

D. "民主社会之必须"

46. 政府主张，此种干预在民主社会是必需的。在很多国家，穆夫提由国家任命。而且，穆夫提在希腊发挥着重要的司法职能，他们作为司法审判员，不能通过民众选举产生。因此，国家任命穆夫提本身并不会带来第 9 条所说的问题。

47. 而且，政府认为最高上诉院并没有仅仅因为申请人以穆夫提身份出现在公开场合而给其定罪。法院认为违反第 175 条的应当是那些实际履行牧师职能的行为。法院还认为申请人的行为实际上属于宽泛意义上的穆夫提的管理职能。由于当时罗德匹省有两个穆夫提，法院需要判决其中一个非法，以防止在穆斯林之间、穆斯林和基督徒之间以及土耳其和希腊之间造成矛盾冲突。申请人对法定穆夫提行为的合法性提出了质疑。任何情况下，政府都必须确保穆夫提的职责不被篡夺，由此申请人一定会受到惩罚，即使不存在一个合法任命的穆夫提。最后，申请人的"选举"是有瑕疵的，因为其不是民主程序的结果，该申请人被当地穆斯林的宗教领袖出于党派政治目的所利用。

48. 申请人认为对他的定罪在一个民主社会里并不是必须的。他指出在希腊基督教徒和犹太教徒都有权选举自己的宗教领袖。剥夺穆斯林的这种权利是一种歧视待遇。申请人进而辩称，在色雷斯省，绝大多数的穆斯林选择他成为他们的穆夫提。此种干预在民主社会里是不正当的，政府不能干涉个人在私人精神领域内的选择，希腊政府对于西部色雷斯的土耳其—穆斯林实行了压迫政策，对他的定罪只是其中的一个方面。

49. 法院重申，依据公约，思想、信念与信仰自由是民主社会的基础之一。通过数个世纪争取的，与民主社会不可分割的多元化有赖于这些自由。的确，在民主社会中，为了协调各宗教群体间的利益，有必要对宗教自由加以限制……但是，任何此类限制必须是因为"急迫的社会需要"，而且必须"与追求的合理目标相称"……

50. 法院还重申了依据刑法典第 175 条和第 176 条申请人被判定为有罪，罪行为篡夺一种"广为人知的宗教"的牧师职位。法院认为在这一方面，虽然公约第 9 条并没有要求政府赋予宗教婚姻和宗教法庭判决法律效力，但依据希腊法律由"广为人知的宗教"的牧师主持的婚礼跟民事婚礼具有同等效力，而穆夫提有权处理穆斯林之间的某些亲属继承争议。在这种背景下，可能会有人认为政府应当出于公共利益采取特别措施，以防止处于宗教牧师影响的法律关系中的人们免受欺诈。但是，法院认为这个问题不在所问，因为本案中不涉及这种情况。

51. 法院认为，除了含糊地宣称申请人在婚礼仪式上履行了正式职责，并参与了管理活动之外，对他定罪的国内法院在判决中没有提到申请人做出了任何会产生法律效果的特殊行为。申请人被其国内法院定罪的依据事实是：在宗教节日的集会上发表讲演，以及在宗教节日场合身着宗教领袖的服装这样的信息。而且，毫无争议的是申请人至少获得了罗德匹省相当部分穆斯林的支持。但是，在本院看来，仅仅因为一个人担当了一个自愿追随他的团体的宗教领袖就惩罚他，这很难和民主社会的宗教多元要求相符。

52. 法院并非没有注意到，除了申请人之外罗德匹省还存在官方任命的穆夫提。政府认为在民主社会里必须给申请人定罪，因为其行为破坏了国家对该地区穆斯林的宗教生活进行组织的系统。但是，法院必须指出，没有迹象显示申请人意图在某一时间履行法律赋予穆夫提和其他宗教牧师的司法权和管理权。至于其他问题，法院并不认为在民主社会里，政府需要采取措施确保宗教组织保持统一领导。

53. 的确，政府认为在该案的特定背景下，当局必须进行干涉，避免罗德匹的穆斯林之间，以及该地区乃至希腊、土耳其的穆斯林和基督徒之间产生紧张局势。本院认为，虽然紧张局势是有可能的，而且可能造成分裂，但是这是多元化无可避免的后果之一。政府在这种情况下应当做的不是通过消除多元化来去除紧张的原因，而是要确保竞争的团体之间互相容忍对方。在这一方面，法院认为除了产生紧张局势外，政府并没有提及罗德匹地区穆斯林之间的骚乱是或可能是由于两位宗教领袖的存在。而且，法院认为没有证据表明，穆斯林和基督徒以及希腊和土耳其之间存在很大的冲突可能性。

54. 综上所述，法院认定：依据刑法典第 175 条和第 176 条判定申请人有罪不属于"急迫的社会需求"，不具有正当性。因此，对于申请人权利（即在与人交往和公开场合宣扬自己的信仰仪式和教义）的干涉并不符合公约第 9 条第 2款所规定的"民主社会所必须……目的在于维护公共秩序"。因此，政府行为违反了公约第 9 条。

398

评论和问题

1. 穆夫提作为肩负公共责任的政府公职这一事实在本案中意义何在？政府在任命穆夫提中具有正当利益吗？

2. 这个案件对于宗教自治权而言有多重要？是否有合理的宗教理由，以反对终结直选穆夫提的第 1920 号法律？

3. 国家教会如何处理与自己的神职人员有关的纠纷？请参考以下案件。(1) 卡尔森诉瑞典 (Karlson v. Sweden)[24] 一案中的原告是瑞典国教的牧师，其反对对于女性授予圣职。当他申请在教会的地区分会中谋求一个职位时，地区分会认为他没有资格担任此职位，因为他"不可能和女同事一起合作"。委员会认为包括国家教会在内，教会并不要求"给予它的会员和追随者宗教自由"。委员会还认为，本案的牧师可以继续担任他目前的职位，并且不会有任何压力迫使他改变自己的观点。因此，第 9 条赋予他的的权利没有遭到干预。(2) 在 X 诉丹麦一案中[25]，申请人是丹麦国教的神职人员，他订立了儿童接受洗礼的条件：其父母需要参加五堂宗教课程。教会执事要求他终止这一规定，因为他没有制定此种条件的权力。委员会认为第 9 条第 1 款并没有赋予神职人员这样的权力，作为国教系统中的公职人员，给洗礼设定条件违背了教会内部最高管理机构（例如：教会执事）的指示。

399　　（二）教会外雇佣环境中宗教自治的范围

1. 美国

总主教公司诉阿莫斯案（Presiding Bishop v. Amos）

美国最高法院，483 U.S. 327（1987 年）

一系列宗教关联企业的前雇员们起诉，声称他们遭受了违背《1964 年民权法案》(Civil Rights Act of 1964) 第 703 条规定的基于宗教的歧视。原告方包括：①为耶稣基督后期圣徒教会 (Jesus Christ of Latter-Day Saints) 制造宗教服装的蜂巢制衣坊 (Beehive Clothing Mills) 的前雇员；②作为教会福利部门分支机构的德撒律实业公司 (Deseret Industries) 的卡车司机；③曾为德撒律体育馆工作的建筑工程师，该体育馆向公众开放的非营利设施，由耶稣基督后期圣徒教会 [有时也被称为摩门教 (Mormon) 或者后期圣徒教会 (LDS Church)] 下的总主教公司运营。只有这位建筑工程师的起诉最终被提交到最高法院。每个

---

[24] App.No.12356/86, Eur.comm' n H.R. (1986).

[25] App.No.7374/76, Eur.comm' n H.R. (1976).

案件中，雇员都失去了他们的工作，因为他们不能向他们的雇主提供现行的
"圣殿推荐书"（temple recommend），即一个由当地宗教领袖签署的文件，证明
他们在日常生活中遵循教会的特别准则，例如：定期去教堂礼拜，缴纳什一税，
对咖啡、茶、酒精还有烟进行节制。《民权法案》第 702 条规定宗教组织不可有
基于宗教信仰的歧视行为。现在的问题是将第 702 条的规定适用于宗教组织的
世俗非营利性行为是否违反了禁止立教条款。

怀特（White）大法官阐述了法院的意见。

II

"本院之前已经认可，政府可以（有时是必须）给予宗教活动方便，且这
样做并不违反禁止立教条款"。[霍比诉佛罗里达州失业上诉委员会（Hobbie v.
Unemployment Appeals Comm'n of Fla), 480 U.S. 136 (1987)] 公认的事实是，
"政府给予宗教的协调绝不意味着实行了宗教自由活动条款所限制的干预"[瓦
尔茨诉税务委员会（Walz v. Tax Comm'n), 397 U.S. 664 (1970)]。禁止立教条
款提供了足够的空间"给仁慈的中立性，使得宗教活动可以在没有资助和干涉
的情况下开展"。在某些时候，政府协调可能会变成一种"对于宗教的非法扶
持"⋯⋯但在我们看来，本案中没有这样的情况。

莱蒙标准（Lemon）首先要求涉及的法律拥有"世俗立法目的"。这并不意
味着该法律的目的不能与宗教有任何联系——这就相当于要求"政府对于宗教
组织几近冷酷的漠不关心"⋯⋯而禁止立教条款从来不应如此理解。的确，莱
蒙标准中的"目的"标准在于防止相关的政府决策者——此案中指国会——改
变中立态度而支持宗教事务中的某一特殊观点。

依据莱蒙标准，减少政府对于宗教组织界定和执行其宗教使命的能力的干
涉是一种合理的立法目的。被上诉人辩称根本不存在合理立法目的，因为第 702
条在 1972 年修改之前已经对宗教雇主提供了充分的保护，其从法律禁止的宗教
歧视当中所作的排除仅限于雇主的宗教活动。考虑到这些争论，我们可以假设
1972 年之前的排除是恰当的，因为宗教自由活动条款并没有要求更多。但是，
预测自己的何种行为会被民事法庭判定为宗教活动对于宗教组织来说却是一个
重大的负担，因为这关系到承担实质性的责任。某种行为是否为宗教活动并没
有一个清晰的界限，宗教组织自然会担心，法官可能并不理解它的宗教原则和
使命。对于可能承担的责任的顾虑，可能会影响宗教组织实施自己宗教使命的
方式。

在详细研究了 1972 年修订修正案的立法历史之后，地区法院认为国会的目

400

的在于"使宗教决策机制可能遭到的政府干预最小化"。我们同意地区法院的观点：这一目的并没有违背禁止立教条款。

莱蒙标准的第二个要求是涉及的法律"主要或首要的效果……既不促进也不限制宗教"。毫无疑问，相较于 1972 年对第 702 条修订前，宗教组织现在能够更好地实现自己的目标。然而之所以如此，主要还是因为许多法律通过了宪法检验：例如上述的瓦尔茨诉税务委员会案中的财产税豁免，教育委员会诉艾伦（Board of Education v. Allen）案中向包括教区学校在内的学生出借图书的行为。一项法律并不会仅仅因为其允许教会促进宗教就违背宪法，因为那正是教会的目的所在。如果某一法律会造成莱蒙标准所禁止的"效果"，那么就需要证明政府本身通过自己的行动和影响力在促进宗教。正如法院在瓦尔茨案中所认定的："对于宪法第一修正案中宗教条款的起草者们来说，'建立官方宗教'的行为包含了赞助，经济支持，以及涉入宗教事务管理。"

地区法院担心对于排除条款的支持会使得拥有财政资源的教会利用参加商务和营利活动来拓展他们的影响，传播他们的信仰，这是不被允许的。但是，本案中涉及的是建立于 1975 年以前的非营利活动，根据体育馆奉献祈祷文，其初衷在于"所有聚集到这里、为了健康和物质恩赐而来的人，都能感受到他们是在一个对上帝充满忠诚的团体之中"。因此，这些案件并不存在地区法院顾虑的情况。而且，我们没有在记录中发现有说服力的证据，证明《1964 年民权法案》通过之后，教会通过体育馆宣扬其宗教教义的能力有所增强。在这样的背景下，我们并不认为如抗辩所说通过体育馆所达到的宗教促进可归因于政府。

我们认为地区法院将宗教团体从第 702 条筛选出来的做法是没有说服力的。法院在其以前的判决中，虽然有所考虑，但从未真正表明对宗教组织予以特别考虑的制定法本身应当是无效的。这与我们通过判例确立的理论相悖：在禁止立教条款之下，有足够的空间对宗教进行调节。正如本案中，政府加重对宗教活动的负担的行为有其合理目的，我们认为毫无理由要求此种例外还得同时给世俗团体带来好处。

被上诉人认为根据第 702 条规定，对于宗教机构雇员的保护要弱于对于世俗机构的雇员，这违反了平等保护原则。被上诉人依据了拉尔森诉瓦伦特一案 [Larson v. Valente, 456 U.S. 228 (1982)]，主张任何基于宗教原因而区别对待的法律都必须被严格审查。但是根据拉尔森案的观点，在宗教之间实行区别待遇的法律要接受严格的审查，而"在所有宗教之间给予一致好处"则必须依据莱蒙（Lemon）标准进行分析。在这种情况下，如果一部制定法在表面上中立，并且其中政府对宗教活动的干预合理而被允许，那么我们认为实在没有理由对此种已经符合莱蒙标准的法律再适用如此严格的审查。只需合理审查国会是否已经对于未来的立法进行了合理的分类。我们已经说明国会将第 702 条例外扩展至宗教雇主的活动，有其合理的立法目的。为了反驳被上诉人的公平保护观点，以下理由足矣——正如我们现在做的——由于被适用于宗教雇主的非营利性活动，第 702 条拥有合理的立法目的：即避免政府对于宗教组织确认、履行宗教使命的重大干涉。

不能因此认为第 702 条允许政府不被允许地与宗教事务产生了过度纠葛；该法律导致二者更为彻底地分离，从而避免了此案中地区法院对于宗教信仰的侵扰式调查。该法律能够很容易地通过莱蒙（Lemon）标准第三部分的测试。

撤销地区法院的判决，案件需要依据上述意见进行进一步审理。判决如上。

评论和问题

1. 阿莫斯（Amos）一案中地区法院认为宗教雇主的宗教活动可以依据第 702 条予以排除，但是世俗活动则不行。最高法院认为，至少在非营利部门的工作方面应当驳回这一观点。为什么宗教组织认为雇员坚持教派的教义非常重要？为什么当一份工作被排除于禁止在宗教之间实行歧视待遇的法律之外时，劳工组织会坚持认为这份工作有宗教性质？

402

2. 阿莫斯规则对于非营利部门的限制——正如布伦南（Brennan）和马歇尔（Marshall）的赞成意见中所强调的——在多大程度上反映了合法宗教组织不能参与营利性活动的假设？

3. 在何种程度上，宗教附属机构的雇主可以解雇那些没有达到其支持的宗教标准的雇员？比如说，很多案件当中，非婚先孕或者是离异的教师都受到了被辞退的威胁。参见麦卡斯克诉利马圣玫瑰天主教学校案（McCusker v. St. Rose of Lima Catholic School）。

反歧视法中针对牧师及相关人员的"神职人员例外原则"
平等就业机会委员会诉美国天主教大学案
（EEOC v. Catholic University of America）

美国华盛顿特区巡回上诉法院，83 F.3d 455（D.C. Cir 1996 年）

伊丽莎白·麦克多诺修女（Sister Elizabeth McDonough）和平等就业机会委员会声称美国天主教大学拒绝前者对教会法学系的终身教职申请的行为，违反了 1964 年《民权法案》第七编（Title VII）的规定，构成性别歧视以及报复性行为。地区法院法官路易·F. 奥伯多弗（Louis F. Oberdorfer）基于第一修正案的宗教条款，驳回了这一诉求。我们同意奥伯多弗法官的观点：宗教自由活动条款禁止此案中进行司法审查，因为麦克多诺修女在天主教大学的主要作用"是履行相当于牧师的职能"。我们也同意，如果对上诉人适用第七编规定，将会导致为禁止立教条款所禁止的来自联邦政府对于宗教事务的侵扰。

I. 背景

[麦克多诺修女，一个多米尼克派（the Dominican Order）的修女，成为了美国天主教大学里教会法部门的第一个预备终身女教员。除了教学之外，麦克多诺修女还辅导学生，发表文章，提供多种咨询服务。她已经晋升到副教授职位。但是，在经过多轮申请终身职位（tenure）遭到拒绝之后，麦克多诺修女针对最后的否决提起了诉讼，认为自己遭受到了"不公的待遇"。]

1990 年 1 月 18 日，麦克多诺修女与公平就业机会委员会一道提起了对于天主教大学的诉讼。在经过两年的调查和调解失败之后，平等就业机会委员会与麦克多诺修女一道提起另一项诉讼，声称天主教大学对于麦克多诺修女（Sister McDonough）申请的拒绝是性别歧视和报复性的，已经违背了 1964 年《民权法案》第七编的规定。……

案件于 1993 年 11 月 3 日进入法庭审理阶段，并于一周后结案。本案最重要的争议焦点在于，天主教大学所提出的拒绝理由是否只是一个托词：即麦克多诺修女"仅取得了比较边缘化的教学和学术成果"。为了证明这一拒绝理由的不充分性，麦克多诺修女引证了她和另外两个最近获得批准的男性终身教员的表现作比较。这一比较主要集中于她的学术成果发表数量和质量上。……

在审查了双方的意见书和听完各自的口头陈述之后，奥伯多弗法官在没有对事实和法律依据进行具体审查的情况下驳回了诉讼请求。他认为"将第七篇的规定适用于该案的事实和关系会同时违反宗教自由活动条款和禁止立教条款"……具体地说，他认定"麦克多诺修女在教会法学系中的主要作用是履行相当于牧师的职能"，并认为"宗教自由活动条款排除了对于此类雇佣决定的审查"。他还认为禁止立教条款阻碍了对于麦克多诺修女的判决，其理由在于"平等就业机会委员会业已对（她的）教会法学术'水平'进行了经久的监管和调查，再对此进行司法评估会构成对于宗教的过度纠葛。……"

II. 分析

此案件代表了两种最高位阶利益之间的冲突：政府根除存在于劳动雇佣领域中歧视待遇的利益，以及宪法赋予教会管理自身事务免受政府干涉的权利。

正如很多涉及宗教组织自治的案件一样，这一案件也要求根据第一修正案的宗教自由活动条款和禁止立教条款进行分析。我们将分别阐述。

A. 宗教自由活动条款

最高法院认为政府的行为可能从以下两个不同方面施加了对宗教自由活动的影响，从而构成对第一修正案的违反：干涉教徒遵守自己信仰的教义、习惯的能力，侵犯教会管理自己内部事务的能力。最高法院绝不能干涉教会对于神职人员的选任。

1. 牧师例外规则

依据本案以及其他一些案件情况，该巡回法院和许多其他法院一致认为宗教自由活动条款使得对神职人员的选任成为第七编以及类似法律规定的例外。因此，民事法院也失去了审理由牧师起诉雇佣自己的教会或宗教机构的雇佣歧视案件的资格。

牧师例外规则并没有限定在神职人员的范围内适用。其还被适用于宗教组织雇佣的，主要职责是"宣讲教义，传播信仰，教会管理，监督宗教秩序，监督宗教仪式和礼拜……"的职员。如果他们的职位"对于教会的精神和神职使命很重要的话"，他们"应当被认为是'神职人员'"。此案中，地区法院认为对麦克多诺修女的雇佣符合"牧师职能"标准。

404

2. 牧师例外规则是否适用于史密斯案?

上诉人声称，因为第七编是普遍适用的宗教中立性法律，宗教自由活动条款并不能阻碍其在宗教组织雇用牧师的案件中适用。他们认为，在史密斯案之前，牧师例外规则建立在宗教自由活动条款之下的这样一个检验标准之上：它要求政府证明，对宗教自由活动权利依据特别法律加以限制的行为存在一种正当的管理利益。他们认为史密斯案否定了在普遍适用的宗教中立性法律中的冲突利益标准，这使得牧师例外规则失去了宪法基础。……

我们不同意上述史密斯案否定了牧师例外规则的结论。（虽然史密斯案的确认定，宗教自由活动权利不会使个人免于承担其他普遍适用的有效、中立法律规定的责任，但并不意味着）史密斯案主张教会在任何情形下都不能够解除此类责任，原因有二。首先，适用牧师例外规则所要避免的对于宗教自由活动所施加的限制，与史密斯案中的争论焦点以及法院所引证判例中所谓的限制有着本质上的不同。牧师例外规则并非用于保护个人遵循其所属教会特定命令和习惯的自由，而是被设计用来保护教会选任人员的自由。而且，牧师例外规则中不存在史密斯案中提到的危险。保护教会选任牧师的自治权，使其免于政府干涉，这并没有使教会成员的权利的赋予，"从依靠于他的信仰中的原则，'变为加到他身上的法律'"。该例外规则也没有要求"法官在宗教自由活动领域中适用'迫切利益'标准前先判定宗教信仰的'核心'所在"。

其次，的确一些诉诸牧师例外规则的案件引入了令人信服的利益标准，但它们都依赖于最高法院案件确立的教会的基本权利："免于政府干涉，自主管理教会行政和信仰、教义事务。"

我们同意第五巡回法院的观点："这些意见之中存在着宗教组织的精神自由，独立于世俗机制控制……"我们认为宗教组织选任和培训自己的神职人员的自主权利非常重要。……同样，我们重申"宗教自由活动条款排除了政府对于教会等级、教会管理和神职人员选任的干涉"。

我们承认，本院以及其他法院所引用来支持牧师例外规则的凯德罗夫（Kedroff）案以及其他联邦最高法院的案件并没有涉及普遍适用的中立法律。不过，我们并不认为最高法院在史密斯案中试图使教会对自身事务有管理权这一存在了世纪之久的断定合法化……

3. 牧师例外规则是否适用于麦克多诺修女案？

麦克多诺修女认为即使牧师例外规则依然有效，地区法院在此案中对其适用过于宽泛。她强调她并不是一个受戒牧师，而且她的职责不是全都与宗教有关。我们认为她的第一个主张没有实质重要性，并且不赞同她的第二个主张。

我们同意牧师例外规则适用于宗教机构中所有主要职责为服务于精神、宗教使命的雇员，无论其受戒与否。

因此，我们需要考虑麦克多诺修女作为教会法学系的职员，其职责在实质上是否为宗教性质。为了作此判断，我们审查了"她的主要职责，判断其是否包括宣讲教义、传播信仰、进行教会管理、监督宗教秩序、监督宗教仪式和礼拜"。显然，麦克多诺修女符合上述描述。她应当被视作宗教机构教员中的一位教员，其任务是"培养、宣讲神圣教义以及与之相关联的宗教约束"……而且，我们认为这些教员所扮演的角色对于天主教的精神、宗教使命意义重大。教会法学系这一部门是全美唯一被梵蒂冈授权可以颁发宗教法方面宗教学位的机构。为此，天主教大学要求该系的课程和项目"依据梵蒂冈教廷颁布的标准、规范设计"。而该大学的教会教员则作为美国天主教会的媒介来宣扬它的教义和纪律……

由于麦克多诺修女被雇佣作为教会法学系的职员，其明显符合牧师职能标准，我们赞成地区法院对麦克多诺修女基于宗教自由活动条款的诉求予以驳回的裁定。

B. 禁止立教条款

（地区法院的判决依据是莱蒙标准中的过度纠葛标准。）

虽然对于"纠葛"这一标准很难精确定义，法院认为在如下情形中，存在对宗教的违宪纠葛："政府的行为将教会和政府卷入冗长的法律程序中"，或者政府在相互"对立的宗教观点"之间进行选择。在这个案件中，法院认为，要解决麦克多诺修女是否有成为终身教职的资格的争论，法院就不得不以其不恰当的身份"对宗教事务中相互对立的观点进行评估"，而公平就业机会委员会的"延长监管和调查"违背了禁止立教条款……

虽然毫无疑问，对于学术水平的评判也包括独立于宗教内容的客观标准，然而，神职人员和宗教人员在被要求对麦克多诺修女的学术作品进行评价时，不可避免地会涉及那些他们用来判定她的学识是否符合这个"以教会名义宣讲"的职位要求。在这样的背景下，自然存在这样的可能性：人们在评价某一成果的学术价值时会考虑其结论是否与本教所宣讲的，或者与本教所应当宣讲的教义相一致。

奥伯多弗（Oberdorfer）法官试图引入中立原则来判决此案；但是经过一周的审理之后，他发现"没有哪个专家的证词可以有效地从世俗的因素中过滤出宗教因素，从而避免不合理、不应有的对于宗教事务的干涉"。该法官以自己的经验得出如此结论，这或许可以最好地证明：以此为理由的调查会要求他"在证人互相对立的宗教观点间进行抉择"。

最终，学术参议院的任职升迁委员会作为一个世俗机构，依据教员手册中的世俗标准评估了她的资格条件，毫无疑问其决定没有受到宗教考虑的影响。根据上述情况，我们同意奥伯多弗法官的观点："民事法院不应当卷入此类争端。"

2. 公平就业机会委员会的调查和起诉

正如最高法院所注意到的那样，"可能侵犯到宗教条款所保护权利的，不仅是某一机构所得到的结论，而且还包括得出这些发现和结论的调查程序。"

政府部门如果对教会选任神职人员进行过多的侵扰，那么将构成过度纠葛的结果。如在该案中，公平就业机会委员会针对麦克多诺修女申诉进行的为期两年的调查，大规模的审前调查，以及最终参与庭审本身的行为，均构成过度涉入对宗教事务的评断，其已经侵入教会法学系作为天主教机构的排他性领域。本次诉讼以及之前的调查导致教会法学系时间、资源的大量耗费。而且，我们认为未来的调查和诉讼不可避免地会在一定程度上影响到教会职员补缺时所遵循的标准。曾一度由于此被免职、盘问和拽进法院的教会法学系成员和负责推荐教职申请人的学术审核委员们，在评估的时候将会首先考虑避免立法或行政机关干涉，而不是基于他们自己的评估来判定谁更符合本部门的要求……

Ⅲ．结论

基于前述原因，我们认为公平就业委员会和麦克多诺修女的上诉请求为第一修正案中的宗教自由活动条款，禁止立教条款以及《宗教自由恢复法》所阻碍。因此，维持地区法院的判决。

407

2. 德国

德国宗教雇佣案

德国联邦宪法法院，BVerfGE70, 138（1985 年）[26]

[在该案中，宗教雇员由于违背其对雇主所属宗教的忠诚而被解雇，因此向联邦劳动法院提起诉讼，联邦劳动法院判决解雇行为无效。雇主认为法院的判决违宪。该案是两个案件合并审理，其中第一个案件涉及天主教医院基于以下理由解雇一名医生：该医生在一本重要的国家新闻杂志上，发表了一封批评保守神职人员和官员的反对堕胎言论的签名信，并接受了电视采访进一步阐述自己的观点；第二个案件涉及天主教旅馆对其会计的解雇，解雇理由是他退出天主教教会。在这两个案件中，联邦劳动法院的观点都是对于宗教信仰的违背并不足以证明解雇的正当性。在涉及医生的案件中，联邦劳动法院指出公开发表的信函主要是针对医药功能的极端言论，公开信的观点是对立法价值判断的不恰当批判，但其只是对于教会的间接批评。类似地，联邦劳动法院审查了医生的言论，他打算在那种背景之下，挑战被认可的解雇决定。在旅馆一案中，法院认为会计选择安静地退出教会，仅仅是因为年纪大了，不愿意使其决定成为公众焦点。事实上，雇主得知了这个会计从教会中退出仅仅是因为他发现他不能再享受从其工资中免除教会税。联邦劳动法院因此得出结论：案件中的对于宗教忠诚义务的违背并不足以构成无通知解雇的理由和无通知的临时性解雇的正当性基础。]

第一个申诉陈述如下：……宗教活动的自由权利遭到损害，因为劳动法院的判决认为，雇主无权因雇员不符合履行慈善的义务而解雇他。教会并不否认，反对不公平解雇的法律原则上适用于宗教领域。但是，只有在宪法所确认的教会的自决权得到尊重的前提下，这些法律才能在一定程度上得到适用。联邦劳动法院未考虑到这一宪法性要求，其判断并没有基于教会对自身的理解。它依

〔26〕 2 BvR 1703, 718/83 and 856/84, BVerfGE 70, 138 (1985).

据的是政府的审查标准：教会雇员需要被要求怎样的忠诚义务，而违反该责任是否会危及教会的信义……却并没有对教会的自决权以及教会雇佣的事实必要性给予公正的评价。教会希望其雇员能够达到实现基督教任务的标准，这属于教会对自己事务的处理，不受政府的限制。因此，某些基于宗教雇员特定职责范围内的区别对待不能被排除。但是，这种区别对待只能由教会本身行使；它需要确定自己的雇员不会反对教会教义和伦理的基本原则。联邦劳动法院所谓的分级制忠诚度理论，取决于员工对传播福音特设授权的参与。这与前述的标准不一致。此外，教会慈善和基督教社会服务工作的必要性要求整体性的服务，而这只有在雇员忠于自己的宗教和道德责任时，教会医院才能让其令人信服地提供医疗服务……堕胎是教会法中最为恶劣的罪行，医生在大众媒体发表支持人工流产现行做法的言论，不仅有损自身教会雇主的可信度，而且与天主教医院的责任不相符合。另外，医生不仅是教会医院慈善的中介，而且依据教会对于自己的理解，他还参与传播福音的活动。他在天主教医院的核心角色远远超出医疗技术的范围……

第二个申诉陈述如下：作为天主教任务之一的教育事业，同样应当享有宗教自由的基本权利。法院在最初的诉讼中错判了基本权利的范围，以至于作出了不明智的判决，要求原告继续其与这位正式声明退出教会的雇员之间的雇佣关系。这违背了宪法所保护的教会自决权。教会自决权包括在雇佣方面任命以及解雇人员的权利。虽然教会雇佣合同由合同法规范，但绝非因此而排除自决权的适用。由于其宗教特质，教会雇佣合同的订立和内容有其特殊性，不同于世俗雇佣合同。除了私法自治，教会自治也是其法律基础……对于教会最低程度的忠诚并不需要在合同中正式同意，因为这是宗教雇佣合同的基础所在。退出教会不仅违反了宗教忠诚义务，更是对这种义务履行的全盘终止……旅馆作为一个宗教机构，除了开展实质的工作外，其在"精神层面"上被赋予了建筑和员工生命而具有特殊性质……忠诚义务不能以等级划分。而联邦劳动法院却坚持相反的意见，将对教会的政府监管扩张至教会的雇佣事务之上。它将教会对成员可能要求的最低程度的协调一致弃置一边。于是，政府对于教会的管理权在社会福利国家的外衣下被重建了……

该宪法诉求理由充分……

最为合理的审查该被质疑判决合宪性的标准是……《基本法》第 140 条和《魏玛宪法》第 137 条第 3 款（后者通过《基本法》第 140 条与《基本法》相协调），其中规定了对包括教会在内的宗教社团的保障，即有权在普遍适用的法律限制内自由组织、管理自身事务，这是用来对被质疑判决进行宪法审查最为合适的标准。……

享有管理自身事务权利的组织，不仅包括教会和其独立分支，还应当包括所有与教会以某种方式联系的机构，无论其法律形式如何，只要其根据教会的自身理解，它们的目的和任务是为了完成和实现部分教会宗旨……

正如联邦劳动法院在受质疑判决中同样确认的那样，原告也属于这种机构。依据天主教对于自己的理解，其宗教习惯不仅包括信仰和宗教服务，还包括依据其教派的要求在世俗社会得到发展，产生影响。这些任务包括一些特定慈善工作……

依据上述考虑，原告与天主教紧密联系；在本案中，他们在"天主教医院"和"天主教青年旅社"的管理中，根据教会指令开展各项工作。因此，根据《基本法》第140条和《魏玛宪法》第137条第3款的理解，他们都隶属于教会。但是原告与宗教产生联系，并不仅仅因为它们是对教会负责的团体，更因为它们本身就是根据教会的指令发挥宗教影响力的职能性组织。……尽管在完成这些任务的过程中采取了世俗法律规定的组织形式，非教徒工作人员也处于他们的管理之下，但原告与教会之间的联系并不因此消失或淡化……

显然，原告，以及慈善和教育机构附属于教会并对教会负责，同时这些机构的运营本身属于教会"事务"，其组织和管理为普遍使用的法律规定所保障……自我管理和自主决定的权利包括在实现依据教会基本命令的慈善和社会救助任务中所采取的各种措施，例如对于组织结构的特别要求，对于工作人员的选任，以及在教会对自己理解的意义下，为了确保所有行动处于"宗教维度"之内而采取的必不可少的预防性措施……这表明，对于组织管理自身事务的权利保障是必需的、独立于法律的保障，除了教会宗教自由活动，还应当赋予教会在组织、制定规章、管理上的自主决定权，这对于教会完成自己的任务来说是必不可少的……

对于教会自决权的宪法保障确保了教会有权决定他们的机构提供何种服务，以及他们将采用何种法律形式。其中，教会并没有被限制采用特殊的形式来进行雇佣活动；在准备建立雇佣关系时，他们可能也同时依赖于适用于所有人的个人自治。教会自主权中的管理权利不仅适用于教会办公机构的组织，而且也适用于教会雇佣方面的管理。《魏玛宪法》第137条第3款的"组织"和"管理"意味着教会享有依据自己的理解，以特定宗教组织形式合法建构自己的事务的权利。这同样为教会在雇佣合同领域内同样目的的行为提供了法律基础。

　　如果教会像其他非宗教实体一样，运用个人自治权来建立雇佣关系，那么
这些关系则受世俗劳动法的调整。这仅仅是对于管辖法律选择的结果。但是，
教会雇佣关系处于世俗法律的管理之下，并不意味着它们不再是教会"自身事
务"……这种包含条件并不会对下面事实的存在产生争议：宪法所保护的宗教
雇佣关系具有其特殊性质，特殊的宗教因素，特殊的宗教内涵。受到宪法保护
的自决权对于构架雇佣关系非常重要。宗教活动方式的特设责任可能会作为合
同的一部分而被施加给教会雇员。如果此种忠诚义务被合同所规定，那么教会
雇主就不仅享有合同的一般自由，同时还应享有宪法规定的自决权。只有上述
两种权利同时存在，才能够确保教会在普遍适用的法律规定限制内，根据他们
对于自己的理解，在准备进行教会的雇佣行为时，定义教会雇员的责任并使其
具有约束力。包括，教会能够基于宗教服务团体的特别模式，构建起针对所有
宗教雇员的教会雇佣结构，甚至基于雇佣关系的基础……另外，教会有权要求
其雇员在所有方面遵循教会教义和伦理的基本原则，有权要求他们不得违反美
国教会成员都必须承担的义务。因为教会的可信度建立在与教会存在雇佣关系
的雇员尊重教会命令的基础上，而这不仅是在工作当中，还包括其生活方式。
所有这些毫无疑问地使教会的雇员具有了"神职人员"的法律地位。相较而言，
唯一需要考虑的就是其合同中忠诚义务的具体内容和范围……

　　在雇佣关系中，什么样的基本宗教责任具有重要性，取决于教会确认的标
准……

　　根据《魏玛宪法》第 137 条第 3 款第一句，教会雇主享有针对合同创立
的雇佣关系进行规定的自由，这种自由受到普遍适用的法律的约束。基于它
们的目标以及法律政策的重要性，这些法律条文中包括《反不公解雇法案》
（Protection Against Dismissal Act）第 1 条以及《民法典》第 626 条中反对不公
平解雇的规定。一般的观点是这些当然在原则上能够适用于教会雇佣。但是，
这并不意味着这些世俗法条在每个案件中都能优先于教会自决权的适用……
《魏玛宪法》中的条款与《基本法》的规定形成了一个有机结合的整体……考虑
到政府和教会和平共处的要求，《魏玛宪法》第 137 条第 3 款赋予了教会组织、
管理自己事务的权利，政府对于其他客体提供的法律保护对于政治体制也非常
重要。我们必须衡量教会自由和考量相关法律保护客体的限制意图之间的相
互关系。在这一个过程中，教会对于自身的理解必须得到特别权衡……如果
法律如此适用，那么依据教会基于自我理解而确定的义务，即要求宗教雇员
遵循教会生活的基本准则，在劳动法中就不再重要。这会是对宪法保障的教

411

会自主权的否认。

从这种观点出发，可以得出以下理由：

在这场争论中，劳动法院必须在宪法确认教会自主权的范围内，将教会为合同忠诚义务设立的宗教标准作为判断基础。因此，原则上应当由教会针对下述问题制定有约束力的条款："教会的可信度以及传播福音的要求"，"教会的特殊任务"，"达到这些任务的意义"，"有关教义和伦理的重要原则"；确定何种行为被认为对义务的普通违反，何种行为构成严重违背。在教会雇佣中，忠诚义务中是否存在不同层次、如何划定忠诚义务的"等级"，原则上也属于教会的自决权利。

这些教会要求将教会确认的标准考虑进去，在遭到质疑的情况下，法院需要通过对法定教会权力机构的质询来判决，劳动法院必须遵循质询结果，除非法院认为它们与那些法律规定的基本原则相违背，如反专断原则（《基本法》第3条第1款），"公共政策"（民法典第138条第1款），或者公共秩序原则（德国《民法典释义》第30条……）。即使这样，民事法院依然需承担这一任务：确保教会机构没有在个案中对雇员的忠诚提出无法接受的要求——当然这种情况很可能导致与教会自己的原则和由这些原则引申的义务相冲突……除此之外，由劳动法院负责依据教会、世俗法律制定的忠诚义务，判定和归纳案件的事实。

如果在这个过程中法院推定存在对此种忠诚义务的违背，那么进一步的问题就是要判断此种违背是否可以证明解除宗教雇佣关系具有正当性，这就需要依据《反不公解雇法案》第1条和《民法典》第626条来解决。正如《魏玛宪法》第137条第3款可以得到普遍适用一样，这些规定全都适用劳动法。

在劳动诉讼的判决过程中，法院是否遵循了宪法原则和内含的道德这一问题由联邦宪法法院进行审查……

联邦劳动法院在对法律问题进行审查时，认为初始诉讼中的原告在与被告的雇佣关系中，违背了被告所要求的忠诚义务……该规范性结果符合上述的宪法标准。这种义务显然并不是建立在不相关的、专断的考虑之上，它也没有与法律秩序的基本原则相冲突。在这一结论之上，需要对受质疑判决开展进一步的合宪性审查。

联邦劳动法院适用了《反不公解雇法案》第1条和《民法典》第626条，在进行利益衡量的同时审查了对义务的违法，这不合宪法的要求。其并没有充分考虑到原告根据《魏玛宪法》第137条第3款所享有的自决权。

但是在反对不公平解雇，法律中的保护性规定的社会理念在世俗法律中具有重要意义，其有利于初审诉讼中的原告。劳动法院正确地强调了长期雇佣关系和较大的年纪这样的实际情况，出于这方面的考虑，法院支持了第二原告。相反，如果原告希望对不公平就业规则给予的保护做出一定限制，比如说在调整预算时，他们不能为了此种目的依据自决权提出请求。因此，在大量这样的情况下，具有不确定性的法律语言如"社会不公"（《反不公解雇法案》第1条）以及"导致"（《民法典》第626条）跟其在世俗雇佣中的效力相同。在这种背景下，毫无疑问，反对不公平解雇的法律保护会使教会对忠诚义务的规定效力受到"侵蚀"……

联邦劳动法院在第一个原告的案件中，没能重视违背忠诚义务的含义和严重性。（法院详细说明了天主教反对堕胎行为）……在宪法意义上，对于教会的理解是判断原告是否违背忠诚的标准，其已经被司法实践所肯定。根据这一观点，第一个原告如果认识到它所雇用的医生公开质疑教会的教义和原则，那么它可以认定如果继续这段雇佣关系将无法实现它的慈善任务……对于第一个原告来说，其雇员行为不被接受的原因不仅是原告作为宗教机构的信誉问题——这正是联邦劳动法院唯一纳入考虑的因素，还因为如其意见书中所述，原告认为服务团体中的雇员正面临信任危机，立即解雇正是为了保护这种信任……

在第二个原告的案件中，联邦劳动法院并没有像宪法所要求的那样对于原告是否违背忠诚义务进行衡量。依据教会法（《教会法典》第2314条），退出教会是对信仰和整个宗教团体的冒犯。教会将这类人视为变节者，必须将其逐出教会（《教会法典》第2314条第1款）。依据这种观点，雇员退出教会的行为不仅与教会的信誉相悖，也违背了教会所倡导的同事之间的信任合作。

基于上述情况，联邦劳动法院误判了《基本法》第140条和《魏玛宪法》第137条第3款的含义和范围。在依据《反不公解雇法案》进行利益衡量时，法院并没有考虑到宪法所要求的对教会自身的理解，这样一来就不合宪地限制了教会对自身事务的独立管理……第一个案件中的审理结果以7比1票通过，该一票的反对意见是考虑到判决的执行部分，而第二个案件的判决由6比2通过。

评论和问题

1. 前述案例的判决的推理过程与美国联邦最高法院在塞尔维亚东正教诉米利沃杰夫克案（Serbian Eastern Orthodox Church v. Milivojevic）有什么区别？哪种推理方式更具说服力？

2. 德国宪法法院对教会的自我认知给予了非常多的重视。而这是否又给策略性的自私行为留下了太多空间？

3. 注意有关宗教雇佣的案例包含两个连续的统一体：雇主的虔诚程度及成员的虔诚程度。第一个是雇主的类型范围。这一统一体以"联合教会"或大宗教为起始，发展到单个教会或宗教，继而又将慈善团体（如学校、医院、人道主义援助机构等）接纳为宗教组织的成员，并通过宗教组织对其进行全部或部分的营利性的控制。由于这些组织类型具有多样性，控制的程度也随之变化，从完全控制到仅在公司里拥有少量宗教社团投资的股份。

414

第二个统一体涉及雇员工作的宗教属性。这一统一体包括了宗教领袖及其余承担牧师职能的员工，其他并非直接担任神职人员或宗教领袖，但承担相似职能的人（如教授、宣传或是在公开场合代表宗教团体的人员），在宗教团体中参与慈善工作的人，提供工作支持的人员（秘书、宗教领袖的行政助理、簿记员等），以及那些履行普通劳务的人员（如厨师、门卫等）。

在这两个统一体内对宗教自治保护可以扩展至什么样程度？

四、在其他宗教语境中的自治

沙维特诉里雄莱锡安葬礼协会案
（Shavit v. The Chevra Kadisha of Rishon Le Ziou）

以色列最高法院（民事上诉法庭开庭审理）C.A. 6024/97（1999 年）
[当地负责管理里雄莱锡安葬礼协会（即上文中提到的"葬礼协会"）的拉比（即法师）拒绝了一个家庭关于在墓碑上的铭文中使用希伯来文和拉丁文刻上已故者姓名的要求。先前的判例——基甸案（Gideon）与凯斯特堡案（Kestenbaum）——已经肯定了活着的家庭成员在墓碑上镌刻拉丁文和非犹太历法的权利，尽管犹太葬礼协会认为，依据犹太律法原则在进行葬礼过程时"绝对禁止"在墓碑上使用外国日期及文字。1996 年，在更早的先例判决之后，《自由选择民间葬礼法》（the Right to Alternative Civil Burial Law）通过，赋予以色列人民选择采用民间葬礼形式的权利。这一立法通过后，东正教葬礼协会拒绝家庭成员在墓碑上镌刻希伯来文和拉丁文。该协会主张，自从民间葬礼被允许后，镌刻拉丁文已不再是葬礼的要求。地区法院认为，新法已使违反先例的行为正当化了。以色列最高法院，作为民事上诉法院，承认"新的法律规定能够推翻在先的法律或判决"，但强调该案的问题在于"新法与旧法是否具有不可调和的矛盾"。]

M. 契辛法官［多数意见，包含主审法官巴拉克（Barak）的观点］：……

7. 依据《自由选择民间葬礼法》，宗教事务部长应当指定一些具体地点，作为可用于自由选择葬礼之处，这些地点应当坐落于不同的地区，且相互间有合理的距离……

11.……该法律意在为葬礼组织而非犹太葬礼组织开辟一条道路，如果人们需要被埋葬，可以自由选择民间葬礼形式，如果他们选择了，即使不同于正统派犹太教传统的一种方式……

15. 低一级法院强烈地坚持《自由选择民间葬礼法》，意味着拒绝了基甸案—凯斯特堡案所确立规则的约束。我们不同意这一结论。最高法院创设的法律根基是以色列法律制度的基本原则——人的尊严、公共政策、公共法律原则，它是如此坚定和有力，以至于我们难以接受《自由选择民间葬礼法》的通过即是暗指着它已经被废除……

16.……巴拉克法官对凯斯特堡案发表了如下陈述：

在以色列，个人尊严并非一个隐喻。它真实地存在着，我们从中得出了一个有力的结论。面对当前的问题，我们必须得出这样的结论，一个政府机构的实施某种活动的一般政令——如管理葬礼——不应当被理解为在此案中同样的政府机构得到授权对人们的尊严进行如此严重而剧烈的伤害。一个政府权威如要试图侵犯个人尊严，必须得到法律明确而清晰的授权……

18.……犹太葬礼协会同样诉称，其必须遵守关于其首席拉比的犹太法律规定，以及里雄莱锡安地区首席拉比发布的命令，而这些法律和命令均禁止在墓碑上雕刻外国文字或者用罗马数字来记载生卒年月。我们不赞成这样的诉称……众所周知，并没有一个得到广泛适用和理解的犹太法律禁止在墓碑上使用外国文字及用罗马数字记述生卒年月。在以色列的许多地区也没有这样的限制。此规定使当地拉比拥有了在该地的最终发言权——"当地拉比权威"的概念——而这一权利仅能在宗教权威得到普遍认同的公共社会环境中或是为该地法律明确肯定才能实现。以前，在犹太社会和其他被犹太文化影响到的地区，这就是犹太律法，而没有其他法律（凌驾于其上）。在犹太人现在的散居地区，这依然是犹太律法……但现在的以色列情况则不同了，因为我们是（从世界各地）被召集回到我们的祖国的。没有任何依据——在我国的法律制度下——将当地拉比权威的命令当做法律一样强加于那些宗教遵循者以及非教徒……

20. 该针对死者及在世家人尊严的诉求对我们来说并非新事。在凯斯特堡案

415

中，法院已将其作为一个包含的问题进行了处理。在下文中，巴拉克法官会对墓碑上的题字进行陈述。

对于人类尊严的确认，赋予人们以权利，以自己认为适宜的方式来镌刻墓碑。对于此种自由的否定以及对于希伯来语文字的不公待遇，已经严重违背了人类尊严的基本价值。

26.……（根据英格纳德的反对意见，现在的问题是要确定哪一种价值应当处于优先地位，是私人的意愿和尊严还是当地犹太教当局。）我们必须记住以色列作为一个国家，并不是遵循犹太法律而运行，其是一个由法律治理的民主国家，法律在整个国家范围内发挥作用。我们的考虑围绕个人，人类，意愿，利益，幸福，福利——所有这些都基于国家法律的规定……

416   法官I.英格纳德（I.England）（持反对意见）

3.……困扰着法官们的争议归根结底是一个意识形态冲突问题。众所周知的是，以色列作为一个犹太民主国家，其内部不同州以及不同地区之间的复杂关系与这个国家深刻的犹太特征形成的矛盾，是法律判决力所不能及的，历史因素只是这种矛盾的因素之一。

4.……我本人认为但凡涉及信仰或观念等种种，就不可能形成客观的判断。外部的衡量标准亦无法在衡量这些符号对于不同族群或个体的重要性方面发挥作用，而这些符号恰恰又是问题的焦点。任何宣称关于符号的逻辑量度都不可避免地成为主观价值观的表达。进一步讲，某种象征的标准也不会一成不变，各种变迁中的社会和政治因素不断地对它产生影响。

13. 对于公众宗教信徒有一条公认的行为尺度的禁忌界限……我认为在总体的信徒以及特定宗教信仰者之间，确定一条"合理的"界限，这恐怕不应该是法院的工作。更何况不同法官对于何谓"合理"会做出不同阐释，所以标准的界定很大程度上有赖于法官的主观理解。

18. 主要问题在于厘清两类主体基本宗教自由权的关系，一边是犹太葬礼协会以及死者犹太教亲属的行动自由，另一边是信仰其他宗教的死者亲属根据他们自己宗教教义的行动自由。我认为我们无权使用一个普通人的价值观体系来衡量那些在情感或是本质层面上的相反追求。其实，真正的争议在"墓地"之外，犹太教和以色列政府间的博弈才是需要法院来审视并解决的。

20. 这是一个有关公平正义的问题：在无法同时保障所有合法利益的情况

下，法律不得不在利益之间排出次序。如何解决利益冲突是十分艰深的理论问题。我并不觉得，我们现在正在进行对双方利益进行取舍的审理过程中，做出了这样的类比，就意味着否认了某一方的利益，而偏向了另一方。

尽管如此，我认为就当前的情况，死者亲属任意雕刻死者石碑的权利必须让步于犹太葬礼协会根据地方犹太司法机构的判决所采取的行动。为何如此？因为从犹太葬礼协会的名字可以看出，它是一个神圣的带有宗教性质的机构。众所周知的是，它所履行的宗教职能在犹太教的传统上带有"真实善意"的色彩。葬礼协会必须优先根据当地犹太司法机构的判决行事。这一要求在协会的执照中有明文规定，其既为城中众多死者生前所能够预期，又符合大多数死者亲属的要求。

21. 我认为，法院无权要求任何一个公共的或是私人的宗教团体采取有悖于宗教教义的活动，这种强迫严重损害了宗教自由。除非法律明文规定，对于宗教自由权的侵犯需毫无例外地禁止。

首席法官 A. 巴拉克（Barak），在并存意见中陈述道：

6. 在凯斯特堡案一案中，需要权衡对象，一方是对于希伯来文字的保护，另一方是对于人格尊严的尊重。现在两者被置于了天平的同一端，只不过后者表现为对宗教自由的捍卫。与此同时，置于天平另一端的是对人的尊严的损害，具体来说是由宗教原因导致的对人的尊严的蔑视。在我看来，宗教自由也是人的尊严的一部分。因此，有人享有宗教自由，而有人也可以根据个人意愿自由行事。事实上，既然一个人并不信仰某个宗教，那么他的行为就不应该受该宗教规则的限制。根据个人的信仰选择生存或是死亡的方式亦是个人自由……法院必须衡量冲突双方的利益，以及存在于其背后相互冲突的价值和原则。

9.……并不是说，在宗教自由和宗教之外的自由之间发生冲突时，某一方总是占有优势。如果形成这样的观念，其中一种自由权的宪法地位必将受损。恰当的解决方法应该是，权衡同一种自由之中相冲突的价值和原则。在比较权衡的基础上，还需要确保这些自由所代表的"核心"不受减损，即便出现损害，受到影响的也只是其"表壳"……

12.……我认为在本案中，死者以及死者亲属在墓碑上刻上拉丁文的意愿应该予以优先考虑。这是出于两方面的原因：一方面，如若阻止死者亲属选择使用拉丁文，将会对他们以及死者造成直接且严重的伤害；另一方面，一旦非希伯来文被同意采用，其他死者及其亲属可能遭受的损害是间接且非严重的。

13. 第二点，与出于保护希伯来文目的对其他文字的禁止不同，出于宗教原因而禁止外来文字的使用构成了宗教强迫……除此之外，如前所述，我认为因为违背当地犹太司法判例而对犹太教信徒造成的伤害称不上严重抑或急迫。我们应当看到，不同的地区有着各自不同的判例，不能被遵从的只是当地的犹太司法判例。

15.……有人认为前文所提到的衡量的结果取决于衡量者是从宗教角度还是世俗的角度出发，对此我不能认同。衡量本身并不带有宗教或世俗色彩。这项工作对互相冲突的价值和原则进行拿捏判断，出发点是一个遵从犹太民主国家的普世价值的合适视角，这是一个综合考虑了民主思想和犹太精神之后凝练出来的整体视角。而就法院而言，也不能对其冠以世俗或是宗教的头衔。法院在判案中会顾及诸方感受，考虑各人自由，同样地重视各方价值观念，继而尽其所能来平衡各种情感、自由和价值之间的冲突。

16.……在英格纳德法官看来，即便涉及政府当局，一个宗教团体必须被允许根据犹太教律法去达成一些宗教目的，因为这是出于宗教自由的考虑。……不过在我的同事看来，"平衡原则"在本案中并不适用，因为本案中涉及的所谓自由皆是宗教自由。

19. 在以色列这样一个非政教合一的国家，否认法院界定宗教行为时需要设立合理的权力尺度，最终将导致这样一种界限或尺度被忽视。实际上，在一个致力于确认和保障全体公民人权的社会中，人们之间的尺度和界限必须被加以确认，并在考虑由越界行为引起的伤害的基础上对它们进行衡量。只有突破了"容忍临界点"的越界行为才是要求受到保护的正当理由。

评论和问题

1. 个人的宗教自由和其所属的宗教团体行为自由之间，何者优先？

2. 首席法官的并存意见和英格纳德法官的反对意见之间，何者更具说服力？

3. 在很多方面，首席法官的推理思路类似于德国法院对于宪法权利的分析。那么他是否能得出和德国宪法法院在宗教雇佣案中相同的结论呢？如何利用这样一种推理思路去解决美国宗教自治案？

附加网络资源：	其他可参阅材料包括涉及与决策机构任务有关的自治权（可否要求一家天主教收养机构在违背其宗教教义的情况下协助收养？），以及在决定宗教团体的成员构成上的自治权（例如某个宗教团体对新成员加入的条件要求，处罚规定或是成员权利终止的相关规定）

第十一章　结社以及获得法律人格的权利

一、引言

　　本章的关注点是宗教团体获得并保持其法律实体地位的能力。这一能力在美国极少作为实际需要解决的问题出现，因为在美国获得法律实体地位非常容易，而且法律实体适用的组织结构的类型也很广泛。实际来看，免税地位的获得才是更重要的问题，但对宗教组织来说就连这种地位事实上也是自动获得的。然而，世界各国宗教组织都要面临宗教自由的问题，对于很多其他国家而言，登记和认可的相关问题（在美国，这通常被称为"法人注册"）在其中却是举足轻重。特别是对于少数派及新兴的宗教团体而言，更是如此。总之，规范宗教团体组建、登记和认可的法律制度，起着或促进或阻碍宗教自由之目标的重要作用。

　　一个国家中与宗教实体相关的法律和惯例，是考察其国内宗教信仰自由程度的关键标准。这也许有些出人意料。错综复杂的宗教团体法律制度，显然不是最受关注的宗教自由问题。但如果进行更深层次的探讨，不难发现，规范宗教实体成立、认可和登记的法律制度，在当今法律体系下，对于宗教团体的生存和发展往往至关重要。虽然仍然有少数宗教团体不愿意按照要求取得法律实体地位，但大部分的组织还是很希望能通过法律登记以获得法律认可，因为只有这样它们才能够基于法律人格享受这种地位带来的益处。关于取得法律人格之权利的具体规则，每一种法律制度之间都存在一定差异。但至少，现今世界的各种法律制度都对这种权利作出了基础性规定，一个宗教团体如果不能获得法律实体地位，它将极其难于从事一些基本的法律行为——包括开立银行账户，租用或购置礼拜场所或其他宗教场所，订立合同（可能涉及的合同范围极广，从与核心成员订立劳动合同，到出版宗教材料、生产礼拜等宗教仪式所需要的物品，以及一些诸如为本教派购买供给品、电力、热气以及其他日常用品的世俗合同等），起诉以及应诉（即为了维护宗教团体的权利主动提起诉讼，或被动进入法律诉讼中），等等。对于大规模的宗教团体来说这些问题显得更为复杂，它们必须修建和维护用于礼拜的教堂或其他大型的宗教建筑物，发展一整套精神关怀的社会服务网络，以及进行起一系列的慈善和教育服务——上述所有活动均根植于内心信仰并与其一致。

法律实体地位至关重要，因为作为现实问题来讲，一个有相当规模的宗教团体如果不具有这种法律地位，便不能够有效地运作。当今的宗教团体需要在诸多方面和世俗法律秩序进行互动，以便于从事其各项事务。一个宗教团体想要在脱离法律实体地位的情况下安排好自己的事务，那几乎是不可能的。不但如此，法律实体地位的欠缺还会给宗教团体带来不必要的责任风险和其他法律问题。举例来说，如果一个宗教团体的财产被置于个人名义下，那么很可能发生个人非法挪用团体财产的情况，或者发生由于合同或侵权所导致的意料外的责任，如此整个团体本身的利益将受到损害。此外，很多法律事项通常和法律实体地位紧密相关。在许多法律体系中，完成法律登记是下列法律行为的必要前提条件：获得土地使用或其他行政许可；邀请外国宗教领袖、神职人员和志愿者来访本国；对医院、监狱和军事基地进行访问或者提供宗教服务；获得成立宗教教育机构的能力（不管是教育儿童还是培训员工）；成立独立宗教慈善机构的能力；获得不同形式的税收豁免；以及从捐献抵扣中获利。

一个很实际的问题是，如果一个宗教团体没有取得法律实体地位（而这是团体行使权利所必需的），想要进行一整套的合法活动，将会极其困难。而如果拒绝授予宗教团体以法律主体地位，那么宗教团体本身的宗教自由，该团体中信仰者个人的权利，将会遭受严重的负担和限制。

在这一领域中，法律如果对宗教团体过度限制，将会导致社会资产的损失。宗教团体在引导人们进行利他行为和塑造其他积极人格时扮演着重要角色，有利于促进社会稳定繁荣，以及带来其他形式的社会财富，诸如增强社会中的志愿者意识、社会责任感、诚信以及促进整体创造力。这一影响不只限于宗教团体内部之间，而且在其他社会环境下也是如此。当然，宗教在具有积极影响的同时，也会带来有一些消极影响，但是以抑制宗教发挥其积极潜能的方式去限制宗教活动，这完全没有必要，对宗教进行过度限制将是一种社会资源浪费。

二、宗教团体获得法律人格的权利

（一）美国

宗教团体所能适用的法律实体形式

在美国，对于宗教团体的集会、组织和礼拜，没有批准和登记方面的要求。虽然某些地区在土地或建筑的使用审批方面也许会遇到一些阻碍，但是对于宗教团体本身的法律认可没有特别要求。世界上其他国家的政府对于宗教团体的登记和认可规定了各种要求和行政措施，对宗教团体作了极大限制。与之相对，在美国，宗教团体在组织结构上没有此种法律障碍。虽然如此，宗教团体同时仍会积极寻求获得某种法律实体地位，以方便于处理其事务。美国宗教团体所能适用的法律实体的形式以及它们各自的特点，我们会在下文一一阐述。[1]

美国涉及法律实体创设的事宜是由州法律进行规定的，而州与州之间的法律规定大相径庭。大约有 15 个州——特别是较古老的司法管辖区——制定了专门的法律法规，对特定教派的组织结构进行规定。[2] 这和意大利、西班牙和其他受罗马天主教会影响的国家的协议体系有相似之处，此外美国的各个管辖区存在一种为"其他的"宗教设置的"默认"的法，允许"其他的"任何宗教团体结成法人组织。[3] 正如人们所能预料到的，这些法规可以不断自我调整以满足某些特定教派的具体需求，让它们可以灵活处理对教会财产的占有以及其他事务。

有 18 个州的法律将宗教团体的法人结构规定为信托法人。[4] 从历史的角度来说，信托关系的公司是一种过渡形式，代表着初始阶段中严重依赖信托形式的结构形式正逐渐普遍地演变为公司结构。实际上，信托关系的公司仅仅是将受托人联合在一起。或许是因为这种形式本身给受托人的行为设置了权利限制（例如，非经法律批准不得进行财产买卖），所以在适用上倾向于保守。

当今更为普遍的法律结构形式是会员制法人，这种法律形式通行于美国 43 个司法辖区。而对于其中 31 个辖区的宗教团体来说，这是唯一可选择的宗教组织形式。会员制的法人形式在很多方面与商业公司类似，最大的不同在于会员制法人通常不发行股票。实际上，法人由其成员（关于成员的定义一般规定在内部规章或者公司章程中）组建，并由成员管理与控制。这种组织形式比其他形式显得更为民主，因而更能吸引以公理会形式组建的宗教团体。

共有 26 个州为宗教团体规定了个体法人这种法律结构形式。个体法人组织形式的历史可以追溯至 15 世纪中期，当时它是一种能保证教会组织的财产得到恒继的法律实体形式。所谓的个体法人指由一个特定职务的人（例如主教）组成法人，并且允许现任职务者管理法人所拥有的财产。个体法人的特别之处在

---

〔1〕本部分内容节选自小 W. 科尔·德拉姆："通过宗教组织法促进宗教或信仰自由"，载《促进宗教或信仰自由》，第 337—342 页（林霍尔姆、小 W. 科尔·德拉姆以及巴伊亚·G. 哈瑞博—李主编，马丁乌斯·尼审弗出版社，2004 年）（大部分注释省略）。

〔2〕这 15 个州分别是康涅狄格州、特拉华州、伊利诺伊州、堪萨斯州、路易斯安那州、缅因州、马里兰州、马萨诸塞州、密歇根州、明尼苏达州、新罕布什尔州、新泽西州、纽约州、佛蒙特州以及威斯康星州。而各州之间关于教派数量的规定又是大有不同的。纽约州规定了超过 35 个教派，而大部分州的法条关于此类的规定一般不超过 7 个。

〔3〕"默认"的法可能会是普通的非营利性组织法，或也许是一般的宗教组织法。

〔4〕18 个辖区中有 15 个位于密西西比河的东部地区。

于，教会职务者的选任需符合某一特定宗教所要求的准则、仪式、规则或者纪律，然后该职务被授权按照本教的教规管理归属于个体法人的财产。当作为个体法人管理者的个人死亡、辞职或者被撤销职务，其继承人将自动获得管理该财产的权力，而且享受的权力范围将跟他的上任完全一样。这种方式使得财产转移的问题简单化，即对财产的管理权是随着职务而非供职者个人转移。

实质上所有州^[5]的宗教团体都可以简单地以非营利组织的形式出现，虽然它们也许会被要求明示（由它们自己选择）其是属于哪种类型的非营利性组织。例如，很多州效仿《加利福尼亚非营利法》(the California Nonprofit Corporation Law) 和《非营利法人示范法》(the Modern Nonprofit Corporation Act) 的规定，对公益组织、互利性组织和宗教组织进行了区分。其中公益组织受到最严格的限制，而出于对宗教自由的尊重，宗教组织则会受到较宽松的管理。

美国法律灵活性的另一个源头在于其联邦体制的特性。正如企业公司法所规定的，许多州的法律都允许其他州的法人团体在其管辖范围内活动。也就是说，这些州允许来自其他州的法律实体如其境内的实体一样，进行运作。这也就意味着如果一个宗教团体在其所在州中没有找到适合自己的法律模式，它可以选择到其他规定有其青睐的法律模式的州建立法人组织，然后再回到原所在州以非营利组织的形式进行活动。

总的来说，大多数的州为宗教团体的法人组织形式提供了多重选择，使它们可以选择最符合其教义的形式。由于信托组织和非营利组织形式在各种情况下总能够作为备选形式适用，所以一般来说这些组织形式被视为旨在促进宗教活动的设置。不管所选择的组织形式是什么，关于法律实体地位取得的官方规章和审批程序很少。

在 20 世纪 90 年代中期，德保罗大学的政教关系研究中心（Depaul Center for Church/State Studies）对美国国内的 261 所全国性的宗教团体进行了一项调查，评估这些宗教团体以何种法律模式进行其活动。^[6]这份调查涵盖了美国境内大多数的大教派，当然也包括一些较小的派别。虽然差不多有三分之二的受访者宣称他们的宗教组织结构在本质上是严格按照圣经规定或者说以圣经的规

〔5〕最大的例外是弗吉尼亚州和西弗吉尼亚州，由于历史上的原因，其宪法禁止了授权任何教会或教派成立为法人。参见《弗吉尼亚州宪法》第 4 条第 14 款；《西弗吉尼亚州宪法》第 6 条第 47 款。

〔6〕莱斯·H. 威廉姆斯（Rhys H. Williams）、约翰·马萨德（John Massad）"宗教多样性，民法和组织同构性"（Religious Diversity, Civil law and Institutional Isomorphism），载詹姆斯·A. 马塞里亚（James A. Serritella）主编：《美国的宗教团体：对法律同一性，宗教自由和法律的研究》，卡罗莱纳州学术出版社，2004 年，第 111、121 页。

定为基础建立，而且其他种种的因素表明这些宗教团体之间具有相当的差异性，但是它们的结构形式却惊人的一致。受访者被问及："哪一种才是最符合你们教派的法律组织形式呢？"调查的结果显示有以下的法律组织形式：

- 非公司组织形式的团体——8%
- 宗教性非营利法人——87%
- 非营利法人——3%
- 慈善或者宗教信托组织——1%
- 个体法人——1%
- 营利性法人——1%
- 其他类型的法律模式——1% [7]

值得注意的是，竟然有87%的宗教社团选择适用"宗教性非营利法人"作为其法人组织形式，这是很集中的一个数字。一般来说，一个组织如果作为"宗教"性质的非营利法人，其相对于一般的非营利法人来说能获得更多的一些好处，诸如出于对宗教自由的尊重，它们可以在从实质上减轻各种报告或其他形式的负担。这种形式显得非常易于实现并且能充分灵活地满足一个很广的范围内的各种组织需求。但是应考虑到，前述的报告调查是全国性教派组织的选择，它们需要在全美范围内处理各项事务。如果问及的是在地方性的宗教教派，那么调查结果会出现很大的不同。

对于美国宗教团体在法律实体形式适用方面的问题，还有几点需要强调。第一，无论这些法律实体形式在历史上的情况如何，现在宗教团体都可以很容易地选择并适用其中任何一种。有关国家机关对这些宗教团体的必要的批准文件，通常都可以快捷地获得，一般来说只需要耗费几分钟，至多也就只要几天而已。第二，对于宗教团体创设者人数的要求也很宽松，通常来说只需不到10人。第三，与在欧洲的登记程序阶段所需文件相比，在美国同种性质的文件主要只是起着通知和报告的功能。第四，宗教团体获取法律实体地位的程序比普通的非营利组织更加简单，原因之一是宗教团体可以随意地应用信托或者宗教法人的法律条文进行组织。第五，获得法律实体地位本身并不意味着当然获得国家所赋予的财政优惠，诸如免税地位。也就是说，不管一个宗教团体是否有资格从政府获得财政优惠，它都可以享有完全的权力进行宗教活动。至于新成

[7] 莱斯·H.威廉姆斯（Rhys H. Williams）、约翰·马萨德（John Massad）"宗教多样性，民法和组织同构性"（Religious Diversity, Civil law and Institutional Isomorphism），载詹姆斯·A.马塞里亚（James A. Serritella）主编：《美国的宗教团体：对法律同一性，宗教自由和法律的研究》，卡罗莱纳州学术出版社，2004年，第111、121页。

立的宗教团体，其获得法律实体地位与进行宗教活动的能力，并不会因为能否享受其他政府优惠政策的问题，而受到阻延或者妨碍。最后还要注意，这些法律实体形式不是用来控制宗教的工具。与其通过组织法解决潜在的问题，还不如在问题出现时由具体主管刑事、税收或其他行政事务的政府机构来解决。这样不仅能够促进宗教团体的活动，而且也更能够掌控和解决实际问题。

424　　　评论和问题

1. 很多国家将登记程序作为识别和阻止那些不符合要求或者危险宗教组织的第一道防线。美国在这方面的制度是否显得过于宽容？

2. 美国采取什么手段来解决不符合要求的或危险的宗教团体的问题，以作为补足登记体系作用的一个替代性措施？

（二）欧洲

1. 适用于欧洲宗教社团的法律模式

谢维欧·费拉利（Silvio Ferrari），欧洲宗教社团的法律体系综述[8]

基本层面及外围

（1）宗教团体获得法律人格的权利越来越被认为是宗教自由权的一部分。近年欧洲人权法院的裁决表明，拒绝赋予宗教团体法律人格，可以被认为违反了《欧洲人权公约》第9条，构成对宗教自由的侵犯。

（2）获得法律人格的权利可以通过不同的方式得到实现。当今的法律制度因为需要满足各种不同的需求，而变得越来越复杂和细致。由于宗教团体的需求不同于其他团体组织（政党组织、贸易联盟，等等），许多法律体系设置了特别的法律人格制度专门地适用于宗教团体。在大多数情形下，宗教团体可以选择要获得何种性质的法律人格，它们既可以选择和其他所有法人组织（或者大部分法人组织）[9]一样的"一般性"法律人格，又可以选择为宗教团体所单独设置的"特别"法律人格。不过根据一些国家（如捷克）的规定，宗教团体只能选择适用后者。

（3）法律为宗教团体设置专门的法律人格类型，这并不罕见，同样的法律架构也适用于其他很多组织。但是在作出这个选择时，申请团体本身须是宗教团体，这尤其重要，如果没有宗教团体概念，当一个组织提出适用这种特定类

---

〔8〕本部分节选自谢维欧·费拉利（Silvio Ferrari）："作为法人的宗教团体：全国报道的一个介绍"，载拉斯·弗莱德纳（Lars Friedner）主编：《作为法人的教会和其他组织：第17届欧洲教会和政府研究大会》（瑞典，2005年11月17日至20日），彼得斯出版社（Uitgeverij Peeters），2007年，第3—8页。
〔9〕在某些法律体系中，宗教团体可以以非营利性组织、基金甚至是公司的形式组建。

型法律人格的要求时，我们便无从判断其是否有权获得此法律地位。

（4）要获得宗教团体"特别"法律人格，单单有组织本身须属于宗教团体这一条件是远远不够的。许多法律体系规定了更多的要求，诸如：对信徒最小数量的规定；这个宗教团体在本国进行活动的最短期限；属于该宗教团体的当地会众的最低人数；对自身财政稳定的担保，等等。这些要求有时候属于硬性规定；有时候则属于灵活规定，给审查宗教团体注册申请的国家机构（法院，政府机关等）留有自由裁定余地。这些要求的性质和数量至少会引起如下两方面的问题。

①首先，这些规定只是针对宗教团体的结构本身呢，还是也涉及该宗教团体的教条以及其信徒相应的行为？在某些国家，如果某个宗教教规本身和人权相违背，则其法律人格就不会得到认可。这一条件听起来似乎很合理，但是它可能会带来更进一步的问题：如果某种宗教团体内部并不奉行男女平等这一人权，是否会使该宗教团体的法律人格获得认可受阻呢？再比如说如耶和华见证会（Jehovah's Witnesses）这样的宗教，其反对输血的行为是否违背人权？以上这些情况是否足以剥夺某一宗教团体获得特定法律人格的权利？

②什么类型的"结构性"要求（相对于"教条性的"）可以采纳？比如说，某些法律体系规定了一个几百人的最低人数的数目，宗教团体的会众人数必须达到这个最小值，才能获得法律人格。如果一个宗教团体只是因为其规模小便被剥夺此种权利，这是否构成对小宗教团体的歧视？

倘若宗教团体可以选择获得"一般性"的法律人格，这些要求所造成的影响会有所减小。但是如果宗教团体按照法律规定只能获得特定类型的法律人格，这样的要求将会对与该团体的生存息息相关的法律行为构成阻却。

（5）在一些国家，如果宗教团体提交了申请后一段时限内（比如说一年）没有得到主管机关的回复，该宗教团体便能自动获得法律人格。但是某些国家的法律却没有规定主管机关处理宗教组织的申请的时限，有时候这便意味着申请会被悬置多年，在这些年中，该宗教团体一直处于"没有名分"的地位。在这些情形下，缺乏时限规定的法律构架便会成为一种隐秘而又行之有效的手段，用以阻碍那些不受当局欢迎的宗教团体的申请，同时又避免了直接拒绝该申请所带来的后果。

（6）当一个宗教团体获得法律人格的申请被拒绝时，它能采取怎样的救济措施，这一问题法律没有明确规定。在一些国家，向法院上诉是可行的，但是在另一些国家，唯一的救济方式只能是通过行政程序。大多数的情形下，这一问题并没有获得解决，而且人们总有那么一种印象，即法律体系在这一问题上并没有完全透明化（或者把这一问题丢给了行政法的一般规定）。

（7）最后，有一些宗教团体拒绝任何形式的登记或国家认可。某些法律体系授予一些非法人组织进行一部分基本法律行为的权利；因而，这些宗教团体有组织和开展活动的能力，虽然其法律地位在某种程度上受到限制。在另一些国家的法律中，却不存在这样的可行性规定。一般来说，诸如集会祈祷之类的宗教行为并不需要特定法律形式的存在也可开展。但是，根据一些学者的说法，由于宗教团体未能获得法律人格，其拥有或者租赁做礼拜的场所，开立银行账户等法律行为的能力会受阻碍，这就间接地影响到了宗教自由。

更高层面及内部（参见第十二章第三部分和第四部分）

（8）法律人格对于宗教团体的自由和其与政府的协作都是有价值的。宗教团体如果不具备法律人格，它也许就不能进行日常工作中所必需的行为或活动，这便成为了一个涉及基本自由的问题。何况获得法律人格也许还会为宗教团体得到政府的支持而铺平道路，诸如获得有利的税收制度、有权进入如学校之类的公共机构等。很难明确地指出宗教自由与政教合作的分界点在何处。它在不同的国内法律制度中有不同规定。但是在大多数情况下，政教协作在不同宗教团体之间是不均匀分布的。政府与一些宗教团体的合作会多于另一些。

（9）通常，由于拥有法律人格的宗教组织被进行更细致的分类，从而各自享有相应的法律地位，这样的分类决定了哪些宗教团体可以获得政府的支持，以及获得政府支持的多少。所谓的欧洲模式并不存在，每个国家都有其法律模式架构，也有各自划分宗教团体的方式。在芬兰，宗教团体被区分为三种不同类型的法人形式，即福音信义宗教会（Evangelical Lutheran Church）、芬兰东正教（Finnish Orthodox Church）以及登记在案的宗教团体。在意大利，根据1929年的一项法案，总共有30余个宗教团体具有受认可的宗教组织法律地位，另外还有6个宗教团体与意大利政府签订有协议，而罗马天主教会（Roman Catholic Church）则是通过宗教协约享有其法律地位。在丹麦，宗教团体总共有5种不同的组织类型：受税收管理当局认证的宗教团体；没有获得承认或批准的宗教组织；经有关部门批准的宗教实体；得到承认的宗教实体；官方教会。

（10）至于宗教团体如何进行归类，那就要取决于各国国内的法律制度。某些条件在各个国家都同样必须得到满足，然而具体的规定却大相径庭。通常来说，它们与宗教团体获得法律人格的要求大致相同（参见前文第4段），例如要求更多的组织成员、在本国更多的存续年限，等等；但是要求本身有所提高。在捷克，宗教团体只需有300会众便可以登记为法人团体，但是必须具

备 1 万会众（这个国家人口的 0.1%）才能获得专为某些宗教团体预留的"特别
权利"。[10] 在葡萄牙，本国的所有宗教团体都有进行登记的权利，但只有符合 427
在本国存在 30 年这一要求的宗教团体才能获得"定居于本国的宗教"（religion
settled in the country）这种更高的法律地位。[11]

（11）与政府协作的种类也根据各国国内法律制度而不同。在葡萄牙，登记
宗教团体享有税收豁免的待遇，但是只有"定居"的宗教团体才能获得政府补
助，这些补助包括与政府签订协议、举行对国家法律体制有影响的宗教婚姻等。
在捷克，只有被赋予"特别"权利的宗教团体才有权进入学校进行宗教教学，
在支付神职人员工资时获得政府补贴，可以在军队和监狱安排神职人员等。

（12）关于这个体系的价值，学者们有不同的观点。有些学者将该体系比作
拉丁美洲的金字塔，宗教团体存在于这些金字塔不同的位阶上。随着位阶的增
加，宗教团体的数量逐级减少，其所获得的国家支持也会增加。一些律师却反
对这种描述：他们更倾向于把这个体系描绘成内部循环的圈子，也就是说，对
不同种类的宗教团体的分类不代表具有将宗教团体"等级化"的意图，给予其
中一些宗教团体特权，只是为了根据它们不同的需求（基于每个宗教团体的规
模、历史和文化根源）而提供合适的供给。无论如何，不可否认的事实是欧洲
大部分国家设立了不同的法律，用以规制不同的宗教团体。但是这一点并不很
特别。综观世界其他地区，很难发现哪个法律体系对于宗教团体没有进行区别
化待遇，就算是那些强调平等待遇的法律体系，诸如美国，其在面对税收豁免
等事项时也不可避免地对不同的宗教团体进行区别待遇。既然每一个宗教团体
都被赋予了最基本最首要的自由权，那么，给予某一更加植根于所在国历史和
文化的宗教团体合理程度的更优惠待遇也是说得通的。但并不是所有类型的区
别待遇都可以接受，它们至少必须合理以及透明。

（13）但合理与透明两个条件在欧洲法律体系中并不总是得到遵守。根据某
些研究者的看法，它们在结构方面显出了极端的巴洛克风格，而且有时它们的
要求和条件根本无法进行准确评测。例如在澳大利亚，1998 年的改革增加规定
了一种新的宗教团体种类（即官方注册的宗教团体），规定只有被定性为"对社
会和国家"有积极态度的宗教团体才可以获得此种法律认可。[12] 这个要求的确

---

〔10〕在捷克共和国，宗教团体可采用的法律模式可以分为两类：即登记了的宗教团体和"拥有特别
权利"的登记宗教团体。

〔11〕在葡萄牙，适用于宗教社团的法律模式有以下分类：非法人组织；私人公司；宗教法人（即登
记的宗教团体）；定居在本国的宗教团体。

切含义受到了公开质疑：在道德上反对服兵役或者反对输血，都可被解释为是社会和国家的消极态度的表现之一。在比利时，宗教团体可以以非营利组织或者得到认可的宗教的形式享有法律人格；为了获得法律承认，"并不存在正式的要求。所有的基准都是非成文的。它们只是非正式的指南，启发和指导着行政实践。"一个比利时的评论专家强调说"必须要有'足够的'会员：或许大概需要成千上万的会员"，并且认为宗教结构在承认方面存在等级差异是有好处的。这样的体制本身也许能够运行良好，但似乎其不清晰的结构会给公共行政机构留下过大的自由判断和任意决定空间。

2. 宗教团体按照欧洲公约获得法律实体地位的权利

在过去的 20 多年里，位于斯特拉斯堡（Strasbourg）的欧洲人权法院，通过一系列的案例确认，结社自由和宗教自由中包含了获得法律实体地位的权利。[13] 这些案例所依据的规定和原则，在公约第 9 条（宗教自由）以及第 11 条（结社自由）得到集中阐述。不过获得法律实体地位的权利，现在被国际人权法更充分地保护，位于斯特拉斯堡的欧洲人权法院也对此进行了特别的诠释。

法院在一系列的案例中坚持"第 9 条一定要基于第 11 条所提供的保护来进行解释"[14]，从而确认了第 11 条所规定的"保护"也可以在第 9 条的情境下实施，并且具有完全法律效力，这样才能保持对宗教条文的准确度以及维持宗教自由权的实质。至于宗教团体组织机构的设置问题，对结社自由的保护可以转化为对宗教自治的关注，而这对于"民主社会的多元化必不可少"并且应"处于第 9 条所提供的保护的核心地位"[15]。于是在事实上，第 11 条被包含并被确

---

〔12〕在澳大利亚，宗教团体可以采用的法律模式，主要有三种：（1）处于私法规制下的具有法律人格的宗教团体；（2）国家登记宗教团体；（3）法律认可的教堂和宗教团体。

〔13〕参见如下案例：干尼亚天主教会（Ganea Catholic Church）诉希腊案，27 EHRR 521 (1999)，App.No.25528/94，Eur. Ct. H.R.（1997 年 11 月 16 日）（罗马天主教会的法律人格受到保护）；土耳其联合共产党（United Communist Party of Turkey）诉土耳其案，App.No.19392/92，Eur.Ct.H.R.（1998 年 1 月 30 日）；西迪罗坡罗斯（Sidiropoulos）等诉希腊案，App.No.26695/95，Eur. Ct. H.R.（1998 年 7 月 10 日）；自由民主党（ÖZDEP）诉土耳其案，App.No.23885/92，Eur.Ct.H.R.（1999 年 12 月 8 日）；汉森（Hasan）和察沃斯（Chaush）诉保加利亚案，App.No.30985/96，Eur.Ct.H.R.（2000 年 10 月 26 日）；比萨拉比亚（Metropolitan Church of Bessarabia）正教会诉摩尔多瓦案（Moldova），App. No.45701/99，Eur.Ct.H.R.（2001 年 12 月 13 日）；救世军（Salvation Army）莫斯科分支诉俄罗斯案，App.No.72881/01，Eur.Ct.H.R.（2006 年 4 月 5 日）；莫斯科科学主义教（Church of Scientology of Moscow）诉俄罗斯案，App.No.18147/02，Eur.Ct.H.R.（2007 年 4 月 5 日）；Svyato-Mykhaylivska Paragiya 诉乌克兰案，App.No.77703/01，Eur.Ct.H.R.（2007 年 9 月 14 日）。

〔14〕汉森（Hasan）和察沃斯（Chaush）诉保加利亚，第 65 段。

〔15〕同上，第 62 段。

认为是属于第 9 条规定的保护的一部分，第 9 条保护了整体和个体维度下的宗教以及信仰自由。如果宗教团体组织结社的权利未受保护，"则对个人宗教自由权其他方面的保护便会变得脆弱"[16]。由此，宗教社团获得宗教法律实体地位的权利早在一开始就被第 11 条确认，更不用说第 9 条了。

比萨拉比亚正教会等（Metropolitan Church of Bessarabia）诉摩尔多瓦案　429

欧洲人权法院，App.No.45701/99, Eur.Ct.H.R.（2001 年 12 月 13 日）

[本案中，隶属于东正教宗教团体的一个分支组织（比萨拉比亚正教会），选择归附于罗马东正教会而非莫斯科正教会。摩尔多瓦当局倾向于支持归附于莫斯科正教会的摩尔多瓦正教会，因而一再地拒绝承认比萨拉比亚正教会的法律实体地位。]

法院提到，根据其已决案例的影响，思想、良心与宗教自由，已经被公约第 9 条所奉为真理，成为构成公约意义上"民主社会"的基础之一。从宗教的维度来讲，对于宗教信仰者，它是能够保证信徒及其生活方式个体特性的关键要素，而对于无神论者（atheists）、不可知论者（agnostics）、怀疑主义者（skeptics）以及其他社会成员，它也是一种宝贵的精神财富。经过数世纪方最终确定的多元化，是民主社会不可或缺的因素，社会多元化的存在亦有赖于这种自由理念。

虽然宗教自由涉及的主要是个人内心思想，但是也同样意味着，一个人可以自由地"表明（个人信仰的）宗教"，包括在私下里独自表明，公开地对人表明，或者在有相同信仰的圈子之中宣布。基于宗教信仰，可以通过语言和行为来证明自己的信念。此外，宗教自由，包括信仰或不信仰宗教的自由、进行或不进行宗教活动的自由……第 9 条罗列了个人表明其宗教或信仰的方式，即礼拜、宗教教学、进行宗教活动和遵守宗教教规等。但是，第 9 条并非保护所有基于宗教信仰的激发或启示做出的行为……

法院同时还指出，在一个民主社会里，几种宗教同时并存其中，因此就有必要对这种自由设置一定的限制，其目的在于调和不同团体之间的利益冲突，并且保证每个人的信仰都能得到尊重……

但是，当政府运用公权力进行这方面的管制，以及处理与各种宗教、教派

---

[16] 汉森（Hasan）和察沃斯（Chaush）诉保加利亚，第 62 段。

以及信仰之间的关系时，它有义务保持中立和公正……关键在于如何维系社会多元化以及保证民主的作用得到适当发挥，在国家面对各种问题时，要靠民主提供对话手段，而非寻求暴力解决，不论摆在面前的问题有多么令人厌恶……因而，政府在这种情形下的作用不是通过消除多元化来移除导致关系紧张的根源，而是保证那些互相对抗的团体能相互宽容……

法院进一步指出，原则上公约目的下宗教自由的权利，不允许国家对某一宗教信仰或其信仰的表达方式的合法性做出评估。国家政策偏向某一特定的宗教领袖或特定宗教团体的某个分支，或者违反宗教团体或者团体的某分支的意愿强迫其承认某一领袖，这些都会构成对宗教自由的侵害。在民主社会里，国家不需要采取措施以确保宗教团体保持于或者被安排在统一的领导关系之下……同样，宗教自由权或者其中一部分权利在国内法范围内行使，已经得到公约体系的事先授权，在第 9 条第 2 款之外不能同时存在另一个对教会管理机构的授权程序规定……

另外，由于宗教团体在传统上都拥有自己的组织结构，因而第 9 条必须放在第 11 条规定中进行理解，根据第 11 条的规定，结社的权利应当得到保障，不得受到国家的不公正对待。因此从这一点来看，宗教自由的权利意味着信徒有权在团体中与其他人共同展示自己宗教的权利，也就预示着信徒应当享有自由结社的权利，而不受政府的任意干涉。实际上，宗教团体自治对于民主社会中实现多元化来说不可缺乏，而且这个问题也应当是第 9 条所要保护的核心内容之一……而且，要实现自由表达宗教信仰的权利，特别是对作为集体形式的宗教团体来说，方法之一就在于使宗教团体——包括其成员和资产——能够得到司法保护。所以第 9 条的理解不只应结合第 11 条的规定，而且还要结合第 6 条来理解……

法院的任务在于确定国家所采取的措施是否符合原则以及是否在合理限度内。

在本案中，法院为了确定现状与所希望的状态之间差距的范围，必须考虑一个关键要素，即维持宗教多元化（它是民主社会的应有之义）的需要……类似地，要确定政府的干涉是否符合第 9 条第 2 款规定，满足"急迫的社会需要"并且与"所追求的立法目的相称"，需要对诸多要素进行考虑和权衡。

(b) 对上述原则的适用

政府辩称，受到争议的干预行为对于一个民主社会来说是必要的。第一，政府为了对宗教团体进行承认，意味着它不得不首先放弃其在宗教事务上的中立角色……因此，政府要求提出申请的教会与摩尔多瓦正教会消除分歧，是为了履行其中立义务。

第二，拒绝承认……对于摩尔多瓦的国家安全和领土完整是必需的，因为提出申请的教会已经参与到致力于摩尔多瓦和罗马尼亚统一的政治活动中……（为了支持其观点，政府）举出了罗马尼亚有关出版物里的文章作为例证，这些文章赞成本案中提出申请的教会获得摩尔多瓦当局的承认，同时还赞成摩尔多瓦多和罗马尼亚的统一。这些活动不仅危及到摩尔多瓦的领土完整问题，而且也损害了其与乌克兰（它的部分领土在 1944 年以前处于比萨拉比亚正教会的教区范围内）的友好关系。政府进一步指出，提出申请的教会受到公开亲罗马尼亚的本国政党支持，这些政党否认摩尔多瓦的独立地位，甚至将此问题拖进国会进行辩论，造成了摩尔多瓦的不稳定……

最后，政府强调说，虽然没有正式认可比萨拉比亚正教会，政府当局却一直对其保持宽容态度，允许原告方宗教团体及其信徒不受阻碍地继续他们的宗教活动。

作为原告方的宗教团体认为，拒绝认可比萨拉比亚正教会，对于一个民主社会并无必要。他们指出，政府的所有辩护意见，都毫无道理并且没有事实依据，同时它们也不符合"急迫的社会需要"。政府所提出的文档材料，也不能表明，申请人试图从事或者已经从事足以危害摩尔多瓦的领土完整、国家安全或公共秩序的行为。

这些宗教团体认为政府拒绝认可他们的法律地位，却又承认了其他东正教会，这一行为表明，政府基于荒谬的不合理的原因，没能履行其保持中立的义务。

由于得不到政府认可，原告方教会的成员无法进行宗教活动，因为根据《宗教教派法》(the Religious Denomination Act)，某一特定教派的宗教活动和结社自由权只有在该宗教团体已经得到政府认可的前提下才能拥有。同样地，政府只保护那些得到其认可的教派，也只有经认可的宗教团体才能出席法庭维护自己的权利。因而，本案中原告方教会中的神职人员和普通信徒在受到身体攻击和遭受迫害时，他们无法充分地维护自己的权利，而且教会本身也无法保护自己的资产。

本案中原告方的宗教团体否认政府对自己以及教会中信徒的宗教活动持宽容态度。相反地，他们声称，政府不仅容许其他宗教团体对本案中宗教组织成员的胁迫，甚至在一些案件中直接参与了这种威胁行为。

431

（i）对政府干涉正当性的争论

遵守摩尔多瓦的宪法以及法律

法院指出，《摩尔多瓦宪法》第 31 条规定宗教自由应受到保障，并明确规定在政府之外的宗教团体自治原则。另外，《宗教教派法》（1992 年 3 月 24 日颁布实施）规定了对宗教团体进行法律认可的程序。

根据政府的观点，原告方教会，即摩尔多瓦正教会，之所以被政府拒绝认可，并且需要首先消除与已得到认可的教会的分裂及差异，这正表明政府力求遵循上述原则，同时履行自己在教派之间保持中立的义务。

法院指出，首先，本案中原告方宗教团体于 1992 年 10 月 8 日提出第一次申请请求得到法律认可，但是并没有得到任何回复。就在不久之后，1993 年 2 月 7 日，政府却认可了摩尔多瓦正教会。由于如此，法院认为至少从摩尔多瓦正教会提出认可申请的期间来看，政府所提出的关于本案原告只不过是已得到认可的摩尔多瓦正教会分裂出来的一支派系的观点，是很难成立的。

无论如何，法院认为根据判例法的定义，政府所要承担的中立和公正职责，不允许政府担任评价宗教信仰合法性的角色，而是要求政府确保相互冲突的教派之间能够互相宽容，即使它们曾属于同一教派。在本案中，法院认为，提出申请的教会并不是新产生的教派，但是把对这个宗教团体的认可取决于已经得到认可的教会（摩尔多瓦正教会）的意志，说明了政府未能做到中立与公正。因此，认为拒绝承认原告的法律地位是坚持摩尔多瓦的法律和宪法所必需的观点，应予驳回。

对领土完整的威胁

法院首先指出，本案中原告方教会在其组织条款，特别是在所附前言中，将自己定义为摩尔多瓦境内的地方自治教会，遵守国内相关的法律，它的名称只是历史沿袭下来的，跟现时或过去的政治形势没有任何联系。虽然它的活动主要集中于宗教领域，但是也愿意在文化、教育和社会救济领域与政府进行合作。它进一步声明它并没有参与任何政治性活动。

法院认为上述（原告所确立的）原则阐述清晰而且完全合法。

但是在 2001 年 10 月 2 日的听证中，政府却指出事实上本案的原告方教会参与了与摩尔多瓦公共政策对立的政治活动，如果它得到认可，可能会危及摩尔多瓦的领土完整。

法院重申道，这点确实不能排除，某个组织也许会故意隐瞒自己的目标和意图，而实际上从事完全不同于其所宣称的行为，但是要将组织的实际行为与其所宣称的进行对比，这一举证责任不在法院……法院指出在证据档案中并没有材料能证明，本案中的教会确实实施了与其自身组织条文规定不一致的活动。

至于前面提及的媒体文章，虽然正如政府所描述，其内容倾向于摩尔多瓦和罗马尼亚的统一，但是这些并不能归罪于本案的原告。况且，政府也没有辩称是本案原告促使这些文章的发表。

同样地，在没有任何证据的情况下，法院不能得出结论认为，本案的原告教会与上面所提及到的鼓吹统一的摩尔多瓦组织（见前文第 120 段）的政治活动有任何联系。而且，法院指出，政府也没有主张这些组织和政党的活动违法。

而至于政府所称一旦本案原告得到认可，将可能对国家安全和领土完整造成威胁。法院指出这纯属无根据的假设，在没有确切证据的情形下，不能认为拒绝承认该宗教团体的做法合理。

433

保护社会安定以及信徒之间的理解

法院提到，政府并未否认，本案原告教会的信徒和神职人员在进行集会时发生过事故……有一些冲突曾经发生：原告教会的教职人员希望进行大规模的宗教集会时，摩尔多瓦正教会的信徒和神职人员却声称集会所在地为他们所专用；另外，在集会所在地有一些人宣称反对本案的原告教会合法存在。

另一方面，法院也注意到对于冲突事件发生时的具体状况，原告方教会与政府之间存在一定的分歧。不过，法院认为无论事件具体情形如何，对该教会的不予承认这一事实显然是事件发生的重要原因。

（ii）与所追求的目标相称

据政府称，虽然当局拒绝认可原告教会，但是它对该教会的活动并未加阻碍，保持了宽容态度。具体说来，它的成员可以进行集会，组织祈祷活动以及管理财产。作为支持其观点的证据，政府当局列举了该教会举办的很多活动。

法院指出根据 1992 年 3 月 24 日的 979 号法案第 12 条，只有得到政府认可的宗教团体才能在摩尔多瓦进行宗教活动。特别要注意的是，只有得到认可的教会才拥有法律人格（第 24 款），才有权生产和出售特定礼拜仪式用品（第 35 款）以及雇佣神职人员和普通雇工（第 44 款）。另外，全部或部分目标为宗教性质的组织才需承担《宗教教派法》赋予其的义务（第 21 款）。

基于这些，法院认为，如果本案原告方没有得到政府当局的认可，其既不能组织成为团体也不能正常运作。在缺乏法律人格的情况下，它无法提起诉讼程序以维护其财产权利，而这对于礼拜来说至关重要，同样，教会成员也根本无法进行合法的集会，任何集会都会违反宗教教会法。

至于政府声称对该教会及其信徒所表现出宽容态度，法院认为这种所谓的宽容不能成为法律承认的替代品，因为只有认可本身才能授予其所需要的权利。

法院进一步指出，本案原告在遭受侵权时无法维护自己的利益，因为根据当局政策，只有合法的活动才能得到法律的保护……

最后，法院指出，政府当局在认可其他礼拜式组织的法律实体地位时，并没有引用拒绝认可本案宗教团体的标准，摩尔多瓦政府的这种区别对待显失公正。

总之，法院认为对本案原告教会的拒绝认可干涉了其宗教自由，并且，这种干涉并不是为了维护民主社会所必需，对于其所追求的目标来说亦非适当，所以，摩尔多瓦政府行为构成了对公约第 9 条的违反。

（三）德国

巴哈伊案（Bahá'í Case）

德国宪法法院，1991 年 2 月 5 日

［在图宾根（Tübingen）的巴哈伊教（Bahá'ís）灵体会（Spiritual Assembly）提出登记申请，希望能成为注册团体。地方法院驳回了该申请，其理由是认为灵体会作为一个圣统制结构宗教组织的一部分，不能"证明其有成为独立法律实体的必要，因为它的存在一方面依赖于地方灵体会，另一方面依赖于总灵体会"。法院基于灵体会条例（章程文件）中有关申请登记注册的条款得出了这个结论。这些条款规定总灵体会享有以下权利：对会员的排他性控制权（第 4.2 条），监督递补选举权（第 5.2 条），决定地方分会管辖权的权利（第 11.1 条 c 款），批准章程修正案通过的权利（第 13.2 条），解散组织机构的权利（第 14 条）。相比之下，原告则声称："在世界范围内所有巴哈伊教派的组织机构都是基于其神圣的基本法案建立，各教会不能对其作出更改。由于根据巴哈伊教基本宪章，被选择出来的组织享有管辖权，为了进行法律行为它们必须具备法律行为能力。"向高一级别的民事法院进行上诉未获得成功。高一级法院认为灵体会章程本身侵害了组织自治的原则。］

巴哈伊教是发源于伊斯兰什叶派（Shiite）宗教的一支，它存在于许多国家。这一教派有着圣统制组织结构，受世界正义院（the Universal House of Justice）所领导，其总部位于以色列海法（Haifa），由 9 名经选举产生的委员组成。在地方灵体会数量较多的国家，全国总会的 9 名委员每年经间接选举的形式由所有的成员选举产生。在德意志联邦共和国，灵体会需要以注册团体的形式建立；其他国家的灵体会，则根据法律中关于组织或社团的法条所规定的其他法律形

式组建。在地方层面上的灵体会，也由 9 名委员组成，这些委员由当地信徒选举产生，负责打理地方事务……

原告的指控尤其涉及这样一个问题，原告是否由于被拒绝登记为法人组织，而无法获得法律行为能力，但这却不会损害到它基于《基本法》第 4.1 条和第 4.2 条的根本权利。原告声称由于其登记申请遭到拒绝，致使它无法以符合巴哈伊教的内部组织规则的形式进行宗教活动。因而，它受保护的宗教自由基本权利受到了影响……

根据《基本法》第 4.1 条、第 4.2 条以及第 140 条，包含在《民法典》中关于社团法律制度的解释以及应用的《魏玛宪法》第 137.2 条和第 137.4 条规定，宗教团体应当享有宗教结社自由这一基本权利，法院的判决不符合上述法律规定，侵害了原告的基本权利……

《基本法》第 4.1 条和第 4.2 条意义下的宗教自由，也应包括宗教结社自由，这一规定脱胎于包含在《基本法》第 140 条相关的魏玛教会条款（Weimar Church Articles）……（虽然宗教结社自由）在《基本法》第 4.1 条和第 4.2 条中并没有明确表述出来……在经过国家社会党（纳粹）统治下的迫害之后，宪法的立法目的……就不仅仅在于确保特定、片面的宗教自由，而是要进行全面的保护。至少，那些历经数个世纪的历史发展而来，由《魏玛宪法》所确认的宗教自由权利，不能被排除。宗教自由权利不但包含着信仰自由和信念自由，而且包括表现自己信仰的自由、私下或者公开地进行宗教活动的自由（即礼拜自由）以及宗教结社自由（参见《魏玛宪法》第 135 条，第 136 条和第 137.2 条）……

宗教结社自由里所要保障的，包括结社自由以及在共同信仰之下组成宗教社团（religious society）的权利。"宗教社团"这个词语象征着建立在国家法律制度基础上的联合体，而不只是单纯地作为精神信仰团体。之所以要组成一个宗教社团，在于个人需要以组成团体的形式去追求他们共同的宗教目标，而且能以一种法律认可形式参与到一般的法律行为中。这并不是指获得某种特定法律形式的权利，诸如成为拥有法律行为能力的组织或者其他法人形式可能享受的权利；而是指以某种法律存在形式的可能性能够得到保障，包括参与到一般的法律行为中。

《基本法》第 140 条，以及建立和保障宗教社团根据民法的一般条款能获得法律行为能力的《魏玛宪法》第 137.4 条，正体现了这些要求。宗教社团在原则上必须和其他的团体组织一样遵循有关的规定。因而如果一个宗教社团或者它的一个分支组织不能获得特定的法律形式（而这是它作为一个以信仰为基础的特定组织所希望得到的），也没什么损失。但是宗教结社自由却要求宗教社团要在信仰自由和表现信仰自由的范围之内得到保护，就必须根据宗教组织对自己的界定进行特定调整。法律法规对宗教自由的领域和范围作出了规定，例如《基本法》第 4.1 条所保障信仰自由和表现信仰自由的权利，《基本法》第 4.2 条对其所保护的宗教行为进行了明确表述，同时还表现在解释和适用相关法律时，在本案中《民法典》关于结社的规定……如果由于一个宗教社团的内部机构设置而导致其被排除于一般法律规定的保护，或者导致这样的保护难以实现，这样的结果将会与宗教结社自由相悖……

受质疑的裁决不符合宗教结社自由内容的要求。《民法典》里关于结社的法律允许宗教社团的分支机构或者与之有特别关系的宗教团体根据自身特定性质，在内部组织上进行特定要求的调整……

作为一个宗教团体和宗教社团的下属组织的巴哈伊教地方灵体会的内部机构，其与信仰有关的需求，完全有可能在《民法典》中关于结社的规定下得到特定的调和，而事实上这也是一项基于宪法的要求。

（1）被提交的灵体会章程规定中关于成员的产生（第 3.2 条），开除会籍（第 4.2 条）和组织解散（第 14.1 条 b 款），章程修订的要求（第 13.2 条）以及组织任务的界定（第 11.1 条 c 款），这些章程条文与原审法院所考虑的独立和自治（社团自治）原则没有关系，它们无涉有关组织法规制的安全问题或法律交易的透明度，外部事务以及法律关系（组织执行委员的任命以及撤回，代表的权利，组织财产的责任，组织解散清算，等等），而只与组织的内部结构有关。

（2）受到质疑的条款与关于组织结构规定的法律条款在字面上不矛盾。《民法典》第 41 条里规定团体的解散应经过成员决议，全国总教会解散组织的权利，并没有将《民法典》中有关规定排除，而应算是一种增补；《民法典》第 58 条并没有对成员的加入和除名作出实质性规定；《民法典》第 33 条关于法条修改方式的规定是可选性规定（《民法典》第 40 条）；没有关于对组织宗旨进行界定的法规。

（3）法院因此认为上述法规条款不能被允许的根据，只是因为其与结社法中的组织自治原则相冲突。组织自治原则并非由《民法典》中的结社法所明确规定；它实际上源自于判例法以及各种学理，将每个团体的创设完全归属于其成员的意愿，这一原则是这种意愿实现的条件。相对于行为自由而言，它旨在保障社团能够根据其组成成员的意志成立以及进行各种活动。……这种自治包括授权各机构根据其宗旨进行组织，而且其具体组织形式可以由他们自主决定，除非这种形式与该机构的根本性规定或者原则相冲突。判例法强调，这种自治权的另一种实现形式是，团体在其条文限制之下行使自我管理的权利；这种条文的限制也是自治权的表现形式；如果宣布禁止这些条文的适用，则构成对组织自治的限制。……

根据判例法和法律明文规定对组织自治原则的理解，两种并不必然平行的趋势逐渐赋予其现在的内涵：第一种趋势是，它保障成员根据自己的意志决定（包括按等级结构组织的社团）组织的建立和结构形式方面的自治权。第二种趋势则是，它同时保障组织及其成员的自治权，而避免因为两者的同一化而给个人意愿的表达设定准则。它并没有排除，相反采取了开放式的态度，在面对具体的案件（即目前所讨论的涉及社团宗旨和性质的问题）时，在两种趋势的解释和应用中进行平衡。因而，一个团体的分支机构（无论其是否具有法律行为能力）依附于更高一级组织，但是并不会因此而失去其作为一个独立组织的特征，因为它们各自进行其法律行为。这才符合组织自治原则的要求。……

（4）如果考虑到该宗教组织作为一个宗教社团之一部分的特性，它可以像通常基于信仰的圣统制宗教社团的内部组织一样，被认定为是宗教团体分支机构，或者是希望成为与它们存在这种特殊联系的宗教团体的一部分。这并不必然意味着屈从于外部第三人的决定而威胁到了组织的独立和自治。……

根据章程的规定，全国灵体会对地方灵体会的存在、成员关系以及活动施加影响，法院却认为这是一种不为允许的来自外部第三方组织的决定，是对宗教组织特性的错误认识。宗教组织根据自己的信仰，将自己的组织设立为圣统制宗教社团的分支机构，这是它们组织自治中宗教自由权的基本点。这些规定依据其他具有主导影响力的目标和利益，将巴哈伊教全国灵体会视为异教，没有对宗教法的同一性和一般性的规定进行调整。而在基于地方巴哈伊教社区共同信仰而进行的本地灵体会成员的挑选时，亦使用了这样的方式。依靠宗教法中规定的联系，这些也并未被认为是将外部第三方的决定强加于组织之上而剥夺了组织自决权；建立这种类型成员制结构，即在一个圣统制管理结构中管理地方巴哈伊教团体的事务（根据章程第 2.1 条和序言），其实与宗教组织的目的相符，这种结构事实上致力于实现这个目的……

因而上述的裁决侵害到了控诉人基于《基本法》第 4.1 条和第 4.2 条，以及《基本法》第 140 条和《魏玛宪法》第 137.2 条和第 137.4 条所规定的基本权利，因为它们未能充分考虑到地方灵体会作为宗教社团的一个分组织的特性。因此，撤销原判。……

评论和问题

事实上，巴哈伊教案要求政府机构必须用一种避免不符合巴哈伊教信仰的方式，去解释《德国民法典》。这样的决定是否和美国最高法院在俄勒冈州人力资源就业处诉阿尔弗雷德·史密斯等（Employment Division v. Smith）中的基本原理相符呢？

（四）俄罗斯

救世军莫斯科分部（Moscow Branch of Salvation Army）诉俄罗斯案

欧洲人权法院，Eur.CT.H.R.，（2006 年）

1997 年俄罗斯信仰和宗教团体自由法案实施后，救世军按照新法案的要求申请再登记。莫斯科司法部基于三点理由驳回了它的再登记申请：（1）该组织管理会议的成员人数未能满足 10 人的最低要求；（2）该组织未能提供其外国成员的签证，也未提供其在俄罗斯境内合法居留的其他文件；（3）由于该组织"附属于总部位于伦敦的宗教组织……因而'很有可能'作为外国宗教组织在国内的一个代表处，为其利益或者依照其指令进行运作"。[17] 救世军俄罗斯分部因此提起诉讼，认为根据欧洲公约其权利受到了侵犯。

欧洲法院认为，救世军作为一个受人尊重的基督教教派，对其法律实体地位的拒绝承认，违反了《欧洲公约》中关于结社自由和宗教自由的条款。引用以往的案例，法院认为"国内政府拒绝赋予个人组成的组织以法律实体地位，构成对申请者结社自由的侵犯"，同时，"拒绝承认本案中宗教团体的组织形式，还构成对申请人基于公约第 9 条宗教自由权利的侵犯"。[18] 欧洲法院特别指出，甚至在俄罗斯宪法法院已作出判决认定这一拒绝行为违宪后，俄当局依然试图解散该宗教团体。在上诉期间该团体的再登记申请继续受到阻碍，这也构成了对宗教自由的侵犯。因为公约赋予的权利意味着，一个组织在未走完所有可能的上诉程序并得到最终司法裁判前，其已登记的法律地位不能被剥夺。

莫斯科分部案的判决在其他两个方面也值得一提。第一，欧洲法院未采纳俄罗斯法院认为救世军莫斯科分部属于外国人地位这一点的抗辩。特别要指出的是，虽然俄罗斯宗教组织法禁止外国公民创设俄罗斯宗教组织，但是欧洲法院认为"俄罗斯对本国公民和外国公民参与宗教活动的能力作出不同的规定，

439

[17] 救世军莫斯科分部诉俄罗斯，App. No. 72881/01, Eur. Ct. H. R.（2006 年 10 月 5 日），第 14 段。

[18] 同上，第 71 段。

这种宗教自由权上的区别待遇不具备任何正当和客观的理由"。[19] 法院认为，本案中禁止外国公民创立宗教的登记条款侵犯了宗教自由权，构成了不被许可的歧视，因为只有"合理的"或者"客观的理由"才能证明区别待遇不带歧视性。而且，救世军的总部位于国外这一事实并不是拒绝登记的法律依据。[20]

第二，法院否定了俄罗斯分部未能足够明确地表述它的宗教归属和宗教活动这一抗辩。事实上，根据莫斯科宗教组织法的要求，莫斯科分部的组织条例已经表明它的基督信仰（或者说是福音主义），正与救世军本身的教义相一致。欧洲法院并不认同救世军的组织条例在内容上混淆而不适当的观点。而且，法院认为俄罗斯当局"显然没有法律依据"，可以对教会的"决定、规章以及传统"提出任何要求。[21] 法院进一步论述并且补充道：

> 如果申请人对于自己宗教归属的表述被认为不够完整，那么这也应当由法院向申请者说明法定要求，并且明确告知申请者为了获得再登记应当准备哪些法律文件。[22]

这个要求的实际意义在于，主管机构不能滥用"模糊不清"这类字眼，来判定获得登记需要哪些文件。否则，它可能会在每次登记行为中不断增加细节要求，以无限期地对登记进行拖延。

更为实质性的，俄罗斯当局以救世军是不被允许的"准军事组织"而拒绝了它的登记申请，欧洲法院基于三点理由认为这不能成立。第一，"公约保护下的宗教自由的权利，不允许政府判断宗教信仰或者表达这种信仰的手段是否合法"。[23] 因而，救世军选择使用"与军队相似的军阶制度以及制服穿着，是其宗教团体内部组织和表达宗教信仰的特别方式"[24]，而这些不应当由政府来评估。第二，在审查宗教信仰和结构方面的问题时，政府当局必须严格遵守"（在宗教团体方面）保持中立和公平的责任"[25]。第三，根据有关记录，没有任何证据表明，救世军"鼓吹将强烈撼动宪法基础的变革"，威胁损害"国家的完整和安

〔19〕救世军莫斯科分部诉俄罗斯, App. No. 72881/01, Eur. Ct. H. R. （2006 年 10 月 5 日），第 82 段。
〔20〕同上，第 83 到 85 段。
〔21〕同上，第 89 段。
〔22〕同上，第 90 段，引自特索内（Tsonev）诉保加利亚, App. No. 45963/99, Eur. Ct. H. R. （2006 年 4 月 13 日），第 55 段。
〔23〕同上，第 92 段。
〔24〕同上。
〔25〕同上，第 97 段。

全",或者说参与到其他类似的非法活动中。在没有根据能证明该组织对社会构成危害时,对其法律实体地位的拒绝认可构成了对宗教自由条款的明显违犯。

基督教科学派莫斯科分会(Church of Scientology Moscow)诉俄罗斯案

欧洲人权法院,APP. NO. 18147/02, Eur. Ct. H. R. (2007 年 4 月 5 日)

[基督教科学派莫斯科分会在 1994 年 1 月 25 日就正式登记为宗教团体,根据 1990 年 10 月 25 日颁布的《俄罗斯宗教法案》(the Russian Religions Act),它享有法律实体地位。《1997 年俄罗斯信仰和宗教组织自由法》(the 1997 Russian Law on Freedom of Conscience and on Religious Associations) 实施后,基督教科学派莫斯科分会便根据法案要求,一再申请再登记。莫斯科司法部至少 11 次否决了基督教科学派莫斯科分会提交的再登记的申请。当局给出的诸多理由,没有一条经得住推敲。实际上,欧洲法院已经确认了一些莫斯科的低级别行政机关,利用 1997 年的宗教法案阻碍那些不受当局欢迎的团体进行再登记。由于还存在着为这一行为辩护的所谓"理由",欧洲法院在本案判决中,列举了一系列与欧洲公约和宗教自由的要求不符的拒绝赋予宗教团体法律实体地位的行政行为类型。]

法院观点

441

1. 一般原则

(法院重申了一些原则,它们与前文所提及到的在比萨拉比亚正教会案中确立原则相类似。)

如果某一行为侵犯了那些条款所保障的权利,唯一能使之获得正当性的理由是这种妨碍源自于"民主社会"的需要。……

国家必须谨慎地使用权力,来保护其国内的机构和公民免受某些组织侵害的权力。对结社自由法条中的例外规定必须进行严格的解释,而且只有那些具有充分说服力的理由才能使得对这种自由的限制获得正当性。任何一种限制都必须与"迫切的社会需要"相符;而"必须"这一概念不像"有用"或"值得"之类的用词那样具有灵活性……

2. 声称遭受侵犯的申请人的"受害者"地位

法院指出,申请方所处的情景与救世军莫斯科分会案中的申请者相似。申请者按照宗教法案的要求所提出再登记的申请遭到了否决,申请者要让自己成为国家统一登记的法律实体,只能完成这一登记,而且在新的法律实体登记程序制定后,审查登记资格的政府有权机构也从一个转到另一个(loc. cit.,第 67

段）。国家主管机关一直没有承认申请者的公约权利受到侵害，而且也从来没有做出任何损害补偿。驳回再登记申请的裁定生效后，没有得到撤销，至今仍具有效力……

同样地，政府声称之所以驳回再登记申请是由于申请方一直存在程序上的瑕疵，因而申请人并不是所谓的"受害者"，法院认为这不具有说服力。在1999年到2005年期间，申请者提出了至少11份进行再登记的申请，试图补正申请文件中被指出的瑕疵，对于实际存在的以及被国内主管机关指出的这些所谓瑕疵，司法部没有给出任何说明。政府没有在申请的最后时限，也就是2000年12月31日到来前，向申请人告知其再次提出申请可以适用的法律规定。实际上，政府在申请者做出第7次到第10次再登记的申请时，便援引了期限已过作为拒绝理由。也就是说，申请者的登记申请由于期限原因遭到驳回。

经过以上论述，本院认为申请者可以以遭受侵害的"受害者"身份提起"诉讼"。为了确认它是否在事实上受到侵害，则必须审查对其有利的论点。

3. 对申请者权利的干预事实

442

根据上面所述及的一般原则，结社自由的最重要内容之一，是为了共同利益组建一个法律实体进行集体行动的能力，如果没有这种能力，权利本身也就失去了意义。法院早已阐明，政府机关拒绝赋予个人组成的组织法律地位的行为，将会构成对申请者行使结社自由权利的侵害。而对于宗教团体的结社行为，对其拒绝承认也会构成对申请者基于公约第9条宗教自由权利的侵害（参见前文引用的比萨拉比亚正教会案，第105段）。信仰者的宗教自由权，包括其对宗教团体不受政府恣意干涉、平安运作的预期。

……无论基于何种理由，在规定时效（具体规定在1997年的法律中）经过之前，该宗教组织若未能进行"再登记"，将会面临被司法裁决解散的威胁……

法院已经在相似的案例中认定，这种情形表明对宗教组织结社自由权利和宗教自由权利的干预，因为根据宗教法案，不具有法律实体地位的宗教团体进行所有的宗教活动的能力会受到限制（参见救世军莫斯科分会案）。这一认定也适用于本案。

因而，法院认为基于在公约第9条解读下的第11条的规定，对申请者权利的干预确实存在。因此法院接下来必须确认，此干预是否符合法条第2段的要求，即它是否"按照法律规定"，追求一个或多个合理的目的而且"对于民主社会来说是必需的"。

干涉的正当性理由

（a）正当性分析适用的一般原则

法院重申公约第 9 条和第 11 条明确规定了对宗教和结社自由可以进行的限制。对于结社自由的例外规定要进行严格解释，只有那些具有充分说服力的理由才能使得对这种对自由的限制获得正当性。在确认是否存在公约条文第 2 段意义上的必要情形时，政府只有有限的自由裁判权，不论是法律的适用还是独立法院作出的裁决，都需要在欧洲严格的监督体系下运作。

当法院在进行审查时，它的任务并不在于将自己的观点凌驾于相关国家机构之上，而更主要是审查自己通过自由裁量作出的判决。这并不意味着它必须把自己局限于确定被告政府在做出决定时是否合理、谨慎以及善意；它必须依照案件情况从整体上对被诉的干涉进行审查，确定它是否"与所追求的合理目标相称"，以及国家有关机关所给的抗辩理由是否"相关且充分"。进行这种审查时，法院必须确保国内政府机构的决定是基于对相关事实的合理评估作出的，并且这种决定的依据的标准符合公约原则。

（b）对干涉正当性的辩驳

法院在审理中注意到，对再登记申请拒绝的理由，每一次都有所区别。第 1 份申请被拒绝是因为，现任教会领导面临正在进行的刑事审判，第 2 次被拒绝的原因是该教会教规文本与宗教法案的规定不符。第 3 次到第 6 次申请被驳回则是因为其未能提交完整的申请文件，而且这个理由受到地方和城市法院的支持。后来，政府又以时效已过为由，而不对第 7 到第 10 份申请进行审查。经法院判决，政府拒绝审查修改后教规的行为缺乏法律依据，其后司法部引用新的一个理由驳回了第 11 次申请，即本案中的宗教组织未能提供证明其已经在莫斯科存在 15 年的法律文件。

法院注意到莫斯科司法部至少 4 次以申请者未能提供完整的法律文件为由，驳回再登记的申请。但是，当局却没有具体说明它为什么认为申请文件是不完整的。在回复教会领导的书面咨询时，莫斯科司法部明确拒绝说明到底缺少哪些信息或文件，并且表示它没有权力这么做。法院认为莫斯科司法部的做法明显前后不一致，因为它一方面确认自己有权力决定申请文件的不完整性，另一方面却否定自己有能力具体说明缺失文件的种类和内容。这种态度不仅剥夺了申请者对申请瑕疵进行补救的权利，还同国内法所规定的任何拒绝都必须有合理理由的要求相矛盾。莫斯科司法部不能明确告知驳回申请的理由，表现出一种武断态度。因而，法院认为当局给出的拒绝理由并不"符合法律规定"。

在对申请者的申诉进行第二次审查后，地方法院给出了更加详细的拒绝理由，第一个理由就是其未能提供原始章程、登记证明和表明法定住所地的相关文件。对于这一理由，法院指出宗教法案本身已经规定了与再登记申请有关的所有文件。法案并未规定需要提交的文件应当是原件或是复印件。根据本院已经确定的判例法，"按照法律规定"要求受质疑的行为能在国内法中找到根据，而且法律的制定要具有足够的确定性，使得公民可以预见到某一行为所可能带来的法律后果，从而能够遵照法律规范和安排自己的行为。提交原始文件的要求不符合宗教法案的规定，而且在其他的国内程序性规定中也不存在这样的要求。莫斯科司法部提交的拒绝理由中或者主席团发回重新审查的决定中，均未提及这种理由，这一理由却第一次出现在地方法院的判决中。在这样的情况下，本院并不认为国内法的规定足够明确，使申请者能够预测到提交复印件会带来不利后果。此外在本案中，法院认为对于申请者来说在每份申请后都附加原件的要求是过度的，甚至是不可能达到的负担。司法部对那些被驳回的申请中所附文件不负有返还的法律责任，而且似乎作为惯例，它总会保留那些申请文档。由于原始文件的数量有限，要求每次申请都要附加原件，将会使得修正后的再登记申请的提交变得不可能，因为原件已经无法获得了。如此一来，申请人根据公约所享有的申请再登记的权利，只能在理论上存在，而根本不可能实际有效地实现。申请者指出，因为在1999年第一次申请再登记时，当局并没有返还申请者提交的文件，因此教会的章程、登记证明以及其他证明文件的原件一直由莫斯科司法部持有，对此政府没有异议。这些情况下，地方法院判定申请者要为不能提交所要求的文件负责，是缺乏事实和法律依据的。

尼库林斯基（Nikulinskiy）地方法院在裁决中指出，申请者没有提供该宗教的基本教义和宗教活动的相关资料。本院在先前判例中已经表明，如果在特定情形下，有必要判断该教会获得登记是否会对民主社会构成威胁，那么宗教组织未能提供该宗教的基本教义可以成为驳回申请的合理理由。但本案不属于这种情况。申请者已经向当局提交了详尽说明基督教科学派理论基础和宗教活动的书籍，这点没有任何争议。地方法院没有解释，为什么它认为已提交的书中未包含足够的宗教法案所要求的基本教义和宗教活动规范。本院重申，如果提交的文件被认定为内容不够全面，那么，向申请者阐明具体法律要求以及详细告知申请者需要如何准备这些文件，是国内法院的职责。但是国内法院却没有履行自己的职责。因而，欧洲人权法院裁决拒绝再登记的此点理由不能够成立。

本院认为，没有必要再审查前述时效理由是否恰当，因为在后续的程序中，

445 国内法院已经认定，莫斯科司法部基于时效而不接受修正章程之后的再登记申请是不合法的。何况正如法院之前阐述的，申请者之所以未能在规定时限内提出再登记的申请，是莫斯科司法部任意拒绝早先申请的直接结果。

　　最后，针对最近的一次即第 11 次申请的拒绝理由，即该宗教组织未能提供其已在莫斯科进行活动 15 年以上的文件，法院认为这个要求没有任何法律依据。宪法法院早在 2002 年时就已经裁定，1997 年宗教法案生效前就已合法存续的宗教团体，没有提交此项文件的义务。申请者于 1994 年登记为宗教团体，其正属于此种情形。

　　由此看来，国内主管机关用以驳回再登记申请的理由，均无法律依据。本院对此干预行为的相称性评估作了进一步考量后发现，在有关再登记的规定出台之前，该申请者就已经在莫斯科以独立宗教社团的形式存在并进行活动 3 年。没有任何文件表明该宗教社团以及其成员违反规范其组织和宗教活动的国内法律和规章。在这些情形下，法院认为，必须提供足够有分量和令人信服的理由，才能证明驳回再登记申请行为的合理性。

　　基于本院的上述分析，莫斯科司法部借以驳回再登记申请并得到国内法院支持的理由，缺乏法律依据。并且可以推断，拒绝基督教科学派莫斯科分会的登记，莫斯科当局并未出于善意，且对于申请的宗教团体未能保持中立和不歧视的态度。

　　综上所述，本院判决，对于申请者宗教和结社自由的干涉不具有正当性，因而构成了对在公约第 9 条解读下的第 11 条的违反。

　　评论和问题

　　由于政府基于各种不同理由，一再驳回登记申请，俄罗斯基督教科学派案中包含了政府侵犯宗教自由原则的多种手段。在登记这方面，还可能存在哪些干扰宗教自由的问题？

附加网络资源：	1997 年《俄罗斯宗教组织法》摘录，以及基于国际人权法以及欧洲法院判决对《宗教组织法》中的标准进行的概括

第十二章　宗教与政府之间的财政关系

一、引言

世界各国关于对宗教的财政支持政策有显著区别。在一定程度上，美国宪法关于禁止确立国教的规定，以及针对政教分离的宪法条款解释，如同在宗教与国家之间建起了一道分离之墙，这使得美国与世界上其他国家相比，在宗教与国家之间设立了更加严格的财政分离标准。但是这种分离，并非像无心者所认为的那样绝对。在这一章，我们既会讨论国家对宗教的直接支助（第二部分），也会讨论国家对宗教的间接支助（第三部分）。第四部分将会讨论到国家对宗教性质的社会服务组织的支助。这一话题相关的重要补充资料请参见附加网络资源。

欧洲与美国对宗教的财政支持方法的比较[1]

……对于个人及团体之宗教自由权的重要性，虽然已在美国和欧洲达成广泛共识，然而人们普遍认为，美国宪法禁止立教条款规定导致了严格的政教分离，这在很大程度上使得美国经验无法在欧洲背景下得到适用。在欧洲，有的国家一直保留着确立国教的传统，有的国家政教之间普遍存在着紧密合作（包括国家对宗教机构的财政支持）。事实上，美国对待政府资助宗教这一问题的观点和政策，有一个复杂的、变化的历史发展过程，最终确立了比典型欧洲模式更为严格的限制政策。虽然如此，两者在很多背景因素方面（既包括理论层面，也包括在允许进行财政支助的范畴内，对公正以及和人类尊严之准则的考虑） 仍具有紧密的联系……

……美国对于是否允许宗教从国库中获得一定量的资助这一问题上的方式，经过了一个不断发展变化的过程。美国联邦最高法院似乎更趋向于中立主义，而非严格的政教分离，可以说，在一定程度上，这种中立主义与欧洲的合作政

---

[1] 此部分内容摘自小 W. 科尔·德拉姆（W.Cole Durham, Jr.）、克里斯汀·G. 斯科特（Christine G.Scott）：《美国的公共财政和宗教部门：在政教分离国家中扩大合作》（Ⅱ）[Public Finance and the Religious Sector in the United States: Expanding Cooperation in a Separationist State Ⅱ], Dirrito Ecclesiastico, 2006 年，第 361—362 页。

策在某些地方是相通的。不过值得注意的是，这一问题在长期的司法实践过程中一直没有达成一致意见。

相比较而言，一些观点值得重视。确实，相对于欧洲国家而言，美国在公共财政对宗教的支出这一问题上作了更加严格的限制。即使在同样是采取分离主义的法国，国家也对世俗私立教育以及宗教机构的维持和运作投入了比美国更为大量的财政资金……尽管如此，美国政府还是让很大一部分财政扶持流向了宗教领域，数量之大超出了那些持典型模式思维的人的想象。这并非仅仅因为布什政府的宗教信仰倡议，或者是受到联邦最高法院在 1997 年亚哥斯提尼（Agostini）一案中确立的规则影响而导致的近期转变。

事实上，在美国的历史中，一直存在着对宗教团体的多种形式的扶助，不过这些扶助以间接扶助的形式为主，而非直接拨款。宗教财产和收入的免税待遇也贯穿了美国历史发展的始终。从现代禁止立教的宪法条款于"二战"结束后得到确立之时起，对那些明显是世俗性质的活动（比方说为学生提供运输服务）以及为世俗事物（比方说课本的购买）提供财政支助就是被允许的，尤其是当这些财政支助是明显直接流向学生和家长，而非拨给教会组织的时候。同美国相比较，尽管欧洲国家被允许财政支助的具体范围有很大不同，但是两者都必须正视同一个问题，即直接财政支持与间接财政支持哪一种渠道更合理，这两种方式应当被控制在什么范围之内。根据它们自身的性质，间接渠道允许公民按照个人的内心意思以更加灵活地分配利益，并且可以降低税收系统将某宗教团体教徒缴纳的税款用于其他教派的可能性。虽然不同的政教体制处理这些问题的方法不同，但是我们认为，一些合作机制国家的方式更加合理，针对这些问题的制度设计在最大程度上强化公民个人对财政资助的督导（如所得税收代扣制度），保证一个宗教团体的成员所缴税款能用于其自己所在的团体（如德国的教会税系统将税款扣缴用于纳税者所属教会）。

（欧洲国家与美国）的另外一个共同点是，它们都在尊重传统文化的前提下，试图将启蒙思想中的宗教平等和自由理念应用到福利国家的背景下。……然而值得一提的是，相比较而言，这种理念在美国与欧洲国家有着不同的历史回声。最显著的是……在美国，政教分离思想是对宗教不宽容和宗教迫害问题的启蒙主义解决之道，是拟作为促进宗教信仰自由的制度手段。然而，分离主义在欧洲则采取了更敌对的形式，在那儿它是作为反抗强大而有组织的宗教势力的一种方式。相比之下，尽管包含法国政教分离模式的一些成分，美国的政教分离思想通常被认为对宗教团体比较友善，并且给予保护。政教分离的理念在欧洲并没有以一种彻底的方式得到实现，尤其是当涉及资金投入的时候。但是欧洲有着理解和尊重宗教自治的悠久历史传统，事实上，这也正是美国的分离主义在根本上所关注的。

最后值得强调的是向中立主义视角的转变。最近美国的大多数案例反映出了这种转变迹象……在欧洲人权法院确立的判例法中，这种迹象也很明显。在现代福利国家，评估平等与中立的基准已经发生了变化。在很早以前，国家机构比现在小得多，那时毫无疑问我们可以自然而然得出这样的推论，平等对待（宗教与非宗教组织）的最简单方式就是取缔对所有宗教团体的财政资助。至少在美国，从 19 世纪的早期就已确定禁止设立官方宗教。对任何特定宗教的财政支助都会引起批判与政治冲突，不资助任何宗教反而就容易多了。最起码的基准就是防止任何政府活动的介入，并且似乎任何财政支助都会带来问题。

随着社会福利国家的出现，情况发生了变化。政府负责实施大量的社会项目，诸如教育、医疗保险以及老年人福利，等等。通常情况下，这些项目由私人机构实施最为有效。在这个世界上，允许任何非宗教组织为进行这些项目向政府申请支助资金，而不允许宗教组织为进行同样的项目接受资金援助，这似乎是一种歧视待遇。现在的基准不再是假定政府不作为，而是假定一些特定种类的世俗计划值得得到国家的财政支持。至少其中的一些——医疗保险、为有需要的人提供食宿，诸如此类——既可以由非宗教的服务组织提供也可以由宗教组织提供。这个问题的重点是（通过比较法律分析方法，我们可以）更清晰地发现我们自己的假定基准是什么。太多时候，这假定基准是我们自己考虑问题的潜在前提。比较分析方法不仅可以增强我们对那些被明确表达出来的信念的认知，也可以增强对潜在的假定基准的认知。

二、政府对教会的直接财政支助 [2]

（一）美国

正如在第一章、第二章所讲，弗吉尼亚州针对为宗教征税评估（religious assessments）这一提案的处理结果基本决定了美国通过税收政策来资助宗教的历史发展方向。如果当时弗吉尼亚州通过了这项为教会提供财政支助的提案，那么宗教与政府之间财政关系的历史将会被很大程度地改写。（参见第一章第四部分及第二章第二部分）

454

---

〔2〕摘自布莱特·斯卡菲斯（Brett G.Scharffs）：《宗教和政府的自治》（the Autonomy of Church and State），杨百翰大学法律评论（BYUL.Rev.），2004 年修订，第 1217、1231—1232、1262 页。

禁止立教条款禁止对教会进行直接支助

美国宪法起草者们设立这一宗教条款的原始意图和目的引发了旷日持久的争论。弗雷德·盖蒂克丝教授（Fred Gedicks）同意托马斯·柯里神父（Thomas Curry）的主张。他认为，在创立初期，"国教"被理解为"是指由政府提供资金支持并控制其活动的教会，如同大不列颠帝国的英格兰教会，或南欧的罗马天主教会"。似乎国父们采纳禁止立教条款最初主要是出于三种考虑：首先，教会应不应该行使国家的强制性权力，包括执行那些反映了该教会的宗派要求和道德要求的刑事法律的权力；其次，应否通过一般税收收入对教会直接财政资助，用以支持其礼拜仪式，宗教仪式和其他宗派活动；最后，通过国家对教会的控制——特别是教义的阐释和领导的选举——是否恰当。

实质上这三个考虑因素的核心都涉及了教会和国家各自的自治问题。如果教会执行政府的职能，国家的自治将受到威胁；如果国家给教会拨款对其进行财政支持，则教会的自治也将受到威胁，同时若一个强势的教会得到全部或大部分的国家资金支持，那么政府的自治同样会变得岌岌可危；如果国家控制教会教义，教会的自主权同样可能被逐渐削弱。实际上，毫不夸张地说，禁止立教条款和宗教活动自由条款的首要目的是保护自治——无论是国家的自治，还是宗教机构或公民个人的自治。然而，这一立法目的却经常被忽视，非但如此，联邦最高法院所使用的法律条文解释方法使其更为模糊化。不过，总的来说，有两点显而易见，即禁止立教条款禁止美国建立国教，同时也禁止政府对教会的直接支助。[3]

然而，在直接与间接援助间的区分却并非总是泾渭分明，正如在近来有关慈善选择（charitable choice）的争论中所表现的那样，就是否允许教会附属组织参与到此类项目中这一问题上，分离主义派和调和主义派产生了明显的分歧。允许宗教学校从学校对宗教教育的补助券中受益，给予教会性质的实体获得国家对社会公益项目的拨款的资格，以及许可接受神职人员培训的学生使用奖学金，诸如此类国家对教会提供财政支持的例子，都可能被认为危及教会独立性，这些将在后面进行详细讨论。

455

---

[3] 见埃弗森诉教育委员会一案（Everson v. Board of Education），330 U.S. 1, 15 (1947)。（"联邦政府和州政府都不得设立官方教会，也不能立法对某个或所有的教会进行扶持，或者偏向某个宗教。"）

（二）欧洲

1. 欧洲宗教与政府间的关系

如前所述，欧洲公约也考虑了成员国设立国教的可能性。1997 年《阿姆斯特丹条约》最终法案第 11 条宣言指出："欧盟尊重且不破坏由各成员国国内法所确立的教会和宗教协会或团体的已有地位。欧盟同等地尊重哲学组织和非教派组织的地位。"宗教和国家的关系问题不是欧盟层面的问题，这一原则已由《欧盟宪法》草案第 52 条所确认：

关于教会及非教派组织的地位问题：

1. 欧盟尊重且不破坏由成员国国内法所确立的教会和宗教协会或团体的地位。

2. 欧盟同等地尊重由成员国国内法所确立的哲学组织和非教派组织的地位。

3. 鉴于这些教会和其他组织的身份及其特定的贡献，欧盟会与它们保持公开、透明和持续的对话。

尽管《欧盟宪法》草案在 2005 年被法国和荷兰全民公决所否决，但是，欧洲法律与宗教方面的专家们相信：未来为保障宪法草案文本的主要成果所做出的努力将会使第 52 条的内容得以保留。这样，我们仍有理由期待，欧洲宗教组织与国家间的关系问题仍将属于成员国的内务。

2. 政府对国教的财政支持

在达比诉瑞典（Darby v. Sweden，欧洲人权法院上诉案第 15581/85 号，1990 年 10 月 23 日）一案中，欧盟委员会和欧洲人权法院均认定：瑞典为资助国家教会直接向信徒征税的行为不违反欧盟公约。欧盟委员会还认为，一个人若要免缴这种赋税，需向国家明示其已经改变了宗教信仰。

瑞典并非唯一采纳这一规则的国家。在欧洲，许多国家的国教都得到了政府的财政支助，包括希腊和芬兰的东正教会、英联邦的英国圣公会以及丹麦和芬兰的信义宗教会。正如比利时学者瑞克·托福斯（Rik Torfts）所言：

总体而言，大趋势是弱化国家与该国国教之间的关系。很久以前，威尔士教堂就被废除，同样的事情于 2000 年发生在瑞典教堂的身上。不管怎样，即便有些教会仍为国教，但是，国教地位与该地位所可能带来的优势之间的相关性相比以前而言有所降低。例如，单单存在国教并不意味着可以剥夺其他教会所享有的宗教自由；另一方面，通常而言，国教的地位并不当然给这些教会带来

456

财政支持。除非像英国圣公会那样，被授权履行与公共领域相关的特定职责，并因此获得报酬。但即便是英格兰教会，若不提供具体的公共服务也无法获得财政支持。[4]

托福斯继续说道：

在许多欧洲国家，宗教团体即使不享有国教地位或类似的官方地位也可以获得财政支持。罗马尼亚、奥地利、比利时、卢森堡即是如此。真正日益重要的是教会得到财政支持的标准的发展，这些标准有些为官方的正式标准，有的则为非正式标准，其中的两种标准比较而言更易让人接受，即信徒人数标准和历史标准。从逻辑上说，规模大的宗教团体应该比规模小些的宗派更有资格获得财政支助。然而，精确衡量一个宗教团体在教徒人数上的实力仍然可能出现误差，因为在许多国家人口普查是不被允许的。在这种假设的情况下，政府在教徒人数统计这个问题上只能依赖宗教团体自己提供的信息，错误的信息甚至是一些幕后操纵现象显然无法得到避免。

历史标准对于确定政府财政扶持大小这个问题来说，是仅次于教徒人数标准的一个不错的标准。不过，同样的，我们在用历史渊源标准来具体区分不同的宗教团体时，应该进行更细致的分析。过去，历史标准导致了对历史上的多数派的极端偏向，这种偏向常常建立在牺牲少数派的利益的基础之上。后者曾不止一次地被剥夺财政扶助，甚至还被剥夺最起码的宗教自由。不过，在如今，历史所起的作用就恰好相反了，它可以成为改善少数派宗教团体地位的工具。简言之，在较为现代的做法下，历史标准维护少数派宗教的地位更甚于它维护多数派宗教团体的特权地位。两个例子可以说明这一论点。

第一个例子是芬兰东正教会的情形。从教徒人数上看，其重要性远非可观。东正教会的信徒人数大约仅占全国总人口的1%。然而，它和信义宗教会一起，被封为芬兰的国教。如果单单从信徒人数上分析，这种做法是难以理解的。所以，还有另一个原因来解释东正教会的地位。芬兰的历史起源于卡尔利阿（Karelia），它位于今天的俄罗斯境内。这个地区东正教的介入很强，东正教教会享有的特殊荣耀可以看作是对芬兰国成立及其过往历史的礼赞。历史标准矫正

---

〔4〕瑞克·托福斯（Rik Torfts）："欧洲宗教与国家的关系"（Religion and State Relationship in Europe），系在"东南亚的宗教与法治：对话仍在进行"会议上的发言，2007年11月3日至4日，越南，摘自官方整理文件。

了当前作为多数派的信义宗教会所具有的压倒性统治地位。

另一个极为不同的例子是，官方德国广播公司董事会成员除了包括一名天主教徒和一名新教徒，还有一名犹太成员。同样，单纯从信徒人数上来看，可以发现在当今德国，天主教和新教的势力几乎是同样强的，远远超过了犹太教这个实力薄弱的少数派。然而，没有人对犹太人成为董事会成员提出质疑，因为犹太人曾经是纳粹政权的受害者。而宣传工作曾是希特勒政权的一个重要执政工具。这样说来，现在让犹太人加入广播台董事会就非常容易理解了。同芬兰的例子极为类似，德国的历史档案材料给予那些深深根植于当地历史的少数派宗教团体以某种形式的积极"歧视"（反向歧视）。[5]

457

托福斯教授接下来指出了 2007 年欧洲的三个重要趋势：

①很明显的，欧洲国家正迈向政教分离。威尔士和瑞典都已废除国教，挪威也有向这个方向发展的明显趋势。同时，在英国，英格兰教会的总教会议也被赋予了越来越多的自决权。

②在宗教团体的自决权问题上，有双重发展趋势。一方面，宗教的自治性比以前提高了，因为它们不再是政府的政治敌对方，而在 19 世纪这种敌对性曾十分明显；另一方面，在许多国家，诸如法国、比利时、荷兰，教会法院逐渐可以更彻底地控制其内部的宗教程序。不只这样，发表于 2006 年秋季的一份比利时专家报告，将教会获得财政扶持与这些教会和宗教组织遵守民主政府的指导原则和法治联系了起来。

③对教会进行财政扶持——不论这种扶持是直接支助还是间接支助——都仍然为欧洲政教关系的一个典型的特征。可是，这种现象背后的原因正逐渐改变……在 19 世纪早期，对教会进行财政拨款的原因之一是国家对将教堂物品征为国有进行补偿，不过，在这一时期，维护教会的历史尊严被视为一个极为重要的因素……第二个时期起始于福利国家的发展。这种现象的早期迹象可追溯至"一战"后，但是它的大规模兴起是在 20 世纪 40 年代末。福利国家此时是朝着由整个社会的不同角色扮演者之间共同合作的方向发展的……在第三个时期，即我们现在生活的这个时期，关键词不再是合作了。自从"9·11"事件之

---

〔5〕 瑞克·托福斯（Rik Torfts）："欧洲宗教与国家的关系"（Religion and StateRelationship in Europe），系在"东南亚的宗教与法治：对话仍在进行"会议上的发言，2007 年 11 月 3 日至 4 日，越南，摘自官方整理文件。

后，安全问题被日益强调……虽然政府仍愿意与教会合作以便为公民谋取福利，可是政府官员们有时会对宗教团体感到某种程度的畏惧。在这个时期，政府对教会进行财政扶助的前提在于教会愿意接受民主政府理念及法治理念，并遵守法律秩序。教会只有尊重它们所从中运作的法律环境，方可得到拨款。转化过程很明显：从维护教会历史尊严，发展到双方合作，再到如今从安全角度考虑。政府对教会的财政扶持仍在继续，改变的是这种援助背后的政治考虑。[6]

评论和问题

托福斯教授纠结于一个关键难题，这个问题处于许多欧洲国家政府与宗教之间财政关系的核心地位：在一些（如果未到大多数）欧洲国家的政教关系体系中，政府在财政扶助上会偏向其中的某一些宗教胜过别的宗教，那么，如何证明这种区别对待的正当性呢？他指出了两点关键性因素：教徒人数因素和历史因素。这两个因素无疑是对现状的解释，但是否存在客观的原因，能够证明这些区别性对待并未构成不正当的歧视呢？

3. 强制非信徒缴纳教会税

在自由思想者出版有限公司一案中，欧盟委员会认为，可以要求非信徒向官方教会缴纳一定比例的教会税，这部分税收被教会用以执行"世俗功能"，诸如出生记录、死亡记录、主持婚礼、葬礼安排等事务，即使是该非信徒反对教会这样涉入世俗事务亦不能免除其义务。另外，法人（比如有限责任公司）可以被要求承担缴纳教会税的义务。

自由思想者出版有限公司等诉芬兰案

（KUSTANNUS OY VAPAA AJATTELIJA AB AND OTHERS V. FINLAND）

欧洲人权委员会，Application No. 20471/92

Eur.Comm.H.R.（1996 年 4 月 15 日）

案件事实

第一申请人自由思想者出版有限公司（英文译名为"Publishing Company Freethinker Ltd."）是注册在赫尔辛基（Helsinki）的一家有限责任公司。第二申请人自由思想者联盟（The Freethinkers' Association）是针对芬兰自由思想者的注

[458]

---

〔6〕 瑞克·托福斯（Rik Torfts）："欧洲宗教与国家的关系"（Religion and StateRelationship in Europe），系在"东南亚的宗教与法治：对话仍在进行"会议上的发言，2007 年 11 月 3 日至 4 日，越南，摘自官方整理文件。

册协会联盟。第三申请人是一位芬兰公民，他出生于 1957 年，定居在赫尔辛基，为作为第一申请人公司之经理，同时为第二申请人一个分支机构的成员。

A. 本案特定背景

……据申请人所言，公司成立于 1982 年，其主要目的是出版、销售反映和宣传自由思想者运动的书籍。它切实有效地将自由思想者协会的商业活动转移到公司身上，不过这一安排并没有影响到两者各自的赋税义务……

协会联盟的目的是宣传科学的世界观，同时帮助其成员社团进行各种活动……以促成两大国教与国家的分离并废除他们在公法中的地位。

芬兰有两个官方宗教，即基督教新教福音信义宗教会（the Evangelical-Lutheran Church）和东正教会（Orthodox Church of Finland）。基督教新教福音信义宗教会的信徒约占全国人口的 86%，东正教会信徒约占全国人口的 1%。两大教会管理各自信徒的人口登记簿，不属于任一教会成员的自然人则被登记在市民人口登记簿上。本案中的申请人均非两大国教的成员。

……（根据芬兰的法律）法人和其他社团有义务缴纳 25% 的企业所得税（后来增长到 28%）。这些税收收入的 0.84% 将被拨给基督教新教福音信义宗教会和东正教教会（其各自的比例分别是 0.76 和 0.08）。

……公司申请人被责令缴纳所得税（包含将被拨给教会的那部分数额）……（申请公司诉至芬兰最高行政法院），辩称他们不应当被强制缴纳将转拨给教会的那部分税款（因为他们不是任一国教教会的成员）。

459

最高行政法院驳回了公司申请人的请求，指出公司申请人不是宗教团体，也不是其所声称的公用事业组织。在其提交的纳税申报表中，公司申请人提及自身的商业活动包括出版和印刷书籍。法院指出 1919 年的宪法法案……只保护自然人的宗教自由。要求法人缴纳教会税不构成对这项自由权的侵犯。再者，对公司申请人征收教会税并没有直接或间接地限制其思想、信念和宗教自由（《公民权利和政治权利国际公约》第 18 条第 1 款）。就 1990 年征收的教会税而言，最高行政法院判决认为，由公约第 9 条第 1 款所保护的思想、良心与宗教自由并没有受到限制。

1. 公司缴纳教会税及供教会活动之用的其他税的义务

正如法院所认为，第 9 条赋予的宗教自由是关于个人信仰的问题。[科金那基斯诉希腊案，(Kokkinakis v. Greece)，欧盟人权法院审理] 因此按照政府的观点，公司申请人作为以商业活动为基本职能的企业，第 9 条不能当然对其适用。

……政府同时辩称这一诉求整体而言明显毫无根据，因为根本不存在对任一申请人宗教自由权利不尊重的事实。审理中，公司拒缴教会税的行为不能被认作是对自身宗教自由权利的行使。此外，政府声称委员会并不反对国教系统本身［达比诉瑞典案（Darby v. Sweden）］。在芬兰，各种各样的税收收入覆盖了教会开支的75%。教区负责执行各式的社会公共事务，这些事务惠及整个芬兰社会，受益者亦包括非国教教徒。比如，教区需要负责安排几乎每个死者的葬礼（98%），要负责维护大多数的墓地，负责进行人口登记以及维修有历史价值的建筑，等等。最后，教区还组织志愿者提供社会福利服务给任何有困难的人，包括非国教教会成员。

就此而言，政府也重申，根据第一号议定书的第1条（Protocol No. 1），成员国在认为有必要的时候，有权施行控制财产使用的法律以保证税款征收。因此芬兰政府有权为了特定目的自由地支配税收收入，尽管这些目的可能遭到申请人的反对……

460 全体申请人都声称，公约第25条所赋予他们的权利遭到了侵害，因为对申请公司征收教会税的行为侵犯了每一位申请人各自的宗教自由权利（这一权利由第9条第1款规定）。芬兰法律既没有规定有限责任公司必须出于营利目的而成立，也没有规定有限责任公司必须具有商业属性。因此，法人团体也可能应宗教或哲学目的而成立。尽管申请人公司进行了一定程度的商业活动，但它并不是以追求利润为目的，而是致力于促进宗教与国家的分离。它基于实用性原因选择了这样的组织形式，目的在于使公司本身作为芬兰自由思想者运动的不可缺少的一部分，并协助实现自由思想者的理想。申请人强调，公司的建立不是也不可能是为了规避教会税。

申请人补充，毫无疑问，协会申请人致力于实现某一特定哲学目的。同时它也是公司申请人的大股东，这场与公司有关的税务诉讼的结果与其有直接的利害关系。

根据公约第9条，全体上诉人声称，由于对公司申请人教会税的征收，他们的"消极宗教自由权"被侵犯。在芬兰，尽管非信徒人数远远超过作为第二国教的芬兰东正教会人数，却只有其他教派和它们的教徒享有教会税收豁免权。而且，这些税收收入并未用于造福于非国教信徒的人们……再者，负有缴税义务的法人和社团没有享受到那些服务，也不能成为教会的成员……

人权委员会的裁定

（1）委员会判决，三个上诉人中，只有公司申请人［既非第二申请人也非松德斯特伦（Sundstrom）先生］可以根据《欧洲公约》第25条的规定主张受害者地位，因为争议税款仅针对公司申请人单独征收……

（3）关于诉讼的主旨，委员会认为第9条第1款赋予了每个人不可被剥夺的一般性权利，即思想、良心与宗教自由的权利。第9条庄严宣告了人人均享这一自由，它是欧洲公约所构建的"民主社会"的一块基石，是无神论者、不可知论者、怀疑论者以及其他未提及的社会角色的宝贵财富……

委员会认为，公司申请人性质为有限责任公司，作为有着营利性目的的法人团体，既不能享有也不能依赖于第9条第1款赋予的思想、良心与宗教自由权利。

委员会再次指出，宗教实体或者带有宗教或哲学目的的社团能够享有和行使宗教自由权，因为这些实体实际上是代表其成员提出对自由权要求的……

本案中，政府提出，公司申请人既不是宗教团体也非哲学团体，而只是致力于为其股东创造利润的有限责任公司……公司申请人为自己申辩道，其成立主旨在于出版和出售书籍以宣传自由思想家的思想，而不是为了追求利润。因此它应当享有第9条赋予的宗教自由权。相反的裁判将严重地限制自由思想家们联合起来表达信仰的可能性。

……委员会将……不会否认，协会申请人在原则上能够享有和行使第9条赋予的自由权。然而，本案中委员会所要审议的争议焦点仅仅是公司申请人是否应尽履行专用于教会活动的税款的义务。然而，根据其本国法，申请人登记注册为承担有限责任的公司实体。就此而言，不管其活动的潜在目的如何，原则上它要像其他公司一样依法纳税。

因此，委员会认定，根据本案的情况，公司申请人不能享受第9条规定的宗教自由权，也不能依其提出宗教自由权的诉求。鉴于上述原因，委员会以大多数意见宣布，对申请不予支持。

（三）德国

德国税收体制对教会的支持[7]

由于教会财产在过去不断遭到挪用和没收，现在在德国，教会拥有的财产已所剩无几。作为对1803年《帝国代表重要决议》（the Reichsdeputationsshauptschluss）引起的世俗化运动的补偿，政府通过一系列决定以保障对教会的财政支持。这些保障主要依据《德国基本法》第140条结合《魏玛共和国宪法》第

〔7〕摘自格哈德·罗伯斯（Gerhard Robbers）："德国的政教关系"，载格哈德·罗伯斯主编：《欧盟各国的政教关系》（第2版）（State and Church in the European Union），Nomos，2005年，第89—90页。

138 条第 1 款。同时，这些规定开始审视一些停止支付的特定款项，而这必然涉及补偿金支付问题；不过由于不切实际，这些规定一直未能实际生效。另外，国家提供的一些其他补助通常与教会的长期需求有关。一个重要例证是：地方政府必须执行修缮宗教建筑的公共职能。同样的，在契约的基础上，国家对教会负有某些出资义务，比如对神职人员的薪水补贴义务。

462

然而，依据《德国基本法》第 140 条以及《魏玛共和国宪法》第 137 条第 6 款的授权征收的教会税，才是整个教会资金的主要来源，约占到 80% 左右。根据日耳曼联邦的法律，具有公共法人资格的宗教团体被授权征税，这类税属于民事税单上的一种。大型的宗教团体已经充分地利用了这一征收税款的机会，而取得公共法人资格的一些较小的宗教团体，比如犹太教会，也都采取了这种做法。经国家授权征收教会税的特定教会，只能要求它们的成员履行缴税义务。教会税制度设立于 19 世纪初期，基于对教会财产世俗化的补偿，政府负有对教会进行财政支助的义务。在当时设立教会税制度，其目的就在于减轻政府履行这一义务的财政负担。那些不愿缴纳教会税的信徒可以通过退教来免除这一义务。成员的退教通过行政注销登记而生效，这仅仅意味着在官方记录中，他已正式失去了特定教会的成员资格。不过，大多数新教教会把这种登记退出也视为实质退出。而对天主教会来说，一般而言，这种退出被视为信徒对其教职责的严重违反，而不考虑在神学意义上他是否还拥有教会成员资格 [参见第四章，第三部分]。

教会税的税率一般在个人所得税或者工资税的 8%—9% 之间变动。不过其他的税率标准也可能被适用。虽然并不必然，但事实上在大多数情况下，一些较大的宗教团体与国家达成协议，其税款核定征收工作由税务当局代为执行。教会通常会向国家支付税款的 3%—5% 作为对这项服务的酬金。如果有教会成员拒缴应纳税款，当局可以运用法律手段保障税款的征收；然而在抗税案件中，教会不会被要求使用法律手段。当教会税与雇员的所得税直接相关时，雇主会把教会税连同所得税一起直接交到税务机关。基于与国家税收的这种联系，税收豁免也会影响到教会自身所能得到的教会税。据评估，大约有三分之一的教会成员因无所得税纳税义务而无须缴纳教会税。有时候，教会会尝试要求其成员在所得税之外作出其他替代性捐赠，以弥补上述不足。

对于一些教会来说还有另一个重要的资金来源，即参与社会公共财政体系。在德国许多地区，教会开设的医院提供了大部分可供利用的病床，教会医院已成为公共医疗财政体系的一部分。此外，与其他政府资助的活动一样，许多教

会也从国家获得拨款；它体现了政府中立性理念的部分观点，即比起其他得到
政府资助的活动，例如对地方运动员俱乐部的政府资助，对教会活动的资助并
没有被放到更低的位置。

教会也能享有一定数量的税收豁免。教会税以及教会收到的慈善捐款可以
从所得税中被扣除；当然，这平等地适用于对非营利组织的捐赠。教会也可以
不用缴纳某些税种，不用履行某些义务。

评论和问题

1. 起因于《帝国代表重要决议》(the Reichsdeputationshauptschluss)，亦即
为了对征收的教会财产进行补偿的这一款项应如何定性？这一问题类似于东欧
对教会财产的返还问题，由于教会财产在共产主义体制时期（或许可能更早）
遭到没收，教会要求财产返还的诉讼持续不断。普遍问题是，对于曾经犯下的
错误，政府对教会应承担何种程度的补偿责任，这种补偿需要持续多久？一次
性补偿？两百年？或者永远？到什么样的程度才能认定这种政策已真正趋于标
准状态而不再只是过渡状态？现存的"上层"建筑能否通过合理化改革，使对
教会的支付成为一种长期的"服务报偿"？

2. 在德国这样一个协约型税收系统中，由于政府已经为教会征收了8%—
9%的个人所得税，所以，个人自愿向所支持的宗教捐款的概率就变得非常低
了。纳税人会认为，既然他们已经通过缴税的方式向教会捐助，他们对教会的
义务已经履行，那么也就不需要再自愿多捐助了。在这种情况下，协约型税收
制度改革就变得非常困难。

随着国家从一教独占的宗教体制向宗教多元化的社会转变，更多的挑战随
之而起。如果国家试图平等地资助各个教会，那么国家应该把对占主导地位的
教会的资助水平降到同其他教会一样，还是把其他教会的标准提高到同主导教
会一样？如果是后者，那么一些较小的名不见经传的教会就很容易受到冷落，
因为立法对这些团体缺乏足够的关注，通过8%—9%的教会税而征收到的款项，
几乎从未延伸到对它们的财政扶助上。显然，较小的教会往往更愿意接受自愿
捐赠制度而非国家代征税资助制度，但是同时，由于制度本身以大型教会利益
为考量而设置，那么小教会很可能没有资格获得税收豁免或税收减免。

最后，政府为资助教会投入了巨大的开支。结果，在巨大的压力下大多数
州的政府不得不考虑取消对教会的资助。然而，取消资助亦会带来极大困难，
因为教会对政府实质性的资助已然产生了依赖性，撤资即便实际上不是但看起
来也像是对宗教的一大打击。对既存财政政策产生的极大习惯性依赖，会严重

阻碍宗教向分离主义和平等主义方向转型。

3.德国教会税体系的存续有其历史原因，它的产生除其他作用以外，还有助于国家的世俗化。可是，德国体制对于当今的国家来说可能成为一种理想模式吗？

464

（四）意大利

意大利教会与政府的财政关系[8]

1984年玛达玛庄园协议（the Agreement of Villa Madama）从根本上改变了对天主教教会的政府援助体系，它也使用由《天主教法典》（Codex Iuris Canonici）创设的新途径。几个世纪以来，天主教神职人员的生活费用一直都是由圣俸（僧侣之禄）得以保障的，每个神职人员基于履行与自己职务相关的职责获得这笔财产。该制度在一定程度上确保了宗教的经济独立性，因为每个神职人员都可以直接掌控他本人的圣俸收入；然而，该制度同时也在领取高额圣俸者和领取低额圣俸者之间造成了极大的不平等。倘若圣俸收入过低，政府会支付一笔所谓的"适当补足款"（supplemento di congrua，旨在通过弥补圣俸的不足，以确保神职人员得到充足的生活保障）来弥补差距。由于这笔钱包括在国家财政总预算之中，是纳税人所缴纳税金的一部分，因此，上述政策意味着所有公民都通过履行纳税义务，自动地为神职人员做了贡献，即使他们申明自己无宗教信仰或者信仰别的宗教。

意大利政府与天主教教会之间这份关于宗教实体及其财产的协议，于1984年签订，并根据1985年5月20日的第222号法案正式生效。圣俸制度被取消了，取而代之的是用于供养神职人员的教区机构，原用于支付圣俸的那笔资金被转移至新成立的机构中，为在本教区履行职务的神职人员提供财政支持。接着成立了中央机构，当各地方教区机构无法承担自己的财政任务时，中央机构负责补足。经过这场改革，天主教的神职人员转型为领取薪俸的神职人员，与已经施行的英格兰教会模式相一致。改革意在确保所有神职人员之间的报酬在实质上平等，即使这种政策可能危及他们的经济自由。废除圣俸的同时，政府支付适当补足款这一政策也就随之终结。取代其确立了两套财政支助体系。这两套体系不但使天主教大教堂受益，同时还使得签署协议的其他宗教派别受益。第一种制度体系是，政府每年向收入超过特定起征点的意大利纳税义务人征收

---

[8] 摘自谢维欧·费拉利（Silvio Ferrari）："意大利的政教关系"，载格哈德·罗伯斯（Gerhard Robbers）主编：《欧盟各国的政教关系》（第2版），Nomos，2005年，第221—224页。

其所得税收入的 0.8%（即 0.8% IRPEF, imposta sulreclclito dellepersone fisiche），所得税由具有纳税义务且收入超过一定起征点的意大利人按年度缴纳。所得税申报表中列出了下列选项，纳税义务人可以通过在对应项上打勾的方式，确定所缴上述款项的受益者。

（1）意大利政府，用以采取特别措施，以应对世界范围内的饥荒、自然灾害、难民扶助，以及保护文化遗迹；

（2）天主教教会，用于满足人们的礼拜需求，供养神职人员，以及实施有益于本国及第三世界国家的福利措施；

（3）与政府签订协议的宗教派别之一；该项申报需满足下述特别条件：

465

所得税的 0.8% 这部分金额的使用，遵照纳税义务人在其所得税申报表中的意向进行分配。如果纳税义务人没有对这部分税收收入的使用去向进行选择，这部分税人将会按照其他纳税人所作出选择的比例分配适用于上述 3 个接收对象。现有数据（1997 年数据）表明：40% 的纳税人进行了所得税使用选择。其中，81% 的人（约相当于所得税纳税义务人总人数的 32%）选择了天主教教会，而只有 15% 的纳税人选择了意大利政府，其余 4% 分布在基督复临安息日会（the Seventh-Day Adventists）、神召会（Pentecostals）、华登希教（the Valdensians）、信义宗教会（the Lutherans）和犹太社区联盟（the Union of Jewish Communities）等宗教派别中。在流向意大利天主教教会的那一笔款项中，35% 用于供养神职人员，20% 用于福利举措，剩下的部分（约占 45%）用于惠及大众的信仰及礼拜目的。

第二种类型的财政支助政策，同样通过政府与天主教教会及其他宗教派别的协议创设，从应纳税的收入中抽出至多 1032.91 欧元，转而捐给中央机构，用以资助天主教会或其他教派的神职人员。

……上述两种财政支助渠道同样也适用于同意大利政府签订协议的其他 6 个宗教派别。不过，需要特别指出：基督教福音浸信会联盟（The Christian Evangelical-Baptist Union）表明不参与对所得税 0.8% 的那部分金额的分配；至于未对所得税之 0.8% 使用去向进行选择的纳税人所缴纳的税款华登希教和五旬节派对此不参与分配。同时，这两个教派以及基督复临派（the Adventists），选择将本应由它们所获得的这部分收入仅用于社会发展和人道主义目的，因为它们认为教会运作和供养神职人员所需资金应完全依赖于其信徒的捐款。

其他直接或间接支助宗教教派的一些形式散布在其他法律条文规定中。例如，一些地方法规规定政府应为教堂建筑划拨土地；1986 年的第 390 号法令授权教堂可以以极低的租金从政府那里租得不动产。不过，难以确定这两个例子中的法律条文是仅适用于与政府签订协议的天主教教会和其他教派，还是可适用于所有的宗教派别。

当前，这套财政支助体系遵循西班牙模式，毫无疑问，与意大利 1984 年以前的情形相比，是向前迈了一步。它在很多方面比其他欧洲国家的模式更为可取。其他国家模式实施起来机制灵活，却可能会与最根本的宗教自由权相冲突。不过，在意大利目前财政援助政策中，对未表明税款使用意向的那部分纳税人缴纳的税金将会按其他纳税人意向所占比例分配，这样的规定有其优势，但它的一些基本特征仍可能引发一系列现实问题。例如，想要获得这两种渠道（所得税之 0.8% 和对减免纳税款以供捐赠政策）的财政支助，先决条件是与意大利政府签订书面契约或协定，这意味着许多教派被排除在所有形式的政府援助之外，或者因为它们不愿或不能签订这种协议，或者是因为它们的申请被政府拒绝，对于后者，是否接受教派申请，政府被认为享有极大的自由裁量权。在税收领域，宗教团体享有很多的特权。然而，由于这方面的法律条文规定极其零碎，因此，在此我们仅能涉及一些关于该体系的基本原则。如前所述，这些政策建立在对宗教实体的宗教目的、宗教信仰、福利和教育平等对待的法律基础上。玛达玛庄园协议的第 7 条第 3 款确立了对天主教教会的平等对待规则；为贯彻 1929 年第 1159 号法案而于 1930 年 2 月 28 日颁布的皇家法令（the Royal Decree），通过其第 12 条确立了对其他宗教派别的平等对待规则；在政府与一些教派签订的协议中也包含了类似的条款。这种平等对待政策使教会实体获益良多：如可以获得 50% 的企业所得税（imposta sul reddito delle persone giuridiche, IRPEG）退税，并可以免缴遗产税和赠与税，甚至可免缴增值税（imposta sul valore aggiunto, IVA）、土地转让税及其他间接税赋。

最后值得注意的是，根据《拉特兰公约》(the Lateran Treaty) 第 13、14 条，属于罗马教廷（the Holy See）的位于意大利境内的不动产，以及根据该公约第 13、14 条规定的其他不动产都免于向政府和其他公共实体缴纳任何税金或承担任何义务。

评论和问题

1. 西班牙的代扣制度在许多方面与意大利模式相似。同德国纳税体系相比，这种制度的优缺点各是什么？西班牙的初衷是让代扣制度最终取代政府对天主教教会的直接支助，但由于代扣制度实施之初所能筹到的款项与过去的财政援助方式之间存在差距，政府需要拨款对这一差距进行填补。实际上，这种用于差额补足的津贴如今仍在继续发放，这是否与德国从拿破仑时代即通行至今的资助方式有些类似？在匈牙利，也有人提议采用类似代扣制的制度，但却遭到了天主教教会的反对。因为改革意味着将按照天主教教徒人数比例拨款改变为代扣制度，这反映了天主教教徒们实际上决定把他们那一部分代扣额分配给天主教大教堂。

2. 在挪威，政府从国家和市政预算中将宗教津贴以人口为基准分配给宗教组织及其他具有世俗公共目的社会团体（life stance communities）。挪威教会显然从这一制度中获利最大，因为大多数挪威人至少在名义上皈依于这个教会。而其他的宗教组织或社会团体之间受到的待遇则比较平均，因为它们的信徒所占的人口比例基本相同。相对于宗教团体，世俗领域的组织要想获得财政拨款需符合更高的成员人数要求（前者只需不到 10 人，后者则需要 500 人）。

3. 根据"导向原则"（the principle of channeling），个人被征收的款项应当被"导向"（也只能被导向）被征收人所信仰的宗教中去作为财政援助。那么，减免纳税款供捐赠政策、课税扣除政策、教会税、代扣税款去向分配政策（包括意大利做法，即将未表明意向的那部分人缴纳的税款按表明意向的人不同意向所占的比例分配），慈善选择确定的代扣制度，以及挪威的按人数分配财政支助政策，在上述这些欧洲现存制度中，哪一种能更好地促进"导向原则"呢？

（五）日本

涉及靖国神社的争议

在日本诸多神道教圣坛中，靖国神社处于独一无二的重要地位。该神社为日本所有战争亡灵所设，它供奉了近 260 万个因战争或者其他原因为日本而付出生命的人。靖国神社一直以来饱受争议，因其供奉的 260 万亡灵中包括了大约 1000 名战争犯，被判决犯有反人类罪并已交付执行的东条英机亦在其中。这种尊崇战争亡灵——包括战争犯在内——的行为，受到了曾遭受日本侵略和统治的民族、日本国内以及世界各地其他组织的广泛谴责。正因为这一争议，日本首相是否参拜靖国神社、向战争亡灵致敬，以及是否参加宗教仪式，这些选择都具有了政治意义。那些选择不去参拜的首相就很可能被视为向国外压力低头。

政府官员对靖国神社的参拜和捐赠，也引发了关于日本政教关系合理性的争论。1946 年日本宪法第 20 条规定："全体国民都享有宗教自由的权利。任何宗教组织均不得享有国家授予的特权，都不得行使任何政治权力。不得强迫任何人参加任何宗教活动、庆典、仪式或者行为。国家及其组织机构应避免进行宗教教育以及任何其他的宗教活动。"第89条进一步规定："不得将公共资金或者其他财产花费于或拨付给任何宗教机构和协会，供其使用，使其受益或满足其日常维护；也不得将这些资金花费于或拨付给任何不为政府控制的慈善、教育性企业。"

通过下面的案例（即靖国神社案），日本最高法院解决了政府向靖国神社以及其他神社提供财政捐助的合宪性问题。本案中涉及捐助的几种不同类别，包括玉籤料（tamagushiryo），指用于采购在神道仪式上使用的圣树枝桠的款项；献灯料（kentoryo），指用于采购在这些仪式上使用的许愿灯的款项以及供物料（kumotsuryo），即更加综合性的资助款项。

468　　**安西诉白石（靖国神社）案** [Anzai. V. Shiraishi（Yasukuni Shrine Case）]

最高法院大法庭（1997年4月2日）

A. 案件事实与司法历程

（各被上诉人都曾通过玉籤料、献灯料以及供物料的形式，向靖国神社或者豪谷神社捐助资金，用以资助其举行的各种仪式。地区法院认定，这些仪式应被视为"宗教活动"，根据宪法第20条第3款，这些开支违宪。……与此相反，高等法院的法官却认为此案中的开支，既未违反宪法第20条第3款的规定，也未违反宪法第89条的规定。其理由是，这些开支的用途不是为了支持、促进某一宗教，或者反对、干预其他宗教。……案件随后被上诉到最高法院。）

高等法院的裁决不成立。理由如下：

（1）根据宪法第20条第3款以及第89条的规定，确立了政教分离（Separation of State and Religion）原则和国家行为禁止（State Acts Prohibited）原则

宪法中的一些条款阐述了政教分离原则，如第20条第1款的后半段、第20条第3款和第89条。

通常说来，政教分离原则被理解为政府——在本判决中包括地方政府——不得干预宗教事务，而且须保持其世俗性和对宗教的中立性……现行宪法新规定了无条件的宗教自由，并且为进一步确保该自由的实现，确立了政教分离原则。历史上，日本的许多宗教得到多元化发展。在这种背景下，仅仅保证无条件的宗教自由并不能确保完全的宗教自由。因而，为了断绝国家与宗教之间的所有联系，就很有必要制定规则以确立政教分离。由于宪法理念在于实现完全的政教分离，因此宪法理应被解释为致力于建立一个世俗的、保持宗教中立性

的政府。

然而，起初，政教分离条款对宗教自由只不过起到制度上的、间接的保障。它并不直接保证宗教自由，而是试图通过构建一个能够把国家与宗教分离开来的体系来间接保障宗教自由。此外，当国家管理社会生活，以及贯彻实施各种政策以推进或者补贴教育、社会福利或者文化事业时，不可避免地会与宗教产生联系。因此，希望由一个具体的政府系统来保障完全的政教分离，这种尝试实际上是不可能实现的。再者，试图确立完全的政教分离，不可避免地会导致一些不合理的社会现象。总之，这样的政教分离会存在其本质的、必然的局限性。因此，要将政教分离原则实际应用于一个国家的制度中，政府需根据其自身的社会和文化特点，接受与宗教在一定程度上的联系。在这些前提之下，再来探讨，根据宗教自由原则的基本目标，政教关系保持在何种程度内可以被容忍。从这一角度来看，作为宪法条款的立法基础与宪法解释的指导原则，政教分离原则要求政府在宗教问题上保持中立性，但并非禁止国家同宗教产生任何联系。实际上更确切地说，应当从政府行为的目的和影响出发，将这一原则合理地解释为，禁止国家行为超出依据本国社会和文化背景所确定的合理限制。

根据政教分离原则的此种释义，第 20 条第 3 款的"宗教活动"不应该被解释为，禁止国家或国家工作人员参与任何宗教活动。而是说，只有当这些活动超出合理限制，以某种宗教意义为目的，导致了支持、促进，或者反对、干预宗教事务的影响，这时候才应当予以禁止。并且，衡量某项与宗教有关的行为是否为宪法所禁止的"宗教活动"，不仅要考虑行为的外在方面，还应当综合考虑行为的发生地，一般人对该行为宗教性质的理解，行为人是否存在宗教意图、目的或意识，以及该行为对社会一般人的影响。彼时，我们有必要给出一个充分考虑社会认同性的客观判决。

(2) 资金支出的违法性

下一步，基于这些主张，我们应该考量本案中的捐助是否违法。

① ……在司法审判上一个非常著名的事实是：举行仪式是神道教的主要宗教活动，春秋礼和祭礼的主要活动在于按照神道教传统举行的古老的宗教礼仪，这是每个神社举行的最重要的传统仪式。靖国神社的祭礼是神社举行的规模最大的仪式，并且遵守与其他神社几乎完全一致的宗教礼仪。此外，有一点很明确，即每一个神社都认为玉籤料、献灯料和供物料具有宗教意义。因为玉籤料和供物料在春秋祭和葬祭仪式中会被捐献给神道帝，而在捐助献灯料时，捐助者的名字会在御霊祭（Mitamasai）仪式上被陈列于神社的专用区。

470　　　　被上诉人声称，这些开支并不违反宪法。理由是它们被用于哀悼战争亡灵，抚慰死难者家属，前者仅仅是无宗教意义的社会风俗，而补贴死难家庭也只是一种行政行为……但即使未超过宪法规定的合理限制，地方政府与特定宗教之间的关系也不应被允许，尽管不少当地居民赞同这种关系。我们认为，哀悼战争亡灵，抚慰死难者家属完全可以以不与特定宗教产生特定联系的方式进行。而且，正如上面提到的，我们也不认为，为神社仪式提供玉籤料是一种社会风俗。

　　　　基于上述考虑，我们可以合理断定，上述由地方政府向靖国神社、豪谷神社提供捐助的行为，已构成宪法第 20 条第 3 款所禁止的宗教活动。原因是这些捐助的目的具有宗教意义，并且造成了对特定宗教支持或者促进的影响。同时，地方政府与靖国神社或者其他神社之间由这些捐助引起的关系，超过了日本社会和文化背景确立的合理限制。因此，这些支出应被认定为非法。前审法院未能正确解释该法条。

　　　　②很明显，靖国神社与豪谷神社属于宪法第 89 条规定的宗教组织。并且，正如上文所述，我们可以认定向其提供玉籤会导致当地政府与这些神社之间的关系，超出由日本社会和文化背景确立的合理界限。因此本案中的支出应被认定为法律禁止的公共财政支出，支出非法。前审法院也未能正确解释本条法律。

　　　　（这里省略了被上诉人的损害赔偿责任部分）

B. 结论

　　　　综上所述，上诉人对被上诉人白石的诉讼请求应该得到支持，而针对其他被上诉人的诉讼请求则应该驳回……

　　　　（在这里省略了福田博大法官关于第一节第二段的补充意见以及逸雄园部大法官关于第一节第二段的意见。）

　　　评论和问题

　　　　1. 早在 20 年前，日本最高法院审理了角永诉关口一案（日本津市破土动工仪式案，JSCt, 1977）[Kakunaga v.Sekiguchi (the Tsu City Groudbreaking Ceremony Case, JSCt, 1977)]。本案中，时任日本津市市长的角永清参加了由一名当地神道教神官主持的市体育馆破土动工仪式，政府付了神官 20 多美元报酬，让他为即将动工的建设工程祈福。政府被提起诉讼，被指违反了与上文靖国神社案相同的宪法条款。尽管本案的情况似乎直接违反了宪法关于禁止为宗教机构或宗教协会的日常维持和利益使用公共财产的规定，最高法院仍驳回了该违宪指控。法院认471　为，该神道仪式并非宗教性质，而且无论如何，基于"目的与效果"标准，这本质上是一个不含宗教意义的世俗仪式。这一推论受到了日本法学家山岸惠子

(Keiko Yamagishi) 的批判[9]：

　　通过将该仪式界定为非宗教性质，法院又进一步增加和扩宽了政府和教会交融的可允许的方式之范围。在这里，政府行为者被允许将公共财产……用于那些本质上是宗教性质的活动——一名职业神官身着宗教服饰，使用仪式所需的特定设施，并且严格遵循神道教礼仪祈祝。而且，可以认为，这名神官是出于宗教信念和信仰才提供了这样的服务。因此，主张该仪式是非宗教性质的观点从表面看来就是错误的，而显然最高法院将此仪式界定为非宗教性质，是玩了一个文字游戏。

　　尽管法院承认该仪式具有一点宗教的弦外之音，但它创设了"目的与效果"标准，用以衡量某个活动是否为宪法所禁止的"宗教活动"。法院判决写道："即使仪式采用了现存某个宗教的形式，但是只要它属于已为大家接受的、并被广泛实施的范围内，大多数人还是会把它理解为不含宗教意义的世俗礼仪，是一种在建设工程动工的时候普遍遵照的社会风俗。"

　　学者们将这种推理思路称为"目的与效果标准"。法院将其观点简要总结如下："宪法第二十条第三段所规定的'宗教活动'，并非指政府及国家机关进行的所有与宗教相关的行为，而是指那些具有宗教目的，旨在资助、促进，或者相反的，镇压、干预宗教的行为……"

　　角永诉关口案的判决不仅将一些明显是宗教仪式的国家行为排除在宪法禁止的"宗教活动"范围之外，通过这种方式冲淡了"宗教活动"的定义，而且允许国家支持宗教机构，而这曾为战后宪法明确禁止。

　　2. 某种宗教行为到什么程度才算是不具有宗教意义而只存在完全的文化传统意义？划分两者的界限在哪里？

　　3. 有趣的是，日本最高法院判断对靖国神社捐助的合宪性问题时，运用本质上类似于莱蒙标准的判断标准，得到了分离主义的结论。而它在日本津市破土动工案运用的"目的与效果"标准，同样明显类似于莱蒙标准，然而得出的推理结论却似乎更接近于调和主义。你怎样看待"目的与效果"标准在上

---

〔9〕参见山岸惠子 (Keiko Yamagishi)："宗教自由、宗教的政治参与以及政教分离：源自于日本的法律考虑"(Freedom of Religion, Religious Political Participation, and Separation of Religion and State: Legal Considerations from Japan)，载《杨百翰大学法律评论》(BYU L.Rev.)，2008 年修订，第 919、931—932 页。

述两个案件中的运用？试将它们与在第四章讨论到的林奇诉唐纳利（Lynch v. Donnelly），圣诞托儿所案（the Christmas creche case）作比较。[参见林奇案，第四章第四部分]

472

（六）土耳其

分离与控制相融合的政教关系

土耳其的情况比较有意思。它在法国政教分离模式（法文，Laîcité）的基础上，建立起一个明确采用分离主义的世俗国家。尽管如此，国家却向官方伊斯兰组织提供了大量的财政援助，包括对清真寺的资助，对公立学校里逊尼派（Sunni-oriented）宗教机构的资助，为宗教官员支付工资，甚至还包括由阿訇在布道会上所开的处方。根据美国社会的初始假设，任何对宗教或者宗教活动的资助都基本上是有益的。但是，财政拨款需有配套的监控措施来确保它被用于相应的目的，这是合理而不可避免的。不过，援助在何种程度会起到"抑制"或者"推动"宗教的作用？"合作"体制怎样运作能演变为"控制"体制？

评论和问题

理论上说，公共支出需要监控作为后盾，但有的时候监控成本甚至超过了政府提供的援助额度。1984 年，美国最高法院审理了格罗夫城市大学诉贝尔案[Grove City College v. Bell, 465U.S.555 (1984)]。在该案中，一所小规模的大学故意拒绝接受政府的补助金。尽管学校拒绝了政府的资助，但它仍必须遵循禁止性别歧视的联邦第九条例，学校因此在此案中败诉。一旦一个宗教组织接受了政府的财政援助（有时甚至即使它不接受），在此笔款项的去向问题上，它就很难再与政府讨价还价。宗教组织接受财政援助，意味着在何种程度上授权国家改变或者重新定位该宗教组织的使命与活动？

附加网络资源：	关于土耳其宗教与国家财政关系的材料

三、政府对教会的间接支助

（一）美国

1. 美国税收豁免条款规定获得免税地位的资格（美国国内税法第 501 条第 3 款第 3 项）

为了获得税收豁免条款所规定的免税地位的资格，宗教组织和其他非营利组织必须满足美国国内税法规定的一系列免税地位资格要求。美国国内税法第 501 条第 1 款规定，符合第 501 条第 3 款第 3 项规定的组织"可免除税赋"。因此，501 条第 3 款第 3 项是界定免税地位资格的关键性条款，该条具体的规定如下：

473

（3）仅以宗教、慈善、科研、公共安全测试、文学或教育为目的而成立和运营的公司以及任何社区福利基金、资金或基金会……该类组织的任何股东或个人均不从该组织的收益中获得分配，该类组织不得将鼓吹或以其他方式试图影响立法作为其主要活动……该类组织也不得因代表（或反对）任何公职候选人而介入（包括出版或散发相关声明）任何政治竞选。

除了不得将利润分配给个人，以及在游说活动和竞选方面的限制以外，鲍勃琼斯大学诉美国案 [Bob Jones University v. United States, 461 U.S. 574 (1983)] 又确立了新的限制性条件，要求该组织的目的和活动不得违反法律或者基本的公共政策。

与其他可获税收豁免的组织不同，教会并不需要提出申请以获得美国国内税务局（IRS）对它们免税地位的认证；只要它符合第 501 条第 3 款第 3 项里规定的条件，就可免缴税款 [参见《美国法典》第 26 编第 508 条第 1 款和第 3 款第 1 项（A）]。即便如此，仍有许多教会向内税局提出认证申请，以便获得一份认证函。该函件有助于教会让它的捐助者们相信，他们的捐款是免税的。同其他税收豁免组织一样，教会和其他宗教组织也可以进行与免税的目的事业没有丝毫关联的商业活动及其他营利性活动，但前提是实施这类无关活动不构成该组织的主要目的 [《美国联邦法规》第 26 编《财政法规》（Treas. Reg.）第 1501 条第 3 款第 3 项至第 5 款第 1 项]。不过，这些渠道产生的收入仍要被作为不相关的商业收入而征税（《美国法典》第 26 编第 511 条第 1 款）。为避免不适当的政府涉入，法律规定了特别的程序性保护条款，严格限制内税局对教会的调查和审计行为（《美国法典》第 26 编第 7611 条）。

附加网络资源：	1. 有关美国宗教组织的相关税务法律和规章的全部条款 2. 内税局提供给教会和宗教组织的纳税指南 3. 关于宗教组织可以在多大程度上参与到游说活动和政治运动中去的材料，包括最近为突破这些限制条件所做努力的工作成果 4. 限制对教会审计的有关程序性规定

2. 免税地位与禁止立教条款

沃尔兹诉税收委员会案（Walz v. Tax Commission）

联邦最高法院，397 U.S. 664（1970 年）

首席大法官伯格（Burger）陈述了最高法院的处理意见。

上诉人是纽约里士满郡一处不动产的所有权人。他请求纽约法院发布禁止令，阻止纽约市财税局批准对宗教组织中专门用于宗教崇拜的那部分财产免征财产税……上诉人的核心主张是：纽约财政局对教会财产免税的决定间接要求上诉人捐助宗教团体，这样，就违反了宪法第一修正案中关于禁止设立国教的条文规定，而根据第十四修正案，这一规定同样也限制州政府。

被上诉人要求简易判决（summary judgement）的动议被批准，纽约州最高法院上诉委员会以及纽约州上诉法院均支持一审法院的判决（支持被告）。我们认为本院有恰当的管辖权，同意移送，并决定维持原判。

I

……本院试图从两个关于宗教的宪法条款中寻找一条中间路线。两个条款的规定都具有绝对性，将其中任何一条扩展至逻辑极点时，都会与对方发生冲突。

该领域的宪法中立路线不可能是一条绝对直线，过于死板很有可能会违背这些条款的基本宗旨：确保政府既不支持和偏袒某个宗教，也不对任何宗教进行控制或限制。本院认为，从第一修正案的规定中可以推出这样一个总原则：我们既不能容忍政府设立官方宗教，也不能容忍政府干预宗教事务。只有当不存在上述明确禁止的政府行为时，才会有结合两个条款而产生的中立原则发挥作用的空间，使得宗教活动在不受政府赞助或干预的状态下存在。

这样，在宗教条款下所做出的任何价值判断都必须回答这样一个问题，即该存在争议的政府行为是否有支持或干扰宗教信仰和宗教活动的意图，或者本意虽非如此却产生了这样的实际影响。中立主义政策是禁止立教条款和宗教自由活动条款互相调和的产物，坚持中立主义政策有效避免了因政府介入而导致天平倒向政府控制教会或政府限制宗教活动。

II

免除财产税的立法目的既非促进宗教，也非抑制宗教；既非倡导，也非反对。纽约与其他的州一样，认为如果某些实体与整个社会能够和谐共处，并促进社会"道德和精神文明的进步"，那么对于这样的实体，不能通过加征财产税、或者在它们不缴纳税款时以强制执行方式来限制它们的活动。纽约并未挑选出某个特定的教会或宗教组织，甚至没有列出符合一定条件的若干教会；相反，这一税收豁免针对的是宽泛范围内的所有非营利性准公共机构，对其拥有的所有用于宗教崇拜的房屋免税。这些准公共机构包括学校、图书馆、操场以及一些科学机构、专业组织、历史机构及爱国组织。该州这一政策具有积极作用，它考虑了这些组织对社会生活产生的正面且稳定的影响，而这种分类是有用的，可行的，并且符合公共利益……

政府并非一直都这么容忍宗教活动，对宗教的敌视有多种多样的表现——经济上的，政治上的，有时甚至极端严苛残酷。同意税收豁免在历史上反映了宪法和法律制定者们对征收宗教财产税可能带来的潜在危险的顾虑；免征财产税是抵制这些危险的一种合理而衡平的尝试。限制政府对宗教的容忍扶助与宗教自由条款所表达的不干预原则绝不是同一概念。把二者等而同之相当于否认了一项根植于独立革命时期的民族传统……我们不能将纽约的法令解读为试图建立官方宗教；它仅仅是为了将宗教活动从针对私人营利机构的财产税重负中解放出来。

我们认为，通过教会为信徒和其他人而进行了公益性服务项目及其他有益工作（家庭咨询、扶助老弱病残、帮助儿童等）来证明税收豁免资格，是完全没有必要的……过于强调宗教组织所为的各种种类的工作，可能导致政府设立行政标准，用以评估这些社会福利项目，继而导致政府与宗教组织之间的关系过于持续、密切，而这正是中立主义政策所力图要降至最低程度的现象。其结果是，使用社会福利尺度作为证明税收豁免资格的根据会引发诸多争议，甚至上升至宪法层面。

然而，认定了税收豁免的立法目的不是为了建立官方宗教、赞助或支持宗教事业，问题还没有完全解决。我们还需要确定免税的最终结果——其效果——并非造成政府与宗教的过度纠葛。对此的衡量标准不可避免地是一个度的问题。无论是对教会征税还是免税，都会一定程度上引起政府与教会的纠葛。若不对教会免税，那么政府就需要对教会财产进行征税估值，在教会不交税时会进行税务扣押、财产没收，还可能面对由此引起的直接冲突和对抗，这些都将导致更大程度的政府卷入。

准许教会的税收豁免并不意味着对教会的赞助，因为政府并没有把其财政收入的一部分转移给教会，而仅仅是放弃了要求教会支持政府的权利。从未有人会认为，政府对图书馆、艺术长廊或医院的免税政策会使得这些机构变成政府的职能部门，或使这些机构的职员吃上"公粮"。免除教会税赋和建立官方宗教之间并没有必然的实质联系……税收豁免只会引起教会与政府之间极其细小微弱的牵涉，这种牵涉的程度远远小于对教会征税引发的政府涉入。实际上它限制了教会与国家间的财政联系，从而实现并巩固政府与教会之间的彼此分离。

在这里，分离并不意味着没有丝毫的联系。在纷繁复杂的现代生活中，政府和宗教会不可避免地产生各种交集。宗教礼拜场所受到的消防以及治安保护是在国家范围内所有个人或机构都有权享受的福利，而且也仅是一种次要的偶然的福利，同样的，这种福利也为其他免税组织所享有。上诉人甚至未能在支付按价财产税与享受这些市政利益之间建立可论证的数量关联。

美国 50 个州都对宗教礼拜场所免征财产税，大部分州这样做是依据宪法上的保证。从联邦征收的所得税对教堂可能产生任何潜在的影响起，政府一直公开对宗教组织免税，至今已超过 75 年。政府对教会的扶助以免除其不动产税赋为限，原则上不能超出也不能缺少。自前殖民地时期起，很少再有其他理念像中立主义这样更牢固地嵌入社会生活之中，认为政府应当善意对待宗教组织的中立原则，确保了任何教会都不能享受政府偏袒或遭受干涉。

值得注意的是，国会从其成立早期，就认为宪法中的禁止立教条款授权可以依法对宗教实体的不动产免征税赋……诚然，如果一个行为违宪，没有人可以通过长期的如此作为而使行为得到合法授权和保护，即便行为的时间横贯我们整个民族史，或者甚至比民族史还要长。这种说法无疑是正确的。但是本案中的税收豁免作为一项政府的一贯施行政策，并未采取隐秘或不作为的形式，而表现为一种公开的、正面的政府行为，这点不能被轻易地抛到一旁不作考虑……

国家对宗教的此种容忍以及长达两个世纪不间断的税收豁免，从未以任何微弱的信号表明建立国教的意图，相反，这是对各种形式宗教信仰的自由行使提供了确定的保障。这样，说税收豁免是导致建立国教的"跨进门里的一只脚"或"伸进帐篷里的骆驼的鼻子"是毫无益处的。如果税收豁免真如道格拉斯（Douglas）大法官所担忧的那样，成为建立国教的第一步，那第二步还相当遥远。任何行为，一旦存在"建立国教"的实质或者趋势，都将得到妥善处理。"这就是本院的立场。"……

综上所述，维持原判。

布伦南（Brennan）大法官出具了并存意见：

……我认为，必须探究对宗教礼拜场所财产免税的历史，宗旨和运作以确定禁止立教条款是否因为这种税收豁免而遭到侵犯。

从这个国家成立之初起，一些实践和做法，诸如对宗教组织的税收豁免政策，就已经存在，但这不能当然推导出它们的合宪性。但是，这种事实对于解释抽象的宪法语言具有重要意义。从表面上看，由于税收豁免这一制度的影响，对禁止立教条款产生了很多不同的合理解释。相应地，法院对本条款的解释也受到了对国家在以往实践中的做法的解读影响……这种实践的存在时间越久远，被接受的越广泛，它对宪法解释的影响就越深远。由于在建国初期，对宗教财产免征税赋这一概念得到了坚定不移地接受，因此历史实践在本案中尤其引人注目。对于这样一个在历史上获得压倒性支持的实践做法，法院很少会再去考虑其合宪性。

政府对宗教场所财产免征财产税有两个基本的世俗目的。首先，这些组织同其他一些私人的非营利组织一样，以一系列非宗教的方式致力于创造社会福利。这些组织承担了本当属于公共税收应尽的职责，因此组织本身受到了一定的损失，它们应当获得税收豁免作为补偿。

其次，政府给予宗教组织免税资格源于宗教活动在美国社会多元化进程中起到的独特作用。政府可以适当地把宗教组织纳入其他各种享受免税待遇的私人非营利组织之中，每个组织对于社会团体多样化、观点多样性和企业形式的多样性均做出了不可磨灭的贡献，而这对于一个充满活力且兼容并蓄的社会来说是必不可少的。

最后，我认为，税收豁免并没有"利用实质上是宗教性的手段服务于政府，因为世俗手段就已足够"。教会用来进行社会公共服务活动的手段实质上不具有"宗教性质"，而是同其他任何纯粹的世俗组织使用的方法一样——金钱、人力、时间以及技能、物理工具与设施。诚然，每个教会是以其纯粹的宗教活动促进着社会多样化，但政府提倡这些活动并未因为政府在进行所谓的拥护宗教，而是认识到宗教组织同其他私人非营利组织一样在国家多元化中的价值。从这个角度来看，在我们的社会结构中宗教不能被非宗教元素所替代，正如文化组织不能被非文化元素替代一样……

大法官道格拉斯（Douglas）的反对意见。

本案的问题是……教会组织中的信徒能否仅仅因为他们是信徒就可以免缴不动产税，而任何组织中的非信徒或者无组织的非信徒，都必须缴纳不动产税……

在作出这项判决时，法院很大程度上忽略了由于适用第十四修正案而产生的重大变革。……随着《权利法案》逐步被第十四修正案所吸收并在全国通行适用，第十四修正案产生变革并不断发展，为政府施加了新的影响深远的约束。

因此，本案中的问题，与法院在判决理由中提及的"长达两个世纪不间断的税收豁免"无关。如果历史成为我们行动的指引，那么国家对教会财产免税的做法实在更值得商榷，因为免税政策始于教会还是国家机构的时期。然而，本案中问题却涉及禁止立教条款和宗教信仰自由条款的含义，这两个条款在全国范围内适用最多不过几十年。

恕我直言，在此不能将埃弗森诉教育委员会一案（Everson v. Board of Education）作为定案主导原则……埃弗森案涉及的是能否将公共资金用于资助教会学校学生的校车接送，就像资助公立学校一样……然而，本案情况截然不同，它没有谈及教育问题。这里提供的财政支持面向的是教堂，即宗教的礼拜场所。税收豁免即是一种财政补贴。我的同事布伦南（Brennan）认为，如果州或联邦政府资助教会建立教堂建筑，这种行为会被认定违宪，这一说法恰当吗？这种补贴和本案中的补贴有何区别？

478 这一问题把我们带回到 1784 年和 1785 年麦迪逊（Madison）在弗吉尼亚州《征税法案》（the Assessment Bill）中的斗争。该法案向纳税人征税以资助基督教，并由纳税人按照自己的意愿选择将税款用于资助"哪个基督教团体"。当纳税人没有作出特定选择时，税款会被用在教育上。即便如此，麦迪逊还是坚持不懈地反对……麦迪逊的抗议涵盖了本案中补贴的某些方面，包括反对每个人被迫缴纳即便"三个便士"来资助教会……

麦迪逊对《征税法案》的抨击所依据的概念，实际上体现了之后由第一修正案确立的"禁止立教条款"和"宗教活动自由条款"的要求。麦迪逊，近来被我们称为"第一修正案宗教条款缔造者"的伟人，实际上正是宗教条款的创始人和首要推动人……

在我看来，从教会的身份看，对教会的直接财政支助或对教会财产免税不应当被允许，这一点甚至没有商榷余地。宗派因素当然并不一定违反公益，信徒可能把自己的教会甚至所有教会视作福利的最高形式。困难在于宗派因素只能停留在私人领域而不能受到公共控制或接受公共补助……

此处提供的免税若涉及福利项目，可能就具有中立性。但是由于宗教因素，国家通过直接的支助或税收豁免的方式作出补贴，那么这些补助是基于把教会看作教会本身还是把教会视作福利机构，必须区别对待。否则，允许教会以教会的身份成为公共薪金部门，恐怕已为时不远……

因此，我认为对教会财产的税收豁免政策违宪。

评论和问题

1. 沃尔兹案（Walz）判决于 1969 年，比 1971 年首次确立"莱蒙标准"的莱蒙诉库尔茨曼案（Lemon v. Kurtzman）早两年。在沃尔兹案中是否具备莱蒙标准的雏形？请考虑这三项判断标准：法院是否讨论了世俗的立法目的？是否讨论了免税政策导致宗教受到促进或抑制？税收豁免究竟是促进还是抑制了宗教？这项政策是引起还是避免了政府与教会的过度牵连呢？

2. 大法官道格拉斯（Douglas）在其反对意见中，将免税等同于国家对教会的财政补贴，这一观点是否必然正确？一些经典文献对这一问题作了分析〔参见伯瑞丝·毕特克（Boris Bittker），《教会、税收和宪法》（Churches, taxes and the Constitution）.] 许多经济学家和税式支出理论（tax expenditure theory）的支持者认为免税地位与宗教津贴等同。然而，如果要假设免税就是对教会的补贴（也即是说，政府通过免税，放弃了自己的一部分财税收入），我们就得先做这样的先验假设，即认定被免除的部分也是计税基础的一部分（因此如果不对这部分税款进行免除，就能产生税收收入）。为说明这一问题，先假定一部法律规定了对车辆的征税规则，那么难道该法能对溜冰鞋适用吗？自行车呢？把这些项目从税基中排除当然不构成对轮滑者或是骑自行车人的补贴。让我们回到教会财产的问题。这里没有先验的途径明确税基里都包含什么。那么，如何确定教会财产应否被视作税基的一部分呢（因此对教会的免税是否构成国家对教会的补贴）？

479

途径之一就是弄清"谁是税收的受益者"。不动产税通常由州级地方政府征收，主要用于消防以及治安保护，正如沃尔兹案中提到的，可以说宗教组织同世俗组织一样能享受这些利益。因此，或许任何从税收支持的公共服务中获利的人都应被纳入税基的定义范围。从这一定义来看，对教会财产的免税就可以被看做是一种宗教津贴。另外，沃尔兹案的依据之一在于，宗教组织仅仅是广大致力于社会公益事业的非营利组织中的一部分。因此，也许要判断这种利益是否能被允许，需要分析政策的收益目标是否特别地指向宗教团体，还是指向广泛的一般群体，只不过宗教组织刚好被包括在内。

另一个可行的途径涉及管辖权的基本考虑。有句谚语说"上帝的归上帝，恺撒的归恺撒"。宗教领域从来都不曾属于恺撒。换种说法，主张宗教组织是税基的一部分，就是假设国家的势力范围涉及社会生活的所有方面。回到洛克时代甚至更早以前，或许有充分理由说明为什么世俗的管辖权应被限制在不侵犯精神领域的范围之外发挥作用。长达两个世纪的美国历史表明，由于各式各样的原因，宗教组织在传统上不被视为税基的一部分。而这两个领域的划分在美国国家成立前早已存在。那么，美国最高法院能否把免税视为对宗教的补助呢？

3. 大法官伯格（Burger）谨慎地避免将税收豁免的正当性直接与宗教组织对公益利益的贡献相联系。与此相对，大不列颠联合王国（United Kingdom）同时期的法律却致力于在慈善团体地位和公益利益间建立起直接的联系。2009年，英格兰和威尔士慈善委员会（the Charity Commission for England and Wales）发布指导性文件，提供"对致力于促进宗教发展的慈善团体的补充公益指导"[10]。尽管这个指导并不属于法律的一部分，但"慈善事业受托人确实有法定义务根据委员会的指导从事与其团体相关的社会公益活动"[11]。慈善委员会在文件中提到："在委员会登记的慈善团体中，有大约29000个团体的目标包含促进宗教。之前委员会并不要求包含促进宗教目的的慈善团体登记注册，但很快这些团体将会被要求进行注册，这样看来上面的数字还将不断增加。根据《2006年慈善法》(the Charities Act 2006)，像其他所有慈善团体一样，所有宗教性的慈善团体都必须证明其活动是为社会公众服务。"这一举措将产生什么潜在问题或者有利影响呢？

480

附加网络资源：	1.关于税收豁免在什么情况下是一种补助的争论 2.关于免税资格应当在何种程度上与公共利益相联系，以及如何定义社会公共利益的材料 3.大不列颠和北爱尔兰联合王国公众利益与宗教发展委员会就决定慈善团体资格的新指导规定

得克萨斯月刊社诉布洛克案（Texas Monthly v. Bullock）

美国联邦最高法院，489U.S.1（1989年）

[1984年至1987年间，得克萨斯州的一项法规赋予宗教期刊免税地位。一名未被授予此种免税地位的综合类期刊发行人，据禁止立教条款对该税收豁免的合宪性提出了质疑。州上诉法院认为该税收豁免符合莱蒙标准，随之案件被上诉到了联邦最高法院。]

……通过禁止制定任何"涉及设立国教"的法律，通过规定，在最低限度上，宪法禁止一切可能扶持特定宗教信仰或者扶持整个宗教事务的立法。根据既定法理，"禁止立教条款禁止政府放弃世俗目的向特定宗教或同类其他宗教颁发出版许可，或者惠及任何宗派或教会组织的信徒"。核心概念在于要求法律秉承"世俗的立法目的"，并且"它的主要或首要效果既非促进亦非抑制宗教"[莱蒙诉库兹曼案（Lemon v.Kurtzman, 403U.S., at 612），政府不仅不可公然敌视特定宗教，而且也不可以以其威信、强制力或资源支持某一特定宗教信仰或在总体上支持宗教信仰，强制非信徒支持某种宗教活动或皈依于特定宗教，或者传达诸如不诚心奉献的就不是合格社会成员之类的信息。

---

[10] 参见慈善委员会：《为公共利益发展宗教》(The Advancement of Religion for the Public Benefit (2009))，网址：http://www.charitycommission.gov.uk/Library/publicbenefit/pdfs/pbreligiontext.pdf。
[11] 同上，B4。

当然，这也并不意味着秉承"世俗目的"的政府政策不可以偶然性地惠及某些宗教。政府的"非宗教目的"与一些宗教组织的宗旨经常出现重合，如果政府采取合理措施追求合法非宗教目的时，偶然性地减少了某些宗教组织的开支，那么法院绝不会仅仅因此而禁止政府采取此类措施。我们也从未要求立法不得与宗教有任何明确的联系。只要政府与宗教并不存在相互的过度纠葛，政府完全无须因为对宗教存在过于夸大的恐惧，而无所作为……

在所有此类案件中，我们都强调，那些流向宗教组织的利益，同时也流向了大量的非宗教组织。其实，如果那些利益仅仅被限制在宗教组织之间，那么它们毫无疑问就是国家对宗教的资助；在这种情况下，我们会毫不迟疑地认定其不具备世俗的目的和效果，构成违宪。

481

得克萨斯州只对那些秉承宗教信念出版发行并且所有文章都宣扬宗教信仰的期刊免除营业税，该行为缺乏足够的广泛性，不能通过据禁止立教条款提出的宪法审查。每项税收豁免都会影响到那些不具备豁免资格的纳税人，使他们成为"间接的和错位的'捐助者'"[鲍勃琼斯大学诉美国案（Bob Jones University v. United States）]。……只要该种补贴以合法的世俗目的为宗旨，被广泛地授予非宗教组织与宗教组织，那么即使某些宗教组织因此受益，也不代表此补贴违反了世俗目的、主要或首要影响违反了禁止立教条款的规定。然而，当政府为宗教组织提供某种独家津贴，而此种津贴又并非宗教活动自由条款（the Free Exercise Clause）所要求时，如果其明显加重了未受益者的负担，或者不能被合理地解释为消除政府征税对宗教自由造成的重大障碍，正如得克萨斯州的做法……则属于"为宗教组织提供了不当资助"，并且不当地向被忽视的国民"传递了一种政府支持此举的信息"。……本案情况尤其如此，因为政府补贴针对的正是宣扬宗教信仰的读物。无论从受益人的角度，还是从那些未受到补偿的捐助者的角度，得克萨斯州狭隘的税收豁免都只能被视为单独对宗教信仰的资助。

作为税收豁免对象的组织和活动需要囊括多大的一个范围，才能通过合宪性审查，这取决于政府授予免税地位的世俗目标。如果政府意在通过免税的方式，资助所有为国家的文化、知识和道德的发展做出贡献的组织，那么，该税收豁免政策可以合法保留，正如我们在瓦尔兹（Walz）案中所支持的财产税收豁免一样。相应的，如果得克萨斯州旨在推动一场关于终极价值和关于美好的、有意义的生活的反思和讨论，那么免税地位就应当广泛授予任何主旨在于讨论此类内容的出版物；那些只涉及宗教话题的出版物不能被授予免税地位，更不要说那些只宣扬而从不批判宗教信仰与活动的出版物了。不能表现出政府对宗教的倾向与支持，否则就违背了禁止立教条款的精神。……

我们的结论是：得克萨斯州免除宗教出版物的营业税，违反了宪法第一修正案。……

评论和问题

如果只对宗教期刊免征销售和使用税是违宪的，那么只针对宗教文献征税的政策又当作何解释呢？参见史格华牧师诉美国税章审查委员会案 [Swaggart Ministries v. Broad of Equalization, 493 U.S.378 (1990)]。

482   3. 根据宗教活动自由条款主张免税的权利

美国诉李案（United States v. Lee）

联邦最高法院，455 U.S. 252（1982 年）

首席大法官伯格（Burger）给出了联邦最高法院的处理意见。对于这个意见，布伦南（Brennan）、怀特（White）、马歇尔（Marshall）、布莱克门（Blackman）、鲍威尔（Powell）、伦奎斯特（Rehnquist）和奥康纳（O'Connor, JJ.）表示完全赞同，史蒂文斯（Stevens, J.）对判决给出了并存意见。

……被上诉人是旧秩序阿米什教会成员（Old Order Amish），同时也是一个农场主和木匠（他基于宗教原因，拒绝履行缴纳社会保险金的义务）。从 1970 年到 1977 年，被上诉人雇佣了一批阿米什人为他的农场和木匠铺工作。他没有按照法律对雇主的要求提交季度社会保障税收申报，没有代扣应由雇员缴纳的社保金，也未缴纳社保金中应由雇主缴纳的那一部分份额。1978 年，据国家税务局（Internal Revenue Service）评估，被上诉人欠缴的雇佣税（employment taxes）超过了 27000 美元（在联邦法院，被上诉人曾对这一评估结果提出过质疑）。……

地区法院认为，要求被上诉人缴纳社保税金和失业保险税金的法规违宪。……法院指出，阿米什人认为，拒绝供养老人和贫困者的行为是罪恶的，因此，这一宗教对国家社会保障制度极为排斥。法院同样支持被上诉人的这一主张：阿米什宗派不但反对接受社保利益，同时还禁止教徒为社保制度做出贡献。地区法院表示，鉴于这些人的信仰要求，为顺应个体经营的阿米什人及其他具有相似信仰的宗教组织的教徒成员的宗教诉求，议会已同意免征他们的社保金。法院的判决依据是个体经营者税收豁免法令以及宪法第一条修正案：被上诉人及其他人"若属于限定范围内的情况……那么，他们就可免于缴纳社保金中应由雇主缴纳的份额，否则构成对宗教活动自由宪法性条款的违反"。

法令中规定的税收豁免仅适用于个体经营者个人，而不适用于雇主或雇员。因此，被上诉人和他的雇员不在法令的表述范围内。这样，要想让雇主免于缴纳社会保障金中的雇主份额，就只能基于宪法的诉求。

判断宪法中是否存在此种对税收豁免的要求，首先要探求的一个问题是：缴纳社保金和接受社保利益是否干涉了阿米什人的宗教活动自由权？阿米什宗派教徒坚信：根据他们的教义，教徒有义务为其他教友提供本来由社保制度所覆盖的那些援助。……裁定被上诉人或者政府一方谁对阿米什宗派的经文作出了合理解释并不在"司法职权或司法能力范围内"；"法院不是经文含义的裁判者"。因此，我们同意被上诉人的主张，无论支付或接受社会保障金均为阿米什宗派教义所禁止。正因为无论是缴纳税金还是接受利益都违反了阿米什人的宗教信仰，所以，强制要求教徒加入社保制度侵犯了他们的宗教活动自由权。

483

然而，得出阿米什宗派的信仰和社保制度规定的义务之间存在冲突这一结论才只是开始，还有一些问题要考虑。并非任何向宗教施加的负担都是违宪的。……如果政府能证明，限制宗教自由的措施对于实现令人信服的国家利益而言必不可少，那么这种限制才是正当的。

由于社保体系属于全国性制度，所以，政府的利益很明显。美国社保体系提供了一个综合的保障体系，让所有参与这项制度的人们可以获得各种各样的益处，由此产生的费用由雇主和雇员分担，以此来服务于大众。……这项制度的运行需得到其范围内雇主和雇员的义务支持。这种义务性参与对于保证社保制度的财政持续性必不可少。……此外，一个全国性的综合的社保机制如果仅靠自愿参与来维持，在制度结构上来说就很矛盾，并且难以管理。这样，确保人们义务性的持续参与以及支持社保机制对政府来说，具有极大利害关系。

剩下来要探讨的问题就是，顺应阿米什宗派信仰是否会过度地影响国家利益的实现。在布若菲德诉布朗 [Braunfeld v. Brown, 366 U.S. 599, 605 (1961)] 一案中，本院指出："在宗教活动和政府权力的行使之间找到一个切合点是一项极其微妙的任务……因为，倘若我们倾向于政府，那么，民众就会面临两种选择：要么放弃他们的宗教信条，要么就要……被起诉。"试图在税收领域与宗教信仰达到互相调和的困难之处在于："我们这个民族是由来自世界各地的人们组成的多元体，他们所信仰的宗教几乎涵盖了所有可想象得到的宗教类型。"（布若菲德案）为了保证各种信仰都能够享有宗教自由，维护社会的和谐稳定，部分宗教活动就需要屈从于社会公共利益。宗教信仰可以得到调和……但是，这种调和超过某种限度便会"极大地限制法律的适用范围"。(布若菲德案)

社会保障制度要自我调整以适应各种宗教信仰，必将面对由于不同信仰而产生的大量的特例，对于这样一个综合性的体系来说这极难运作。……假如允许教徒以税款的用途违背他们的宗教信仰为由，对税收制度提出质疑，那么，这个制度就无法发挥作用了。……正因为维护良好的税收制度在各种公共利益中处于如此优先的顺位，那么，即使某些人的宗教信仰反对纳税，他们也无权拒绝缴纳税金。

……议会和法院一直注意顾及宗教活动自由条款产生的需求。但是，没有人可以行使任何宗教信仰权利而完全不承担相应的义务。当某个宗教派别的追随者们选择涉足商业活动领域，他们就必须和其他该活动的参与者一样受到相关法律约束，宗教道德和信仰对他们的行为限制不能被附加于法律制度之上。同意雇主免缴社保税金就等于将雇主的宗教信仰强加于其雇员身上。议会划定了一条界线，只同意免除个体经营的阿米什人的税赋，而非所有为信仰阿米什宗派的雇主工作的雇员的纳税责任。为维护社保制度的运作而强加到雇主身上的税赋统一适用于所有的人，除非议会另有明确规定。

相应地本院裁定撤销地区法院的判决，本案发回原审法院，根据该意见进行重审。

撤销原判决，发回重审。

史蒂文斯法官对该判决结果表示支持，但表达了不同的理由：

被上诉人的宗教义务与公民义务之间的冲突是不可调和的。他只能选择要么违反阿米什宗派的教义，要么违反联邦法律。根据本院意见，宗教义务优先于公民义务，除非政府能够证明履行公民义务"对于实现国家利益至关重要"。……这一宪法标准向政府施加了很重的举证责任，政府需要向证明约束特定反对者的某项法规具有中立性和普遍适用性。但我认为，应由反对者承担这项证明责任，他需要说明自己有特别的原因，应当免受某项普遍适用的强行性法的约束。

议会已经允许阿米什人在一定限度内享有社会保障金税收豁免。……从行政的角度看，将免税范围扩展至本案所涉及的税收是一件相对容易的事情。从财政政策的角度看，扩大豁免范围或许有益于社保制度，因为，阿米什人在不用缴纳社金的同时亦不能享受社保利益，前者带来的影响完全能被后者所抵消。阿米什人已表示他们有能力照顾自己，鉴于这一事实，将这一小部分虔诚信徒们排除在体系之外所带来的社会成本其实极其微小。这样，如果只是单纯说明，拒绝本案中对税收豁免的特定诉求是出于对国家利益的考虑，那么，由本院确立的前述宪法标准（由政府证明实施该法规是正当的，对于其管理目标的实现必不可少——译者注）其实并未得到满足。

法院驳回被上诉人的诉求，这并不是因为该诉求会带来任何特殊问题，而是因为在本案判决后，可能出现大量其他基于同样理由对于税收豁免的诉求，法院将面临难以处理这些诉求的风险。本院夸大了这种风险程度，因为阿米什宗派的诉求所针对的仅是这样一个规模很小的宗教群体，况且他们还建立了自己的福利制度体系。

尽管如此，我仍然同意本院的结论，因为处理其他基于宗教理由而请求税收豁免的诉求确实会带来相当的困难，这一点证明了拒绝此诉求的合理性。然而，我相信，推理过程应当采纳另一种与本院意图适用的标准不同的宪法标准。

本院的分析证实了这样一种主张：如果一项有效的税收法律完全中立且普遍适用，那么就不存在基于宗教理由引起的"宪法对税收豁免的诉求"。我支持这一主张，所以，我同意本院的判决结果。

（二）欧洲

正如在第十一章中所表明的那样，欧洲国家的政教体制往往要比美国的复杂得多。许多国家都有"多层结构"体系，其中基本层级的实体在很多方面类似于美国典型的非营利法人或宗教法人。有些国家存在中间层级，还有些国家有"上层"体制，它通常是由在该国有很深的历史根基的一小部分教派构成。税收及其他政策优惠往往与某个宗教在这个多层结构中所处的层级挂钩。这样，我们自然有必要集中讨论获得"上层"地位所需要具备的条件。当然，这些条件在不同的国家要求也不一样。它取决于哪些宗教在特定国家的历史上持续地占据统治地位，此外，还要考虑许多其他的因素。[12]

奥地利的一个案子尤其有趣。因为，从1998年开始，奥地利采用了"税收豁免的三层结构"的体系：普通民间协会属于基本层级，中间层级是公开

〔12〕正如在第三章中所说，根据《关于教会和无特定教派组织的地位的宣言》（the Declaration on the Status of Churches and Non-confessional Organizations，是阿姆斯特丹条约的一部分）第11条规定："欧盟尊重且不破坏由成员国国内法所确立的教会和宗教协会或团体的地位。"表示尊重这些特定的组织结构。

〔13〕这些奥地利法律在下面摘选的案例的全文中有描述：耶和华见证会（Religionsgemeinschaft der Zeugen Jehovas）诉奥地利案，上诉字40825/98，欧洲人权法院（2008年7月31日）。更多背景资料，参见克里斯托弗·J.迈纳（Christopher J. Miner）："迷失我的信仰：国际和欧洲宗教自由的标准下奥地利的新宗教法"（Losing My Religion: Austria's New Religion Law in Light of International and European Standards of Religious Freedom），载《杨百翰大学法学评论》（BYU L.Rev.），1998年修订，第607页。

登记的宗教团体（religious community），而位于顶层的为经过认证的宗教社团（religious society）。"得到认可的宗教社团"地位根据 1874 年 5 月 20 日颁布的《关于法律认证的宗教社团法令》（Act of 20 May 1874 Concerning the Legal Recognition of Religious Societies）所创设。中间层级的"宗教团体"地位创设于 1998 年，依据的是同年颁布的《关于已登记宗教团体法律地位的法令》（Act on the Legal Status of Registered Religious Communities）。[13] 许多人认为，1998 年法令的通过在一部分原因上是为了避免认证耶和华见证会（the Jehovah's Witnesses），至少是作为一种拖延策略。这或许能解释为什么欧洲法院会对本案之后的数次拖延如此不耐烦。然而，该案件引起了更大的问题：在这个多层体制中，要如何体现出欧洲政教关系法律制度中的平等价值这一重要特点呢？

该案的程序背景极为复杂，为了方便起见，在我们详细陈述判决之前，我们先在此对本案情况做一个概括。本案中，耶和华见证会在申请获得奥地利得到认可的宗教社团地位时遭遇了障碍和拖延，因此提起诉讼。获得这一地位，除能享受一般法人的基本权益外，还将得到一些其他的权益，例如，神职人员免服兵役，有权兴办学校以及宗教团体所无法享受的特定税收豁免。若要获取得到认可的宗教社团地位，该组织不但需满足上述 1998 年法令中所设定的标准（如至少在奥地利存续了 20 年，成为已登记的宗教团体不少于 10 年，并且教徒人数在 16000 人以上），还需要符合在 1874 年认证法令中所规定的其他条件。

耶和华见证会第一次向教育与艺术部提出申请，请求得到认可的宗教社团地位是在 1978 年，其依据为 1874 年认证法令。教育与艺术部对此没有做出任何相应的回应，于是他们向监察专员办公室（the Ombudsman's office）提出了控诉。监察员在 1981 年 2 月发表声明称，虽然这种拖延不太合理，但是鉴于教育与艺术部和耶和华见证会已经于提出控诉之时达成了非公开的协约，因此无法对其再行干涉。

1987 年 6 月，耶和华见证会再一次根据 1874 年法令向教育与艺术部提出了申请，请求得到认可的宗教社团地位。在得到驳回申请的正式决定之后，耶和华见证会诉诸法院，请求得到救济。从 1991 年到 1995 年，他们往返于宪法法院和行政法院之间，但这两个法院都没能审理他们的诉求或者作出任何不利于教育与艺术部的裁决。最终，1995 年 10 月，宪法法院作出裁决，确认行政法院享有对耶和华见证会一案的管辖权。

1995 年 12 月，行政法院作出一项裁定，命令教育与艺术部出具理由，说明驳回耶和华见证会认可申请的原因。经过进一步的拖延和妥协，教育与艺术部在 1997 年 7 月 21 日终于做出了回应，驳回申请人的认证要求，理由在于其内部组织结构不明，对政府及其机构表现出负面态度，拒绝服兵役或其他任何替代性义务，以及拒绝实行某些类型的医疗措施，如输血。原告在奥地利宪法法院对该决定提出了质疑。宪法法院将此案通知教育与艺术部，并要求它在 8 周内提交案卷及意见。教育与艺术部没有给出回应。1998 年 3 月 11 日，宪法法院基于耶和华见证会的请求，宣布撤销教育与艺术部在 1997 年 7 月 21 日做出的决定。

在这期间，1998 年法令生效，教育与艺术部于是根据该新法令，对先前提出的认证请求作出了决定，认可耶和华见证会获得登记宗教团体这一法律人格地位。耶和华见证会不满意于仅获得这样的中间地位，在 1998 年 7 月 22 日依照 1874 年法令提交了新的认证请求。教育与艺术部依据 1998 年法令第 11 章第 1 节拒绝了它的请求。该条规定，只有取得 1998 年法令中规定地位超过 10 年的宗教团体，才有资格被认可为宗教社团。该决定再次被诉至奥地利宪法法院。但宪法法院这一次认为，10 年期限的规定符合奥地利宪法。

经过了其他一些程序后，耶和华见证会向欧洲人权法院提起诉讼，起诉理由很多，包括宗教自由权（第 9 条）和结社权（第 11 条）受到侵害、歧视待遇（第 14 条，结合第 9 条和第 11 条考虑），以及过长的决定期限等。这些指控依据在于耶和华见证会始终无法获得认证，以及宗教团体和位于上层的宗教社团得到的区别待遇。

耶和华见证会诉奥地利案 487

欧洲人权法院，第 40825/98 号申请书（2008 年 7 月 31 日）

66.（政府辩称，申请人的第 9 条权利并未受到干涉，因为该宗教团体最终还是被授予了法律人格，并且耶和华见证会的成员在进行宗教活动时未遭受任何阻碍）法院并未采信这一观点……从递交认证申请到最终被授予法律人格，中间经历了一个相当长的期限，这段时间是否可以单纯被视为作出行政许可之必须，这一点很值得怀疑……由于在这段期间内第一申请人不具备法律人格，这种身份缺失引发了一系列不利后果。

67. 虽然没有迹象表明此期间耶和华见证会的社团日常运作受到政府干涉，而且，第一申请人法律人格的缺失，可能因运行辅助机构而得到部分弥补。然而，正如申请人所言，上述事实并无决定性作用。法院重申：即使并不存在歧视与损害，仍然有可能构成对权利的侵害……

68. 本院因此认定，本案中存在政府干涉申请人据公约第 9 条第 1 款享有的宗教自由权利的情况……

[法院总结道：法律规定的干涉行为，并不仅限于"国内法有规定的被谴责行为"的层面上，如果它们满足法律规则的定性标准，即实施这些行为的"效果非常明确且可预见性"，并且，"这些行为明确规定了——如果有必要，还会给出具体建议——个人应当如何约束自己的行动"。（第70—73条）……法院同时认为，那些被投诉的干涉行为，超过了保护公共秩序与安全的合法目的的限度。]

78. 从1978年提出申请到1998年最终被授予法律人格，整整拖延了20年，本院认为，这一拖延有违公约第9条的规定。关于这点，本院重申：宗教团体自治对于民主社会保持其多元化不可或缺，这也正是第9条保护的核心。……

79. 考虑到这一权利的重要性，本院认为，根据第9条的宗旨，所有的政府机构均有义务将处理法律人格认证请求的时间控制在合理期限内。本院承认，在这段等待期间，第一申请人因不具备法律人格带来的不便，在一定程度上可以由创设辅助机构弥补，并且没有迹象表明政府干预过任何这类机构。然而，作为第9条保护核心的自主存在权，本案中第一申请人被延迟授予法律人格，并不能因为辅助机构创设自由而得到完全弥补。

488

由于政府没能给出任何"相关的"和"充分的"理由来解释此种延迟授予，上述措施已经逾越了对申请人宗教自由的"必要的"限制。

80. 因此，政府行为已经构成对公约第9条的违反……

83. 申请人提出，登记宗教团体的地位低于宗教社团，这构成了为公约所禁止的歧视。他们引用了公约第14条，结合第9条和第11条考虑。

88. 除根据第9条得出的上述结论，本院认为，毫无疑问，结合公约第9条来看，第14条也适用于本案。

89. 申请人提出，第一申请人获得的法律地位（宗教团体）低于宗教社团，根据1998年《宗教团体法案》（1998 Religious Communities Act）第3至第5部分及第11部分规定的关于成员及财产管理方面的规则，宗教团体的教义受到了国家更为严格的控制……

91. 申请人进一步阐述了1998年《宗教团体法案》第11部分的歧视性。这部分规定修改了认证法案（Recognition Act），对宗教社团的承认作出了更高的要求。具体地说，它要求申请认证的宗教组织在奥地利至少存续了20年，并且其中成为已登记的宗教团体的时间不少于10年；教徒数必须达到奥地利总人口的千分之二（在当时来说这意味着大约16000人）；收入及其他财产用于包括慈

善活动在内的宗教目的；对社会及国家持积极态度；在社会交往中不非法干涉
已经认证的宗教社团及其他宗教社团。

92. 本院注意到，根据奥地利法，宗教社团在很多领域享有优惠待遇，包
括：免服兵役及其他社会义务，减轻税负及特定税目豁免，创建学校的便利，
以及各种委员会的会员身份（见前述"相关国内法"）。考虑到这些优惠待遇的
数目及其性质，尤其是在税收领域，宗教社团所受裨益是非常可观的，这些特
殊待遇毫无疑问为宗教社团实现其宗教目的提供了方便。由于根据公约第 9 条，
国家在宗教领域行使权力时有保持中立的义务，鉴于宗教社团享有大量优惠待
遇，如果政府试图在授予宗教组织法律人格的体系内确认这种特定地位，就需
要建立一个无歧视的标准，保证所有想获得这一地位的宗教组织享有平等的申
请机会……

95. 申请人提出了一个相反的例证，就 10 年审查期的必要性提出了质疑。
科普特东正教会（Coptic Orthodox Church）在 2003 年根据特定法律获得认证
[见前述第 45 段（e）]，这个教会 1976 年才出现于奥地利，却在 1998 年就已经
注册为宗教社团，然而第一申请人已经在奥地利存续了更长的时间，却仍然只
是一个宗教团体。

96. 本院重申：第 14 条并不禁止成员国为了纠正宗教团体之间"事实上的
不公平"而采取区别对待措施；确实，在一定条件下这种不公平若得不到纠正，
其本身就是对第 14 条的违反。……然而，区别对待如果不具备客观的、合理的
理由就是歧视性的；换句话说，它不具备合法目的或者适用的手段与追求的目
的之间不具有相称性。成员国享有一定的自主空间，评估在其他类似的情况下
是否能够以及何种程度上能够合理地采取区别对待措施……

97. 本院注意到，已经被授予法律人格的宗教团体想要取得更有保障的合法
实体地位之前，还要经历一个等待期间，这引出了另一个微妙的问题，由于国
家在面对宗教自由以及它与不同宗教、教派与信仰之间的关系时，有义务中立
地、不偏不倚地行使其监督权……因此，这种等待期间需要法院的特别审查。

98. 本院认为，在某些例外情况下，这种等待期间的存在或许很有必要，例
如申请人是新近建立的、不知名的宗教组织。然而，对于那些在国际上长期存
在，在国内也已经建立很长时间，并且为主管机关所熟悉的宗教组织来说，这
种等待期间就很难解释，正如本案中耶和华见证会的情况……

99. 因此，本院认为，这种差别对待并非建立在任何"客观、合理的解释"
之上。据此，本案中存在对公约第 14 条和第 9 条的违反。

489

评论和问题

1. 如果税收系统给予了某些宗教团体优惠待遇而其他团体却不能享有，这样的政策有无可能符合非歧视原则？回忆我们在第四章讨论过的奥特加·莫拉蒂利亚诉西班牙案 [Ortega Moratilla v. Spain, App. No. 17522/90, Eur. Comm. H.R.（1992 年 1 月 11 日）]。此案中一个新教团体因其未与政府签订协议而不能享受税收豁免待遇，相应地，也不能享受上层宗教社团所享受的优惠。只有对相似案件的区别对待才可称作歧视待遇，对不同情况区别对待则并不涉及此问题。但是，正当的区别对待需要存在"客观、合理的解释"。在奥特加·莫拉蒂利亚诉西班牙案中，关于税收方面的差别待遇能够提供"客观、合理的解释"吗？

2. 教育部拒绝承认耶和华见证会时引据了一些事实因素，这些因素能构成"客观、合理的解释"吗？何种因素才能够解释存在于多层级体制中区别待遇的合理性？

490

四、对宗教性社会服务组织的支助

美国政府对宗教性慈善活动进行财政支助的迂回路线

围绕着政府是否可以援助有宗教背景的社会公益组织，一场独特的争论在美国展开。联邦最高法院最初在布拉德菲尔德诉罗伯茨案 [Bradfield v. Roberts, 175 U.S. 291 (1899)] 中采取了一种容许的态度。根据法院记录，本案问题涉及联邦财政资金是否可根据一项国会决议，资助哥伦比亚特区天主教附属医院的设立。作为一名纳税人，原告声称，政府与天主教修女之间的协议无效，因为其会导致国会为宗教社团提供资金，这违反了禁止立教条款。

法院主张，医院以及其运营者以帮助贫困患者为宗旨，国会的拨款，仅仅是通过合同的方式对医院所做的一种补偿。在这种主张下，法院提到：

决议第一部分规定，构成"普罗维登斯医院董事"（The Directors of Providence Hospital）的个人以及其继任者，有权获得、持有和处分动产及不动产。第二部分授予了公司"充分的权力以在华盛顿开设及运营医院，照料那些可能接受上述公司治疗的病人的权利"。第三部分授予它制定为实现医院运营目的所必需，而不与哥伦比亚现行法律冲突的公司章程及规章制度的全部权力。决议中并未涉及任何关于宗教或机构成立人宗教信仰的内容。这只不过是一个为了通常目的而组建医院的普通实例。

总而言之，禁止立教条款并不禁止政府出于世俗目的向公司提供的世俗公益服务提供财政支助，即使该公司由宗教团体控制。

在 20 世纪 70 年代和 80 年代，最高法院在莱蒙标准的指导下，在审理案件时采取以分离主义为主的态度。然而，正如我们在第四章中所讨论的，1997 年阿格斯提尼诉费尔顿案（Agostini v. Felton）与 2000 年米切尔诉赫尔姆斯案（Mitchell v.Helms）的判决使第一修正案的法理产生了重要的转变（参见第四章第四部分）。在超过 20 年的时间里，莱蒙标准一直被用于检验各种案件在宪法宗教条款下的合宪性。"过度纠葛"作为莱蒙标准的一部分，强有力地捍卫着宗教与国家之间的界限。然而，在阿格斯提尼案和赫尔姆斯案中，奥康纳（O' Connor）大法官将这一检验标准导入了另一方向，即将过分纠葛视为"首要影响"分支的一种要素，而不再作为莱蒙检验的一个独立分支。并入首要影响的做法减弱了过分纠葛分支的界限保护功能。此外，它还为涉及宗教的政府补助项目敞开了大门，正如在泽尔曼诉西蒙斯·哈里斯案 [Zelman v. Simmons-Harris. 536 U.S.639 (2002)] 中涉及的情况，这个案例我们将在第十三章讨论到。（参见泽尔曼案，第十三章第二部分）

新的分析趋势使宗教条款的适用走向了更宽容的方式——强调政府的中立态度。随着其他对禁止立教条款分析标准的发展，中立主义趋势得到强化，渐渐允许宗教组织在平等起点上和其他组织进行竞争，参与到由国家财政支持的项目中。例如，1988 年的鲍恩诉肯迪克（Bowen v. Kendrick, 487 US, 589）一案的争议焦点就是，宗教组织能否像其他世俗组织一样获得授权资格，参与进预防青少年早孕问题的财政拨款项目中。法院将分析焦点放在政府项目的首要效果上，该项目旨在应对日益严重的青少年早孕危机。法院在案件中分析道：

491

> ……在以往的案件所确立的先例中，并不妨碍议会判断和认识到，教会或宗教组织在解决某些特定世俗问题时能够发挥重要作用……另外，尽管《青少年家庭法》（Adolescent Family Life Act, AFLA）的确要求潜在的被授予者阐述宗教组织将以何种方式参与到法案规定的服务中去，但被授予者同时还需要阐述"慈善组织，志愿者协会及其他私人组织"的参与。我们认为，这表明法案"在各宗教之间以及宗教和非宗教间保持了中立态度"。

> 另外需要指出，法院认为第一修正案并不禁止宗教组织参与到公共支助的社会福利项目中去……当然，即使这一争议性法规表面上呈现出中立趋向，我

们也一直小心谨慎，以确保政府对宗教附属机构的直接资助没有产生促进宗教的首要效果。

实际上，虽有观点认为这些机构接受直接财政支助会产生促进宗教效果的现实危险实质风险，但是这一论点并无太大说服力。因为《青少年家庭法》本身作出了法案表面上中立的授权要求，使法案的适用对象广泛覆盖各种公共和私人组织削弱了这一论点的说服力，满足法案要求的公共和私人组织广泛存在。并且事实上，在符合条件的宗教附属机构中实际上有许多不应该被打上并不具有"无孔不入的宗教"、"完全的宗教性"的符号，这一事实也降低了对其资助所产生的促进宗教效果的危险……我们认为，即使被认为是具有"完全的宗教性、无孔不入的宗教"的宗教附属机构有可能获得《青少年家庭法》授权，也不足以让我们得出这样的结论——根据法规不能授予任何宗教组织以参与资格。我们认为，地区法院的结论是正确的。

随着禁止立教条款标准呈现出的更大灵活性，以及宗教性的公益服务提供者应当受到平等对待的认知得到接受，使慈善选择项目得到更加广泛的适用。

慈善选择和信仰行动计划：在政教分离国家中扩大合作[14]

近年来，政府推行的慈善选择和信仰行动计划政策在美国社会引发了相当大的争议。这些问题还没有得到彻底解决，但是，联邦政府对宗教背景的社会公益组织的财政拨款却已呈现大幅增加的总趋势。

492 　　在美国，慈善选择的理念首次出现在 1996 年《福利改革法案》（Welfare Reform Act of 1996）中。[15] 日益严峻的福利危机以及日渐高涨的福利体制改革呼声导致了慈善选择的产生，它鼓励国家和地方政府同私人慈善团体，包括与信仰行动组织（FBOs）合作，通过固定拨款或政府可以利用的其他项目将私人组织引入社会公益服务中。[16] 为了发挥宗教在改变社会生活方面发挥的独特力量，法令主要是依据以下三项主要原则。第一，政府在决定政府项目的参与资

---

〔14〕摘自小 W. 科尔·德拉姆（W.Cole Durham, Jr.）、克里斯汀·G. 斯科特（Christine G.Scott），同前注〔1〕，第 380—385 页。

〔15〕《美国法典》第 42 编第 604 条第 1 款（1996 年，增补版）。欲了解慈善选择的简史，参见 C.H. 埃斯贝克（C.H. Esbeck）写的附录："慈善径向及其评价"，James A. Serritella et al. 主编：《美国的宗教组织》（Religious in the United States），卡罗来纳学术出版社（Carolina Academic Press），2006 年。

〔16〕S. 多库皮尔（S.Dokupil）："外面阳光灿烂，里面寒冷如冰：慈善选择的假象"（A Sunny Dome with Caves of ice：Illusion of Charitable Choice），载《法律与政治》（L. & Pol.），5 Tex Rer.，2000 年修订，第 149、151 页。

格时，不得基于宗教因素而区别对待宗教性组织和其他组织；参与资格的决定性因素应当是公益服务的性质而非服务提供者的性质。[17] 第二，政府不能干涉信仰行动组织的自主权，尤其是其"对自身宗教信仰的界定、发展、实践以及表达"[18]。第三，法令要求无论是政府还是信仰行动组织都不能对服务受益者的特定权利进行限制。[19] 信仰行动组织不得因受益者有不同宗教信仰或不愿参加宗教实践而拒绝对其提供服务。同时，如果受益者拒绝宗教性组织的服务，政府必须提供其他服务机构提供相同的服务。[20] 值得注意的是，只要政府资助没有直接促进宗教，慈善选择立法并不必然要求信仰行动组织将其世俗活动和宗教活动绝对地区分开来。[21]

2001 年，一项由美国总统布什发起的信仰行动计划，扩张了政府对于宗教组织的资助。尽管慈善选择的立法计划遭到搁浅，但是布什总统却利用其总统权力在实际上将项目向前推进。为了促成该倡议，总统布什通过行政命令成立了"白宫信仰与社区行动办公室"（White House Office of Faith-Based and Community Initiatives）。办公室的工作旨在"制定政策、优先权和目标，以全力地争取、扩大、支持、授权并协助信仰和社区服务组织的工作"[22]。布什还在多个内阁部门设立相应机构专事此项工作。[23]

在信仰行动计划历经近十年的实践后，白宫信仰与社区行动办公室在 2005 年财政年度报告中指出，信仰行动组织在政府财政援助项目中的参与度得到发展，但其势头却并非压倒性的。2005 年，在政府提供的 197 亿美元财政拨款中，仅有 10.9%（21 亿美元）被分配到信仰行动组织，而世俗的非营利组织（SNPs）接受的资助金额高达（127 亿美元），占到全部资助的 64.4%。[24] 这些数据表明，从 2003 年的 8.1%，2004 年的 10.3%[25]，发展至今，信仰行动组织对于政府资助的社会公益项目的参与程度逐年增加，但几乎毫无迹象显示，公

493

〔17〕C.H. 埃斯贝克，同前注〔13〕，第 391 页。

〔18〕同上，第 392 页，引自《美国法典诠注》第 42 编第 604a 条第 4 款第 1 项，1996 年第二次增补本。

〔19〕C.H. 埃斯贝克，同前注〔13〕，第 392 页。

〔20〕同上，第 392—393 页。

〔21〕菲茨杰拉德（S. Fitzgerald）："慈善选择的扩张，信仰行动计划和联邦最高法院的关于禁止立教条款的法理解释"（Expansion of Charitable Choice, the Faith-based Initiative, and the Supreme court's Establishment Clause Jurisprudence），42 Cath.Law.，2002 年，第 211、212 页。

〔22〕布什总统（G.W.Bush）："凝聚慈悲的力量"，2001 年，http://www.whitehouse.gov/news/reports/faithbased.html。

〔23〕同上。

〔24〕"对宗教性组织的授权"，载《2005 财政年度报告》，白宫信仰和社区行动计划办公室，2009 年 3 月 9 日。

〔25〕同上。

益服务提供者已发生由政府或世俗组织向宗教性组织的重大转变。抛开对信仰行动计划的宣传，现实是，只要采取恰当的监管措施并厘清宗教组织所起到的世俗和宗教作用，那么把政府资助引入由信仰行动组织发起和执行的世俗活动中是可行的。

根据联邦最高法院最近的一个关于诉讼资格的判例，质疑信仰行动计划项目合法性的当事人资格受到了严格限制。在海因诉宗教信仰自由基金会一案（Hein v. Freedom From Religion Foundation, Inc.）[26]中，美国联邦最高法院判决认定，纳税人不具有根据禁止立教条款起诉政府计划的诉讼资格。具体地说，法院拒绝延续弗拉斯特诉科恩案（Flast v. Cohen）的判决先例。根据宪法的规定，仅凭纳税人的身份不足以构成起诉资格，但在弗拉斯特案中，法院给出一个限定性的例外。这一例外承认纳税人有资格以禁止立教条款为由起诉立法措施，但是，在海因案中，法院拒绝将此例外扩展适用到质疑行政措施的类似诉求中。[27] 当然，详细地评估海因案带来的影响还为时过早，因为案件中的多种意见还需要进一步讨论[28]，但是，判决结果有效地阻碍了对信仰行动计划项目执行部门的司法审查。从长远来看，海因案可能导致在其他领域内，对禁止立教条款案件的诉讼资格进行更为严厉的限制。

另一问题是基于宗教背景的就业歧视，这是信仰行动组织的支持者和反对者双方都需要正视的一个问题。为确保行动计划的命令不干涉宗教自主权，政府允许信仰行动组织在作出人事决定时考虑宗教因素。允许信仰行动组织保留"第七章豁免"[29]，即允许信仰行动组织在人事录用上差别对待应聘者，优先聘任本教信徒，以作为确保信仰行动组织保持自身宗教性质和阻止政府干涉宗教活动的必要。然而，对此行为的争议一直持续不断，因为允许信仰行动组织在提供社会服务时过度扩张宗教尺度而脱离政府监管的束缚，将导致对禁止立教条款的违反。[30]

---

〔26〕 551 U.S. 587（2007）.

〔27〕 同上，第603—615页。

〔28〕 参见L.C. 卢普和R.W. 塔特尔（L.C.Lupp and R.W. Tuttle）："针尖上的球：海因诉宗教信仰自由基金会案，以及禁止立教条款审判的未来"（Ball on a Needle: Hein v. Freedom From Religion Foundation, Inc. and the Future of Establishment Clause Adudication），载《杨百翰大学法律评论》（BYU L.Rev.），2008年修订，第115页。

〔29〕《美国法典》第42编第2000条，1972年修订。这一豁免通常被称为"部长豁免"（the "ministerial exemption"）。

〔30〕 S.K. 格林（S.K.Green）："宗教歧视，公共资助和宪政价值"，30 Hastings L.Q.，2002年，第1、50页。

随着参与到计划中的信仰行动组织数量的增加，这些组织为获得有限的拨款资助，不得不进入到日渐激烈的相互竞争之中，这种竞争同时诱使他们转变传承已久的宗旨和使命，力图与可利用的政府资金目标保持一致。教会可能会开始为拨款游说，以主流宗教观立教的较大规模教会可能会因此处于优势地位，而那些新成立的以少数派宗教观立教的小教会则会陷入不利的境地。[31]

评论和问题

2009 年年初，奥巴马政府宣布，将对管理信仰行动组织参与联邦资助的社会公益项目的规则做出改革。这一尝试性的变化将消除就业歧视法的例外性规定，即不再允许信仰行动组织在人事雇佣中优先雇佣其教会成员。不过，这些提案会得到多大程度的执行目前还不清楚。作为政策问题，这是一项行政监督的立法实践吗？抑或是对教会自主权的不明智限制？

附加网络资源：	对慈善选择和信仰行动计划的辩护和批判

---

[31] 多库皮尔（Dokupil），同前注〔14〕，第 198 页。

第十三章　教育

一、引言

学校是法律与宗教之间的相互关系最具争议的社会领域之一。在任何社会，涉及对年轻一代的教育问题时都会受到极高的关切，而由于儿童的脆弱性和敏感性，当问题是关于宗教在学校适当的地位时，考虑到对学生的思想灌输教育等，往往会引起更特殊的关注。本章主要分为两部分。第二部分集中阐述教会学校和国家的关系，特别通过探讨教会学校如何获得资金和其他政府援助进行分析。第三部分集中探讨了公立学校与宗教的关系，尤其是公立学校在融入宗教教育和宗教信仰上所做的工作。

从某种意义上说，本章的第二部分是第十二章的一个自然延续，因为美国联邦最高法院判决的许多有关宗教财政援助案件都涉及教育。本章的第三部分转而向第十四章过渡，探究了一些公共生活中的宗教问题。当然，本章与第三章中讨论的在学校戴头巾的权利、第四章埃弗森（Everson）案中学校交通补贴问题、第五章向国旗敬礼案、第六章对门诺教派成员的孩子读完八年级须从公立学校退学这一传统的论述相关。不仅如此，探讨特定环境下的宗教信仰自由问题的第七章也和本章有所联系，因为学校所提供的就是一种特别重要的"特定环境"，在这种环境中，学校需要调和国家强制措施和"儿童能力的发展"的复杂工作 [evolving capacities of the child，《儿童权利公约》(the Convention on the Rights of the Children) 第 14 条的关键词]。从一般意义上说，教育体系是社会的缩影，学校不仅通过教授课程，还通过社会理念的传输向年轻一代提供经验，作出引导，所以本章和其他章节颇具关联也在情理之中。从比较法的视角来看，涉及宗教与学校问题的案例，体现了不同社会政策对各自发展方式的设想和期望。

二、国家对教会学校的援助

（一）美国

1. 早期的妥协主义解释

美国早期的判例对教育领域的宗教问题采取了旨在调和宗教的决策，直到"二战"后埃弗森诉教育委员会一案 [Everson v. board of Education, 330 U.S. 1

(1947）]，确定将"禁止立教条款"（the Establishment Clause）普遍适用于一些州，这个判例已经在第四章讨论过。在联邦宪法制定的同年夏天，全美大陆会议（Continental Congress）根据联邦条款正式通过了《1787年西北法令》（the 1787 Northwest Ordinance），这一法令第3条提出："宗教、道德及学识，皆仁政及人类幸福所不可或缺者，因此学校及教育措施应永远受到鼓励。"

在快熊诉卢普一案中 [Quick Bear v. Leupp, 210 U.S.50 (1980)]，苏族部落（Sioux Tribe）印第安人主张，印第安事务办公室不应该与华盛顿的印第安天主教事务局签订协议，使用苏族条约基金和苏族信托资金为印第安孩子设立教派学校，联邦最高法院驳回了其诉讼请求。苏族认为对上述经费的使用违反了1986年4月29日《苏族条约》（Sioux Treaty）以及1895年至1897年《印第安拨款法案》（Indian Appropriation Acts）中的规定，上述文件规定政府不得出于任何目的为任何教会学校的教育经费拨款。但根据法院解释，这一规定"仅仅适用于无偿分配于印第安人教育的联邦公共资金，这些资金来源于不同宗教信仰或无宗教信仰的人所缴税收"。另一方面，苏族条约基金和苏族信托基金构成"部落基金，属于印第安人自己所有"，国家只是其受托管理人。因此，法院认为上述法律限制不适用。

在皮尔斯诉姐妹会一案中 [Pierce v. Society of Sisters, 268 U.S. 510 (1925)]，联邦最高法院认为，宪法第十四修正案下的自由权保护"家长和监护人给予指导的权利"，因此，对公立学校作出入学规定的法律不应该用于禁止家长将他们的孩子送往私立学校接受教育，无论这些私立学校是教会或世俗学校。"自由的基本理论反对任何国家权力通过强迫孩子只能接受公立学校老师的教育，使孩子失去个性，继而变成标准化的产物。"皮尔斯一案所确立的保护建立私立学校的权利现今已受到世界其他国家广泛尊崇。

在埃弗森诉教委一案中，美国联邦最高法院提倡在教会和国家之间建立严格的"教会与政府间的分离之墙"。但是，在考虑一个新泽西的小镇是否能为就读私立教会学校的学生提供交通补助的问题时，联邦最高法院又转向调和主义，法院认为，这项补助构成为学生提供上学交通的"一般项目"，无论这些被认可的学校宗教性质如何，这项补助应当被许可。（参见第四章第四部分）

20年后，在教育委员会诉艾伦一案中 [Board of Education v. Allen, 392 U.S. 236 (1968)]，美国联邦最高法院对一项要求当地公立学校借课本给宗教学校的纽约州法提出争议，并且质疑这样的强制性的援助是否违反了宪法第一修正案的宗教条款。遵循埃弗森一案的基本原理，联邦最高法院维持了纽约上诉法院

497

（该州的最高法院）的判决，认定纽约州法并未违宪。法庭提到了艾弗森案和其后案例所确立的一个检测标准，用来区分涉及宗教和国家之间关系的事务，哪些是被禁止的，哪些应当被允许。这一检测标准规定受争议的法律必须具备世俗的立法目的，它的主要和首要效果既非促进亦非抑制宗教发展。否则，这项法律就违反了宪法第一修正案。

纽约州法的目的，正如纽约立法机关所声明的那样，是为了增进学龄儿童受教育的机会，并且，那些课本是按照教会学校学生个人的要求提供给个人，而非教会学校自己提出要求，法院认为纽约州这项法律的非宗教目的既没促进也未抑制宗教发展。"也许，免费的书本让学生更有可能选择教会学校"，法院在推理过程中写道，"事实上，在艾弗森一案中，国家承担的免费车票确实如此，但是，这种程度的支持和援助并不足以证明其违宪。"

哈伦（Aarland）法官的并存意见值得一提：

尽管我同意法庭的意见和判决，但是我希望能够强调某些我坚信是本案核心的原则，这些原则未在法庭判决中明示出来，但其确实隐含其中。正如本法庭经常陈述的那样，政府对宗教必须保持中立态度。但是，中立有多重含义。它要求"政府既不参与也不强迫进行人民宗教活动，在教派之间或教徒与非教徒之间不偏不倚，还要对不信教的人产生震慑作用"，虽然对这些目的的认识并不能推导出"简单、易懂的方法"，从而轻松地对案件作出判决，但是其中包含的原则性内容，我相信可以适用于当前情形。我认为，当那些有争议的政府行为旨在实现非宗教的或者是国家职权范围内的目的，或者此行为并未"非常明显、直接地涉及宗教领域而导致……造成分裂影响或者阻碍自由"，都不应当被第一修正案所禁止。

在我看来，纽约州法没有把宗教作为其行为或不行为的标准，因此没有和这些原则相冲突。

2. "不援助"原则和"非宗教性使用"原则

在联邦最高法院根据调和主义作出教育委员会诉艾伦一案的判决（Board of Education v. Allen）三年后，最高法院判决了莱蒙诉库兹曼案 [Lemon v. Kurtzman, 411 U.S. 192 (1973)]。本案结果与之前的艾弗森和艾伦案截然不同，尽管法律禁止教师在课堂上教授宗教课程，法院仍判决国家对教会学校的薪金补贴作废。这个案例因它所建立的"莱蒙标准"（Lemon test）而闻名。"莱蒙标准"规定政府活动：①必须具有世俗的立法目的；②其主要或首要效果既非促进亦非抑制宗教；③不得导致政府与宗教的"过度纠葛"。尽管莱蒙案确立的这一标准和法院在艾伦案中考虑的标准相似，但是与早期对第一修正案更偏向调和主义的解释相比，莱蒙案标志着法院向更严格"分离主义"方向的转变。（参见第四章第四部分）。

除了极少数例外，莱蒙案之后，1971 年至 1985 年一系列案件中对国家拨款事项（特别是教育事务）实施了严格的政教分离原则。在 1971 年，也就是莱蒙诉库兹曼案的同年，蒂尔顿诉理查森一案 [Tilton v. Richardson, 403 U.S.672 (1971)] 确定政府不能为教会学院校舍的修建和维修提供经费，除非学校承诺永远不将这些设施用于宗教目的。公共教育与宗教自由促进会诉尼奎斯特一案 [Committee for Public Education and Religious Liberty v. Nyquist, 413 U.S.756 (1973)] 判决认为，向教会学校拨款用于校舍维护和修理，以及对家长向教会学校所缴学费的税收抵免违反了禁止立教条款。同年，李维特诉公共教育委员会一案 [Levitt v. Committee for Public Education, 413 U.S.472 (1973)] 否决了一项法令的效力，该法向教会学校拨款，以补贴其根据州的要求组织考试而产生的费用。1975 年米克诉皮滕杰一案 [Meek v. Pittenger, 421 U.S.349 (1975)] 否定了一项为教会学校教育设施、器材提供贷款并同意为校区提供辅助性服务的法律。1977 年沃尔曼诉沃尔特一案中 [Wolman v. Walter, 433 U.S. 229 (1977)] 认为，一项主要为教会学校老师实地考察提供补贴的法令违反了第一修正案。在这些案件的处理中所考虑的问题之一是为了保证世俗目的的实现，为了保证教师和其他人员在教学过程中不会逾越界限，参加宗教活动，监督是必要的。但是，这些监督又可能导致政府与宗教"过度纠葛"。这种进退两难的处境意味着无论监督与否，"莱蒙标准"都有可能被违反。关于这一困境有两个类似案例，阿奎拉诉费尔顿案 [Aguilar v. Felton, 473 U.S.402 (1985)] 和格兰特急流学区诉波尔案 [Grant rapids school district v. Ball, 473 U.S.373 (1985)]，第一个案件判决一项联邦项目无效，该项目拨款给公立学校教师，作为给贫困内城区教会学校学生补课的津贴。第二个案件判决否决了一个在教会校区向私立学校学生提供补课和课外充实项目的计划。

莱蒙案维持了法律规定，但是它所建立的检验标准一直受到来自学术界和司法界双重猛烈的抨击、质疑和突破。对莱蒙标准的批判的矛头主要指向检验标准的三个标准，或者说指向这三个步骤自身所产生的模糊不清之处，这种模糊不清的积累会使问题更加恶化。例如，"世俗目的"标准受到批判是因为它聚焦于支持政府活动的动机而不顾其效果。"主要效果"标准本应该解决上述问题，却没能树立一个切实可行的标准，用来区分哪些政府对宗教的支持可以被许可，例如，治安和消防保护，以及界定哪些宗教获得的有利待遇超出了适当界限。最后，"过度纠葛"标准留下一个问题：什么是完全地超出法官个人的自由裁量权？除了最高法院一些法官表达的不满外，因为莱蒙标准的模糊性，法官获得了过多的自主权，导致一连串案件缺乏原则上的一致性。适用莱蒙标准的一些案件，包括前文所述的——米克案、沃尔曼案、波尔案和阿奎拉案判决——已经被撤销，但莱蒙标准仍然存在。

尽管联邦最高法院还没有推翻莱蒙案判决，但是，这一标准在大多数法院审理有关教育问题的案件时已经不再起约束作用。李诉魏斯曼一案（Lee v. Weisman，废除毕业典礼上无宗派学生必须祷告的要求，参见后文学生祷告活动部分）完全不再适用"莱蒙标准"，而赞成肯尼迪大法官的"强制测试"标准。依据这一标准，如果政府强迫个人参与宗教活动就违反了禁止立教条款。其他几位大法官和斯卡利亚大法官在反对意见中写道："现在，法庭通过对莱蒙测试标准视而不见来说明它的无关性……对莱蒙案适用的终结也许是法庭那令人惋惜的判决产生的令人愉快的副产品之一。"但是，令人惊讶的是，同年，法院在审理兰姆教堂诉摩里奇斯中心工会免费学区一案中 [Lamb's Chapel v. Center Moriches Union Free School District, 508U.S.384 (1993)，此案判决允许教会使用其他社区组织活动的公立学校校区内进行宗教性活动，这种使用权不构成建立一个国家给予特殊地位的宗教] 又重新采用了莱蒙标准，在圣达菲独立学区诉多一案中 [Santa Fe Independent School District v. Doe. 530 U.S.290 (2000)，此案判决认为，强制禁止在学校足球赛上由学生带领的祷告，违反了禁止立教条款]，再次运用莱蒙规则。在范·奥丹诉佩里一案中 [Van Orden v.Perry 545 U.S.677 (2005)]，伦奎斯特大法官在支持政府不动产内陈列《摩西十诫》（Ten Commandments）的合宪性的多数意见中声明："在禁止立教条款审判规则的浩瀚体系中无论莱蒙标准发展的最终结果如何，我们都认为莱蒙标准无益于处理得克萨斯州在其州议会大厦竖立纪念碑这类问题。"

3. 中立地位和"个人选择"原则

在米勒诉艾伦一案中 [Mueller v. Allen, 463 U.S.388 (1983)]，联邦最高法院赞成一个州对家长在子女学费、书籍、交通与其他教育开支上的花费应获得的所得税减免，这一政策应当对无论教会学校或非教会学校学生的家长平等地适用。法院强调，任何给予教会学校的援助仅仅通过许多家长个人的选择而实现：

由于任何可能提供给教会学校的补助是通过个别家长的引导，明尼苏达州的争议行为实际并未违反禁止立教条款。当然，事实上，与直接提供给学生就读的学校一样，提供给学生家长的经济补助最终也会对这些学校产生经济效应。但是，根据明尼苏达州的规定，只有作为学龄儿童家长个人私人的选择的结果，公共基金的使用、安排才是有效的。正如本案，通过个别家长所作的决定而使教会学校得到资助，而没有"州的同意许可"，此种资助是有效的……可以被认为有权授予任何特定的教派或者一般教会以救济。

另外，法庭驳回了一项抗辩，抗辩认为尽管这项法律表面上是中立的，但其主要是让教会学校获益，因为这个项目 96% 的受益者是教会学校学生的家长："如果有一个规则，把陈述不同阶层获益公民的范围比例的年度报告作为一项表面上中立的法律的合宪性基础，我们将不会同意采用这一规则。"而由于这项成文法的"主要目的或首要影响……既不促进也不阻碍宗教"，明尼苏达的这项法令符合莱蒙检测标准的第二部分。

法庭还认定本案符合莱蒙检测标准的第一部分与第三部分。关于第一部分，明尼苏达州的这项成文法有一个"世俗的立法目的"，因为"这个州支付家长的教育开支的决定——无论他们的孩子就读的学校的性质如何——能够证明其既世俗又可理解的立法目的"。关于第三部分，明尼苏达州的法律没有让这个州政府与宗教"过度纠葛"，因为"与第三部分冲突的'全面、有鉴别力、持续的州的监督'的必要的、看似有理的、唯一来源在于，州的官员必须决定某些特别的教材的花费是否有资格享受减免"。由于做这个决定和决定一本书是宗教的还是世俗的没有明显的区别（之前已经被教育委员会诉艾伦案认可），法庭认定明尼苏达州的税收减免没有造成政府与宗教的过度纠葛。

由于个人选择的存在，禁止立教条款并未禁止宗教机构中为盲人设立的政府奖学金

在米勒诉艾伦案三年以后，联邦最高法院在维特斯诉华盛顿盲人服务部门一案中 [Witters v. Washington Department of Servaces for the Blind, 474 U.S. 481 (1986)] 巩固了私人选择原则。华盛顿州向寻求"职业、商业或贸易"教育的失明公民提供奖学金。有一个叫拉瑞·维特斯的接受者使用他得到的奖学金"在一所教会学校进行牧师职业培训"。法庭认为这项资金并未违反"禁止立教条款"，因为"任何援助资金之所以最终流向教会学校……仅是因为援助接受者自己真实独立和个人的选择，那么这就不违反禁止立教条款"。法庭还特别提到，以米

勒案中的项目为例，"无论受益的学校是宗教世俗、公立的还是私立的，项目都应当有效"。在法官的独立意见中，五名大法官还解释，教会学校获得的援助的总额和这个案件无关，因为是家长的个人选择直接支配了这项援助的流向。何况，维特斯一案中教会学校获得的援助的数额相对来说还是比较小的。

501　　　**允许在宗教学校为耳聋学生安排接受政府资助的翻译**

1993年，联邦最高法院将中立性原则和个人选择原则扩大适用到私立教会学校里的国家翻译人员。在佐布雷斯特诉科特琳娜山麓学区一案中 [Zobrest v. Catalina Foothills School District, 509 U.S.1 (1993)]，法庭认为，亚利桑那州的一个学区向教会学校的一名学生提供翻译是合宪的。这名学生名叫詹姆士·佐布雷斯特，他从出生起就已经失聪，当他的家长将他从公立学校转学到一所罗马天主教教会高中时，他们要求这个学区为佐布雷斯特提供一名翻译 [依照亚利桑那州《残疾人教育法》，Individuals with Disabilities Education act (IDEA)]。学区拒绝提供翻译，因为他们认为这样的行为会触犯"禁止立教条款"。

但是，最高法院引用了米勒和维特斯两个案例，认为由于这个项目是中立适用的，而且涉及个人的选择，所以不违反"禁止立教条款"。法院指出"这项服务……是一项以残疾孩子福利为目的的政府公共活动的一部分，凡是符合残疾人教育法（IDEA）下'残疾'要求的孩子都可以公平获得这一福利，无论他们就读的是'教会学校或世俗学校，公立学校或私立学校'"。此外，是个别公民自身而不是政府决定了他们要就读的学校，所以这个州并没有违宪地使宗教获益。佐布雷斯特案强调，法院支持那些目的在于帮助有特殊需要的学生的小范围项目，只要这些项目对于宗教保持中立并且给予家长选择教会学校或世俗学校的机会。

4. 转向中立及更多妥协

在1985年阿奎拉诉费尔顿案、格兰特急流学区诉波尔案获得初始判决后12年，联邦最高法院被要求依照《联邦民事程序规则》第60条b款 [Federal Rule of Civil Procedure 60 (b)] 重新审议对这些案件的禁令。通过运用这些不同以往的程序，最高法院重新开庭并且推翻了早前的两个判决。在阿格斯提尼诉费尔顿 [Agostini v. Felton, 521U.S.203 (1997)] 一案中，法院认定，那些干预性的先例削弱和破坏了：①在弥漫着宗教氛围的教会学校里安置公共雇员将会导致政府和宗教在教育上的象征性联盟（缺少监督）这一推定；②不允许对教会学校进行任何直接援助这一规则。这导致了对莱蒙标准的改革。法院特别阐述了一个适用莱蒙标准中"主要效果"标准时的标准，规定政府援助不能：①通过直接的政府引导；②通过不平等的方式规定与宗教有关的援助接受者；③通过州政府与宗教的过分纠葛，来促进或抑制宗教。由此，阿格斯提尼案标志着法院开始更加宽容审理有关宪法第一修正案的问题，转向中立并增强调和性而不是坚持严格分离主义。

在米歇尔诉赫尔姆斯一案中 [Mitchell v. Helms, 530 U.S.793 (2000)]，联邦最高法院将对阿格斯提尼的推理论证扩展到对《1981 年路易斯安那州教育强化和提高法案》(Louisiana's Education Consolidation and Improvement Act of 1981) 第二章的分析，法案规定联邦政府需提供资金购买教学材料和设备，例如教科书和电脑，然后再借给公立或私立学校。这个案例的影响在于，它很大程度上推翻了米克（Meek）和沃尔曼（Wolman）案。尽管法庭没有形成多数派意见，不过六位大法官一致赞同，根据阿格斯提尼案，上述法案第二章内容不应该被认为构成对禁止立教条款的违反。托马斯大法官（Thomas）在他和其他三位大法官加入的相对多数意见中提出："教会学校的政府性援助是否导致政府引导，最终归于这样一个问题，即在那些学校中进行的宗教教育是否有理由归属于政府性行为。"依据第二章规定而提供给教会学校的援助与中立性原则一致，即"它被提供给广泛的组织和个人而不考虑宗教问题"，所以这些学校提供的任何教育活动都不应该被归于政府性行为。通过诉诸个人选择原则，托马斯大法官进一步支持了自己的结论："如果对学校的援助，甚至'直接的援助'，是中立存在的，而且事先通过许多公民的'自由之手'（字面上的或形象地说，单个的公民也可以用自己的手将援助引向别处）引导，最终才到达教会学校使其获益，那么政府实质没有提供任何所谓'对宗教的支持'。"按照这个逻辑，既然援助的分配是由入学注册人数决定的，那么一个学校可以获得的援助数量直接和决定登记入学的私人选择相联系，而非由政府决定。最后，被告主张资源被转移而用于宗教教育。但是，托马斯大法官驳回了这一主张，认为宪法没有禁止援助被转移而用于宗教。他说，确立这种对有宗教信仰的人带有敌意的规则，会对援助接受者的宗教观点进行有攻击性的探究。

奥康纳大法官（O'Connor）和布雷耶大法官（Breyer）支持上述法案第二章不存在违宪性，并支持对米克和沃尔曼案判决的否定，但是，他们认为托马斯大法官的观点不必要也不恰当地扩张了阿格斯提尼案的适用。奥康纳大法官指出：

概括其中要点，多数意见指出，只要政府提供的援助具有中立的基础并且其内容是世俗的，那么政府对教会学校的援助就没有促进宗教的影响。多数意

502

见反对对直接援助和间接援助的区分，并且允许教会学校把世俗性的援助实质上地转移用于完成宗教使命。上述观点的两个方面驱使我单独陈述我的意见。第一，多数意见对"中立性"的陈述，会导致这一规则被设定成今后"禁止立教条款"质疑政府对学校的援助项目的判决中唯一的重要因素。第二，多数意见赞同政府性援助向宗教性教育的实质性转移，这与我们的先例互相冲突，不管怎么说，这一问题本不需要在本案中决定。

　　奥康纳大法官质疑于认可任何实质上赞同向宗教性教化转移的援助项目，但是她认为在本案中这一转移事实是微不足道的。

　　尽管米歇尔案的判决没有提供一个清晰明了的意见，但是它巩固了阿格斯提尼案的方向，即判定政府对学校的援助是否违反"禁止立教条款"时聚焦于中立性原则。这个趋势打破了联邦最高法院在20世纪七八十年代建立的严格分离主义法学派的"不援助"原则，并且反映出法院一方的一种意愿，即它对政府和宗教在教育中的协作关系表示认可。

5. 对宗教教育的教育补助券

泽尔曼诉西蒙斯·哈里斯案（ZELMAN v. SIMMONS-HARRIS）

美国联邦最高法院，536U.S.639（2002年）

首席大法官伦奎斯特（Rehnquist）传达了法庭的意见。

　　俄亥俄州设立了一项实验性的项目，打算向居住在克里夫兰市（Cleveland）学区有孩子的家庭提供教育机会。争议焦点是，这个项目是否违反了宪法的禁止立教条款。我们认为并未违反。

　　制定这项受争议的项目的目的在于向一个明显糟糕的公立学校系统就读的贫困学生提供教育援助，这是一个有效的世俗目的，这点没有争议。因此，现在的问题是，尽管目的世俗，俄亥俄州的项目是否造成了促进或者阻碍宗教的影响。

　　为了回答这个问题，我们的判决在政府项目直接向教会学校提供援助和真正的私人选择之间做出了一个一致的区分，其中，在后者政府对教会学校的援助仅仅是真正的、独立的个体自身私人选择的结果……

　　米勒案、维特斯案和佐布雷斯特等案例表明，在政府项目中立地对待宗教，而且向大范围的人直接提供援助，而这些人反过来完全通过他们自己真实独立的私人选择将政府的直接援助引向教会学校的情况下，这个项目不能轻易地被认定为违反禁止立教条款。这些援助所带来的对宗教使命附带的促进作用或对宗教启示的认可由单独的援助接受者造成，而非政府。政府所起作用在支付福利时就已结束。我们从不认为一个真实的私人选择的项目违反禁止立教条款。

我们认为这个受争议的项目是一个经过真实的个人选择的项目，跟米勒案、维特斯案和佐布雷斯特案的情形一致，因此合宪。正如这些案件一样，俄亥俄州的这个项目面对宗教的任何方面都是中立的。它是俄亥俄州向一个糟糕的学区的学生提供教育机会的一般性的、多方面项目的一部分。它直接给予大范围内各阶层的个体教育援助而不涉及宗教，换言之，任何住在克里夫兰市学区的适龄儿童的家长都可以是援助接受者。这个项目允许这个区所有学校参与，无论是宗教的还是非宗教的……

这个项目没有向教会学校"倾斜"的"财政刺激"。事实上，这个项目甚至对宗教学校产生了财政上的抑制因素，私立学校获得的政府援助是社区学校的一半，是"磁石学校"（magnet school）[1] 的三分之一。选择参与这个奖学金项目然后让孩子就读私立学校（无论是教会还是世俗学校）的家长必须支付部分的学费。而选择让子女就读于社区学校、提供职业训练的公立学校或者传统的公立学校的家长则不用支付学费。尽管这个项目的这些特征与其合宪性无关，但它们清楚地反驳了这个项目"提供了……财政上的刺激从而诱使家长选择教会学校"的主张。

苏特大法官（Souter）推测，由于现在越来越多私立教会学校参与这个项目，这个项目自身肯定以某种方式阻碍了私立世俗学校的参与。但是，克里夫兰的私立教会学校所占数量上的优势肯定不是因为这个项目而获得，这是一个和美国许多其他的城市共有的现象。的确，克里夫兰市参与这个项目的私立学校中 82% 是宗教学校，但是事实上俄亥俄州的私立学校本来就有 81% 是宗教学校。而且，把宪法意义归因于这一数字将会产生这样一个荒谬的结果：中立地提供教育机会的项目可能在俄亥俄州的部分地区被允许，例如哥伦布市，那里教会学校在私立学校中所占比例较低，但是在非常需要这个项目而碰巧宗教学校的数量优势较大的克里夫兰内城区却不被允许。

被告和苏特大法官主张，即使我们不关注参与学校中宗教学校的数量，我们还是应该把宪法意义与 96% 的奖学金接受者在宗教学校就读这一事实相联系。他们认为单单这一事实就证明了家长没有进行真实的选择，尽管没有家长曾经

[1]"磁石学校"一词始于1965年的美国，是一种公立学校，采用特别的课程设计与教学方式，通常有较高学术标准，以吸引各种背景的学生。——译者注

这么说过。但一个中立教育援助计划合宪与否并不简单地取决于在一个特定的地区、特定的时间，大多数私立学校是否由宗教组织运作，或者大多数的接受者是否选择在宗教学校使用这一援助，以及他们做出选择的原因。

在此要适当地说明一点。被告和苏特大法官依据的 96% 的数据完全没有考虑到：①超过 1900 名的克里夫兰的学生选择社区学校；②超过 13000 名学生选择"磁石学校"；而且③超过 1400 名学生选择就读传统公立学校，并且都得到学费补助。1999—2000 学年，在非传统学校学生中宗教学校学生所占比例从 96% 跌至 20%。96% 的数据也只代表某一特定学年的偶然现象。相比之下，在 1997—1998 学年，只有 78% 的奖学金获得者就读于教会学校。

505 总而言之，俄亥俄的这个项目对宗教完全中立。它直接地向大范围的个人提供利益，仅仅按照经济需要和在一个特定学区的住所界定受益人范围。它允许这些个人在公立或私立，宗教或世俗学校之间进行真实的选择。因此，这个项目具有真正的个人选择性质。为了与驳回否认类似项目的判决标准相一致，我们认为这个项目没有违反禁止立教条款。

现判决推翻上诉法院的判决。判决如上。

苏特大法官持异议，史蒂文大法官（Sevens）、金斯伯格大法官（Ginsburg）、布雷尔大法官加入反对意见。

一个法庭怎么能做到一致认同埃弗森案的先例而又支持俄亥俄州的教育补助金券项目呢？答案是不能。只有忽视埃弗森案，多数意见才能主张依据传统法律援引它的中立性援助条款和私人选择原则而认可俄亥俄州法。另外，也只有忽视了中立性标准和个人选择标准本身的内涵，多数意见才可能假定本案的判决是基于那些标准。

二

A

为了适用中立性标准，需要关注援助对象的类别合乎情理，因为这种分类将援助引导至教会学校或是世俗学校，同样，也需要质疑计划是否具有偏袒宗教的导向。本案中，可能有人会问，同意向私立学校（或者一个附近区的公立学校）提供大约 2250 美元学费补助的教育补助券条款，其规定中是否存在导向性内容使计划偏向于使教会学校获利。

但在多数法官意见中，这一点不在所问。多数意见关注的不是教育补助券的规定……而是对教育机会的规定。多数意见指出，公立学校得到了州教育性开支的大部分，证明"所有学校参与"这一满足中立性要求的事实，因此计划并没有倾向支持宗教。

这明显不合逻辑。如果普通的公立学校（它们不能获得教育补助券）和能够获得教育补助券的学校一起参与补助金券计划，在这种情况下大部分公共开支用于公立学校，那么，政府向一个没有私立世俗学校的学区提供私立学校学费援助的计划，才能用多数意见的理由推导出中立性结论。多数意见完全只是从字面上使用"中立性"这个术语。

B

多数意见论述"选择"这一问题的方式与其论述"中立性"的方式相同，即提出设问：教育补助券的接受者或潜在接受者是否有机会在世俗公立学校和教会学校之间作出选择。但是，多数意见又一次提出错误的问题并且错误地使用了标准。多数意见混淆了奖学金使用上的选择和对全部名单中可能的教育机构的选择，这些机构向任何想就读公立学校的人开放。多数意见认为所有的教育性选择都能同等地适用选择标准，这一观点全然忽视了选择标准的要点所在：这一标准通过判断援助是否经过私人之手的选择而到达宗教学校，来确定对宗教学校的间接援助是否合法。问题在于个人是否完全以真实、自由的意志，选择将钱交给世俗或宗教学校。

另外，如果选择标准真的是为了起到限定性原则的作用，将"选择"定义为花费援助金或引导援助去向的选择是必要的。假设在教育补助券计划中，无论何时只要存在选择宗教学校的机会，就可以认定"选择"存在，既然如此，那么教育补助券计划就总是合宪的了，即使某些地区范围内根本没有世俗的私立学校，只有宗教学校可供选择。而且，由于参与计划的私立宗教学校的学生人数可能本身少于公立学校，流向宗教学校的援助金数额自然不会多于公立学校，这些数据就很容易被用于以主张教育补助券计划的主要目的与效果不是援助宗教。

如果正确地审视补助券在使用中的真实选择问题，将会得到与多数意见相反的结果，补助券计划中的确存在可能影响选择，并将资金引向宗教学校的因素：这个区有 56 所私立学校参与教育补助券计划（1999—2000 年，只有其中的 53 所招收了使用教育补助券的学生），其中有 46 所宗教学校；96.6% 教育补助券接受者选择宗教学校，只有 3.4% 的人去了世俗学校。遗憾的是，在这种情况下多数意见无法证明，导致学生选择就读宗教学校的原因仅仅是由于家长的自由选择。

三

我提出反对意见，不仅仅因为多数意见错误适用了法律，即使假定多数意见在事实上满足了形式标准，本案的结论仍然会和宪法产生深刻的分歧。这一点清楚地表现在两个层次上：首先是间接的依据，即抛开其对宪法的违反、这一援助的实质性范围。其次是直接依据，它无视禁止立教条款所倡导的宗旨。

A

无论是对宗教学校援助的数额或是它在教育开支体系中所占的比例，本案认可的范围和规模可说是史无前例。在以前的案件中，这两项标准都会得到慎重考虑……

自从 1996 年开始实施克里夫兰（Cleveland）的教育补助券计划，它已经花费了俄亥俄州纳税人 3300 万美元（其中 2800 万美元用于支付援助金券，500 万美元用于管理花销），预计在 2001—2002 学年，这项计划将花费超过 800 万美元。这些从税收中支出的资金除了用于购买教材、支付阅读和数学教师薪金及添置实验室设备外，俄亥俄州还向私立学校提供相当于每个孩子 600 美元的援助。

公共援助支出的巨大数额表明，纳税人的钱被广泛用在了为宗教学校的学生埋单上。参见尼奎斯特（Nyquist）前述，第 781—783 页（州政府援助比例达到学费的 50% 即违宪），这些奖学金支付成千上万有资格的学生的全部学费，足以负担学费支付的所有项目，包括数学辅导和信仰教育。米克案（Meek）所假设的"实质性援助"的结果在这里得以体现：多数意见并没有伪称，大量的税收实质上没有系统资助宗教性活动和教育。

B

实际上，不用说这个计划已经完全违反了禁止建立国教的内在目标，在此需要陈述这种违反的严重性。我曾在埃弗森案（Everson）中预测过这些目标，彼案对此做了记载，首先是信仰自由。杰弗逊（Jefferson）曾把信仰的自由描述为这样的一个理念，即无论如何不应当"强迫一个人去支持任何宗教崇拜，场所，或神职人员"，甚至一个"属于自己教派的教师"。[2] 麦迪逊（Madison）认为"任何权力，只要强迫公民为支持……宗教设立而从个人财产中……捐献出三便士"，便违反了信仰自由《纪念与告诫 3》，Memorial and Remonstrance 3）。"任何用于设立宗教的税收都是和人类思想完全自由的要求对立的"。（Mitchell,

---

[2]《1786 年宗教自由法令》（A Bill for Establishing Religious Freedom）第 1、2 条 [1786 年 1 月 26 日由弗吉尼亚州议会制定，现在是《弗吉尼亚法典》（Code of Virginia）的一部分，第 57 条第 1 款]。

507

530U.S.，第 871 页）在多数意见的形式中，已完全不见上述麦迪逊对三便士的反对内涵。

第二个目标是使宗教从它自身的腐化堕落中获得挽救。麦迪逊写道，"建立官方化的宗教，而不再维持宗教的纯粹与功效，这样的实践是违规的操作"《纪念与告诫7》。在麦迪逊的时代，呈现的是"神职人员的骄纵与好逸恶劳，世俗人的愚昧与服从，以及二者之间的迷信、偏见和迫害"（同上）；在 21 世纪，危险在于一种"侵蚀性的世俗主义"对宗教学校的威胁（Ball, 473 U.S.，第 385 页），特别是针对这些学校以未经改变的戒律引导学生信仰的首要使命的威胁。

这种危险已有所显示。例如，在俄亥俄州，要接受这一项目下的政府资金，条件之一是参与的教会学校不能"基于宗教产生歧视"，这就意味着学校不能优先录取与学校赞助人宗教信仰相同的学生；教徒家中的学生通常与非教徒学生分配在一起进行入学抽签。州反宗教歧视的限制不是限制学生入学政策：根据它的条款，更可能禁止参与计划的教会学校选择一个本教神职人员做它的教师或校长，而不选择另一个具有相同职业资质的其他教派的人。实际上，有一个独立的条件是"学校……不能在宗教传授中灌输对任何个人和组织的憎恨"，这可以被理解（随后被扩展）为如果教会学校希望得到政府的援助资金，就不得按照它们自己传统的宗教信条来传授对他人错误、罪恶和愚昧的认知。

但是，不断增多的补助券开支不是对学校内宗教活动管理增强的唯一征兆，要看到通过州政府命令来规制宗教教育更明显地对应设立国教禁令背后的第三个关注点，即它和社会冲突之间解不开的联系。随着对教会学校补助拨款的增加，对资金的竞争将会带来教派之间的不断冲突。

评论和问题

1. 你是否同意，本案多数意见里所说克里夫兰的实验性项目给予了家长们"真正的个人选择"？这个答案很大程度上取决于，家长们是否能够在整个克里夫兰教育体系内（包括公立学校）进行选择，还是说他们的选择范围仅限于可接受项目提供的奖学金的教育机构范围内。按照法官多数意见的分析，教育补助券计划是否有可能违宪？

2. 多数意见没有探究宗教学校获得的政府援助金的总额。为什么苏特大法官认为这样的一个探究会满足宪法第一修正案禁止立教条款的潜在的目的呢？

泽尔曼案后的教育补助券项目

泽尔曼诉西蒙斯·哈里斯案后，美国的教育补助券计划仍在推行，不过其中大部分项目相对适用范围较小，通常以那些糟糕学校里的贫困和残疾学生作为援助对象。截至 2009 年，美国已有 11 个教育补助券计划。[3] 有 9 个项目的制定时间在联邦最高法院作出支持泽尔曼案中俄亥俄州的项目判决之后。其中 5 个项目旨在帮助残疾学生，包括佛罗里达州（1999 年）、俄亥俄州（2003 年）、犹他州（2005 年）、亚利桑那州和佐治亚州（2007 年）的项目；2006 年亚利桑那州开始推行一个旨在帮助州寄养系统里的寄养儿童的项目；其他三个项目分别在华盛顿特区（2004 年）、俄亥俄州（2005 年）和路易斯安那州（2008 年），这三个项目情况更加接近泽尔曼案中的争议项目，因为他们针对的是办学条件糟糕的学校和区。[4] 2007 年，犹他州立法者制定了一个教育补助券计划，这本可能是全国首例通用教育补助券项目，但是在 2007 年 11 月全民公决中被否决。

评论和问题

财政利益的形式对于禁止立教条款的目的来说，有什么差别呢？尼奎斯特（Nyquist）曾作废了一个计划，这个计划无条件地资助低收入家长，并且依据一个公式比照低收入家长学费补助计算出给予较高收入家长的补贴。争论点是所涉及的税收优惠属于一项津贴、税收减免还是某项更一般的税收调整［参见尼奎斯特（Nyquist, 413U.S.，第 789 页）］。但是，这项补贴只提供给那些孩子在非公立学校就读的家长们。米勒案（Mueller）认可对所有家长进行教育开支的税收减免。正如刚刚所说，教育补助券计划有许多形式，但通常采取财政手段，家长可以将州的拨款送往他们自己选择的学校。哪一种体系将最有利于低收入家庭呢？

附加网络资源：	教育补助券项目的材料，包括实证研究以及其他支持或反对制定这些项目的材料

（二）欧洲

与美国相反，许多欧洲国家同意至少对宗教学校的世俗教育内容提供实质性资助。欧洲议会同意国家资助教会学校，但是它并不将这作为一种积极义务强加于各国。对此问题的一个指导性案例由欧洲人权委员会作出了判决。

---

〔3〕2008—2009 年择校年鉴，第 37—55 页，http：/www.allianceforschoolchoice.org/UploadedFiles/Research Resources/Yearbook_02062009_finalWEB.pdf。

〔4〕同上。

X 诉不列颠及北爱尔兰联合王国案（X v. THE UNITED KINGDOM）

欧洲人权委员会，App.No.7782/77, 14 Eur.comm'n H.R. Dec.&Rep.179（1978 年）

案情摘要

原告声明，他是一个渴望在北爱尔兰看到非教派学校发展的家长。根据原告所说，大多数曾经是私立新教学校的公立学校，如今依旧处于新教的宗教影响之下，而私立天主教学校也受到这种影响。前者受公共机关管理，完全由国家负担其支出，而后者由私人主体控股，从国家获得相当于 85% 的基本建设费用和 100% 的经常性费用开支的财政拨款。

因此，期望建立不分教派的（综合的）学校的私人主体必须自己承担 15%的基本建设费用，这在原告眼中意味着一个不可克服的障碍。

法律

（1）原告控诉，教育机构未向一个受家长控制的综合学校提供 100% 拨款，这是对他和其他家长的宗教和哲学信仰的不尊重，违反了《欧洲人权公约》（ECHR）的《第一议定书》（First Protocol）第 2 条。他提交了他与北爱尔兰许多教育机构之间的信件，证明他试图在获得 100% 国家拨款的基础上建立一所综合小学。

《第一议定书》（First Protocol）第 2 条规定如下：

> "人人都有受教育的权利。在行使任何与教育和教学有关的职责时，国家将 510 尊重家长按照其宗教和哲学信仰来保证得到这种教育和教学的权利。"

从欧洲人权法庭在科尔森案（Kjeldsen）、麦迪森案（Madsen）和佩德森案（Pedersen）围绕第 2 条的解释中可以清楚地看出，第 2 条的第 2 句附属于基本教育权，这一条应该被当做一个整体来解释。比利时语案件（Belgian Linguistic Case）中，法庭对第 2 条第 1 句的解释也明确表示国家没有义务"出资或资助开办任何特殊种类或特定级别的教育"。因此，对第 2 条进行整体解释，根据本条第 2 句，国家尊重家长的宗教和哲学信仰，但并没有积极的作为义务资助任何特殊形式的教育。现存的教育体系已经能足够表明，国家按照第 2 条规定的义务尊重了家长的宗教和哲学信仰……

委员会指出，实际上，一个合理的财政资助计划（85% 的基本建设费用和100% 的经常性费用开支）已经得到教育部门批准，那么这项计划对希望建立私立的综合学校的家长是适用的。

（2）委员会依职权审查了公立学校和私立学校所获得的资助的不同这一情况，是否违背了与《第一议定书》（First Protocol）第 2 条第 2 句相协调的人权公约第 14 条。

第 14 条规定如下：

"应当保证每一个人都能享受本公约所载的权利和自由，不得因性别、种族、肤色、语言、宗教、政治或其他见解、民族或社会出身、与少数群体的联系、财产、出生或其他身份而有所歧视。"

本案中，《第一议定书》第 2 条并没有规定政府负有资助特殊种类教育的义务，这一点显而易见。同时，第 14 条要求政府无歧视地提供财政资助。

但无可辩驳的是，对想建立私立学校的主体的拨款（85% 的基本建设费用和 100% 的经常性费用开支）和对受政府掌控的学校的拨款（100% 的基本建设费用和经常性费用开支）之间确实存在区别。在判断本案是否存在第 14 条意义上的歧视时，委员会认为由于国家为公立学校提供了 100% 的资金支持，因此国家有权在实质上对这些学校享有所有权以及经营管理权。相对地，委员会认为，成立私立学校的私人主体如果意图对学校享有所有权和决定性经营管理权，那么政府完全可以合理地要求这些主体为学校的建设也提供一定的资金。既然这些主体的管理人将享有学校的所有权，并且能够执行管理部门三分之二的经管权，委员会不认为让私人主体承担 15% 基本建设费用开支的要求不合理或超出比例。

511　　因此，委员会认为本案不存在第 14 条意义上的歧视。基于以上原因，委员会裁决，驳回请求。

附加网络资源：	此案之后的涉及政府没有资助教会学校的积极义务的案件以及国家管理教会学校的材料

三、公立学校中的宗教

（一）宗教和教育自由的人权框架

国际文件向国家提供了大量制定教育项目的可行方法，使其与宗教性教育中的思想、宗教以及信仰自由相调和。关键的问题在于国家行为的限度、受教育的个人的成熟度，以及是否一方面支持某个或某一类特定教派，另一方面又轻视、歧视和排斥其他教派。

除了对宗教或信仰自由的一般保护〔例如《公民权利和政治权利国际公约》（ICCPR）第 18 条第 1 款至第 3 款和《欧洲人权公约》（ECHR）第 9 条〕，还有一些对家长和监护人教育权的特殊保护。ICCPR 第 18 条第 4 款规定："本公约缔约国同意尊重家长和合法监护人的自由，确保他们依照自己的意愿向他们的孩子提供宗教和道德教育。"1981 年联合国《消除一切形式的基于宗教信仰的偏狭和歧视的公约》（1981 UN Declaration on the Elimination of All Forms of Intolerance and of Discrimination Based on Religion or Belief）第 5 条第 2 款作了更加具体的规定：

2. 所有儿童均有权按照其父母或法定监护人意愿接受有关宗教或信仰方面的教育；不得违反其父母或法定监护人意愿强迫儿童接受宗教或信仰的教育，一切均需以儿童的利益最大化为指导原则。

1993 年，联合国人权事务委员会（the UN Human Rights Committee）颁布了关于公立学校的宗教教育的如下声明，并将其作为委员会第 48 届会议第 22 号《一般性意见》（General Comment）的一部分〔联合国人权事务委员会第 48 届会议第 22 号《一般性意见》以及 1981 年宣言的全文可参见网络附加资源〕：

6. 委员会认为，第 18 条第 4 款允许学童在公立学校接受有关宗教和道德的一般历史的教育，但应该采取中立和客观的教育方式。第 18 条第 4 款中所载、关于父母或法定监护人有使孩子能够按照自己的信仰接受宗教和道德教育的自由的保证，涉及第 18 条第 1 款中所载的关于教导教义或信念的自由的保证。委员会指出，包括特定宗教或信仰在内的公共教育，除非规定了能够符合父母和法定监护人愿望的不歧视例外办法或备选办法，即不符合第 18 条第 4 款的规定。

10. 如果某一套信念在宪法、规约、执政党的宣言等或在目前的实践中被视为官方的意识形态，不应因此而损害第 18 条规定的自由或公约所确认的任何其他权利，也不应因此而歧视不接受、或反对官方意识形态的人。[5]

如果国家决定开展某种宗教性教育，就需要保持尽可能的中立和客观，这一点至关重要。但实际上，这极其难以做到。任何体制方式都会反映出某种政

512

〔5〕联合国人权事务委员会第 48 届会议第 22 号《一般性意见》[General Comment No.22 (48), U.N.HRC, at §6, 10 (1993)]。

策定位，如"宗教与教育分离论"这种定位，对很多信教徒来说是有问题的。至少，应该赋予反对这种方式的个人以退出的权利，并且，无论是退出机制还是实质管理体系的构建，都应当以将对个人的歧视和指责的可能性降至最低的方式构建。

附加网络资源：	联合国人权事务委员会对莱尔维格诉挪威（Leirvag v. Norway）一案的裁定（认为不合理地退出基督教文化课的要求违反了 ICCPR 第 18 条第 4 款）

（二）美国

1. 学校祷告

在恩格尔诉维塔一案中 [Engel v. Vitale, 370U.S.421 (1962)]，纽约一个学区采用了一项仪式，要求每个班在开始一天的课程之前首先背诵一段祷文，这个学区 10 名学生的家长提起了诉讼。这一祷告词由州立大学董事会（一个有权管理本州的公立学校系统的政府机构）撰写，内容是："全能的上帝，我们承认我们依赖你，我们请求你保佑我们、我们的父母、老师和祖国。"这些家长对授权这项仪式的州法和规定了这项仪式的学区规章提出质疑，认为它们违反了禁止立教条款（Establishment Clause）。纽约州上诉法院（州最高法院）确认祷告仪式合法。联邦最高法院不同意这一判决，他们认为"毫无疑问地"每日一次的祷告是一项宗教性活动，并且认为这样一项仪式"完全不符合禁止立教条款"。

法庭在笔录中表明赞同学生家长所说，"采用官方制定的宗教祈祷词的仪式是导致许多我们的早期移民离开英格兰来到美洲寻求宗教自由的原因之一，这是一个历史问题。"

教育委员会辩称，为了禁止日常祷告而以这种方式适用宪法，"显示出对宗教和祷告者的敌意"，法庭对此回应道：

教育委员会的理由完全错误。人类的历史离不开宗教的历史。毫不夸张地说，自从人类历史的开始，很多人就虔诚地相信"祈祷创造的东西比世界所渴望的还要多"。无疑，很大程度上正是因为这种确信，人们开始逐步形成了这样一种情绪，它导致人们逃离欧洲设立官方宗教的逆流和宗教迫害，满怀着能够自由地用他们选择的语言向上帝祷告的愿望来到这个国度。之后，一些同样相信祷告力量的人为了宪法和权利法案的通过而抗争，就是为了禁止诸如纽约州的这类政府行为以保证宗教自由。这些人懂得，宪法第一修正案致力于终结对宗教和祷告的政府控制，而不是摧毁宗教和祷告。为了既不亵渎也不反对宗教，这个国家的每个政府都不应该干预正式祷告词的起草和批准事务，这些纯粹的宗教性任务应当留给国民自己以及他们寻求宗教指导的人。

静默时刻

恩格尔诉维塔案（Engel v. Vitale）20年后，法庭审理了一项要求学校在每天课程开始前进行一分钟静默的州法是否违反了禁止立教条款，即华莱士诉杰弗瑞案 [Wallace v. Jaffree, 472 U.S. 38 (1985)]。本案的原告也是受此影响的公立学校的一些学生家长，他们向法院起诉，质疑阿拉巴马州一项规定所有公立学校在每天上课前需为了"冥想或自愿祷告"进行一分钟静默的法令违宪。联邦最高法院适用了莱蒙标准中"世俗目的"部分来求证政府实际的目的是否为了支持或抑制宗教。根据立法倡议人的证言，这项立法"致力于在公立学校恢复自愿性祷告"，结合立法背景，法庭认为"没有证据表明州政府具有任何世俗目的"，立法机关制定此法只是基于一个单一的目的，是为了传达"州政府对每个学日开始前的一分钟祷告活动的支持"，并且这样的支持"不符合政府必须对宗教保持中立态度这一准则"。

奥康纳（O'Connor）大法官在她的并存意见中，适用了认同标准（endorsement test）评判这一"静默时刻"是否"向非教徒传递一个信息：他们是局外人，不是这个政治社会的正式成员"。她还解释，这一静默时刻法令不是必然无效和违宪，她写道：

政府支持的公立学校中的静默时刻活动与政府支持的口头祷告或圣经朗诵不同。首先，静默时刻在本质上不是宗教性的，不像祷告或朗读圣经，静默并不必然和宗教性礼拜相联系。其次，参与静默的学童不需要妥协或放弃自己的信仰。在静默期间，不愿意进行祷告的学生可以静静冥想，也不用被强迫倾听他人的祷告或观点。由于以上这些易于理解的原因，根据法庭考虑口头祷告和朗诵圣经问题的方式，静默时刻法不受禁止立教条款的影响。

发布静默的命令，不等于一个州必然意在支持任何可能在此期间发生的宗教活动。

如果一项立法在文本或立法历史上能表达出静默时刻法令具有合理的世俗目的，或者这项法令并未规定静默期间不能进行祷告以外的其他活动，那么法庭应该尊重上述意图。

514

由于在公立学校推行静默时刻是否具有教育学上的世俗价值还有待商榷，法庭应该找出法令背后存在不合理的目的，除非这项法律从表面上看，即通过其官方立法历史上或立法主管机构的解释，就已经表明它的首要目的在于支持祷告。

公立学校毕业典礼上的祷告，李诉魏斯曼案（LEE v. WEISMAN）

美国联邦最高法院，505 U. S.577（1992 年）

肯尼迪大法官传达本庭意见。

……我们需要裁定的问题是，把神职人员的祷告活动作为正式的学校毕业典礼的一部分是否符合第一修正案的宗教条款（the Religion Clauses of First Amendment）……

参加 1989 年 6 月一个正式的典礼后，黛博拉·魏斯曼（Deborah Weisman）将从普罗维登斯市（Providence）一个叫内森天主教中学（Nathan Bishop Middle School）的公立学校毕业。她大约 14 岁。多年来，普罗维登斯学校委员会及主管机构一直推行一项政策……许可校长邀请神职人员在初中和高中毕业典礼上进行祷告和赐福……黛博拉的父亲丹尼尔·魏斯曼（Daniel Weisman）代表他本人和他的女儿，反对在黛博拉所在学校的毕业典礼上进行任何祷告活动。

学校董事会（以及美联邦，作为法庭顾问持支持态度）认为毕业典礼上这些短暂的祷告和类似仪式对全国范围内的许多学生和家长有着深刻的意义，这些学生和家长认为，人们对于神的指示以及尊重和承认这种最深层次的精神渴求，应该在人生中像毕业典礼这样重要的仪式上得到表达。在处理面前这个复杂的问题时，我们同样做出这种假设，因为祷告的意义作为本案的核心问题而存在。

我们以下列主要事实作为定案的标志和范围：州政府规定中学的毕业或升学典礼上需要进行正式的宗教性仪式。即使一些学生反对这些宗教仪式，对他们来说，出席或参与这个州政府倡议的宗教性活动仍然是真正意义上的强制性义务，尽管这一学区没有明文规定，必须参加这种仪式才可以领到毕业证书……

根据关于在公立中小学举行祷告和宗教活动的先例，我们必须作出这样的判断：普罗维登斯市的政策违宪……在公立学校举行由国家资助和指导的宗教仪式，可以说本案中政府对宗教活动的涉入无处不在。举行此种正式宗教仪式违反了关于在学校举行祷告仪式的既定规则，这就足够我们对摆在面前的问题作出判断。

政府可以与宗教活动自由这一原则进行调和，这并没有逾越由禁止立教条款确立的基本限制。毫无疑问，在最低限度上，宪法必须确保政府不得强迫任何人支持或参加特定宗教及其仪式，也不得做出旨在"建立国教或官方宗教信仰，或者能够表现出此种倾向"的行为。本案中政府牵涉进学校的祷告仪式，直接违背了这一中心思想……

政府在这里起到的作用并不仅是作出举行祈祷仪式的决定以及牧师的选择。李校长（Principal Lee）向拉比古特曼（Rabbi Gutterman）出示了一份"公众场合指导方针"，试图说服他学校举行的祷告仪式不具有宗教性。通过该指导方针校长可以指导和控制祷告的内容……"为任何由美国公民组成的团体编排正式的祷告，并在由政府组织的宗教活动中吟诵，不属于政府职责范围"[恩格尔诉瓦伊塔尔（Engel v. Vitale）]，这是禁止立教条款法理之基石，而本案中学校官员却正试图这样做。

原告辩称，对祷告内容做出指导，正是为了确保消除毕业典礼上的宗派主义而做出的善意尝试，因为那些宗派主义往往会成为点燃宗教仇恨的热点。对本案中上诉人的这一观点我们无法驳回。然而，学校的此种解释并不能解决其自身参与了宗教事务这一事实的问题。问题不在于学校试图使祷告为大部分人所接受的善意，而在于其举行祷告仪式的合法性……

有人认为，自由社会的宪政视野要求，必须相信国民有能力自主选择接受或反对那些他们不赞同的思想，本案中在中学毕业典礼上举行的祷告无非就是提供了这么一次选择机会。当学生们升入四年级，他们早已被要求参与过他们认为反感、不道德或荒谬或三者皆具的课程、机会或者任务。在这种背景下，学生们会认为它只是学校作为回报提供的简短的、正式的祷告仪式，跟他们曾经历过的教育课程一样，这也不过是一种怪异的合理活动，他们会视其为令人讨厌的非宗教活动，完全可以拒绝接受。然而，这种主张是站不住脚的。它忽视了宪法的基本精神之一。

宪法第一修正案对言论自由与宗教自由的保护采取了完全不同的机制。言论自由的保护是通过确保即使有政府的参与，言论也可以得到完全的表达这一方式实现的，因为往往我们发表某些重要言论，目的就在于说服政府采纳我们的观点。而保护宗教上的信仰与信念自由的方式则截然不同。在宗教辩论与宗教思想的表达方面，政府通常不是主要参与者，因为制度设计者认为设立国教的行为与所有人的自由相悖。宗教活动自由条款包含的信念自由与信仰自由同宪法第一修正案的言论自由保护条款有着密切的相似之处，然而禁止立教条款是关于禁止政府干预宗教事务的具体规定，这在言论自由保护条款找不到确切

516

的对应之处。

正如前面已经提到的，我们对于保护公立中小学里学生们的良心自由免受潜在强迫这一问题给予了高度关注。在恩格尔诉瓦伊塔尔案（Engel v. Vitale）及阿宾顿中学案 [（School Dist.of Abington），阅读圣经案（the bible-reading）] 中我们认定：相对而言，在公立学校里举行祷告仪式尤其存在间接强迫的风险。当然，我们的注意力不应该局限于以学校为背景的情况，但在学校的环境里这一点却显得尤为明显，对于大多数教徒而言这仅仅是希望不信教者尊重其宗教活动的合理要求，但在不信教者和异教徒看来，这一做法往往却意味着试图利用国家机器来强制维护宗教正统。

我们无须逾越本案的情况来讨论这一现象。不可否认的事实是，学区对中学毕业典礼的监督与控制会给公众施加一定压力，同样施加的压力还在于，要求学生们在祈愿与祝福的过程中排好队形或者至少保持安静。这些压力虽然是潜在与间接的，但与公然的强制一样真实存在。当然，在我们的文化里，站立或保持安静既可以代表认同某种观念，也可以仅仅意味着对他人观念的尊重。当然，那些并无意愿参加祷告的人，也应该不会反对保持站立以表示对他人信仰的尊重。但是对处于中学时代的异教者，他们已经能够感知自己被国家强迫以其信念不允许的方式进行祷告，这对其造成的伤害同样是真实的。毫无疑问，至少对于很多毕业生而言，站立和保持安静的行为本身就代表着参与了拉比的祷告仪式（the rabbi's prayer）。那也正是宗教活动的关键所在。对于一名异教者而言，被告知他的站立与保持安静不是参与宗教活动而仅仅是对他人的信仰表示尊重，这并不能使其得到任何宽慰。重要的是，考虑到我们的社会习俗，一名理性的异教者在那种环境下会认为参加这种群体活动就代表其个人对宗教的参与或赞同……

我们承认，那只是一个简短的仪式，在举行仪式期间个人可以关注仪式传递的信息，也可以默思自己信仰的宗教，或者只是走神。然而并不能仅仅主张这些祷告者，包括将来还会出现的这类人并无很强烈的宗教情感，就否定宗教活动给他们带来的难堪与侵犯性……

根据地区法院的认定，毕业仪式及宣誓仪式均为自愿参与。法庭上，上诉人与美国政府均将这一点作为本案的关键，认为可以自主选择是否参加毕业典礼，这消除了仪式本身可能含有的引诱或者强迫的意味。这种观点缺乏说服力。法律的达到必须避免形式主义。声称一名青少年学生可以自主选择不参加他的毕业典礼，这就是极端的形式主义……大家都知道，在我们的社会和文化背景里，中学毕业典礼是每个人生命中最重要的场合之一。……虽然并没有官方命令要求必须出席，但显然，学生们不可能出于真正意义上的"自愿"而缺席毕业典礼，因为那意味着放弃在青年时期和整个中学时代激励着他们的无形精神支撑。毕业典礼是学生们与家人、亲人们庆祝成功，互致感激与尊重的场合……

毕业典礼的重要性是学区与美国政府主张应该允许正式祷告仪式的依据，然而这反而成为他们的主张必然失败的主要原因。他们的观点在于，这一仪式并非受宪法约束的国家行为，而祷告对这类仪式来说不可或缺。因为对很多人来说，如果缺少了对人类成就离不开他们的精神实质这一信仰的认可，这类重要场合也就失去了意义。政府主张这样的重要性足以使学生们在遵从与放弃之间作出选择，我们认为，这一观点表明其观点本质上存在着自相矛盾。它无法确认，那些对于黛博拉的同学们及其父母来说是精神上必然需要的仪式，对丹尼尔和黛博拉·魏斯曼则属于政府强制参与的宗教活动。与某些社会制度中优先考虑大多数人的设定不同，第一修正案规定的禁止立教条款更加关注个体例外性，并且反对将平衡性强加于人们身上。宪法禁止政府将宗教仪式作为学生们参加毕业典礼的代价，强迫他们参加宗教活动。这是宪法要求的体现……

我们并不认为，如果政府的行为涉及宗教，只要有一个或者一些公民指控认为它具有侵犯性，则政府行为必然无效。人们可能从各种宗教及非宗教信息中感受到侵犯性，然而侵犯性本身并非在任何情况下都意味着违法。我们也知道，有的时候，想要保持自身信念或非主流思想，就可能需要付出容忍社会隔离甚至愤怒的代价。然而，只要翻阅我们的案例就能发现，本案中要学生遵循宗教仪式的行为已经属于过分严苛的要求，已经不符合禁止立教条款标准。本案中的祷告仪式非常不合理，因为政府事实上强迫了学生们参加宗教仪式，因为毕业典礼作为一个对于他们来说极其重要的场合，任何一个学生在客观事实上都别无选择，只能出席。

正如我们所认定的，持反对意见的毕业生们事实上被学校诱导参与仪式，那么现在摆在我们面前的唯一问题就是，在这样的情况下是否可以在毕业典礼中加入宗教仪式。本院并不认为，学校可以说服或者强迫学生参加宗教仪式。本案中存在这种情况，学校的行为为第一修正案禁止立教条款所禁止。

基于上述原因，我们维持上诉法院的判决。

斯卡利亚（Scalia）大法官持反对意见，伦奎斯特（Rehnquist）首席大法官、怀特（White）大法官和托马斯（Thomas）大法官赞同其意见。斯卡利亚大法官的推理摘录如下：

三个任期前，我支持的一份法官意见认为，禁止立教条款必须被这样诠释："政府接受、承认和支持宗教的政策是我们政治和文化遗产里的一部分。"那份意见认定，"禁止立教条款的意义，需要联系历史实践和认识来界定"。而且"如果一项检验标准致力于实现禁止立教条款保护功能，如果持续适用却会导致悠久文化传统的削弱，那么这样的标准只是对禁止立教条款的误读"。阿勒格尼县诉美国公民自由联盟案 [County of Allegheny v. American Civil Liberties Union, 492U.S. 573, (670) (1989)] [肯尼迪（Kennedy）大法官持并存意见，部分反对]。

基于这些观点，我反对本案的判决，因为它明显地隔断了同历史的联系。法院主张，禁止立教条款禁止在公立学校毕业典礼上举行祷告和祈福仪式，但甚至完全没有注意到，它正在荒废一项同公立学校毕业典礼一样久远的传统，在公共仪式上向上帝做非宗教的祷告是甚至比它更加悠久的美国传统的一部分。作为毁灭的工具、社会工程的推土机，法院创设了这种心理强迫标准，它在定义和操作上都没有明确界限。本案的判决比书面的论证更加有力地说明了，我们国家提供的保护，即由宪法所铸成的堡垒，必须根植于国民的历史实践而不能建立在法官们多变的哲学偏好上。

在学校足球赛上由学生带领的祷告

2000 年学校祷告案发生的背景，是学校的体育赛事上由学生领导和组织的一场祷告仪式。圣菲独立学区诉多伊案 [Santa Fe Independent School District v. Doe, 530 U.S. 290 (2000)] 中，得克萨斯州学区的政策允许在大学自己组织的比赛开场时，由学生们选举出来的"学生会牧师"主持祷告，并由公共传媒公开报道。两名学生与他们各自的母亲一起，据第一修正案的禁止立教条款对此祷告的合宪性提出了质疑。为了保护他们免受烦扰，地区法院允许他们匿名参加诉讼（此处以"多伊"代指被告）。

地区法院的判决对"仅允许非宗教性、非传教性的祈祷"这一政策作出了修改。原被告双方均提出了上诉，第五巡回法院作出了支持"多伊"的判决，认为即使作出修改，这一政策仍然违反禁止立教条款。继而学区将案件上诉至美国联邦最高法院。法院仍判决这一政策违反了禁止立教条款。

学区主张这些祷告属于私下的学生发言而不是公开演讲，但这并未得到法院支持。因为如果发言"使用了学校财产，在学校组织的赛事上举行，由学校公共传媒公开报道，由学生团体的代表进行，处于学院的监督下，并且遵循学校明示或者暗示的鼓励公共祷告的政策"，那么它就不能被界定为私人发言。另外，学区还主张，与李案中的毕业典礼不同，参加课外活动是自愿的，因此，允许在足球赛上举行祷告的政策并未强迫学生们参加宗教仪式。这一主张也未得到法院支持。法院指出，"声称中学生之所以参加足球赛这种学校组织的课外活动，完全是出于内心的真实愿望，而非由于受到巨大的外界压力"，这是"极端的形式主义"。

评论和问题

1. 从宪法性视角来看，把禁止立教条款解读为禁止所有情况下的学校祷告活动是否有意义？或者说应将其解读为禁止宗派主义？

2. 课堂、毕业典礼和足球比赛的几种情形，是否应当同等地适用相同的政策来对待，还是由于其不同的性质而应当对它们采取不同待遇？

3. 作为公民，我们倾听各种各样不同性质的祷告是否会更好，即使我们也需要倾听那些不属于我们传统范畴内的祷告？还是说应该把祷告排除在我们的公共场合之外？如果我们推行一种包含这一理念在内或者用以替换的政策，可能会产生哪些问题？

4. 评价世俗性目的时，标准应当是立法者的实际目的，还是需要评估其是否具有一个合法的（或者可预见的）世俗目的？为什么静默时刻的推行不能作为希望进行祷告和反对祷告的人之间的一种合理调和手段呢？如果安静祷告不是作为一些学生的宗教选择而存在将会怎么样？

5. 学校应该向穆斯林、基督徒和其他人提供教室作为祷告室吗？

2.《圣经》的阅读：宗教灌输和文化认同之间的界线

在恩格尔诉维塔尔案（Engel v. Vitale）判决学校祷告活动违宪一年后，联邦最高法院在阿宾顿学区诉森普案 [Abington School District v. Schempp, 374 U.S.203 (1963)] 中审查了宾夕法尼亚州和马里兰州一些法律的合宪性，这些法律要求在每个上学日开始时，公立学校的每个班级要组织朗读《圣经》文段或者背诵主祷文。法院认为，本案中的仪式，并非如辩论意见所述，主要具有提高道德观和文学教育这样的非宗教作用，祈祷词的背诵和《圣经》朗读确实是由"州政府计划并发起"的宗教活动。法院认定，根据禁止立教条款，政府不得进行任何"促进或抑制宗教"的立法及实践，因此这样的仪式已经构成对禁止立教条款中规定义务的违反。

教授宗教相关内容与宗教教育的区别

尽管法院已经宣布诵读圣经祷告违宪，但是将《圣经》"作为学术研究对象，而不是神的指令"来进行研读很可能是合宪的。[6] 实际上，罗伯特·杰克逊（Robert Jackson）大法官在 1948 年麦考伦诉教育委员会案 [McCollum v. Board of Education, 333 U.S.203 (1948)] 中解释道："学生接受教育是为了让自身适应当前的社会，如果一个教育体系使学生完全脱离于当前推动着社会发展的宗教思想，那么这样的体系实在让人难以认同。"在森普案（Schempp）中，汤姆·C.克拉克（Tom C.Clark）大法官赞同道："我们并不认为，当这种对圣经或宗教的学习在客观是作为世俗教育项目的一部分，它就一定符合第一修正案。"亚瑟·哥德堡（Authur Goldberg）大法官同意森普案的判决，他解释说，传授与宗教相关的内容合宪，但传授宗教本身则是不允许的。

美国对圣经文学兴趣再起。2005 年，得克萨斯州西部一个镇的教育董事会投票一致同意在它的高中课程中加入圣经课。2006 年，佐治亚州（Georgia）成为率先在一定时期向圣经课提供资助的州。近年来，两个私人团体编写了圣经课教材，据称，2007 年在 37 个州已有超过 450 个学区使用了这些教材。而全国公立学校圣经课程理事会（National Council on Bible Curriculum in Public Schools）已经入驻 37 个州的 382 所学校。

支持者认为，《圣经》是有史以来最具影响力的书籍，受过完整教育的人不能不了解它。反对者认为，课程不应该只关注《圣经》，还应该具有与其他信仰的比较性，以免"忽略成百上千万美国人的信仰"。实际上，2006 年，得克萨斯自由网（Texas Freedom Network）经调查发现，"得克萨斯州大多数开设圣经课程的公立学校并没有按照州法律的规定教授圣经的历史学和文学性内容，而是采取了祷告和宗教的教学方法。"

评论和问题

1. 你认为法院应该运用何种标准来判定，学校是在进行不合理的宗教教育而不是传授与宗教相关的内容？国家要如何对这种教学进行审查，国家的审查会不会与禁止过分卷入宗教的原则发生冲突？

2. 公立学校唱诗班吟唱宗教性歌曲是否违反禁止立教条款？应该允许唱诗班唱弥撒曲、黑人灵歌、基督教欢乐颂和国歌（要知道，国歌的第三部分包含

[6] 参见 L.W. 诉诺克斯郡教育董事会案 [L.W. v. Knox County Bd. of Educ., 2006 WL 2583151 (E.D.Tenn.)]，法院认定，在休息时间和朋友一起讨论和朗读《圣经》的权利受到第一修正案明确而具体的保护；多伊诉波特案 [Doe v. Porter, 370 F.3d558 (6th Cir.2004)]，本案中法院认定，在公立学校的课堂上把基督教《圣经》作为宗教真理来教授构成违宪设立官方宗教，即使这些课程具有品德培养教育的世俗目的。

这句话"这就是我们的信条:'我们信仰上帝'")吗?唱这种歌与场合地点有关系吗?购物中心、学校集会以及为家长准备的演出是适当场合吗?学校唱诗班可以在一个因交通意外过世的同学的葬礼上唱歌吗?在以上场合,学生是否应当有自愿退出权?

521

效忠誓言

在 1928 年起草《效忠誓言》(the Pledge of Allegiance)以及 1942 年联邦法律把誓言编入法典时,并未提及神意。1952 年,一个叫哥伦布骑士(the Knights of Columbus)的天主教组织开始游说国会在誓言中加入"在上帝庇护下"的字眼,这取自林肯在葛底斯堡的演说(Lincoln's Gettysburg Address)。由于众议院坚信"人的重要意义在于,上帝将人类创造出来并且赋予他们不可剥夺的权利,任何强权都不得侵犯",1954 年国会批准了这一修订。众议院还明确指出,在誓言中增加对上帝的提及是进一步承认人民和政府对造物主精神指导的依赖,而且是对无神论和共产主义唯物论的否定。[7] 在签字仪式上,艾森豪威尔总统(President Eisenhower)也间接提到共产主义无神论,并且声明,"我们不断重申宗教信仰在美国传承中超然存在"。[8]

在奥克格夫联合学区诉纽道案 [Elk Grove Unified School District v. Newdow, 542 U.S.1 (2004)] 中,加利福尼亚州一所小学的学生的父亲纽道起诉指控这个学区要求学生每天背诵《效忠誓言》,违反了禁止立教条款和宗教活动自由条款(Free Exercise Clause),因为这个誓言包含"在上帝庇护下"一语。纽道是一个无神论者,他认为这个仪式对他的孩子构成"宗教灌输"。但是,在第九巡回法院判决之前,孩子的母亲桑德拉·班宁(Sandra Banning)提交了一项参加诉讼或撤销起诉的动议,她主张一个家事法院已经授予她对孩子的单独监护权,所以纽道无权代表孩子参加诉讼。联邦最高法院判决纽道没有起诉资格,并且推翻了第九巡回法院的判决。

评论和问题

1. 退出条款是否足以使《效忠誓言》免受宪法第一修正案的质疑?根据现

---

[7]《美国众议院报告》,第 83—1693 号,1954 年,第 1—2 页,再版于《1954 年美国法典国会法律汇编和行政新闻》(1954U.S.C.C.A.N.)第 2339、2340 页。也可参见史蒂芬·B. 艾普斯坦(Steven B. Epstein):《反思神学仪式论的合宪性》(Rethinking the Constitutionality of Ceremonial Deism),96Colum.L.Rev.,第 2083 页,第 2118—2122 页。关于这篇文章更多的历史性信息,参见史蒂芬·G. 盖伊(Steven G.Gey):"'在神的庇护下'、忠诚誓约和宪法其他的问题"("Under God", the Pledge of Allegiance, and Other Constitutional Trivia),81 N.C.L.Rev.,第 1865 页,第 1874—1880 页。

[8] 100 国会记录 6348(100Cong.Rec.6348),1954 年,森·弗格森(Sen Ferguson)的演讲,转引自艾森豪威尔总统(Pres.Eisenhower)。

行法律，公立学校可以按照州法的命令每天带领学生进行效忠宣誓，只要赋予学生选择不参与的权利。佛罗里达州一个基层法院判决佛州一项法令违反宪法，这项法律要求不参加效忠誓言的学生必须出具书面的家长许可，但是第十一巡回上诉法院推翻了这一判决，法院认为与巴内特案（Barnette）不同，这项法令的性质是"家长权利法"。[9]

522

2. 在判定《效忠誓言》中"在上帝庇护下"一语的合宪性时，我们是应该关注誓言全文还是应当关注这句话的历史内涵？如果我们思考它的制定过程，在誓言中增加"在上帝庇护下"字眼是否像是对宗教的"支持"？拿这一誓言的制定与莱蒙标准的目的与影响标准相对照结果又会怎么样？它是否满足中立性要求？

3. 在冷战高潮阶段，作为对苏联共产主义无神论的对应物，美国在《效忠誓言》中增加了"在上帝庇护下"这句话。[10] 2006 年，俄罗斯在修改其国歌时加入了有关上帝的内容。新歌词以"俄罗斯——我们神圣的国家"开头，并且以"上帝保护这片故土"结束。在俄罗斯国歌中都已经加入了与上帝有关的内容，而在美国，"在上帝庇护下"这句话却被质疑违宪，这实在具有讽刺意味。对这种象征意义的声明施压是合理的吗？可以避免吗？需要限制吗？

附加网络资源：	公民宗教模块，包括《效忠誓言》附加的资料，更多关于美国公民宗教的整体性资料，关于欧洲宪法是否应该涉及含基督教的内容的争议，以及 Laicte 是否是一个法国民间宗教的问题

3. 进化论和创世科学

在埃珀森诉阿肯色州案 [Epperson v. Arkansas, 393U.S.97 (1968)] 中，阿肯色州小石城（Little Rock）一所公立中学的一名老师因违反州法关于禁止在州立学校、学院和大学教授进化论的规定而被开除。最高法院裁定该州法违宪，认为，"毫无疑问，国家有权规定公立学校开设的课程，但是这并不意味着它可以基于违反宪法第一修正案的理由，通过课定刑罚的方式禁止教授某种科学理论和学说。"

大约 20 年之后，在爱德华兹诉阿圭拉德案 [Edwards v. Aguillard, 482 U.S.578 (1987)] 中，最高法院否定了路易斯安那州的一部法律——要求与进

---

[9] 弗雷泽诉亚历山大案 [Frazier v. Alexandre, 434 F. Supp. 2d 1350 (S.D.Fla.2006), rev'd, 535F.3d 1279 (11th Cir. 2009)]。

[10]《被告的案件情况摘要》（Respondent's Brief on the Merit），第 11—12 页，奥克格夫联合学区诉纽道案 [Elk Grove Unified School District v. Newdow, 542 U.S.1 (2004) (No.02-1624)]；也可参见史蒂芬·G. 盖伊（Steven G.Gey）：《最高法院记录》，第 81 页。

化论一起在公立学校讲授创世论的路易斯安那州"神创法案"(the Louisiana Balanced Treatment for Creation-Science and Evolution-Science in Public School Instruction Act)——法案要求在教授进化论的同时必须教授神创论。该法案的既定目的是保护学术自由，然而法院认定法案的规定并不能促进这一目的的实现，它实际上"倡导了一种宗教教义，因为法案要求或者把进化论从公立学校课堂上驱逐出去，或者在课堂上讲授一种完全排斥进化论的宗教观点。鉴于其试图通过政府象征意义上的或者财政上的支持来达到宗教目的，该法案违反了第一修正案的禁止立教条款"。

523

评论和问题

1. 关于世俗目的的问题，法院在爱德华兹案中阐述道："在本案中我们无法对立法机关在制定法令时如此明确的宗教目的视而不见。"法院继而认定，这项立法"主要目的是改变公立学校的科学课程，为完全拒绝进化论基本事实的特殊宗教信条提供宣传优势"。法院的观点是否事实上认同了一种排斥一切"对《创世记》(the Book of Genesis)做出的特殊解释"的信仰体系？

2. 在最高法院对华莱士诉杰弗瑞案 [Wallace v. Jaffree，即前文讨论过的阿拉巴马州"静默时刻"案 (the "moment of silence" case)] 作出判决后，案件被发回联邦地方法院，要求其发布禁令阻止学校继续其违宪活动。道格拉斯·史密斯 (Douglas Smith) 等人提起一项动议予以介入，认为如果法院禁止在公立学校进行基督教活动，它也应该禁止"世俗主义、人文主义、进化论、唯物主义、不可知论、无神论以及其他信仰"课程的教授。地方法院同意了该动议，下令禁止使用 44 本关于历史、社会科学、家政学的教科书，因为它们创设了"世俗人文主义宗教信仰"。如果本案被上诉，你认为应该怎样判决？要了解地方法院和上诉法院的实际判决，参见史密斯诉莫比尔县学校管理委员会案 [Smith v. Board of School Comm' rs of Mobile County, 655 F.Supp. 939 (S.D.Ala.1987), rev' d, 827 F. 2d 684 (11th Cir. 1987)]。

3. 世俗目的标准旨在鼓励一种非宗教世界观吗？还是说它试图建立一个全部或者至少是大部分的世界观都可以共存其中的世俗体制？如何才能最圆满地达成这一目标？

附加网络资源：	智能设计论——创世论之争的最新重述——包括一些案例和学术评论

学校设施和平等机会

宗教和非宗教团体平等使用公共设施和机会的问题，凸显了已经为人们所认识到的禁止立教条款与宗教活动自由条款之间的紧张关系。一方面，如果允许宗教团体使用国家资源，毫无疑问这是以提供其本不享有的利益的方式"促进"宗教。另一方面，如果仅仅因为某团体具有宗教性质而拒绝其平等使用公共资源，这是一种对宗教的不必要的仇视态度，并且事实上可能已经违反了宪法中禁止歧视的规定。

524

最早出现的一个关于平等机会的重要案件是韦德曼诉维森特案 [Widmar v. Vincent, 454 U.S.263 (1981)]。本案中，密苏里州一所州立大学有一项"公开论坛"政策，允许经注册的学生社团使用学校资源开展活动。许多年来，一个名为基石（Cornerstone）的注册学生宗教团体一直被允许使用学校资源，然而在1977年它被通知不再被允许使用，理由是一项学校规章禁止"为了宗教崇拜或者传教的目的"使用学校设施。该宗教团体的一些成员因此提起了诉讼，声称这一规章关于禁止宗教团体平等使用学校资源的规定，侵犯了他们宗教活动自由权和言论自由权。最高法院认为，该大学要想说明公开论坛将宗教团体排除在外这种差别待遇的合理性，就必须证明它是基于有强烈说服力的国家利益作出的该规定，因为该规定涉及基于内容的排除。遵守禁止立教条款当然是一种必要的利益，但是该条款并未要求这样的排除。法院总结，莱蒙标准中世俗目的与过度纠葛这两个要点毫无疑问得到了满足，并且由于没有证据表明宗教团体会在公告论坛中占据主导地位，这样就不具备促进宗教的主要效果，因此，该标准的第二个分支要点也得到了满足。学校声称"为了在宗教与国家之间建立比宪法禁止立教条款已确立的分离更为彻底的分离"，这种利益并不能为这项基于内容的规章提供充分而令人信服的理由。因此，法院要求学校允许宗教社团与其他社团一样，平等地使用资源，除非学校能够根据宪法规定为该差别待遇提供令人信服的合理解释。

《平等机会法案》(THE EQUAL ACCESS ACT)

三年后，国会通过了《平等机会法案》，它规定：

（1）任何接受联邦财政资助并开设了限制性公开论坛的公立中学，如果因为想要在此限制性公共论坛内举行集会的学生的宗教、政治、哲学或他们在集会上所发表言论的内容，而拒绝提供平等使用论坛的条件，或者对他们采取歧视待遇，那么学校的行为违法。

（2）限制性的公开论坛是指公立中学在非教学期间为一个或多个非课程相关的学生组织提供使用学校设施的条件。

（3）学校中的限制性公开论坛应当平等地为所有希望在其中进行集会的学生提供使用机会，只要满足以下方面：在论坛中举行的集会由学生自发组织、自愿参与；集会非由公共资金支持……公职人员只能以非参与身份出现在宗教性集会中；集会本质上没有干扰学校里教育活动的正常秩序；非学校人士不能指导、管理、控制或定期参加学生组织的活动。

（4）子章节中的规定内容并未授权美国政府或任何州及其政治部门：影响任何祷告或其他宗教活动的场所或内容；要求任何人参加祷告或其他宗教活动；为学生组织的集会提供超出必要限度的公共资金……批准其他不合法的集会；限制不符合特定人数规模的学生组织的权利；或者剥夺任何人的宪法性权利。

525

《平等机会法案》的合宪性问题在韦斯特怀德社区学校教育委员会诉默根斯案 [Board of Education of Westwide Community Schools v. Mergens, 496 U.S.226 (1990)] 中得以继续讨论。根据禁止立教条款，校方拒绝批准默根斯按照与其他学生组织一样的标准和权利成立基督教徒俱乐部。大法官奥康纳（O'Connor），同首席大法官伦奎斯特（Rehnquist）、大法官怀特（White）和大法官布莱克门（Blackmun）认为，同韦德曼案一样，在州立大学适用的平等机会政策可以扩展至中学，它同样满足莱曼标准。大法官肯尼迪（Kennedy）和斯卡利亚（Scalia）认为平等机会法案并没有违反禁止立教条款，但是他们并非借助多元化的莱蒙标准而得出此结论。他们的依据是，由于法案规定的要求是中立的，既没有促进宗教以达到在事实上建立官方宗教的效果，也没有强迫学生参加到宗教活动中去，因此并没有违反禁止立教条款。

接下来关于平等机会法案的案件是 1993 年的羔羊教会诉莫里切斯中心学区案 [Lamb's Chapel v. Center Moriches School District, 508 U.S.384 (1993)]。纽约的一个学区发布一项法规，对因社会、市政和娱乐的目的而在课余时间使用公立学校财产提供规范。一个福音教会申请使用学校设施来放映影片，这些影片从基督教观点来教导家庭价值和子女抚养观念。学校因申请组织和活动本身的宗教性质而拒绝了教会的申请，因为纽约法对学校财产课余时间使用的规定并不包含满足宗教需求的目的。教会提起诉讼，主张根据第一修正案其言论自由受到侵犯。法院指出，本案的法规中规定的学校财产使用面向的是相当广泛的社会领域，包括"社会、市政和娱乐目的"等，因此，"有相当的理由"认为，本案的主题和排除问题同魏德曼案中一样，必须要提供有足够说服力的国家利益来证明其正当性。然而，法院认为，即使真如低级法院所认定，这种观点并不正确，争议中的学校财产实际属于非公共领域，学区要想根据活动主题或演讲者的身份而对其限制准入，就必须保证这一区别对待符合稍为宽松的"论坛具有目的的合理性以及观点的中立性"标准。但它并没有满足这一标准。所有宗教性的观点都被排除在外的这一事实，表明了排除不符合中立原则，因为从世俗角度讲述家庭生活的影片并没有从这一公共论坛中被排除。学区试图以允许其财产用于宗教目的的活动将违反禁止立教条款为依据，证明下级法院作出的有利于自身的判决是正确的。最高法院否定了这种观点，它给出了同魏德曼案和默根斯案相同的理由。法院适用莱蒙标准得出结论，允许教会使用学校设施不会导致建立官方宗教："由于电影不是在教学时间进行放映，也没有受到学校支持，这一活动对公众开放，因此不会产生委员会所认为的学区支持宗教或任何特定教义的现实危险，宗教和教会因此所受的任何利益都是附带性的。"学区宣称的排除宗教的另一所谓正当化理由，即"允许'思想激进的'教会进入将造成发生公共骚乱和暴力事件的威胁"，这一理由同样被法院否认。

两年后，在罗森伯格诉弗吉尼亚大学校长案 [Rosenberger v. Rector of University of Virginia, 515 U.S. 819 (1995)] 中，最高法院判决州立大学因为出版物的宗教观点而拒绝资助一项学生出版的行为违法。学生报社声称，拒绝给予资助意味着侵犯他们根据第一修正案享有的言论自由权——侵犯了他们表达特定观点的权利。第四巡回法院同意学校的做法，认为学校基于观点的歧视的确侵犯了言论自由的权利，但是这种侵犯却是遵守禁止立教条款原则所必需的。最高法院撤销原判，认为，跟羔羊教会案一样，规范言论的依据并不是其内容，而是言论的观点。也就是说，法院需要区分内容歧视和观点歧视——前者是基于言论的主题，这可能是被允许的；而后者是基于"演讲者特定的意识形态、观点或态度"，这是不被允许的。引用羔羊教会案的观点为依据，法院认定，学校的行为是基于不被允许的观点歧视，即使引证禁止立教条款亦不能抵消其不合理性。学校试图将本案与羔羊教堂案的情况相区别，主张提供设施使用的机会不同于政府实质资助，拒绝为宗教活动提供直接补助是正当的。法院否认这一区别，指出虽然当政府以及它的代言人（这里指学校）作为演讲者，需要选择开设哪些课程时，基于内容的决定是不可避免的，但这并不意味着当学校"花费资金鼓励来自私人演讲者的不同观点"时基于观点的限制是恰当的。在罗森伯格案中，学生报社是学校众多的"契约性的独立组织"之一，这些组织在同第三方交易时，必须声明他们独立于学校，学校并不为其行为负责。因此，法院认为"尽管当学校本身是演讲者或借助私人团体来传递自己信息时，可以对表达的内容进行规范，但学校不能对它提供资助的私人言论的观点加以歧视对待"。法院的判决也是决定性的，即"本案中的政府计划对宗教是中立的。没有理由认为学校推行它是为了促进宗教或是采取巧妙的设置达成资助宗教的目的……项目的中立性使之与从税收中抽取学费以直接资助教会或宗教性组织区分开来"。

在同羔羊教会类似的另一个案件，好消息俱乐部诉米尔福德中心学校案 554
[Good News Club v. Milford Central School, 533 U.S. 98 (2001)] 中，一个针对孩子的基督教俱乐部对一所公立学校提起诉讼，因为学校拒绝俱乐部使用学校设施举行每周的课后聚会。米尔福德中心学校根据这项法律制定了规章制度，允许该地区居民使用学校设施进行"有关社会福利"和关于"宗教角度下品格和道德培养"的活动。然而，学校发现，俱乐部的祈祷、背诵经文和接受圣经教义的学习活动"等同于宗教教导本身"。学校承认，俱乐部通过教授诸如善良、服从、克服嫉妒等活动培养学生良好的品格和道德，但学校认为它的首要活动和目的是宗教指导。根据禁止立教条款，学校将其他宗教组织排除在外，也同样驳回了俱乐部使用米尔福德设施的请求。第二巡回法院（the Second Circuit）同意学校的做法，认为俱乐部活动的主题具有"典型宗教性质"，它的活动"超出了纯粹的'品格和道德培养'的界限"。法院又进一步判决，学校排除俱乐部在其场所聚会的行为属于基于"合宪的主题歧视"而非基于"违宪的观点歧视"。最高法院不同意巡回法院的观点，它站在了俱乐部一方。同罗森伯格案一样，法院首先考察的是，俱乐部的言论自由权是否被学校侵犯；其次，要审查这种侵犯行为是否遵守禁止立教条款所必要，以判断其是否具有正当性。

就言论自由权而言，法院认为"羔羊教会的活动和好消息俱乐部活动之间的唯一明显区别是，俱乐部选择通过生动的故事叙述和祈祷的宗教角度来教授道德课程，而教会是通过电影来教授"，不过"这一区别无足轻重"。法院同时指出，如果学校（政府）建立了一个限制性公开论坛，并不要求其允许任何言论在此论坛上发表。尽管如此，政府不能基于言论的观点对言论进行歧视，政府依据论坛的特定目的实施的任何限制必须是合理的，这也是羔羊教会中学校方败诉的原因。俱乐部的活动不是在教学时间进行，也没有得到学校支持，这些活动并非仅仅针对俱乐部会员，而是对任何经过父母允许的同学开放，因此"不会产生委员会所认为的学区支持宗教或任何特定教义的现实危险"。学校同时声称俱乐部在学校中进行活动会对学龄儿童产生更大的强制效果。法院反对

528

这种观点，指出"禁止立教条款从未延伸至将非上课期间的私人宗教活动排除在外，仅仅是因为该活动发生在小学生可能出现的学校场所"。法院把这一案件同学校祷告案区分开来，因为学校祷告案中的活动是学校支持的，参加活动的强制性显而易见。

对于这一判决绝非毫无异议。大法官史蒂文斯（Stevens）提出反对意见，主张学校为宗教言论提供限制性公开论坛的事实并不一定意味着宗教劝导或礼拜服务也是被认可的。大法官苏特（Souter）也发表了一份不同意见书，得到金斯伯格大法官的支持。该异议同大法官史蒂文斯观点的角度类似，即是否有可能限制宗教言论的类型，并同意大法官布瑞耶尔（Breyer）提出的法院应该发回案件以做进一步事实认定的观点。

评论和问题

1. 好消息俱乐部案中，法院认定"'羔羊教会的活动和好消息俱乐部活动之间的唯一明显区别是俱乐部选择通过生动的故事叙述和祈祷的宗教角度来教授道德课程，而教会是通过电影来教授'，不过'这一区别无足轻重'"。你是否同意这种观点？

2. 好消息俱乐部案中，法院认为即使学校允许俱乐部在学校举行聚会，也"不会产生委员会所认为的学区支持宗教或任何特定教义的现实危险"。你是否同意这种观点？

附加网络资源：	洛克诉戴维案（Locke v. Davey）：平等机会的一个有趣转折——神学的学生能否被排除在公共奖学金计划之外？ 教育委员会诉格鲁梅特案（Board of Education v. Grumet）：能否通过创建新的政策措施解决调和问题？

（三）欧洲

1. 对性教育必修课的宗教质疑

1976 年，欧洲人权法院判决了克尔森、巴斯克及麦德森诉丹麦案 [Kjeldsen, Busk, Madsen and Pedersen v. Denmark, App.No.5095/71, 5920/72, and 5926/72, Eur.Ct.H.R. (1976)]，该案判决的基本内容是解决在宗教基础上对学校课程的质疑。三个学龄儿童家长反对丹麦的州立小学性教育必修课，因为这违反了他们的宗教信仰，原告引用了《欧洲人权公约第一议定书》第 2 条的规定：

任何人不能被拒绝接受教育的权利。在完成有关教育和教学功能的实践中，国家应当尊重家长确保这些教育和教学工作与他们的宗教和哲学信仰相一致的权利。

丹麦政府主张《第一议定书》第 2 条仅在宗教教导同父母的宗教信仰相冲突时才能适用。学校认为，在学校提供的性教育课程不涉及宗教和道德观点。此外，在性的问题上对年轻公民进行教育，以防止性病或堕胎等负面结果，在此方面政府有令人信服的利益。法院断定，"立法本身绝没有违反申诉者的宗教和哲学信仰到议定书第 2 条第 2 句所禁止的程度"，法院同时指出，丹麦政府为不满公立学校课程而将孩子放到私立中学的父母制定普遍的统一规则。家长诉称，他们受到了基于宗教的歧视，因为那些反对宗教教导的学生可以免于参加课程，但是反对性教育课程的学生却不被准许豁免。对此法院认为，宗教教导和性教育之间存在差异，后者仅仅教授客观知识而前者是传授宗教信条。在判决中，法院认可这样一个事实，即如果政府被要求为父母权利提供一个过于宽泛的空间，那么政府在教育问题上的决策能力将出现问题。

尽管如此，接下来法院还是强调政府"必须保证课程中包含的信息或知识是以客观、批判以及多元的方式传授的。政府不得进行那些可能被认作是不尊重父母宗教和哲学信仰的教导。这是不能逾越的限度"。法院强调，即使在不直接涉及宗教教导的领域，政府在公立学校系统内也的确有尊重父母信仰的职责，而且政府不能仅仅通过允许父母让孩子退出公共教育体系而进入宗教学校，从而免除自己的这一职责。

2. 对学校体罚的哲学质疑

克尔森案 6 年后，欧洲人权法院在坎贝尔和库萨斯诉联合王国案 [Campbell and Cosans v. United Kingdom, App.Nos.7511/76 and 7743/76 Eur. Ct.H.R. (1982)] 中进一步明确了《欧洲人权公约第一议定书》第 2 条的范围。坎贝尔和库萨斯的孩子都在苏格兰公立学校上学，他们基于哲学依据反对学校对学生使用体罚。尽管他们的孩子均未曾在学校受到过体罚，但是坎贝尔和库萨斯主张，国家拒绝采取措施使孩子们免受体罚威胁，已经侵犯了他们由第 2 条保障的确保教育"与他们的宗教和哲学信仰相一致"的权利。联合王国回应道，课堂纪律属于内部管理的问题，没有上升到第 2 条中"教育和教学"的层次，"教育和教学"问题只适用于"表达、信息和知识的内容和方式"发生了争议的情况。此外，联合王国认为，学校管理方式的理念并不构成议定书条款意义上的"哲学信仰"。

欧洲人权法院作出对坎贝尔和库萨斯有利的判决，否认了政府对第 2 条的解释。法院认为，教育是成年人向年轻人"传达自身的信仰、文化和其他价值观念"的"整体过程"，并且由于体罚在学生性格发展中起到了"相当一部分作用"，它确属议定书第 2 条规范内容。法院同时认为"哲学信仰"包括"在民主社会值得尊重的，并与人格尊严相一致的信仰"，而不包含那些"与孩子受教育的基本权利相冲突"的信念。法院赞同体罚"关系到人类生活和行为的重大方面，是组成完整人格的一部分"的观点，并支持了坎贝尔和库萨斯根据议定书第 2 条所寻求的保护。

3. 人道主义者不参加基督文化课的权利

在 1997 年，挪威引入"基督教知识和宗教伦理教育"课程。这门课旨在对基督教以及其他宗教提供一个中立客观的介绍。官员希望通过这门课程，增进不同宗教信仰学生之间的对话。由于他们认为所有人至少应对不同宗教有所了解，因此参加这一课程是硬性规定的。政府同时提供了一些有限退出的名额，但这种退出机制并不能满足人道主义家长的要求。他们向挪威法院起诉了这一项目，在穷尽了所有可能的救济手段之后，一些家长向联合国人权委员会提起诉讼，另一些则诉至欧洲人权法院。后者认为对孩子权利的救济并没有穷尽，接下来必须根据《欧洲人权公约第一议定书》第 2 条规定的家长权利，通过大审判庭来进行裁决。基于之前的判决，如克尔森案，法院评估了学校在教授基督教知识时是否"以一种客观、具有批判性、多元的方式，或者是否超越了《第一议定书》第 2 条的界限，为达到传授教义的目的而不尊重原告家长的宗教、哲学信仰"。法院最终认为课程结构在设计时偏重基督教，而过于复杂的程序也无法满足意图退课学生的要求。因此，法院认为，这构成对《欧洲人权公约第一议定书》第 2 条的违反。

4. 阿拉维人（Alevis）对强制性宗教教育之豁免权

2007 年，在哈桑和依琳·辛加诉土耳其案（Hasan and Eylem Zengin v. Turkey）中，一个拥有阿拉维（一个与逊尼派系习俗有显著差别的伊斯兰教分支）信仰的父亲对土耳其强制宗教教育提出质疑，认为它违反公约《第一议定书》的第 2 条和第 9 条，因为它以不客观的方式教授伊斯兰教逊尼派系的戒律。法院在土耳其政府的支持下，对课程进行深入的分析以确定它是否符合公约标准。尽管法院本可以公约第 9 条规范之下处理这一问题[11]，但它基本聚焦于《第一议定书》的第 2 条上。

---

[11] 参见安吉利尼诉瑞典案 [Angelini v. Sweden, App. No. 10941/82, Eur. Comm' n H.R. Dec.&Rep. 41 (1987)]，法院判决拒绝赋予无神论母亲的女儿免于接受宗教教育的权利，并未违反公约第 9 条。

哈桑和依琳·辛加诉土耳其

欧洲人权法院，App.No.1448/04, Eur.Ct.H.R.（2007 年 10 月 9 日）

（原告诉称，土耳其学校里的宗教教育课程不是以客观、批判和多元化的方式传授的，而是按照伊斯兰逊尼教的形式传授。九年级教材中包含阿拉维信仰的主要人物的信息不足以弥补上述缺陷。上诉人认为，一个政教分离的国家不能在公立学校向学生传教。政府反对这一主张，辩称宗教教育需要国家监管以防止滥用，它在保护学生免于误信神话或可能导致迷信的错误信息上必不可少，并且某些人可以申请免于接受宗教课程教育。政府还认为学校课程的安排和内容属于国家自由裁量权范围之内。）

34. 综观欧洲宗教教育（如法院在前段所述），尽管存在各种各样的教学方法，但几乎所有成员国都提供了至少一种途径，学生可以借以退出宗教教育课程（如，通过一个免修机制或参加另一个替代课程的选择权，或者给予学生选择权任其决定是否报名参与宗教研究课程）。

47. ……不仅仅应该针对《第一议定书》第 2 条其条文本身的两句话进行解读，还应该结合公约第 8 条、第 9 条、第 10 条。

49. 《第一议定书》第 2 条禁止宗教课程和其他课程的区分。它要求国家在整体的国家教育计划中尊重家长们宗教或哲学的信仰。这一义务的范围广泛，它不仅适用于教育的内容和规定的方式，还适用于政府设想的所有"功能"的实现。"尊重"这个动词不仅仅意味着"承认"和"重视"。另外，它首先是一个消极的许诺，意味着国家一方需要承担的一些积极义务。"信仰"一词就其本身而言不是"观点"和"理念"的同义词。它更意味一种特定的信念，这种信念能够达到某种程度的信服力、严肃性、凝聚力和重要性。

50. 家长有权要求国家尊重他们的宗教和哲学信仰，这是履行对他们孩子的自然义务的体现，因为家长是最早对他们的孩子负有"教育和教学"责任的人。因此，他们的这一权利和责任相一致，和教育权的享有和行使紧密相连。

532

51. 但是，课程的设置和计划符合成员国的权限和原则。……实际上，《第一议定书》第 2 条第 2 句不禁止国家通过指定的教学，在公立学校直接或间接的传播关于某种宗教或哲学的客观信息和知识。它甚至不允许家长反对在学校课程中融入这样的教学或教育，否则所有制度化的教学计划都有可能承担无法实施的风险。

事实上，学校的许多科目都或多或少地具有某些哲学性质或影响。宗教性的影响同样存在，不要忘记，有很多宗教形成了广泛的教义以及道德统一体，他们回答或可能回答了几乎所有有关哲学、宇宙或道德本质的问题。

52. 另一方面，《第一议定书》第 2 条第 2 句意味着，国家在实现它所设想的在教育和教学领域的所有功能时，必须确保课程内的所有信息和知识以一种客观、批判和多元化的方式传达，使学生能够在一个可以自由的改变信仰的平和的环境中养成一种对宗教的批判性思维。国家不得追求可能被视为不尊重家长宗教和哲学信仰的教条灌输。

53. ……尽管，在过去公约机构并不认为提供宗教信息的教育违反公约，但他们仍谨慎审查学生是否被迫参与宗教崇拜仪式或被迫接受任何形式的宗教教育。在这种情况下，免修制度也是一个考虑因素……当然，一些学校或老师可能会滥用法律规定的方式，因此权力机关有义务尽最大可能地保证家长的宗教和哲学信仰不会因为被忽略、判断力缺乏和错位地改变宗教信仰而得不到尊重。

54. 本院重申，正如其一贯所坚持的，在一个多元化民主社会，国家对各种宗教、信念和信仰维持公立、中立的义务和国家对宗教以及这些宗教的表达方式的合法性的评估不相容。……

56. 依据土耳其宪法，公立学校的一名学生辛加小姐，从 4 年级开始就被迫参与宗教文化和伦理课程。

533　　57. 根据上述原则，法庭必须判定，首先，为了确保符合关于《第一议定书》第 2 条第 2 句的判例法原则，法庭需要审查这科目内容的教学方式是否客观、批判和多元化；其次，法庭会审查土耳其教育系统是否设置了恰当的规定以保障家长的信仰受到尊重。

A. 课程内容

58. 依据"宗教文化和伦理课"的教学大纲，这一科目按照世俗主义和思想、宗教、信念自由的原则讲授，并且旨在"形成一个和平的文化和宽容的环境"。它还致力于传播所有重要宗教的有关知识。……

59. 本院认为，上述目的明确地符合《第一议定书》第 2 条规定的多元化和客观性原则。在这一点上，需要指出，根据土耳其宪法的规定，世俗主义原则禁止国家优待一个特定的宗教或信仰，并且致力于引导国家发挥它中立裁判者的作用，以保障宗教和意志的自由。

60. 但是法院注意到，尽管这一教育以上述原则为基础，教学计划也致力于提高学生"对于阿拉的崇拜、爱戴、尊敬以及感激的认知，从而用爱和尊重将单个的个人联系在一起成为集体，互助并且相互团结"，而且，这个计划"使用了不同的实例，以阐明伊斯兰教不是一个神话，而是理性的、普遍适用的宗教"。

63. 因此，根据初中第一学期和小学的教学大纲以及所有教材可知，这种教学对伊斯兰知识的偏好明显大于其他宗教和哲学。法庭认为，这种现象本身不能被视作对多元化和客观性原则的违背，因为必须考虑实际情况，尽管土耳其是一个政教分离的国家，但伊斯兰教依然是其主流宗教。

66. 阿拉维信仰是一个深深植根于土耳其社会和历史中的宗教，具有自身的特点，当事人双方对此毫无争议。因此，和学校传授的逊尼教派对伊斯兰的理解相比，它有着自己的不同之处。所以，《第一议定书》第2条第2句所说的"宗教信仰"一词对阿拉维信仰同样适用。

67. 但是，正如土耳其政府承认的，"宗教文化和伦理课"没有考虑到土耳其社会普遍存在的宗教多样性。比如说，学生在课上无法获知任何关于阿拉维派特有的告解和仪式，尽管土耳其人口中很大一部分属于这个教派。政府声称学校在九年级时教授了某些关于阿拉维信仰的信息，但本院和原告均认为，由于在小学和中学阶段缺乏对这一信仰基本元素的教育，九年级时才在课程中介绍对这一教派的生活和哲学观有重大影响两位人物，这一事实不足以弥补教学的不足。

68. ……在成员国将宗教研究纳入学校课程科目的情况下，不考虑免修机制，学生的家长应当能够合理期待学校以一种符合客观性和多元化的标准、并且尊重他们的宗教和哲学信仰的方式传授这一科目。 534

69. 在这一点上，法庭认为，在一个民主社会中，只有在教育中保证多元化，才能让学生们在思想、信念和宗教信仰自由的环境中对宗教事务形成批判性思维。在这方面，必须指出，正如法庭多次强调的，宗教领域内的这种自由，不仅是构成信教者人生观的最重要元素，而且还是无神论者、不可知论者、怀疑论者等其他人的宝贵财富。

70. 依据上述理由，法庭认定，学校在"宗教文化和伦理课"上提供的教育不能被认为符合客观性和多元化的标准，尤其是在原告的特殊情况中，辛加小姐爸爸的宗教和哲学信仰本应当得到尊重，他信奉阿拉维，而这一课程明显缺乏这一内容。

B. 关于是否存在合理的措施确保家长的信仰

71. 如果一个成员国将宗教教育纳入课程表进行教学，就有必要尽可能地避免让学生面对学校的宗教教育和家长的宗教或哲学信仰之间产生的冲突。在这一方面，法庭指出，尽管欧洲各国的宗教教育之间存在不同的教学方式，但几乎所有成员国都会提供至少一种途径，学生可以借以退出宗教教育课程……

72. 法庭提出，依据土耳其宪法第 24 条，"宗教文化和伦理课"是一门必修课。但是，最高教育委员会 1990 年 7 月 9 日的决定似乎采纳了免修的可能性。依据此决定，"具有土耳其国籍的、信奉基督教或犹太教"的学生，"如果确实能表明其信奉这些宗教"，那么他们有免修选择权。

73，法庭首先考虑到，无论相关的学生属于哪一类，为了让他们的孩子免修这一受争议的课程，家长必须提前向学校提出申请，声明他们属于基督教或犹太教。这一事实可能还会产生一个宪法第 9 条下的问题。法庭指出，依据土耳其宪法第 24 条，"不能强迫任何人……披露他们的宗教信念和信仰"。

535

74. 另外，最高教育委员会的决定仅仅向具有土耳其国籍的两类学生提供了这种豁免的可能……

75. 法庭认为，依据政府所说，如果有必要的话，免修的可能性可以被扩大到其他信仰者。尽管如此，无论免修的范围有多大，家长被迫将他们的宗教或哲学信仰告知学校管理者的事实，说明这是一个不合理的保障宗教自由的方法。而且，由于缺乏任何明文规定，学校管理者总是有权驳回这类申请，正如本案中辛加小姐的情况。

76. 因此，法庭认为免修程序不足以保护家长的宗教信仰，因为这种方法是不合理的，家长完全有理由认为，自己的孩子参与学校的课程后，会在接受课程灌输的宗教信息和忠于家长的价值观之间产生矛盾冲突。而在未能向那些家长不信奉伊斯兰逊尼教的学生提供一个合理选择的可能时尤其如此。免修机制可能会施加给学生家长沉重的负担，为了让孩子免修这些宗教课程而必须披露他们宗教和哲学的信仰。

评论和问题

1. 你如何比较挪威和土耳其的宗教教育项目？在承认现实中完全的中立和客观是不可能的前提下，国家应当采取什么样的措施尽可能达到这样的目标，并且尽量避免那些退出课程的要求？

2. 应当怎样构建一个退出机制？在挪威案中，一名学生享有一些退出权，但这一权利通过把学生送到其他教室进行自习而实现，这更类似于一种惩罚措施。另外，挪威还有另一种实现退出权的途径，在这种方式中，家长不得不逐日对教学计划中存在的特殊情况——提出异议。退出课程要求中应当具体列举哪些内容？

3. 在辛加案中，法庭认为为了请求免修宗教教育课，个人需要声明他们信奉某一特定宗教，这可能违反第 9 条。如果一名学生要求免修主流宗教的课程会怎么样？这样的情形是免修措施不可避免的结果吗？

4. 在一些国家，学生所属宗教团体必须安排其他可供选择的课程，这样才能免修宗教课程。这样的规定对于这些学生和那些没有其他课程选择余地的学生（如无神论者或规模很小的宗教团体）来说是一种区别待遇，这种区分有客观和正当理由吗？参见伯纳德诉卢森堡公国案 [Bernard v. Luxembourg, ECommHR, 1993]。

5. 波兰在国内指定天主教的宗教教育，但是相当容易获得免修。这能表明宗教教育是自愿性的吗？如果学生和老师迫使一名学生参加天主教宗教课程，而她屈从了呢？如果学生担心成绩单上没有天主教宗教课程成绩在就业时会遭到歧视，该怎么办？这些情形下的宗教教育真的是自愿的并且因此没有侵犯第 9 条吗？参见 C.J., J.J. 和 E.J. 诉波兰案 [C.J., J.J. and E.J. v. Poland, ECommHR, 1996]。这种心理压力与魏斯曼案（美国毕业典礼祈祷案）中的压力相比有何不同？

536

（四）日本

免于参加体育课上剑道表演的豁免：日本剑道案 [12]

本案中，大学生小林邦仁（Kunihito Kobayashi）拒绝参与他就读的公立技术学院所要求的剑道课程，他认为这一课程侵犯了他的宗教信仰。这名学生是耶和华见证会信徒，他认为《以赛亚书》(Isaiah) 经文第 2 章第 4 节禁止学习任何形式的武术，包括剑道。《以赛亚书》第 2 章第 4 节写道："他们要将刀打成犁头，把打成镰刀。这国不举刀攻击那国，他们也不再学习战事。"

小林请求允许他参加其他活动作为替代，例如写作，但是他的请求被驳回。他第一次拒绝参加剑道课导致留级一年，当他在下一年又拒绝参加剑道课时，他被学校以不能完成学业为由开除。在日本最高法院审判时，学校辩称不可能为了小林这一特例而专门做其他安排，因为提供其他课程是不现实的，并且宪法第三节第 20 条禁止公立学校询问或审查学生的宗教信仰，禁止评估宗教的等级并加以区别对待。第三节第 20 条写道："国家和它的机关应该避免宗教教育和任何宗教活动。"法庭驳回了这一抗辩，写道："本院认为，在本案中，一个由于宗教信仰上的正当理由拒不参加剑道课的学生，学校为其提供其他活动，诸如要求相关学生参加其他体育课、写作课，这样的行为不会产生任何宗教性影响或支持、提升、促进宗教的作用，也不会压迫或干涉那些信奉或不信奉宗教的人。"法庭进一步推定"当一个学生以宗教信仰为由拒绝参加剑道课的时

---

[12] 50 Minshu 4963, Sup. Ct., Mar.8, 1996，参见 http://www.courts.go.jp/english/judgements/test/1996.3.8-1995.-Gyo-Tsu-.No.74.html.

537　候，为了判断这些理由的正当性，学校可进行调查，从而判定它是否是一个无根据的借口，还是判定在学生阐释的教义和拒绝参与的要求之间是否确实存在合理的联系"。如果一个学生要求对他的宗教信仰进行调和，而申请对自己的宗教信仰接受调查，那么这种调查并不违背宗教中立性的原则，学生要求包容自己宗教信仰的努力的失败可能会侵犯宗教自由权。法院通过调查得出结论，即学校"没有全面考虑应当考虑的情况，或者说，学校明显没有合理地评价所考虑的事实；因此，这一法院作出的判决，即上诉人的诉求与社会普遍接受的观念相比缺乏合理性，而且超越了自由裁量权的范围，是非法的"。

评论和问题

1. 西方人很难理解剑道在日本的文化意义。剑道，意味着"剑的方式"，是日本传统剑术的新式变更。进行同时具有脑力性和体力性的剑道训练，在日本总是作为高中体育课程中的必修部分。它被认为是一种培养自我约束观念和性格，灌输如纪律、礼貌、荣誉、诚实和爱国主义等价值观的重要方式。

2. 你如何评价日本最高法院的结论，即向提出豁免请求的学生询问其宗教信仰的真诚性，不违背以宗教信仰为基础的学校歧视的宪法禁令？

3. 日本的处理方式与欧洲国家相比有何异同？

（五）德国

德国学校祷告案

德国宪法法院（German Constitutional Court），52 BVerfGE 223（1979 年）

像美国学校祷告案例一样，本案的争议点也在于，在学生家长反对的情形下，公立学校里强制的祷告行为是否应被允许。本案是对两个下级法院案件上诉的合并。在第一个案件中，黑森州宪法法院（Hesse Constitutional Court）判决，如果有任何一个学生或者他的家长反对，那么在一个特定教室举行的学校祷告是不被允许的。判决的依据为"消极的忏悔自由"权利，即一个人有权保持自己的宗教信仰不被公开。这是一项被认为优先于其他积极忏悔权的绝对性权利。根据黑森州宪法法院的观点，不应当将一个学生置于如此处境，他面前唯一的选择是放弃参与这一活动。

第二个案例来自于北莱茵-威斯特法伦州（North Rhine Westphalia）一所有教派倾向的公立学校。联邦行政法院（Federal Administrative Court）认为"消极538　的忏悔自由"不应该被赋予自动优先于"积极的宗教自由"的地位。保持沉默权不应该被理解为禁止他人通过学校祷告来表达自己的信仰。因为德国《基本法》（German Basic Law）允许建立公共的教派附属学校，来自家长和孩子的异议不能作为禁止学校祷告的基础。

（联邦宪法法院）第一参议院的判决

C.I.1. ……《基本法》第6条第2款第1句规定，家长们有根据自己的意愿自由地制定照料和培养子女计划的权利和义务——并且，根据《基本法》第7条——家长地位优先于其他教育者。这也包括在宗教和意识形态问题上教育孩子的权利。《基本法》第4条第1款和第2款的规定同样包括了家长向其孩子传授他们所认为正确的宗教和意识形态信仰的权利。

另一方面，《基本法》第7条第1项给予政府一款有关学校教育的宪法性授权。政府在学校体系中享有的自由裁量权，被分配到独立的联邦州。这种决定权不仅包括学校的组织结构方面，而且包括课程的内容和教育目标的设定。因此，政府可能在原则上追求独立于家长意愿的学校教育目标。政府在教育方面获得的授权与家长抚育孩子的权利互不影响并且平等；家长的权利和政府的教育性授权双方都没有绝对的优先效力……

2. 在建立公立学校时引入基督教事项的行为并不绝对受到禁止，尽管少数家长并不希望他们的孩子接受宗教教育，却又不得不在这些学校接受教育。不过，学校可能不是一所传教学校，而且可能不会将基督教义奉为唯一真理；它也必须向其他意识形态和宗教的理念与价值观开放。这样一所学校的教育目标可能并不与某个基督教派相联系——在宗教教学之外，（根据第7条授予的权利）没有人会被强制参加宗教活动。在世俗学科中对基督教的确认，主要是将其作为在西方历史中得到发展的一种阶段性文化和教育因素给予认同，而不涉及这种信仰中包含的真理，因此，基于历史发展的持续性，这种传授对于非基督徒而言，也是合法的。这种因素包含了容忍他人持有不同观点的理念……

3. ……学校举行的祷告仪式如果能保持在《基本法》第7条第1款在学校组织机构方面所赋予各州决定权范围之内，并且符合其他的宪法原则，尤其是没有侵犯《基本法》第4条之下参加者的基本权利的行为，那么宪法在原则上是不禁止的。

（1）当前案件中的学校祷告，作为合宪性申诉程序的内容之一，已经构成了各教派以基督信仰为基础的对于上帝的呼唤……它是宗教教学之外的一种专业性的宗教活动，而非政府行使教育性授权设置的教育体系中的普通教学活动。这一活动本身不是以课时为特征的教学，其过程并不向学生传授知识，并且不以通过学校和老师向孩子施加教育影响为目标，而是一项通常和老师一起进行

539

的宗教活动。(德国体制允许不同类型的学校存在——即宗教的、多教派的和世俗的学校。但是鉴于学校祷告发生在正常课程之外,而且教育在公共形式上总会表现出一定的强制性,学校类型的选择决定并不能自动解决学校祷告问题。)

(2)既然学校祷告不是学校教学含义之内课程的一部分,那么它也不属于强制性课程。它的实施必须是完全自愿的……这种自愿不仅适用于学生,而且适用于进行学校祷告时在课堂上的老师……就是说,学校祷告不能作为一项基础性教学活动开展,它只是一种建议——没有最终约束力——这种建议可能源于州的学校行政机关,源于校长,源于某堂课的老师,源于学生自己或者他们的监护人。学校祷告可以发生在原本用于上课的时间,例如在第一堂课开始的时候进行或者在最后一堂课结束之前进行,也可以在上课时间以外实施。它可能发生在一个教室,或者几个班级,或者整个学校;老师可能主持祷告活动,可能和学生一起祷告,也可能让学生自便。目前审理的关于学校祷告的案件均发生在教室之中,在课堂之上并且有老师的参加。它显然作为这些学校所有班级中的日常项目存在。学校祷告尽管不是而且不能是有约束力的必修课程的一部分,不过无论采取上述何种形式,它依然是可归因于政府行为的一个学校事项……政府在其中所起作用……须被限定于应家长或者学生的要求准许祷告或者自己提出祷告的建议,为学校祷告制定有组织的准则体系。政府不能以命令的形式要求祷告仪式,它只是提出了一个建议,供学校的班级选择是否接受……

(3)……祷告也以不同教派的形式与以信仰为基础的真理相联系,也就是,祷告意味着对上帝能够赋予祈祷者一切的确信。不过,在多教派(强制性)的学校中对这一宗教事件的准许——只要坚持参与的自愿性——仍然处于各州在学校事务方面拥有的自由裁量权的参照范围之内,学校的决定具有优先性……即使根据《基本法》第4条持异议者的基本权利需要同时保障,他们也能够达到评价上的一致性:

《基本法》第4条不仅赋予了信仰自由,而且赋予了向外界公开表达信仰的自由。《基本法》第4条第1款和第2款确保了……在这个意义上实行宗教信仰积极行为的范围。如果政府准许在多教派学校中的祷告活动,这恰恰是行使了基本法第7条第1款所赋予学校机构的权利,因此,那些怀有这种意愿的学生能够使他们的宗教信仰得到见证——即使只能在有限的多教派形式下对上帝进行普通的祈祷仪式。政府在这里提供了在一个区域内表达自己信仰的积极自由的范围,它在整体上保障这一自由,而且宗教和意识形态理念一直贯穿其中。

540　然而从一开始,政府必须在通过允许学校祷告来行使表达信仰的积极自由,与反对学校祷告的家长和学生的消极信仰自由之间做出一种平衡。这种平衡的实现方式，在原则上就是要保证学生和老师参与的自愿性。那些决定一所学校整体性特质的基督教因素，由于它们是课程的一部分，会体现在学校的教育目标并由此渗入到约束所有学生的课程当中。但学校祷告与此不同，它不属于义务性教学的范围，而是一款被允许的学校活动——以自由意志选择为特征。即使学校祷告中假定了以信仰为基础的真理存在，它所要追求的目标，在这种情况下也不在于为基督教主张一个绝对的真理；而是仅仅使那些有如此希望的人能够表达这样一种信仰。在各州多教派（强制性）学校中实施由其许可的宗教活动"学校祷告"，由于参与上的完全自愿性，因此在原则上并不被宪法所禁止。

4. 在上述情况下，一方面，各州可以允许学校组织祷告活动，另一方面，政府并非在任何情况下都必须批准多教派学校祷告的实施。

5. 法院宣称，如果在法院正在审理的这些案件中各州已经选择了创建非教派的或者明确没有基督教价值观的学校，结果可能会有所不同；但是在两个案件中，州政府都选择了设立基督教多教派这一学校类型。

II.1. 黑森州宪法法院认为，只要有一个学生反对，学校祷告就必须被禁止，因为，如果学生基于自己的宗教或者意识形态而反对学校祷告，他或她不应该被置于只能通过不参与的方式来表达反对意见的处境之下。保持沉默权应当得到扩张理解，这一权利不仅在被强迫披露自己的信仰或想法时遭到侵犯，当人们必须对他人的宗教行为发表积极或者消极的看法时他们的这一权利同样遭到侵犯，它并没有被表达信仰的消极自由这一基本权利所涵盖……通过行使不参与的基础权利，权利人的这一行动会表示出他或她不认可其他人的信仰。宪法在本案中特别强调，宗教信仰的表达是行使拒绝权这一基本权利的前提，例如不参与宗教教学……或者因为必须使用武器而拒绝服兵役。

这些与黑森州宪法法院（Hesse Constitutional Court）的法律观点紧密相关，后者认为，表达信仰的消极自由是毫无限制或者毫无例外地适用的，它不受限制，也不应该被限制，因为它的行使并不会干涉到第三方的法律领域；与之相对，表达信仰的积极自由被认为应当在《基本法》第 2 条第 1 款所规定范围限度之内行使（保障普遍的个人自由。尽管根据第 4 条中基本权利的明确表达，第 4 条规定的宗教自由不受更普遍的个人自由的约束）……宗教自由并不是毫无限制地被赋予；然而，这些同时适用于表达信仰的积极自由和消极自由……尤其是享有基本权利的主体行使表达信仰的自由在触碰到边界时，其基本权利会和反对者的基本权利发生对抗。作为基本权利——价值观的基础体系的一部分，表达信仰的自由与人格尊严密切相关，而后者又正是由《基本法》第1条第1款所保障，其作为最高的价值在基本权利的整个价值体系中占优势地位，因此，表达信仰的自由可归属于宽容规则之中。当表达信仰的消极自由和积极自由发生冲突时，尤其是在学校，由于其对学生同时进行广泛多样的意识形态和以信仰为基础的带有倾向的思想教育，这些冲突终究无法避免，必须考虑到利用宽容规则来寻求一种平衡状态。对比之下，被错误解读的保持沉默权不应该被赋予相对于他人宗教行为的绝对优先地位，如同黑森州宪法法院所认为的一样……

3. [再来看北莱茵——威斯特法伦州（North Rhine Westphalia）的判决] 如果持异议的学生不能享有自由地、不受胁迫地决定他或她是否参与学校祷告的权利，那么异议学生及其监护人的反对只能导致学校祷告不被准许。然而，一般来说，一个学生可以以合情合理的方式避免自己的参与，从而他或她可以完全自由地决定不参加祷告。

（1）避免参与的方式可能有：学生可以在祈祷时离开教室例如他或她可以直到祷告结束之后才进入教室，或者在课程结束后、最后的祷告开始之前离开教室。另外，持异议的学生也可以在祷告时留在教室里，但是不背诵祷文；也就是说，他或她可以仅仅是坐在那里——而不像其他学生同伴那样做祈祷。

（2）必须承认，不管用哪一种方式避免参加祷告，通常强调的都是在学校祷告进行时，对做祷告持反对意见的学生的行为。当只存在一个持异议的学生时，将会产生更为明显的关注……如果这种关注不可避免地将他或者她置于一个局外人的角色上，而且相对于班级中其他人而言他或她已经因此受到歧视，那么这种关注对这位学生来说是不可接受的。确实，班级中这位学生已处于不同的地位，而且与一个通过不参与特定活动公开表达自己不同信仰的成年公民相比，学生所处地位更加复杂。这尤其表现在更年幼的学生身上，他们在所属环境中，很难一直坚定地维护自己的立场；一般而言，涉及学校祷告事件，孩子之所以陷入冲突，并不是由他或她自己造成，而是一方面由他或她的监护人推动，另一方面由其他学生的家长或者老师所造成。

4. 不过……一般说来，一个人当然没有必要担心因为自己不参加祷告而受歧视……（我们可以采取制度性措施以减轻可能带来的影响，例如允许持异议的学生晚几分钟到校，然后将祷告活动安排在这之前时间段中）

（2）除这些制度性的外部措施之外，如果有学生因为不参与学校祷告而受歧

视，通常可以通过老师根据学校鼓励所有学生坚持尊重他人信仰原则的教育目
标加以排除……（也就是说，老师可以将有些学生不参与祈祷这一事实作为一
个机会，帮助学生们了解社会中不同观念的互相融合和包容。）在有一个或者几
个学生——不像他们的同学那样——不参与学校祷告的班级中，老师必须根据
宽容精神这一具有约束性的教育目标，以合适的方式和适宜于教学所需要的强
调手段使学生了解，每个人都有宗教信仰自由的权利，每个人都有自主决定参
与或者不参与宗教活动的权利；老师必须力求在班级中创造这样一种氛围，参
加祷告的学生能自然地看待持有反对意见的他们同学的不同行为，并且不把他
或者她作为局外人对待。

在这个背景下，表达信仰的积极自由和消极自由的基本权利与宽容观念相
联系这一事实被赋予了特别的意义。如果不考虑基本权利的两种实现形式间的
冲突，这一冲突只有在基本法中的宽容观念被遵守时才能达到相互调和状态，
那么关于持异议者不参与学校祷告是否合理的问题就无法得到解决。尽可能减
少对持异议者权利和感情的损害，依赖于所有相关人员对该原则的遵守，在学
校中也就是说，主要依靠一个班级中的老师、所有学生的家长以及学生自己，
通常来说，这些努力可以避免将一个不参与祷告的学生边缘化。

鉴于这些原因，黑森州宪法法院（Hesse Constitutional Court）裁定，当一
个学生或者他或她的家长提出反对意见，学校祷告便被不允许举行的判决无效。
北莱茵 - 威斯特法伦州（North Rhine Westphalia）的判决在宪法上则被认为是允
许的。

教室中的十字架案例 II（CLASSROOM CRUCIFIX II CASE）

德国联邦宪法法院（German Constitutional Court），93 BVerfGE 1（1995 年）
巴伐利亚州（Bavaria）的《国民小学学校规则（Volksschulordnung, VSO）》
第 13 章第 1 条第 3 句规定，"学校应该支持监护人对孩子进行宗教教育。可能
的支持方式包括学校祷告，学校礼拜和学校宗教崇拜等。每一个教室皆需悬挂
十字架。老师和学生都有尊重每一个人宗教情感的义务。"三个处于学龄段的小
孩子的家长，作为鲁道夫·斯坦纳（Rudolf Steiner）人类灵智哲学说的拥护者，
他们反对孩子就读的班级中安装十字架或耶稣受难像，并声称，这个符号引导
他们的孩子偏向基督教，这已违背了他们的教育理念。因此，他们提起一项宪
法性申诉，这项申诉直接针对行政法院（Administrative Court）基于争议所作的
判决中确认的规则，间接反对巴伐利亚州要求每个教室装有十字架的制度。

1. 申诉人诉称，其在《基本法》第 4 条第 1 款、第 6 条第 2 款、第 2 条第 1 款和第 19 条第 4 款之下所享有的基本权利遭到侵犯。在教室中陈设十字架，违背了国家对于宗教世界观保持中立的义务。孩子和年轻人尤其容易受影响。他们自己防御影响、形成自己批判性判断的能力远远不如成年人。此种侵害，既无法透过源自于《基本法》第 7 项第 1 款所赋予政府的学校组织权，亦无法透过其他学生或者他们家长根据《基本法》第 4 条第 1 款所享有的积极的宗教自由，获得合理化。与此相反的观点，正如受质疑的判决中所表达的，是建立在对宗教自由这一基本权利的含义作出了违宪的曲解基础之上。基本权利赋予每一位公民对政府的抗辩权；《基本法》第 4 条第 1 款正是为了保护少数者。

2. 家长基于《基本法》第 6 条第 2 款和第 4 条第 1 款所享有的基本权利已经受到侵犯，因为他们不得不让他们的孩子，受到与他们的教育理念相抵触的宗教或者世界观的影响。

3.《基本法》第 2 条第 1 款已经被违反，因为通过政府的强制行为，他们遭受到毫无宪法根据的损害。

另外，公立学校中配备十字架也侵犯了《欧洲人权公约》(European Convention on Human Rights and Fundamental Freedoms) 第 9 条第 1 款所保障的宗教自由，以及公约附加《议定书》第 2 条第 2 款。

C. 这款宪法性申诉有充分根据……驳回诉讼请求的裁决，已经违反了《基本法》第 4 款第 1 项和第 6 条第 2 款……

C. II.1.《基本法》第 4 条第 1 款保护信仰自由。支持或者反对一种信仰由个人所决定，而非政府。政府既不得规定，亦不得禁止个人信仰某一种信仰或者宗教。然而，宗教自由不仅仅意味着拥有宗教信仰的自由，还包括根据自己信仰的信念生活和行动的自由……宗教自由尤其保障对礼拜活动的参与，即某种信仰的规定仪式，或者通过这种活动来表达信仰。相应地，其中也暗含了远离自己不赞同之信仰的礼拜活动的自由。这一自由也适用于表现一种信仰或者宗教的象征符号上……不可否认，在多种宗教信仰并存的社会中，个人没有权利要求不受他人信仰表示、礼拜活动与宗教象征的干扰。但是，与此不同，政府却创造了一种情势：在此情势中，个人将受到特定信仰的影响，须面对宣示此一信仰之活动，与表现此一信仰之象征而没有偏离的可能性……

（第 4 条第 1 款为政府设定了一款义务）确保个体可以在意识形态和宗教领域发展个性的行为空间，以及保护他们免受来自其他宗教流派或者竞争性宗教团体的信徒攻击或妨碍。然而，《基本法》第 4 条第 1 款在原则上并没有赋予个体或者宗教群体，以政府的支持表达他们宗教信仰的请求权。与此正相反，第 4 条第 1 款所赋予的信仰自由……暗含了政府面对不同宗教信仰和教派时保持中立性的原则。在一个国家之内，如果有不同或甚至对立的宗教和意识形态的拥护者共同生活，只有政府自己保持中立性，才能保证和平共处。因此，它不能破坏社会中的宗教和平。

和保障父母对孩子的照顾与抚养能作为一款自然权利的《基本法》第 6 条第 2 款第 1 项伴随的，《基本法》第 4 条第 1 款也同样包含了在宗教和意识形态方面教育孩子的权利。向他们的孩子传达他们认为正确的宗教和意识形态信仰是父母的任务……这里面所暗含的是，使他们的孩子远离他们认为错误的或者有害的宗教信仰的权利。

2. 这款基本权利受到了《国民小学学校规则》第 13 章第 1 条第 3 句，以及依据此条所作出的受到质疑的判决的侵犯。

a)《国民小学学校规则》第 13 章第 1 条第 3 句规定，在巴伐利亚州 (Bavaria) 所有小学的教室悬挂十字架（十字架的概念，应当指各种各样形式的十字架，包含有耶稣受难像的十字架以及没有耶稣受难像的十字架）。因此，在审查这个规则时，应将这两种意义包含在内……

与普遍受学校教育的义务相伴随，在教室中的十字架意味着，在教学过程中，由于政府的行为使得学生们毫无远离的可能性，而只能面对这个象征性的标志，被强迫在"十字架之下"学习。就此点而言，在教室内悬挂十字架不同于日常生活中，经常出现须面对不同宗教流派之宗教象征的情况。一方面，后者并非由起因于政府，而是不同的宗教信仰或者宗教团体在社会中散播的结果。另一方面，这种情况下它并不具有相同程度的不可避免性……

接触十字架的不可避免性，也无法通过《基本法》第 7 条第 4 条之允许私立学校的建立得到解决。首先，对于私立小学的建立，《基本法》第 7 条第 5 款设定了特别严格的条件。其次，因为这类学校，都毫无例外地通过向家长收取学费来自行筹措资金，所以很大一部分人们并没有另外选择这一类学校的可能性。原告的情况也正是如此。

b) 十字架是某一特定宗教信念的象征，而绝不只是由基督教共同创造之西方文化的表征。（接下来法院详尽地描述了十字架的重要意义以及它对学校孩子的影响）……

3. 宗教信仰自由的基本权利无条件地受到保障。然而，这并不意味着，它完全不能加以限制。只是这些限制必须基于宪法本身而得出。凡是在宪法中尚

544

未设定的限制，立法者无权决定。可能合理化侵害之宪法上的理由，在此并不存在。

545　　　a）根据《基本法》第7条第1款无法得出如此之合理化的理由。第7条第1款确定给予政府一项教育性授权……政府不仅可以组织学校教学和自行建立学校，而且还可以设定教育目标和教学进阶。在这一点上它是独立于家长的。因此，不但学校教育和家庭教育可能发生冲突，在学校中甚至学生及其家长不同的宗教和意识形态信仰之间也会不可避免地产生特别严重的冲突。

这种安排并不是要求政府在行使《基本法》第7条第1款所赋予的教育性授权时完全不涉及宗教或者哲学。即使一个政府广泛保障信仰自由并因此对于宗教及其哲学保持中立，它也不能摆脱以历史为基础的价值观、宗教信仰和看法，因为社会的凝聚力以它们为基础，而且政府自己任务的执行也依赖于它们……

诚然，在一个多元化的社会中，在建立公立义务学校时全面顾及所有的教育理念是不可能的。特别是宗教自由的消极和积极的方面，不可能毫无问题地在同一所公立学校中实现。由此得出，任何个人在学校范围内，不能毫无限制地援引《基本法》第4条第1款行使自己的权利。

通过考虑宽容规则来解决消极和积极的宗教信仰之间不可避免的紧张关系是各州立法机关的一项任务，它必须在培养一种明智态度的公开程序中，寻求一种能够合情合理地被每个人接受的调和方案……

联邦宪法法院据此得出以下结论，即州立法机关在组织设立公立小学时，并非全然地禁止引入与基督教相关的事项，即便是在教育其孩子时无法避开这类学校的监护人反对宗教教育时亦然。然而前提条件是，它必须控制在所必需的强制性因素的最低限度内。这尤其意味着，学校既不能以传教的方式对待它在宗教和意识形态领域的任务，也不能为基督教信条主张任何约束力。

因此，在教室中悬挂十字架，已经逾越学校根据宪法之规定所设在宗教和意识形态倾向上的界限。就像已经被确认的一样，十字架不能摆脱它对基督教信仰的特殊关联性，而将其降为西方文化传统的一个一般标志。它象征着基督教信仰的基本核心，虽然基督教的信仰与理念一再地塑造，尤其是西方的世界，但其并非为所有的社会成员所共同信仰，在行使《基本法》第4条第1款之下的基本权利时，很多人确实抵制基督教。因此，在公立义务学校悬挂十字架与基本法第4条第1款并不一致，毕竟它们并不属于基督教之教派学校。

b）信仰基督教的家长和学生虽享有的积极宗教自由，但也不能成为悬挂十字架的正当理由。所有的父母与学生同等地享有积极的宗教自由，而不仅仅限于基督教徒。由此所引发的冲突不能通过多数原则得到解决，因为宗教自由的基本权利，正是特别为保护少数人而设……在学校以符合宪法的方式，设立允许在公共机构中行使其宗教信仰权利的范围时，例如通过宗教教学、学校祷告以及其他的宗教表达方式，这些必须符合自愿性原则，且让异议者有合理、非歧视性之远离可能性。在教室中悬挂十字架，使得持异议者不能摆脱其存在和要求，这是不公正的。最后，为了基督教徒学生除宗教课程和自愿祷告外，也能在基督教信仰的象征下学习世俗科目，而完全抑制不同意见者的感受，这与实质和谐原则的要求不符……

据此，本案争议的第 13 章第 1 条第 3 句与上述基本权利不符，应该被宣布无效。在暂时性权利保护程序中受到质疑的判决应当被推翻。因为主案中的程序在巴伐利亚州高等法院（Bavarian Higher Administrative Court）未审结，该案被发回重审……

法官：亨舍尔（Henschel）、塞德尔（Seidl）、格林（Grimm）、缪勒（Söllner）、屈林（Kühling）、塞伯特（Seibert）、耶格尔（Jaeger）、哈斯（Haas）。

法官塞德尔、缪勒、哈斯的反对意见在此被省略。

关于十字架案例的影响的说明[13]

十字架案引发了一股遍及德国的抗议浪潮。赫尔穆特·科尔（Helmut Kohl）总理认为这一判决是"难以理解的"。保守派报纸攻击宪法法院践踏了大众意志。许多宗教领袖谴责这一判决，认为它是德国基督教文化的一个威胁。许多宪法学家，包括宪法法院的一位前任院长，严斥法官们论证缺乏严密性。这一判决在巴伐利亚州引起了最强烈的谴责。在慕尼黑和其他社区的示威者无视其政治领导卡尔斯鲁厄法院（Karlsruhe Court），进行捍卫十字架至高无上性进行了游行，并且呼吁政府官员拒绝执行这一判决。它是联邦共和国历史上，对一项司法判决最为消极的反应，并且是唯一一次明确公开地违抗联邦宪法法院所作判决。

抗议的持久性和强烈性使得德国的司法机构颇为担忧。德国法官协会发出警告称，法治危在旦夕，任何拒绝服从十字架一案裁决的行为都将危害到联邦共和国的宪政民主。法官迪特儿·格林（Dieter Grimm），即在十字架案例

[13] 摘自唐纳德·P.考摩斯（Donald P. Kommers）：《德意志联邦共和国宪法判例》（The Constitutional Jurisprudence of the Federal Republic of Germany）（第 2 版），杜克大学出版社（Duke Univ. Press），1997 年，第 482—483 页。

中持多数意见的五个法官之一，被敦促在德国的纪实报纸《法兰克福汇报》(Frankfurter Allgemeine Zeitung) 中答复对法院的批评意见。格林著名的公开信以"一项司法裁决为什么应受尊重"为标题刊印发行。(格林法官在他的文章中阐述道："法院的判决不可能迎合每一个人的意愿，这是仍然处于冲突的司法解决方式的本质特征之一；而且有时候，大多数人将会是失望的一方。但这就是宪政所包含的内容：它的目的在于保护少数人的权利免受大多数人的侵犯。")

早期对教室十字架案例的很多批判，是为了回应伴随判决而一起发行的判决提要。这些提要看起来是建议法院命令撤销所有小学教室中的全部十字架。如果这是教室十字架案例 II 所要求的，它确实将成为一个革命性的判决，相当于对多教派学校的一种颠覆。或许是为了回应公众的强烈抗议，法院似乎在这种理解前退缩了，它在一篇新闻稿中指出，这些提要并不完全符合该案的推论。这就意味着，如同巴伐利亚州学校官员已经主张的那样，只有在学生基于宗教理由提出反对的情况下，一个十字架方可被撤除。然而，鉴于巴伐利亚州政府官员置法院裁决于不顾而忙于准备制定"正确的"法规，这场辩论还将继续。

评论和问题

1. 你认为教室中的十字架案例 II 之后的政治讨论是否准确反映了案件的裁决？你认为学生基于宗教理由反对教室悬挂耶稣受难像的可能性有多大？

2. 一项有争议的判决所引发的大规模强烈抗议会在多大程度上将法院的合法性和宪政传统推入险境？

3. 十字架案例 II 是否否决了德国学校祈祷案例所作出的裁决，或者说，二者能够区别开来吗？

4. 政府在选择学校类型（基督教多教派的，单一教派的，或者世俗的学校）时具有的灵活性，以及"除世俗学校之外，宗教课程构成公立学校中普遍课程的一部分"（《基本法》第 7 条第 3 款）的主张是如何阐释德国宗教和政府之间的基本关系的？与美国的处理态度相比如何？美国的教育系统是否考虑到了学校类型的概念？但是否实际上存在基督教或新教不同教派成分混合的美国学校？

5. 比较在德国和美国学校祈祷案例中所涉及的自愿性的概念。

（六）南非

有关宗教与教育的国家政策

在 2000 年，南非教育部开展了一项与公众磋商的官方程序，邀请各界人士提供关于如何平衡宗教在教育中应有位置的建议。作为这次磋商的结果，政策开始致力于建立以10种核心价值观为基础的教育体系。在教育过程中引入宗教因素，学校在为学生灌输价值观时，这些宗教因素作为一些价值观的基础而发挥作用，这样学生才不会觉得那些规则是无缘无故地产生的。然而，鉴于这项政策同样必须符合宪法上的公正，没有一种宗教享有优先地位。

在南非，在界定宗教在公共部门的作用时，立法和行政行为发挥着更大的作用，而这一职能在美国是由法院控制的。

南非的宗教与文化服饰：鼻部饰物

548

在皮莱诉教育部，夸祖鲁—纳塔尔省等案（Pillay v. MEC for Education, KwaZulu-Natal and others, SAConstCt, 2005）中，一个拥有南印第安血统的女生苏娜丽·皮莱（Sunali Pillay），在假期中装了一个鼻钉。当返回学校时，她被告知这个饰钉违反了学校的衣着规范而被命令摘除。2005年，当皮莱戴着饰钉返回学校时，学校要求她的母亲写一封信，解释为什么苏娜丽应该被允许戴饰钉。皮莱夫人解释道，鼻钉具有文化上的重大意义，而且鼻钉的嵌入是标志她即将成年的宗教仪式的一部分。经与专家磋商后，学校管理机构拒绝了皮莱夫人对于学校衣着规范的豁免请求。在经过衡平法院诉讼程序之后，高等法院宣布，学校禁止印度／印第安学生戴鼻钉的决定是无效的。学校上诉到宪法法院，宪法法院未接受高级法院的判决，并作出一项更为强烈地反对学校决议的声明。它宣布，拒绝给予皮莱配戴饰钉的豁免权是一种不公正的歧视待遇，宪法法院命令学校的管理机构修改其行为规范以便"为基于宗教或文化理由而违反规范提供合情合理的通融空间，并且设定一整套程序，用以规范这种豁免权的申请和授予"。

法院在它的判决中试图解决的一个问题是，文化活动和宗教活动的区别，即是否应给予文化活动跟宗教活动一样的保护？如果是这样，如何判定一项文化活动具有合理性？尽管我们承认，"为了确定一项活动或者信仰是否具备宗教资格，一个法院只需询问原告是否笃信一种信仰"，但是涉及文化信仰或活动时，是应该凭客观判定还是主观判定仍未达成一致。不过法院认为没有必要直接解决这一问题，因为即便从一种客观的视角看来，鼻钉的文化重要性也应当受到肯定，法院提到，"文化信仰或活动对它的拥护者来说，正如同宗教信仰对于那些倾向于从神灵处而非人类社会中寻求价值的人一样受到坚信，而且一样重要"，并且"文化之间也相互关联，而不是孤立的。在同一种文化传统之中，文化信仰和活动会造就个体文化特质，从而使人与人之间具有差异"。在听审证据之后，法院裁定，鼻钉不是"苏娜丽所属宗教或文化中的一种强制性信条。但是证据表明，鼻钉确实是与印度教紧密联系的南印第安泰米尔印度文化的一种自愿表达，而且苏娜丽也正是如此认为才会佩戴鼻钉"。

既然如此，主要的问题就在于衡平法和宪法是否保护自发的宗教和文化活动。法院指出：

在传统做法上，之所以会宣告禁止从事一项强制性活动的法律无效，是因为它使得信徒面临一种在信奉他们的信仰和遵守法律之间无选择余地的局面。然而，相对于使信徒避免艰难的选择来说，我们更加重视对宗教和文化活动的保护。宗教和文化活动应当受到保护，因为它们对人性以至人格尊严来说处于重要地位，而后者转过来又是平等的核心。自愿的活动在人的个性中是否并没有处于那么重要的地位？因为它们的非强制性，它们对人格尊严的影响是否就没有那么严重了？

因此，法院裁决这些活动应当受到保护，而且"对自愿性活动的保护平等地适用于文化和宗教"。所以学校的行为构成歧视，学校要支持自己的观点，就必须证明这是一种正当的歧视。

在判定歧视是否正当时，法院考虑到了合理调和原则的适用，将它的概念界定为"为了使所有人能够平等地参与和行使他们的权利，有时在一个群体必须采取积极措施，而这些措施很可能会产生另外的困难或代价。要确保人们不会因为不遵守或不能遵守某些特定的社会规范而被社会边缘化"。在判定调和义务的范围时，法院采用了一种灵活的标准："合理的调和从某种意义上说是作为一种成比例的活动，它需要紧密依赖于事实。"法院认为，本案中行为的正当化要求调和，而且为了确定一项豁免是否合理的调和，法院在这项活动对苏娜丽的重要性与学校给予她这项豁免将遇到的困难之间做了权衡。在判断活动所具有的重要性时，法院采用了主观标准，主张"如果苏娜丽宣称，鼻钉对于作为一个南印第安泰米尔印度人的她来说非常重要，那么法院不应该认定这是错误的，因为其他人通过同样的方式并不会理解这种宗教和文化"。在审查了允许苏娜丽戴鼻钉在学校可能产生消极影响的证据和辩论之后，法院裁决，学校给予苏娜丽豁免所面对的困难没有超过该行为对她的重要性，因此，这种歧视是不正当的。鉴于苏娜丽可能不是唯一一个要求豁免的人，法院命令学校修改它的规章以便提供合理的调和空间，并且设定一整套程序，用以规范这种豁免权的申请和授予。

评论和问题

1. 苏娜丽·皮莱的案子提出了有趣的问题，尤其是因为它不仅涉及自由的宗教或文化活动，而且涉及在学校中表达这些信仰的自由。学校衣着规范的例外是否应该扩展到一个人外表的其他方面，包括发型？［在丹尼尔·安东尼诉管理机构，移民高中以及西开普敦教育部一案（Danielle Antonie v. Governing Body, The Settlers High School & Head Western Cape Education Department）中，法院为了拉斯特法里派成员（Rastafarians）将例外情形扩展至发型。］

2. 你认为南非法院对在美国哈珀诉波威联合学区［Harper v. Poway Unified School District, 445 F. 3d 1166 (9th Cir. 2006)］一案中所审查的 T 恤衫将做如何判断（一个受宗教因素推动的学生穿了一件印有"同性恋可耻"字样的 T 恤衫）？就本案看来，法院的注意力集中于苏娜丽在表达其文化和宗教个性方面所享有的人格尊严。

550

附加网络资源:	关于南非对政教问题的处理方式的资料 关于规范学生和老师宗教服饰的资料

第十四章　宗教与公共生活

　　一、引言

宗教在公共生活中发挥适当的作用，是法律与宗教关系中最有趣的理论和亟待实践的问题之一。本章介绍了宗教对政治和公共生活的影响、宗教意向在公众场合的重要性以及政府为自己的目的援引或尝试利用宗教等一系列广阔范围内的问题。

二、关于宗教在公共生活中适当角色的争论

在公共生活领域中援引宗教以及宗教假设与信仰是否恰当，这一问题引发了激烈的争论。哲学家约翰·罗尔斯（John Rawls）利用伊曼纽尔·康德（Immanuel Kant）创造的术语，建立了公共理性这一概念。这一概念是指，在一个自由的宪政的民主制度之下，当公民或者官员尝试着公开为自己的政策作辩护时，他们只能通过使用所有理性公民所能够理解的推理方式来进行，而应当避免援引诸如宗教辩护这种不能让所有理性公民信服的理由。作为回应，迈克尔·佩里（Michael Perry）和其他一些学者建立了基督教大公会谈（menical dialogue）和大公政治（ecumenical politics）的概念。这一概念鼓励我们去考虑其他人的理由和信念，即使我们并不完全赞同这些观点。当你审视这些专家观点的时候，请考虑哪一种立场能够为一个自由的民主社会提供一个更好的描述性以及规范性的辩护理由。

（一）约翰·罗尔斯与公共理性

根据笔者的理解，公共理性的思想是秩序良好的宪政民主社会体制之下的一个概念。这一理念的形式和内容——公民对其的理解以及它如何解释他们之间的政治关系——都是民主思想本身的一部分。这是因为民主的基本特征之一是合理的多元化——理论、宗教、哲学以及道德方面的多元化带来全面合理的

　　冲突是自由制度文化的正常结果。公民意识到由于它们之间不可调和的综合理念的原因，它们可能无法达成一致甚至无法相互理解。有鉴于此，当根本性的

政治问题危如累卵的时候，他们需要考虑可以给对方什么类别的理由来为自己辩护。笔者建议，根据公共理性，关于真理或者正确性的综合理论应当被在政治上由公民对公民的合理讨论这一理念来代替。

公共理性这一理念的中心是它从不批评或者攻击任何综合性理论，不论其属于宗教还是非宗教体系，除非该理论与公共理性和民主政体的实质相违背。基本的要求是，这个合理理念遵守宪政的民主体制以及与其相一致的法律体系。在各种民主制中有影响力的具体理论中，民主与民主之间会有所不同——例如，民主在西欧民主国家、美国、以色列和印度的具体表现是不同的——因此为公共理性找到一个合适的理念是他们都要面对的一个问题。[1]

罗尔斯没有要求人们放弃他们个人的包括宗教信仰在内的立场和信念，而是要求当人们涉入公共论坛的政治话语之中时，他们应该将他们的信仰翻译成真正能够为每个人所理解的术语。罗尔斯公共理性的中心思想是"关于真理或者正确性的综合理论应当被政治上由公民对公民的合理讨论这一理念来代替"[2]。这种观点因其否认了政治话语参与者按照他们所理解的方式阐述真理的权利而遭受批评。可以肯定的是，根据罗尔斯的观点，公民或许可以被他们的包括宗教信仰在内的"综合性理论"调动起来，但是当他们在参加政治或者法律辩论的时候，这些理论将难以被接受。

罗尔斯将公共理性的理念与公共理性的理想区分开来。"当法官、立法者、行政长官、其他政府官员以及公共机构候选人基于并服从于公共理性的理念，使用他们认为最合理的政治正义观对其他公民解释他们的根本性政治立场的理由的时候，"他写道，"这一理想已经实现了。"[3] 通过遵循这一理想，他们实现了罗尔斯描述的"他们彼此之间以及对其他公民的礼貌的责任"[4]。根据罗尔斯的观点："一个具备公共理性的公民……当他在自己由衷地认为是最合理的政治正义观的范围内，阐述政治价值和其他价值的理念的时候，其他自由的和平等的公民在合理的情况下会赞成该公民的观点。"[5]

---

〔1〕约翰·罗尔斯："再评公共理性的理念"（The idea of Public Reason Revisited），载《芝加哥大学法律评论》第64卷，1997年，第765—766页。

〔2〕同上，第766页。

〔3〕同上，第769页。

〔4〕同上。

〔5〕同上，第773页。

（二）大公会谈

553

迈克尔·佩里（Michael Perry），基督教大公政治

爱和权力：宗教与道德在美国政治中的角色（1993 年）[6]

在现代的自由社会里，并不是对每一种信仰的信赖都是合适的，最起码在像美国这样宗教/道德多元化的社会中情况如此……笔者所主张的这种实践，可以为一些（但不是全部）具有争议性的信仰基础（但不是全部）腾出空间。

在这一部分，我的主要目的有以下几点：第一，介绍基督教大公政治理念，特别要说明大公政治对话的实践方式，它构成了大公政治的主体部分；第二，说明几个严肃对待公共政治的原因，又特别要说明严肃地进行大公政治对话的原因。

《牛津英文大辞典》对"公众的"（ecumenical）一词进行了定义，在有关的部分，定义为"属于整个世界；普遍的、总体的、世界范围内的"。这一形容词经常用来修饰"宗教"或者"神学"。"公众的"神学致力于在一种神学的多元化背景下，辨明或者达到一个共同的（普遍的）神学基础，主要是通过对话的或者辩证的方式超越"地方"或者"派系的"差异。（对话因此是公众神学的一个主要组成部分）达成一个共同基础的努力并不以所有的神学差异都可以消除的假定为前提，更不以将消灭所有差异视作最佳结果为前提。公众神学崇尚神学信仰的多元化……亦即是说，"公众的"政治致力于在一种宗教的以及道德的多元化背景之下，辨明或者达到一个共同的政治基础……

基督教大公政治的主要部分有下面两种实践方式：首先，一个特定类别的对话；其次，一种特定的宽容……尤其重要的是，大公政治既要是对话的，又要是社群主义的：那是……一种政治理念，尽管具有宗教与道德的多元化存在，我们能够依靠这种理念不停地培养政治共同体的凝聚力——并且在这种政治理念下，我们常常会成功地加强这种凝聚力，甚至是偶然地能够成功地锻铸新的联结力——通过一种特定形式的对话。大公政治将特定的"美国生活中的宗教地位"概念以及"我们如何对待在公共领域内彼此最深层的差异"政治化了。用《威廉斯堡宪章》（The Willamsburg Charter）中的话来说，大公政治的目的在于建立"一个既不是所有宗教都被排除在外的纯粹的公共领域，也不是将任何官方的或者半官方的宗教都囊括其中的神圣公共领域"。公共政治的目的"是为了建立一个市民的公共领域，在这里，所有拥有宗教信仰的公民或者无宗教信

---

〔6〕迈克尔·佩里（Michael Perry）：《爱和权力：宗教与道德在美国政治中的角色》，牛津大学出版社（Cambridge Univ.Press），1993 年，第 44—45、47、112—114 页。

仰的公民，在不断的民主谈话中彼此交流"……

基督教的大公会谈，无论是辩论性还是讨论性，或者两者兼具，都致力于在一种神学的多元化背景下，辨明或者达到一个超越"地方"或者"教派的"共同的神学基础。这类对话的程度是纯粹的协商式的，"所要讨论的……并不是'我应该做什么？'或者'我应该如何控制我自己？'，而应该是：'我们应该如何共处，以及为这样的共处我们应该设定什么样的机制？'……这不是对我的生活的自我审视，而是一种对于通过共同生活中的媒介相接连的双向的审视。"然而，公众的政治对话并不总是或者经常性地达成一致。并不是所有的"通过共同生活中的媒介相接连的"重大的宗教或者道德的分歧都是可以消除的。诚然……公众的政治对话并不会总能达成一致，并不是所有重大的分歧都可以消除；是否达成一致并不是检验这类对话成功与否的正确测试方法或者标准……因为共同的基础不可能总是能够达到，考虑到相关的权威前提，基督教大公政治对话的另外一个目标是当遇到某政治问题时，将观点立场保持在理性的范畴之内……

如果一个政治概念被严肃地视为美国社会的一个理想，那么这个概念应该与美国宪政传统相关的基本特征相称。如果一个政治概念与这些传统不能契合——更不用说有所"违反"了，那么它对美国社会来说并不是一个具有吸引力的理想。基督教大公政治在某种程度上可以被视为一种宗教政治：在这种政治体制下，拥有为了人类之安乐生活这样的宗教信仰并以此为目标而生活的人，不仅仅做出政治选择，更公开地为这种选择而宣传和辩护。那么这样的选择是否构成了美国宪法中关于禁止政府——包括联邦政府和 50 个州政府——制订任何"关于建立一个宗教的法律"条款？公共政治是否与"禁止立教条款"不契合？

"禁止立教条款"被（其负责人和受权解释者，美国最高法院）理解为禁止政府建立一个宗教——例如，以英国建立英格兰教会的方式——或者以其他的方式支持或反对该机构、神学理论或者一个或更多宗教团体（教会、教派、宗派、信仰团体）的行为。更有争议的是，这一条款禁止政府的行为以普遍地支持宗教为目的——宗教机构、信仰体系或者实践——而又反对非宗教或者无宗教的机构、信仰体系或者行为。

毫不奇怪，这一禁止立教条款并不能被理解为其作为政治考虑、辩护理由或选择的基础，要取缔这样的道德信仰：即为了人类之安乐生活的一种信仰……目前没有可接受的关于该建立条款的解释，更重要的是，同样也没有任何关于该条款的合理解释（无论是否被接受）。这样一来，公民或者他们的政治代表在进行政治活动时，如果他们作出关于为了人类之安乐生活或者与此类似的政治选择，其部分的甚至是完全的出发点在于宗教信仰，或者如果他们以此为基础公开地宣传或者公开地为进行这样政治选择而辩护的话，那么他们行为的合宪性就存在问题了。

555 　　然而，目前的问题更加特殊。一种特定种类的政治理念——一个存在部分宗教性的政治——也就是基督教大公政治，是否违反禁止立教条款仍然是一个悬而未决的问题。关于这个问题——尤其是，关于大公政治对话与该禁止立教条款是否相冲突的问题……对于人类之宗教前提的依赖形式作为大公政治的特点之一，其并不是宗派性或者专制的……在一个非教派的和非专制的路径的背景下对宗教道德［例如巴黎圣母院的詹姆斯·布特查理（James Burtchaell）刻画的那样］进行理解，很难获悉如何对推定存在的"世俗的"和"宗教的"关于人类的假设前提作出区分，前者在政治中的对话角色当然是禁止立教条款能够容忍的，而后者作为政治对话角色，根据对此条款的一些可以想象到的牵强解释，将会被禁止。

迈克尔·佩里，基督教大公对话

道德、政治与法律（1988 年）^{〔7〕}

如果一个人能够参与政治和法律——如果一个人可以利用或者抵抗权力——仅仅因其作为一种关于人类的特定道德／宗教信念的坚定支持者，又如果政治是并且一定是这种信仰的可靠性的一部分，那么我们当中希望参与其中的人，无论是作为理论家还是实践家还是两者兼具，一定要用自我批判的方法来审视我们自己的信仰。我们必须通过与那些不赞同我们信仰的人们进行大公会谈，从而让我们的信念得到检验。简单地说，我们一定要抵制绝无谬误主义的诱惑……在必要的情况下，我们一定要修正自己的信仰直到它们对我们自己来说真正可信，否则的话我们需要经常地与我们的对话者沟通。我们一定要愿意去信任自己的信仰，应当在我们的生活中对其充满信念，而不仅仅表现在我们的争论中或者态度上。当我们驾驭权力或者抵制权力的时候，我们一定要坚守自己的信仰。我们一定要通过让人类本性的问题边缘化或者私人化的办法抵制并设法改变政治的压制。

---

〔7〕 迈克尔·佩里（Michael Perry）：《道德、政治与法律》，牛津大学出版社，1988 年，第 183 页。

评论和问题

关于会谈目的的基本思路，在公共理性的政治理念与大公会谈模式的政治体制之下是否不同呢？

| 附加网络资源： | 参与公共理性的政治对话时是否应当有所限制，关于此问题赞成和反对意见的阅读资料 |

（三）以神的形象被创造

《创世纪》第1章第27节说道："主就照着自己的形象造人，乃是照着他的形象造男造女。"（英王钦定版）政治家以及法官等公职人员援引这一类的宗教概念是否适当是一个值得考虑的问题。

杰里米·沃尔德伦，反恐战争与上帝形象[8]

556

（2007年）

定点暗杀（Target Assassination）

2005年12月，以色列最高法院审查了以色列政府的一项预防性打击政策，即在约旦河西岸（the West Bank）和加沙地带（the Gaza Strip）暗杀恐怖组织成员，即使这些成员没有行动或者参与到恐怖活动中来。[9] 法院要审查这一政策是否非法，请求认为这一政策"违背了国际法、以色列法律以及人类道德的基本原则"和人权。原告是一个以色列人权组织，它声称恐怖组织的成员都是罪犯，但他们应该以被逮捕并加以审判的方式给予惩罚，只有在确实因为自卫的情况下，或者（两者择其一）以色列和巴勒斯坦组织之间发生了武装冲突，这些组织的平民成员在这个时候放弃平民地位而拿起武器并事实上参与了冲突，这两种情况下才可以对其处以极刑。原告声称，在战争法的正常保护范围之外，并没有对非法战斗的平民进行攻击的法律规则。"只有在平民直接并积极参与敌对活动的时候，他才会失去免受攻击的豁免权，并且这种直接参与持续到……该平民返回家里为止……即使他打算晚些时候再次参与敌对活动，他也不再是一个合法的攻击目标，尽管他可以被逮捕并因（他已经做过的事情）而被审判。"这就是原告的主张。

---

〔8〕杰里米·沃尔德伦（Jeremy Waldron）："反恐战争与上帝形象"，于埃默里（Emory）大学法律与宗教研究中心大会"从白银到黄金：法律与宗教的下一个二十五年"（2007年10月24日—26日上宣读）。本论文的修改稿载约翰·维特（John Witte, Jr.）、弗拉克·S. 亚历山大（Frank S. Alexander）主编：《基督教与人权：基本介绍》，剑桥大学出版社，2010年。

〔9〕以色列反酷刑公共委员会与巴勒斯坦人权与环境保护协会诉以色列政府与其他，[2005] HCJ 769/02 (Isr.)。

在一份很长并且显然经过深思熟虑的意见中，以色列最高法院首席大法官（荣誉退休）阿哈龙·巴拉克（Aharon Barak）否决了这项主张。他认为，已经参与并打算参与恐怖活动的人，具备非法战斗者的地位，因此不能排除以色列国防军（IDF）在他们没有事实上参与战斗的情况下对其使用武力的权力："旋转门"现象应该被制止，这一现象是说，每一个恐怖分子都有"祭坛的号角"（《列王纪上》第 1 章第 50 节）来掌握或者有一个可以逃亡的"逃城"（《民数记》第 35：11 节），在那里他获得了免受攻击的豁免，而且他可以休息并为下一轮的恐怖活动进行准备。

巴拉克法官说，对于种种情况，不存在其他的按照个案审查的方式来处理的路径。如，该政策打击的目标参与恐怖袭击的频率如何？他退回到平民生活在什么程度之内才可以被认定为这仅仅是一个休息和准备的机会？强制的替代性逮捕与审判在这种情况下是否是可以实现的？还有，对于那些不是非法战斗者生命损失的担保费用应该是多少？

557　上帝的形象

在这里我对于这些结论的合法性和智慧的讨论并不感兴趣。我对巴拉克法官极其推崇，而且本人也认为这一判决是成熟合理的。不过我感兴趣的是巴拉克在他对案件的意见中作为提醒的内容至关重要的。他承认"本国打击恐怖主义的战斗是这个国家与其敌人之间的战斗"，而且以色列已经因为成千上万直接针对平民的恐怖袭击而丧失了无数平民的生命，并付出了巨大的代价。但是，他同样也认为：

> "不必说，非法战斗者都没有超越法律之外。他们不是'歹徒'。上帝同样是依照自己的形象创造了他们；他们的人格同样也要受到尊重；他们同样也有权根据国际习惯法享有权利并且受到保护。"

"主依照自己的形象创造了他们。"这一参考已经足够清晰了。圣经中，《创世纪》第 1 章第 26—27 节中最经常引用一段话："而且主还说，让我们依照自己的形象创造人类……主就照着自己的形象造人，乃是照着他的形象造男造女。"作为引用率仅次于大洪水之后的诺亚律法的文段，这段话在关于杀人的法律的语境中提醒大家"人的创造是依照上帝的形象"（《创世纪》第 9 章第 6 节）。

但是，我的问题在于，为什么要在这个地方插入这一特定的宗教性引文？在这里，关于人类按照上帝的形象创造出来的引用有什么目的？我相信美国法院在其关于非法战斗者地位的判决里绝不会说出这一类的话：例如，应当对策划并实施"9·11"事件承担责任的人是按照上帝自己的形象创造出来的，和在这场袭击中丧生的受害者完全一样——尽管我们的法官曾经的确用这种方式讲过话，例如麦克莱恩（McLean）法官在里特·斯科特诉桑福德（Dret Scot v. Sandford）一案（作为个人异议）中说："他具有他的造物主的形象……而且这种形象注定永存。"[10] 以色列法院并没有受到我们的哲学家提出的关于公共理性的罗尔斯主义（Rawlsian）的困扰，罗尔斯主义主张在公共生活之中限制宗教考量的引用，而且联邦法院也确实成为这一形式限制的典范。那么，依然是这样的一个问题：这个引用在上述案中是起什么作用的，以及它为巴拉克法官的论述增添了什么内容。

引用人格尊严作为替代性选择

无论如何，副主席里夫林（Rivlin）在相同案件的相同判决中，阐述了一个关于恐怖分子的一个相似的观点，但不是用上帝形象的语句。里夫林法官说：

因此，出发点就是尊重无辜平民的生命……但这不是终点。不可否认非法战斗者自身也具有人格尊严……人格尊严是适用于每个人的一项原则，甚至在战斗和冲突的情况下也是如此。[11]

558

我们知道，巴拉克同样也可以使用关于人格尊严这样明显更加世俗的语言，因为他说："主依照自己的形象创造了他们；他们的人格也同样受到尊重。"因此这里就产生了一个问题：在考虑恐怖主义问题时，对于按照上帝的形象创造人类的引用到底为人格尊严增加了什么东西？

关于国际人权和国际人道法中宗教论据的重要性，我得出了一个推理性的答案和一些更深层次的思考。

弥公会（Mishna Sanhedrin）4.5

对这一问题的推理性答案，引用了犹太人关于证人在死刑案件中会被预先劝诫的传统。法庭会提示证人们，如果被告在一个死刑案件中因为错误或者不可靠的证词而被裁定罪名成立，那么证人的大错即铸成并且不可饶恕。

〔10〕里特·斯科特（Dret Scot）诉桑福德（Sandford），60 U.S. 393, 550（1856）[麦克莱恩（McLean）法官，异议]。感谢哈德利·阿克斯（Hadley Arkes）让我注意到这篇文章：参见哈德利·阿克斯（Hadley Arkes）："洛克纳（Lochner）诉纽约州案与我们法律之构筑"，载罗伯特·P. 乔治（Robert P. George）主编：《宪法的重要案件》，普林斯顿大学出版社（Princeton Univ.Press），2000年，第125页。
〔11〕以色列反酷刑公共委员会，同前注〔9〕，里夫林副主席意见，第5部分。

在死刑案件中，将要被处死之人的鲜血以及该死刑犯（潜在的）后裔的鲜血都会印在证人的头上直至时间的终结……因此第一个人，亚当（Adam）被单独创造出来，告诫我们，谁摧毁了一个生命……就如同摧毁了整个世界。谁挽救了一个人的生命……就如同挽救了整个世界。

虽然有点过，但是，巴拉克法官似乎就在复述这一传统的劝诫，因为上帝形象这一理念往往与犹太观点相联系，上帝像铸造硬币一样按照祂造亚当时候的自身形象铸造了我们。这提醒法院在裁决争议中应谨慎行进，因为这实际上正如死刑案件：关系到流血，并且如果法院错误地准许了这一类刺杀行动，那就不仅是让杀害几个恐怖分子合法化，并且是在整体上和原则上对人类生命神圣不可侵犯的亵渎，它必须（像一个错误的证人一样）由其自己承担这样严重的责任。

弥补我们的不足

对同一问题或许可以进行更直接的阐述。巴拉克的判决第 25 段中关于上帝形象部分的引用的目在于弥补我们的不足。那是为了提醒我们，尽管我们在处置一个外人、一个罪恶的人、一个以色列国家和犹太民族的敌人、一个对我们生命以及我们所爱之人的生命构成威胁的人、一个有机会就要残杀伤害无辜平民的人——尽管我们在讨论那些由于他们自己的行动和意图而理应承担致命武力惩罚的人——然而，我们并不是在讨论一个野兽，一个我们人类之外的种群，或者一个我们可以为了自己的目的（为了挽救我们社会成员生命的目的）而去操纵、折磨或者剥夺的东西。非法战斗者或许是一个威胁、一个外人、一个邪恶又危险的人，但是，他仍然是一个依照上帝形象创造出来的人，这种特性决定了他的一种地位，这种地位为我们应当如何对待他，以及我们应当如何从轻地看待处置他的问题上附加了根本的限制和约束。

因此，我们视其为攻击目标的这个人也是以上帝的形象创造出来的这一前提构成了一种强制性约束的基础，这种基础正需要存在于我们试图主张约束不再适用的情形中，因为我们会认为这个我们正要处置的人并不是我们中的一员，他是我们的敌人，是一个动物或者未开化的人，他已经丧失了根据我们的道德标准可进行任何主张的权利。这种约束力劝告我们小心行事并尊重个人的神圣，即便是在这种极端的情况下……

人权

……难道以某些基本人权来提醒我们自己还不够吗？那些信奉基本人权的人或许已经需要借助于上帝形象理念来说服他们，酷刑是绝对错误的，定点暗杀的政策需要最谨慎的态度来执行。人权是否能成为足够充分的理由来帮助我们抵抗这些倾向？……

作为权利基础的人格尊严？

现在人们或许会认为正是人格尊严的角色实现了这一功能：人格尊严的理念提供了认可人权的基础，提供了在一些疑难案件中，可以援引作为阐释说明的基础。因此，人们会想，我们在强调必要的谨慎注意时，并不需要比里夫林（Rivlin）法官走得更远，也不必做到巴拉克法官那种程度。

我无法确认此种观点。尊严是一个不固定的模糊概念。尊严的观念往往只不过是在重复或者强调人权观念。例如，雅克·马里丹（Jacques Maritain）对于"人类尊严"就发表了这样的看法：

> 这一表述毫无意义，它只不过是指明了：根据自然法，人类有权受到尊重，是权利的主体，拥有权利。[12]

在这篇文章里，正如阿兰·基沃斯（Alan Gewirth）所指出的："尊严的属性没有为权利增添任何东西，那些怀疑后者的人同样会怀疑前者。"[13]

最高程度上，"人格尊严"这一概念表达了固有的人类价值。正如其他身份术语（例如"公民"），它或许确实为引申出权利的进一步推论提供了一个基础；但是和其他身份术语一样——在法律上或者道德上——它也需要为它自己进行进一步的解释和进一步的辩护。当然，在我们的道德总是倾向于去诋毁或者去玷污——更不用说是去野蛮化或者物化——那些为现代社会带来了恐怖威胁的人们的情况下，这些解释和辩护的必要性尤为显著。

不可否认，人格尊严的理念可以表达出很多这里需要被说明的内容，例如，康德主义表明：价值这一概念不能用价格来衡量，也不能用其他物质来交换。[14]但是，即便关于尊严的语言能够表达康德主义关于不存在能与之替换之物的论点，我们仍然需要关于这个论点的论证和辩护。单纯地重复尊严这一术语并不

560

[12] 雅克·马里丹（Jacques Maritain）：《人权与自然法》（The Rights of Man and Nature Law），D·安森（Anson）译，查尔斯·斯克里布纳之子出版社（Charles Scribner's Sons），1943年，第65页。
[13] 阿兰·基沃斯（Alan Gewirth）：《人权：论其辩护与应用》（Human Rights: Essays on Justification and Applications），芝加哥大学出版社（Univ. of Chicago Press），1978年。
[14] "在终结一切的王国里，每一件东西都有价格或者尊严。具有价格的东西可以用其他一些价值相当的东西来替代；另一方面，超越所有价格的以及因此不承认存在任何价值与其相当的东西是尊严。任何能够满足总体人类需要的东西都有一个市场价格……但是这样的一种东西并不能够单纯地由价格构成，它还需要一个内在的价值，这就是尊严。"

能解决问题。

人性尊严的脆弱

真正需要的，是为尊严提供更有力的内在意义作为基础，使其不再如此容易受到攻击……当我们按习惯去处置正好在我们权力范围内那些被我们轻视的人、外人或者作恶之人时，这种基础才能有根据地对我们的处理方式进行客观的谴责。

以上帝形象作为实质性论点的基础

关于上帝形象的主张——假定这是真实的（之后我还会对此作出说明）——其作用范围要比仅仅强调宗教术语中的尊严大得多。它提供了尊严的基础以及其特征，该基础和特征既主观的、又是客观的，并且令人信服。

它在客观存在中将自己展现出来，而并不是我们恰巧关注它或者恰巧承认了它，它存在于人类实际面貌是怎样的这一事实当中，或者——更具体地讲，他们被造物主按照什么样的形象创造出来——人类根据祂的形象被创造，依据这一事实他们应当得到相似的待遇，这种地位神圣不可侵犯。我们不仅仅是聪明的动物，我们中间的恶人也并不仅仅是好的动物变坏：我们的尊严是造物主在创造我们时赋予我们的特定、高级别的待遇，反映了我们与祂的相似性。我们的甚至是恶人的地位，都应当按照如此理解。

"上帝形象"的作用

在我看来，"上帝形象"为了让尊严形成强有力的道德约束，起到了必不可少的基础性作用——而且激励了设置和研究这类强有力的法律约束——我们不需要理会那些看起来明智的和令人信服的处置外人、我们的敌人、恐怖分子以及那些我们归类为"十恶不赦"的人的策略。我们完全可以不假思索地说，恐怖分子在某种程度上有权得到与其无辜受害者同样的、作为人类而享有的关心与尊重；而且我相信，任何寄希望于激励这种状态的措施，都一定要具备这种权利。

一些似乎合情合理的观点在诱惑着我们的立场：①我们可以用不同于对待我们自己人的方式来对待外人；②我们可以以对待无辜人士完全不同的方式来对待有罪的人——这种立场一直以来就建立在以上两种或许合理的出发点上，并出现一些更加充满问题的发展倾向——如人格降低以及将作恶者的人性野兽化——尤其当一个作恶者同时也是一个外人时，在善后方面以及对于公民的尊重方面我们什么也不用做……这就是强有力的诱惑，而且——与之同存着强烈的自以为是的道德观、对我们自己以及自己之无辜受害的担心——这需要通过某些超越自我的态度，甚至是超越"我们的"道德的某种东西来回答，一种源自先于政治、先于社会存在的形态决定了我们本应当被以什么方式对待……

但是如果这不是真的呢？

我不知道离开这个概念以上一切是否仍能成立。希望读者不要误解我的本意。我并不是在说我们应该相信人类是按照上帝的形象制造出来的，因为在道德上这样做是灵验的。（或许宗教信仰有其道德根源：我个人认为为探寻每个人内心的神圣之处所作的努力就是一种对上帝的认可。）但是我们绝不能认为各种宗教主张（比如"人类依照上帝的形象被造"）之所以能被证实并被维护，是因为它们有解释、刻画、支持以及激励人类尊严和人权的规范性作用。我不想表现得过于客观主义。但是宗教主张也需要提供其理由，并且跟所有的原因一样，只有在它们是真实的情况下才可能得到维护。

如果没有上帝（或者说上帝被确信为并不存在），或者如果真相是（或者这样的情况被确信）：上帝并不是按照祂自己的形象造人，而仅仅是按照其他的一种动物的形象创造了人——那么或许就没有什么东西能保证在极端情况下人权的不可侵犯性以及所有人类的根本平等性。我们或许会希望认同人类神圣不可侵犯的某种观念能够挽回并打破这种怀疑，但根据过去八十年的经验这无非是一个遥不可及的目标，正如汉娜·阿伦特（Hannah Arendt）指出的："人类在纯粹抽象的情况下，这个世界上没有任何神圣的东西。"对于阿伦特来说，尊严和权利需要根植于一个既有的政治共同体的深厚实体之中，而这也是她著名的人权怀疑论的基础。但是我选择重点关注下面这种情况：当社会成员不得不面对一些所谓"可牺牲的人"（homo sacer）[15]，对社会来说他们仅是一个陌生人，或者被视为危险的作恶者，处于所有社会共同体的限制范围之外，没有任何社会的或者道德的东西可以用于评价他，唯一有意义的仅是他作为人类这一事实。我们有时候不得不判断，正如以色列高等法院必须决断的，是否应当以及在什么情况下应当杀掉这样的人，如果仅仅因为这个人是一个人而申辩应当被重新裁决，他会发现，正如迈克尔·伊格纳季耶夫（Michael Ignatieff）曾经回应阿伦特和阿甘本（Agamben）的那样，这是一个人对另一个人能够做出的最无力的主张……

562

---

[15] homo sacer，指任何人可对其主张权利、可随意杀害且不受法律制裁，被杀者不能视作牺牲，不可献祭给神。——译者注

附加网络资源：	巴拉克法官在以色列反酷刑公共委员会与巴勒斯坦人权与环境保护协会诉以色列政府及其他（HCJ 769/02）一案中的意见全文，2005 年 12 月 11 日；以及杰里米·沃尔德伦（Jeremy Waldron）表达上述意见重要性的论文全文。麦克莱恩（McLean）法官在里特·斯科特（Dret Scott）一案中的异议

三、宗教对政治的影响

（一）美国

1. 担任公职的宗教条件

禁止宗教标准

附加网络资源：	美国总统政治的部分，包括约翰·F. 肯尼迪（John F Kennedy）、巴拉克·奥巴马（Barak Obama）以及米特·罗姆尼（Mitt Romney）关于宗教对总统影响的演讲

美国宪法第 6 条禁止为联邦官员设定宗教资格标准："前述参议员和众议员，各州议会议员，以及合众国和各州所有行政和司法官员，应受宣誓或作代誓宣言的约束，拥护本宪法；但绝不得以宗教信仰条件作为担任合众国内任何官职或公职的必要条件。"

附加网络资源：	关于宗教条件标准的案例：托尔卡索诉沃特金斯 [Torcaso v. Watkins, 367 U.S. 488 (1961)]（认为公共职位资格中对于信仰上帝的要求违宪）；布斯卡里尼诉圣马力诺 [Buscarini v. San Marino, App. No. 24645/94, Eur. Ct. H.R. (1999 年)]

州内对神职人员担任公共职位禁令的违宪性：麦克丹尼尔诉帕蒂案（McDaniel v. Paty）

美国联邦最高法院，435 U.S. 618（1978 年）

[本案中的焦点在于，田纳西州的一项法令禁止牧师和神父担任州宪法会议的代表。麦克丹尼尔（McDaniel）是一位受戒的牧师，质疑该法律违反了宪法中的自由条款（the Free Clause）。伯杰（Berger）首席法官表达了法院的观点。]

—

根据 1796 年的第一部州宪法，田纳西州取消了牧师出任议员的资格。这一取消资格的条款自从生效之日起一直未经修改；直至成为田纳西州现行宪法的第 9 条第 1 款。州议会在 1976 年田纳西州公共法案第 848 章第 4 部分（ch. 848, §4, of 1976 Tenn. Pub.Acts）援引了这一条款，限制 1977 年制宪会议代表的候选人资格："任何可以出任众议院大会代表的本州公民均有资格成为大会代表的候选人……"麦克丹尼尔，一位查塔努加（Chattanooga）浸信会（Baptist Church）的受戒牧师，提交了作为宪法大会代表候选人的申请文件。另一位竞争候选人代尔马·卡什·帕蒂（Delma Cash Paty）向衡平法院起诉，请求该法院宣告确认麦克丹尼尔无资格担任宪法大会代表，并判决从选票中删除他的名字。衡平法院的弗朗科斯（Franks）法官认为，第 848 章第 4 部分违反了联邦宪法第一修正案和第十四修正案并宣布麦克丹尼尔有资格担任公职代表。根据判决，麦克丹尼尔的名字保留在选票中，而且在随后的选举中，他获得的选票几乎与其他三位候选人所得选票总数持平。

选举之后，田纳西最高法院推翻了衡平法院的判决，认为否认牧师的任职资格并没有为"宗教信仰"增加任何负担，而应被限制的"宗教行动……（仅仅）存在于政府的立法程序中——只有这才是真正为禁止立教条款所禁止的宗教行动……"州的立法考量在于，防止由于牧师参政导致宗教官方化，以及避免由此导致的分裂和政治走上宗教路线的倾向，法院经权衡认为这样的资格否认足够重要，如此实际上也维护了联邦宪法的自由条款。

二

A

否定牧师在立法机构中的任职资格是 7 个初始州奉行的源自英格兰的传统；后来的 6 个新建州同样排除了牧师参与一些政治机构的资格……这些州对神职人员担任公共职位的禁令的最重要的目的在于保证政教分离这一新的政治实践的成功。在 1776 年之前，13 块殖民地中的大多数都有某种形式的官方建立的或者政府资助的教堂。即便是在禁止联邦政府这种行为的第一修正案批准之后，一些州仍照旧执行其已有条款……最迟的马萨诸塞州，直到 1833 年才接受政教分离制度。

纵观历史，同时人们也已经普遍认识到，在那段期间里，牧师在美国、英国和欧洲大陆的公共和政治事务中发挥着不恰当却又往往是主导性的作用，因此某些人坚持要求采取措施确保牧师远离政治生活也就不足为奇了。事实上，早在那段时期，已经有不少著名的思想家和政治家对牧师从政提出了这样的观点。更早些时候，约翰·洛克（John Locke）主张，英国牧师的权力应当被限制于"教堂的范围之内，而不能够扩展到任何非宗教事务当中；因为教堂本身是绝对分离和独立于国家政权之外的一种东西"。托马斯·杰弗逊（Thomas Jefferson）在 1783 年弗吉尼亚州宪法草案中亦坚持这种立场。然而，詹姆斯·麦迪逊（James Madison）对此表示反对并且极力维护自己的立场，他所坚持的立场在我们今天看来，精确反映了第一修正案中宗教条款的精神与目的。对于杰弗逊的观点，麦迪逊如此回应道：

福音的传教士们被排除在外，这岂不是通过剥夺宗教职业者的民事权利而违背了自由这一根本原则？这（没有）违反该草案另一条中使宗教免受政治权力控制的规定吗？如此地剥夺一项权利而又禁止对其进行补偿，这难道不是违反正义？它对传教士们关闭了一扇门，同时却又将这扇门对其他所有人敞开，这难道不是一种对公平的严重践踏？

麦迪逊不是唯一一个明确反对否定牧师任公职资格的人。在排除牧师担任公职的提案刚作出时，约翰·威瑟斯庞（John Witherspoon），一位长老会牧师、普林斯顿大学校长，同时也是唯一一位在《独立宣言》上签字的牧师，作出了有力的抗议，他以讽刺的口吻对该款提出了一项修正案，正如在此受到质疑的问题一样：

任何教派的神职人员，均不应当被选任参议员或者众议员……如果总是如此，那么宪法做出这种规定的真正目的和意义将在于，任何时候，只要能够完全剥夺某位神职人员的牧师资格……比如因诅咒或者发誓、酗酒或者不贞洁而被罢黜，那么他将能够得到作为一个自由公民能享受的所有特权地位；他（作为牧师）的违规行为完全不会对他产生不利后果；相反的，他由此可以被选任为参议员或者众议员，并且应当像议会中他的所有其他同事一样受到充分尊重。

随着政教分离实践的价值渐渐得到认知，曾经认定神职人员不可担任某些政府公职的 13 个州中，有 11 个州开始逐步抛弃这种限制。例如，纽约州在 1946 年州宪法会议中认定，牧师被排除在立法机关之外是一种"恶劣的区别待遇"。到了 20 世纪，只有马里兰州和田纳西州在仍然维持着牧师不适格的条款。1974 年，一个联邦地方法院认定，马里兰州的条款违反了宪法第一修正案和第十四修正案中关于保证宗教自由的规定。自此，田纳西州成为唯一仍然排除牧师担任特定政府公职资格的州。

这类规定在美国的历史变迁实质上表明，除了少数例外，几乎在所有州，选择或拒绝牧师担任政府公职这一事务已完全留给人民的判断力和愿望来解决。

B

然而，通过对神职人员任职禁令发展历史的简要回顾，同样也能充分证明，至少在我们国家的存续早期，这些条款也因其具有一定的理性基础，得到了掌权的美国政治家们的支持。在这种背景下，我们并不会轻易地否决一项根据州宪法某个条款通过的法规，况且它已经得到了该州最高法院的支持……

　　然而，宗教自由的权利毫无疑问应包含下列具体权利：传教、改变信仰以及行使其他类似的宗教职能，换句话说，做本案中麦克丹尼尔牧师已经做到的事情。在默多克（Murdock）诉宾夕法尼亚州案 [319 U.S. 105 (1943)] 和坎特维尔（Cantwell）诉威斯康星州案 [310 U.S. 296 (1940)] 中，田纳西州同样也承认了，本州所有成年公民均有权谋求并担任州制宪会议的议员或立法代表职位。然而，在神职人员任职禁令之下，麦克丹尼尔不能同时行使这两项权利，因为田纳西州的规定将行使其中的一项权利作为行使另一项的基础。或者，用詹姆斯·麦迪逊的话来说就是，田纳西州在"用剥夺其民事权利的方式来惩罚整个宗教界"。田纳西州的做法已经侵犯了麦克丹尼尔的宗教自由权。"通过限制上诉人希望获得的某种利益（包括参加竞选的权利），使上诉人去违背自己宗教信仰中的一项主要原则（放弃他的宗教神职），这实质上已经侵害了他受宪法保护的宗教自由。"谢伯特诉弗纳案（Sherbert v. Verner）[374 U.S. 398, 406 (1963)]。

　　如果田纳西州的这一不适格条款对牧师民事权利的剥夺能被视为是由于他们的宗教信仰所致，那么探究就可以到此为止了。宗教活动自由条款（the Free Exercise Clause）明确禁止政府控制、禁止或者奖赏宗教信仰事务。在托尔卡索诉沃特金斯（Torcaso v. Watkins）一案 [367 U.S. 488 (1961)] 中，马里兰州规定所有"州范围内的营利性或者信托性部门"的工作者都要宣布他们对上帝存在的信仰，法院对这项规定的合宪性进行了审查。马里兰州的请求被推翻，法院并没有对证明其请求的利益进行评估，而是认为它侵犯了宗教信仰的自由。

　　然而，在我们看来，托尔卡索案的结论在此不适用。根据这些条款，田纳西州认定麦克丹尼尔不适格是基于他作为"牧师"或者"神父"的地位。当然，对规定的含义的解释，属于州法律中的问题。尽管对问题的审查没有扩展至州法律的渊源，但是，这一认定根据已暗示了，牧师的地位是根据行为和活动定义，而不是根据信仰来定义。田纳西州的不适格条款的主要根据是地位、行为以及活动，不同于托尔卡索案中以信仰为中心的要求。因此，自由条款绝对禁止侵犯"信仰自由"的规定在这里不适用。

　　当然，这并不意味着不适格条款通过了司法审查或者说麦克丹尼尔的活动不受第一修正案的保护。法院最近在威斯康星州诉约德（Yoder）一案 [406 U.S. 205, 215 (1972)] 中宣布：

　　通过对此问题的各种书面或口头讨论，其实质在于说明，只有当那些处于最高层级的利益，在用别的方式都无法达成时，才有可能超越宗教自由的要求。

田纳西州声称，由于其目的在于防止官方宗教的建立，符合禁止立教条款的目的价值，因此属于最高利益层级范围内。一些州的宪法历史表明了一个总体趋势，阻止宗教干预政治的价值考虑推动了牧师不适格条款的采用，田纳西州也不例外。然而，没有必要去探究这种价值是否可以作为一个可容许的立法目的，因为田纳西州无法证明，其认为神职人员参与政治活动具有危险性这一观点，如今仍然与当初一般具有正当性。田纳西州对牧师进行限制的基本理论核心在于，如果被选为公职人员，他们必然会发挥其权力和影响力推进某个教派的利益或者阻碍其他某个教派的利益。损害一个教派从而让另一教派受益，这就违背了政教分离原则中的中立性要求这种观点在 18 世纪相当盛行，而且也得到了当时很多著名政治家的支持，但是无论如何，美国的政治实践并未表明，如果牧师出任公职人员，在政教分离问题上会比其非神职的同事更加不谨慎，或者更不忠于自己的誓言，这种担忧没有得到有说服力的证实。

我们认为，第 848 章的第四部分侵犯了第一修正案赋予麦克丹尼尔的宗教自由权，同时，违反了第十四修正案。因此，应当撤销田纳西州最高法院的判决，将本案发回法院重审，之后的审判程序不得得出与本裁决观点相悖的结论。

撤销并发回重审。

关于神职人员担任公职的禁令

一些宗教规定其神职人员不得担任公职。例如，罗伯特·德赖南（Robert Drinan），一位马萨诸塞州的议会成员，在 1980 年被罗马教会耶稣会告知，他必须从议会中辞职，否则就不得担任牧师。于是，他从议会辞职并继续担任牧师，在乔治敦大学教授法律直至其 2007 年去世。

再来看一下德国宪法法院 1976 年判决的不来梅福音教会案（Bremen Evangelical Church Case）。不来梅福音教会法中的一个条款要求，该教会的所有牧师在被选任某一公职机构［"Bundestag（德国议会），或者任何其他州或者地方的立法机构"］职位时，其在职期间需从牧师岗位上离任。不来梅宪法法院认为，该规定违反了德国宪法，根据德国《基本法》第 48.2 条之规定，"被选入德国议会的人员不得因为他们服务议会的意愿而被从其原有职位上解雇"。然而，联邦宪法法院推翻了这一决定，认定"教会'相对于其他大型社会团体而言，同政府间承担着一种完全不同性质的关系'"，同样的，法院不应当干预教会的内部事务。联邦宪法法院将政教关系解释为"不完美的分离"，并且是一种合作性关系，而非敌对。基于对教堂与国家权限界限的清楚划分，以及对基本性法律（包括如第 43.2 条这样的宪法性条款）扩大适用的限制，联邦宪法法院得出结论：出于对宗教自治的尊重，教会法要求牧师在出任公职的时候不得同时担任神职的条款应当得到支持。

2. 宗教涉入政治问题以及重要的全国性论战

（1）限制教会的政治活动

回顾第十二章，美国国税局对教会政治活动进行了限制规定，作为它们获得税收豁免待遇的条件。在近些年的发展过程中，一些牧师故意违反美国国税局的这些规则来刺激它撤销他们的免税待遇，从而提起诉讼质疑国税局规定的合宪性。

事实上，这些问题要回溯到共和国建立之初，更为关键的是，它或许对于第一修正案的制订具有重要的意义。对此，马克·斯卡伯里（Mark Scarberry）在最近的一篇文章中提及著名的弗吉尼亚州浸信会教友约翰·利兰德（John Leland），谈到在协助麦迪逊使 1788 年 3 月弗吉尼亚州公约获得通过以及使其在次年 2 月的第一届国会选举中获胜他所起到的作用：

当然，禁止立教条款直到 1791 年还没有成为宪法的一部分；因此，利兰德的行为提前了一步，在理论上已经违反了它的目的。不过，考虑麦迪逊对于禁止立教条款的态度是否清楚地表明利兰德所做的工作，尤其是他为帮助麦迪逊入选第一届国会作出的努力，是非法的。很难相信，麦迪逊会将禁止立教条款理解为创设一堵分离之墙，用以阻止（或者不支持）类似这种曾助他赢得选举进入第一届国会的政治活动，并积极推动禁止立教条款适用；利兰德作为一名宗教领袖而参与了一系列政治活动，这些政治活动对于让麦迪逊进入国会以及《权利法案》的提出来说具有非常重要的意义。事实上，利兰一生都是一名坚定的杰斐逊共和党人士（在后来成为一名杰克逊民主党人）并且一直利用其作为很受欢迎的浸信会牧师身份的宗教影响力来推行该政党的纲领——显然，他没有受到杰斐逊、麦迪逊、梦露（Monroe）、杰克逊以及凡·布伦（Van Buren）的反对——直到他在 1842 年去世。最起码，利兰德在推动《权利法案》的提议方面所起的巨大作用，让人们对禁止立教条款在限制或者阻止宗教领袖以及宗教团体参与政治活动方面的作用产生了怀疑。[16]

---

〔16〕马克·S. 斯卡伯里（Mark S. Scarberry）："约翰·利兰与詹姆斯·麦迪逊：宗教对于批准宪法和权利法案提案的影响"（John Leland, and James Madison: Religious Influence on the Ratification of the Constitution and on the Proposal of the Bill of Rights），载《美国宾州州立大学法学 113》（113 Penn. State L.），2009 年修订，第 733、737—738 页。

评论和问题

568 宗教领袖可以在多大程度上支持某一特定的政治问题？他们是否可以支持并且服务于某位特定的候选人？宗教和国家的分离达到怎样的程度才算实现了政教分离？

附加网络资源：	一些牧师在"自由星期日讲坛"上支持共和党人约翰·麦凯恩（John McCain）的新闻报道，以及美国国税局对此的回应

（2）宗教在支持与消灭奴隶制中扮演的角色

乔恩·米彻姆（Jon Meacham）《美国福音：上帝、开国元勋以及国策》[17]

（2006 年）

恪守承诺

1862 年 9 月 22 日，星期一，在白宫二楼的内阁会议上，林肯总统看起来有些窘迫。他尽力要去说明现在已到颁布《解放宣言》的时机，但是并不确定其他人是否都能够理解。那是一个残酷而又令人恐惧的军事战乱时期；上一个周三将会作为战争中最血腥的一天而载入史册，因为马里兰州的安蒂特姆（Antietam）一役。目前南方联盟军队赢得战斗，阻止了联邦军队的前进。现在，面对他的内阁成员，林肯要告诉他们应当做什么，以及为什么要这样做。根据财政部长萨蒙·P.蔡斯（Salmon P. Chase）的日记记录，林肯当时这样说："当叛军到达弗雷德里克（Frederick），我已决定，一旦叛军被驱逐出马里兰州，将尽快颁布《解放宣言》……虽然没有告诉任何人，但是我对自己做出了承诺，而且（犹豫了一下）对造物主亦做出了承诺。"

他已经向上帝起誓，林肯说，正是如此。"叛军现在已被驱逐，那么我将要履行我的承诺了。"蔡斯的记述得到了其他人的支持：林肯总统选择在那个特殊的时刻解放奴隶，是因为，他已经与全能的上帝达成了协议。

理查德·卡沃迪恩（Richard Carwardine）：《林肯：充满决心与力量的一生》

（2003 年）

林肯总统将他 19 世纪 50 年代提出的论点，植根于《独立宣言》之中。对林肯总统来说，《独立宣言》不仅仅是某个时期之内的对其政治诉求的表达，它

---

〔17〕乔恩·米彻姆（Jon Meacham）：《美国福音：上帝、开国元勋以及国策》，兰登出版社，2006年，第 116—117 页。

更接近于对一个普遍性原则的陈述，亦与他个人信仰的核心因素相契合：信仰上帝，上帝平等地创造了人类，人类之间的各种关系建立于正义原则的基础之上。

林肯总统在《创世纪》中找到了《解放宣言》的圣经基础：如果人类是依据上帝的形象而创造，那么"造物主的正义"应当扩展到平等适用于"祂所有的创造物以及整个人类大家庭"。正如他在伊利诺伊州的刘易斯敦（Lewistown）的演讲中提到的，开国元勋们宣布"印刻着神之形象的事物被送到这个世界上不是为了被其同伴践踏、侮辱和残忍对待的"。在确立《解放宣言》中显而易见的真理时，他们为"遥远的未来"提供了一个抵制"派系"或者"利益集团"的论点基础，反驳"只有富人或者只有白种人，才拥有享受生活、自由以及追求幸福的权利"这种观点。支持这一文件，方能确认"真理、正义、仁慈以及人道和基督教所有的美德……将不会在地球上消失"。[18]

（3）宗教在民权运动中的角色

对于宗教在民权运动中发挥出的重要性，怎么强调亦不为过。以下片段摘自马丁·路德·金（Martin Luther King, Jr.）的两篇代表性文献：他于 1963 年 8 月 28 日在华盛顿哥伦比亚特区林肯纪念堂台阶上所作的演讲"我有一个梦想"（I Have a Dream），以及他的《来自伯明翰监狱的信》（Letter from Birmingham Jail）（段末括号内注明了金在演讲中援引的圣经内容）。

马丁·路德·金，《我有一个梦》

（1963 年）

……现在是实现民主诺言的时候。现在是走出幽暗荒凉的种族隔离深谷、踏上种族平等的阳关大道的时候。现在是向上帝所有的儿女开放机会之门的时候，现在是把我们的国家从种族不平等的流沙中拯救出来、置于兄弟情谊的磐石上的时候……[对照《罗马书》（Romans）8：16]

当我们行动时，我们必须保证勇往直前。我们不能后退……不！我们现在不满意，我们将来也不会满意，直至公正似水奔流，正义如泉喷涌。[《阿莫斯书》（Amos）5：24]

我并非没有注意到，你们有些人历尽艰难困苦来到这里。你们有些人刚刚走出狭小的牢房，有些人在你们定居的地方因追求自由而遭受迫害风暴袭击，

---

[18] 理查德·卡沃迪恩（Richard Carwardine）：《林肯：充满决心与力量的一生》（lincoln: A Life of Purpose and Power），兰登出版社（random house），2006 年。卡沃迪恩广泛的撰写了宗教对亚伯拉罕·林肯总统的影响；例如，参见同上，第 274—279 页以及第 296—297 页。

遭受警察暴虐狂飙摧残。你们饱经风霜，历尽苦难。继续努力吧，要相信：无辜受苦终得拯救……［对照《希伯来书》(Hebrews) 9: 12]

我们切不要在绝望的深渊里沉沦。朋友们，今天我对你们说，尽管眼下困难重重，但我依然怀有一个梦，这个梦深深植根于美国梦之中。

我梦想有一天，这个国家将会奋起，实现其立国信条的真谛："我们认为这些真理不言而喻，人人生而平等。"

我梦想有一天，在佐治亚州的红色山岗上，昔日奴隶的儿子能够同昔日奴隶主的儿子同席而坐，亲如手足。

我梦想有一天，甚至连密西西比州——一个正义匿迹，压迫成风的荒漠之洲也会改造成为自由和公正的青青绿洲。

570　　　　我梦想有一天，我的四个小女儿将生活在一个不是以皮肤的颜色，而是以品格的优劣作为评判标准的国度里……

我今天有一个梦想。

我梦想有一天，深谷弥合，高山夷平；坎坷曲折之路成坦途，圣光披露，满照人间。（对应《以赛亚书》40: 3—5）

这就是我们的希望。这是我将带回南方去的信念。有了这个信念，我们将能从绝望之岭开采出希望之石。有了这个信念，我们将能把这个国家嘈杂刺耳的争吵声，改变成为一支洋溢手足之情的悦耳交响曲。有了这个信念，我们将能一起工作，一起祈祷，一起斗争，一起入狱，一起维护自由；因为我们知道，终有一天，我们将获得自由。

在自由到来的那一天，上帝的所有儿女们将以新的含义高唱这支歌："我的祖国，美丽的自由之邦，我为您歌唱。这是我们父辈逝去的地方，这是最初移民者骄傲的地方，让自由之声响彻每个山冈。"……

当我们让自由之声轰响，当我们让自由之声响彻每一个大村小庄，每一个州府城镇，我们就能加速这一天的到来。那时，上帝的所有儿女，黑人和白人，犹太教徒和非犹太教徒，耶稣教徒和天主教徒，都将携手，同唱那首古老的黑人灵歌："终于自由啦！终于自由啦！感谢全能的上帝，我们终于自由啦！"[19]

马丁·路德·金，《伯明翰监狱来信》

……被压迫的人民不堪永远遭受压迫，争取自由的浪潮终将到来。这便是

〔19〕说明：1999 年 5 月 26 日被收入美国公共广播道格拉斯档案（Douglass Archives）(http://douglassarchives.org)，由 D. 奥廷搜集整理（http://nonce.com/oetting）。

美国黑人的经历。存于内心之物提醒他们，要记得自己天赋的自由权；存于身外之物提醒他们，要记得自己能够取得这权利。无论是否意识到，他们已经具备了时代精神，并与他的非洲黑人兄弟以及亚洲、南美洲、加勒比海的棕色人种、黄种人兄弟一样，美国黑人正急切地朝向承诺的种族平等之地前进……黑人承受了很多被压迫的不满和潜在的挫折，这些必须得到释放……如果这种压抑的情绪没有以一种非暴力的方式释放出来，那么他们将会寻求暴力的方式来释放情绪；这不是一种威胁，而是历史事实。因此，我没有对我的同胞说："打消你们的不满。"与此相反，我尝试着去说明，这种正常、健康的不满情绪能够通过创造性的非暴力的直接行动得到排解。目前，这种途径却被视为极端主义。

571

尽管起初我因为自己被归类为极端主义者而感到失望，然而当我继续思考这一问题时，我却渐渐为自己被看做极端主义者而略感欣慰。难道耶稣不正是一个在博爱方面的极端主义者吗？——"爱你的敌人，祝福诅咒你的人，为虐待你的人祈祷。"难道阿摩司（Amos）不正是争取公正的极端主义者吗？——"让公正如洪水，正义如激流滚滚而来。"难道保罗（Paul）不是传播耶稣基督福音的极端主义者？——"我在自己的身体上带着主耶稣的痕迹。"难道马丁·路德不是极端主义者？——"我站在这里；我别无选择，所以拯救我吧，上帝。"……所以问题不在于我们是否要做极端主义者，而在于我们要做什么样的极端主义者。我们要做服务于仇恨的极端主义者还是服务于博爱的极端主义者？我们要做维护不公正的极端主义者，抑或是为正义事业而奋斗的极端主义者？在卡尔弗利山（Calvary's hill）的那戏剧性的一幕中，三个男人被钉死在十字架上。我们不能忘记，这三个人都是因为同样的罪名而被处死——极端主义罪。其中两人是不道德的极端主义者，他们的人格低于周围的人。而另一个，耶稣·基督（Jesus Christ）则是一个爱、真理与善良的极端主义者，他的人格高于其周围的人。或许南方、这个国家以及世界都极度地需要创造性的极端主义者……

……怀着极度的失望，我为教会的散漫而哭泣。但是，我确定我的泪水是爱的泪水。是的，我爱教会。不然我还能怎么做呢？作为传道者们的儿子、孙子和曾孙子，我处于一个非常特殊的地位。是的，我将教会视为基督的身体。但是，哦！由于社会性的忽视和作为新教徒的恐惧，我们已经严重玷污和伤害了这个身体……

在这个决定性的时刻，我希望教会作为一个整体能够应对挑战。但即便教会不去援助正义，我对未来也不感到绝望。即使我们的动机目前被误解，我对我们在伯明翰斗争的结果也不感到担忧。我们将在伯明翰和全美国达到自由的目标，因为美国的目标就是自由。虽然我们可能被辱骂被嘲笑，我们的命运与美国的命运紧密相连……如果那极度残酷的奴役制度不能够阻止我们，我们目前的对手将会失败。我们将会赢得自由，因为我们国家的神圣遗产和上帝永恒的意志一直包含在我们不断回响的强烈要求之中……

……总有一天，南方会认识到它真正的英雄是何人。他们将是詹姆斯·梅雷迪思们，以巨大的勇气和坚定的意志面对暴徒的嘲笑和敌视……他们将是年老的、饱受压迫欺凌的黑人妇女……他们将是年轻的大中学学生、年轻的福音传教牧师和大批年长者，勇敢而又和平地在便餐柜台边静坐抗议，为了问心无愧宁愿坐牢。总有一天，南方会明白，当这些被剥夺继承权的上帝的孩子们在便餐柜台坐下时，他们实际上是为实现美国梦的最佳理想、为犹太—基督教传统最神圣的准则挺身而出，从而把整个国家带回到民主的伟大源泉，由建国的先辈们在拟定宪法和独立宣言时所深深开掘的源泉……

572　　……让我们期盼种族偏见的乌云很快飞走，误解的浓雾从我们担惊受怕的居民区消散；让我们期盼在不远的明天博爱和兄弟情谊的灿烂星辰将以美丽的光华照亮我们伟大的国家。

为了和平与兄弟情谊，马丁·路德·金[20]

评论和问题

宗教对奴隶制和民权运动的影响和宗教对人工流产、环境保护、同性恋权利等当代政治问题的影响相比，孰多孰少，抑或同样多？

附加网络资源：	关于宗教对民权运动和反对人工流产运动的讨论方面的资源

（4）宗教对堕胎政策的影响

哈里斯诉麦克雷案（Harris v. McRae）

美国联邦最高法院，448 U.S. 297（1980 年）

[一项联邦法律（以下简称《海德修正案》[Hyde Amendment]）否决了针对大多数人工流产的医疗补助基金，这项法律被指违反禁止立教条款，因其与罗马天主教会宗教教义相一致。斯图尔特（Stewart）法官撰写了多数人意见。]

---

[20] 根据马丁·路德·金后人的整理重新印刷，交纽约作家出版社（Writers House 作为所有者的代理）印制。

三

B

被上诉人还认为《海德修正案》侵犯了第一修正案中宗教条款（Religion Clause）所保护的权利。根据被上诉人的观点，《海德修正案》违反了禁止立教条款，法案中融入了罗马天主教会关于堕胎有罪以及生命开始时刻的教义。另外，一个女人作出接受医学流产的决定，可能是因为她所信仰的特定基督教或犹太教教义之中包含了让她这样做的要求。因此被上诉人声称，海德修正案的资金限制侵犯了宗教活动自由条款保护的宗教自由。

无可争议的是，"如果一项法律具备一个世俗的立法目的，并且其主要或首要效果既非促进亦非抑制宗教，那么这样的立法规定不违反禁止立教条款"［公共教育委员会诉里根（Committee for Public Education v · Regan）案，444 U.S. 646, 653］。根据这一标准，地区法院恰当地得出结论，认为《海德修正案》没有与禁止立教条款相冲突。尽管从宪法的层面来看，州和联邦政府都不能"通过任何法律，以支持某一个宗教、支持所有宗教或者偏向两个宗教之中的一个"［艾弗森案（Everson）］，不能因为"一部法律碰巧与某种宗教教义部分或全部类似或者一致"就得出结论认为该法律违背了禁止立教条款［麦高恩案（McGowan）］。例如，犹太—天主教会反对偷窃，并不意味着根据禁止立教条款，州政府或者联邦政府就不能制定执行禁止偷窃的法律。正如地区法院指出的，与其说海德修正案中融入了某个宗教的教义，还不如说它是对流产的"传统主义"价值观的一种反映。总体上说，《海德修正案》中的资金限制措施或许确实与罗马天主教会的一些教义不谋而合，但在没有其他更多证据的情况下，我们确信它不能构成对禁止立教条款的违反。

573

关于被上诉方提出的宗教活动自由条款问题，在此不需要进行实体上的讨论，因为被上诉方不具备对《海德修正案》提出违背宗教活动自由条款之诉的资格……

评论和问题

与关于支持或者反对宗教对政治选举活动存在影响的论证相比，关于民权运动和流产问题的论证是否有所不同？

（5）反映了天主教禁止离婚的爱尔兰法律

在约翰斯顿诉爱尔兰（Johnston v. Ireland）一案[21]中，欧洲人权法院认为不应将欧盟公约第9条适用于爱尔兰一项禁止离婚的法律，虽然该法反映了占

---

［21］App. No. 9697/82, Eur, Ct. H.R.（1986 年 12 月 18 日）。

主导地位的天主教会的社会训导及其教义。在一份部分反对、部分并存的意见中，德·梅耶尔（De Meyer）法官认为"并不是所有天主教徒和非天主教徒的信仰中都存在禁止离婚这一规则，而法律却对所有的这些人具有强制力"，况且"法律与梵蒂冈教会和其他地方所宣称的宗教自由原则不同，人们不可能自由决定是否遵守某项法律"。他接着说道："要将一项苛刻的制度合法化，不需要满足其与大多数公众的真实愿望和要求相一致。法院同样也认为'尽管个人利益在偶然的情况下要服从于集体利益，然而民主并不仅仅意味着多数人的意见一定总是能够占优势：一定要达到一种平衡，确保少数群体能得到公平与合理的对待，并且避免任何主导地位的滥用'。"在该判决被作出十年后，1997年2月，《1996年家庭法（离婚）法令》[the Family Law (Divorce) Act 1996] 获得通过，使离婚在爱尔兰合法化。全民公决中主张废除宪法中禁止离婚规定的意见以0.6%的优势获胜，对这一结果的争议一路诉至爱尔兰最高法院，该法令在1997年最终生效。[22]

3. 公民宗教：公开仪式与公告中的宗教

很多国家，宗教文化背景的影响往往体现在公共生活中。在美国，这表现在很多方面：总统的就职演说中对神的提及、国家箴言（"我们信仰上帝"）、对美国的效忠誓言（……在上帝之下的这个国度……），以及几乎每个总统演讲结束时都会用到的"上帝保佑美国"这种说法。在俄罗斯，宗教因素往往出现于与国家元首有关的正式政治事务中。在其他国家，公民以其他的方式表达出来。在法国，甚至存在一种观点认为世俗主义（laïcité）也已经演变为一种公民宗教。在上述每一种情况下，国家既要承认宗教在本国历史和文化中的作用，又需要避免国内的少数群体由于国家的这种承认而感到受排挤或者不满，这两者之间一直存在着难以协调的紧张关系。

对国家格言的评注

南北战争时期，为了响应宗教在公共生活中应受到更广泛承认的要求，国务卿（同时也是未来的首席大法官）萨蒙·P.蔡斯（Salmon P. Chase）命令国家造币厂起草"一句格言用以表达我们人民对上帝的信仰"。[23] 1864年，这句格言演变成为："我们信仰上帝。"（In God We Trust）西奥多·罗斯福（Theodore

---

[22] 珍妮·伯利（Jenny Burley）、弗朗西斯·里根（Francis Regan）："爱尔兰离婚：恐惧，闸门与现实"（Divorce in Ireland: The Fear, the Floodgates and the Reality），16 Int' l J. L. Pol' y & Fam., 2002年，第202页、第212页。

[23] 安森·菲尔普斯·斯托克斯（Anson Phelps Stokes）、莱昂·普费弗（Leo Pfeffer）：《美国的政教关系》（Church and State in the United States），格林伍德出版社（Greenwood Press），1964年修订版，第1卷，第568页。引自约瑟夫·考芬（Joseph Coffin）：《我们的美钞》（Our American Money），考德—麦卡恩出版社（Coward-McCann），1940年。

Roosevelt）总统希望能够设计一句不包含这种表述的新句子，因为这种用法更可能带来对神明的亵渎而非敬畏，但是国会仍然通过一项立法，要求将该格言铸刻在硬币上。[24] 1955 年国会扩大该法的适用范围，要求在所有的纸币上也印上"我们信仰上帝"这一格言。[25] 1956 年国会通过了一项议案，将"我们信仰上帝"指定为国家箴言[26]，以此来取代先前事实上（而不是在法律上）的国家格言"合众为一"（E Pluribus Unum）。差不多在同一时期，1954 年，国会在《效忠誓言》（Pledge of Allegiance）里加上了"在上帝之下"的字眼。[27]

法学教授威廉姆·凡·阿尔斯泰恩（William Van Alstyne）论证道，这两句格言反映了非常不同的关于美国社会中教会与国家关系的理念，"从我们原先的拉丁文格言表达的理念——这是一个高度多样化但平等对待各州与人民的国家——到现在，成为一个政府以日益高涨的热情用明显的宗教因素来重新树立 575 自己形象的国家。"[28] 凡·阿尔斯泰恩指出：

> 关于新生国家的格言，由富兰克林（Franklin）、亚当斯（Adams）和杰斐逊（Jefferson）在大陆会议委员会报告中提出，并在美国 1782 年国玺中采用的是"合众为一"（E Pluribus Unum）。在新硬币上的原始图例，首次使用于大陆美元，继而在费城 1787 年发行的福吉欧（fugio）铜币上铸造的是"做好自己的事"（Mind Your Business）。国玺侧边雕刻的是"世界新秩序"（Novus Ordo Seclorum）。政教分离保证了个人不需要对这个政府有所依赖，无论他自己的信仰或者个人哲学是什么，因为它是一个时间性的政府而不是与牧师、有神论或者教会相混同。[29]

---

〔24〕安森·菲尔普斯·斯托克斯（Anson Phelps Stokes）、莱昂·普费弗（Leo Pfeffer）：《美国的政教关系》（Church and State in the United States），格林伍德出版社（Greenwood Press），1964 年修订版，第 1 卷，第 568 页。引自约瑟夫·考芬（Joseph Coffin）：《我们的美钞》（Our American Money），考德 - 麦卡恩出版社（Coward-McCann），1940 年。第 570 页。引自《美国法详述》（U.S. Statutes at Large）20—15，1908 年，第 1 部分，第 164 页。

〔25〕同上，引自《美国法典》（U.S. Code），第 31 编，第 324 条 a 款。

〔26〕同上，引自《美国法典》（U.S. Code），第 36 编，第 186 条。

〔27〕1954 年 6 月 14 日法案，68 Stat. 249，第 297 章，参见 4 U.S.C. 4 § 4（目前效忠誓言的文本）。

〔28〕威廉姆·凡·阿尔斯泰恩：《最高法院的评论与动向：杰斐逊先生摇摇欲坠的高墙——对林奇诉唐纳利一案的评论》（Comments, Trends in the Supreme Court: Mr. Jefferson's Crumbling Wall—A Comment on Lynch v. Donnely），Duke L. J.，1984 年，第 770、771 页（1984）。又见威廉姆·P. 马歇尔（Willem P Marshall）："政教分离的限制：国家危机与悲痛时刻的公共宗教表达"（The Limits of Secularism: Public Religious Expression in Moments of National Crisis and Tragedy），78 Notre Dame L. Rev. 11, 16 & n.34 (2002).

〔29〕威廉姆·凡·阿尔斯泰恩，同注〔28〕，第 774 页。

凡·阿尔斯泰恩指出，以国家政策来辨明宗教真谛的趋势，"非常令人惊讶，考虑到废除死刑的运动即因宗教而起，南北战争中的南方同盟的联合起因也可能与天主教象征主义的同化相混合，该天主教理论因此会成为起因的一部分。"[30]

附加网络资源：	市民宗教的模块，包括公共申明、关于市民宗教在不同国家中的辩论、关于是否援引神性可以被包括进欧盟宪法中的辩论，以及很多其他的例子

（二）欧洲

有宗教性的政党与民主秩序

繁荣党等诉土耳其［RefahPartisi（Welfare Party）and Others v.Turkey］

欧洲人权法院，App. Nos. 41340/98, 41342/98, 41344/98

（大陪审团决议，2003 年 2 月 13 日）

［上诉人特别声称，土耳其宪法法院解散繁荣党以及中止在关键时期担任繁荣党领导人的其他上诉人的特定政治权利，违反了公约第 9、10、11、14、17 和 18 条以及《第一议定书》第 1 条和第 3 条。1995 年大选中，繁荣党成为土耳其的最大政党，拥有大国家议会 450 席中的 158 席。此后不久，繁荣党与偏右翼的正确道路党（True Path Party）建立联合政府，掌握了政府实权。1997 年 5 月，首席国家律师向土耳其宪法法院起诉，要求解散繁荣党。针对繁荣党的指控包括：其领导人在学校推崇穿戴伊斯兰头纱（这与宪法法院的规定相冲突）；繁荣党领导人，内吉梅丁埃尔巴坎（Necmettin Erbakan），曾经提议废除土耳其的政教分离制度；他敦促支持其党派并声称只有其党派能够通过圣战（jihad）建立起《古兰经》至高无上的地位；另外，还在首相府接见了伊斯兰运动领袖们。繁荣党的其他领导人则号召以神权的法律体系取代世俗的政治体系。有人声称如果试图关闭神学院，那么将会"血流成河"。有人指出他们将会战斗，直至推行伊斯兰教的完成，并号召建立一个复式的法律体系。1998 年 1 月，宪法法院解散了繁荣党，没收其财产并禁止其领导人几年之内在其他党派中担任职位。宪法法院作出该裁决是基于世俗主义是民主必不可少的条件之一。在土耳其，由于国家的历史经验以及所存在的伊斯兰特征，世俗主义原则受到宪法保护。根据法院的观点，伊斯兰教的规则与民主体系不匹配。世俗主义原则要求国家不得明显地对某一宗教或信仰有所偏好，并且构成了信念自由以及法律面

576

---

[30] 威廉姆·凡·阿尔斯泰恩，同注〔28〕，第 786 页。

前人人平等理念的基础。这一解散决定发布后，繁荣党以及其一批领导人向斯特拉斯堡（Strasbourg）法院提交了起诉申请。2001 年 7 月 31 日，（欧洲法院）作出了判决，以 4 比 3 的投票结果认定土耳其宪法法院没有违反《公约》第 11 条，并且全体一致认为没有必要单独审查政府行为是否违反公约第 9、10、14、17 以及 18 条与《第一议定书》第 1 条和第 3 条。该案随后提交至大陪审团进行裁决。]

Ⅰ 指控违反公约第 11 条

49. 上诉人声称解散繁荣党并且暂时禁止其领导人……在任何其他政党中担任类似职位，侵害了由公约第 11 条赋予的自由结社权……

A. 是否存在干预

50. 当事人各方均认同，繁荣党的解散以及其他相应的措施构成对上诉人行使其自由结社权的干预。法院也赞成这一观点。

B. 干预是否正当

51. 这种干预将构成对第 11 条的违反，除非它是"根据法律的规定"，追求一个或者更多的该条第 2 款中设定的合法目标，并且为了达到这些目标而作出的干预行为"在一个民主社会中是必要的"。

1. "由法律规定"……

577

(b) 本院观点

58. 在本案中，本院认为，该争议是国内法关于政党活动是否具有合宪性的问题，并且属于宪法法院的管辖权范围之内。因此判断这种干预是否系"由法律规定"所应参照的成文法是土耳其宪法。

59. 根据宪法第 68 条的规定，该行为违反了平等性原则以及尊重民主、世俗共和的要求，无疑构成违宪，这一点各方均无异议。各方同样不否认，当政党违反宪法第 68 条成为违宪行为的焦点，宪法法院对于解散政党具有专属管辖权。另外，宪法第 69 条（1995 年修订）明确赋予宪法法院专属权力，以判断一个政党是否成为违宪活动焦点……

61. 上诉人在进行反世俗活动或者通过其拒绝让自己远离世俗活动时，是否必须已经意识到在他们的案件中直接适用宪法的可能性以及预见到自己行为的风险性这一点有待法院进一步审理决定……

62. 法院接下来将作为法律文件规范对象的上诉人地位进行了分析。繁荣党属于一个大型政党，配备熟悉宪法和政党管理法规的法律顾问……

63. 既然如此，如果繁荣党领导人及党员参与了反世俗活动，本院认为上诉人能够合理预见到他们冒着党派被解散的风险。

64. 因此，该干预符合"法律规定"。

2. 合理的目标……

67. ……考虑到政教分离主义原则对于土耳其民主体系的重要性，繁荣党的解散符合公约第 11 条列举的几项合法目标，具体而言，包括保护国家安全以及公共安全、阻止骚乱或者犯罪以及保护他人的权利与自由。

3. "对一个民主社会的必要性"……

(b) 本院观点

(i) 基本原则

(α) 公约体系下的民主与政党

86. 关于民主与公约之间的关系的问题，法院已经……作出如下认定：

"毫无疑问，民主是欧洲公共秩序的基本特征……"

578 显然，这一点首先从公约的序言中就能看出，它在公约与民主之间建立起了明确的联系……

89. 本院认为，没有多元化就不会存在民主。正是基于这一原因，第 10 条第 2 款中的言论自由，不仅适用于善意的、被认为是无害的或者无关紧要的"信息"或者"思想"，而且还应当适用于那些具有冒犯性、冲击性或者扰乱性的言论……

93. 在对土耳其［在适用关于宗教的公约原则］时，公约机制表达了这样的观点，政教分离原则当然是一个国家的根本性原则，它与依法治国以及对人权与民主的尊重并行不悖……

(γ) 可能施加的限制以及在欧洲的严格监督

96. 当某个社团通过其活动威胁到一个国家的制度体系时，公约第 11 条以及第 9 条、第 10 条所保护的自由，不能剥夺政府采取手段维护国家制度的权力。在这种情况下，法院指出，以往的判决在保护民主社会与保护个人权利的要求之间做了一些变通，这些变通是公约体系应有的内在之义。

98. ……法院认为，一个政党只有在满足以下两个条件时，可以提议对国家法律或宪法结构进行改革：首先，实现这一目标的方式必须合法且民主；其次，该改革提议本身必须与民主这一根本性原则相一致。其必然结果就是，如果一个政党的领导人们鼓吹暴力，或者其推行的政策无法保证民主或者意在破坏民主以及藐视民主所认同的自由和权利，那么其将因为上述原因受到处罚，并且无权主张公约的保护。

99. 不能排除这种可能性，一个政党在主张公约第 9、10 以及 11 条所保护的权利的时候，会试图利用由此派生的权利去破坏公约所倡导的权利与自由，并因此造成对民主的破坏……

（δ）成员的言论与行为对政党的可归责性

101. 法院进一步认为，不能将一个政党的宪章与执政纲领视为判断其目的与意图的唯一标准。成员国的政治实践表明，过去一些政党的政治目标与民主根本原则相违背，但这些政党在执政之前从未在其官方出版物中公开过其这样的目的。因此法院总是认为一个政党的执政纲领或许是对其真实目的与意图的一种掩饰。为了检验是否如此，必须将纲领的内容与政党领导人的活动及其立场进行对比……

（ε）解散的合适时机

579

102. 另外，法院也考虑到，不可能在某个政党的政策威胁到民主的证据足够充分而且迫切时，国家还能放任而无所作为，直到这个政党已经掌权并开始将其与公约及民主不相容的政策付诸实施的时候才开始介入……

（ζ）总体审查

104. 基于以上考虑，当一个政党因为威胁到民主原则而被解散，法院在审查判断这一解散是否满足"急迫的社会需要"时……一定要集中于以下两点：(i) 是否存在充分而可信的证据，足以证明民主受到了威胁；(ii) 该政党的领导人与成员的相关行动与言论是否可归责于该整个政党；(iii) 可归于政党的言论与行动是否形成了一个社会模式的整体性设想，而这种设计与"民主社会"的概念所不相容。

(ii) 上述原则在本案中的适用……

（α）急迫的社会需要

解散的合适时机

108. （基于上述事实）法院认为，解散繁荣党的时候，该党在实质上独揽政权，而不受制于一个联合政府中所固有的妥协与制衡。如果繁荣党提出一个与民主原则相违背的纲领，其独揽政权的地位将使其有能力按照该纲领建立起其设想中的社会模式。

109. 申请人辩称繁荣党由于其成员在政党解散之前数年的言论而受到惩罚，本院认为，土耳其法院在审查繁荣党行为合宪性问题的时候，将该党随着时间推移而进行的可能影响到民主之活动纳入考虑，这是合理的。这也同样适用于审查繁荣党是否遵守公约原则的问题。

首先，要明确一个政党的计划和政策，可以审视其成员在一段较长时期内累积起来的行动和言论。其次，本案的政党可能会通过几年的时间，增加其掌握政权的概率并最终执行其政策。

110. 在本案中，可以认定繁荣党的政策对于公约所保护的自由和权利来说是危险的，而繁荣党一旦掌权，将很可能在实质上贯彻其计划，使这种危险性变得更加有形和直接。这种情况下，国内法院面对这些可能成为现实的风险，只能提早展开行动，本院认为这一点无可厚非。同样，国内法院不可能耐心等待繁荣党掌握政权并开展行动，例如通过在议会提交法案来贯彻自己的计划，因为这样会承担危及政治体制和国内和平的风险。

繁荣党成员的行动与言论可归于繁荣党

111. 争议各方一致认为，在繁荣党党章以及其与另一个政党——正确道路党（the True Path Party）的联盟纲领中，繁荣党并未提议要通过一种与民主根本原则相违背的方式来修改土耳其的宪法体系。繁荣党的解散是基于其主席和一些成员的立场和言行……

113. 法院认为，内吉梅丁·埃尔巴坎（Necmettin Erbakan）先生作为繁荣党的主席或者因其党魁地位而被选举为总理，他所表达的言论和行动，能够毫无疑问地归于繁荣党。主席往往被视为党派的象征性人物，从这个角度上来看，其不同于单纯的成员。他作为党派主席对政治敏感问题的评论或者所持观点都会被政治机构和公共舆论认为是该党派观点的反映，而不是他的个人观点，除非他作出正式的声明。（相似地，有类似言行的该党其他官员随后都被提名为重要职位的候选人）……

宪法法院解散该党的主要理由

116. 本院认为，宪法法院认定繁荣党已经成为反宪法活动中心并将其解散所援引的论据，可以归为以下三类：（i）繁荣党意欲建立一种多元化法律体系的论点，导致基于宗教信仰的歧视；（ii）繁荣党计划在该多元化的法律体系下的穆斯林社会内政外交方面援引伊斯兰教教法；（iii）繁荣党将成员所表达的暴力观点作为政治理念……

"急迫的社会需要"的总体审查

132. 在评估上述要点是否能够证明在本案中存在急迫社会需要时，本院认为，宪法法院引证的繁荣党成员的行为和言论可以归责于整个党派，这些行为和言论表明，繁荣党将在多元化法律体系之下建立一个基于伊斯兰教教法的政体作为其长期政策，并且不排除诉诸武力来贯彻其政策并维护该体系的设想。由于这些计划都与"民主社会"的概念相冲突，并且繁荣党将其付诸实践的现实机会使其对民主的威胁变得更加有形和直接，宪法法院对申请人施行的惩罚……可以合理地被认为已经满足了"急迫的社会需要"的要求。

581

（β）争议行为的相称性

133. 考虑了各方意见，本院认为没有理由推翻宪法法院的判决［即解散繁荣党的措施与该党带来的威胁并不是不相称］……

4. 法院关于公约第 11 条的结论

135. 因此，经过严格的审查可以得出结论，解散繁荣党具备足以令人信服的理由。而对其他申请人采取的暂停政治权利的措施，法院认为，这些干预满足"迫切的社会需要"并且"与其追求的目标成比例"。繁荣党的解散满足《公约》第 11 条第 2 款的规定，可以被认为"在民主社会是必要的"。

136. 因此，政府行为没有违反公约第 11 条的规定……

137. 申请人进一步主张违反了公约第 9、10、14、17 以及 18 条。由于其诉请与第 11 条下所审查的事实一致，法院认为没有单独审查必要……

138. （本院同样认为没有必要单独审查其是否符合《第一议定书》第 1 条和第 3 条）……

基于上述理由，法院通过全体一致意见认定：

1. 政府行为没有违反公约第 11 条；

2. 没有必要单独审查公约第 9、10、14、17、18 条以及《第一议定书》第 1 条和第 3 条。

评论和问题

繁荣党的判决参照了纳粹通过利用（继而废除）民主制度执掌政权的前车之鉴。在你看来，法院在审查繁荣党是否造成了对土耳其民主与宪法制度相当的威胁时，是否提出了充分的理由？

四、在公共财产上的宗教标志

（一）美国

1. 在公共财产上展示十诫的合宪性

麦克利亚（McCreary）[31] 案和凡·奥登（Van Orden）[32] 案是美国最高法院

---

［31］ 545 U.S. 844 (2005).

［32］ 545 U.S. 677 (2005).

582　同一年判决的两个案件，联邦最高法院划分出了展示摩西十诫行为在合宪与违宪之间的细微差别。在麦克利亚案中，美国公民自由联盟（the American Civil Liberties Union）声称，肯塔基州的两个县府大楼上安置两个十诫标志的行为违反了第一修正案的禁止立教条款。当区法院命令移走这些标志的时候，这两个县两次通过在展示中添加其他具有历史意义的内容，对标志主题进行了调整，并且以此声称其目的在于彰显美国法律的根基。法院不认可这两次调整，指出新添加的历史内容之间的唯一共同因素在于它们均涉及基督教教义，并且在十诫和其他历史文件之间不存在任何世俗性或者历史性关联。在凡·奥登案中，一名得克萨斯州的居民根据禁止立教条款，就得克萨斯州议会大厦旁竖立十诫的纪念碑而提起诉讼。该纪念碑由一个名为"老鹰兄弟会"（Fraternal Order of Eagles）的民间爱国组织赠送给得州，得州政府随后将这个纪念碑与其他38座纪念碑和历史遗迹安放在一起。下级法院支持得克萨斯州，允许十诫纪念碑的竖立。

联邦最高法院在这两个案件中得出相反的结论，认为麦克利亚案中县府大楼的展示行为不被允许，但是凡·奥登案中十诫纪念碑的安置却可以允许。两判决之所以不同，其关键在于十诫标志的展示目的。法院认为在麦克利亚案中的标志意在倡导宗教，而非其宣称的目的，但是在凡·奥登案中的标志目的在于认可老鹰兄弟会为减少青少年犯罪而作出的贡献，这是一个有效的世俗目的。

布雷耶（Breyer）法官与其他四位法官在麦克利亚案中形成撤销标志的多数意见，但是他在凡·奥登案中却支持保留标志，并发表了独立的并存意见（以此形成与多数意见相区别的一种多元化意见）来解释采取不同处理方式的理由。以下是布雷耶法官在凡·奥登案件中独立意见的摘录：

凡·奥登诉佩里案（Van Orden v. Perry）

美国最高法院，545 U.S. 677（2005 年）

布雷耶法官，同意判决结果。

在阿宾顿学区诉申普 [School Dist. of Abington Township v. Schempp, 374 U.S. 203 (1963)] 案中，戈德堡（Goldberg）法官出具了自己的并存意见，并得到哈伦（Harlan）法官支持，他写道，通过第一修正案中的宗教条款，"并不能得出一个简单而明确的方法，只要准确地对其适用就能总是轻易地区分允许和不允许的行为"。要想做出判断，就必须参考这些条款背后的基本目的。这些条款寻求"所有人的宗教自由和容忍都能得到最大程度的保证"；它们致力于避免由于宗教分裂而导致的社会冲突和不和谐，并同时削弱政府和宗教的力量……它们旨在维护"政教分离"的效果，这至关重要，它促使"（这个）国家以宗教的和平存在为主导"，"宗教精神"与"自由精神"有效地"结合"在一起，"在同一基础"的不同领域中"共同占据其主要地位"。[A. 德·托克维尔（A. de Tocqueville），《论美国的民主》（Democracy in America）第 282—283 页（1835 年）]

法院已经清楚表明，正如戈德堡法官和哈伦法官所说，这些目标的实现意 583 味着政府行为必须保证"既不促进也不抑制宗教活动"；"不能在教派之间或者宗教与非宗教之间产生偏袒效果"，并且必须"不能抑制任何宗教信仰"。[见前述申普案（Schempp）]

但是禁止立教条款并不强迫政府从公共领域清除以任何方式存在的所有宗教标志。例如马什诉钱伯斯案 [Marsh v. Chambers, 463 U.S. 783 (1983)]。这种绝对主义不仅与我们国家的传统不相一致，例如，莱蒙诉兹曼案 [Lemon v. Kurtzman, 403 U.S. 602 (1971)]，林奇诉唐纳利案 [Lynch v. Donnelly, 465 U.S. 668 (1984)]，还有可能导致一系列禁止立教条款所试图避免的社会矛盾……

如果政府和宗教之间只是一种分离关系，而非双方敌对、猜忌的关系，那么不可避免地我们会面对一些棘手的边缘案件。在这类案件中，我认为不存在所谓的检验标准可以代替法律判断。……这种判断不是一种个人判断。相反，在对任何宪法案件进行的审查中，都必须反映和坚持这些条款内在的目的，并且必须综合考虑这些目的所体现的具体情境和后果……

我们面前的这个案子就是一个边缘案件。它涉及一个位于得克萨斯州州议会广场上的雕刻着十诫的大型花岗岩纪念碑。一方面，十诫无可争辩的具有一种宗教信息，它提及了、实际上更应当说是强调了神性。另一方面，只是聚焦于十诫的内容本身不能彻底解决这个案件。真正要做的，是审查这些内容以何种方式目的被利用，以判断十诫的文本在此传递的信息。这就需要我们考虑到在具体情形中它的安置状态。

在特定的情况下，竖立十诫的碑刻不止单纯地传达一种宗教信息，它同样可能传达一种世俗的道德信息（关于社会行为的适当标准）。而且在某些时候，碑刻的安置还能够传达一种历史性的信息（关于这些行为标准与法律之间的历史关系）——这一事实有助于解释在包括美国最高法院在内的数十座美国法院安置的这种碑刻……

在这里，这些碑刻不仅仅是传达了一种宗教信息，同样也传达了一种世俗信息。竖立纪念碑的州议会广场的环境及其他纪念碑的设置都表明得州的本来目的在于后者，即彰显这些碑刻的非宗教方面的含义。而且通过该纪念碑在得州土地上的 40 年存在历史表明，它确实具有该效果。

捐献该纪念碑的老鹰兄弟会，是一个民间（而且主要也是世俗性的）组织，它在对十诫的宗教意义感兴趣的同时，更致力于倡导十诫在塑造公民道德方面所起的作用，并将其作为该机构打击青少年犯罪的工具。……老鹰兄弟会与一个具有不同信仰的成员组成的委员会进行磋商，从而在强调该集团的道德动机基础上，找到了其非宗教性内涵。……这些标示在纪念碑上的碑文，主要是为了表达对老鹰会捐赠行为的感谢，尽管这不是一个充分的因素，但这的确进一步将该州与十诫宗教方面的信息疏离开来。

584

另外，设立纪念碑的行为几乎没有表明神学的思想。……这种设定不会让人轻易地进入冥想或者任何其他宗教活动中。但是它的确表明了历史和道德语境下的理想。它（连同标示的关于题词起源的内容）向参观者展示了该州追求的道德原则，描述了该州公民历史上曾经认同的道德与法律之间的关系。也就是说，在这种情景下得州意在将反映道德信息——一种反映得克萨斯人民历史性"理想"的描述性信息——作为主导目的。

如果上述因素只是提供了一种强有力的但绝非确凿的证据表明纪念碑上的诫文内容主要是传达一种世俗信息，那么下面这个因素可以说是决定性的。据我所知，这座纪念碑落成至今已有 40 年，从法律上来讲，从没有受到质疑（直到本案中这位申诉人提出唯一的法律异议）。同时，没有任何证据表明这样的情况源于某种胁迫。因此，这 40 年的存在事实比任何已有的公式化标准更加有力，几乎没有人，无论其属于何种信仰体系，会认为该纪念碑以任何显著的决定性方式，表达了政府致力于推广某一种特定的教派，或者致力于倡导宗教信仰而不是非宗教，通过这样的方式"介入"任何"宗教性活动"，"强制进行"任何"宗教活动"或者"阻碍"任何"宗教信仰"（申普案，戈德堡法官的并存意见）。这 40 年意味着参观州议会广场的公众早已经意识到，碑刻信息中宗教方面的含义是作为一种更广的道德和历史性文化传承信息的一部分而存在。

另外，与本院裁定不允许展示十诫的案件相比，本案具有不同之处。首先，这种标志并不是位于公共学校的广场，因为鉴于年轻人易于受影响的特点，这种地方政府必须在政教分离方面给予特别的关注……另外，该案也不同于麦克利亚县城案，在那个案件中，法院展示十诫的短暂（并且充满争议的）历史证明了建造者们实质性的宗教目的，以及对参观这些标志的人们造成的显而易见的效果……该案的历史表明了政府在实质上推广宗教的努力，其主要效果并不是从历史的角度来反映该宗教性内容对世俗方面的影响。并且，在当今世界，在一个拥有如此众多不同宗教和相当数量的非宗教信仰的国度里，政府在更加现代的时期作出努力，让人们的注意力集中于某一宗教经文之上，这显然很可能导致一种社会分歧，而在更早期竖立并且存在了很长时期的纪念碑就不会带来这样的影响。

基于上述原因，我相信得克萨斯州的标志——表达了一种混合的但主要在于世俗性目的，而不是倾向于"促进"或者"抑制宗教"——可以通过本院基于禁止立教条款的形式上的审查。……但是，正如我所说的，为了得出得克萨斯州的标志属于宪法性界限允许的范围之内的结论，我并不倾向于依赖任何特定标准的文字方面的适用，而是更多地考虑第一修正案中宗教条款的内在目的本身。该标示已经毫无争议地屹立了将近两代人的时间。这段经历帮助我们理解，在实践性的程度上，这种标示不太可能引起社会分歧。我相信，这一程度因素在这样的边缘性案件中非常关键。

585

同时，如果仅仅基于纪念碑文的宗教本质，在这里得出一个相反的结论，我担心，这将会导致法律针对宗教的敌对状态，而这不符合我们禁止立教条款的传统。……

本人深知滑坡定律的危险性，一步走错，全盘皆输。然而，面对禁止立教条款这一问题时，我们一定要"将真正威胁和仅仅是潜在的威胁进行区分"。在这里，我们面对的只是潜在的威胁……

本人观点与法院判决一致。

评论和问题

你如何看待布雷尔法官并存意见中提出的对将来涉及公共财产上展示宗教标志案件而进行的指导意见？

2. 在公共财产上放置十字架：萨拉佐诉布欧诺案以及犹他州快活林城诉萨摩姆案

2009 年 10 月，最高法院听审了萨拉佐诉布欧诺案（Salazar v. Buono）的法庭辩论，这个案件中，加利福尼亚州莫哈韦国家保护区（Mojave National Preserve）中安放的一个 8 英尺高的天主教十字架受到禁止立教条款的质疑。该十字架于 1934 年被一个名为国外战争退伍军人协会（VFW）的民间组织安置在著名的日出岩上面，以此来纪念第一次世界大战中的退伍军人。该十字架在这些年里被重新安置了好几次，最近一次是1988年被一名公民所安置。一名国家公园服务机构的雇员提起诉讼，要求国家公园服务机构移走该十字架，因为它构成了不符合宪法规定的政府推崇宗教的行为。在案件审理中，另一位公民请求公园服务机构允许其在十字架附近建立一座佛塔，即一种佛教的纪念碑。公园服务机构拒绝了该请求，因为联邦法律禁止私人主体在没有得到授权的情况下在联邦财产上建立纪念碑以及其他永久性的安置物。作为对此的回应，国会通过了一部法律来禁止使用联邦资金移动十字架，十字架直到2009年年末才被公园服务机构移走。

犹他州快活林城诉萨摩姆案（Pleasant Grove City, Utah v. Summum）［129 S. Ct. 1125 (2009)］中存在与此相似的问题，最高法院认为一个宗教团体无权在已经建有十诫纪念碑的公共公园再建立宗教纪念碑。十诫纪念碑在1971年由老鹰兄弟会捐赠。其他竖立在公共公园中的永久安置物，绝大多数都是捐献的，其中包括一座"9·11"事件纪念碑、一座历史性粮仓以及本城市的第一座消防站。宗教组织萨摩姆（Summum）的主席曾三次要求许可建立一座"萨摩姆七箴言"岩质纪念碑。市政部门给予一一驳回，理由在于法律只允许在公园中建立符合下列要求的纪念碑："（1）与快活林历史直接相关；（2）捐赠者与快活林社会具有深远渊源。"［129 S. Ct. 1130 (2009)］。萨摩姆继而提起一项诉讼声称该城市"接受十诫纪念碑却否决七箴言纪念碑的行为违反了第一修正案中的言论自由条款"（同前注）。法院认为该城市的决定"完全可以被视为政府表达其言论的一种形式……因此不受言论自由条款的约束"（同前注，第1129页）。阿里托（Alito）法官为法院撰写了判决书并解释如下：

> 在一般人看来，公共公园的土地所有者往往可以确定就是政府。城市公园……通常被其市民和外地人认定为代表该城市的标志性场所……政府的决策者们在这样的场所中选择设立他们认为合适的纪念碑时，需要在内容上考虑诸如美学、历史以及当地文化等方面的问题。因此，已经被接受的纪念碑意味着传达并客观上传达了一种政府的信息，而且这些纪念碑因此构成了政府的一种言论［129 S. Ct. 1133—1134 (2009)］。

另外，法院认为公开论坛原则（public forum principle）在本案中不可以适用，解释如下：

公开论坛原则的适用的情形为，政府所有的财产或者政府项目有能力在不改变土地或计划关键功能的情况下能够容纳大量的公众演讲者。例如，一个公园可以容纳很多的演讲者，并且随时可在其中举行游行和示威活动……相对的，一个公共公园中能容纳的永久性纪念碑数量有限……如果政府在为了挑选捐献的纪念碑而进行实体审查的时候一定要保持中立观点，那么他们必须要么"为涌入的杂质而埋单"，要么就不得不移除这些有历史价值的、珍贵的纪念碑……这个问题的客观事实是，如果公共公园被视为了竖立私人捐献的纪念碑的传统意义上的公开论坛，那么大多数公园将基本别无选择，只能拒绝所有的这类捐赠。而且如果适用论坛原则分析将会导致几近无情的关闭论坛后果，显然论坛分析是不合适的（同前注，第 1137—1138 页）。

评论和问题

根据 2005 年关于在公共财产上展示十诫的案子以及 2009 年快活林案，你认为法院在萨拉佐诉布欧诺案中将会如何判决？公园服务机构的雇员是否有资格起诉质疑该纪念碑的合法性？

（二）欧洲

587

意大利：公共场合放置十字架

在意大利，尽管在历史上和地理上均与天主教联系紧密，今天那里也正式实现了政教分离，而且其宪法保护宗教自由的权利。有关宗教标志的法律理念同北美、英格兰广为接受的理念很相似。比如说，在学校和公共办公室里允许佩戴伊斯兰头巾，只要他们不对公共秩序构成威胁。然而，根据报告也有偶尔反对妇女穿戴头巾的案件，并且某些城镇还根据法西斯时代的法律征收罚款以确保个人身份在公共场合不能被掩盖。

近期关于十字架的辩论的确使意大利的处理方式区别于北美模式。在北美模式下，大量的法院判决认为十字架在公共环境中的出现意味着对宗教自由的约束。首先，在 2005 年，一个法院判决，十字架可以放置于世俗州政府的投票点。而后，2006 年 2 月，意大利最高法院同样支持了在公立学校放置十字架的观点，因为十字架是意大利社会的根本性价值的象征。此外，同一个月，一位意大利法官因拒绝在放置十字架的法庭中工作而被停职。

当老牌的移民国家在这个问题上强调中立性的时候——即接受这样的行为，同时不施加强制力——意大利与天主教会间更加紧密的关系，影响了其在社会传统宗教价值观之下的文化和法律路径，它们甚至为公共领域中的新标志创造空间。[33]

评论和问题

1. 在麦克利亚县案和凡·奥登案之后，你认为在公共场合放置十诫等安置物应当遵循什么规则？布雷耶法官在这些案件中表达了不同的观点。他的并存意见对回答该问题有帮助吗？

2. 在意大利这样的国家，当面对学校、医院、法庭等不同情况时，对于十字架是否应被允许放置这个问题的答案会不会有所不同？将十字架解释为国家统一的象征是否有意义？这样的解释是否舍弃了这一符号过多的宗教意义？

3. 考虑可能放置十字架的各种公共场所：公园、公共墓地、法庭、教室，等等，你能否阐述出其中的原则，用以确定这类标志应当或者不应当被允许？

---

[33] 劳拉·巴尼特（Laura Barnett）：“宗教自由与公共领域中的宗教标志，法律与政府部门；议会图书馆”（Freedom of Religion and Religion Symbols in the Public Sphere, Law and Government Division; Library of Parliament），见 http://www.parl.gc.ca/information/library/PRBpubs/prb0441-e.htm#3italy.（更新于 2006 年 3 月 14 日）。也可参见特里·万德登（Terry Vanderheyden）：“意大利法官判决十字架能够保留在公立学校”，LifeSiteNews.com，2006 年 2 月 15 日；“意大利：法院否决从教室移走十字架的请求”，ADNKI.com，2006 年 2 月 15 日；“十字架可以留在教室里”，意大利议会（Les crucifix doivent rester dans les salles de classe, estime le Conseil d'Etat italien），2006 年 2 月 15 日；美国国务院（2005 年）。

索　引

注：页码后注有字母"n"并有另一个阿拉伯数字的是指该页上的第 n 个注释。比如，"427n11"是指第 427 页上的第 11 个注释。

译者注：下面的阿拉伯数字代表该词组或句子位于原书的页码。

636

缩略语索引
Abbreviation Index

AU — African Union

CAN — Cult Awareness Network

CCPR — Covenant on Civil and Political Rights

CEDAW — Convention on the Elimination of All Forms of Discrimination against Women

CERD — Convention on the Elimination of All Forms of Racial Discrimination

CSCE — Conference on Security and Cooperation in Europe

ECHR — European Convention for the Protection of Human Rights and Fundamental Freedoms

ECommHR — European Commission of Human Rights

ECtHR — European Court of Humans Rights

FBO — Faith-based Organizations

ICCPR — International Covenant on Civil and Political Rights

ICESCR — International Covenan on Economic, Social, and Cultural Rights

ICJ — International Court of Justice

ILO — International Labor Organization

IRS — Internal Revenue Service

NRM — New Religious Movement

OAS — Organization of American States

OIC — Organization of Islamic Conference

OSCE — Organization for Security and Cooperation in Europe

RFRA — Religious Freedom Restoration Act

RLUIPA — Religious Land Use and Institutionalized Persons Act

TEU — Treaty on the European Union

UDHR — Universal Declaration of Human Rights

UN — United Nations

UNESCO — United Nations Educational, Scientific and Cultural Organization

UNHRC — United Nations Human Rights Committee

USCIRF — United States Commission on International Religious Freedom

WHO — World Health Organization

James E. Krier

Earl Warren DeLano Professor of Law

The University of Michigan Law School

Richard K. Neumann, Jr.

Professor of Law

Hofstra University School of Law

Robert H. Sitkoff

John L. Gray Professor of Law

Harvard Law School

David Alan Sklansky

Professor of Law

University of California at Berkeley School of Law

Kent D. Syverud

Dean and Ethan A. H. Shepley University Professor

Washington University School of Law

Elizabeth Warren

Leo Gottlieb Professor of Law

Harvard Law School

国际特约编辑

International Contributing Editors

643

Dean **Kofi Quashigah**, Faculty of Law, University of Ghana, Accra, Ghana

Professor **Gerhard Robbers**, Director, Institute for European Constitutional Law, University of Trier, Trier, Germany

Professor **Rik Torfs**, Dean of the Faculty of Canon Law, Catholic University of Leuven, Leuven, Belgium

Professor **Renata Uitz**, Chairman of Comparative Constitutional Law, Legal Studies Department, Central European University, Budapest, Hungary

Professor **Carlos A. Valderrama**, University, Budapest, Hungary

Professor **Johan D. van der Vyver**, I.T. Cohen Professor of International Law and Human Rights, Emory University School of Law, Atlanta, Georgia, USA; previously Professor of Law at the University of the Witwatersrand, Johannesburg and the Potchefstroom University for Christian Higher Education

Suzanne Sitthichai Disparte, Coordinating Editor, International Center for Law and Religion Studies, J. Reuben Clark Law School, Brigham Young University, Provo, Utah, USA

致　谢

　　详细研究法律与宗教问题的人都知道，与此相关的法律材料和历史材料如此浩繁，以致根本不可能把它们浓缩在一个主题中加以论述；同时，人们还会意识到，要研究法律与宗教问题，必须仰赖来自其他法学领域和其他研究领域的专家们的帮助。多年以来，我们受惠于来自各方的帮助，很多人默默无闻地为我们的工作做出了巨大贡献。希望他们能够接受我们真诚的感激和敬意。

　　尽管如此，还是有一些人需要特别提及。首先，我们非常感谢在过去几年中，参加我们的宗教与国家专题课程的学生们，他们分别来自杨百翰大学鲁宾·克拉克法学院和布达佩斯的中欧大学。正是这些授课经历，使我们萌生了撰写本书的想法。在过去的整个三年中，学生们都尽最大努力阅览编辑所需的资料，并给予反馈。在我们通常每周一次的会面中，我们会选定额外的材料，并对众多可以收入书中的资料精益求精。此外，在过去几个夏天里，国际法律和宗教研究中心的多位研究者都为材料的搜集和编纂做出了的贡献。特别要感谢 Megan I. Grant, Nicole Davis, Michael Lewis, BlairLarsen, Matthew Baker, Taylor Turner, Valerie Paul, Erin Bradley, Jonghoon Han, Katie M. McIntosh, David N. Brown, George G. Nightingale, Scott W. Ellis, Alisa Rogers, Jeffrey A. Aird, Samuel G. Brooks，感谢他们尽心尽力的贡献。我们还要特别感谢工作在国际法律和宗教研究中心的同事们 Robert T. Smith, Elizabeth A. Sewell, Gary B. Doxey, David M. Kirkham, Christine G. Scott, Holly M. S. Rasmussen 和 Deborah A. Wright 他们都为本项目的进展倾注了心血，有些人无私地承担起额外的担子，使我们能够潜心于这个项目；有些人则帮助我们搜集和编辑资料。鲁宾·克拉克法学院许许多多的教员和职工，都以各种方式为这本书的出版贡献了自己的力量。非常感谢他们的支持、意见和建议。我们的同事 Frederick Mark Gredicks 总是不吝赐教，他在很多方面都激发了我们的灵感、加深了我们对问题的理解。我们还要感谢 Lance B. Wickman, William F. Atkin, Boyd J. Black, Scott E. Isaacson, 以及与他们一同在基督教后期圣徒教会总会办公室工作的同事们，即感谢他们关于影响宗教组织的国际法律事务的专业知识，也感谢他们在确定和查找相关资料时的欣然帮助。

我们还要特别感谢本书的国际特约编辑们，我们把他们的名字列在另外一页上。在这本书编纂的各个阶段，他们都提供了重要的建议和帮助，而且他们今后将持续为材料补给网站提供各国资料。

我们唯一遗憾的是不能列出前面各项工作中所有人的名字。所幸的是，材料补给网站能让大家了解到更多的人所做出的多方面的贡献。

我们要特别感谢 Suzanne Sitthichai Disparte, 从她还是学生时起，到她从法学院毕业后的一年间，她一直是这个项目的重要研究助手，帮助这个项目顺利完成。尽管满满的行程、冲突的安排，可能会不断造成麻烦和延误，但没有她不懈的努力，没有她那使工作持续推进的能力，这本书不可能面市。

作者们还要感谢 Aspen 出版社的编辑 John Devins, 他给了我们非常宝贵的帮助。感谢那些无名的评论者们的许多有益的批评和建议。还要特别感谢在其他法学院的同行们圣约翰大学法学院的 Mark Movsevian, 田纳西大学法学院的 Robert Blitt, 他们在各自教授的课程中，使用过被收录在这本书里的材料的较早版本，他们慷慨地提供了建议，使得本书更加完善。

最后，是对我们的妻子、家人的耐心和支持的不尽感激。为了完成这本书，很多的时候，我们都不能陪伴在他们身边。我们永远感激他们，希望我们可以对他们的忍耐和牺牲做出些许补偿。科尔（Cole）想要感谢他的妻子路易丝（Louise），他为了这本书而经常不在家，他的妻子主动承担了家中的主要事务。布雷特（Brett）想要特别谢谢他的妻子迪尔德丽（Deirdre），他的孩子们埃利奥特（Elliot）、奥菲莉娅（Sophelia）、艾拉（Ella），感谢他们在这个项目期间所给予的支持。

除了之前的感谢之词，作者们还想感谢下列版权持有者，他们允许我们摘录材料：

Ahmed, Sahmeer, Pluralim in British Islamic Reasoning: The Problem with Recognizing Islamic Law in the United Kingdom.Used by permission of the Yale Journal of International Law.

Barker, Eileen, Why the Cults? "New Religious Movements and Freedom of Religion or Belief," in Facilitating Freedom of Religion or Belief: A Desk-book (Tore Lindholm, W.Cole Durham, Jr., and Bahia G.Tahzib-Lie, eds.). Copyright© 2004 by Koninklijke Brill NV.Reprinted by permission.

Bhutto, Benazir, Reconciliation: Islam, Democracy, and the West, pages 20-22, 27.Copyright©2008 by Benazir Bhutto.Reprinted by permission of HarperCollins Publishers.For additional territory contact: Benazir Bhutto, c/o The Wylie Agency, Inc. 250 West 57th Street, New York, NY 10107, Attn: Andrew Wylie.

Chan, Kim Kwong and Eric Carlson, Religious Freedom in China: Policy, Administration, and Regulation: A Research Handbook.Copyright©Kim Kwong Chang.Reprinted by permission.

Cheung, Anne S.Y., In Search of a Theory of Cult and Freedom of Religion in China: The Case of Falun Gong.Reprinted by permission of Pacific Rim Law Policy Journal.

Dane, Perry, "The Varieties of Religious Autonomy," in Church Autonomy: A Comparative Survey (Gerhard Robbers, ed.). Used by permission of Peter Lang Publishing.

Durham Jr., W.Cole, "Facilitating Freedom of Religion or Belief Through Religious Association Laws," in Facilitating Freedom of Religion or Belief: A Deskbook (Tore Lindholm, W.Cole Durham, Jr., and Bahia G.Tahzib-Lie, eds.).

van der Vyver, Johan D., "The Relationship of Freedom of Religion or Belief Norms to Other Human Rights," in Facilitating Freedom of Religion or Belief: A Deskbook (Tore Lindholm, W.Cole Durham, Jr., and Bahia G.Tahzib-Lie, eds.). Copyright 2004 by Koninklijke Brill NV.Reprinted by permission.

Waldron, Jeremy, The War on Terror and the Image of God. Reprinted by permission of Jeremy Waldron and the Emory University Center for the Study of Law and Religion.A revised version of this chapter is included in John Witte, Jr.and Frank S.Alexander, eds., Christianity and Human Rights: An Introduction (Cambridge University Press, 2010).

沃尔特斯·克鲁维尔集团法律与商业公司简介

沃尔特斯·克鲁维尔集团法律与商业公司（Wolters Kluwer Law & Business）为某些专业领域提供研究资源和全程解决方案，是业内的佼佼者。Aspen Publishers, CCH, Kluwer Law International, Loislaw 与 Wolters Kluwer Law & Business 各自的品牌力量联合在一起，以全面、深入、专业的服务满足法律、职业和教育领域的市场需求。

CCH 创立于 1913 年，已经有四代商界人士和其他行业客户们享受过他们的服务。在沃尔特斯·克鲁维尔集团法律与商业公司中，CCH 因其提供的电子和印刷产品而受到尊重，这些产品包括法律、证券、反托拉斯章程、贸易协定、政府规定、银行业务、退休金、薪酬、就业和劳工、卫生保健理赔等专业资源。

Aspen Publishers 专注于为律师、商界精英和法律专业学生提供信息服务。在著名的权威人士眼中，Aspen 为一些专业领域提供研究性的和实用性的信息。这些领域包括证券法、知识产权、兼并、收购和退休金 / 津贴。Aspen Publishers 为教授和学生们提供了值得信赖的、高质量的、最新的、高效的法律教育资源，使教授们能够取得成功的研究结果、良好的教学效果，学生们能够学到法律专业知识。

Kluwer Law International 为全球的商业团体提供全面的英文的国际法律知识。全世界的法律从业人士、公司顾问、商业主管都能通过 Kluwer Law International 的杂志、活页、书籍和电子产品，获得国际法律实践领域的权威知识。

Loislaw 擅长于为一些小型法律事务所的从业人员提供各种数字化的专业法律信息，使律师们很容易地找到基本法律、各州立法律、档案、表格和专著。

沃尔特斯·克鲁维尔集团（Wolters Kluwer）是一家顶级的多国出版和信息服务集团。沃尔特斯·克鲁维尔集团法律与商业公司，是沃尔特斯·克鲁维尔集团（Wolters Kluwer）的成员，总部分别设在纽约市和伊利诺伊州的里弗伍兹（Riverwoods）。

本书译者及校对者分工及名单

出版社介绍、前言、致谢、介绍：隋嘉滨

第一编　第一章：王艺洁

　　　　第二章：赵娜

　　　　第三章：周攀

　　　　第四章：方刚

第一编校对：郑玉双

第二编　序言：李甫梁

　　　　第五章：廖靖雯

　　　　第六章：梁爽

　　　　第七章：杨鑫、张敏

　　　　第八章：王进、高逸

　　　　第九章：白俊勇

第二编校对：李甫梁

第三编　第十章：俞强

　　　　第十一章：张振华

　　　　第十二章：张国宾

　　　　第十三章：陈瑛格

　　　　第十四章：高华超

第三编校对：李明玥

索引　　(A-E)：冯蕊

　　　　(F-Z)：程迈

北京普世社会科学研究所的张颖、隋佳滨对本书的翻译与出版进行了组织与核对工作。
另外，本书部分保留了原英文书稿的写作体例。

654